# A SUCESSÃO PROFÉTICA ENTRE ELIAS E ELISEU E SUA RELAÇÃO COM OS LIMITES DE SEUS RESPECTIVOS CICLOS NARRATIVOS

Dados Internacionais de Catalogação na Publicação (CIP)
(Câmara Brasileira do Livro, SP, Brasil)

Belem, Doaldo Ferreira
  A sucessão profética entre Elias e Eliseu e sua relação com os limites de seus respectivos ciclos narrativos : estudos exegéticos de 2Rs 1-2 / Doaldo Ferreira Belem; sob a coordenação de Waldecir Gonzaga – Petrópolis: Vozes ; Rio de Janeiro: PUC-Rio, 2023. – (Série Teologia PUC-Rio)

  Bibliografia
  ISBN 978-85-326-6668-0 (Vozes)
  ISBN 978-85-8006-304-2 (PUC-Rio)

  1. Bíblia – Estudos  2. Bíblia. A.T. Reis – Interpretação e crítica (Exegese)  3. Cristianismo  4. Elias (Profeta bíblico)  5. Eliseu (Profeta bíblico)  6. Teologia  I. Título. II. Série.

23-177222                                            CDD-224.07

Índices para catálogo sistemático:

1. Profetas : Livros proféticos : Bíblia : Comentários 224.07
Eliane de Freitas Leite – Bibliotecária – CRB 8/8415

Doaldo Ferreira Belem

# A SUCESSÃO PROFÉTICA ENTRE ELIAS E ELISEU E SUA RELAÇÃO COM OS LIMITES DE SEUS RESPECTIVOS CICLOS NARRATIVOS
Estudo exegético de 2Rs 1–2

SÉRIE **TEOLOGIA PUC-RIO**

© 2023, Editora Vozes Ltda.
Rua Frei Luís, 100
25689-900  Petrópolis, RJ
www.vozes.com.br
Brasil

© Editora PUC-Rio
Rua Marquês de São Vicente, 225
Casa da Editora PUC-Rio
Gávea, Rio de Janeiro, RJ
CEP: 22451-900
Tel.: (21) 3527-1838
edpucrio@puc-rio.br
www.editora.puc-rio.br

Todos os direitos reservados. Nenhuma parte desta obra poderá ser reproduzida ou transmitida por qualquer forma e/ou quaisquer meios (eletrônico ou mecânico, incluindo fotocópia e gravação) ou arquivada em qualquer sistema ou banco de dados sem permissão escrita da editora.

**CONSELHO EDITORIAL**
**Diretor**
Volney J. Berkenbrock

**Editores**
Aline dos Santos Carneiro
Edrian Josué Pasini
Marilac Loraine Oleniki
Welder Lancieri Marchini

**Conselheiros**
Elói Dionísio Piva
Francisco Morás
Gilberto Gonçalves Garcia
Ludovico Garmus
Teobaldo Heidemann

**Secretário executivo**
Leonardo A.R.T. dos Santos

*Editoração*: Débora Spanamberg Wink
*Diagramação*: Raquel Nascimento
*Revisão gráfica*: Nilton Braz da Rocha / Fernando Sergio Olivetti da Rocha
*Capa*: Editora Vozes

ISBN 978-85-326-6668-0 (Vozes)
ISBN 978-85-8006-304-2 (PUC-Rio)

Este livro foi composto e impresso pela Editora Vozes Ltda

# Agradecimentos

Primeiramente, devo agradecer a Deus, mais do que nunca razão de minha existência, autor e sustentador da minha fé, farol na caminhada: dele, por Ele e para Ele agora e sempre são todas as coisas!

Agradecimentos afetuosos devo aos meus familiares, meu esteio: aos meus pais, Deodoro Belém e Maria Ferreira Neta (ambos em memória), os quais com tanto carinho, zelo e dedicação nunca pouparam esforços para minha formação; e à minha esposa, Márcia Martins Belém, e principalmente à minha filha, Natânia Martins Belém, pela inspiração e pelo incentivo para prosseguir e labutar, bem como pela paciência nos meus momentos de introspecção, tanto no doutorado quanto no mestrado.

Igualmente inspiradores, e ambos em memória, devo agradecimentos especiais ao Pastor José Roberto Vargas Dutra, meu pai na fé, que me proporcionou começar a caminhada teológica, e ao Pastor Antônio Gilberto da Silva, grande incentivador e exemplo de labor teológico não somente para mim mas também para muitos nas Assembleias de Deus no Brasil. Estão ausentes fisicamente, mas presentes através de todo meu amor às Sagradas Escrituras, o qual busquei depositar em cada linha desta tese! Ainda no âmbito eclesiástico, agradeço ao Pastor Levy Monteiro Albuquerque e à Igreja Assembleia de Deus Congregação Piedade pelas orações e pelo apoio espiritual para a confecção dos capítulos desta tese.

Se reconheço aqueles que no passado impulsionaram o início da minha caminhada, igualmente o faço no presente: por isso, agradecimentos mais do que especiais merecem minha orientadora, Profª. Drª. Maria de Lourdes Corrêa Lima, pela paciência e pela dedicação, para que este extenso trabalho fosse adequadamente realizado e finalmente concluído. Que eu possa sempre ter seu zelo, seu empenho, sua dedicação e seu verdadeiro amor pelas Sagradas Escrituras!

Agradeço ainda ao Prof. Dr. Waldecir Gonzaga pelo companheirismo nascido, que extrapolou o acadêmico e tornou-se em grande amizade e admiração. Agradeço aos professores do Departamento de Teologia da Pontifícia Universidade Católica do Rio de Janeiro (PUC-Rio) por cada lição recebida, bem como a todos os funcionários; e à PUC-Rio pelo auxílio financeiro, sem o qual não seria possível a realização desta pesquisa. E agradeço tanto à PUC-Rio quanto à Vozes Acadêmica por materializar o lançamento do livro.

O presente trabalho foi realizado com apoio da Coordenação de Aperfeiçoamento de Pessoal de Nível Superior – Brasil (Capes), código de financiamento 001.

# Lista de abreviaturas e siglas

| | |
|---|---|
| 1QM | Regra da Guerra (da Caverna 1 de Qumran) |
| 1QSa | Regra da Congregação (manuscrito a da Caverna 1 de Qumran) |
| 11QT | Rolo do Templo (da Caverna 11 de Qumran) |
| ANET | Ancient Near Eastern Texts |
| b. | Talmud Babilônico |
| BHK | Bíblia Hebraica Kittel (3. ed.) |
| BHS | Bíblia Hebraica Stuttgartensia |
| l. | Location(s), localização na edição kindle (Kindle Edition) |
| LXX | Septuaginta |
| m. | Mishnah |
| v. | Versículo(s) |

# Sumário

**Prefácio, 13**

**Introdução, 15**

*A importância das figuras de Elias e Eliseu na Escritura e na tradição judaica e cristã; objetos formal e material, e metodologia*, 15

Status quaestionis, 18

Status quaestionis *da delimitação dos ciclos de Elias e de Eliseu*, 18

Status quaestionis *da compreensão e da interpretação de 2Rs 1-2*, 23

*Hipóteses de trabalho e fundamentos metodológicos para serem averiguados*, 31

**Capítulo 1 | Análise de 2Rs 1,1-18, 39**

1.1. Tradução segmentada e comentário filológico, 39

1.2. Crítica textual, 47

1.3. Crítica literária e redacional, 59

1.4. Crítica da forma, 64

1.5. Crítica do gênero literário e seu contexto histórico, 77

**Capítulo 2 | Análise de 2Rs 2,1-25, 84**

2.1. Tradução segmentada e comentário filológico, 84

2.2. Crítica textual, 95

2.3. Crítica literária e redacional, 104

2.4. Crítica da forma, 109

2.5. Crítica do gênero literário e seu contexto histórico, 126

**Capítulo 3 | A autoridade da palavra de YHWH (2Rs 1,1-18), 132**

3.1. Introdução (v. 1-2c), 132

3.2. O tema do envio (v. 2d-17b), 139

    3.2.1. O envio dos mensageiros pelo rei (v. 2d-8e), 139

        3.2.1.1. A ordem do rei aos seus mensageiros (v. 2d-h), 139

        3.2.1.2. A ordem do mensageiro de YHWH para Elias (v. 3-4), 147

        3.2.1.3. Os mensageiros do rei reenviados por Elias (v. 5-6), 154

        3.2.1.4. A pergunta do rei pela aparência de Elias (v. 7-8), 157

    3.2.2. O envio dos capitães pelo rei (v. 9-15), 161

        3.2.2.1. O primeiro capitão (v. 9-10), 161

        3.2.2.2. O segundo capitão (v. 11-12), 169

        3.2.2.3. O terceiro capitão (v. 13-15), 171

    3.2.3. Elias, enviado de YHWH ao rei (v. 16a-17b), 176

3.3. Conclusão (v. 17c-18b), 178

**Capítulo 4 | A sucessão profética de Elias por Eliseu divinamente realizada (2Rs 2,1-25), 182**

4.1. Introdução (v. 1), 182

4.2. Eliseu busca a sucessão em Betel e Jericó (v. 2-6), 186

    4.2.1. Em direção a Betel (v. 2-3), 186

        4.2.1.1. Primeiro diálogo entre Elias e Eliseu (v. 2), 186

        4.2.1.2. Primeiro diálogo entre Eliseu e os filhos dos profetas, em Betel (v. 3), 189

    4.2.2 Em direção a Jericó (v. 4-5), 192

    4.2.3. Terceiro diálogo entre Elias e Eliseu, em direção ao Jordão (v. 6), 194

4.3. Eliseu obtém a sucessão profética no Jordão (v. 7-18), 196

    4.3.1. Apresentam-se cinquenta filhos dos profetas (v. 7), 196

4.3.2. Elias parte as águas (v. 8), 198

4.3.3. Quarto diálogo entre Elias e Eliseu (v. 9-10), 202

4.3.4. A sucessão profética ocorre (v. 11-15), 206

    4.3.4.1. O translado de Elias (v. 11), 207

    4.3.4.2. Eliseu reage à partida de Elias com atos e palavras (v. 12a-d), 210

    4.3.4.3. Eliseu adquire o manto de Elias, símbolo da sucessão (v. 12e-13b), 214

    4.3.4.4. Primeira e segunda tentativas de Eliseu em partir as águas (v. 13c-14h), 217

    4.3.4.5. Os filhos dos profetas comunicam que houve a sucessão profética (v. 15), 220

4.3.5. Terceiro diálogo entre Eliseu e os filhos dos profetas (v. 16-18), 222

4.4. A sucessão profética é confirmada em Jericó e Betel (v. 19-24), 225

    4.4.1. Palavra de bênção em Jericó (v. 19-22), 225

        4.4.1.1. Palavra e ação dos homens da cidade (v. 19.20d), 225

        4.4.1.2. Palavra e ação do profeta (v. 20a-c.20e-21b), 228

        4.4.1.3. Ação da Palavra Divina (v. 21c-22c), 230

    4.4.2. Palavra de maldição em Betel (v. 23-24), 232

        4.4.2.1. Introdução: subida a Betel (v. 23a-b), 232

        4.4.2.2. Palavra e ação dos rapazes (v. 23c-g), 233

        4.4.2.3. Palavra e ação do profeta (v. 24a-c), 236

        4.4.2.4. Ação da Palavra Divina (v. 24d-e), 238

4.5. Conclusão (v. 25), 241

**Capítulo 5 | A sucessão profética de Elias por Eliseu: uma análise narrativa, 243**

5.1. Análise narrativa de 2Rs 1,1-18, 244

    5.1.1. Narrador e personagens, 244

5.1.2. Lugar e focalização, 249

  5.1.3. Enredo e organização da trama, 256

 5.2. Análise narrativa de 2Rs 2,1-25, 262

  5.2.1. Narrador e personagens, 262

  5.2.2. Lugar e focalização, 267

  5.2.3. Enredo e organização da trama, 271

 5.3. Articulação temática entre 2Rs 1,1-18 e 2Rs 2,1-25, 277

 5.4. Elias e Eliseu e seus respectivos ciclos narrativos enquanto caracterização deles mesmos, 284

  5.4.1. Debate sobre os ciclos de Elias e de Eliseu, 285

  5.4.2. Caráter de Elias e de Eliseu, 293

**Conclusão, 301**

**Posfácio, 313**

**Bibliografia, 316**

# Prefácio

Entre os vários personagens proféticos do Antigo Testamento, destaca-se Elias, grande defensor da pureza da fé e homem de profunda comunhão com Deus. Destacado, por isso, em numerosos textos, seja no Livro dos Reis (o chamado "ciclo de Elias"), seja em outros escritos, é também ligado ao desenvolvimento, no povo de Israel, da expectativa do "grande e terrível dia do Senhor" (Ml 3,23).

À sua sombra está, nas tradições judaicas, seu discípulo Eliseu, que também encontra significativo espaço nas narrativas do Livro dos Reis. Designado por Deus (1Rs 19,15-17) e chamado diretamente por Elias (1Rs 19,19-21), recebeu seu poderoso espírito profético (2Rs 2,9-15). Constituiu-se mestre de profetas (2Rs 2,15; 4,38) e "homem de Deus", que, com poder divino, faz portentos (2Rs 2,19-25; 4,1-44; 5,1-27; 6,1-7), age em questões políticas (2Rs 6–9) e, mesmo após a morte, realiza milagres (2Rs 13,14-21).

A Sagrada Escritura apresenta esses dois grandes profetas em profunda relação, de modo a indicar a continuidade do profetismo portentoso nessas duas figuras. A sucessão dos dois é narrada particularmente nos dois capítulos iniciais do Segundo Livro dos Reis. O primeiro narra a última ação pública de Elias, que defende a fé javista diante do Rei Ocozias (2Rs 1,1-18); o segundo relata o arrebatamento de Elias (2Rs 2,1-11) e os primeiros atos de Eliseu (2Rs 2,12-25).

Em geral, os estudos exegéticos trabalham os dois capítulos separadamente e, mesmo quando os analisam em conjunto, colocam seu foco seja nos personagens, seja nos aspectos literários da narrativa. É dessa constatação que parte o trabalho apresentado na presente obra. Com fina consideração dos aspectos literários de 2Rs 1–2, consegue demonstrar as relações entre os capítulos e afirmar que consistem, de fato, não em dois textos *a se*, mas sim em duas narrativas combinadas que, com seus numerosos pontos de contato, formam uma unidade.

2Rs 1 serve como introdução à sucessão profética, que ocorre realmente no capítulo seguinte, ao relatar a ascensão de Elias e a demonstração inicial da passagem de seu poder a seu discípulo. Entre a narração do último feito de Elias em 1,1-18 e dos primeiros feitos de Eliseu em 2,19-25, cada qual tratando em separado de cada um desses personagens, o texto de 2Rs 2,1-18 apresenta os dois profetas juntos e mostra como ocorre a transição da missão de um para o outro.

Com isso, finaliza-se de fato a história de Elias e inicia-se a de Eliseu. Nessa última perícope, a presença de vários elementos característicos dos relatos sobre Eliseu indica que ela pertence a seu ciclo narrativo. De outro lado, as muitas conexões existentes, seja no interior dos dois capítulos, seja em relação a outros textos do livro referentes a Eliseu – além, particularmente, da consideração da sua macroestrutura, que coloca em paralelo 1,1-18 e 2,19-25 –, demonstram que também 2Rs 1, mesmo concentrando-se em Elias, relaciona-se, sob o ponto de vista narrativo, com os relatos do ciclo de Eliseu.

Dessa forma, a análise exegética dos dois capítulos em conjunto, realizada no presente trabalho, permite afirmar antes de tudo que é uma unidade narrativa que integra entre si os ciclos de Elias e Eliseu e que pertence literariamente a este último. Mas também permite, em plano conceitual, compreender que Eliseu, no livro, não está somente à sombra de Elias, não é somente discípulo sucessor, e sim a continuação mesma do ministério profético de Elias. Com isso entendem-se, de modo mais apropriado, os ciclos dos dois profetas, e mostra-se, assim, que o profetismo que age realmente como mediador da Palavra divina garante para o povo de Deus sua identidade na base da pureza da fé e do culto ao único Deus de Israel.

Igualmente, recomenda-se o trabalho aqui apresentado por outro grande valor: seu aspecto metodológico. Não somente por integrar duas perspectivas – a diacronia (com algumas fases do método histórico) e a sincronia (com a análise narrativa) – mas também, sobretudo, pela superação de uma visão fragmentária da Escritura, que tende a privilegiar o estudo de unidades textuais reduzidas ao mínimo. A obra atual propugna implicitamente uma compreensão dos textos a partir da atenção a um conjunto maior, com base na consideração de que maiores porções de texto permitem decifrar inter-relações internas em diversos momentos de sua arquitetura e perceber finalidades e conotações que passariam despercebidas caso o texto fosse atomizado e caso a análise se detivesse apenas em unidades menores.

Os leitores desta obra poderão, dessa maneira, beneficiar-se grandemente seja na compreensão mais profunda da Escritura, em particular no que tange aos textos de estudo, seja na consideração do processo metodológico e de sua utilidade para o desvelamento do(s) sentido(s) do texto sagrado, fundamento de sua compreensão, sua interpretação e sua atualização.

*Maria de Lourdes Corrêa Lima*
Doutora em Teologia Bíblica pela Pontifícia Universidade Gregoriana (Roma) e professora da PUC-Rio.
Rio de Janeiro, abril de 2023.

# Introdução

## A importância das figuras de Elias e Eliseu na Escritura e na tradição judaica e cristã; objetos formal e material, e metodologia

Elias é uma figura poderosa para as três religiões abraâmicas na Palestina, sendo reverenciado em centenas de santuários espalhados pela região (além do mais famoso, no Monte Carmelo), pois seu desaparecimento misterioso (2Rs 2,1-18; 1Mc 2,58) gerou, tanto nas comunidades judaicas quanto nas cristãs, a expectativa acerca de seu retorno antecedendo a vinda do Messias (Ml 3,23-24; Mt 11,14; 17,10)[1]. Essas especulações incluíram não poucas lendas sobre sua pessoa[2]. Consequentemente, Elias é a figura mais importante do profetismo não escrito, pois em torno de suas histórias surgiram relatos sobre sua atividade profética, que o mostram como defensor do javismo e lutador enérgico contra a influência do culto a Baal[3].

---

1. HILL, S. D., The Local Hero in Palestine in Comparative Perspective, p. 64; OMANSON, R. L.; ELLINGTON, J. E., A Handbook on 1-2 Kings, p. 709. Cf. tb. OTTERNHEIJM, E., Elijah and the Messiah (B. Sanh. 98a), p. 195-213; PUECH, E., L'attente du retour d'Élie dans l'Ancien Testament et les écrits péritestamentaires, p. 3-26.

2. HOUSE, P. R., 1, 2 Kings, p. 258. Bem ilustrativas são as menções no Talmud envolvendo aparições miraculosas para judeus piedosos, como em b. Berachot 3A, onde se relata o aparecimento de Elias a alguém que orava nas ruínas de Jerusalém, para lhe ensinar que seria melhor orar de maneira breve nas estradas. A Mishná atribui a Elias uma capacidade de resolver os problemas insolúveis da *halakha* (m. Eduyyot 8,7); e várias tradições pretendem deixá-lo para decidir discussões no momento de seu retorno ("até que Elias venha", m. Sheqallim 2,5), enquanto outros ponderam se as perguntas feitas podem ser resolvidas sem esperar por ele (b. Menachot 63A). De tal forma são atribuídos poderes "mânticos" a Elias, que ele é capaz de dizer, em b. Yebamot 35B, qual entre duas filhas será a futura esposa de um homem; e caso a filha de sacerdote seja trocada pela filha de uma escrava, em b. Gittin 42B declara-se que, vindo Elias, ele é capaz de revelar a escrava (HEDNER-ZETTERHOLM, K., Elijah and the Books of Kings in Rabbinic Literature, p. 585-606; PICHON, C., Le prophète Elie dans les Evangiles, p. 85).

3. ALVAREZ BARREDO, M., Las Narraciones sobre Elias y Eliseo en los Libros de los Reyes, p. 7. O "Lecionário Comum", adotado por muitas igrejas protestantes, claramente favorece as palavras dos profetas em detrimento de suas ações; não obstante, algumas narrações proféticas foram incluídas, e a maioria dessas ocupa-se com os ministérios de Elias e de Eliseu – como as narrativas de 1Rs 17,17-24; 19,14-21 (NELSON, R. D., God and the Heroic Prophet, p. 93).

Como afirma P. P. Dubovský em artigo recente sobre milagres, é provável que Elias e Eliseu sejam os mais conhecidos entre os profetas "não escritores" pré-clássicos, e o interesse por eles não arrefeceu a despeito dos inúmeros livros e artigos que lhes são dedicados[4]. Conforme analisa M. Alvarez Barredo, no Primeiro Livro dos Reis descrevem-se fundamentalmente os atos dos monarcas de Judá e de Israel até o capítulo 17, quando então entra em cena o Profeta Elias, cujo ciclo, por tradição, compreende 1Rs 17–19; 21 e 2Rs 1–2. Justamente 2Rs 2 concede também o início das histórias de Eliseu, já "anunciado" antes em 1Rs 19 e cujo ciclo prossegue em 2Rs 3–9; 13[5]. Elias e Eliseu diferem de outros profetas, tais como Isaías, Jeremias e Ezequiel, os quais utilizam de ações simbólicas (Ezequiel sendo o mais notório) para acompanhar suas mensagens[6], comportando-se inclusive mais como que investidos de um "poder mágico"[7] – servindo como ponto de comparação para Elias e Eliseu. Portanto, como afirma N. P. Lunn, esses profetas são "únicos"; Elias e Eliseu, juntos, formam uma espécie de "síntese profética", providenciando o mais completo relato disponível dos "profetas javistas"[8].

Em razão desse tratamento dado a Elias na tradição, a importância de Eliseu tendeu a ser subestimada no desenvolvimento do profetismo[9]. Mas, segundo S. D. Hill, embora não tão lembrado e reverenciado, Eliseu – aparentemente de "origens campesinas" – tem mais peso em círculos oficiais do que Elias: ungindo reis, providenciando água para exércitos, curando um oficial e espiões arameus. Como lembra P. R. House, muitos profetas são mencionados nos livros dos Reis, mas é Eliseu que segue Elias como homem de Deus, e o único a sucedê-lo, realizando milagres (2Rs 2,13-25; 4,1–6,23), protegendo Israel (2Rs 6,24–7,20) e estabelecendo reis tanto em Israel quanto na Síria (2Rs

---

4. DUBOVSKÝ, P. P., From Miracle-makers Elijah and Elisha to Jesus and [the] Apocrypha, p. 24. Dissertando acerca dos milagres, e usando narrativas de Elias e de Eliseu como exemplos, P. P. Dubovský mostra na p. 28 como o "milagreiro" deve ser um "herói ativo"; os milagres podem ser de vários tipos, e não apenas aqueles que "transgridem" as leis naturais; esses milagres devem ser compreendidos como reflexão da teologia e dos valores dos escritores/autores; tanto para a audiência real quanto para a audiência implícita, os milagres constituem a manifestação do divino na história.

5. ALVAREZ BARREDO, M., Las Narraciones sobre Elias y Eliseo en los Libros de los Reyes, p. 1; MEAD, J. K., Eliseo, p. 295. Todos esses capítulos, ainda segundo M. Alvarez Barredo, "narram com certa amplitude os episódios destes profetas, e ao mesmo tempo informam sobre os acontecimentos [...] da monarquia de ambos os reinos", subentendidos de Judá e de Israel.

6. FELDT, L., Wild and Wondrous Men, p. 322.

7. BOHAK, G., Ancient Jewish Magic, p. 20-28.

8. BRODIE, T. L., The Crucial Bridge, p. 71; LUNN, N. P., Prophetic Representations of the Divine Presence, p. 49.

9. HOBBS, T. R., 2 Kings, p. 28; PEREIRA, N. C., La Profecia y lo Cotidiano, p. 11.

8,1–9,13). Por isso, para F. B. Motta, Eliseu era um "sinal e um instrumento de Deus"[10].

Ainda que tenha sido dado maior peso na tradição a Elias do que Eliseu, entre ambos ocorre uma sucessão profética, descrita em 2Rs 2. Em 2Rs 1–2 há ainda uma transição narrativa, onde dois ciclos de histórias se encontram, com dois claros protagonistas, apresentando linhas de continuidade e descontinuidade. Mas, uma vez que tradicionalmente 2Rs 1 pertence ao ciclo de Elias e 2Rs 2 pertence ao ciclo de Eliseu, como foram "costurados" para formar uma trama unificada do ponto de vista narrativo? Por que a LXX efetuou um corte nesse ponto da obra, "deslocando" 2Rs 1 do restante do ciclo de Elias?

Em trabalho recente de dissertação de mestrado, mostraram-se alguns pontos de contato entre os dois primeiros capítulos de 2 Reis, os quais formariam então a "'narrativa de sucessão profética' de Eliseu, provendo um fim apropriado para o ministério de um profeta e um bom começo para o ministério do outro – ambos eram reverenciados pelos mesmos círculos de filhos dos profetas"[11]. Embora o tema da sucessão profética em 2Rs 2 já tenha sido abordado por alguns estudiosos[12] e outros tenham percebido pontos de contato com 2Rs 1[13], incluindo uma disposição quiástica envolvendo 2Rs 1–2[14], não houve um estudo sistemático para entender o porquê dessas conexões – o único trabalho específico de análise conjunta de 2Rs 1–2, o de T. R. Hobbs na linha do criticismo retórico, encontra alguns pontos em comum entre os dois capítulos e evidencia a disposição quiástica, mas não avança na pesquisa do porquê dessas relações[15]. Portanto, a presente pesquisa estará delimitada a 2Rs 1–2 para analisar mais detalhadamente o tema da sucessão profética de Elias por Eliseu e as relações da narrativa de 2Rs 1 com esse tema explicitado em 2Rs 2. Ou seja, a pesquisa tem como objeto material 2Rs 1–2 e, do ponto de vista formal, provê uma análise exegética da

---

10. HILL, S. D., The Local Hero in Palestine in Comparative Perspective, p. 70; HOUSE, P. R., 1, 2 Kings, p. 252; MOTTA, F. B., The Charismatic & the Social Prophetic Ministry in the Life of the Prophet Elisha, p. 231.

11. BELEM, D. F., Da Palavra sai vida e morte, p. 102-103.

12. CARLSON, R., Élisée – Le Successeur D'Élie, p. 385-405; CARROLL, R. P., The Elijah-Elisha Sagas, p. 400-415; COHN, R. L., 2 Kings, p. 3; DABHI, J. B., Discipleship in the Hebrew Bible, p. 49-65; FRETHEIM, T. E., First and Second Kings, p. 131; HOBBS, T. R., 2 Kings, p. 3-7; LONG, B. O., 2 Kings, p. 9-12; PALMISANO, M. C., La testimonianza nella successione profetica in 2 Re 2,1-18, p. 83-92; POLAN, G. J., The Call of Elisha, p. 359-363; RICE, G., Elijah's Requirement for Prophetic Leadership (2 Kings 2:1-18), p. 1-12; SKA, J.-L., Morrire e risorgere: il carro di fuoco (2Re 2,11), p. 211-225; WEISMAN, S. Elijah's Mantle and the Consecration of Elisha, p. 93-99.

13. BRODIE, T. L., The Crucial Bridge, p. 16; WOODS, F. E. Elisha and the Children, p. 47-58.

14. WOODS, F. E., Elisha and the Children, p. 51.

15. HOBBS, T. R., 2 Kings 1 and 2, p. 327-334.

história da sucessão profética de Elias por Eliseu em 2Rs 1–2. Do ponto de vista metodológico, utilizará, além do Método Histórico-crítico, a Análise Narrativa, como contribuição para a pesquisa dentro da área do profetismo[16]. Assim, em virtude das questões apresentadas supra, a análise do *status quaestionis* para a elaboração da tese percorrerá dois caminhos: (a) o da delimitação dos ciclos de Elias e de Eliseu, o que depende da análise da unidade intrínseca de 2Rs 1–2; (b) o da compreensão e da interpretação de cada um dos capítulos constituintes do objeto material, a saber, 2Rs 1–2.

## *Status quaestionis*

### *Status quaestionis* da delimitação dos ciclos de Elias e de Eliseu

Se por um lado o trabalho de T. R. Hobbs é o primeiro a analisar especificamente a unidade existente em 2Rs 1–2, abordando o propósito com base no tema da "sucessão profética", o autor aponta para trabalhos anteriores de R. H. Pfeiffer, S. R. Driver e J. Gray que já levantavam essa possibilidade ao separar "por vários motivos" 2Rs 1 do restante das histórias de Elias[17]. Desde então, a unidade intrínseca de 2Rs 1–2 é mencionada às vezes apenas *en passant*, sem sequer uma avaliação dos motivos[18].

Isso leva à constatação de que, se muitos comentaristas preferem incluir 2Rs 2 como integrante do ciclo de Eliseu, e não do de Elias – não obstante as dificuldades concernentes à heterogeneidade literária para tal classificação, segundo

---

16. A oportunidade de complementaridade entre os dois métodos será explicitada mais adiante.
17. HOBBS, T. R., 2 Kings 1 and 2, p. 327-334. Cf. tb. DRIVER, S. R., An Introduction to the Literature of the Old Testament, p. 185; GRAY, J., I & II Kings: A Commentary, p. 459; PFEIFFER, R. H., Introduction to the Old Testament, p. 374-412. Não mencionado por T. R. Hobbs, J. Robinson anos antes também havia indicado a unidade, ao dar como título aos dez primeiros capítulos de 2 Reis "Elisha and the End of the House of Ahab" – incluindo, portanto, os capítulos 1–2 – e comentar que isso é "alguma indicação da proeminência" de Eliseu em 2 Reis e que Elias aparece apenas "brevemente" em 2Rs 1; mas não prossegue na pesquisa sobre as relações internas de 2Rs 1–2 (ROBINSON, J., The Second Book of Kings, p. 14-15). Nas p. 195-196, S. R. Driver afirma que as histórias de Eliseu começam em 2Rs 2,1-18, e não leva em consideração 2Rs 1, declarando apenas que aqui há um "impressivo quadro da grandeza inviolável de Elias".
18. AULD, A. G., I & II Kings, p. 148-155, dando título ao conjunto de "Elijah and the Fire of Heaven"; NELSON, R. D., First and Second Kings, p. 158, que mostra a dependência da citação do fogo, como já ocorrera em 1Rs 18; e recentemente P. G. Ryken "insinua" essa unidade ao iniciar seu comentário sobre 2 Reis incluindo o primeiro capítulo na parte intitulada "Elisha: the prophet who followed the forerunner" (RYKEN, P. G., 2 Kings, p. 3-4). Um "passo à frente" é dado por K. Bodner, ao mostrar que 2Rs 1 de fato tem temas em comum com 2Rs 2, em torno de temas de sucessão (real e profética), servindo de "prefácio" para este (BODNER, K., Elisha's Profile in the Book of Kings, p. 39). O próprio T. R. Hobbs, num comentário posterior na série Word Biblical (HOBBS, T. R., 2 Kings, p. 21), menciona apenas "superficialmente" a ligação dos dois capítulos através do motivo do fogo (2Rs 1,10.12.14; 2,11).

G. Hentschel[19] –, nenhum comentarista inclui 2Rs 1 no ciclo de Eliseu; por isso, em geral os capítulos 1 e 2 de 2 Reis são analisados separadamente, com alguns estudiosos publicando obras exclusivas para cada profeta[20]. M. Priotto, por exemplo, reconhece ser 2Rs 2,1-18 uma ponte entre as tradições concernentes a Elias e Eliseu, as quais formam um "díptico", não apenas sob o aspecto material mas também, sobretudo, teológico, uma "linha de teologia profética" centrada maciçamente na Palavra – mas nada fala acerca de 2Rs 1. N. C. Pereira, ao estudar o tema da mulher e do menino no ciclo de Eliseu numa perspectiva sociológica, reconhecendo o caráter comunitário desse ciclo, inclui 2Rs 1 como integrante do ciclo de Eliseu no resumo de primeira página, mas sem fazer nenhuma apreciação do porquê no restante do estudo[21].

Mas o pioneirismo da compreensão de que as histórias de Elias e de Eliseu formam "ciclos de lendas" (*Sagenkränze*) pertence a H. Gunkel num comentário ao Livro de Gênesis em 1901, cujas coerência e unidade interna residem numa série de eventos conectados, cada um dependente do precedente[22]. Desde então, foram publicados estudos que buscavam compreender os dois ciclos em conjunto[23], sendo o mais recente o de R. L. Heller, focando as caracterizações multifacetadas de Elias e de Eliseu e a "ambivalência" do fenômeno profético.

---

19. HENTSCHEL, G., Elijas Himmelfahrt und Elischas Berufung (2 Kon 2,1-15), p. 75-82. Uma das poucas exceções são MILLER, J. M., The Elisha Cycle and the Accounts of the Omride Wars, p. 450; MCKENZIE, S. L., "My God is YHWH", p. 97-110; MONTGOMERY, J. A., A Critical and Exegetical Commentary on the Books of Kings, p. 353, que consideram 2Rs 2 pertencente ao ciclo de Elias. Alguns comentários reconhecem que 2Rs 2,1-18 seja do ciclo de Elias, deixando os v. 19-25 no de Eliseu: COGAN, M.; TADMOR, H., II Kings, p. 36; GARSIEL, M., From Earth to Heaven, p. 1; NIETRO RENTERÍA, F. N., "Según la palabra Yahvé había pronunciado por boca de Elías" (1Re 17,16), p. 9-24; TARLIN, J., Toward a "Female" Reading of the Elijah Cycle, p. 208-217; TODD, J. A., The Pre-Deuteronomistic Elijah Cycle, p. 27. Outros preferem incluir todo o conjunto de 2Rs 2 como ciclo de Eliseu: BARNES, W. H., Cornerstone Biblical Commentary, p. 199; HOUSE, P. R., 1, 2 Kings, p. 250; MEAD, J. K., Eliseo, p. 295; ROFÉ, A., The Classification of the Prophetical Stories, p. 436; RÖSEL, H. N., 2 Kon 2,1-18 als Elija – Oder Elischa-Geschichte?, p. 33-36; TOMES, R., 1 and 2 Kings, p. 265.

20. Sobre Elias, cf. ALBERTZ, R., Elia, p. 19-63; BECK, M., Elia und die Monolatrie, p. 139-150; BUTLER, J. G., Elijah, p. 213-244; CRÜSEMANN, F., Elia – die Entdeckung der Einheit Gottes, p. 13-26; ROBINSON, S., Face2Face with Elijah, p. 69-78; o mais recente consiste numa publicação sobre o impacto de Elias nas narrativas dos evangelhos. PICHON, C., La figure de l'étranger dans le cycle d'Élie, p. 23-91. Sobre Eliseu: BAKON, S., Elisha the Prophet, p. 242-248; BERGEN, W. J., Elisha and the End of Prophetism, p. 11-36; BUTLER, J. G., Elisha, p. 26-81; KRUMMACHER, F. W., Elisha, p. 1-25; MOORE, R. D., God Saves, p. 11-68; WINTER, J., Face2Face with Elisha, p. 14-30.

21. PEREIRA, N. C., La Profecia y lo Cotidiano, p. 12; PRIOTTO, M., Il ciclo di Eliseo, p. 27-32. Na p. 1, N. C. Pereira afirma: "As mulheres e crianças estão significativamente presentes no ciclo de narração do Profeta Eliseu (2Rs 1–11)".

22. AUCKER, W. B., Putting Elisha in His Place, p. 2-6; GUNKEL, H., The Legends of Genesis, p. 42-69.

23. Martin Noth teorizou que um ciclo de Elias/Eliseu surgiu de narrativas desconexas coletadas antes da época deuteronomista; e G. H. Jones discute as narrativas de Elias e de Eliseu sob a rubrica de ciclo (AUCKER, W. B., Putting Elisha in His Place, p. 7; JONES, G. H., 1 and 2 Kings, vol. 1, p. 68-73; NOTH, M., The Deuteronomistic History, p. 68).

As histórias de Elias e de Eliseu também são interpretadas como "pinturas", cujas várias partes unem-se de tal modo, que o leitor pode interpretar vários sentidos das histórias – Elias e Eliseu são "caracteres literários". Abordagens literárias concentram-se nos vários elementos da narrativa e no modo pelo qual esses caracteres literários são representados; mas, por outro lado, deixam a interpretação ao nível de "mera" caracterização. E, assim, Elias e Eliseu são em geral tratados como pouco mais do que simplesmente caracteres intrigantes e evocativos nas suas histórias. R. H. Heller defende que a natureza ambígua das histórias de Elias e de Eliseu reflete ambivalência do autor em relação ao fenômeno profético, uma ambivalência que é provocada na atitude do leitor no seu encontro com essas histórias. Dessa maneira, as narrativas de Elias e de Eliseu foram compostas ou editadas em conjunto com um alto caráter de ambiguidade em relação à profecia[24]. Há, portanto, uma apreciação "negativa" do ministério profético de Elias, na contramão de todo o peso da tradição judaico-cristã.

Dentro dessa linha, chama a atenção o comentário de M. Garsiel de que o "autor implícito" abertamente apresenta Elias como um admirado "taumaturgo" e, ao mesmo tempo, usando uma ampla gama de artifícios literários sutis, implicitamente critica seu caráter e seu tipo de liderança[25], um caminho já percorrido antes por P. J. Kissling: em uma monografia incluindo Moisés e Josué, propõe uma análise do retrato narrativo de Elias e de Eliseu, a partir da qual argumenta que o narrador tem uma atitude complexa contra os profetas e a profecia, oposta a uma simplisticamente positiva. Em outras palavras, se na exegese tradicional tanto Moisés quanto Elias são "heróis", seu trabalho busca problematizar essa suposição[26].

Em texto mais recente, I. Provan volta ao tema de Elias como "herói ambivalente". A vida de Elias após Horeb está plena de "efetivo serviço" a YHWH: é uma pessoa que procede "obedientemente" quando tudo ocorre da maneira por ele esperada e quando ele próprio ocupa um papel central nos planos divinos – e é capaz de fatos extraordinários nessas ocasiões. Mas, em caso contrário, demonstra certa relutância e até desobediência, tornando-se parecido com a narrativa de Jonas. Se I. Provan reconhece uma apreciação implicitamente negativa de Elias, como fizeram R. H. Heller, M. Garsiel e P. J. Kissling, conclui que nessa ambivalência Elias nos serve de "professor", tanto nos seus sucessos quanto nas suas falhas[27].

---

24. HELLER, R. L., The Characters of Elijah and Elisha and the Deuteronomic Evaluation of Prophecy, p. 6-7; 14.
25. GARSIEL, M., From Earth to Heaven, p. 5.
26. KISSLING, P. J., Reliable Characters in the Primary History, p. 15-16.
27. PROVAN, I., An Ambivalent Hero, p. 135-151.

T. L. Brodie ressalta a unidade entre os dois ciclos, em especial como "ponte crucial" e "síntese" para todas as narrativas contidas no conjunto Gênesis-Reis. Ainda segundo T. L. Brodie, as histórias concernentes a Elias estendem-se de maneira integral de 1Rs 16,29 a 2Rs 13,25 e estruturam uma unidade consistindo em dois dramas, um centrado em Elias e sua assunção (1Rs 16,29–2Rs 2,25) e outro em Eliseu e seu funeral (2Rs 3–13). Com cada um contendo quatro dramas dispostos concentricamente, entende o quarto drama de Elias formado por 2Rs 1–2, o qual corresponde ao quarto drama de Eliseu em 2Rs 11–13. Ambos lidam com fins de carreira: o primeiro, um turbilhão que leva aos céus (e encerra a carreira terrena); e o segundo, uma doença que leva à morte. Por sua vez, 2Rs 1–2 é constituído por um "díptico", com cada lado abrangendo cada um dos capítulos. A temática comum envolve a partida dessa vida, ainda que sejam diversas: o Rei Ocozias cai do alto e morre sem mais poder se levantar de sua cama (2Rs 1); o Profeta Elias é elevado aos céus. Há, portanto, um contraste entre queda e ascensão. Mas ambas as partidas são acompanhadas pela palavra profética[28].

Na mesma linha, M. L. Bellamy entende todo o conjunto de 1Rs 16,23–2Rs 13,25 como o "Ciclo de histórias de Elias-Eliseu", classificando-o como uma *ring composition* – um recurso literário também conhecido por sua disposição quiástica. M. Alvarez Barredo analisa a teologia conjunta dos ciclos de Elias e de Eliseu e o modo como os tais foram integrados à obra dos Reis: após averiguar a situação histórica das consequências religiosas da política dos amridas, busca entender se essas narrativas foram transmitidas em bloco ou se cada relato seguiu uma trajetória própria. São propostos três passos: primeiro, pesa o grau de pertencimento de cada capítulo a um determinado bloco (inclui 2Rs 1 como ciclo de Elias e coloca todo o 2Rs 2 no ciclo de Eliseu); em seguida, identifica as possíveis unidades que cada capítulo inclui; e enfim destaca os perfis teológicos. Deduz, entre outras coisas, que nas histórias de Elias encontra-se uma ênfase na transcendência divina, devolvendo a Deus o protagonismo; por outro lado, nas histórias de Eliseu enfatiza-se mais sua imanência, insistindo-se na proximidade de Deus com seu povo em diferentes e variados acontecimentos[29].

---

28. BRODIE, T. L., The Crucial Bridge, p. 1-17. A unidade entre os dois ciclos apresenta ainda as seguintes características: 1) constituem uma narrativa de sucessão numa espécie de variante da narrativa de sucessão de Davi e Salomão; 2) estão unidas pelo tema da profecia; 3) têm ênfase na cura; e 4) têm uma estrutura coerente.

29. ALVAREZ BARREDO, M., Las Narraciones sobre Elias y Eliseo en los Libros de los Reyes, p. 2-5, 120-122; BELLAMY, M. L., The Elijah-Elisha Cycle of Stories, p. 1 (JONES, G. H., 1 and 2 Kings, vol. 1, p. 69 vai no sentido oposto, ao enfatizar como as histórias que envolvem Elias e Eliseu carecem de unidade). Também E. B. de Souza efetua "reflexões teológicas" na narrativa de Elias-Eliseu: apresenta-se uma "breve resenha das condições sociopolíticas e religiosas do Reino do Norte de Israel e os temas da renovação do concerto, palavra de YHWH e singularidade de YHWH" e como eles são "identificados como importantes aspectos

Outros autores pesquisam temáticas comuns mais "sutis", ou "específicas", envolvendo os dois profetas. W. Brueggemann analisa os dois profetas como exemplos de "testemunho", enfatizando mais Eliseu: um "ou" que rompe com a "ortodoxia" do individualismo e requer uma rejeição à noção de "desserviço" aos pobres; e da "outra maneira", acessível somente na ousada capacidade de retratar o novo sem "convicção dogmática"[30]. Numa linha antropológica similar, S. D. Hill analisa Elias e Eliseu como "heróis locais" e "homens santos" (enfatizando mais Elias): figuras carismáticas que ganham ampla aderência nas camadas populares mediante proeminência familiar ou *status* e que se situam consciente ou inconscientemente em um ponto-chave de tensão entre o centro e a periferia de poder[31].

Prosseguindo nessas temáticas mais específicas, W. Schniedwind e D. Sivan analisam a unidade do ponto de vista linguístico – como as narrativas de Elias e de Eliseu evidenciam um hebraico idiossincrático, típico do Reino do Norte. J. J. Spoelstra coloca a menção contínua a mulheres como um fator unificador das histórias de Elias e Eliseu: para tal utiliza-se da semiótica, especialmente das categorias de A. J. Greimas – encontrando três "eixos": comida-fome, vida-morte e ortodoxia-idolatria. Conclui como Atalia é integrada dentro da narrativa conjunta: sendo uma rainha tão feroz e sanguinária quanto Jezabel, proporciona uma espécie de "enquadramento", pelo qual os profetas Elias e Eliseu trazem "equilíbrio narrativo" ao "temperar" essas duas rainhas ímpias[32].

D. Zucker mostra o quanto Elias e Eliseu ecoam respectivamente Moisés e Josué. Num primeiro artigo mostra como alusões mosaicas extensivas apresentam Elias como um Moisés *redivivus*; e, assim como Josué sucedeu a Moisés, Eliseu sucede a Elias. Entretanto, Eliseu não somente ecoa Josué mas também apresenta traços mosaicos. Por isso, num segundo artigo, prossegue o estudo focando mais as similaridades e diferenças existentes entre Elias e Eliseu: se Elias teve uma "influência formativa" em Eliseu, Elias é mais dramático e até mesmo carismático do que Eliseu[33].

---

da mensagem teológica da narrativa de Elias e Eliseu". Ambos os profetas entregam uma mensagem autoritativa de julgamento dos reis e do povo, proclamando a singularidade de YHWH (DE SOUZA, E. B., Some Theological Reflections on the Elijah-Elisha Narrative, p. 65-79).

30. BRUEGGEMANN, W., Testimony to Otherwise, p. 20, 42-43.

31. HILL, S. D., The Local Hero in Palestine in Comparative Perspective, p. 48-51.

32. SCHNIEDWIND, W.; SIVAN, D., The Elijah-Elisha Narratives, p. 303-337; SPOELSTRA, J. J., Queens, Widows, and Mesdames, p. 171-184. T. L. Brodie também mostrou a integração de Atalia, mas especificamente no "drama de Eliseu", como desenvolvimento narrativo das repercussões, no reino de Judá, do golpe de Jeú, golpe esse com participação ativa de Eliseu (BRODIE, T. L., The Crucial Bridge, p. 24).

33. ZUCKER, D., Elijah and Elisha: Part 1, Moses and Joshua, p. 225-231; ZUCKER, D., Elijah and Elisha: Part II, Similarities and Differences, p. 19-23. A análise de D. Zucker amplia estudos de J. Briend e de A. Meinhold

Q. R. Conners apresenta ainda um estudo com uma abordagem psicológica: mostra a importância tanto de Elias quanto de Eliseu para a tradição carmelita e aproxima esses profetas "das lentes de alguém do século XX e, em particular, de um que tem sido treinado como um psicólogo". Usando teorias junguianas sobre arquétipos que sugerem poderes xamânicos em Eliseu, analisa em especial os dois episódios narrados em 2Rs 2,19-25. Numa outra análise que transita entre o psicológico e o antropológico, L. Feldt mostra o quanto Elias e Eliseu têm o "poder da natureza", quase "feroz", ambos extraordinários, ambíguos e selvagens, ao comparar o tema do "homem selvagem" em textos mítico-folclóricos. Persistindo no ponto de vista antropológico, T. H. Rentería apresenta uma análise das intricadas relações sociopolíticas por trás das histórias de Elias e de Eliseu, pelas quais haveria um conflito entre a monarquia hegemônica centralizadora e o poder regional dos vilarejos, tornados agudos na dinastia de Amri, com a resistência do poder regional até o golpe de Jeú[34].

## *Status quaestionis* da compreensão e da interpretação de 2Rs 1–2

Quanto ao *status quaestionis* da compreensão e da interpretação de 2Rs 1,1-18, segundo D. Nocquet, essa perícope ocupa um espaço reduzido entre os comentaristas; no estudo mais recente, J. Fenik aborda o simbolismo de vestir aplicado às histórias de Elias e Eliseu e a Jesus no Evangelho de João, o qual representa trato particular ou capacidade do "herói"; e M. Schott, explorando ainda a questão da vestimenta, parte do princípio de que uma roupa evidencia certo *status* social, e comparando 2Rs 1,8 com 1Rs 19,19-21; 2Rs 2,1-18 e Zc 13,8 levanta a hipótese de a roupa mencionada nessas passagens indicar especificamente o *status* ministerial profético. Ou seja, não há um estudo amplo sobre a períco-

---

acerca das relações específicas entre Elias e Moisés (BRIEND, J., Elie et Moïse, p. 30-31; MEINHOLD, A., Mose und Elia am Gottesberg und am Ende des Prophetenkanons, p. 22-38), e essas características "mosaicas" são abordadas por outros comentaristas com ênfase especial em 2Rs 2: BARNES, W. H., Cornerstone Biblical Commentary, p. 203; BEAL, L. M. W., 1 & 2 Kings, p. 301-308; BUTLER, J. G., Elijah, p. 227-244; BUTLER, J. G., Elisha, p. 26-81; COHN, R. L., 2 Kings, p. 10-17; MARTIN, C. G., 1 and 2 Kings, p. 419-421; e, mais recentemente, MCKENZIE, S. L., 1 Kings 16–2 Kings 16, l. 6492-6494.

34. CONNERS, Q. R., Elijah and Elisha, p. 235-242; FELDT, L., Wild and Wondrous Men, p. 322-352; RENTERÍA, T. H., The Elijah/Elisha Stories, p. 75-126. T. W. Overholt também analisa Elias e Eliseu como se fossem "xamãs", numa apreciação mais antropológica; porém, prefere focar a importância tanto de Elias quanto de Eliseu no contexto da religião israelita, mais especificamente da sua manifestação popular, para trazê-la de volta à sua pureza original, embora reconhecendo o caráter conjectural dessas apreciações (OVERHOLT, T. W., Elijah and Elisha in the Context of the Israelite Religion, p. 94-111). J. T. Noble evita falar de xamanismo e prefere inserir Elias e Eliseu numa espécie de "sacerdócio informal", ao perceber traços sacerdotais em suas atuações proféticas, tais como a associação do vocábulo com o culto e a própria requisição da porção dobrada do espírito com reminiscências da legislação levítica (NOBLE, J. T., Cultic Prophecy and Levitical Inheritance in the Elijah-Elisha Cycle, p. 45-60).

pe de 2Rs 1,1-18; há tão somente um aspecto pontual. Da mesma forma, P.-S. Chauny concentra-se no "caráter extremado" do ato praticado por Elias: numa preocupação mais pastoral, aponta a persistência do caminho do pacifismo e do rompimento com toda manifestação de violência e intolerância – os quinhentos anos da Reforma Protestante deram-lhe ensejo para essa reflexão[35].

Não obstante, J. J. Muñoz Saraoz e P. Lopez Toledo realizam um estudo a partir da Análise Narrativa sobre a inteira perícope de 2Rs 1,1-18, mas antes oferecem alguns passos do Método Histórico-crítico, pela ordem: uma tradução com algumas notas filológicas; algumas questões de crítica textual; e delimitação do texto. Só então entram na análise da trama narrativa, objetivando abordar como a Palavra de Deus "manifesta-se justa e firme" ante atitudes inconstantes, em particular desde as atitudes dos personagens envolvidos[36]. Percebe-se que os poucos passos do Método Histórico-crítico, tratados rapidamente, são apenas introdutórios à Análise Narrativa, propiciando que o estudo seja sincrônico em sua essência. Mas compreende-se que o espaço de um artigo não permita uma ampla integração entre diacronia e sincronia. A perícope de 2Rs 1,1-18 como um todo também é analisada nos seus "elementos unificadores" por C. T. Begg: após abordar as questões redacionais envolvidas, concentra-se nos v. 2-17a (não leva em consideração, pois, os v. 1.17b-18) e conclui que o editor final teve o cuidado de proporcionar uma integração tal das interpolações, que ofereceu uma narrativa com toda uma coerência interna[37].

Muitos autores estudam 2Rs 1,1-18 junto ao restante do ciclo de Elias. M. Garsiel, partindo de pressupostos da Análise Narrativa, propõe uma interdisciplinaridade que integre historiografia, psicologia popular, folclore, linguística, poética, geografia etc., mas não analisa a articulação temática entre as diversas passagens. Abordagem similar é feita por W. Vogels: após uma primeira parte introdutória acerca das questões literárias envolvidas no ciclo de Elias, incluindo questões de cunho ético-religioso, numa segunda parte efetua uma cuidadosa análise do inteiro ciclo, perícope por perícope, com especial atenção à estrutura do ciclo e suas histórias individuais. Igualmente sem uma preocupação com a articulação temática entre as partes constituintes subsequentes, proporciona um

---

35. CHAUNY, P.-S., Pourquoi nous ne devrions pas imiter Élie à l'extrême, p. 85-98; FENÍK, J., Clothing Symbolism in the Elijah–Elisha Cycle and in the Gospel of John, p. 49-73; NOCQUET, D., Le livret noir de Baal, p. 159; SCHOTT, M., Elijah's Hairy Robe and the Clothes of the Prophets, p. 477-489.

36. MUÑOZ SARAOZ, J. J.; LOPEZ TOLEDO, P., En un mundo cambiante la palabra de Dios permanece firme y justa, p. 143-170.

37. BEGG, C. T., Unifying Factors in 2 Kings 1.2-17a, p. 75-86. A. Rofé, anos antes, havia feito um estudo semelhante, porém focando mais a identificação de suas diferentes etapas redacionais, e menos na questão do "fator unificador" (ROFÉ, A., Baal, the Prophet and the Angel (II Kings 1), p. 222-230).

quadro geral de Elias à guisa de conclusão: seu ciclo apresenta-o como um profeta misterioso, cheio de contrastes[38].

Esses contrastes são analisados por P. T. Cronauer a partir de uma perspectiva de "elaboração redacional", como as várias "faces" de Elias, desde uma apreciação "ascendente", passando pelo "ápice" e incluindo uma apreciação "descendente". Assim, ao inteiro ciclo foram concedidos tanto balanço quanto simetria[39]. R. L. Cohn não apenas compara 2Rs 1,1-18 com perícopes dos ciclos de Elias e Eliseu, mas também vai além ao incluir outras passagens da obra de Reis para encontrar um padrão: Elias, Eliseu, Isaías e Aías, o silonita – todos tratam com reis que estão enfrentando a morte, o que representaria um artifício narrativo para caracterizar a "monarquia moribunda"[40]. Dentro dessa perspectiva, D. F. Payne busca o "lugar" teológico do ciclo de Elias dentro da obra de Reis e sua correspondência com a teologia deuteronomista em geral[41].

Outros analisam a particularidade na perícope acerca da expressão בַּעַל זְבוּב: no mais recente trabalho de M. Pietsch, debate-se a questão de o real nome de Baal Zebub – uma nomenclatura não reconhecível alhures – ser Baal Zebul, não obstante não haver nenhuma base segura na história religiosa que uma tal divindade com esse nome era adorada na Idade do Ferro II em Acaron. F. C. Fensham apresenta uma explicação alternativa: "Zebub" como corruptela de "Zebul", o que daria a leitura "Baal, o príncipe" – pela qual, ao comparar com textos ugaríticos, propõe a ligação com o fogo e, assim, a leitura "Baal, o fogo". A. Tångberg prefere não se deter na questão da possível corruptela envolvendo o nome Zebub e foca mais no sentido literal de "mosca", ou seja, "Baal das moscas". B. L. Stein, a partir de pressupostos arqueológicos, analisa a questão da corruptela como um recurso literário à "demonização" da deidade cananeia. Para D. Nocquet, ao comentar junto a outras passagens, em especial 1Rs 18,17-46, toda essa polêmica contra Baal teria por trás o sucesso do golpe de Jeú, o qual inclui a eliminação do culto dessa divindade estrangeira e a "vitória política" de YHWH[42].

---

38. GARSIEL, M., From Earth to Heaven, p. 1-19; VOGELS, W., Elie et se fioretti, p. 9-58, 167-176, 191-196.

39. CRONAUER, P. T., The Many Faces of Elijah, p. 340-347. Isso é similar ao que fizera M. de Goedt, restringindo-se, entretanto, ao conjunto 1Rs 17–19 (DE GOEDT, M., Elijah in the Book of Kings, p. 13-18).

40. COHN, R. L., Convention and Creativity in the Book of Kings, p. 603-616. Cf. tb. OLLEY, J. W., YHWH and His Zealous Prophet, p. 25-51; THIEL, W., Deuteronomistische Redaktionsarbeit in den Elia-Erzählungen, p. 148-171; TODD, J. A., The Pre-Deuteronomistic Elijah Cycle, p. 1-35.

41. PAYNE, D. F., The Elijah Cycle and its Place in Kings, p. 109-114. Cf. tb. KÖCKERT, M., "Gibt es keinen Gott in Israel?", p. 253-271; MISCALL, P. D., Elijah, Ahab and Jehu, p. 73-83; PICHON, C., La figure de l'étranger dans le cycle d'Élie, p. 84-104; STEENKAMP, Y., King Ahaziah, the Widow's Son and the Theology of the Elijah Cycle, p. 646-658; WERLITZ, J., Vom feuerigen Propheten zum Versöhner, p. 192-200.

42. FENSHAM, F. C., A Possible Explanation of the Name of Baal-Zebub of Ekron, p. 361-364; NOCQUET, D., Une manifestation "politique" ancienne de Yhwh: 1 R 18,17-46 reinterprete, p. 169-184; PIETSCH, M.,

Se há unanimidade em torno da unidade literária de 2Rs 1, nem todos abordam 2Rs 2 como uma unidade literária coesa. A unidade literária é trabalhada por alguns comentaristas, como D. R. Davis com sua interpretação teológica que enfatiza questões homiléticas. Ao mostrar a unidade mediante uma disposição quiástica em torno das menções geográficas, aborda como essa unidade ajuda a encontrar a "mensagem primária" proclamada: mesmo em face de grandes transições perturbadoras no Reino de Deus, YHWH providencia liderança adequada para seu povo (v. 1-18) e confronta-os com a possibilidade de usufruir sua graça (v. 19-22) ou enfrentar seu julgamento (v. 23-25)[43].

M. A. O'Brien também persegue a unidade de 2Rs 2, mas através da caracterização dos profetas Elias e Eliseu. Deplorando que pouca atenção seja dada a um "fino exemplo" de narrativa, pontua como constitui a única menção de uma sucessão profética no cânon bíblico e desenvolve o papel dos v. 19-25: por um lado reverencia Elias e Eliseu como os maiores profetas na tradição de Israel; por outro desenvolve uma crítica sutil mas poderosa deles enquanto profetas. É uma crítica dividida em três pontos: 1) a natureza ambígua dos sinais dos profetas, 2) uma preocupação "exagerada" pelo carisma profético e 3) uma reflexão sobre a experiência de Eliseu como profeta, contrastantes nos v. 19-25[44].

---

Beelzebul oder Beelzebub?, p. 299-318; STEIN, B. L., Who the Devil Is Beelzebul?, p. 42-45, 48; TÅNGBERG, A., A Note on Ba'al Zĕbūb in 2 Kgs 1,2.3.6.16, p. 293-296. Cf. tb. DAOUST, F., Satan, Bélial, Azazel et les autres, p. 10-25; DE MENEZES, R., Religious Pluralism in the Old Testament, p. 834-844; SMITH, M. S., God in Translation, p. 91-130; SARACINO, F., Ras Ibn Hani 78/20 and Some Old Testament Connections, p. 338-343. Há ainda estudos sobre outras particularidades na perícope de 2Rs 1,18: as relações da citação da revolta de Moab em 1,1 com a estela de Mesa, e o consequente debate acerca de sua historicidade (o mais recente TEBES, J. M., The Mesha inscription and relations with Moab and Edom [en línea], p. 286-292, mas cf tb. DEARMAN, J. A.; MATTINGLY, G. L., Mesha Stele, p. 708-709; ROUTLEDGE, B., The politics of Mesha, p. 221-256; THOMPSON, T. L., Mesha and Questions of Historicity, p. 241-260); e C. Gilead, acerca das expressões וַיְדַבֵּר, וַיַּעֲנֶה, e וַיַּעַן; C. E. Morrison, acerca das particularidades da transmissão textual nas diversas versões; e A. P. Otero, num trabalho de crítica textual acerca das particularidades das variantes textuais na tradição massorética (GILEAD, C., וידבר ויען ויענה in II Kings 1:9–13, p. 46-47; MORRISON, C. E., Handing on the Mantle, p. 109-129; OTERO, A. P., Flies, Idols and Oracles, p. 81-88).

43. DAVIS, D. R., The Kingdom of God in Transition, p. 384-395; cf. tb. BEAL, L. M. W., 1 & 2 Kings, p. 299-308; BRUEGGEMANN, W., 1 & 2 Kings, p. 293-304; DAVIS, D. R., 2 Kings, p. 27-40; EVERETT, G. H., The Books of 1 and 2 Kings, p. 95-99; FRETHEIM, T. E., First and Second Kings, p. 135-141; HOBBS, T. R., 2 Kings, p. 13-28; LANGE, J. P. et al., A Commentary on the Holy Scriptures, p. 10-29; LONG, B. O., 2 Kings, p. 19-32; NELSON, R. D., First and Second Kings, p. 157-163; PROVAN, I. W., 1 & 2 Kings, p. 172-174; SWEENEY, M. A., I & II Kings, p. 271-275.

44. O'BRIEN, M. A., The Portrayal of Prophets in 2 Kings 2, p. 1-16. R. Moore encontra elementos de intertextualidade entre 2Rs 2 e o episódio acerca do machado em 2Rs 6,1-7: a menção do Jordão; o envolvimento dos filhos dos profetas; a busca por continuar com o mestre; a manifestação do poder sobrenatural em prol do "mais novo". Assim, 2Rs 6,1-7 evidencia a centralidade e a importância dada a 2Rs 2 por essas menções, bem como comparar a transmissão de poder: de Elias para Eliseu em 2Rs 2, e de Eliseu para seus discípulos em 2Rs 6,1-17 (MOORE, R., Finding the Spirit of Elijah in the Story of Elisha and the Lost Axe Head, p. 780-789). M. Oeming, sobre uma série de colóquios realizados em Heidelberg em 2014, analisa o ciclo de Eliseu e sua relação com as guerras contra os arameus: teologicamente, embora a

Entretanto, outros estudiosos preferem focar mais a passagem de 2Rs 2,1-18, como G. Rice, ao analisar a importância do ato de Eliseu ver Elias sendo arrebatado como requisito essencial para adquirir a liderança profética e assim consumar a narrativa de sucessão. O estudo mais recente sobre o papel do "testemunho ocular" para a temática da sucessão profética, numa análise "detalhada", foi efetuado por M. C. Palmisano[45]. Por isso outros salientam o significado da vocação e da autoridade profética de Eliseu, como G. Polan quando enfatiza o papel autoritativo representado pelo manto, o qual tem inclusive traços da autoridade sacerdotal, segundo M. Burki[46].

Muitos estudiosos comentam o "arrebatamento" de Elias em 2Rs 2,1-18. No mais recente, M. R. Simone traça o que chama de distribuição da divina presença entre objetos rituais a princípio na Mesopotâmia, a fim de explicar como as carruagens de 2Rs 2 e 6, sobre as quais não se diz expressamente que contêm o "corpo de Deus", não obstante continuam a "agir como veículo da divina agência e presença". G. Hentschel analisa os conceitos oscilantes acerca do que está para acontecer com Elias e da ambiguidade do que Eliseu sabe de verdade: Trata-se de sua ascensão de fato aos céus, ou de sua transladação na terra numa espécie de "rapto"? Para tentar encontrar o significado desse arrebatamento, C. Uehlinger faz uma leitura "pictográfica" de dois vasos de prata fenícios do século VII a.C.: apesar das similaridades fenomenológicas de uma intervenção divina abrupta,

---

posição geral contra eles seja de hostilidade, em outras instâncias as atitudes de Eliseu com os arameus representam estes como instrumentos de punição e educação de Israel. Em suma, a guerra entre Israel e Aram é a manifestação do controle de YHWH da história (OEMING, M., "And the King of Aram was at war with Israel", p. 401-412).

45. PALMISANO, M. C., La testimonianza nella successione profetica in 2 Re 2,1-18, p. 83-92; RICE, G., Elijah's Requirement for Prophetic Leadership (2 Kings 2:1-18), p. 1-12. Cf. tb. CARR, A. D., Elisha's Prophetic Authority and Initial Miracles (2 Kings 2:12-15), p. 33-44; DABHI, J. B., Discipleship in the Hebrew Bible, p. 49-65.

46. BURKI, M., L'étoffe du prophétie, p. 139-157; POLAN, G. J., The Call of Elisha, p. 359-363. B. J. Wagstaff, em tese recente sobre a o papel da roupa na Bíblia Hebraica, faz uma análise pormenorizada do simbolismo e da importância da roupa designada no hebraico como אַדֶּרֶת em 1Rs 19,19-21 e 2Rs 2,8.13-14 (WAGSTAFF, B. J., Redressing Clothing in the Hebrew Bible, p. 305-400). Outros estudiosos que focam o simbolismo de אַדֶּרֶת, "manto", são: FETHEROLF, C. M., Elijah's Mantle, p. 199-212; GHANTOUS, H., From Mantle to Scroll, p. 119-133; JOÜON, P., Le costume d'Elie et celui de Jean Baptiste, p. 74-81; KALTNER, J., What did Elijah Do to His Mantle?, p. 225-230. Em vez de se concentrar no "manto", J. Levison prefere a transmissão do espírito como investidura de autoridade, ao comparar 2Rs 2,1-18 com as passagens de Nm 11,16-30; 27,12-23; Dt 34,7-12 e 1Rs 22 (LEVISON, J., Boundless God, p. 73-88). Em outro estudo recente acerca de 2Rs 1,1-18, R. Graybill enfatiza os "estranhos poderes mágicos" da "corporeidade" do profeta, tendo o manto de Elias como exemplo, e a existência de uma "reflexão" entre corporeidade feminina e masculina: enquanto os v. 19-22 dizem respeito a um milagre diretamente relacionado ao corpo feminino – ao sanar águas que causavam aborto –, nos v. 23-25 duas ursas gêmeas são utilizadas para efetuar um castigo mediante ato violento – o que viola as normas culturais de efetivo exercício da violência por agentes masculinos (GRAYBILL, R., Elisha's Body and the Queer Touch of Prophecy, p. 32-40).

nos vasos fenícios o arrebatamento pressupõe uma duração temporária, episódica, para livrar de um perigo ocasional, enquanto o relato acerca de Elias indica um caráter permanente[47].

Alguns estudiosos focam expressões particulares da perícope. E. G. Dafni, analisando a expressão חַי־יְהוָה וְחֵי־נַפְשְׁךָ em 2,2.4.6 pelas perspectivas sintática, semântica, contextual e intertextual, conclui que a fórmula é menos um "juramento" e mais uma "confissão"; ou seja, YHWH é aquele que tem vida em si mesmo e pelo qual a נֶפֶשׁ de alguém vive após a morte. L. Popko prefere concentrar-se na expressão פִּי־שְׁנַיִם em 2,9: após analisar possibilidades de tradução como "porção dobrada" e "dois terços", volta-se para o sentido literal do vocábulo פֶּה e aborda a possibilidade de que a expressão signifique "fala duplicada", bem como suas implicações positivas (o dobro da possibilidade de fala) e negativas (a capacidade de dubiedade e o duplo sentido no falar). Dentro do aspecto negativo, levanta a hipótese de uma "teologia do engano"[48]. Voltando-se para a expressão אָבִי אָבִי רֶכֶב יִשְׂרָאֵל וּפָרָשָׁיו em 2Rs 2,12 (e 13,14), K. Weingart conclui, com dados de crítica redacional e comparando com 2Rs 6,15-17, tratar-se de um título relacionado a Eliseu e atribuído tardiamente a Elias, seu mestre – um título com conotações bélicas, pois Eliseu é considerado uma ajuda capaz em tempos de ameaça militar entre Israel e Aram[49].

Não poucos analisam o ministério profético de Eliseu no seu contexto histórico, social e político. F. B. Motta, por exemplo, numa abordagem mais pastoral de contribuição para a teologia latino-americana, estuda o mistério carismático e

---

47. HENTSCHEL, G., Elijas Himmelfahrt und Elischas Berufung (2 Kon 2,1-15), p. 75-82; UEHLINGER, C., L'ascension d'Élie, p. 79-97. Cf. ainda FOX, E., The Translation of Elijah, p. 156-169; LUKE, K., Elijah's Ascension to Heaven, p. 186-209; SKA, J.-L., Morrire e risorgere, p. 211-225; SIMONE, M. R. (S.J.), Yhwh's Fiery Chariots, p. 199-217; VERHEIJ, A. J. C., "The Translation of Elijah", p. 170-174. A. Schmitt aprofunda-se no "mistério" que envolve esse arrebatamento, comparando não somente com relatos de passagens em Flávio Josefo, 1 Macabeus e Ben Sira como também com exemplos extraídos da literatura cananeia, egípcia e mesopotâmica (SCHMITT, A., "Elija stieg zum Himmel hinauf", p. 27-33). Sem depender de dados arqueológicos, mas focando os aspectos literários, F. Foresti analisa o papel do arrebatamento dentro da narrativa da sucessão profética como uma "viagem ao misterioso" por parte de Elias para o "retorno epifânico" do seu "profeta primogênito", Eliseu. Ao abordar os elementos mosaicos, ressalta como Elias ultrapassa Moisés ao sublimar a questão da morte (FORESTI, F., Il rapimento di Elia al cielo, p. 257-272).

48. DAFNI, E. G., Zum extensionalen und intentionalen Gehalt der Aussage, p. 37-54; POPKO, L., פִּי־שְׁנַיִם in 2 Kgs 2:9 as a Metaphor of Double Speech, p. 353-374. Cf. tb. DAVIES, E. W., The Meaning of pî šᵉnayim in Deuteronomy xxi 17, p. 341-347; RUBIN, N., The Social Significance of the Firstborn in Israel, p. 155-170; TSUKIMOTO, A., Emar and the Old Testament, p. 3-24; WEISMAN, Z., The Personal Spirit as Imparting Authority, p. 225-234.

49. WEINGART, K., My Father, My Father!, p. 257-270. Cf. tb. BAILEY, R., Elijah and Elisha, p. 18-39; BEEK, M. A., The Meaning of the Expression "The Chariots and the Horsemen of Israel" (2 Kings 2:12), p. 1-10; LUNDBOM, J. R., Elijah's Chariot Ride, p. 150-161; RICHELLE, M., Élie et Elisée, Auriges en Israel, p. 321-326; WILLIAMS, J. G., The Prophetic "Father", p. 344-349.

social de Eliseu, ou seja, a integração dos "dons do espírito" representados pela requisição feita por Eliseu – uma vida "contemplativa", "mística" – com uma vida de compaixão e voz profética de efetiva atividade social[50]; e outros ainda analisam a importância de menções geográficas, como J. S. Burnett acerca da polêmica antibetelita de cunho deuteronômico representada no ato simbólico (e, portanto, não físico) de descer; e H.-J. Kraus acerca de Guilgal, que, através de uma investigação do seu papel cultual na Obra Historiográfica Deuteronomista, conclui por um "centro anfictiônico" de "lenda cultual de celebração da terra". R. Walfish ultrapassa os limites da obra de Reis, ao comparar com a história de Rute, ou mais especificamente a relação Eliseu/Elias com a relação Rute/Noemi como parâmetros de seguimento[51].

Com relação à perícope de 2Rs 2,19-25, na já citada dissertação *Da Palavra sai vida e morte: Estudo exegético de 2Rs 2,19-25*, mostrou-se sua unidade tanto do ponto de vista do Método Histórico-crítico quanto da Análise Narrativa[52]. Entretanto, muitos comentaristas tratam o episódio das águas (v. 19-22) e o das ursas (v. 23-25) como perícopes independentes, sendo o estudo mais recente o efetuado por M. Pietsch, junto a outras passagens do ciclo de Eliseu acerca do caráter "mágico" das ações do profeta. Conclui que o conceito profético das narrativas de Eliseu adapta antigas práticas de encantamento orientais, que restaura a ordem mítica do cosmos por meio de atos ritual-simbólicos. Nesse sentido, os milagres do homem de Deus podem ser lidos nas histórias de Eliseu como transformações literárias de ações ritual-simbólicas nas quais várias práticas mágicas são incorporadas[53].

---

50. MOTTA, F. B., The Charismatic & the Social Prophetic Ministry in the Life of the Prophet Elisha, p. 222-244. Cf. tb. AVRAHAM, N., Toward the Social Status of Elisha and the Disciples of the Prophets, p. 41-54; BERGEN, W. J., The Prophetic Alternative, p. 127-137; LEMAIRE, A., Comment devient-on prophète en Israël au IXe siècle av. n. è?, p. 87-98; NA'AMAN, N., Prophetic Stories as Sources for the Histories of Jehosaphat and Omrides, p. 153-173; NOBILE, M., La reductio jahwista del profetismo biblico, p. 85-97; STIPP, H.-J., Elischa-Profeten-Gottesmanner, p. 463-480; THIEL, W., Jahwe und Prophet in der Elisha Tradition, p. 93-103; ZVI, E. B., "The Prophets", p. 555-567.

51. BURNETT, J. S., "Going Down" to Bethel, p. 281-297; KRAUS, H.-J. Gilgal, p. 181-191; WALFISH, R. Ruth and Elisha, p. 236-242.

52. BELEM, D. F., Da Palavra sai vida e morte, p. 21-40, 96-118.

53. PIETSCH, M., Der Prophet als Magier, p. 343-380. Algo já sinalizado por E. R. Wendland num contexto mais antropológico do que propriamente teológico (WENDLAND, E. R. Elijah and Elisha, p. 213-223). Como perícopes independentes, cf. por exemplo BUTLER, J. G., Elisha, p. 58-77; COHN, R. L., 2 Kings, p. 10-17; HALE, T., 2 Kings, p. 655-657; HENS-PIAZZA, G., 1-2 Kings, p. 236-237; HOUSE, P. R., 1, 2 Kings, p. 260-261; LAFFEY, A. L., First and Second Kings, p. 94; MARTIN, C. G., 1 and 2 Kings, p. 419-421; WINTER, J., Face2Face with Elisha, p. 23-29; WOLFGRAMM, A. J., Kings, p. 171-174. Exceções são D. R. Davis e R. B. Dillard (DAVIS, D. R., 2 Kings, p. 39; DILLARD, R. B., Faith in the Face of Apostasy, p. 88-89); este último dá o título de "A Tale of Two Cities", mesmo título dado por P. G. Ryken, I. W. Provan e R. J. Rushdoony (RYKEN, P. G., 2 Kings, p. 30-42; PROVAN, I. W., 1 & 2 Kings, p. 174-175; RUSHDOONY, R. J., Chariots of Prophetic Fire, p. 83-87).

Para o episódio das águas (v. 19-22) há o estudo de J. Pakkala, o qual mostra como o tema das águas é recorrente no ciclo de Elias e de Eliseu. Além do artigo de J. Pakkala, poucos dão atenção aos v. 19-22, como os antigos trabalhos de I. M. Blake e D. Sperber. J. Pakkala valoriza um estudo com base na intertextualidade e conclui acerca do papel das águas tanto como local dos milagres quanto como meio para realizá-los; os dois outros artigos constituem estudos baseados na discussão arqueológica entre maximalismo e minimalismo[54].

O episódio das ursas (v. 23-25) – a mais curta das narrativas de Elias e de Eliseu, com 44 palavras distribuídas entre três versículos –, em contrapartida, recebe muito mais atenção da parte dos comentaristas, ocasionando mais discussões no meio acadêmico do que qualquer outra (cf. b. Sotah 46B). Os mais recentes trabalhos são o de U. F. W. Bauer, o qual analisa como a perícope retrata Eliseu enquanto "caráter ambivalente", possivelmente com a intenção de advertir as pessoas a serem "cautelosas" com "homens de Deus" tais como ele; e o de B. P. Irwin, no qual se argumenta que a maldição impetrada por Eliseu em 2Rs 2,24 é uma "maldição pactual" baseada em Lv 26,22 com propósito de advertir Israel sobre o que lhe espera caso negligencie a palavra profética[55]. C. M. D. Silva, em especial, busca esclarecer o simbolismo empregado para o número de 42 vítimas das ursas: seria uma alusão aos "quarenta e dois reis, quarenta e dois moleques sobre o trono de Israel e de Judá!" – embora o próprio C. M. D. Silva concorde ser estranho incluir Davi, Salomão, Ezequias e Josias nessa depreciação[56].

Outros abordam o papel exercido pelos "rapazes pequenos" no episódio[57]. Em trabalho mais recente, J. F. Parker estuda de modo abrangente o papel das crianças no ciclo de Eliseu e conclui que, embora pareçam ter um papel menor, na verdade são fundamentais – a passagem de 2Rs 2,23-25 enfatiza: não importa sua idade, tome cuidado com o profeta. Isso é confirmado na maneira como a trama narrativa é construída do "ponto de vista infantil": o ato da zombaria, o contraste

---

54. BLAKE, I. M., Jericho (Ain es-Sultan), p. 86-97; PAKKALA, J., Water in 1-2 Kings, p. 299-315; SPERBER, D., Weak Waters, p. 114-116.

55. BAUER, U. F. W., "Hau ab, Glatzkopf!", p. 59-67; HELLER, R. L., The Characters of Elijah and Elisha and the Deuteronomic Evaluation of Prophecy, p. 125; IRWIN, B. P., The Curious Incident of the Boys and the Bears, p. 23-35. P. J. Leithart, ao elaborar uma estrutura de conjunto para 2Rs 2, nem sequer considera os v. 19-22, incluindo apenas os v. 23-25 (LEITHART, P. J., 1 & 2 Kings, p. 175-177).

56. SILVA, C. M. D., A careca de Eliseu, os moleques e as ursas, p. 384-386. Cf. tb. LANGE, J. P. et al., A Commentary on the Holy Scriptures, p. 25; ROBINSON, B. P., II Kings 2:23-25, p. 2-3.

57. MERCER, M., Elisha's Unbearable Curse, p. 165-198; MESSNER, R. G., Elisha and the Bears, p. 12-24; WEST, J., Beware the Angry Prophet, p. 1-10; WOODS, F. E., Elisha and the Children, p. 1-11; ZIOLKOWSKI, E. J., The Bad Boys of Bethel, p. 331-358.

irônico proporcionado pelo ato violento das ursas (pois mães são as mais atenciosas com as crianças)[58].

Uma proposta de análise da perícope de 2Rs 2,19-25 em face do ciclo de Eliseu como um todo é feita por R. Gilmour, ao elaborar uma Análise Narrativa com breves observações para cada perícope, mas apontando as articulações temáticas com contextos posteriores e anteriores – portanto, para tal, inclui 2Rs 1,1-18 sem considerá-lo integrante do ciclo de Eliseu. Para P. E. Satterthwaite, focando o conjunto 2Rs 2–8, há uma coerência temática cuja chave de compreensão está na representação de Eliseu como um "segundo Josué" e na esperança de que seus seguidores tornem-se "conquistadores" da terra, trazendo o Reino do Norte de volta a YHWH. Essa chave encontra-se mais precisamente delineada em 2Rs 2,1-25, em que a conquista outrora efetuada por Josué ecoa e proporciona uma clara distinção entre o Israel fiel e o infiel, conforme subjacente em 2Rs 2,19-25[59].

## Hipóteses de trabalho e fundamentos metodológicos para serem averiguados

Acerca das relações intrínsecas internas de 2Rs 1–2, acompanhando o pioneiro estudo efetuado por T. R. Hobbs, nenhum proporcionou um aprofundamento do tema. Com relação aos ciclos, apenas N. C. Pereira coloca *en passant* no resumo inicial de um artigo a possibilidade de incluir 2Rs 1 como integrante do ciclo de Eliseu. Mesmo assim, não explica o porquê disso. Assim, continua prevalecendo nos debates acadêmicos a colocação de 2Rs 1 no ciclo de Elias, sem problematização dessa questão. Por outro lado, há ampla aceitação de 2Rs 2,1-25 como ciclo de Eliseu, apesar de alguns ainda preferirem uma cisão entre os grupos dos v. 1-18 e v. 19-25. Conforme visto supra, dois estudiosos preferem analisar as histórias de Elias e de Eliseu como um único ciclo: T. L. Brodie e M. L. Bellamy. Embora T. L. Brodie não aborde o pertencimento de 2Rs 1 a um ciclo específico, divide em dois "dramas" – o que corresponderia à ideia de ciclos –, mas inclui 2Rs 1 no "drama" de Elias. Portanto, prevalece ainda a ideia de dois ciclos, a saber, o de Elias e o de Eliseu.

---

58. PARKER, J. F., Valuable and Vulnerable, p. 91-101.

59. GILMOUR, R., Juxtaposition and the Elisha Cycle, p. 95-103; SATTERTHWAITE, P. E., The Elisha Narratives and the Coherence of 2 Kings 2-8, p. 1-28. Para outras propostas de análise da perícope de 2Rs 2,19-25 no ciclo de Eliseu, cf. tb. BERGEN, W. J., Elisha and the End of Prophetism, p. 66-72; BUTLER, J. G., Elisha, p. 58-81; CARROLL, R. P., The Elijah-Elisha Sagas, p. 400-415; DILLARD, R. B., Faith in the Face of Apostasy, p. 81-92; KRUMMACHER, F. W., Elisha, p. 1-25; LONG, B. O., The Social Setting for Prophetic Miracle Stories, p. 46-63; MOORE, R. D., God Saves, p. 11-68; RUSHDOONY, R. J., Chariots of Prophetic Fire, p. 83-88; SHEMESH, Y., The Elisha Stories as Saint's Legends, p. 1-41.

Diante do exposto, e uma vez que se evidenciou a ampla aceitação de 2Rs 2 como narrativa de sucessão profética, e diante do pouco aprofundamento das relações dessa perícope com 2Rs 1, a primeira hipótese a ser trabalhada aqui é a de que 2Rs 1 tem uma significativa função na sucessão profética entre Elias e Eliseu – pelo que 2Rs 1-2 forma, de fato, uma unidade em torno da sucessão profética, e por conseguinte há relações intrínsecas de continuidade/descontinuidade entre os ciclos desses dois profetas. Para demonstrar a unidade de 2Rs 1-2, torna-se adequado o uso da Análise Narrativa. Este método, aplicado aos ciclos de Elias e de Eliseu, como em M. Garsiel, T. L. Brodie e M. L. Bellamy, proporciona estudos "panorâmicos" – mas, nesses autores, sem um aprofundamento para as perícopes de 2Rs 1-2. E mesmo um estudo específico para 2Rs 1, realizado por J. J. Muñoz Saraoz e P. Lopez Toledo, não consegue se aprofundar o suficiente em virtude do pouco espaço disponível em um artigo.

Outra hipótese a ser analisada é que a narrativa de 2Rs 1-2 foi construída, ou ainda "costurada", com o intuito de ligar os ciclos de Elias e de Eliseu. Isso conduz a uma investigação da questão redacional, de etapas de elaboração das diversas partes constituintes detectadas em 2Rs 1-2, e portanto torna-se adequado o uso do Método Histórico-crítico. Apenas J. J. Muñoz Saraoz e P. Lopez Toledo utilizaram passos desse método para 2Rs 1, e ainda assim bastante resumidos, como visto anteriormente.

A principal hipótese a ser trabalhada, e que não recebeu nenhuma consideração por parte dos estudiosos, é a de que não somente 2Rs 2 mas também 2Rs 1 pertence ao ciclo de Eliseu. Entende-se como adequada para tal investigação a conjugação de um método diacrônico, o Método Histórico-crítico, e de outro sincrônico, o da Análise Narrativa. Em seu mais recente comentário do bloco que abrange 1Rs 16-2Rs 16, S. L. McKenzie conjuga uma perspectiva diacrônica com a sincrônica, numa "tentativa de reunir duas famílias amplas de perspectivas na análise de livros bíblicos". Define como sincrônico "uma variedade de tipos de estudo de um texto bíblico em um determinado estágio de seu desenvolvimento, particularmente seu estágio final"; e como diacrônico "toda a variedade de modos de estudo de um texto bíblico ao longo do tempo"[60]. Portanto, não especifica um determinado método diacrônico ou sincrônico; e, limitado pelo espaço que deve ser dedicado a todas as outras passagens do bloco analisado, não se aprofunda nas relações intrínsecas entre a sincronia e a diacronia. Dessa forma, para embasamento metodológico das hipóteses de trabalho, esta tese buscará uma ampla complementaridade de dois métodos específicos – o Método

---

60. MCKENZIE, S. L., 1 Kings 16–2 Kings 16, l. 160-166.

Histórico-crítico e a Análise Narrativa – a fim de que as hipóteses possam ser investigadas da maneira mais ampla possível[61].

Primeiramente será utilizado o Método Histórico-crítico[62], pois é uma abordagem que dá "atenção especial ao crescimento dos textos e ao seu significado na época da redação"[63], "uma exegese histórica e crítica aceita como legítima e como ajuda de fato para entender a Sagrada Escritura" e que busca "explicar todo texto a partir de seus pressupostos e entender sua intenção original"[64].

---

61. Pelo Método Histórico-crítico, o texto é uma janela pela qual se observa o passado, e o leitor, um "jornalista" que indaga: de quais documentos o autor dispõe para o passado? Já pela Análise Narrativa, esse mesmo texto é um "espelho" para observar o efeito produzido no leitor, o qual se pergunta: por quais canais a comunicação passa? (ZAPPELLA, L., Manuale di analisi narrativa biblica, p. 47). Cf. tb. ROFÉ, A., Properties of Biblical Historiography and Historical Thought, p. 433-455. Ambos os métodos têm relevantes estudos recentes acerca das histórias de Elias e de Eliseu: T. Tekoniemi analisa a repercussão do criticismo textual para o estudo do ciclo de Eliseu, em especial a importância da LXX com sua possível *Vorlage* hebraica (TEKONIEMI, T., Enhancing the Depiction of a Prophet, p. 75-105), e H. Vallançon analisa minuciosamente 1Rs 19,9-18 e 2Rs 2,1-18 para averiguar a relação entre o desenvolvimento das tradições sobre Elias e a história da formação da Bíblia (VALLANÇON, H., Le développement des traditions sur Élie et l'histoire de la formation de la Bible, p. 1-12); e a Análise Narrativa é utilizada de modo exaustivo por um comentário de M. Garsiel acerca do ciclo de Elias (GARSIEL, M., From Earth to Heaven, p. 1-16).

62. Embora alguns prefiram utilizar o plural, e assim falar dos "Métodos histórico-críticos" (NOGUEIRA, P., Os métodos histórico-críticos, p. 298; SIMIAN-YOFRE, H., Diacronia, p. 76-77), prefere-se aqui o singular, pois os métodos diacrônicos estão reunidos nele de tal forma, a ser composto de diversas etapas integradas (LIMA, M. L. C., Exegese bíblica, p. 54; cf. tb. REIMER, H.; REIMER, I. R., À luz da crítica histórica, p. 384-385).

63. LIMA, M. L. C., Exegese bíblica, p. 54.

64. SIMIAN-YOFRE, H., Diacronia, p. 73-75. É um método por designar "um conjunto de procedimentos que permitem acesso mais objetivo a um objeto de pesquisa"; é crítico na "perspectiva do discernimento"; é histórico por implicar "reconhecer que os textos bíblicos foram concebidos e compostos em tempos idos, que se desenvolveram num processo histórico"; e é crítico por interpretar e "estabelecer distinções e com base nelas poder julgar os diversos aspectos do texto ligados à história" (FITZMYER, J. A., A Bíblia na Igreja, p. 27; SCHMITT, F., Método histórico-crítico, p. 330-331). O Método Histórico-crítico foi impulsionado pela Reforma Protestante, que "realizou um movimento rumo à busca pela historicidade do texto sagrado", mas suas origens remontam na verdade, segundo J. A. Fitzmyer, aos "estudiosos da biblioteca de Alexandria do período ptolemaico", numa espécie de "metodologia alexandrina" adotada nos primórdios do cristianismo por Orígenes e Jerônimo, por exemplo (FITZMYER, J. A., A Bíblia na Igreja, p. 19-20; REIMER, H.; REIMER, I. R., À luz da crítica histórica, p. 386; SCHMITT, F., Método histórico-crítico, p. 327). Apesar desse impulso histórico dado por Alexandria segundo J. A. Fitzmyer, é preciso esclarecer que posteriormente Alexandria ficou conhecida pela exegese alegórica, enquanto Antioquia tornou-se símbolo da busca do elemento histórico. Não obstante, é um herdeiro legítimo do Iluminismo e da modernidade em seus pressupostos científicos e visão do mundo, conforme desenvolvido nas faculdades alemãs nos séculos XVIII e XIX, no contexto da teologia liberal (NOGUEIRA, P., Os métodos histórico-críticos, p. 299). Seu desenvolvimento foi proporcionado pelo esforço de Hugo Grotius, Richard Simon e Baruch Spinoza – um protestante, um católico e um judeu, evidenciando ser incontestavelmente um patrimônio para a pesquisa acadêmica em todos os ramos do cristianismo, não somente de um (FITZMYER, J. A., A interpretação da escritura, p. 76; SCHMITT, F., Método histórico-crítico, p. 329). Embora esse método tenha surgido em época moderna dentro de um contexto de oposição entre fé e razão, ele "é um convite à reflexão, ao discernimento do que humanamente é possível conceber em termos de interpretação" e honra o compromisso pela busca, desde a escola teológica de Antioquia, pelo sentido histórico ao lado do teológico-pastoral (LIMA, M. L. C., Exegese bíblica, p. 54-60; SCHMITT, F., Método histórico-crítico, p. 326).

Diante das diversas perspectivas, os dois primeiros capítulos desta tese (um para 2Rs 1,1-18 e outro para 2Rs 2,1-25) apresentam o "modo mais generalizado atualmente" para o Método Histórico-crítico, com a sequência, tradução e segmentação; crítica textual; crítica literária e redacional; crítica da forma; crítica do gênero literário; e comentário exegético[65]. Feita a análise com o Método Histórico-crítico de cada uma dessas perícopes, justificar-se-á, portanto, o aprofundamento da pesquisa mediante dois capítulos, um para 2Rs 1,1-18 (capítulo 3) e outro para 2Rs 2,1-25 (capítulo 4), contendo o comentário exegético como "ponto de chegada" das diversas etapas metodológicas[66], na qual será integrada a crítica das tradições. Cada capítulo terá subitens de acordo com as seções detectadas na crítica da forma.

---

"O método histórico foi forjado dentro de uma mentalidade racionalista e historicista (iluminista). [...] só tem valor o que pode ser explicado pela razão." Entretanto, "a primeira pergunta não é se o texto reporta ou não elementos históricos ou científicos atendíveis [...], mas a pergunta, neste âmbito, é sobre a lógica interna do texto e seu contexto ideológico" (LIMA, M. L. C., História e Teologia, p. 107). Por isso, pode ultrapassar os pressupostos ideológicos originais ao valorizar a dimensão divina das palavras humanas, pois na "pesquisa bíblica contemporânea, inclusive na Alemanha, berço do Método Histórico-crítico, há vozes que apontam para a necessidade de uma renovação de sua perspectiva historiográfica". Como bem pondera J. A. Fitzmyer, o que era questionável não era o método, e sim as pressuposições antidogmáticas, ao malograr na compreensão de que a fé não representa obstáculo à ciência (BELEM, D. F., Da Palavra sai vida e morte, p. 17; FITZMYER, J. A., A Bíblia na Igreja, p. 34; LIMA, M. L. C., Exegese bíblica, p. 64; NOGUEIRA, P., Os métodos histórico-críticos, p. 302). O uso "equilibrado" do Método Histórico-crítico evita tanto o antirracionalismo quanto uma abordagem exegética que não dialogue com a dimensão autenticamente espiritual das Sagradas Escrituras (LIMA, M. L. C., Fundamentalismo, p. 332-359).

65. BELEM, D. F., Da Palavra sai vida e morte, p. 17-18; LIMA, M. L. C., Exegese bíblica, p. 75-76. A tradução aparece acompanhada de comentário para explicitar a tradução de termos e expressões no início do trabalho, de modo a embasar o trabalho metodológico subsequente; a segmentação permite análise detalhada dos diversos elementos linguísticos constitutivos da perícope, a serem usados posteriormente na crítica da forma. Sobre a escolha do tipo de "diagramação" para apresentar a segmentação (texto hebraico à esquerda e tradução à direita, com a numeração dos versículos e marcação dos segmentos ao centro), cf. SILVA, C. M. D., Metodologia de exegese bíblica, p. 133-136. A segmentação e a tradução será efetuada a partir do texto massorético tal como encontra-se no Códice Leningradense, o "texto diplomático" reproduzido na Bíblia Hebraica Stuttgartensia – a edição acadêmica mais amplamente usada e a mais recente completa (TOV, E., Crítica textual da Bíblia Hebraica, p. 348-356). A crítica textual baseia-se tanto na BHS quanto na BHK, pois, apesar de a BHS ser a "sucessora" da BHK, serão utilizados ambos os aparatos críticos por essa última trazer observações pertinentes que deixaram de constar na primeira; mas, ao contrário de determinada prática "antiga", seguir-se-á uma metodologia recente: as variantes textuais não serão estudadas como meros "erros escribais", e sim analisadas com certo "respeito" e "coerência", fruto de interpretações da comunidade que legou determinados manuscritos (JOOSTEN, J., La critica testuale, p. 15). Sobre a crítica redacional e literária, que verifica a delimitação, a coesão e a unidade, bem como as possíveis intervenções redacionais, cf. LIMA, M. L. C., Exegese bíblica, p. 76-133, e resumidos em BELEM, D. F., Da Palavra sai vida e morte, p. 18-19. Sobre a crítica da forma (a qual identifica e descreve a estrutura, demarcando seções mediante a análise sintática acompanhada da estilística e da análise lexicográfica), bem como a crítica do gênero literário e *Sitz im Leben* (que "permite mais acertadamente compreender o sentido e a dimensão, a função e a finalidade de um texto em seus detalhes e em sua totalidade"), cf. LIMA, M. L. C., Exegese bíblica, p. 109-126, resumido em BELEM, D. F., Da Palavra sai vida e morte, p. 19. Sobre outras perspectivas, cf. SIMIAN-YOFRE, H., Diacronia, p. 77.

66. LIMA, M. L. C., Exegese bíblica, p. 165.

Se um importante passo foi dado quanto à interpretação de 2Rs 1-2 pelo Método Histórico-crítico, este, como método diacrônico, permitiu apenas a análise separada de 2Rs 1 e 2Rs 2, e não uma apreciação de conjunto. Não consegue responder a duas perguntas fundamentais: Por que há essa sequência aparentemente desconexa? Qual o efeito narrativo disso?[67] Sendo plenamente estabelecido pelo seu rigor científico, a tal ponto que segundo O. L. Ribeiro "hoje é impossível alguém voltar a um método pré-crítico de interpretar a Bíblia", não obstante o Método Histórico-crítico apresentar limites, e reconhece-se que não basta a si próprio, uma vez que apresenta multiplicidade de resultados e reconstruções de caráter hipotético, o que justifica uma necessária complementação[68].

E essa complementação nesta tese é a Análise Narrativa, pela qual finaliza-se a pesquisa, pois esse método sincrônico, também conhecido por Narratologia, "estuda o modo como se desenvolve uma narração e os recursos utilizados para comunicar ideias e valores e para interessar e envolver o leitor", conforme M. L. C. Lima. É uma complementação justificada pela vantagem, segundo J. L. Ska, de "aplicar às narrativas bíblicas um método adequado ao próprio objeto, uma vez que analisa os relatos como relatos e não só, por exemplo, como possíveis documentos históricos". De acordo com S. Bar-Efrat, mais de um terço da Bíblia Hebraica consiste de narrativas, reconhecidas como da maior qualidade artística, reputadas como tesouros da literatura universal, e não apenas de um povo ou uma religião. Ainda, a análise sincrônica não dispensa o aspecto diacrônico, antes proporciona uma concentração mais equilibrada entre as circunstâncias históricas e a forma final do texto[69]. Por isso, ainda que o Método Histórico-crítico "não

---

67. HOBBS, T. R., 2 Kings 1 and 2, p. 330.

68. BELEM, D. F., Da Palavra sai vida e morte, p. 17; FITZMYER, J. A., A Bíblia na Igreja, p. 27; LIMA, M. L. C., Exegese bíblica, p. 65; RIBEIRO, O. L., O método histórico-crítico e a questão hermenêutica da intenção do autor, p. 356-369.

69. BAR-EFRAT, S., Narrative Art in the Bible, p. 9; FITZMYER, J. A., A Bíblia na Igreja, p. 36; 44; LIMA, M. L. C., Exegese bíblica, p. 66; SKA, J.-L., Sincronia, p. 147. Cf. tb. HARTOG, F., Prophète et historien, p. 55-68. Entretanto, para J.-P. Sonnet, a qualificação "sincrônica", muitas vezes usada para caracterizar a leitura narrativa, não é apropriada, pois "não há nada mais 'diacrônico' do que uma história, uma vez que tal comunicação conta ações que ocorreram 'através do tempo'" (SONNET, J.-P., L'analisi Narrativa Dei Racconti Biblici, p. 46). A Análise Narrativa remonta, em primeiro lugar, ao filósofo grego Aristóteles, com sua obra *Poética*; e, em segundo, à perspicácia de Agostinho de Hipona em observar a importância dada pelas narrativas bíblicas aos detalhes. Aproveitando essas observações de Agostinho, a Análise Narrativa explora a maneira como se concretiza a narratividade e que "funções assumem os detalhes do texto" (GENETTE, G., Fronteiras da narrativa, p. 265-284; MARGUERAT, D.; BOURQUIN, Y., Para ler as narrativas bíblicas, p. 13-14). "O estudo da interpretação é tão antigo quanto a teoria literária, a qual, afinal, tem suas raízes na exegese bíblica" (FELDMAN, C. F. *et al.*, Narrative Comprehension, p. 3). Nesse trajeto, há a contribuição judaica medieval na pessoa de Rashi de Troyes, entre outros (SONNET, J.-P., L'analisi Narrativa Dei Racconti Biblici, p. 47), e, na Reforma Protestante, Lutero também se preocupava "em discernir o que estava na Escritura do que era criação ou contribuição do leitor", "sonho da imaginação" (OLSON, D. R.,

pressuponha referenciais teóricos da Narratologia, a exegese de textos pode ser com eles enriquecida"⁷⁰.

Se muito tem se publicado acerca da Análise Narrativa, poucos estudiosos têm se dedicado à compreensão literária dos ciclos de Elias e de Eliseu; por isso, M. Garsiel faz em estudo recente uma análise "panorâmica" do ciclo de Elias, declarando que apenas alguns estudiosos dedicaram-se a uma compreensão literária dos ciclos de Elias e de Eliseu, com resultados parciais e limitados, assim como R. Gilmour fizera antes com o ciclo de Eliseu; e um artigo de J. J. Muñoz Saraoz e P. Lopez Toledo faz uma "breve" análise narrativa acerca de 2Rs 1⁷¹. Isso evidencia a relevância de um trabalho pormenorizado do ponto de vista narrativo dedicado sobretudo ao ciclo de Elias e de Eliseu, e por essa razão são avaliados outros autores que publicam acerca do método, com destaque aos trabalhos de S. Bar-Efrat, J.-P. Sonnet, D. Marguerat e A. Wénin⁷². Há ainda a obra recente de A. Nepi sobre os personagens secundários da Bíblia Hebraica, incluindo importantes *insights* a

---

Thinking About Narrative, p. 106). Não obstante, a Análise Narrativa é uma "ciência nova", cujo grande referencial, mesmo depois de quase quarenta anos, é a obra de R. Alter, *The Art of Biblical Narrative*, de 1981, a primeira aplicação relevante às narrativas bíblicas (MARGUERAT, D., O ponto de vista, p. 10; SONNET, J.-P., L'analisi Narrativa Dei Racconti Biblici, p. 46). Se R. Alter não foi o primeiro a se perguntar como a Bíblia conta suas histórias, com ele pela primeira vez um estudo passava sistematicamente em revista as características da narração bíblica (MARGUERAT, D.; BOURQUIN, Y., Para ler as narrativas bíblicas, p. 19). Pode-se inclusive estabelecer como parâmetro o "antes e o depois", pois vários estudos bíblicos desde então apropriaram-se da sua metodologia e "confiaram na sua habilidade em reconstruir a realidade por trás do texto bíblico" (WEITZMAN, S., Before and After "The Art of Biblical Narrative", p. 197). Não obstante todo o sucesso – "inesperado", segundo o próprio –, em razão do desenvolvimento da metodologia nas últimas décadas, providenciou uma segunda edição de sua obra, para torná-la mais "precisa". Como o próprio R. Alter salienta, ao se perguntar qual o papel desempenhado pela arte literária na formação da narrativa bíblica, declara ser "crucial" (ALTER, R., The Art of Biblical Narrative, p. 1 – R. Alter fala acerca do "sucesso inesperado" no prefácio à segunda edição, lançada em 2011; somente a primeira edição foi traduzida no Brasil, em 2007). Mas a Análise Narrativa considera atentamente as contribuições e a "marca" dos critérios e argumentos de J.-L. Ska, cuja nomenclatura acerca de tempo relatante, tempo relatado, leitor implícito etc. foi aplicada com maestria (SKA, J.-L., Our Fathers Have Told Us, p. 1-4; SKA, J.-L., Sincronia, p. 123-148). As contribuições e a "marca" podem ser conferidas na contracapa de sua obra *O canteiro do Pentateuco*, na tradução em português lançada em 2016. Suas pesquisas, embora focadas mais no Pentateuco, proporcionaram publicações originadas de conferências e seminários, até trabalhos em conjunto com outros especialistas (SKA, J.-L., A Palavra de Deus nas narrativas dos homens, p. 9-10; SKA, J.-L.; SONNET, J.-P.; WÉNIN, A., Análisis Narrativo de Relatos del Antiguo Testamento, p. 5-8).

70. REIMER, H.; REIMER, I. R., À luz da crítica histórica, p. 394. Cf. ainda SCHMITT, F., Método histórico--crítico, p. 333.

71. GARSIEL, M., From Earth to Heaven, p. 10; GILMOUR, R. Juxtaposition and the Elisha Cycle, p. 3-65 (em que a abordagem metodológica é explicada); MUÑOZ SARAOZ, J. J.; LOPEZ TOLEDO, P., En un mundo cambiante la palabra de Dios permanece firme y justa, p. 143-170.

72. BAR-EFRAT, S., Narrative Art in the Bible, p. 52, uma obra antiga que lança importantes luzes sobre Elias; MARGUERAT, D., O ponto de vista, p. 10-26; MARGUERAT, D.; BOURQUIN, Y. Para ler as narrativas bíblicas, p. 13-30; MARGUERAT, D.; WÉNIN, A., Sapori del Racconto Biblico, p. 7-24; SONNET, J.-P., Generare è Narrare, p. 9-32; SONNET, J.-P., La Forza delle Storie Bibliche, p. 247-260; WÉNIN, A., El Relato y el Lector, p. 215-226.

respeito dos personagens de "contraste", que são úteis, em especial, para a apreciação dos caracteres de Elias e de Eliseu, pois, como já observava P. J. Kissling, não apenas as similaridades mas também, e ainda mais, os contrastes entre esses dois profetas são absolutamente cruciais para a "representação pictórica" de Eliseu[73].

Colocadas todas essas ponderações acerca da Análise Narrativa, a pesquisa é encerrada no capítulo 5 justamente por ela, com o objetivo de complementar pontos não esclarecidos pelo Método Histórico-crítico[74] e evidenciar como 2Rs 1 e 2Rs 2 estão articulados para formar a narrativa da sucessão profética. Através da Análise Narrativa, poderá ser verificado se 2Rs 1 pode pertencer ao ciclo de Eliseu: o crucial é encontrar quais métodos formais estão de fato presentes na obra, no que contribuem e como funcionam[75]. Por isso, além da Análise Narrativa em si e da articulação temática entre 2Rs 1 e 2Rs 2, essa abordagem leva a uma análise tanto do caráter de Elias quanto do de Eliseu.

Como a Análise Narrativa apresenta-se aqui enquanto complementação ao Método Histórico-crítico – pelo qual analisaram-se separadamente 2Rs 1,1-18 e 2Rs 2,1-25 –, tal análise começará em dois tópicos separados, um para 2Rs 1,1-18 e outro para 2Rs 2,1-25. Cada um desses tópicos será subdividido em três subtópicos: começa-se pelo estudo do narrador e dos personagens; depois, lugar e focalização; e então analisam-se o enredo e a organização da trama[76]. Efetuada a análise narrativa em separado de 2Rs 1,1-18 e 2Rs 2,1-25, proceder-se-á ao tópico relacionado à articulação temática entre 2Rs 1,1-18 e 2Rs 2,1-25, a qual permitirá averiguar o efeito narrativo proporcionado pelas duas perícopes (identificadas como independentes pelo Método Histórico-crítico) postas em sucessão. Finalmente, com esses dados, o último tópico virá em seguida, analisando-se o papel da sequência narrativa para o debate dos ciclos de Elias e de Eliseu, bem como do caráter de cada um desses personagens.

---

73. NEPI, A., Dal fondale alla ribalta, p. 81-141; KISSLING, P. J., Reliable Characters in the Primary History, p. 20. Merece destaque ainda o trabalho de J. A. Dearman, com sua abordagem tríplice do "mundo atrás do texto", "os mundos de e atrás do texto" e "o mundo em frente do texto", mas falando especificamente de Elias em 1Rs 21 (DEARMAN, J. A., Reading Hebrew Bible Narratives, p. 1-9).

74. BELEM, D. F., Da Palavra sai vida e morte, p. 19. Os recursos literários não são menos importantes do que seu contexto histórico; ou, nas palavras de S. Bar-Efrat, o "ser" narrativa bíblica é tão relevante quanto o "tornar-se"; não se pode menosprezar como o material narrativo está organizado e apresentado. Se o "fato como tal pertence ao passado", a "narração do fato procura trazê-lo para o presente, mas implica sempre uma interpretação" (BAR-EFRAT, S., Narrative Art in the Bible, p. 10; LIMA, M. L. C., História e Teologia, p. 102). Cf. ainda ADRIANO FILHO, J., Estética da recepção e métodos histórico-críticos, p. 311-324; NUÑEZ, C. C., Exégesis, texto e imaginario, p. 282-295.

75. BAR-EFRAT, S., Narrative Art in the Bible, p. 10-11.

76. BAR-EFRAT, S., Narrative Art in the Bible, p. 46-140; FOKKELMAN, J., Reading Biblical Narrative, p. 56-111; MARGUERAT, D., O ponto de vista, p. 10-17.

A Análise Narrativa, segundo D. Marguerat e Y. Bourquin, é como um "molho de chaves": todas estão à disposição do leitor, mas é importante encontrar as chaves certas, as que "abrem para um efeito de sentido inesperado" com "habilidade e intuição"[77]. As narrativas proféticas acerca de Elias e de Eliseu são relevantes, pois esses profetas constituem a encarnação da esperança. Portanto, este trabalho objetiva contribuir para encontrar uma "outra forma" de compreensão dos ciclos de Elias e de Eliseu[78]. Usando a imagem proporcionada por J. L. Ska, neste caso a exegese quer "abrir o capô" do relato bíblico e oferecer uma visão alternativa do funcionamento de seu "motor"[79].

Resumindo, para além da compreensão *per se* de cada perícope de 2Rs 1,1-18 e 2,1-25, tanto pelo Método Histórico-crítico quanto pela Análise Narrativa, a complementaridade desse último método em relação ao primeiro busca não apenas encontrar a unidade intrínseca interna do conjunto de 2Rs 1-2, mas também perceber o quanto essa unidade colabora para a compreensão das relações entre os ciclos de Elias e de Eliseu e como essa compreensão é determinante para a apreciação dos caracteres de cada um desses profetas – uma apreciação com profundas reflexões pastorais, como se verá adiante, e que leva consequentemente à definição de projetos alternativos de profetismo.

---

77. MARGUERAT, D.; BOURQUIN, Y., Para ler as narrativas bíblicas, p. 179. Ainda segundo esses autores, na p. 200, a "palavra profética explora o passado, abre o presente para o futuro, mas escava também a experiência do leitor".

78. BRUEGGEMANN, W., Testimony to Otherwise, p. 3. São relevantes, ao contrário do que se insinua na p. 127.

79. SKA, J.-L., O canteiro do Pentateuco, p. 13.

# Capítulo 1 | Análise de 2Rs 1,1-18

## 1.1. Tradução segmentada e comentário filológico

| | | |
|---|---|---|
| וַיִּפְשַׁע מוֹאָב בְּיִשְׂרָאֵל אַחֲרֵי מוֹת אַחְאָב: | 1,1 | Rebelou-se Moab contra Israel após morrer Acab. |
| וַיִּפֹּל אֲחַזְיָה בְּעַד הַשְּׂבָכָה בַּעֲלִיָּתוֹ | 1,2a | Caiu Ocozias através do gradeamento no seu balcão |
| אֲשֶׁר בְּשֹׁמְרוֹן | 1,2b | que está em Samaria |
| וַיָּחַל | 1,2c | e adoeceu. |
| וַיִּשְׁלַח מַלְאָכִים | 1,2d | Enviou mensageiros |
| וַיֹּאמֶר אֲלֵהֶם | 1,2e | e disse-lhes: |
| לְכוּ | 1,2f | "Ide, |
| דִרְשׁוּ בְּבַעַל זְבוּב אֱלֹהֵי עֶקְרוֹן | 1,2g | consultai por Baal Zebub, deus de Acaron, |
| אִם־אֶחְיֶה מֵחֳלִי זֶה: ס | 1,2h | se sobreviverei desta doença". |
| וּמַלְאַךְ יְהוָה דִּבֶּר אֶל־אֵלִיָּה הַתִּשְׁבִּי | 1,3a | Então o mensageiro de YHWH falou a Elias, o tesbita: |
| קוּם | 1,3b | "Levanta, |
| עֲלֵה לִקְרַאת מַלְאֲכֵי מֶלֶךְ־שֹׁמְרוֹן | 1,3c | sobe a encontrar os mensageiros do rei de Samaria, |
| וְדַבֵּר אֲלֵהֶם | 1,3d | e fala-lhes: |
| הַמִבְּלִי אֵין־אֱלֹהִים בְּיִשְׂרָאֵל | 1,3e | 'Porventura não há Deus em Israel? |
| אַתֶּם הֹלְכִים לִדְרֹשׁ בְּבַעַל זְבוּב אֱלֹהֵי עֶקְרוֹן: | 1,3f | Vós ides consultar por Baal Zebub, deus de Acaron!' |

| | | |
|---|---|---|
| וְלָכֵן כֹּה־אָמַר יְהוָה | 1,4a | E, portanto, assim diz YHWH: |
| הַמִּטָּה אֲשֶׁר־עָלִיתָ שָּׁם | 1,4b | 'a cama, a qual ali subiste, |
| לֹא־תֵרֵד מִמֶּנָּה | 1,4c | dela não descerás, |
| כִּי מוֹת תָּמוּת | 1,4d | pois certamente morrerás'". |
| וַיֵּלֶךְ אֵלִיָּה: | 1,4e | Então, foi Elias. |
| וַיָּשׁוּבוּ הַמַּלְאָכִים אֵלָיו | 1,5a | Voltaram os mensageiros a ele [o rei], |
| וַיֹּאמֶר אֲלֵיהֶם | 1,5b | e disse-lhes: |
| מַה־זֶּה שַׁבְתֶּם: | 1,5c | "Que é isso, [que] voltastes?" |
| וַיֹּאמְרוּ אֵלָיו | 1,6a | Disseram-lhe: |
| אִישׁ עָלָה לִקְרָאתֵנוּ | 1,6b | "Um homem subiu a encontrar-nos |
| וַיֹּאמֶר אֵלֵינוּ | 1,6c | e disse-nos: |
| לְכוּ | 1,6d | 'Ide, |
| שׁוּבוּ אֶל־הַמֶּלֶךְ | 1,6e | voltai ao rei |
| אֲשֶׁר־שָׁלַח אֶתְכֶם | 1,6f | o qual enviou-vos |
| וְדִבַּרְתֶּם אֵלָיו | 1,6g | e falai-lhe: |
| כֹּה אָמַר יְהוָה | 1,6h | Assim diz YHWH: |
| הַמִבְּלִי אֵין־אֱלֹהִים בְּיִשְׂרָאֵל | 1,6i | 'Porventura não há Deus em Israel? |
| אַתָּה שֹׁלֵחַ לִדְרֹשׁ בְּבַעַל זְבוּב אֱלֹהֵי עֶקְרוֹן | 1,6j | Tu envias a consultar por Baal Zebub, deus de Acaron! |
| לָכֵן הַמִּטָּה אֲשֶׁר־עָלִיתָ שָּׁם | 1,6k | Portanto, a cama, a qual ali subiste, |
| לֹא־תֵרֵד מִמֶּנָּה | 1,6l | dela não descerás, |
| כִּי־מוֹת תָּמוּת: | 1,6m | pois certamente morrerás'". |
| וַיְדַבֵּר אֲלֵהֶם | 1,7a | Falou-lhes então: |
| מֶה מִשְׁפַּט הָאִישׁ | 1,7b | "Qual é a aparência do homem |
| אֲשֶׁר עָלָה לִקְרַאתְכֶם | 1,7c | que subiu a encontrar-vos |
| וַיְדַבֵּר אֲלֵיכֶם אֵת הַדְּבָרִים הָאֵלֶּה: | 1,7d | e vos falou essas palavras?" |
| וַיֹּאמְרוּ אֵלָיו | 1,8a | E disseram-lhe: |

| | | |
|---|---|---|
| אִישׁ בַּעַל שֵׂעָר | 1,8b | "Um homem [o qual é] peludo |
| וְאֵזוֹר עוֹר אָזוּר בְּמָתְנָיו | 1,8c | e [que tem] um cinturão de couro cingido em seus lombos". |
| וַיֹּאמַר | 1,8d | Disse: |
| אֵלִיָּה הַתִּשְׁבִּי הוּא׃ | 1,8e | "Ele [é] Elias, o tesbita!" |
| וַיִּשְׁלַח אֵלָיו שַׂר־חֲמִשִּׁים וַחֲמִשָּׁיו | 1,9a | Enviou-lhe [o rei a Elias] o capitão de cinquenta com seus cinquenta; |
| וַיַּעַל אֵלָיו | 1,9b | ele [o capitão] subiu a ele [Elias], |
| וְהִנֵּה יֹשֵׁב עַל־רֹאשׁ הָהָר | 1,9c | (e eis que [Elias] estava assentado no topo do monte) |
| וַיְדַבֵּר אֵלָיו | 1,9d | e falou-lhe: |
| אִישׁ הָאֱלֹהִים הַמֶּלֶךְ דִּבֶּר | 1,9e | "Homem de Deus, o rei fala: |
| רֵדָה׃ | 1,9f | 'Desce!'" |
| וַיַּעֲנֶה אֵלִיָּהוּ | 1,10a | Respondeu Elias, |
| וַיְדַבֵּר אֶל־שַׂר הַחֲמִשִּׁים | 1,10b | e falou ao capitão de cinquenta: |
| וְאִם־אִישׁ אֱלֹהִים אָנִי | 1,10c | "Se homem de Deus eu [sou], |
| תֵּרֶד אֵשׁ מִן־הַשָּׁמַיִם | 1,10d | desça fogo dos céus |
| וְתֹאכַל אֹתְךָ וְאֶת־חֲמִשֶּׁיךָ | 1,10e | e consuma a ti e a teus cinquenta!" |
| וַתֵּרֶד אֵשׁ מִן־הַשָּׁמַיִם | 1,10f | Então desceu fogo dos céus |
| וַתֹּאכַל אֹתוֹ וְאֶת־חֲמִשָּׁיו׃ | 1,10g | e consumiu a ele e a seus cinquenta. |
| וַיָּשָׁב וַיִּשְׁלַח אֵלָיו שַׂר־חֲמִשִּׁים אַחֵר וַחֲמִשָּׁיו | 1,11a | Voltou [o rei] a enviar-lhe um outro capitão de cinquenta com seus cinquenta; |
| וַיַּעַן | 1,11b | [ele] respondeu, |
| וַיְדַבֵּר אֵלָיו | 1,11c | e falou-lhe: |
| אִישׁ הָאֱלֹהִים כֹּה־אָמַר הַמֶּלֶךְ | 1,11d | "Homem de Deus, assim diz o rei: |
| מְהֵרָה רֵדָה׃ | 1,11e | 'desce depressa!'" |
| וַיַּעַן אֵלִיָּה | 1,12a | Respondeu Elias, |

| | | |
|---:|:---:|:---|
| וַיְדַבֵּר אֲלֵיהֶם֙ | 1,12b | e falou-lhes: |
| אִם־אִ֤ישׁ הָֽאֱלֹהִים֙ אָ֔נִי | 1,12c | "Se o homem de Deus eu [sou], |
| תֵּ֤רֶד אֵשׁ֙ מִן־הַשָּׁמַ֔יִם | 1,12d | desça fogo dos céus |
| וְתֹאכַ֥ל אֹתְךָ֖ וְאֶת־חֲמִשֶּׁ֑יךָ | 1,12e | e consuma a ti e a teus cinquenta!" |
| וַתֵּ֤רֶד אֵשׁ־אֱלֹהִים֙ מִן־הַשָּׁמַ֔יִם | 1,12f | Desceu fogo de Deus dos céus |
| וַתֹּ֥אכַל אֹת֖וֹ וְאֶת־חֲמִשָּֽׁיו׃ | 1,12g | e consumiu a ele e a seus cinquenta. |
| וַיָּ֗שָׁב וַיִּשְׁלַ֛ח שַׂר־חֲמִשִּׁ֥ים שְׁלִשִׁ֖ים וַחֲמִשָּׁ֑יו | 1,13a | Voltou [o rei] a enviar um terceiro capitão de cinquenta e seus cinquenta; |
| וַיַּ֡עַל | 1,13b | ele subiu. |
| וַיָּבֹא֩ שַׂר־הַחֲמִשִּׁ֨ים הַשְּׁלִישִׁ֜י | 1,13c | Veio então o terceiro capitão de cinquenta, |
| וַיִּכְרַ֥ע עַל־בִּרְכָּ֣יו ׀ לְנֶ֣גֶד אֵלִיָּ֗הוּ | 1,13d | curvou-se sobre seus joelhos diante de Elias, |
| וַיִּתְחַנֵּ֣ן אֵלָיו֮ | 1,13e | suplicou-lhe |
| וַיְדַבֵּ֣ר אֵלָיו֒ | 1,13f | e falou-lhe: |
| אִ֣ישׁ הָאֱלֹהִ֗ים תִּֽיקַר־נָ֨א נַפְשִׁ֜י וְנֶ֨פֶשׁ עֲבָדֶ֥יךָֽ אֵ֛לֶּה חֲמִשִּׁ֖ים בְּעֵינֶֽיךָ׃ | 1,13g | "Homem de Deus, seja estimada aos teus olhos, por favor, a minha alma e a alma destes teus cinquenta servos! |
| הִ֠נֵּה יָ֤רְדָה אֵשׁ֙ מִן־הַשָּׁמַ֔יִם | 1,14a | Eis que desceu fogo dos céus |
| וַ֠תֹּאכַל אֶת־שְׁנֵ֞י שָׂרֵ֧י הַחֲמִשִּׁ֛ים הָרִאשֹׁנִ֖ים וְאֶת־חֲמִשֵּׁיהֶ֑ם | 1,14b | e consumiu os dois primeiros capitães de cinquenta e seus cinquenta; |
| וְעַתָּ֕ה תִּיקַ֥ר נַפְשִׁ֖י בְּעֵינֶֽיךָ׃ ס | 1,14c | e agora, seja estimada a teus olhos minha alma!" |
| וַיְדַבֵּ֞ר מַלְאַ֤ךְ יְהוָה֙ אֶל־אֵ֣לִיָּ֔הוּ | 1,15a | Falou o mensageiro de YHWH a Elias: |
| רֵ֣ד אוֹת֔וֹ | 1,15b | "Desce com ele, |
| אַל־תִּירָ֖א מִפָּנָ֑יו | 1,15c | não o temas". |
| וַיָּ֛קָם | 1,15d | [Ele] levantou, |

| | | |
|---|---|---|
| וַיֵּרֶד אוֹתוֹ אֶל־הַמֶּלֶךְ׃ | 1,15e | e desceu com ele ao rei. |
| וַיְדַבֵּר אֵלָיו | 1,16a | Então lhe falou: |
| כֹּה־אָמַר יְהֹוָה | 1,16b | "Assim diz YHWH: |
| יַעַן אֲשֶׁר־שָׁלַחְתָּ מַלְאָכִים לִדְרֹשׁ בְּבַעַל זְבוּב אֱלֹהֵי עֶקְרוֹן | 1,16c | 'Para que enviaste mensageiros a consultar por Baal Zebub, deus de Acaron? |
| הַמִבְּלִי אֵין־אֱלֹהִים בְּיִשְׂרָאֵל לִדְרֹשׁ בִּדְבָרוֹ | 1,16d | Porventura não há Deus em Israel, para consultar por sua palavra? |
| לָכֵן הַמִּטָּה אֲשֶׁר־עָלִיתָ שָּׁם | 1,16e | Portanto, a cama, a qual ali subiste |
| לֹא־תֵרֵד מִמֶּנָּה | 1,16f | dela não descerás, |
| כִּי־מוֹת תָּמוּת׃ | 1,16g | pois certamente morrerás'". |
| וַיָּמָת כִּדְבַר יְהֹוָה | 1,17a | Ele então morreu, conforme a palavra de YHWH, |
| אֲשֶׁר־דִּבֶּר אֵלִיָּהוּ | 1,17b | a qual falara Elias. |
| וַיִּמְלֹךְ יְהוֹרָם תַּחְתָּיו פ בִּשְׁנַת שְׁתַּיִם לִיהוֹרָם בֶּן־יְהוֹשָׁפָט מֶלֶךְ יְהוּדָה | 1,17c | Reinou Jorão em seu lugar no segundo ano de Jorão, filho de Josafá, rei de Judá, |
| כִּי לֹא־הָיָה לוֹ בֵּן׃ | 1,17d | pois não tinha filho. |
| וְיֶתֶר דִּבְרֵי אֲחַזְיָהוּ אֲשֶׁר עָשָׂה | 1,18a | O restante dos atos que Ocozias fez, |
| הֲלוֹא־הֵמָּה כְתוּבִים עַל־סֵפֶר דִּבְרֵי הַיָּמִים לְמַלְכֵי יִשְׂרָאֵל׃ פ | 1,18b | não estão eles escritos no *Livro dos Anais dos Reis de Israel*? |

No v. 2a, para duas palavras há especial dificuldade de tradução. A primeira, שְׂבָכָה, tem como raiz hipotética שׂבך, "entrelaçar"; por isso, tem como significado básico "entrelaçado", paralelo a רֶשֶׁת, "rede", conforme atestado em Jó 18,8 – uma espécie de "malha"[80]. Por essa razão, pode ser ainda uma "treliça", com fins sobretudo ornamentais, conforme ocorre em 1Rs 7,41-42; 2Cr 4,12-13 –, e por-

---

80. Sobre a raiz e o paralelo com "rede", KOEHLER, L. *et al.*, שְׂבָכָה, p. 1301; sobre o significado como "malha", ALONSO SCHÖKEL, L., שְׂבָכָה, p. 635.

tanto a menção em 2Rs 1,2 seria a uma "janela treliçada"[81]. Segundo C. F. Keil e F. Delitzsch, poderia ser tanto uma janela em que as treliças formariam uma espécie de persiana, ou talvez uma porta treliçada, mas dificilmente algo que fosse até o assoalho[82]. Pelo uso da palavra δικτυωτός na LXX, T. Muraoka prefere compreender como janela, pelo uso da mesma palavra em Jz 5,28 no Códice Alexandrino[83]. De qualquer modo, é provável que fosse feita de madeira, concedendo-lhe privacidade suficiente, e ainda possibilidade de se refrescar[84]. Mas existem muitas incertezas acerca do seu real significado, podendo referir-se até mesmo a uma espécie de sacada[85]. Entretanto, parece ser mais plausível traduzir como uma espécie de gradeamento, hipótese confirmada pelo uso de *cancelli* na Vulgata, a fim de proporcionar um mínimo de segurança – a qual não se concretizou, como se pode ver na sequência da narrativa[86].

A segunda palavra, עֲלִיָה, derivada da raiz עלה, pode referir-se a um quarto superior[87]; ao telhado do quarto; a um sótão; ou mesmo a uma escadaria[88]. Poderia ainda ser um piso, como sugerido por F. García Martínez em 3Q Rolo de Cobre 10,1; ou desvão, em 11Q Rolo do Templo[a] 6,6; 31,6-7[89]. Pelo uso em 2Sm 19,1, a compreensão mais adequada pode ser como um mirante, um aposento para o terraço, para acomodar o rei confortavelmente e refrescá-lo; e pela combinação com a palavra anterior, שְׂבָכָה, vista supra, justifica-se a tradução como balcão[90].

---

81. CLINES, D. J. A., שְׂבָכָה, p. 105-106; cf. ainda BEAL, L. M. W., 1 & 2 Kings, p. 290; COGAN, M.; TADMOR, H., II Kings, p. 23; FRITZ, V., A Continental Commentary, p. 228; HOBBS, T. R., 2 Kings, p. 1; LANGE, J. P. et al., A Commentary on the Holy Scriptures, p. 2; MCKENZIE, S. L., 1 Kings 16–2 Kings 16, l. 5937; MONTGOMERY, J. A., A Critical and Exegetical Commentary on the Books of Kings, p. 351.

82. KEIL, C. F.; DELITZSCH, F., The Books of Kings, 1 and 2 Chronicles, p. 201.

83. MURAOKA, T., δικτυωτός, p. 171. Cf. ainda BROWN, F.; DRIVER, S. R.; BRIGGS, C. A., שְׂבָכָה, p. 959; CLINES, D. J. A., שְׂבָכָה, p. 106; OMANSON, R. L.; ELLINGTON, J. E., 1-2 Kings, p. 694.

84. BARBER, C. J., The Books of Kings, p. 13; HOBBS, T. R., 2 Kings, p. 8.

85. Acerca das incertezas, cf. FRITZ, V., A Continental Commentary, p. 230; sobre a sugestão de "sacada", ALONSO SCHÖKEL, L., שְׂבָכָה, p. 635, a qual se basearia na tradução da Peshitta como כסוסטרון (cf. SMITH, J. P. [org.]., A Compendious Syriac Dictionary, p. 220).

86. Conforme sugerido em KOEHLER, L. et al., שְׂבָכָה, p. 1301. Cf. ainda BURNEY, C. F., Notes on the Hebrew Text of the Books of Kings with an Introduction and Appendix, p. 261.

87. BEAL, L. M. W., 1 & 2 Kings, p. 290; HOBBS, T. R., 2 Kings, p. 1; LANGE, J. P. et al., A Commentary on the Holy Scriptures, p. 2; MCKENZIE, S. L., 1 Kings 16–2 Kings 16, l. 5937.

88. BROWN, F.; DRIVER, S. R.; BRIGGS, C. A., עֲלִיָה, p. 751; CLINES, D. J. A., עֲלִיָה, p. 421; KOEHLER, L. et al., עֲלִיָה, p. 832.

89. GARCÍA MARTÍNEZ, F., Textos de Qumran, p. 204, 314.

90. ALONSO SCHÖKEL, L., עֲלִיָה, p. 499; CLINES, D. J. A., עֲלִיָה, p. 421; HOLLADAY, W. L., עֲלִיָה, p. 388. No Targum, o uso de סְרִיגְתָא para traduzir שְׂבָכָה faz pensar que esta última seria uma espécie de sacada entreliçada (JASTROW, M., סְרִיגְתָא, p. 1026; cf. SMITH, J. P. [org.]., A Compendious Syriac Dictionary, p. 391); e então עֲלִיָה seria o cômodo superior, como também faz a LXX ao usar a palavra ὑπερῷος (MURAOKA, T., ὑπερῷος, p. 700) e a Vulgata *cenaculi*.

Mas outras palavras merecem atenção. No v. 2g o significado primário da raiz דרשׁ é "buscar"[91]; entretanto, a LXX traduz por ἐπιζητέω, a qual pode significar mais do que uma simples busca, indicando uma "inquirição" oracular[92]. O Códice Alexandrino e a recensão luciânica preferiram utilizar o verbo ἐπερωτάω, "interrogar", o que foi seguido pela Antiga Latina e a Peshitta[93]. Traduziu-se, portanto, por "consultar", de acordo com a sugestão da Vulgata[94]. Com relação ao epíteto בַּעַל זְבוּב, embora זְבוּב seja um *hápax legomenon* (além de 2Rs 1, encontra-se em Ecl 10,1 e Is 7,18) significando "mosca" e permitindo a tradução Βααλ μυῖαν na LXX (seguida por Flávio Josefo em *Antiguidades judaicas* 9.2.1)[95], isso envolve uma questão interpretativa a qual será analisada no comentário exegético, pelo que se opta por uma transliteração como utilizada pela recensão de Símaco e pelas versões Vulgata e Peshitta[96]. Tanto דרשׁ quanto זְבוּב envolvem também questões de crítica textual, a serem analisadas no tópico seguinte.

No v. 7b a palavra מִשְׁפָּט, embora em resumo signifique "juízo" (por isso κρίσις na LXX e δικαίωμα na recensão luciânica, influenciando de igual modo o Targum), aqui tem o sentido de "descrição", isto é, "sumário" das características distintivas, uma "maneira de ser", como também encontra-se em Jz 13,12[97]; mais adequadamente, a "peculiaridade de uma pessoa", a qual pode ser descrita como a "lei vital e direito de uma personalidade" – *figura et habitus* na Vulgata[98]. Em vista disso, optou-se pela tradução "aparência", usada na Peshitta[99].

---

91. HOBBS, T. R., 2 Kings, p. 1.

92. MURAOKA, T., ἐπιζητέω, p. 272; cf. ainda BEAL, L. M. W., 1 & 2 Kings, p. 290; COGAN, M.; TADMOR, H., II Kings, p. 23; FRITZ, V., A Continental Commentary, p. 228. S. L. McKenzie optou por "adivinhar" (MCKENZIE, S. L., 1 Kings 16–2 Kings 16, l. 5937). Pode ainda ser "suplicar por", cf. CLINES, D. J. A., דרשׁ, p. 474-475.

93. HOBBS, T. R., 2 Kings, p. 2; MURAOKA, T., ἐπερωτάω, p. 262.

94. Cf. tb. WOLFGRAMM, A. J., Kings, p. 163.

95. HOBBS, T. R., 2 Kings, p. 2.

96. KOEHLER, L. et al., זְבוּב, p. 261. Cf. ainda CLINES, D. J. A., בַּעַל זְבוּב, p. 240.

97. BROWN, F.; DRIVER, S. R.; BRIGGS, C. A., מִשְׁפָּט, p. 1049; BURNEY, C. F., Notes on the Hebrew Text of the Books of Kings with an Introduction and Appendix, p. 262; CLINES, D. J. A., מִשְׁפָּט, p. 563; HOBBS, T. R., 2 Kings, p. 2.

98. KEIL, C. F.; DELITZSCH, F., The Books of Kings, 1 and 2 Chronicles, p. 202. Cf. tb. OMANSON, R. L.; ELLINGTON, J. E., 1-2 Kings, p. 699.

99. KOEHLER, L. et al., מִשְׁפָּט, p. 652. Cf. tb. L. M. W. Beal ("sort of man") e T. R. Hobbs e S. L. McKenzie ("description of the man") (BEAL, L. M. W., 1 & 2 Kings, p. 291; HOBBS, T. R., 2 Kings, p. 1; MCKENZIE, S. L., 1 Kings 16–2 Kings 16, l. 5945).

No v. 8b a tradução da expressão בַּעַל שֵׂעָר é difícil em razão do termo בַּעַל, que evoca o "dono" de certas qualidades[100], nesse caso שֵׂעָר, "pelo" ou "cabelo"[101]. Poderia ser traduzido como "[homem] cabeludo", conforme a LXX verte como δασύς, e a Vulgata por *vir pilosus*[102]. Mas há um duplo sentido aqui, porque pode referir-se a uma característica física (um cabelo longo, uma barba longa, "peludo") ou à vestimenta de pelos que seria típica dos profetas (Zc 13,4)[103]. Uma tradução que contemple simultaneamente os dois sentidos, pois, é "[homem] peludo"[104].

No v. 13a há um problema de tradução do vocábulo שְׁלִשִׁים, o que ocasionou dificuldades de transmissão textual, conforme será visto adiante. Os dicionários concordam ser o plural do adjetivo שְׁלִישִׁי, um número ordinal significando "terceiro"[105]. O uso do plural pareceria estar relacionado aos cinquenta comandados, o que daria a tradução "terceiros cinquentas"; mas é preferível relacionar ao "capitão de cinquenta", entendendo שְׁלִשִׁים como um possível erro escribal da forma singular, e assim traduzir "terceiro capitão de cinquenta", respeitando o paralelo com o segmento seguinte[106].

Finalizando, existem ainda algumas observações breves acerca da tradução. O substantivo מַלְאָךְ significa basicamente "mensageiro"; pode referir-se tanto a um mensageiro humano quanto ao mensageiro celestial, "anjo". Se nos v. 3a e 15a é evidente pelo contexto que consiste em um "anjo"[107], opta-se por traduzir como "mensageiro" para salientar a contraposição com as demais ocorrências de מַלְאָךְ na perícope, nas quais são mencionados os mensageiros do rei. No v. 11a, apesar de incomum, o uso da raiz שׁוב para indicar repetição de ação encontra-se no texto

---

100. ALONSO SCHÖKEL, L., בַּעַל, p. 110. Neste caso, בַּעַל equivale a אִישׁ, "homem" (CLINES, D. J. A., בַּעַל, p. 238).

101. ALONSO SCHÖKEL, L., שֵׂעָר, p. 647.

102. BEAL, L. M. W., 1 & 2 Kings, p. 291; BROWN, F.; DRIVER, S. R.; BRIGGS, C. A., בַּעַל, p. 127; HOBBS, T. R., 2 Kings, p. 3; MCKENZIE, S. L., 1 Kings 16–2 Kings 16, l. 5945.

103. CLINES, D. J. A., שֵׂעָר, p. 175; HOLLADAY, W. L., שֵׂעָר, p. 502; KOEHLER, L. *et al.*, שֵׂעָר, p. 1344; OMANSON, R. L.; ELLINGTON, J. E., A Handbook on 1-2 Kings, p. 699-700.

104. O uso de δασύς na LXX apoia essa possibilidade (MURAOKA, T., δασύς, p. 140). Cf. tb. NOCQUET, D., Le livret noir de Baal, p. 161-162.

105. BROWN, F.; DRIVER, S. R.; BRIGGS, C. A., שְׁלִישִׁי, p. 1026; CLINES, D. J. A., שְׁלִישִׁי, p. 393; KOEHLER, L. *et al.*, שְׁלִישִׁי, p. 1527.

106. LANGE, J. P. *et al.*, A Commentary on the Holy Scriptures, p. 5; MCKENZIE, S. L., 1 Kings 16–2 Kings 16, l. 6034; OMANSON, R. L.; ELLINGTON, J. E., A Handbook on 1-2 Kings, p. 704.

107. Conforme demonstrado em BROWN, F.; DRIVER, S. R.; BRIGGS, C. A., מַלְאָךְ, p. 521; CLINES, D. J. A., מַלְאָךְ, p. 285-286; KOEHLER, L. *et al.*, מַלְאָךְ, p. 585; isso diferencia o uso profano e o religioso, ALONSO SCHÖKEL, L., מַלְאָךְ, p. 376-377. Para salientar a dupla possibilidade, S. L. McKenzie optou por manter as duas palavras em sua tradução: "angel/messenger" (MCKENZIE, S. L., 1 Kings 16–2 Kings 16, l. 5937).

massorético, como exemplifica Gn 26,18 – justificando a tradução "voltou"¹⁰⁸. O vocábulo דָּבָר, se o significado primário é "palavra" (como nos v. 7d.16d.17a), no v. 18a deve ser traduzido como "ato"¹⁰⁹. Já a expressão דִּבְרֵי הַיָּמִים no v. 18b pode ser traduzida como "crônicas" ou "anais" – esta última adotada aqui –, um relato diário dos atos dos reis, um relato histórico¹¹⁰.

## 1.2. Crítica textual

Todo o v. 1 é repetido no fim de 1 Reis no Códice Vaticano, recurso recorrente nesse manuscrito, evidenciando a divisão artificial do Livro dos Reis introduzida pela tradução grega e ignorada nos manuscritos hebraicos até a edição da Bíblia Rabínica de Daniel Bomberg, em 1516-1517¹¹¹. Entretanto, isso não é efetuado na recensão luciânica, que, em vez disso, repete 2Rs 1,2 – algo que viola uma convenção padronizada no grego. A presença de 2Rs 1,1 (embora não repetido ao fim de 1Rs) na recensão luciânica indicaria, para A. P. Otero, ser esse versículo uma "revisão recensional"¹¹². No entanto, com ampla evidência externa, a observação de A. P. Otero diz respeito à crítica redacional.

No v. 2a-c, o texto da recensão luciânica – seguido pela Antiga Latina – é ligeiramente diferente e mais longo do que o texto massorético: καὶ ἀνεβη Ὀχ. εἰς τὸ δικτυωτὸν ὑπερῷον αὐτοῦ τὸ ἐν Σαμαρείᾳ καὶ ἔπεσε. Embora A. P. Otero considere essa variante preferível por sua concordância com a Antiga Latina¹¹³, segundo C. F. Burney é um acréscimo de caráter exegético, inferior ao texto massorético, uma vez que o texto mais curto concorda com o Códice Vaticano e com as versões Vulgata, Peshitta e Targum¹¹⁴.

No v. 2g, em vez da raiz דרש, há atestação do correspondente à raiz שאל na recensão luciânica, na Antiga Latina e na Peshitta. Segundo A. P. Otero, שאל tem

---

108. HOBBS, T. R., 2 Kings, p. 3; OMANSON, R. L.; ELLINGTON, J. E., A Handbook on 1-2 Kings, p. 702.

109. BROWN, F.; DRIVER, S. R.; BRIGGS, C. A., דָּבָר, p. 182-184; CLINES, D. J. A., דָּבָר, p. 399-400; KOEHLER, L. et al., דָּבָר, p. 211-212.

110. ALONSO SCHÖKEL, L., דָּבָר, p. 150; KOEHLER, L. et al., יוֹם, p. 400. Traduzem como crônicas: BEAL, L. M. W., 1 & 2 Kings, p. 291; LANGE, J. P. et al., A Commentary on the Holy Scriptures, p. 3; MCKENZIE, S. L., 1 Kings 16–2 Kings 16, l. 5955; como anais: FRITZ, V., A Continental Commentary, p. 232; WOLFGRAMM, A. J., Kings, p. 166; e como registro histórico: COGAN, M.; TADMOR, H., II Kings, p. 24; JOÜON, P.; MURAOKA, T., A Grammar of Biblical Hebrew, p. 438.

111. MCKENZIE, S. L., 1 Kings 16–2 Kings 16, l. 5971.

112. OTERO, A. P., Oxford Hebrew Bible Sample of 2 Kings 1:1-6, p. 4.

113. OTERO, A. P., Oxford Hebrew Bible Sample of 2 Kings 1:1-6, p. 5.

114. BURNEY, C. F., Notes on the Hebrew Text of the Books of Kings with an Introduction and Appendix, p. 261; cf. ainda MCKENZIE, S. L., 1 Kings 16–2 Kings 16, l. 5977-5979.

relação mais ampla com práticas mânticas na Bíblia Hebraica, enquanto a combinação דרש בְּ é rara ao extremo e concentrada em 2 Reis, o que apontaria para uma substituição editorial de caráter "modernizante", com fins teológicos[115]. Mas isso nem sempre pressupõe um original hebraico שׁאל, pois esse dado aponta justamente para uma corroboração da evidência interna, específica do livro[116]. Apesar de a construção דרשׁ אֶת ser muito mais comum no texto massorético, e a presença da preposição apontaria para uma construção שׁאל ב, o uso de דרש ב testemunha uma etapa tardia de composição, mais pertinente, portanto, à crítica redacional[117]. Dessa forma, sendo uma *lectio difficilior*, o texto massorético é o preferido. Ainda no v. 2g o nome divino זְבוּב é escrito זְבוּל na recensão de Símaco e na recensão de Orígenes. Essa variante representaria o nome original da divindade; mas, dados o constante caráter derrogatório da mudança de nomes no texto massorético e sua ampla evidência externa, a variante זְבוּב de fato é a preferível[118], e as variantes alternativas ao texto massorético refletiriam um processo redacional[119].

No v. 2h, tanto o Códice Vaticano quanto a recensão luciânica acrescentam o equivalente ao sufixo da primeira pessoa do singular. Essa variante também é apoiada pela Vulgata, pela Peshitta e pelo Targum, pelo que A. P. Otero a considera a mais adequada[120]. De fato a construção מֵחָלִי זֶה, segundo S. L. Mckenzie, é "rara no hebraico bíblico, enquanto o demonstrativo sem o artigo seguindo um substantivo com sufixo é comum"[121] e "perfeitamente regular", evidenciado pelo uso de עֲבָדֶיךָ אֵלֶּה no v. 13[122]. Como *lectio difficilior*, o texto massorético é o preferido. Ainda nos Códices Vaticano e Alexandrino, na Antiga Latina e na recensão luciânica há um acréscimo ao fim – "e eles foram adivinhar" –, preferível para A.

---

115. OTERO, A. P., Oxford Hebrew Bible Sample of 2 Kings 1:1-6, p. 5.

116. HOBBS, T. R., 2 Kings, p. 2.

117. TREBOLLE BARRERA, J. C.; TORIJANO, P.; PIQUER, A., Algunas características distintivas del texto masorético del libro de Reyes, p. 12-17, em que se fala de uma "rabinização" ou "israelização" do texto hebraico. Cf. ainda OTERO, A. P., Flies, Idols and Oracles, p. 84-85.

118. OTERO, A. P., Oxford Hebrew Bible Sample of 2 Kings 1:1-6, p. 6-7. A opção das versões em traduzir como "deus das moscas" (no copta "Baal, o qual é chamado deus das moscas") teria caráter exegético: TILLY, M., Introdução à Septuaginta, p. 95.

119. A variação no uso da regência pronominal no grego (ἐν τῷ Βάαλ, no Códice Vaticano; ἐν τῇ Βααλ, no Códice Alexandrino; διὰ τοῦ Βααλ, na recensão luciânica) comprovaria esse fato (TREBOLLE BARRERA, J. C.; TORIJANO, P.; PIQUER, A., Algunas características distintivas del texto masorético del libro de Reyes, p. 10-12). Cf. ainda OTERO, A. P., Flies, Idols and Oracles, p. 81-83.

120. OTERO, A. P., Oxford Hebrew Bible Sample of 2 Kings 1: 1-6, p. 2.

121. MCKENZIE, S. L., 1 Kings 16–2 Kings 16, l. 5982.

122. BURNEY, C. F., Notes on the Hebrew Text of the Books of Kings with an Introduction and Appendix, p. 262. Observar ainda o mesmo uso em 2Rs 8,8 (GESENIUS, F. W.; KAUTZSCH, E.; COWLEY, A. E., Gesenius' Hebrew Grammar, p. 409).

P. Otero, que explica a omissão no texto massorético como a eliminação de qualquer referência à ida dos mensageiros para consultar a divindade estrangeira, e assim enfatizar que a intervenção de Elias interrompeu a jornada[123]. Entretanto, é mais aconselhável considerar uma expansão, como faz S. L. McKenzie[124].

No v. 3a a recensão luciânica pôs "mensageiro de Deus" em vez de "mensageiro de YHWH", uma provável preferência estilística. Os Códices Vaticano e o Alexandrino apresentam ἐκάλεσεν em vez de ἐλάλησεν da LXX, um erro escribal, segundo S. L. McKenzie[125]. Já no v. 3c, tanto no Códice Vaticano quanto na recensão luciânica, consta o equivalente do hebraico לְךָ em vez de עֲלֵה do texto massorético (a LXX usa o advérbio δεῦρο, que transmite a ideia de ir); apesar de essa variante ser preferida por A. P. Otero[126], envolve uma questão interpretativa, evitando precisar se de fato Elias subiu ou desceu (na Peshitta está "desce", embora um manuscrito traga "sobe"). Mas a leitura עֲלֵה é apoiada pela Vulgata e pelo Targum. O Códice Vaticano acrescenta o nome "Ocozias" à expressão "rei de Samaria" – apenas para especificar quem é o rei –, enquanto na recensão luciânica a redação é "rei de Israel em Samaria"[127]. Essa redação não ocorre em nenhuma parte do texto massorético; e como no v. 3c a recensão luciânica não faz menção ao ato de subir, implicaria um encontro de Elias com os mensageiros do rei em Samaria, antes mesmo de deixarem a cidade. Mas essa variante carece de evidência tanto externa quanto interna e procuraria explicar a surpresa expressada pelo retorno antecipado dos mensageiros no v. 5, não considerando o contexto narrativo pelo qual Elias estaria fugido e escondido por causa da Rainha Jezabel (1Rs 19,1)[128].

Para o v. 3e, a recensão luciânica apresenta "profeta" no lugar de "Deus", enquanto no v. 6 constam ambas as leituras, e segundo S. L. McKenzie ambas são "apropriadas" para a história. Entretanto, além de carecer de evidência externa, A. Schenker observa que é uma variante "fora de lugar", uma vez que o rei não consulta um profeta estrangeiro; é uma variante que busca destacar a falta do Rei Ocozias em pôr sua confiança no profeta de Israel, em vez de sua apostasia do

---

123. OTERO, A. P., Oxford Hebrew Bible Sample of 2 Kings 1:1-6, p. 7-8.
124. MCKENZIE, S. L., 1 Kings 16–2 Kings 16, l. 5979-5985.
125. MCKENZIE, S. L., 1 Kings 16–2 Kings 16, l. 5985.
126. OTERO, A. P., Oxford Hebrew Bible Sample of 2 Kings 1:1-6, p. 8.
127. MCKENZIE, S. L., 1 Kings 16–2 Kings 16, l. 5988; OTERO, A. P., Oxford Hebrew Bible Sample of 2 Kings 1: 1-6, p. 2.
128. SCHENKER, A., What Do Scribes, and What Do Editors Do?, p. 282-284. Mais à frente, na p. 291, A. Schenker mostra que o texto da recensão luciânica estabelece um paralelo com 2Rs 2,23-24, com a temática comum do desprezo à figura do profeta de Israel.

Deus de Israel[129]. No v. 3f e no v. 6, a recensão luciânica ainda traz, antes da designação do "deus de Acaron", a palavra προσόχθισμα, equivalente ao hebraico שִׁקּוּץ, "coisa detestável", uma leitura secundária e derrogatória, objetivando deixar claro que tipo de divindade de fato é o "deus de Acaron"[130].

No v. 4a, o vocábulo וְלָכֵן vem destituído da conjunção na recensão luciânica, na Peshitta e na Vulgata, podendo representar tanto um processo redacional, sinal de uma revisão tardia, quanto um erro escribal para A. P. Otero[131]; entretanto, poderia ser uma tentativa de harmonização com os v. 6.16, onde o vocábulo aparece sem a conjunção[132]. Já a LXX utiliza aqui e antes da sentença final no v. 6 οὐχ οὕτως, "não (seja) assim", que refletiria, em vez de וְלָכֵן, a expressão hebraica לֹא־כֵן, a qual poderia ser uma opção exegética ou um erro aural; mas a leitura וְלָכֵן é preferível, por ser o elemento padrão de fórmulas proféticas, além da evidência externa[133]. No v. 4b, no lugar do advérbio locativo שָׁם, a recensão luciânica e a Peshitta apresentam uma leitura que corresponderia a עָלֶיהָ no hebraico – ou seja, preposição + sufixo pronominal. Ao preferir essa variante, A. P. Otero argumenta que ela estabelece uma forte conexão com a sentença seguinte, mas teria sido perdida em parte da tradição hebraica por *homoiarkton* (com o precedente עָלִיתָ), pelo que algum escriba ou redator posterior sentiu a necessidade de corrigir a ausência inserindo שָׁם como elemento retrospectivo[134]. Entretanto, a leitura שָׁם recebe apoio dos Códices Alexandrino e Vaticano, bem como do Targum.

No v. 4d, no lugar da partícula כִּי, a Peshitta e a Vulgata indicariam כִּי אִם. Essa variante é considerada secundária para A. P. Otero, pois envolve uma mudança na apreciação da palavra profética, em que a cláusula final causal que constitui a sentença de morte no texto massorético passa a ser adversativa, enfraquecendo a força retórica da declaração divina – e que poderia ser resultado de um erro aural, onde כִּי מוֹת poderia ter sido compreendida como מוֹת אִם כִּי[135]. A recensão luciânica ainda acrescenta ἐν αὐτῇ, para precisar que o rei morrerá doente na cama. Ao fim

---

129. SCHENKER, A., What Do Scribes, and What Do Editors Do?, p. 276-277.

130. MCKENZIE, S. L., 1 Kings 16–2 Kings 16, l. 5989-5992; SCHENKER, A., What Do Scribes, and What Do Editors Do?, p. 285.

131. OTERO, A. P., Oxford Hebrew Bible Sample of 2 Kings 1:1-6, p. 8-9.

132. SCHENKER, A., What Do Scribes, and What Do Editors Do?, p. 286.

133. OTERO, A. P., Oxford Hebrew Bible Sample of 2 Kings 1:1-6, p. 9. A expressão οὐχ οὕτως poderia ainda ser uma revisão do tipo *kaige* (OTERO, A. P., Flies, Idols and Oracles, p. 85-88).

134. OTERO, A. P., Oxford Hebrew Bible Sample of 2 Kings 1:1-6, p. 9-10.

135. OTERO, A. P., Oxford Hebrew Bible Sample of 2 Kings 1:1-6, p. 10. Para uma análise mais pormenorizada do uso de כִּי e כִּי אִם em Samuel e Reis, TREBOLLE BARRERA, J. C., Centena in libros Samuelis et Regum, p. 109-111.

do v. 4e, tanto o Códice Vaticano quanto a recensão luciânica acrescentam καὶ εἶπεν πρὸς αὐτούς, o que para S. L. McKenzie indicaria uma omissão no texto massorético por haplografia[136]; mas é preferível entender como um acréscimo que visa suavizar um texto elíptico, ou uma influência por aproximação da expressão וַיֹּאמֶר אֲלֵיהֶם no v. 5, conforme A. P. Otero[137].

No v. 6e alguns manuscritos (juntamente com a Peshitta) utilizam הָאִישׁ em vez de הַמֶּלֶךְ; o uso de הָאִישׁ poria tanto Elias quanto o rei numa mesma designação semântica como protagonistas em oposição simétrica, dois rivais lutando pelo poder em Israel[138]. Mas essa variante não encontra apoio na maioria dos manuscritos hebraicos, da LXX e da Vulgata. No v. 6j, a LXX utiliza πορεύῃ para traduzir שָׁלַח, o que pressupõe הָלַךְ; isso faz com que o rei estivesse entre os mensageiros, algo inconsistente. Além dessa variante não encontrar apoio na Vulgata, na Peshitta e no Targum, haveria uma influência do uso de הלך nos v. 2 e 3. O uso de שָׁלַח também enfatiza uma ação ainda em curso, ainda não concluída[139].

Todo o v. 6h é deslocado na Peshitta para depois do correspondente de לָכֵן, no v. 6k. Segundo A. P. Otero, pela atestação do uso duplo da recensão luciânica tanto no v. 6h quanto no v. 6k, essa leitura é preferível. Entretanto, a evidência externa depõe contra essa variante; e seria mais bem-explicada como uma tentativa justamente de colocar a fórmula profética como uma introdução especializada a qual precede o decreto de YHWH acerca do destino fatal de Ocozias, em vez de posicioná-la no início das palavras de Elias, como bem reconhece o próprio A. P. Otero[140].

Ainda no v. 6k a presença do advérbio שָׁם parece estranha na frase, o que explicaria sua omissão em alguns manuscritos hebraicos, na LXX (embora a edição de Ralphs utilize ἐκεῖ), na Vulgata e na Peshitta. Mas a leitura do texto massorético já tem esse advérbio no v. 4b, sendo ainda preferível por ser uma *lectio difficilior*, além de ser encontrada na maioria dos manuscritos hebraicos e apoiada pelo Targum. Na recensão luciânica há uma longa adição ao fim do v. 6m: "porque fizeste mal diante de mim para me provocar, trarei mal sobre a casa de Acab e o consumirá, cortando de Acab todo membro da alta classe real em Is-

---

136. MCKENZIE, S. L., 1 Kings 16–2 Kings 16, l. 5994-5995.

137. OTERO, A. P., Oxford Hebrew Bible Sample of 2 Kings 1:1-6, p. 10.

138. Ou haveria uma tentativa de suavizar a imagem do rei, embora soe estranho ao contexto (MUÑOZ SARAOZ, J. J.; LOPEZ TOLEDO, P., En un mundo cambiante la palabra de Dios permanece firme y justa, p. 151).

139. MCKENZIE, S. L., 1 Kings 16–2 Kings 16, l. 5999; MUÑOZ SARAOZ, J. J.; LOPEZ TOLEDO, P., En un mundo cambiante la palabra de Dios permanece firme y justa, p. 151; NOCQUET, D., Le livret noir de Baal, p. 161.

140. OTERO, A. P., Oxford Hebrew Bible Sample of 2 Kings 1:1-6, p. 11.

rael". O uso de ἐνώπιον em vez de ἐν ὀφθαλμοῖς indica uma redação pertencente à versão Antiga Grega; entretanto, é uma fórmula oracular encontrada igualmente em 1Rs 14,9-10; 16,2-4; 21,21, 24. Seria um acréscimo para conformar a obra à fraseologia deuteronomista, com vistas à harmonização com esses contextos de juízo contra casas reais; seria ainda secundário por ser mais difícil explicar a sua omissão no texto massorético[141]. Ainda segundo a BHK, ao final do v. 6m a recensão luciânica acrescenta o verbo no plural – uma possível observação exegética acerca de Gn 3,3-4.

No v. 8b, tanto o Códice Vaticano quanto a recensão luciânica (apoiados ainda pela Vulgata e pela Peshitta) apresentam Ἀνὴρ δασύς, a qual suporia como possível original אִישׁ שֵׂעָר, com ausência do vocábulo בַּעַל. Entretanto, ao contrário do que supõe S. L. McKenzie, isso pode ser explicado pela particularidade envolvida na tradução, conforme visto supra, com o texto massorético proporcionando não apenas uma *lectio difficilior* como também uma comparação com a divindade identificada por בַּעַל [142].

No v. 9a, a recensão luciânica acrescenta Οχοζιας, apenas para especificar o sujeito do verbo[143]; no v. 9b, tanto J. C. Trebolle Barrera quanto S. L. McKenzie concordam com a reconstrução de acordo com a recensão luciânica: καὶ ἐπορεύθησαν πρὸς αὐτόν, a qual ainda acrescenta (provavelmente para dar mais ênfase à narrativa) no v. 9c καὶ ἀνέβη ὁ ἡγούμενος καὶ οἱ πεντήκοντα αὐτοῦ καὶ ἦλθον ἕως τοῦ ἀνθρώπου τοῦ θεοῦ. Ao usar a forma plural ἐπορεύθησαν no lugar do correspondente singular וַיַּעַל do texto massorético, a recensão luciânica concorda com a Peshitta. A principal variação, contudo, está no uso dos verbos "vir" e "subir": se ambos aparecem no Códice Alexandrino, no texto massorético (seguido pelo Códice Vaticano) consta somente "subir", que reflete o parêntese localizando Elias no monte. Mas, como observa S. L. Mckenzie, tanto o sujeito quanto a referência ao homem de Deus são acrescentados no grego por razões sintáticas[144]. A recensão luciânica ainda traduz o hebraico וְהִנֵּה do v. 9c por αὐτὸς δέ, o que corresponde na verdade a וְהוּא, apoiada pela Peshitta e pelo Targum; a Vulgata opta pela omissão. Apesar de D. Nocquet defender essa variante, a leitura massorética é corroborada pela LXX (a qual apenas acrescenta Ηλιου, para especificar)[145]; e a variante da recensão luciânica poderia ser explicada pelo fato de

---

141. MCKENZIE, S. L., 1 Kings 16–2 Kings 16, l. 6000-6006.
142. MCKENZIE, S. L., 1 Kings 16–2 Kings 16, l. 6006-6010.
143. HOBBS, T. R., 2 Kings, p. 3.
144. MCKENZIE, S. L., 1 Kings 16–2 Kings 16, l. 6010-6016; TREBOLLE BARRERA, J. C., Centena in libros Samuelis et Regum, p. 157-159.
145. NOCQUET, D., Le livret noir de Baal, p. 162.

que, embora a omissão do sujeito pronominal do particípio após הִנֵּה não ser infrequente, compreendeu-se a necessidade de um sujeito precedente[146]. No v. 9d, a LXX acrescenta ὁ πεντηκόνταρχος, para especificar o sujeito; e no v. 9e, o Códice Vaticano procura esclarecer que a ordem é dada diretamente a Elias, ao acrescentar "a ti". Ainda no v. 9e, a recensão luciânica apresenta a expressão "assim diz o rei", por influência da aproximação com o v. 11d[147].

No v. 10c, a presença da conjunção em וְאִם parece ser desnecessária para a tradução e a compreensão do versículo, o que explicaria sua ausência em alguns manuscritos hebraicos, na Vulgata, na Peshitta e em alguns manuscritos do Targum. Mas está presente na LXX, sendo mais difícil explicar sua omissão do que sua inclusão no texto massorético. A Peshitta ainda substitui אִישׁ אֱלֹהִים pela expressão correspondente a "profeta", um recurso com finalidade homilética, o que foi acompanhado pelo Targum.

No v. 11a (e no v. 13), a LXX e a recensão luciânica acrescentam ὁ βασιλεὺς, apenas para esclarecer o sujeito da ação, e isso não contou com apoio das versões Vulgata, Targum e Peshitta[148]. O adjetivo אַחֵר aparece no plural na Peshitta e em alguns manuscritos do Targum, que poderia refletir alguma cópia com erro escribal cometido por ditografia em relação à palavra plural anterior. O Códice Vaticano suplementa com "capitão de cinquenta" como sujeito, o que é seguido pela recensão luciânica; essa recensão ainda substitui o pronome objeto direto por "homem de Deus". Todos esses acréscimos visam aclarar o sentido no grego. Mas é o uso de וַיַּעַן no v. 11b que mostra ser uma leitura problemática ("corrompida", segundo a BHK), como pode ser atestado nas diversas versões. O Códice Vaticano e a Vulgata omitem esse verbo; a LXX usa ἀνέβη, o que pressupõe uma substituição de וַיַּעַן por וַיַּעַל; o Targum usa o equivalente ao hebraico שׁוּב; e somente a Peshitta atesta a variante do texto massorético. Entretanto, a variante do texto massorético é a preferível por ser a *lectio difficilior*, e as outras variantes seriam leituras facilitadoras do texto, além de influenciadas pelo v. 9b (enquanto a omissão poderia ser explicada por haplografia em relação aos v. 10a e 12a)[149]. Alguns comentaristas defendem o texto massorético por sugerir que o segundo capitão não teria se arriscado

---

146. BURNEY, C. F., Notes on the Hebrew Text of the Books of Kings with an Introduction and Appendix, p. 262-263.

147. MCKENZIE, S. L., 1 Kings 16–2 Kings 16, l. 6021.

148. MCKENZIE, S. L., 1 Kings 16–2 Kings 16, l. 6034. Vide colocação de "o rei" no v. 11a entre colchetes na seção 1.1 deste trabalho.

149. HOBBS, T. R., 2 Kings, p. 3; MCKENZIE, S. L., 1 Kings 16–2 Kings 16, l. 6023. Com opinião diferente, cf. TREBOLLE BARRERA, J. C., Centena in libros Samuelis et Regum, p. 158.

a um contato direto com o profeta, preferindo gritar-lhe desde o sopé do monte[150]; além do mais, D. Barthélemy mostra como o uso de וַיַּעַן pode significar "tomar a palavra" sem necessidade de alguma conversação precedente (Dt 21,7; 1Sm 9,17)[151]. Por fim, S. L. McKenzie observa que no v. 11e a vocalização de מְהֵרָה pressupõe um advérbio, quando deveria ser entendido como *piel* imperativo. A forma verbal é apoiada de fato pelo Targum; mas a forma adverbial encontra correspondente na LXX, na Vulgata e na Peshitta[152].

No v. 12a-b, a recensão luciânica apresenta o texto καὶ ἀπεκρίθη Ηλιας καὶ εἶπεν πρὸς αὐτὸν, com duas mudanças significativas. A primeira envolve o uso de εἶπεν, o que pressupõe וַיֹּאמֶר, e não וַיְדַבֵּר, como possível *Vorlage*, conforme atestado em alguns manuscritos hebraicos, por alguns manuscritos do Targum e pela Peshitta. A segunda, em vez da preposição com sufixo plural אֲלֵיהֶם do texto massorético no fim da sentença, há a utilização do singular, como encontrado em dois manuscritos hebraicos (segundo a BHS; a BHK afirma serem três), junto com a LXX e a Peshitta. Haveria ainda a atestação de ambas as transmissões textuais, a considerar a conflação encontrada no Códice Vaticano: καὶ ἀπεκρίθη Ηλιου καὶ ἐλάλησεν πρὸς αὐτὸν καὶ εἶπεν[153]. Ao utilizar a forma plural, o texto massorético evidencia que Elias está respondendo não apenas ao capitão, mas também a todo o destacamento que lhe foi enviado; e, com relação ao uso de וַיְדַבֵּר, essa variante é corroborada não somente pela grande maioria dos manuscritos hebraicos, como também por alguns manuscritos do Targum (a Vulgata é inconclusiva pelo uso de *ait*, pois esse termo serve para traduzir tanto אמר quanto דבר em 2Rs 1,8-9.12-13), além de ser consistente com o uso da raiz דבר em toda a passagem.

No v. 12c, a expressão אִישׁ הָאֱלֹהִים aparece sem o artigo em poucos manuscritos, assim como אִם aparece com a conjunção – a LXX apoia a primeira, enquanto a recensão luciânica a última. Sem evidência da maioria dos manuscritos, é possível ter havido uma harmonização com o v. 10. Embora a BHK defenda a leitura אֱלֹהִים, a presença do artigo no texto massorético reforça a ênfase pretendida pela afirmação de Elias diante do segundo capitão. No v. 12f, alguns poucos manuscritos hebraicos, assim como a LXX e alguns manuscritos da Vulgata e da Peshitta, omitem o substantivo אֱלֹהִים; e S. L. McKenzie propõe ser essa a variante

---

150. COGAN, M.; TADMOR, H., II Kings, p. 26.

151. BARTHÉLEMY, D., Critique textuelle de l'Ancien Testament 1, p. 376.

152. MCKENZIE, S. L., 1 Kings 16–2 Kings 16, l. 6027. Se de fato é mais comum a presença do advérbio מְהֵרָה após o imperativo (Nm 17,11; Js 10,6; 2Sm 17,16.21), encontra-se este advérbio à frente do imperativo igualmente em 1Sm 20,38 (KOEHLER, L. et *al*., מְהֵרָה, p. 554). Para a compreensão de מְהֵרָה como verbo, cf. GESENIUS, F. W.; KAUTZSCH, E.; COWLEY, A. E., Gesenius' Hebrew Grammar, p. 385.

153. MCKENZIE, S. L., 1 Kings 16–2 Kings 16, l. 6030.

original devido à atestação na recensão luciânica[154]. Mais uma vez, como no v. 12c, o texto massorético procura dar ênfase, como que num crescendo em relação ao v. 10f; ou, como afirma D. Barthélemy, o capitão mereceria a punição violenta expressada pela especificação "de Deus" em decorrência de sua impertinência; e, consequentemente, as variantes atestadas com omissões são secundárias[155].

Como já visto na tradução, no v. 13a existe um problema com relação à variante שְׁלִשִׁים do texto massorético, que ocasionou problemas na transmissão textual. A LXX, juntamente com a Vulgata, entende como שְׁלִישִׁי, "terceiro". A Peshitta utiliza uma forma feminina singular, correspondente ao hebraico שְׁלִישִׁית, "terceira [vez]"[156]. O Targum divide-se nos seus manuscritos entre reproduzir a variante massorética e a siríaca. Parece melhor aceitar a sugestão da BHS e de fato entender como erro escribal de שְׁלִישִׁי, cometido pelo acréscimo do ם por atração com o final plural da palavra precedente[157].

No v. 13b-c, a sequência וַיַּעַל וַיָּבֹא parece ser problemática para algumas versões antigas. O primeiro vocábulo é omitido no Códice Vaticano, na Vulgata e na recensão luciânica; o segundo vocábulo é omitido na Peshitta e num manuscrito da recensão de Orígenes; e toda a expressão שַׂר־הַחֲמִשִּׁים הַשְּׁלִישִׁי é omitida na Vulgata (a Peshitta omite apenas הַשְּׁלִישִׁי). S. L. McKenzie adota a leitura da recensão luciânica[158]; entretanto, a leitura com ambos os vocábulos é atestada amplamente pela tradição massorética, além de corroborada pelo Targum. No v. 13g, o Códice Vaticano e a Vulgata omitem o correspondente ao hebraico חֲמִשִּׁים do texto massorético; mas a variante massorética é apoiada pela recensão luciânica (a qual omite apenas אֵלֶּה), pela LXX, pela Peshitta e pelo Targum[159].

No v. 14b, a expressão וְאֶת־חֲמִשֵּׁיהֶם foi omitida por haplografia no Códice Vaticano; e a Peshitta omite הָרִאשֹׁנִים (cujo correspondente grego é posto com asteriscos nas recensões de Áquila, Símaco e Teodocião). Já a inteira tradição grega (exceto o Códice Vaticano) acrescenta a expressão ἡ ψυχὴ τῶν δούλων σου; S. L. McKenzie advoga essa variante, explicando haver no texto massorético "evi-

---

154. MCKENZIE, S. L., 1 Kings 16–2 Kings 16, l. 6033.

155. BARTHÉLEMY, D., Critique textuelle de l'Ancien Testament 1, p. 377. Cf. ainda OMANSON, R. L.; ELLINGTON, J. E., A Handbook on 1-2 Kings, p. 703.

156. A palavra "vez" fica clara na Peshitta pelo uso do correspondente ao hebraico זְמַן.

157. MCKENZIE, S. L., 1 Kings 16–2 Kings 16, l. 17663. Cf. ainda BURNEY, C. F., Notes on the Hebrew Text of the Books of Kings with an Introduction and Appendix, p. 263. Numa publicação do século XIX, é defendida a variante da Peshitta, em que, também por atração, o ם foi modificado para ת (THENIUS, O., Die Bücher der Könige, p. 263).

158. MCKENZIE, S. L., 1 Kings 16–2 Kings 16, l. 6036.

159. MCKENZIE, S. L., 1 Kings 16–2 Kings 16, l. 6037.

dentemente uma mudança deliberada, depreciando o terceiro capitão para tornar claro que ele foi motivado por medo, e não por piedade"[160]. Entretanto, o terceiro capitão estaria falando em nome de todo o destacamento; e a variante massorética é atestada nos manuscritos hebraicos, na Vulgata, na Peshitta e no Targum.

No v. 15a, no lugar de κύριος no Códice Vaticano (o que corresponde ao Tetragrama Sagrado), a recensão luciânica utiliza θεός; e, ao final, o Códice Vaticano e a recensão luciânica acrescentam καὶ εἶπεν (= לֵאמֹר). Ambas não encontram suporte na evidência externa. No v. 15b, em vez da marca do objeto direto אוֹתִי, dois manuscritos hebraicos, juntamente com o *qerê* de edições da Bíblia Hebraica (como a BHK e a BHS), apresentam אִתּוֹ, a preposição sufixada. Essa variante é a que se encaixa melhor do ponto de vista gramatical, e é adotada pelas versões antigas: LXX, Vulgata, Peshitta, Targum. Com a indicação do *qerê* nas diferentes edições (embora ausente no Códice Leningradense) e a ampla atestação da tradição massorética, é possível que אוֹתִי seja uma forma antiga da preposição sufixada, em vez da marca do objeto direto[161].

No v. 15c, para o vocábulo מִפָּנָיו, a LXX e a recensão luciânica apresentam o correspondente ao sufixo plural, e não singular. Segundo S. L. McKenzie, essa seria a variante preferível, pois o texto massorético teria colocado o prefixo singular por atração com אוֹתִי. Omitida na Vulgata, a forma singular, além de amplamente atestada na tradição massorética, é apoiada ainda pela Peshitta e pelo Targum. Enquanto a variante singular enfatiza o temor unicamente diante do terceiro capitão de cinquenta, a variante plural indica o temor diante de todo o destacamento – esta última parece ser a pretendida nas versões gregas. Antes da segunda ocorrência de אוֹתִי no v. 15e, a recensão luciânica reflete um verbo adicional – καὶ ἐπορεύθη –, de tal forma a obter a leitura "ele se levantou, desceu e foi com ele", para aclarar a narrativa[162].

No v. 16c, o Códice Vaticano omite o correspondente ao vocábulo מַלְאָכִים; mas esse é atestado na recensão luciânica, bem como tem correspondentes na Vulgata, na Peshitta e no Targum. Todo o v. 16d é omitido na LXX, mas é atestado na recensão de Orígenes, na Vulgata, na Peshitta e no Targum – a omissão na LXX pode ter sido um erro escribal, embora S. L. McKenzie considere a leitura massorética secundária em relação ao v. 6[163]. D. Barthélemy acrescenta ainda como argumento que o fato de לָכֵן estar posicionado entre a apódose e a prótase para fins

---

160. MCKENZIE, S. L., 1 Kings 16–2 Kings 16, l. 6039.
161. BROWN, F.; DRIVER, S. R.; BRIGGS, C. A., את, p. 85; CLINES, D. J. A., את, p. 448.
162. MCKENZIE, S. L., 1 Kings 16–2 Kings 16, l. 6043-6046.
163. MCKENZIE, S. L., 1 Kings 16–2 Kings 16, l. 6047-6048.

de afirmação incisiva representaria uma dificuldade sintática, o que justificaria para a LXX a omissão de todo o v. 16d[164].

No v. 17b dois manuscritos hebraicos, apoiados por alguns manuscritos da LXX, adicionam בְּיַד depois de דְּבַר, enquanto outro adiciona אֶל־. Essa variante produziu uma modificação teológica, para afirmar que a Palavra é dada de maneira direta por YHWH, com a intermediação de Elias. Mas o texto massorético busca salientar que a palavra dada é realmente de Elias, profeta autorizado por YHWH. Todo o v. 17c-d é omitido no Códice Vaticano; S. L. McKenzie considera a variante massorética um acréscimo, uma vez que estaria "fora de lugar" por descrever o início do reinado de Jorão antes da fórmula de conclusão do reinado de seu predecessor[165]; mas a variante massorética é atestada na Vulgata, na Peshitta e no Targum. Essa atestação apresenta, contudo, algumas modificações. A Vulgata, a LXX e a Peshitta acrescentam "seu irmão" (alguns manuscritos minúsculos gregos oscilam entre Ὀχοζίου e ὁ ἀδελφὸς αὐτοῦ); apesar de o texto massorético poder ter efetuado a omissão pelo fim semelhante da palavra seguinte (תַּחְתָּיו)[166], seria mais bem compreendida como acréscimo para fins de glosa explicativa, de modo a evitar a confusão com o rei homônimo de Judá. A recensão luciânica atesta o v. 17c apenas até o correspondente a תַּחְתָּיו (no ponto em que o texto massorético insere uma *petuchah*) e o v. 17d. Como em geral a *petuchah* vem ao fim dos versículos, sua presença no meio do v. 17 chama a atenção por indicar um intervalo, conforme observação da BHK[167]. Portanto, ainda que o v. 17c-d seja desajeitado do ponto de vista gramatical, viole as normas usuais e apresente todas as marcas de uma inserção[168], sua omissão não conta com evidência externa, e sua análise diz respeito mais à crítica redacional.

No v. 18a, depois de אֲחַזְיָהוּ, poucos manuscritos hebraicos acrescentam וְכָל־ – corroborados pela recensão luciânica e pela Peshitta (embora um manuscrito o omita). Esses poucos manuscritos e versões com o acréscimo buscam harmonizar a fórmula comum כָּל־אֲשֶׁר עָשָׂה presente em outros versículos de Reis (e.g., 1Rs 19,1; 21,26; 22,39.54; 2Rs 8,23; 10,34). Existe uma longa adição no Códice

---

164. BARTHÉLEMY, D., Critique textuelle de l'Ancien Testament 1, p. 378. Cf. tb. OMANSON, R. L.; ELLINGTON, J. E., A Handbook on 1-2 Kings, p. 706.

165. MCKENZIE, S. L., 1 Kings 16–2 Kings 16, l. 6050-6053.

166. BARTHÉLEMY, D., Critique textuelle de l'Ancien Testament 1, p. 378; COGAN, M.; TADMOR, H., II Kings, p. 27; MONTGOMERY, J. A., A Critical and Exegetical Commentary on the Books of Kings, p. 351.

167. Segundo a *masorah parva* de Gn 4,8, são 28 situações em que isso ocorre, enquanto na relacionada a Gn 35,22 são 35 tais situações. Conforme E. Tov, seria uma quebra no conteúdo semelhante àquela indicada nos fins de seção; ou ainda refletir um sistema escribal-exegético de referências cruzadas (TOV, E., Crítica Textual da Bíblia Hebraica, p. 51).

168. HOBBS, T. R., 2 Kings, p. 4.

Vaticano e na recensão luciânica ao fim do v. 18b, que corresponde, com ligeiros acréscimos e modificações, a 2Rs 3,1-3. Segundo S. L. McKenzie, o objetivo era corrigir a colocação anômala no texto massorético de 2Rs 2 após a fórmula de conclusão do reinado de Ocozias em 1,18, mas antes da fórmula de abertura do reinado de Jorão em 3,1 – algo fora da estrutura usual na obra de Reis –, que no entanto reflete um sistema sincronista típico da recensão luciânica[169].

À guisa de conclusão, percebem-se, em suma, duas versões da passagem de 2Rs 1,1-18: a transmitida pela recensão luciânica e a transmitida pela tradição massorética. Embora alguns comentaristas prefiram o texto refletido na recensão luciânica ao texto massorético[170], a crítica textual aqui apresentada evidenciou a validade e a coerência do texto massorético em 2Rs 1,1-18. Infelizmente nenhum manuscrito de Qumran contém a passagem 2Rs 1,1-18[171]; mas, ainda que a LXX e suas recensões sejam de alto valor para a crítica textual, são traduções, cuja reconstrução da *Vorlage* "permanecerá sempre incerta", e a relevância do texto massorético tem sido comprovada[172]. As demais variantes são mais bem explicadas dentro de uma etapa do processo redacional, de "fluidez" do texto massorético, do que propriamente de transmissão textual; mas também indicariam opções por "estratégias narrativas", e até mesmo "orientações teológicas" distintas do texto massorético[173].

---

169. BURNEY, C. F., Notes on the Hebrew Text of the Books of Kings with an Introduction and Appendix, p. 263-264; MCKENZIE, S. L., 1 Kings 16–2 Kings 16, l. 6826-6828; SCHENKER, A., Archetype and Late Literary Developments in 2 Kings 1:17-18 and 8:16, p. 326-336.

170. MCKENZIE, S. L., 1 Kings 16–2 Kings 16, l. 374; SCHENKER, A., What Do Scribes, and What Do Editors Do?, p. 288-292.

171. Eis o catálogo das passagens constantes em três manuscritos encontrados: 1Rs 1,1.16-17.27-37 de 5QRs; 1Rs 7,20-21.25-27.29-42.51 de 4QRs; e 1Rs 3,12-14; 12,28-31; 22,28-31; 2Rs 5,26; 6,32; 7,8-10.20; 8,1-5; 9,1-2; 10,19-21 de 6QpapRs (MCKENZIE, S. L., 1 Kings 16–2 Kings 16, l. 16199).

172. TOV, E., Crítica Textual da Bíblia Hebraica, p. 18-19. E. Tov ainda mostra adiante, nas p. 370-371, a "centralidade" do texto massorético nas edições acadêmicas, ainda que haja declarações em contrário; e afirma ser essa centralidade "natural" por ser o texto central do judaísmo, e dado o estado fragmentário de muitos rolos não massoréticos. Deve-se ainda salientar que em Reis não existe relação necessária direta entre o texto massorético e a tradição grega; ambos talvez remetam independentemente a um texto mais antigo ainda não atestado (JOOSTEN, J., Empirical Evidence and Its Limits, p. 247-265). Por isso, a proposta de um "texto eclético", independente do texto massorético, ainda levanta objeções, como pode ser visto em TALSHIR, Z., Textual Criticism at the Service of Literary Criticism and the Question of an Eclectic Edition of the Hebrew Bible, p. 33-60. Com relação à LXX, a passagem de 2Rs 1,1-18 considera-se pertencente mais especificamente à chamada revisão *kaige* (GRABBE, L. L., 1 & 2 Kings, p. 3). Acerca da recensão luciânica (e protoluciânica) e sua relação com a *kaige*, bem como sua problemática no conjunto Samuel-Reis, cf. TILLY, M., Introdução à Septuaginta, p. 100-101; 113; TOV, E., A Bíblia Grega e Hebraica, p. 471-492. Cf. tb. TREBOLLE BARRERA, J. C., The Text-Critical Use of the Septuagint in the Books of Kings, p. 221-232.

173. HUGO, P., Les deux visages d'Élie, p. 324. Nesta obra P. Hugo efetua uma análise completa da crítica textual de 1Rs 17–19 e chega à conclusão de que a recensão luciânica (em especial) e o texto massorético apresentam "duas visões" distintas acerca da pessoa do Profeta Elias. As "reelaborações" remontam, na

## 1.3. Crítica literária e redacional

Para análise da delimitação de 2Rs 1,1-18, caso leve-se em consideração apenas a menção ao Rei Ocozias, seria necessário incluir todo o conjunto de 1Rs 22,52–2Rs 1,18 – ou até mesmo desde 1Rs 22,51, como fazem alguns comentaristas[174]. Entretanto, em 1Rs 22,51(52)-54 encontra-se na verdade um resumo do reinado de Ocozias, situando-o junto ao reinado de Josafá de Judá, este voltando a ser mencionado somente em 2Rs 3,7. Há também uma comparação entre o justo Josafá e o ímpio Ocozias – e a impiedade deste último será demonstrada de forma elaborada em 2Rs 1,1-18[175].

Os principais personagens de 2Rs 1,1-18 são o Profeta Elias, protagonista, e o Rei Ocozias, antagonista. Dentro dessa perspectiva, há uma unidade intrínseca em 1,2-17b, com todos os outros personagens interagindo com Elias e/ou o Rei Ocozias: o mensageiro de YHWH, os mensageiros do rei, os capitães de cinquenta com seus cinquenta[176]. Descarta-se o contexto posterior encontrado em 2Rs 2 pela presença, nessa perícope, do Profeta Eliseu, dos "filhos dos profetas", dos "homens da cidade" e dos "rapazes pequenos" de Betel – todos esses ausentes em 2 Reis 1,1-18.

Para o contexto anterior, sem a presença de 2Rs 1,1, poderia se considerar de fato um contexto desde 1Rs 22,52, algo reforçado pela presença de uma *setumah* no texto massorético ao fim de 1Rs 22,51 e de outra *setumah* somente em 2Rs 1,2. Entretanto, a presença de Ocozias em 1Rs 22,52-54 é proléptica, numa avaliação teológica em forma de resumo, e 2Rs 1,1 é um versículo de transição, importante para delimitação temporal do início da narrativa encontrada em 2Rs 1,2-17b, evidenciando que o rei nada podia fazer acerca da rebelião de Moab em razão de seu acidente[177]. A presença de uma *petuchah* no meio de 2Rs 1,17c parece problemática; entretanto, mais uma vez encontra-se uma *petuchah* ao fim do v. 18. Isso deve-se a um processo redacional, mas, do ponto de vista literário

---

verdade, ao próprio evento de pôr escrito em primeira mão a mensagem profética (JONG, M. J., Biblical Prophecy – A Scribal Enterprise, p. 44-45).

174. BEAL, L. M. W., 1 & 2 Kings, p. 290; GINGRICH, R. E., The Book of 2nd Kings, p. 7; GOTOM, M., 1 and 2 Kings, p. 443; KONKEL, A. H., 1 & 2 Kings, p. 368; LONG, B. O., 2 Kings, p. 7; MCKENZIE, S. L., 1 Kings 16–2 Kings 16, l. 5930-5962; PATTERSON, R. D.; AUSTEL, H. J., 1 and 2 Kings, p. 805; STEENKAMP, Y., A Comparative Reading of the Elijah Cycle and its Implications for Deuteronomistic Ideology, p. 47-48. P. J. Leithart, R. D. Nelson e I. W. Provan preferem o contexto desde 1Rs 22,41 (LEITHART, P. J., 1 & 2 Kings, p. 165; NELSON, R. D., First and Second Kings, p. 153-154; PROVAN, I. W., 1 & 2 Kings, p. 167).

175. LONG, B. O., 2 Kings, p. 166.

176. BEGG, C. T., Unifying Factors in 2 Kings 1.2-17a, p. 75-86.

177. LEITHART, P. J., 1 & 2 Kings, p. 166; LONG, B. O., 2 Kings, p. 7; NELSON, R. D., First and Second Kings, p. 153-154; OMANSON, R. L.; ELLINGTON, J. E., A Handbook on 1-2 Kings, p. 694.

2Rs 1,17c-18b, serve adequadamente como conclusão à narrativa do embate entre Elias e Ocozias.

Por isso, muitos comentaristas mantêm a integridade da narrativa de 2Rs 1,1-18, como uma unidade bem-delimitada e com toda uma coerência interna[178]: a rebelião de Moab ocorre ao mesmo tempo da queda do Rei Ocozias; este envia mensageiros para consultar Baal Zebub e verificar se porventura restabelecerá sua saúde; o mensageiro de YHWH ordena a Elias que intercepte essa embaixada; os mensageiros do rei retornam a este e reproduzem as palavras de Elias; o rei então envia de forma sucessiva três destacamentos de cinquenta soldados com seus capitães para levar coercitivamente Elias; o mensageiro de YHWH tranquiliza o profeta, e este vai até o rei, repete o conteúdo de sua mensagem; e então o rei morre, junto com a notícia das circunstâncias.

Se é inegável a presença de uma unidade literária em 2Rs 1, há, entretanto, tensões que evidenciam de fato um processo redacional que precisa ser analisado, antes de tudo, dentro do contexto mais amplo das histórias concernentes a Elias. As histórias de Elias (e de Eliseu), ainda que tenham surgido num contexto de histórias populares transmitidas por meio da oralidade[179], teriam sido inseridas na Obra Historiográfica Deuteronomista tardiamente, sendo, é provável,

---

178. BARNES, W. H., Cornerstone Biblical Commentary, p. 194; BRUEGGEMANN, W., 1 & 2 Kings, p. 283; BUTLER, J. G., Analytical Bible Expositor, p. 185; DAVIS, D. R., 2 Kings, p. 15; FRETHEIM, T. E., First and Second Kings, p. 131-132; HALE, T., 2 Kings, p. 654; HENS-PIAZZA, G., 1-2 Kings, p. 225-226; HOBBS, T. R., 2 Kings, p. 1-2; HOUSE, P. R., 1, 2 Kings, p. 242-243; LONG, J. C., 1 & 2 Kings, p. 281; OMANSON, R. L.; ELLINGTON, J. E., A Handbook on 1-2 Kings, p. 692; RUSHDOONY, R. J., Chariots of Prophetic Fire, p. 71.

179. S. L. McKenzie aponta como desde 1912 consideravam-se que todas as histórias proféticas tivessem sido adicionadas num estágio secundário editorial. Isso foi "quebrado" por M. Noth em 1943, quando, ainda que concordando com os aspectos não deuteronomistas das histórias de Elias, entendeu que estas mesmas tinham sido compiladas numa coleção antes da composição da História Deuteronomista e então incorporadas *verbatim* (MCKENZIE, S. L., "My God is YHWH", p. 100; NOTH, M., Überlieferungsgeschichtliche Studien. Teil 1, p. 82-83). Por isso, M. A. O'Brien refere-se a um Registro Profético, oriundo do Reino do Norte por volta do século IX a.C., o qual começa com o nascimento de Samuel e estende-se até o golpe de Jeú e a eliminação do culto a Baal em Israel (2Rs 10,28). Central a essa teologia é a reivindicação profética de ter a autoridade vinda de YHWH para designar e rejeitar reis, adotada pelo ponto de vista deuteronomista, enriquecida pelo esquema profecia/cumprimento (O'BRIEN, M. A., The "Deuteronomistic History" as a Story of Israel's Leaders, p. 24; cf. ainda WHITE, M. C., The Elijah Legends and Jehu's Coup, p. 1). Para Y. Steenkamp, as histórias de Elias surgiram em círculos proféticos no século IX a.C., um profeta singular que foi colocado num estágio posterior como mestre de Eliseu, líder e pai espiritual de um grupo conhecido como "filhos dos profetas". Isso explicaria a influência literária do ciclo de Eliseu sobre o de Elias e a inclusão de narrativas secundárias, tais como 2Rs 1,9-16 (STEENKAMP, Y., A Comparative Reading of the Elijah Cycle and its Implications for Deuteronomistic Ideology, p. 38-39. Cf. ainda WHITE, M. C., The Elijah Legends and Jehu's Coup, p. 11-17). Segundo T. H. Rentería, Jeú seria o primeiro responsável em coletar as histórias concernentes a Elias, ao buscar consolidar seu poder encarregando-se de uma narrativa pública que o autorizava como rei ungido pelo mais autêntico porta-voz de YHWH, Eliseu, sucessor de Elias. Como Jeú não logrou êxito em suprimir por completo as práticas cultuais a YHWH de seus súditos, histórias proféticas continuaram a circular como um gênero de resistência monárquica (RENTERÍA, T. H., The Elijah/Elisha Stories, p. 81, 90-91).

pós-deuteronomistas[180]; e, ainda que sejam de fato pós-deuteronomistas, atendem ao objetivo de mostrar como a dinastia de Amri, fomentadora do culto a Baal, foi defenestrada do poder[181]. Deve-se observar que, em todas as histórias concernentes a Elias, a saber, o conjunto englobando 1Rs 17,1–2Rs 2,14, apenas 2Rs 1,17-18 exibe um linguajar deuteronomista[182]. Para D. Nocquet, há uma similaridade estrutural entre 1Rs 21,17-18 e 2Rs 1,3-4 que permite pensar num mesmo nível de composição, cujo objetivo é salientar a rejeição da casa de Acab por YHWH[183]. Com relação a 2Rs 1,1, muitos estudiosos apontam como uma glosa editorial dependente de 2Rs 3,15[184]; mas R. Cohn sugere que 2Rs 3,15 provavelmente serve como um artifício estrutural de "retomada de repetição", o que para M. Garsiel indicaria ser 2Rs 1,1 a abertura original do último episódio do reinado de Ocozias[185].

Dentro da perícope de 2Rs 1,1-18 há quem reconheça apenas a unidade de 2Rs 1,2-17a-b, analisando 1,1.17c-18b como etapas posteriores de um pro-

---

180. Se a grande maioria dos estudiosos desde M. Noth continua a entender as histórias de Elias como parte do nível deuteronomista do Livro dos Reis, outros pontuaram serem essas histórias pós-deuteronomistas; mas S. L. McKenzie declara serem uma minoria. Entretanto, ainda segundo S. L. McKenzie, muitas dessas "vozes" têm se manifestado, incluindo-se o próprio S. L. McKenzie, além de H.-J. Stipp e de T. Römer. De fato, a evidência de editoração deuteronomista é surpreendentemente escassa. 2Rs 1,1.17a-b seria uma das poucas passagens deuteronomistas com propósito de estrutura editorial. S. L. McKenzie ainda salienta que a súbita aparição de Elias em 1Rs 17 sem nenhuma introdução seria indício de que, de fato, as histórias de Elias entraram num estágio pós-deuteronomista (MCKENZIE, S. L., "My God is YHWH", p. 101-103; STIPP, H.-J., Elischa-Profeten-Gottesmanner, p. 477-480; RÖMER, T. A chamada história deuteronomista, p. 153-154). Cf. ainda THIEL, W., Deuteronomistische Redaktionsarbeit in den Elia-Erzählungen, p. 154.

181. BELLAMY, M. L., The Elijah-Elisha Cycle of Stories, p. 13-14.

182. MCKENZIE, S. L., The Prophetic History and the Redaction of Kings, p. 210. Para S. Otto, no conjunto 1Rs 16,29–2Rs 10,36, apenas o episódio da vinha de Nabot em 1Rs 21 pertence à História Deuteronomista original, reconhecendo como pós-deuteronomista, dentro das histórias de Elias, o conjunto de 1Rs 17–19 (OTTO, S., The Composition of the Elijah-Elisha Stories and the Deuteronomistic History, p. 497-498). Entretanto, para J. Werlitz, 1Rs 21 seria uma composição tardia, da época persa, sem precisar a data (WERLITZ, J., Die Bücher der Könige, p. 189-194).

183. NOCQUET, D., Le livret noir de Baal, p. 176. Cf. ainda WERLITZ, J., Vom feuerigen Propheten zum Versöhner, p. 196. Para D. F. Payne, a história de Nabot em 1Rs 21 serviria bem ao deuteronomista para ilustrar sua convicção de que a idolatria colaborava para a corrupção moral e a malversação governamental dentro do quadro exílico (e não josiânico) da queda dos reis e das monarquias. E esse tema reaparece justamente junto com Elias em 2Rs 1, por ocasião de seu embate com Ocozias (PAYNE, D. F., The Elijah Cycle and its Place in Kings, p. 113). As alusões a Moisés constituem um inegável fator de unidade temática nas tradições concernentes a Elias; a única exceção é o episódio que envolve a vinha de Nabot (1Rs 21), onde Elias está em maior conformidade com o quadro geral apresentado em Reis acerca do ministério profético (MCKENZIE, S. L., The Prophetic History and the Redaction of Kings, p. 211).

184. FRITZ, V., A Continental Commentary, p. 229-230. Cf. ainda TOMES, R., 1 and 2 Kings, p. 265.

185. COHN, R. L., 2 Kings, p. 4; GARSIEL, M., From Earth to Heaven, p. 146. Cf. ainda BURNEY, C. F., Notes on the Hebrew Text of the Books of Kings with an Introduction and Appendix, p. 260-261; HOBBS, T. R., 2 Kings, p. 4; OMANSON, R. L.; ELLINGTON, J. E., A Handbook on 1-2 Kings, p. 693.

cesso redacional[186]. Entretanto, mesmo dentro de 2Rs 1,2-17a-b, muitos comentaristas entendem ser 2Rs 1,2-8.17b a história original, a qual foi suplementada por uma tradição independente reproduzida em 2Rs 1,9-16: S. Otto, por exemplo, reconhece ser 2Rs 1,2-17 um acréscimo a uma unidade mais antiga em 1Rs 22,52–2Rs 1,1.18. Ainda segundo esse autor, à história original que se encontraria em 2Rs 1,2.5-8.17 foram acrescentados, num estágio posterior, os v. 9-14.15b.16, para acentuar as similaridades entre Elias e Eliseu, e por último os v. 3-4.15a, para proporcionar uma alusão a 1Rs 19,1-18, em que Elias está associado com os anjos de YHWH[187]. Pode-se ainda embasar-se em mais dois fatos: a duplicação encontrada nos v. 6 e 16 e nos dois títulos dados a Elias – o "tesbita" nos v. 2-8 e "homem de Deus" nos v. 9-16[188]. Por outro lado, E. Würthwein distingue três etapas redacionais na composição de 2Rs 1,2-17b: a composição do relato "anedótico" de Elias contra Ocozias em 2Rs 1,2.5-8.17a; o relato sobre o "homem de Deus" em 2Rs 1,9-14.15b.16; e a redação tardia sobre o "anjo de YHWH" em 2Rs 1,3-4.15a[189].

D. Nocquet reconhece a dificuldade em situar 2Rs 1 seja na época babilônica, seja na época persa; mas encontra traços em comum com as passagens de Jz 6,23-32; 1Rs 18,17-46 e 2Rs 10,18-28 no que diz respeito a uma tradição narrativa de luta contra Baal, a qual busca afirmar a "territorialidade" de YHWH sobre Israel. E em 2Rs 1,2-17 o símbolo da realeza é descrito como o apanágio de YHWH, dono absoluto da vida e da morte e que faz e desfaz reis em Israel. Por isso, tal polêmica tanto poderia ser utilizada para legitimar o golpe de Jeú quanto poderia ser empregada pelo deuteronomista por razões ideológicas, o que faria todo o conjunto ser enraizado em fontes antigas, e não necessariamente recentes[190]. Por outro lado, é apenas em 2Rs 1 que se vê Elias limitando-se à palavra de YHWH

---

186. GRAY, J., I & II Kings, p. 460-462; LONG, B. O., 2 Kings, p. 11-12; ROFÉ, A., Storie di profeti, p. 45; THIEL, W., Deuteronomistische Redaktionsarbeit in den Elia-Erzählungen, p. 148-171; WÜRTHWEIN, E. Die Bücher der Könige, p. 265-266. J. Goldingay prefere destacar 2Rs 1,2-18 e deixar 1,1 junto ao contexto de 1Rs 22,24-54 (GOLDINGAY, J., 1 and 2 Kings for Everyone, p. 103-107); M. Cogan e H. Tadmor fazem o mesmo, deixando entretanto 1,1 junto a 1Rs 22,52-54 (COGAN, M.; TADMOR, H., II Kings, p. 21-24). V. Fritz reconhece o contexto de 2Rs 1,1-17ab, separando apenas 1,17c-18b (FRITZ, V., A Continental Commentary, p. 228).

187. OTTO, S., The Composition of the Elijah-Elisha Stories and the Deuteronomistic History, p. 497-498, 508.

188. ALBERTZ, R., Elia, p. 121; BECK, M., Elia und die Monolatrie, p. 142-149; JONES, G. H., 1 and 2 Kings, vol. 2, p. 375-376; MCKENZIE, S. L., The Trouble with Kings, p. 152; NOCQUET, D., Le livret noir de Baal, p. 180-181. Cf. ainda MONTGOMERY, J. A., A Critical and Exegetical Commentary on the Books of Kings, p. 348.

189. WÜRTHWEIN, E. Die Bücher der Könige, p. 266-269. Cf. tb. NOCQUET, D., Le livret noir de Baal, p. 181.

190. NOCQUET, D., Une manifestation "politique" ancienne de Yhwh, p. 177-184. Cf. tb. HOBBS, T. R., 2 Kings, p. 6.

que lhe foi dada; e aqui, pela primeira vez desde 1Rs 17, lê-se a expressão "conforme a palavra de YHWH, a qual falara Elias" (v. 17a-b)[191].

A. Rofé compreende 2Rs 1,2-17 como uma síntese tardia acerca da figura de Elias e lista uma série de reminiscências a outras passagens do ciclo dele: o homem "peludo" no v. 8b seria uma referência ao manto descrito em 2Rs 2; a súbita aparição de Elias nos v. 3-4 faz um paralelo com 1Rs 18,7-12; o enfrentamento com Ocozias lembra sua oposição a Acab em 1Rs 18,8; 21,17-24; o malogro da captura por parte dos capitães de cinquenta com seus cinquenta ressalta a impossibilidade do poder real em se apoderar de Elias em 1Rs 17,3; 18,1-16; 19,10-18; seu zelo em combater Baal rememora a luta de 1Rs 18; o trato cruel infligido aos inimigos evoca a matança dos profetas de Baal em 1Rs 18,40; e o apelo ao fogo lembra 1Rs 18,34-39. As irregularidades linguísticas e estilísticas, vistas na crítica textual, seriam evidência do caráter tardio de 2Rs 1,2-17b[192].

Segundo S. L. McKenzie, a figura de Elias apresentada em 2Rs 1,2-8.16-17 conforma-se ao trabalho de um Historiador Profético, o responsável por unir as histórias acerca de Elias às de Eliseu: Elias condena Ocozias por sua apostasia e anuncia a morte como sua punição. Entre os dois anúncios da morte (v. 8.17), o Historiador Profético incorporou uma antiga lenda acerca de Elias (1,9-15), na qual aparecem o motivo do homem de Deus poderoso e a imagem mosaica encontrada alhures nas histórias acerca de Elias[193]. No v. 6 há uma interpolação no texto luciânico, reproduzindo o oráculo antidinástico de 1Rs 14,9-11; 16,2-4; 21,20-22.24; 2Rs 9,8-9 e contendo características deuteronomistas. Isso seria, para S. L. McKenzie, o texto original "descartado" com as interpolações dos v. 7-16. Há, portanto, três níveis da elaboração do texto: 1) a lenda nos v. 2-6.17a comparável à condenação de Jeroboão por Aías em 1Rs 14; 2) a inserção pelo

---

191. OLLEY, J. W., YHWH and His Zealous Prophet, p. 33-34.

192. ROFÉ, A., Baal, the Prophet and the Angel (II Kings 1), p. 222-230. Cf. tb. NOCQUET, D., Le livret noir de Baal, p. 181-182. Para Y. Steemkamp, 2Rs 1 foi acrescentado como um todo de forma tardia a 1Rs 17–19 (STEENKAMP, Y., A Comparative Reading of the Elijah Cycle and its Implications for Deuteronomistic Ideology, p. 40). Cf. ainda TOMES, R., 1 and 2 Kings, p. 265. A proposta de S. L. McKenzie para a disposição das histórias de Elias é a seguinte: Elias, o tesbita, é o profeta do oráculo deuteronomista de 1Rs 21,17.20-22.24 que "aparece do nada". Em seguida, há a narrativa precedendo a "fórmula de conclusão" de Acabe (1Rs 22,39-40); a "fórmula de abertura" de Ocozias (1Rs 22,5-53); e a história de 2Rs 1,1-6. A história de Nabot teria estimulado então a inclusão do conjunto de 1Rs 17–18. A transição de Elias para Eliseu em 2Rs 2 seria então a próxima adição, desde que a ligação entre os dois é suposta em 1Rs 19, a última das histórias de Elias adicionadas. Somente após isso seriam acrescentados 1Rs 20; 22, o que seria indicado pela ordem na Septuaginta – capítulos 21, 20 e 22 (MCKENZIE, S. L., "My God is YHWH", p. 109-110).

193. MCKENZIE, S. L., The Prophetic History and the Redaction of Kings, p. 214-216. Cf. ainda WHITE, M. C., The Elijah Legends and Jehu's Coup, p. 3-17.

deuteronomista do texto preservado na recensão luciânica; e 3) os v. 7-16 para demonstrar a necessidade de respeito ao homem de Deus[194].

Posteriormente, em seu comentário para o conjunto de 1Rs 16–2Rs 16, S. L. Mckenzie modificou um pouco essa análise de 2Rs 1: um "historiador deuteronomista", o autor/editor do trabalho fundamental por trás do conjunto do Livro dos Reis e que poderia ser identificado como "pós-deuteronomista" por seu caráter tardio, seria responsável por 2Rs 1,1-2.5-8.17-18; um "narrador profético", provavelmente do período persa, que teria iniciado pelas histórias de Eliseu e então acrescentado as de Elias depois, seria responsável por 2Rs 1,3-4.9-16 com base numa antiga lenda preservada nos v. 9-13; e, enfim, uma adição ao narrador profético à guisa de glosa, a qual encontra-se no v. 9c[195].

A. Rofé indica vários elementos gramaticais que atestam o caráter tardio da redação final da perícope de 2Rs 1,1-18. Os nomes teofóricos, na sua maior parte, terminam em יָה- em vez de יָהוּ-: אֲחַזְיָהוּ no v. 18 cede a אֲחַזְיָה no v. 2; o nome mais comum de Elias, אֵלִיָּהוּ (v. 10.13.15.17), cede a אֵלִיָּה nos v. 3-4.8.12 (como também encontra-se em Ml 3,23). A terminação יָה- é comum no período do Segundo Templo. Outros aspectos são ainda mais tardios: o uso da conjunção אִם no lugar da partícula interrogativa הֲ- é característico não do hebraico bíblico, mas sim do rabínico; a construção זֶה חֳלִי (em vez de הַחֳלִי הַזֶּה) é regular no hebraico rabínico, mas extremamente incomum no bíblico; a expressão דרשׁ בְּ, atestada nos textos de Qumran, substitui a mais típica do hebraico bíblico דרשׁ אֶת/לְ; e mesmo a frase "rei de Samaria" (v. 3) seria uma expressão linguística tardia[196]. Com base em todos esses dados, 2Rs 1 de fato é uma unidade literária coesa, mas por outro lado resultante de um complexo processo redacional, uma composição bem tardia, no que diz respeito à sua forma final: entre os últimos anos do período persa e o início do período grego.

## 1.4. Crítica da forma

Após averiguar a unidade literária (ainda que não redacional) da perícope de 2Rs 1,1-18, encontram-se os seguintes blocos sintáticos[197]:

---

194. MCKENZIE, S. L., "My God is YHWH", p. 98-99.

195. MCKENZIE, S. L., 1 Kings 16–2 Kings 16, l. 458-472, 928-940, 5930-5963. Cf. ainda LONG, B. O., 2 Kings, p. 8.

196. ROFÉ, A., Storie di profeti, p. 46-47. Cf. tb. BURNEY, C. F., Notes on the Hebrew Text of the Books of Kings with an Introduction and Appendix, p. 261. Anteriormente, na p. 214, C. F. Burney salienta a peculiaridade, em 2Rs 1,3-4.8.12, do uso de אֵלִיָּה para designar Elias como outro indício da "independência" dessa fonte em relação ao conjunto de 1Rs 17–19.

197. A nomenclatura *wayyiqtol, yiqtol, qatal*, bem como preposição nominal simples, segue a proposta em NICCACCI, A., Sintaxis del Hebreo Biblico, p. 23 *passim*. Para a identificação dos blocos sintáticos, além do

• **v. 1-2c:** Do ponto de vista sintático, embora 1Rs 22,52-54 inicie-se com x-*qatal* e depois tenha uma cadeia de segmentos em *wayyiqtol*, 2Rs 1,1 não depende necessariamente da última perícope de 1 Reis, mas inicia em *wayyiqtol* uma unidade narrativa autônoma, mediante uma informação de caráter temporal – o que se segue ocorreu por ocasião da revolta de Moab. Em 2Rs 1,2a o *wayyiqtol* não somente prossegue com a narrativa como também coloca essa ação em primeiro plano[198], a saber, o que aconteceu – a queda do Rei Ocozias, uma "circunstância simultânea" ao narrado no segmento anterior –, e a preposição nominal simples no v. 2b serve de comentário geográfico – o fato ocorreu em Samaria. Há ainda uma aliteração[199] envolvendo as primeiras letras dos verbos iniciais dos v. 1-2a, a qual reforça essa ligação. A cadeia sintática termina no v. 2c com novo *wayyiqtol*, agora para explicitar a consequência da queda relatada no v. 2a: adoeceu[200]. Esse bloco tem como assunto, portanto, a queda do Rei Ocozias e sua doença.

• **v. 2d-e:** A narrativa continua com dois segmentos em *wayyiqtol*, os quais também marcam duas orações coordenadas, a primeira enfatizando em primeiro plano o ato do envio da parte do rei (subentendido da sequência anterior) dos mensageiros, e a segunda, a verbalização do ato. Em vez da ideia de sucessão, o uso de וַיֹּאמֶר no v. 2e transmite a ideia de circunstância concomitante ao v. 2d[201].

---

uso das formas verbais, levam-se em consideração igualmente os elementos semânticos, a saber, os que serão preponderantes no desenvolvimento do tema, assim como a pontuação de elementos estilísticos. Para uma detalhada análise da metodologia proposta por A. Niccacci, cf. CONDREA, V. A., Following the Blueprint I, p. 337-356; LIMA, M. L. C., Os valores do verbo hebraico na literatura profética, p. 410-416. Se W. Schneider é o pioneiro para a contribuição da linguística textual ao hebraico bíblico, sua percepção e suas concepções foram seguidas e aprofundadas por A. Niccacci, pois este detalha e desenvolve alguns pontos (LIMA, M. L. C., Contribuição da linguística textual para a compreensão dos valores do verbo hebraico, p. 229). Acerca da contribuição no Brasil da Dra. Maria de Lourdes Correa Lima para a análise da sintaxe do hebraico bíblico, levando em consideração pressupostos de A. Niccacci, cf. GRENZER, M., As dimensões temporais do verbo hebraico, p. 17-18.

198. LIMA, M. L. C., Os valores do verbo hebraico na literatura profética, p. 415.

199. WATSON, W. G. E., Classical Hebrew Poetry, p. 226-228. Embora tipicamente poética, a aliteração é um recurso estilístico que visa chamar a atenção dentro da narrativa para possíveis relações entre as palavras envolvidas, como a encontrada aqui nos v. 1-2 (BAR-EFRAT, S., Narrative Art in the Bible, p. 200-204).

200. NICCACCI, A., Sintaxis del Hebreo Bíblico, p. 63, 161, 169. Sobre o fato de o v. 1 não depender de 1Rs 22,52-54 e servir de introdução, cf. ainda HOBBS, T. R., 2 Kings, p. 4. Sobre a defesa do *wayyiqtol* como possibilidade de iniciar narração, e não apenas dar continuidade a ela, cf. NICCACCI, A., Sintaxis del Hebreo Bíblico, p. 41. Sobre a defesa do uso exclusivo do *wayyiqtol* como continuidade, cf. GESENIUS, F. W.; KAUTZSCH, E.; COWLEY, A. E., Gesenius' Hebrew Grammar, p. 330; JOÜON, P.; MURAOKA, T., A Grammar of Biblical Hebrew, p. 361.

201. JOÜON, P.; MURAOKA, T., A Grammar of Biblical Hebrew, p. 364.

• **v. 2f-h:** Existe aqui uma sequência de dois segmentos em imperativo (v. 2f-g) seguidos de um segmento com p-*yiqtol* indicativo no v. 2h, com o conteúdo da ordem do rei aos mensageiros. Essa transição temporal é utilizada para esclarecer que a embaixada enviada para consultar por Baal Zebub tem por objetivo comunicar a possibilidade de um fato: se o rei sobreviverá à doença[202]. Há ainda uma assonância[203] envolvendo o fim das primeiras palavras nos v. 2f-g. O uso da conjunção אִם seguida pelo *yiqtol* reforça o caráter futuro de uma ação única a ser esperada, em forma de questão indireta[204].

• **v. 3a-d:** O w-x-*qatal* no v. 3a consiste numa construção de antecedente, a qual expressa uma ação única no passado[205]; essa ação, por sua vez, é uma ordem dada pelo mensageiro de YHWH, cujo conteúdo apresenta-se numa série de três segmentos no imperativo nos v. 3b-d. No v. 3d, o uso do imperativo com conjunção indica a conclusão dos imperativos nos v. 3b-c[206]. O uso do w-x-*qatal* no v. 3a transmite ainda a ideia de simultaneidade entre a ordem dada pelo rei aos seus mensageiros e a ordem dada pelo mensageiro de YHWH a Elias[207]. Estilisticamente, os imperativos nos v. 3b-c seguem o mesmo padrão sintático dos v. 2f-g, incluindo o uso de segmentos constituídos apenas pelos verbos no imperativo nos v. 2f.3b, como que para comparar as ordens dadas pelo rei e pelo mensageiro de YHWH.

• **v. 3e-f:** Encontram-se dois segmentos formados por preposições nominais simples, as quais iniciam um "discurso narrativo" dado pelo mensageiro de YHWH e que deve ser reproduzido por Elias[208]; o uso da dupla negativa no v. 3e, ainda que pleonástico, tem objetivo estilístico de ênfase, a exemplo do

---

202. NICCACCI, A., Sintaxis del Hebreo Bíblico, p. 73-77.

203. WATSON, W. G. E., Classical Hebrew Poetry, p. 222-223. Embora tipicamente poética, a assonância é um recurso estilístico aqui.

204. GESENIUS, F. W.; KAUTZSCH, E.; COWLEY, A. E., Gesenius' Hebrew Grammar, p. 475; JOÜON, P.; MURAOKA, T., A Grammar of Biblical Hebrew, p. 337; 575.

205. NICCACCI, A., Sintaxis del Hebreo Bíblico, p. 44. Aqui e no próximo capítulo, segue-se a nomenclatura de A. Niccacci, na qual "x" indica o substantivo ou a locução adverbial como o elemento que ocupa a primeira posição dentro de uma oração; 0 indica que não há substantivo iniciando essa oração. As siglas N, w e p indicam que a oração inicia respectivamente ou por uma partícula negativa qualquer (לֹא, אַל, פֶּן, טֶרֶם), ou pelo ו que não pertence à conjugação do verbo, ou por uma preposição qualquer (NICCACCI, A., Sintaxis del Hebreo Biblico, p. 29-31).

206. JOÜON, P.; MURAOKA, T., A Grammar of Biblical Hebrew, p. 355-356.

207. COHN, R. L., 2 Kings, p. 5.

208. NICCACCI, A., Sintaxis del Hebreo Bíblico, p. 100.

que ocorre em Ex 14,11²⁰⁹. Essa dupla negativa ainda proporciona um jogo de palavras envolvendo בְּלִי e בַּעַל. Observe-se também a aliteração ligada a א (אֵין־אֱלֹהִים no v. 3e, além de אַתֶּם e אֱלֹהֵי no v. 3f). É a palavra que deve ser dada por Elias aos mensageiros do rei.

• **v. 4a-e:** Com o uso do w-p-x-*qatal* no v. 4a, inicia-se novo discurso narrativo, e o uso do advérbio כֹּה enfatiza não o sujeito do discurso, a saber, YHWH, mas o modo pelo qual esse discurso se desenrola: o próprio ato do falar divino²¹⁰. No v. 4b, x-*qatal* ressalta o objeto: a cama, de onde o rei não descerá – ação descrita pelo N-*yiqtol* do v. 4c, cujo valor imperativo (*yiqtol* "proibitivo") é indicado pela partícula לֹא ²¹¹. No v. 4d, há um p-x-*yiqtol* indicativo da pena de morte como primeiro plano de ação, imputada ao rei pela típica repetição מוֹת תָּמוּת e decorrente de suas ações pelo uso da partícula כִּי ²¹². O *wayyiqtol* final do v. 4e tem o valor conclusivo desse bloco sintático²¹³. Existe uma assonância envolvendo os finais de segmentos da sequência nos v. 4b-e, quebrada justamente no v. 4d pela sentença de morte. Há ainda uma aliteração envolvendo מ. É a palavra de YHWH, que deve ser reproduzida mediante os mensageiros ao rei.

• **v. 5a-c:** Após o discurso, inicia-se uma nova sequência narrativa com *wayyiqtol* nos v. 5a-b, interrompida com o x-*qatal* no v. 5c, para marcar a mudança para um breve discurso do rei arguindo acerca do retorno prematuro dos mensageiros²¹⁴. Salienta-se ainda uma assonância envolvendo os finais dos segmentos nos v. 5b-c.

• **v. 6a-c:** No v. 6a, o *wayyiqtol* reinicia a narrativa após o breve discurso do rei no v. 5c e introduz novo discurso, dessa vez dos mensageiros, que começa de fato com o x-*qatal* do v. 6b – cuja ênfase recai no vocábulo אִישׁ ²¹⁵; o *wayyiqtol* no v. 6c tem a função conclusiva desse bloco sintático. Semelhantemente ao que ocorre no bloco anterior, há uma assonância envolvendo os finais dos v. 6b-c.

---

209. GESENIUS, F. W.; KAUTZSCH, E.; COWLEY, A. E., Gesenius' Hebrew Grammar, p. 483; JOÜON, P.; MURAOKA, T., A Grammar of Biblical Hebrew, p. 573. Cf. tb. BUTH, R., Word Order in the Verbless Clause, p. 91.

210. NICCACCI, A., Sintaxis del Hebreo Bíblico, p. 31.

211. NICCACCI, A., Sintaxis del Hebreo Bíblico, p. 73.

212. BROWN, F.; DRIVER, S. R.; BRIGGS, C. A., מוּת, p. 560; NICCACCI, A., Sintaxis del Hebreo Bíblico, p. 108.

213. NICCACCI, A., Sintaxis del Hebreo Bíblico, p. 60.

214. NICCACCI, A., Sintaxis del Hebreo Bíblico, p. 108. Cf. tb. NICCACCI, A., Types and Functions of the Nominal Sentence, p. 232-233.

215. GROSS, W., Is There Really a Compound Nominal Clause in Biblical Hebrew? p. 41.

• **v. 6d-g:** O uso do imperativo no v. 6d inicia novo discurso, dessa vez dos mensageiros do rei reproduzindo o que fora pronunciado por Elias a partir das instruções do mensageiro de YHWH nos v. 2f-g – cuja disposição sintática de imperativos é seguida nos v. 6d-e, proporcionando ainda uma exata correspondência do uso de לְכוּ nos v. 2f/6d e uma contraposição entre o uso de דִּרְשׁוּ no v. 2g e de שׁוּבוּ no v. 6e, além de reproduzir a mesma assonância vista nos v. 2f-g. No v. 6f, o p-*qatal* é um "*qatal* de informação", que pode ser precedido de partícula, como aqui ocorre[216]: o rei que havia anteriormente enviado essa embaixada é o mesmo rei a quem a embaixada é reenviada nos v. 6d-e. A exemplo do que ocorre no v. 3d, há um imperativo precedido de conjunção com função conclusiva no v. 6g; porém, enquanto o v. 3d tinha o verbo no singular seguido de preposição com sufixo no plural, o v. 6g apresenta o mesmo verbo no plural com a preposição com o sufixo no singular, numa disposição gramatical quiástica. O discurso de Elias aos mensageiros é contraposto, portanto, ao do rei a esses mesmos mensageiros.

• **v. 6h-j:** Com o x-*qatal* inicia-se novo discurso no v. 6h, reproduzindo sintaticamente o v. 4a com a supressão de וְלָכֵן. Os v. 6i-j, por sua vez, reproduzem sintaticamente as preposições nominais simples nos v. 3e-f com uma ligeira modificação: אַתֶּם הֹלְכִים do v. 3f para אַתָּה שֹׁלֵחַ no v. 6j. Assim, com um quiasmo "eficiente", nas palavras de S. L. McKenzie[217], o que era a palavra de Elias aos mensageiros do rei acerca da ida nos v. 3e-f tornou-se, nos v. 6h-j, a palavra de YHWH dada de maneira direta ao rei acerca do envio.

• **v. 6k-m:** Esse bloco é uma reprodução praticamente *ipsis litteris* dos v. 4b-d, incluindo a mesma sequência sintática N-*yiqtol*/p-x-*yiqtol* dos v. 4c-d nos v. 6l-m – ao acrescentar no v. 6k a partícula לָכֵן, a qual foi deslocada do v. 4a sem a conjunção, tornou o x-*qatal* do v. 4b em p-x-*qatal* no v. 6k. É a continuidade do discurso iniciado nos v. 6h-j. O efeito produzido é de enfatizar ainda mais a sentença de morte, agora diante do próprio rei.

• **v. 7a-d:** A narrativa continua com o *wayyiqtol* no v. 7a, introduzindo um discurso do rei que inicia-se no v. 7b aos mensageiros com uma preposição nominal simples no eixo do presente – a aparência do homem – seguida pelo eixo do passado com p-*qatal* no v. 7c – o homem que subiu a encontrar os mensageiros do rei. O discurso do rei encerra-se com o *wayyiqtol* conclusivo no v. 7d[218]. O uso de וַיְדַבֵּר אֲלֵהֶם no início do v. 7a e, no início do

---

216. NICCACCI, A., Sintaxis del Hebreo Bíblico, p. 46.

217. MCKENZIE, S. L., 1 Kings 16–2 Kings 16, l. 6104-6105.

218. NICCACCI, A., Sintaxis del Hebreo Bíblico, p. 113.

v. 7d, de וַיְדַבֵּר אֲלֵיכֶם estilisticamente proporciona uma assonância, além de um enquadramento para o bloco sintático. Observe-se ainda a insistência no uso da raiz דבר e o uso da raiz II קרא, "encontrar", lembrando a raiz I קרא, "clamar"[219].

• **v. 8a-c:** A narrativa prossegue com o *wayyiqtol* no v. 8a, introduzindo a resposta dos mensageiros em assíndeto à pergunta feita pelo rei acerca da aparência do homem[220], mediante orações nominais simples nos v. 8b-c. A sequência אֵזוֹר עוֹר וְאָזוּר no v. 8c contém uma aliteração envolvendo as guturais א, ע e ר.

• **v. 8d-e:** Com o *wayyiqtol* no v. 8d continua a narrativa, dessa vez sobre a tréplica do rei à resposta dada pelos mensageiros nos v. 8a-c. O uso de וַיֹּאמֶר no v. 8a concede à tréplica um ar de pensamento interior. A resposta em si é fornecida no v. 8e mediante uma preposição nominal simples com uma particularidade: o nome mais comum para Elias, אֵלִיָּהוּ, é mudado para אֵלִיָּה, como que אֵלִיָּהוּ fosse "particionando" em אֵלִיָּה / הוּא para inserir no meio a designação הַתִּשְׁבִּי, "o tesbita": אֵלִיָּה הַתִּשְׁבִּי הוּא.

• **v. 9a-d:** Uma nova sequência narrativa inicia-se com o uso do *wayyiqtol* no v. 9a. Essa narrativa prossegue com o uso do *wayyiqtol* nos v. 9b e 9d, com a interrupção dessa sequência no v. 9c através de uma preposição nominal simples, cuja construção הִנֵּה + nome + particípio descreve uma ação que está se desenrolando concomitantemente ao ato do envio e da fala do capitão de cinquenta com seus cinquenta: o fato de Elias estar assentado no topo do monte[221]. Além da aliteração envolvendo וַחֲמִשָּׁיו חֲמִשִּׁים no v. 9a, há outra envolvendo שׁ; e uma assonância envolvendo os fins de todos os segmentos desse bloco sintático.

• **v. 9e-f:** O discurso do capitão de cinquenta começa no v. 9e em x-*qatal* com dupla ênfase no elemento x: o vocativo "homem de Deus", a quem se dirige o discurso, e o rei – quem dá ordem, a ser reproduzida no v. 9f mediante o imperativo. Há uma assonância envolvendo o final dos vocábulos הַמֶּלֶךְ דִּבֶּר no v. 9e.

• **v. 10a-e:** A narrativa prossegue com *wayyiqtol* nos v. 10a-b, que introduz o discurso de Elias ao capitão de cinquenta nos v. 10c com uma preposição nominal simples com ênfase no vocativo "homem de Deus". Elias propõe

---

219. Sobre a comparação das duas raízes, cf. BROWN, F.; DRIVER, S. R.; BRIGGS, C. A., קרא, p. 894-897; KOEHLER, L. et al., קר, p. 1128-1132.

220. REVELL, E. J., Thematic Continuity and the Conditioning of Word Order in Verbless Clauses, p. 317.

221. NICCACCI, A., Sintaxis del Hebreo Bíblico, p. 91.

um teste para comprovar se de fato ele é homem de Deus, expresso pelo *yiqtol* inicial volitivo do v. 10d, e que continua com o jussivo do v. 10e. O jussivo expressa nuanças de desejo, aqui em forma de oração[222]. Se parece estranha a presença da conjunção logo no início do discurso de Elias no v. 10c, serve para expressar excitamento e pressa, os quais não permitem tempo para concluir o pensamento[223]. Além do mais, a presença da conjunção permite adicionar um toque de sarcasmo à fala do profeta[224]. Há um jogo de palavras envolvendo אִישׁ no v. 12c e אֵשׁ no v. 12d. Uma aliteração no v. 12c (אִם־אִישׁ הָאֱלֹהִים אָנִי) envolve inteiramente a letra א, complementada por אֵשׁ no v. 12d e a raiz אכל e o vocábulo אֵת no v. 12e[225].

- **v. 10f-g:** A narrativa é retomada em *wayyiqtol* nos v. 10f-g, à guisa de conclusão do relato exposto nos v. 10a-e, evidenciando o cumprimento exato do pedido de Elias feito anteriormente.
- **v. 11a-c:** Uma nova narrativa, agora concernente ao segundo capitão de cinquenta, inicia-se com uma série em *wayyiqtol* nos v. 11a-c. Percebe-se o mesmo tipo de assonância visto antes nos v. 9a-d. Com exceção do v. 9c, aqui se reproduz com leves modificações o conjunto dos v. 9a-d: o acréscimo de וַיַּעַן expande a mesma aliteração envolvendo שׁ nos v. 9a-d.
- **v. 11d-e:** O discurso do segundo capitão segue a mesma disposição sintática do discurso do primeiro capitão nos v. 9e-f e reproduz esse discurso com ligeiras modificações no vocabulário, sendo a mais notória a colocação do advérbio à frente do imperativo no v. 11e, um recurso poético usado alhures (Sl 31,3) e que expressa aqui o senso de urgência da ordem do rei, a exemplo do visto em 1Sm 20,38[226]. Observar também o uso por Elias do mesmo par וַיַּעַן/וַיְדַבֵּר usado pelo segundo capitão, como um recurso estilístico pelo qual Elias transmite o mesmo "tom" de autoridade do segundo capitão[227].
- **v. 12a-e:** A disposição sintática desse bloco, que reproduz a resposta de Elias ao segundo capitão, é a mesma dos v. 10a-e, por ocasião da resposta de Elias ao primeiro capitão. É uma reprodução de todo o conjunto

---

222. JOÜON, P.; MURAOKA, T., A Grammar of Biblical Hebrew, p. 348; NICCACCI, A., Sintaxis del Hebreo Bíblico, p. 87.

223. GESENIUS, F. W.; KAUTZSCH, E.; COWLEY, A. E., Gesenius' Hebrew Grammar, p. 485.

224. BURNEY, C. F., Notes on the Hebrew Text of the Books of Kings with an Introduction and Appendix, p. 262.

225. MCKENZIE, S. L., 1 Kings 16–2 Kings 16, l. 6135-6137.

226. BROWN, F.; DRIVER, S. R.; BRIGGS, C. A., מְהֵרָה, p. 555.

227. GILEAD, C., וידבר ויען ויענה in II Kings 1:9–13, p. 46-47.

dos v. 10a-e, com leves modificações no vocabulário, a mais notória no v. 12c acerca do destinatário: se nos v. 10a-e o destinatário do discurso é o capitão, aqui nos v. 12a-e todo o destacamento torna-se destinatário do discurso de Elias.

• **v. 12f-g:** Este bloco é uma reprodução *ipsis litteris* dos v. 10f-g, incluindo, portanto, a disposição sintática, com o único acréscimo do vocábulo אֱלֹהִים após אֵשׁ – o qual estilisticamente tem como função não apenas intensificar mas também esclarecer a origem inequívoca do fogo[228].

• **v. 13a-f:** Uma nova narrativa é iniciada com uma série em *wayyiqtol* nos v. 13a-f, agora acerca do terceiro capitão. É mais longa em relação às introduções dos dois primeiros capitães nos v. 9a-d.11a-c, concedendo um ritmo mais lento e dramático, criando uma expectativa em torno de suas intenções, que serão reveladas a seguir. O clímax é atingido com o fim idêntico em אֵלָיו nos v. 13e-f; se o v. 13f é idêntico aos v. 9d.11c, o acréscimo do v. 13e serve de contraponto à atitude dos dois primeiros capitães. Mantém-se a aliteração em torno de שׁ dos v. 11a-c; e há um jogo de palavras envolvendo as raízes כרע e ברך, mediante as letras כ e ר.

• **v. 13g-14c:** O discurso do terceiro capitão começa no v. 13g com x-*yiqtol*. O uso do x-*yiqtol* enfatiza o vocativo "homem de Deus", a exemplo do uso do x-*qatal* dos outros capitães; mas aqui a perspectiva é totalmente volitiva, e não imperativa como dos outros capitães – evidenciado pelo uso da partícula נָא[229], numa atitude cortês, suavizando o comando dos capitães anteriores[230]. Com o uso de הִנֵּה junto ao *qatal* no v. 14a, vincula o ato passado da destruição dos dois primeiros capitães com o discurso atual do terceiro capitão, uma circunstância que "tem relevância especial com respeito ao momento atual da comunicação"[231]. O relato do ato passado continua em *wayyiqtol* conclusivo no v. 14b. Após o relato, reitera-se no v. 14c o pedido feito no v. 13g, agora utilizando וְעַתָּה, o qual introduz a conclusão que se deve extrair dos argumentos expostos anteriormente nos v. 14a-b. É uma importante partícula temporal-argumentativa, ressaltada pela conjugação com a partícula הִנֵּה do v. 14a, onde se "introduz a consequência do ato

---

228. SCHMIDT, W. H., אֱלֹהִים, p. 118-119.

229. JOÜON, P.; MURAOKA, T., A Grammar of Biblical Hebrew, p. 127; NICCACCI, A., Sintaxis del Hebreo Bíblico, p. 74-75.

230. GESENIUS, F. W.; KAUTZSCH, E.; COWLEY, A. E., Gesenius' Hebrew Grammar, p. 324; SHULMAN, A., The Particle נָא in Biblical Hebrew Prose, p. 57.

231. NICCACCI, A., Sintaxis del Hebreo Bíblico, p. 89-92.

enunciado" por essa mesma partícula[232] – um recurso estilístico que visa aumentar ainda mais a dramaticidade, por "expressar uma nuança de emoção"[233]. Estilisticamente, amplia-se aqui mais ainda a aliteração em torno de שׁ; e o uso da raiz יקר faz um jogo de palavras com קרא no v. 7.

- **v. 15a-c:** O discurso do mensageiro de YHWH a Elias é introduzido no v. 15a pelo *wayyiqtol*; esse discurso consiste no uso do imperativo no v. 15b, seguido pelo N-*yiqtol* do v. 15c, o qual possui um caráter volitivo, ou melhor, "vetitivo", indicado não somente pelo uso da partícula אַל, como também pela sequência ao imperativo do v. 15b[234].
- **v. 15d-e:** A narrativa continua com dois segmentos em *wayyiqtol*, demonstrando o cumprimento por parte de Elias da ordem dada pelo mensageiro de YHWH no bloco anterior.
- **v. 16a-d:** Com *wayyiqtol* no v. 16a começa nova narrativa, agora introduzindo o discurso divino reproduzido por Elias ao rei a partir do v. 16b com x-*qatal*. Um segmento em p-*qatal* no v. 16c adapta a mesma frase transmitida anteriormente como preposição nominal nos v. 3f/6j, pois agora constitui-se numa informação "recuperada", no eixo do passado[235]. A preposição nominal simples no v. 16d reproduz *ipsis litteris* os v. 3e/6i. Elias repete, com ligeiras modificações, o que havia comunicado aos mensageiros do rei.
- **v. 16e-g:** Todo este bloco reproduz com exatidão o que havia sido comunicado pelos mensageiros do rei antes, nos v. 6k-m e 4b-d. Elias confirma, portanto, a forma como os mensageiros transmitiram essa parte do discurso.
- **v. 17a-b:** O uso de *wayyiqtol* no v. 17a tem função conclusiva da narrativa, cuja circunstância vem descrita no v. 17b pelo p-*qatal*, numa subordinação indicada por אֲשֶׁר [236]: o rei morreu exatamente em conformidade à palavra de YHWH, pronunciada por intermédio de Elias.
- **v. 17c-18b:** Uma nova narrativa inicia-se com *wayyiqtol* no v. 17c, para resumir a notícia da morte de Ocozias e explicar como se deu sua sucessão, cuja circunstância é descrita pelo p-N-*qatal* do v. 17d. Essa narrativa

---

232. NICCACCI, A., Sintaxis del Hebreo Bíblico, p. 94.

233. JOÜON, P.; MURAOKA, T., A Grammar of Biblical Hebrew, p. 612.

234. GESENIUS, F. W.; KAUTZSCH, E.; COWLEY, A. E., Gesenius' Hebrew Grammar, p. 124; JOÜON, P.; MURAOKA, T., A Grammar of Biblical Hebrew, p. 126; NICCACCI, A., Sintaxis del Hebreo Bíblico, p. 73;76.

235. NICCACCI, A., Sintaxis del Hebreo Bíblico, p. 24.

236. JOÜON, P.; MURAOKA, T., A Grammar of Biblical Hebrew, p. 319; NICCACCI, A., Sintaxis del Hebreo Bíblico, p. 63.

continua no v. 18a com w-x-*qatal* de "fundo", uma "informação colateral", explicado através da preposição nominal simples no v. 18b[237].

Procedendo à análise lexicográfica, a raiz que domina toda a perícope de 2Rs 1,1-18 é דבר, com 19 ocorrências[238]. Essa raiz pertence ao campo semântico da comunicação, a qual conta, ainda nessa perícope, com as raízes אמר (10x)[239], דרש (5x: v. 2-3.6.16[2x]) e ענה (3x: v. 10-11-12). Portanto, a temática de 2Rs 1,1-18 gira em torno da palavra, da comunicação: o rei comunica aos seus mensageiros para consultarem por Baal Zebub; o mensageiro de YHWH comunica a Elias a mensagem que deve ser dada ao rei por esses mensageiros; estes retornam, comunicando ao rei a mensagem de YHWH transmitida por Elias; os capitães comunicam a Elias a mensagem do rei; Elias, por sua vez, comunica-se com esses capitães; e, enfim, Elias comunica a mensagem de YHWH pessoalmente ao rei. A palavra evoca a autoridade, e a narrativa de 2Rs 1,1-18 gravita entre dois polos: a autoridade da palavra de YHWH, mediada pelo seu representante, o Profeta Elias; e a autoridade da palavra do rei, que busca outra divindade que não seja o Deus-rei de Israel[240].

Existe um confronto entre as autoridades[241]; por isso, a segunda raiz que mais aparece na perícope é חָמֵשׁ, com 15 ocorrências[242], cujo uso como destacamento de cinquenta soldados remete ao campo semântico bélico. Ainda nesse campo semântico encontram-se a raiz אכל (5x: v. 10[2x].12[2x].14) e os vocábulos שַׂר (6x: v. 9-10-11.13[2x].14), אֵשׁ (5x: v. 10[2x].12[2x].14) e שְׁלִישִׁי (v. 13[2x]). Nota-se que o campo semântico bélico se concentra nos v. 9-14.

Se a princípio o confronto parece ser entre o rei e o profeta nos v. 9-14, esse confronto na verdade ocorre entre divindades. Por isso, o terceiro vocábulo mais frequente na perícope de 2Rs 1,1-18 é אֱלֹהִים, com 13 ocorrências[243]. Junto com o Tetragrama Sagrado יהוה (6x: v. 3-4.6.15-16-17), evidencia-se Deus como aquele que domina maciçamente toda a narrativa, quem dirige, quem faz valer Sua autoridade em contraposição ao deus בַּעַל זְבוּב – com apenas 4 ocorrências (v. 2.3.6.16). Completando esse campo semântico do divino, há o vocábulo שָׁמַיִם

---

237. NICCACCI, A., Sintaxis del Hebreo Bíblico, p. 39.

238. v. 3[2x].6.7[3x].9[2x].10.11.12.13.15.16[2x].17[2x].18[2x].

239. v. 2.4.5.6[3x].8[2x].11.16.

240. Cf. tb. MCKENZIE, S. L., 1 Kings 16–2 Kings 16, l. 6283-6284.

241. Cf. tb. NELSON, R. D., First and Second Kings, p. 156.

242. v. 9[2x].10[3x].11[2x].12[2x].13[4x].14[2x].

243. v. 2.3[2x].6[2x].9.10.11.12[2x].13.16[2x].

(5x: v. 10[2x].12[2x].14) e mais uma ocorrência do vocábulo בַּעַל no v. 8 para descrever Elias.

Se o confronto se dá entre deuses, materializa-se com as ações dos personagens envolvidos[244], representadas na constante contraposição entre "descer", ירד (12x)[245], e "subir", עלה (8x: v. 3.4.6[2x].7.9.13.16), funcionando como *Leitmotif*[246]. Essa contraposição entre subir/descer evoca verbos de movimento, encontrados ainda nas raízes שלח (7x: v. 2.6[2x].9.11.13.16); שׁוב (5x: v. 5[2x].6.11.13); הלך (4x: v. 2-3-4.6); קרא II (ou קרה, 3x: v. 3.6-7); קוּם (2x: v. 3.15); e בוא (v. 13). Juntamente com os vocábulos מַלְאָךְ (6x: v. 2.3[2x].5.15.16) e מְהֵרָה (v. 11), todas essas ações envolvem o campo semântico do envio: quem envia e quem é enviado.

Um confronto, que em seu âmago é religioso, reflete-se no campo semântico político, representado pela raiz מלך (8x: v. 3.6.9.11.15.17[2x].18). Esse campo envolve ainda nomes de reis e suas ações exclusivamente políticas, as quais concentram-se no v. 1 (אַחְאָב; מוֹאָב e פשע), no v. 2 (אֲחַזְיָה), no v. 17 (יְהוֹרָם [2x]; יְהוּדָה; יְהוֹשָׁפָט) e no v. 18 (עשׂה; אֲחַזְיָהוּ; דִּבְרֵי הַיָּמִים; כתב; סֵפֶר). Todo o poder político não é capaz de resolver a questão da morte, representada no campo semântico relacionado à doença, a qual sempre desafia a vida: מות (8x: v. 1.4[2x].6[2x].16[2x].17) e מטה (3x: v. 4.6.16) – além das raízes חיה, חלה, e נפל e dos vocábulos חֳלִי, עֲלִיָּה, e שְׁכָבָה, todos estes com ocorrência única no v. 2. Vocábulos relacionados ao campo semântico da negação complementam esse confronto: se o rei pressupõe não haver deus em Israel (אַיִן, 3x: v. 3.6.16), a este mesmo rei lhe é negada possibilidade de cura da doença e descendência (לֹא, 5x: v. 4.6.16-17-18), e diante de quem se assegura a Elias não precisar temer (אַל no v. 15).

A doença representa ainda a fragilidade humana – por isso, encontram-se ainda vocábulos e uma raiz relacionados ao campo semântico antropológico, com menção especial a Elias (אִישׁ, 8x: v. 6.7.8.9.10.11.12.13; אֵלִיָּהוּ, 4x: v. 10.13.15.17; e אֵלִיָּה, 4x: v. 3.4.8.12), mas também ao terceiro capitão de cinquenta (נֶפֶשׁ, 3x: v. 13[2x].14) e o próprio rei (no v. 17 היה e בֵּן, este 2x). Note-se ainda o uso frequente de pronomes pessoais, igualmente relacionados a esse campo semântico: אֲנִי (v. 10.12), אַתָּה (v. 6), אַתֶּם (v. 3), הוּא (v. 8) e הֵמָּה (v. 18). O humano também evoca a dúvida, representada na partícula אִם: se o rei pode se curar (v. 2) e se Elias de fato é homem de Deus (v. 10.12).

Se há o antropológico, o campo semântico geográfico localiza espacialmente todas as cenas da narrativa, numa contraposição entre Israel (יִשְׂרָאֵל, 5x:

---

244. Cf. tb. MCKENZIE, S. L., 1 Kings 16–2 Kings 16, l. 6087-6088, 6267-6269.

245. v. 4.6.9.10[2x].11.12[2x].14.15[2x].16.

246. Cf. tb. MCKENZIE, S. L., 1 Kings 16–2 Kings 16, l. 6098-6100.

v. 1.3.6.16.18) e sua capital, Samaria (שֹׁמְרוֹן, v. 2.3) – local onde YHWH deve ser adorado –, e Acaron (עֶקְרוֹן, v. 2.3.6.16), lugar de adoração de divindade estrangeira. Completando esse campo semântico, ainda há a menção do lugar de origem de Elias (תִּשְׁבִּי, v. 3.8) e a contraposição entre o lugar de onde o rei subiu e não pode descer (שָׁם, v. 4.6.16) e o lugar onde Elias subiu e não quer descer (הַר, יָשַׁב e רֹאשׁ, cada vocábulo com ocorrência única no v. 9).

Complementando a análise lexicográfica, há ainda dois campos semânticos a serem mencionados: o campo semântico da indumentária, para descrever Elias, concentrado no v. 7 (מִשְׁפָּט) e no v. 8 (אֵזוֹר ;אָזַר ;עוֹר ;שֵׂעָר; e מָתְנַיִם); e o campo semântico peticional, concentrado nos v. 13-15 (יָקַר e עַיִן, ambos 2x nos v. 13.14; חָנַן, בֶּרֶךְ, כָּרַע, נָא, נֶגֶד e עֶבֶד no v. 13; e יָרֵא e פָּנֶה no v. 15).

Os dois campos semânticos mais amplamente utilizados em toda a perícope são o da comunicação e o do divino. Portanto, o tema por excelência, objetivo maior, é a Palavra de YHWH. Por isso, o discurso divino transmitido pelo mensageiro de YHWH a Elias (v. 3e-4e) é depois reproduzido pelos mensageiros do rei a este (v. 6) e, enfim, por Elias ao rei (v. 16).

Unindo os dados da análise sintática e estilística com a lexicográfica, há uma imbricação dos campos semânticos relacionados ao político e à doença no primeiro e no último blocos sintáticos – nos v. 1-2c.17c-18b. Abordam o início e o fim do reinado de Ocozias: como adoeceu por ocasião de uma queda – enquanto irrompia uma rebelião em Moab –, a qual resultou na sua morte sem descendentes. Por isso, nos v. 1-2c encontra-se a introdução de toda a narrativa, enquanto nos v. 17c-18b está a conclusão.

Se o campo semântico relacionado à doença é encontrado em todo o v. 2, a partir do v. 2d com o uso de וַיִּשְׁלַח inicia-se o tema do envio, o qual comandará toda a narrativa até o v. 17b, seu desfecho[247]. Por essa razão, convém manter somente o v. 2a-c na introdução, deixando os v. 2d-h para o "corpo" da perícope, v. 2d-17b. Dentro da sequência dos v. 2d-17b, conforme já visto, a forte incidência do campo semântico bélico nos v. 9-14 distingue esse trecho, cuja conclusão narrativa acontece no v. 15. Dessa forma, há uma subdivisão maior tríplice: v. 2d-8e.9a-15e.16a-17b, em que, nos v. 16a-17b, retoma-se a história iniciada nos v. 2d-8e[248].

Na primeira subdivisão (v. 2d-8e), há a menção de הַתִּשְׁבִּי nos v. 3a.8e, numa espécie de enquadramento, deixando os v. 2d-h destacados; de fato, com o envio

---

247. Cf. tb. BEGG, C. T., Unifying Factors in 2 Kings 1.2-17a, p. 75-86; LONG, B. O., 2 Kings, p. 12-13; MCKENZIE, S. L., 1 Kings 16–2 Kings 16, l. 6086-6087; 6265-6266.

248. Cf. tb. HOBBS, T. R., 2 Kings, p. 4; por outro lado, cf. a defesa da disposição dupla em MCKENZIE, S. L., 1 Kings 16–2 Kings 16, l. 6077-6078.

dos mensageiros pelo rei para consultar Baal Zebub acerca da sua doença, esse trecho serve como ponte com o conjunto anterior e como introdução para esse novo conjunto, com o tema do envio de mensageiros da parte do rei. A repetição do conteúdo da mensagem dos v. 3e-4e no v. 6 cria a princípio uma dupla subdivisão, mas o campo semântico da vestimenta nos v. 7-8 destaca esse conjunto, proporcionando então a divisão v. 3a-4e.5-6.7-8. O contexto nos v. 3-4 aborda o envio de Elias por parte do mensageiro de YHWH aos mensageiros do rei enviados nos v. 2d-h; nos v. 5-6, os mensageiros do rei funcionam como enviados de Elias; e, nos v. 7-8, o rei pergunta pela aparência de Elias, descrita pelos seus mensageiros com base nas vestimentas dele.

Na segunda subdivisão (v. 9a-15e), o envio sucessivo de três capitães de cinquenta demarca uma divisão tríplice (v. 9a-10g.11a-12g.13a-15e). No relato dos dois primeiros capitães há um mesmo padrão: o capitão transmite ordens a Elias, e Elias propõe o mesmo ordálio em forma de oração, a qual finalmente é atendida[249]. No terceiro há uma mudança, embora mantendo uma disposição tríplice: com os verbos de movimento nos v. 13a-f há a introdução para o diálogo do terceiro capitão nos v. 13g-14c e a instrução do mensageiro de YHWH para Elias acompanhar esse capitão no v. 15 – ou seja, o mensageiro de YHWH envia o próprio Elias junto ao capitão. Portanto, o v. 15 serve de ponte para a terceira divisão (v. 16a-17b), onde se retoma no v. 16 o conteúdo da mensagem exposto antes, nos v. 3e-4e.6, com o desfecho para toda a narrativa nos v. 17a-b.

No esquema a seguir, mostra-se a organização do texto, que apresenta uma estrutura concêntrica A–B–A' (v. 1-2c.2d-17b.17c-18b); e na parte central outra estrutura concêntrica A–B–A' (v. 2d-8e.9-15.16a-17b) – e como cada capitão de cinquenta tem uma disposição igualmente tríplice, numa disposição concêntrica em torno da questão do pedido, embora a organização da parte relativa ao terceiro capitão esteja numa espécie de disposição quiástica em relação aos dois primeiros:

**A autoridade da Palavra de YHWH (2Rs 1,1-18)**
**I – Introdução (v. 1-2c)**
**II – O tema do envio (v. 2d-17b)**
A) O envio dos mensageiros pelo rei (v. 2d-8e)
    a) A ordem do rei aos seus mensageiros (v. 2d-h)
    b) A ordem do mensageiro de YHWH para Elias (v. 3-4)
    c) Os mensageiros do rei reenviados por Elias (v. 5-6)
    d) A pergunta do rei pela aparência de Elias (v. 7-8)

---

249. Cf. tb. MCKENZIE, S. L., 1 Kings 16–2 Kings 16, l. 6119-6121.

B) O envio dos capitães pelo rei (v. 9-15)
    a) O primeiro capitão (v. 9-10)
        i. Ordem (v. 9)
        ii. Pedido de Elias (v. 10.a-e)
        iii. Concretização do pedido (v. 10f-g)
    b) O segundo capitão (v. 11-12)
        i. Ordem (v. 11)
        ii. Pedido de Elias (v. 12.a-e)
        iii. Concretização do pedido (v. 12f-g)
    c) O terceiro capitão (v. 13-15)
        i. Ida ao encontro de Elias (v. 13a-f)
        ii. Pedido do capitão (v. 13g-14c)
        iii. Ordem do mensageiro de YHWH (v. 15)
C) Elias, enviado de YHWH ao rei (v. 16a-17b)
III – Conclusão (v. 17c-18b)

## 1.5. Crítica do gênero literário e seu contexto histórico

Desde os tempos de H. Gunkel, tornou-se lugar-comum identificar as histórias de Elias como lendas proféticas[250], cujo intuito é salientar os profetas mais como "milagreiros" do que como mensageiros de Deus, o que parece indicado pelo título אִישׁ הָאֱלֹהִים. Em específico, em Elias encontram-se lendas elaboradas, mais desenvolvidas literariamente e que abordam mais de um milagre, como é o caso de 2Rs 1[251]. Por isso, a lenda profética é criação de um grupo de crentes que se reúnem em torno de um santo, os quais, para expressar sua admiração por ele, narram ações miraculosas[252]. Esse gênero objetiva instilar a confiança

---

250. BELEM, D. F., Da Palavra sai vida e morte, p. 37; MOORE, R. D., God Saves, p. 30-31. Cf. tb. EISSFELDT, O., The Old Testament, p. 301; GUNKEL, H., Elijah, Yahweh, and Baal, p. 39-72; VAN SETERS, J., Em busca da História, p. 313. As lendas proféticas podem ser consideradas, de forma mais generalizada, como uma categoria dentro das sagas e lendas de caráter pessoal, em torno não somente dos profetas como também dos sacerdotes enquanto figuras religiosas (AUTH, R.; MOREIRA, G. L., Introdução ao estudo das formas literárias do Primeiro Testamento, p. 123-128).

251. MCKENZIE, S. L., "My God is YHWH" p. 95-96; ROFÉ, A., Storie di profeti, p. 40. Ainda para A. Rofé, o "Judaísmo desenvolveu uma classe bem similar de narrativas concernentes às atividades desses homens pios" (ROFÉ, A., The Classification of the Prophetical Stories, p. 429).

252. ROFÉ, A., Storie di profeti, p. 29. S. D. Hill inclui Elias (bem como Eliseu) na categoria de "heróis locais", que são reconhecidos como santos em conjunção com as balanças geralmente oscilantes das forças sociais e que têm acesso privilegiado ao poder (divino), além de alcançar o povo. Esse "poder privilegiado" muitas vezes reivindica a verdade, mas também pode ser manifestado como "práticas milagreiras", ou como a habilidade em subverter um grupo no poder. Pode influenciar na vida cotidiana dos habitantes de vilarejos, bem como uni-los em oposição a alguns aspectos da estrutura "monoteística" oficial, apresentando-se

em YHWH e levar a obedecer-lhe, com uma valorização do bem e do mal e com um gosto pelo milagre como reconhecimento da ação vigorosa divina. O santo e o imitável unem-se na lenda pessoal, em torno de figuras proféticas, tais como Elias e Eliseu[253].

Isso é confirmado por alguns elementos apresentados numa tabela mostrada por C. M. D. Silva, onde "a palavra do homem de Deus é eficaz e capaz de fazer acontecer o que ela significa": a perícope analisada nas suas duas partes pode ser enquadrada nesse gênero, com uma situação de crise (v. 3e-f; 6i-j; 16c-d) e palavras proferidas (v. 4a; 6h; 16b) que produzem um efeito (v. 4b-d; 6k-m; 16e-g)[254].

Entretanto, não há consenso acerca do gênero literário para a perícope de 2Rs 1,1-18, sendo, portanto, muito discutido[255]: desde que a perícope venha das mãos de um escritor da época persa ou grega (pelo menos no que diz respeito à

---

como uma alternativa para os aspectos institucionais da religião (HILL, S. D., The Local Hero in Palestine in Comparative Perspective, p. 39-53).

253. SCHREINER, J., Formas y géneros literários en el Antiguo Testamento, p. 261-262. Segundo W. Brueggemann, a lenda pode ser descrita como uma "fantasia a qual se move para além da realidade" – mas logo enfatiza que esse tipo de descrição não nos conta nada (BRUEGGEMANN, W., 1 & 2 Kings, p. 290). Por isso L. L. Grabbe aponta como principal problema com esse gênero determinar se há um propósito histórico, uma vez que muitas das histórias levam a instrução, entretenimento e edificação – os quais, supõe-se, não seriam o principal objetivo de um relato histórico (GRABBE, L. L., 1 & 2 Kings, p. 20). Mas como J. Schreiner pondera nas mesmas páginas mencionadas supra, não é a "irrealidade" o ponto focal da lenda, pois esta pode ser qualificada como uma variedade da saga, e sua etimologia remete ao "que deve ser lido" (do latim *legenda, legere*, "ler", com origem na prática medieval de leitura de uma história edificante acerca de uma pessoa religiosamente significante), não se referindo somente à palavra falada – ainda que suas origens estejam relacionadas à oralidade. O mundo da lenda é constituído pelo santo e pelo imitável, em sentido positivo e negativo, em torno de um personagem exemplar, chamado e possuído por YHWH. Portanto, designar uma narrativa como lenda não necessariamente impugna sua historicidade, nem a desvaloriza (NELSON, R. D., God and the Heroic Prophet, p. 93-94).

254. SILVA, C. M. D., Metodologia de exegese bíblica, p. 270. O principal interesse da lenda, embora seja motivo de "entretenimento", é a edificação. Por ser um gênero proveniente de tradição folclórica, desenvolve seu próprio caminho como literatura oral da comunidade; mas sua forma final definiu-se a partir de um escritor literário. Por isso, para W. H. Barnes, o paralelo mais próximo das respostas repetitivas de Elias aos vários grupos de emissários enviados pelo rei (v. 3-4.6.16) é característico da "narrativa folclórica" (BARNES, W. H., Cornerstone Biblical Commentary, p. 196).

255. Um exemplo é dado por C. M. D. Silva, que, a partir da observação de vários textos bíblicos, enquadra esta perícope num novo gênero literário proposto, a "vingança do mensageiro contrariado". Esse gênero apresentaria como padrão: (a) uma situação de crise serve de moldura ou pré-história (v. 1-2c); (c) alguém, com palavras e/ou atos, contraria o mensageiro divino (v. 2d-h.9.11); (d) o mensageiro emite uma palavra, por vezes, uma maldição específica (v. 3-4.10a-e.12a-e.16); (e) a maldição surte efeito, e a vingança se realiza (v. 10f-g.12f-g.17a-b). Mas o próprio C. M. D. Silva identifica variações, "falhas" para o esquema padrão: falta o item (b), em que pelo nome de YHWH o mensageiro entrega uma mensagem, pois "não há uma mensagem inicial a Ocozias; e, após um sumário que explica a enfermidade de Ocozias, passa-se à ação por meio da qual o rei menospreza YHWH e seu mensageiro". Além do mais, o narrador atribui diretamente a YHWH o castigo que recairá sobre Ocozias; ou seja, a maldição de morte não é palavra de Elias (o "mensageiro"), mas do próprio YHWH (SILVA, C. M. D., Quando o mensageiro divino é vingativo, p. 94-99; cf. tb. SILVA, C. M. D., Metodologia de exegese bíblica, p. 338-339).

sua redação final), não seria possível especificar um gênero literário com precisão. Todo o conjunto dos v. 2-17a poderia ser identificado como uma "história didática"[256]; ou como uma "lenda epigônica", que define literariamente um grupo de "autores que escrevem num período pós-clássico, o qual tende a perder em criatividade e a aumentar em conformismo, imitação e artifício com respeito à época precedente"[257] – o que talvez explicasse as diversas incongruências linguísticas encontradas. A palavra pronunciada por Elias encaixa-se ainda no "oráculo de juízo", que tem "palavras que manifestam o repúdio de Deus ao comportamento de pessoas ou grupos e anunciam as desgraças que por este motivo advirão" e que segue o seguinte padrão: envio do mensageiro por Deus (v. 3b-d; 6d-g); acusação, motivo do juízo que será proferido (v. 3e-f; 6i-j; 16c-d); fórmula do mensageiro (v. 4a; 6h; 16b); e anúncio (v. 4b-e; 6k-m; 16e-g). Falta, entretanto, o convite a ouvir a palavra a ser proferida, conforme atestado em passagens como Am 7,16-17 e Is 1,10-20[258].

Pode-se ainda entender os v. 2-17 como anedota, emoldurados por uma "fórmula de início" no v. 1 e uma "fórmula de conclusão" no v. 18[259]. A anedota "se apresenta como uma narração breve e aguda 'relacionada a uma personalidade da vida pública ou com algum elemento original' de uma comunidade viva", traços encontrados nos v. 9-16[260]. Pode-se igualmente considerar 2Rs 1,1-18 um "discurso de julgamento profético a indivíduos", o qual inclui o comissionamento do mensageiro (v. 3.4), uma acusação formal (v. 16) e o anúncio do julgamento (v. 16)[261]. Ou ainda classificar como "ameaça fundamentada", a qual acrescenta à ameaça de castigo seu motivo em forma de acusação, com a presença de termos caraterísticos tais como לָכֵן e יַעַן [262].

A riqueza e a complexidade nessa perícope evidencia-se por outros gêneros propostos: o v. 1 pertence ao gênero da "notícia simples"; há uma "comissão profética" nos v. 3-4; a "fórmula do mensageiro" nos v. 9.11.16; a "petição" nos v. 13-14;

---

256. LONG, B. O., 2 Kings, p. 16.

257. ROFÉ, A., Storie di profeti, p. 44.

258. LIMA, M. L. C., Mensageiros de Deus, p. 99-100. Cf. tb. AUTH, R.; MOREIRA, G. L., Introdução ao estudo das formas literárias do Primeiro Testamento, p. 189-192; SILVA, C. M. D., Metodologia de exegese bíblica, p. 287, onde também é designado como "anúncio de condenação" ou "palavra de desgraça".

259. WÜRTHWEIN, E., Die Bücher der Könige: 1 Kön. 17-2 Kön. 25, p. 265-267.

260. SCHREINER, J., Formas y géneros literários en el Antiguo Testamento, p. 261. Cf. tb. AUTH, R.; MOREIRA, G. L., Introdução ao estudo das formas literárias do Primeiro Testamento, p. 122-123.

261. HOUSE, P. R., 1, 2 Kings, p. 244.

262. SCHREINER, J., Formas y géneros literários en el Antiguo Testamento, p. 275.

a "profecia de punição" nos v. 3.6.16; e o "cumprimento oracular" no v. 17²⁶³. A "fórmula do mensageiro" ocorre quando um oráculo é introduzido pela expressão כֹּה־אָמַר יְהוָה – tal situação não pode ser confundida com o uso explanatório visto em Js 7,13; 1Rs 11,13; 17,14; 2Rs 4,43²⁶⁴. Essa também pode ser denominada "fórmula justificante do mensageiro", justificando que suas palavras são palavras de YHWH e que Ele de fato enviou Elias. Em geral, vem concluída com a expressão נְאֻם־יְהוָה ("oráculo de YHWH"), a qual falta no relato de 2Rs 1,1-18²⁶⁵. Há ainda a "fórmula de sucessão" nos v. 17b-18, que inclui a "fórmula de acessão sincronística" (esta, com sua explicação) no v. 17b e a "fórmula de citação" no v. 18²⁶⁶. Os v. 17c-18b podem igualmente ser compreendidos como "anais", escritos tanto nas cortes reais como no templo, recolhidos por anos em forma de notas oficiais, relatando os feitos mais importantes, dos quais se conservam apenas extratos²⁶⁷.

No v. 3, há "palavra de ruína", em que o profeta confronta o rei com uma acusação referida a uma determinada culpa. Elias move sua acusação contra Ocozias sob forma de pergunta de retórica (comparar com 1Rs 21,19). Ao mesmo tempo, a acusação apresenta também a motivação para o "anúncio de juízo", o qual está no v. 4 – junto com a "fórmula do enviado", precedida do לָכֵן, que igualmente comparece em âmbito profano, como nas relações diplomáticas (comparar 1Rs 20,3.5 e 2Rs 1,11). Os profetas, portanto, são enviados por YHWH para transmitir uma determinada palavra de YHWH²⁶⁸.

Não obstante essa riqueza, dois temas diferentes podem ser identificados aqui: na primeira história (v. 2-8.16-17a), o centro da narrativa é a palavra profética de Elias, a qual vaticina a morte de Ocozias; a segunda (v. 9-15) concerne à confrontação entre o profeta e a autoridade estatal. Ambas as histórias (v. 2-8.16-17a e v. 9-15) poderiam ser classificadas como "narrativa de autorização

---

263. LONG, B. O., 2 Kings, p. 16.

264. LONG, B. O., 2 Kings III and Genres of Prophetic Narrative, p. 339.

265. SCHREINER, J., Formas y géneros literarios en el Antiguo Testamento, p. 274; SILVA, C. M. D., Metodologia de exegese bíblica, p. 287.

266. LONG, B. O., 2 Kings, p. 8.

267. SCHREINER, J., Formas y géneros literarios en el Antiguo Testamento, p. 263. L. L. Grabbe fala de um "relatório", "informe", definido como uma breve narrativa usualmente na terceira pessoa acerca de um simples evento ou situação no passado. Dentro dessa perspectiva, na perícope de 2Rs 1,1-18 pode-se ainda identificar o "relatório oficial", o qual envolve um mensageiro enviado por uma pessoa autorizada, e que pode ser identificado nas suas partes constituintes: 1) comissionamento de um mensageiro (v. 3a-d); 2) a partida e a recepção do mensageiro (v. 15d-e); 3) a mensagem que é citada diretamente (v. 6.16) e 4) a reação do recipiente (v. 7-8). Cf. GRABBE, L. L., 1 & 2 Kings, p. 19. H. Weippert (Geschichten und Geschichte, p. 120) identifica no v. 17 um "relatório de cumprimento" (*Erfüllungsbericht*).

268. RENDTORFF, R., Introduzione all'Antico Testamento, p. 158-160.

profética", pois têm, de maneira similar, uma repetição tríplice de seus respectivos temas[269].

Especificamente os v. 9-16 podem ser entendidos como uma subcategoria da lenda, uma "história de poder suplicatório"[270]. Encontra-se subjacente aos v. 9-16 a designação de *Orakelbefragung*, "inquirição oracular"; mas, ainda que contenha um caráter "anedótico", conclui-se pela afirmação "se eu sou homem de Deus, desça fogo dos céus" uma "lenda de demonstração" de poder[271]. Há ainda subjacente à cena típica nos v. 9-16 um padrão ainda mais básico dentro das narrativas proféticas – uma "inquirição profética": um rei ou um mensageiro requer um oráculo de um profeta que o entrega, e assim a previsão se cumpre. Contra tal padrão comum, esse episódio é distinguido pela repetição tripla do oráculo (v. 3.4.6.16) e a confrontação entre os três capitães do rei e Elias[272]. Identificado pelo "esquema *darash*", ou seja, pelo uso da raiz דרש, é encontrado alhures em Gn 25,21-34; 1Sm 9; 1Rs 14; 22; 2Rs 3; 8 e segue um mesmo padrão identificável na perícope de 2Rs 1,1-18: 1) colocação e preparação da inquirição (v. 3a-d); 2) audiência com o profeta (v. 3e-4e.16), composta por a) requerimento pelo oráculo e b) entrega do oráculo; e 3) cumprimento do oráculo (v. 17a-b). Central, portanto, é o encontro com o profeta, pelo qual a vontade divina é revelada e a raiz דרש é utilizada em relação à "inquirição de YHWH mediante um profeta"[273].

Conclui-se que o gênero dominante, "aquele que o caracteriza em sua totalidade e que atua como fator de integração"[274], é o da lenda profética: dentro dessa moldura literária, estão dependentes todos os outros. Como gênero dominante, pode também ser denominado como lenda epigônica, nas palavras de A. Rofé – entretanto, isso depende do quanto é tardia a perícope de 2Rs 1,1-18, conforme visto supra.

Qual contexto histórico teria proporcionado esse texto? L. M. W. Beal analisa do ponto de vista de uma comunidade pós-exílica: como Ocozias, os israelitas haviam anteriormente abandonado o Deus da aliança por deuses que não podem salvar; como castigo, são condenados à "morte" do exílio; mas é no exílio que o povo encontra a "cura" da idolatria, sendo restaurado para uma nova vida

---

269. HOBBS, T. R., 2 Kings, p. 4; DE VRIES, S. J., Prophet Against Prophet, p. 62.

270. DE VRIES, S. J., Prophet Against Prophet, p. 55.

271. LEVIN, C., Erkenntnis Gottes durch Elija, p. 329-342.

272. COHN, R. L., 2 Kings, p. 4.

273. COHN, R. L., Convention and Creativity in the Book of Kings, p. 604; LONG, B. O., 2 Kings III and Genres of Prophetic Narrative, p. 343.

274. LIMA, M. L. C., Exegese bíblica, p. 124.

pactual[275]. A audiência pós-exílica, despojada de suas instituições, poderia ainda estar tentada a buscar oráculos em novos lares estrangeiros – designados então simbolicamente como "Acaron". A narrativa objetivaria alertar a comunidade pós-exílica a não trilhar esse caminho[276]. T. R. Hobbs salienta que as circunstâncias históricas relacionam o cumprimento da palavra profética e o confronto entre o profeta como representante de YHWH e autoridade civil percorrendo toda a história da tradição profética[277]. A narrativa de 2Rs 1,1-18 lembra a esses profetas para dirigirem-se por YHWH, e não pelas autoridades seculares, a exemplo do visto no episódio envolvendo Miqueias e os quatrocentos profetas em 1Rs 22,13-14[278].

Por isso, com relação ao *Sitz im Leben*, as lendas proféticas teriam duas finalidades básicas: a primeira é, por assim dizer, doutrinal – demonstrar quem é o verdadeiro mensageiro de YHWH; e a segunda é moral ou paradigmática – incentivar a comunidade a respeitar o mensageiro divino e a obedecer à mensagem por ele entregue[279]. É um momento de ensino, tomando como ponto focal a figura do homem de Deus e explicitando seu valor. Como ressalta A. Rofé, essas "histórias expressam a atitude de medo e admiração do simples crente em relação ao homem de Deus, sua admiração pelas obras sobrenaturais do homem de Deus"[280]. A. Rofé prossegue, ao falar sobre Elias em específico: "é sua pessoa que está diretamente exaltada", sendo "descrito como um ser de outro mundo, quase um deus, talvez – ou melhor, um demônio"[281].

Essa "glorificação" da pessoa do profeta objetiva apresentá-lo a todas as gerações como exemplo a ser seguido[282]. Isso pode incluir uma abordagem sobre o martírio:

---

275. BEAL, L. M. W., 1 & 2 Kings, p. 298.

276. NELSON, R. D., First and Second Kings, p. 156. Na mesma página, ilustra como exemplos uma série de narrativas do Antigo Oriente concernentes a oráculos, contidos em: PRITCHARD, J. B. (org.), The Ancient Near Eastern Texts Relating to the Old Testament, p. 447-451, 605-606. Merece destaque a primeira dessas narrativas, concernente à divina nomeação de um rei etíope, confirmada por inquirição oracular no templo de Amon-Rá, com assistência de profetas.

277. HOBBS, T. R., 2 Kings, p. 6.

278. NELSON, R. D., First and Second Kings, p. 156.

279. SILVA, C. M. D., Quando o mensageiro divino é vingativo, p. 109. Cf. tb. BAUER, U. F. W., "Hau ab, Glatzkopf!", p. 59-67.

280. ROFÉ, A., Storie di profeti, p. 24.

281. ROFÉ, A., Storie di profeti, p. 49.

282. LONG, B. O., The Social Setting for Prophetic Miracle Stories, p. 47.

Outra característica [...] que emerge dessa história, é a tendência de retratar Elias como um potencial mártir. Sentado sozinho no topo da montanha, enquanto os oficiais do rei são enviados um após o outro para capturá-lo, ele representa a vítima e testemunha da guerra de Deus contra a idolatria. Sua reação desproporcional e intransigente às ordens do rei pode ser entendida à luz de uma suposição fundamental, que permanece implícita: a convocação de um profeta pelas autoridades pode implicar sua morte. Nesse sentido, a história tem um aspecto em comum com o martirológio, que representa a etapa final no desenvolvimento de histórias proféticas[283].

Portanto, outro objetivo dessa história seria encorajar "o ouvinte a crer que [...] mudanças significativas podem ser feitas em suas desesperadas vidas. [...] O propósito da narração da estória é o triunfo da história"[284]. Ou seja, na experiência vivencial do israelita, a palavra profética ainda transmite esperança – e vida.

---

283. ROFÉ, A., Storie di profeti, p. 51.
284. RENTERÍA, T. H., The Elijah/Elisha Stories, p. 100.

# Capítulo 2 | Análise de 2Rs 2,1-25

## 2.1. Tradução segmentada e comentário filológico

| | | |
|---|---|---|
| וַיְהִ֗י בְּהַעֲל֤וֹת יְהוָה֙ אֶת־אֵ֣לִיָּ֔הוּ בַּֽסְעָרָ֖ה הַשָּׁמָ֑יִם | 2,1a | Aconteceu, ao elevar YHWH a Elias num turbilhão aos céus, |
| וַיֵּ֧לֶךְ אֵלִיָּ֛הוּ וֶאֱלִישָׁ֖ע מִן־הַגִּלְגָּֽל׃ | 2,1b | partiu Elias (junto a Eliseu) de Guilgal. |
| וַיֹּאמֶר֩ אֵלִיָּ֨הוּ אֶל־אֱלִישָׁ֜ע | 2,2a | Então disse Elias a Eliseu: |
| שֵֽׁב־נָ֣א פֹ֗ה | 2,2b | "Permanece, por favor, aqui, |
| כִּ֤י יְהוָה֙ שְׁלָחַ֣נִי עַד־בֵּֽית־אֵ֔ל | 2,2c | pois YHWH enviou-me até Betel". |
| וַיֹּ֣אמֶר אֱלִישָׁ֗ע | 2,2d | Disse Eliseu: |
| חַי־יְהוָ֥ה | 2,2e | "Que viva YHWH, |
| וְחֵֽי־נַפְשְׁךָ֖ | 2,2f | e viva tua alma: |
| אִם־אֶעֶזְבֶ֑ךָּ | 2,2g | certamente não te deixarei!" |
| וַיֵּרְד֖וּ בֵּֽית־אֵֽל׃ | 2,2h | Então, desceram a Betel. |
| וַיֵּצְא֨וּ בְנֵֽי־הַנְּבִיאִ֥ים | 2,3a | Saíram os filhos dos profetas |
| אֲשֶׁר־בֵּֽית־אֵל֮ אֶל־אֱלִישָׁע֒ | 2,3b | que eram de Betel para [encontrar] Eliseu, |
| וַיֹּאמְר֣וּ אֵלָ֔יו | 2,3c | e disseram-lhe: |
| הֲיָדַ֕עְתָּ | 2,3d | "Sabes |
| כִּ֣י הַיּ֗וֹם יְהוָ֛ה לֹקֵ֥חַ אֶת־אֲדֹנֶ֖יךָ מֵעַ֣ל רֹאשֶׁ֑ךָ | 2,3e | que hoje YHWH toma teu senhor por cima de tua cabeça?" |
| וַיֹּ֛אמֶר | 2,3f | Disse então [Eliseu]: |
| גַּם־אֲנִ֥י יָדַ֖עְתִּי | 2,3g | "Também eu sei; |
| הֶחֱשֽׁוּ׃ | 2,3h | silenciai-vos!" |

| | | |
|---|---|---|
| וַיֹּאמֶר לוֹ אֵלִיָּהוּ | 2,4a | Disse-lhe Elias: |
| אֱלִישָׁע שֵׁב־נָא פֹה | 2,4b | "Eliseu, permanece, por favor, aqui, |
| כִּי יְהוָה שְׁלָחַנִי יְרִיחוֹ | 2,4c | pois YHWH enviou-me a Jericó". |
| וַיֹּאמֶר | 2,4d | Disse então [Eliseu]: |
| חַי־יְהוָה | 2,4e | "Que viva YHWH, |
| וְחֵי־נַפְשְׁךָ | 2,4f | e viva tua alma: |
| אִם־אֶעֶזְבֶךָּ | 2,4g | certamente não te deixarei!" |
| וַיָּבֹאוּ יְרִיחוֹ: | 2,4h | Então, vieram a Jericó. |
| וַיִּגְּשׁוּ בְנֵי־הַנְּבִיאִים | 2,5a | Aproximaram-se os filhos dos profetas |
| אֲשֶׁר־בִּירִיחוֹ אֶל־אֱלִישָׁע | 2,5b | que estavam em Jericó para (encontrar) Eliseu, |
| וַיֹּאמְרוּ אֵלָיו | 2,5c | e disseram-lhe: |
| הֲיָדַעְתָּ | 2,5d | "Sabes |
| כִּי הַיּוֹם יְהוָה לֹקֵחַ אֶת־אֲדֹנֶיךָ מֵעַל רֹאשֶׁךָ | 2,5e | que hoje YHWH toma teu senhor por cima de tua cabeça?" |
| וַיֹּאמֶר | 2,5f | Disse então [Eliseu]: |
| גַּם־אֲנִי יָדַעְתִּי | 2,5g | "Também eu sei; |
| הֶחֱשׁוּ: | 2,5h | silenciai-vos!" |
| וַיֹּאמֶר לוֹ אֵלִיָּהוּ | 2,6a | Disse-lhe Elias: |
| שֵׁב־נָא פֹה | 2,6b | "Permanece, por favor, aqui, |
| כִּי יְהוָה שְׁלָחַנִי הַיַּרְדֵּנָה | 2,6c | pois YHWH enviou-me ao Jordão". |
| וַיֹּאמֶר | 2,6d | Então disse [Eliseu]: |
| חַי־יְהוָה | 2,6e | "Que viva YHWH, |
| וְחֵי־נַפְשְׁךָ | 2,6f | e viva tua alma: |
| אִם־אֶעֶזְבֶךָּ | 2,6g | certamente não te deixarei!" |
| וַיֵּלְכוּ שְׁנֵיהֶם: | 2,6h | Então, partiram ambos. |
| וַחֲמִשִּׁים אִישׁ מִבְּנֵי הַנְּבִיאִים הָלְכוּ | 2,7a | E cinquenta homens dentre os filhos dos profetas partiram, |
| וַיַּעַמְדוּ מִנֶּגֶד מֵרָחוֹק | 2,7b | e postaram-se defronte, a distância; |

| | | |
|---|---|---|
| וּשְׁנֵיהֶם עָמְדוּ עַל־הַיַּרְדֵּן׃ | 2,7c | e ambos se postaram junto ao Jordão. |
| וַיִּקַּח אֵלִיָּהוּ אֶת־אַדַּרְתּוֹ | 2,8a | Tomou Elias seu manto, |
| וַיִּגְלֹם | 2,8b | enrolou[-o], |
| וַיַּכֶּה אֶת־הַמַּיִם | 2,8c | e golpeou as águas, |
| וַיֵּחָצוּ הֵנָּה וָהֵנָּה | 2,8d | [as quais] foram divididas de um lado para o outro; |
| וַיַּעַבְרוּ שְׁנֵיהֶם בֶּחָרָבָה׃ | 2,8e | então, eles dois atravessaram em seco. |
| וַיְהִי כְעָבְרָם | 2,9a | Aconteceu, ao atravessarem, |
| וְאֵלִיָּהוּ אָמַר אֶל־אֱלִישָׁע | 2,9b | [que] Elias disse a Eliseu: |
| שְׁאַל | 2,9c | "Pede |
| מָה אֶעֱשֶׂה־לָּךְ | 2,9d | o que eu te faça |
| בְּטֶרֶם אֶלָּקַח מֵעִמָּךְ | 2,9e | antes de ser tomado de ti". |
| וַיֹּאמֶר אֱלִישָׁע | 2,9f | Então disse Eliseu: |
| וִיהִי־נָא פִּי־שְׁנַיִם בְּרוּחֲךָ אֵלָי׃ | 2,9g | "Que haja, por favor, dupla porção por teu espírito para mim!" |
| וַיֹּאמֶר | 2,10a | Então disse [Elias]: |
| הִקְשִׁיתָ לִשְׁאוֹל | 2,10b | "Pediste uma coisa difícil; |
| אִם־תִּרְאֶה אֹתִי לֻקָּח מֵאִתָּךְ | 2,10c | se me vires ser tomado de ti, |
| יְהִי־לְךָ כֵן | 2,10d | que assim aconteça; |
| וְאִם־אַיִן | 2,10e | caso contrário, |
| לֹא יִהְיֶה׃ | 2,10f | não aconteça!" |
| וַיְהִי הֵמָּה הֹלְכִים | 2,11a | Aconteceu que eles, ao partirem, |
| וְדַבֵּר הָלוֹךְ | 2,11b | conversavam enquanto caminhavam; |
| וְהִנֵּה רֶכֶב־אֵשׁ וְסוּסֵי אֵשׁ | 2,11c | e eis uma carruagem de fogo e cavalos de fogo, |
| וַיַּפְרִדוּ בֵּין שְׁנֵיהֶם | 2,11d | os quais separaram a ambos; |
| וַיַּעַל אֵלִיָּהוּ בַּסְעָרָה הַשָּׁמָיִם׃ | 2,11e | e subiu Elias num turbilhão aos céus. |
| וֶאֱלִישָׁע רֹאֶה | 2,12a | Então Eliseu via, |
| וְהוּא מְצַעֵק | 2,12b | e ele gritava: |

| | | |
|---:|:---:|:---|
| אָבִ֣י ׀ אָבִ֗י רֶ֤כֶב יִשְׂרָאֵל֙ וּפָ֣רָשָׁ֔יו | 2,12c | "Meu pai, meu pai! Carruagem de Israel e sua cavalaria!" |
| וְלֹ֥א רָאָ֖הוּ עֽוֹד | 2,12d | E não o viu mais. |
| וַֽיַּחֲזֵק֙ בִּבְגָדָ֔יו | 2,12e | Agarrou nas suas vestes, |
| וַיִּקְרָעֵ֖ם לִשְׁנַ֥יִם קְרָעִֽים׃ | 2,12f | e as rasgou em duas partes; |
| וַיָּ֙רֶם֙ אֶת־אַדֶּ֣רֶת אֵלִיָּ֔הוּ | 2,13a | então levantou o manto de Elias |
| אֲשֶׁ֥ר נָפְלָ֖ה מֵעָלָ֑יו | 2,13b | que caíra sobre ele, |
| וַיָּ֕שָׁב | 2,13c | voltou |
| וַֽיַּעֲמֹ֖ד עַל־שְׂפַ֥ת הַיַּרְדֵּֽן׃ | 2,13d | e postou-se à margem do Jordão. |
| וַיִּקַּח֙ אֶת־אַדֶּ֣רֶת אֵלִיָּ֔הוּ | 2,14a | Pegou o manto de Elias |
| אֲשֶׁר־נָפְלָ֣ה מֵעָלָ֔יו | 2,14b | que caíra sobre ele, |
| וַיַּכֶּ֣ה אֶת־הַמַּ֔יִם | 2,14c | golpeou as águas |
| וַיֹּאמַ֕ר | 2,14d | e disse: |
| אַיֵּ֕ה יְהוָ֖ה אֱלֹהֵ֣י אֵלִיָּ֑הוּ אַף־ה֣וּא ׀ | 2,14e | "Onde está YHWH, Deus de Elias, [e] mesmo ele, [Elias]?" |
| וַיַּכֶּ֣ה אֶת־הַמַּ֔יִם | 2,14f | Golpeou as águas |
| וַיֵּחָצ֖וּ הֵ֣נָּה וָהֵ֑נָּה | 2,14g | [as quais] se dividiram de um lado para o outro, |
| וַֽיַּעֲבֹ֖ר אֱלִישָֽׁע׃ | 2,14h | e Eliseu [as] atravessou. |
| וַיִּרְאֻ֤הוּ בְנֵֽי־הַנְּבִיאִים֙ | 2,15a | Viram-no os filhos dos profetas |
| אֲשֶׁר־בִּֽירִיחוֹ֙ מִנֶּ֔גֶד | 2,15b | que [estavam] em Jericó, defronte, |
| וַיֹּ֣אמְר֔וּ | 2,15c | e disseram: |
| נָ֛חָה ר֥וּחַ אֵלִיָּ֖הוּ עַל־אֱלִישָׁ֑ע | 2,15d | "Repousa o espírito de Elias sobre Eliseu!" |
| וַיָּבֹ֙אוּ֙ לִקְרָאת֔וֹ | 2,15e | Então vieram ao seu encontro, |
| וַיִּשְׁתַּחֲווּ־ל֖וֹ אָֽרְצָה׃ | 2,15f | e se prostraram ante ele em terra. |
| וַיֹּאמְר֣וּ אֵלָ֗יו | 2,16a | Disseram-lhe: |
| הִנֵּה־נָ֣א יֵֽשׁ־אֶת־עֲבָדֶ֡יךָ חֲמִשִּׁים֩ אֲנָשִׁ֨ים בְּנֵֽי־חַ֜יִל | 2,16b | "Por favor! Há com teus servos cinquenta homens, valentes; |
| יֵ֣לְכוּ נָא֩ | 2,16c | que vão (por favor), |
| וִיבַקְשׁ֣וּ אֶת־אֲדֹנֶ֗יךָ | 2,16d | e procurem teu senhor; |

| | | |
|---|---|---|
| פֶּן־נְשָׂאוֹ רוּחַ יְהוָה | 2,16e | para que não o leve o Espírito de YHWH, |
| וַיַּשְׁלִכֵהוּ בְּאַחַד הֶהָרִים אוֹ בְּאַחַת הַגֵּאָיוֹת | 2,16f | e o envie num dos montes ou num dos vales!" |
| וַיֹּאמֶר | 2,16g | Então disse [Eliseu]: |
| לֹא תִשְׁלָחוּ׃ | 2,16h | "Não enviai!" |
| וַיִּפְצְרוּ־בוֹ עַד־בֹּשׁ | 2,17a | Pressionaram-no até o constrangimento; |
| וַיֹּאמֶר | 2,17b | então disse [Eliseu]: |
| שְׁלָחוּ | 2,17c | "Enviai". |
| וַיִּשְׁלְחוּ חֲמִשִּׁים אִישׁ | 2,17d | Enviaram cinquenta homens, |
| וַיְבַקְשׁוּ שְׁלֹשָׁה־יָמִים | 2,17e | Buscaram[-no] por três dias |
| וְלֹא מְצָאֻהוּ׃ | 2,17f | e não o encontraram. |
| וַיָּשֻׁבוּ אֵלָיו | 2,18a | Voltaram a ele, |
| וְהוּא יֹשֵׁב בִּירִיחוֹ | 2,18b | (e ele estava assentado em Jericó) |
| וַיֹּאמֶר אֲלֵהֶם | 2,18c | e disse-lhes [Eliseu]: |
| הֲלוֹא־אָמַרְתִּי אֲלֵיכֶם | 2,18d | "Não vos disse: |
| אַל־תֵּלֵכוּ׃ | 2,18e | 'não vades'?" |
| וַיֹּאמְרוּ אַנְשֵׁי הָעִיר אֶל־אֱלִישָׁע | 2,19a | Disseram os homens da cidade a Eliseu: |
| הִנֵּה־נָא מוֹשַׁב הָעִיר טוֹב | 2,19b | "Por certo o assentamento da cidade é bom, |
| כַּאֲשֶׁר אֲדֹנִי רֹאֶה | 2,19c | como meu senhor vê; |
| וְהַמַּיִם רָעִים | 2,19d | mas as águas são ruins, |
| וְהָאָרֶץ מְשַׁכָּלֶת׃ | 2,19e | e a terra é estéril". |
| וַיֹּאמֶר | 2,20a | Ele disse: |
| קְחוּ־לִי צְלֹחִית חֲדָשָׁה | 2,20b | "Pegai-me um recipiente novo |
| וְשִׂימוּ שָׁם מֶלַח | 2,20c | e colocai ali sal". |
| וַיִּקְחוּ אֵלָיו׃ | 2,20d | E eles o pegaram. |
| וַיֵּצֵא אֶל־מוֹצָא הַמַּיִם | 2,21a | Então ele saiu à fonte das águas |
| וַיַּשְׁלֶךְ־שָׁם מֶלַח | 2,21b | e jogou ali sal. |
| וַיֹּאמֶר | 2,21c | Ele disse: |

| | | |
|---|---|---|
| כֹּה־אָמַר יְהוָה | 2,21d | "Assim diz YHWH: |
| רִפִּאתִי לַמַּיִם הָאֵלֶּה | 2,21e | 'sarei estas águas; |
| לֹא־יִהְיֶה מִשָּׁם עוֹד מָוֶת וּמְשַׁכָּלֶת׃ | 2,21f | não procederá mais dali nem morte nem esterilidade'". |
| וַיֵּרָפוּ הַמַּיִם עַד הַיּוֹם הַזֶּה | 2,22a | Foram então saradas as águas até este dia, |
| כִּדְבַר אֱלִישָׁע | 2,22b | conforme a palavra de Eliseu |
| אֲשֶׁר דִּבֵּר׃ פ | 2,22c | a qual ele falara. |
| וַיַּעַל מִשָּׁם בֵּית־אֵל | 2,23a | Subiu então dali para Betel; |
| וְהוּא עֹלֶה בַדֶּרֶךְ | 2,23b | e, subindo ele pelo caminho, |
| וּנְעָרִים קְטַנִּים יָצְאוּ מִן־הָעִיר | 2,23c | uns rapazes pequenos saíram da cidade, |
| וַיִּתְקַלְּסוּ־בוֹ | 2,23d | ridicularizam-no |
| וַיֹּאמְרוּ לוֹ | 2,23e | e lhe disseram: |
| עֲלֵה קֵרֵחַ | 2,23f | "Sobe, calvo! |
| עֲלֵה קֵרֵחַ׃ | 2,23g | Sobe, calvo!" |
| וַיִּפֶן אַחֲרָיו | 2,24a | Ele virou-se então para trás, |
| וַיִּרְאֵם | 2,24b | viu-os |
| וַיְקַלְלֵם בְּשֵׁם יְהוָה | 2,24c | e os amaldiçoou pelo nome de YHWH. |
| וַתֵּצֶאנָה שְׁתַּיִם דֻּבִּים מִן־הַיַּעַר | 2,24d | Saíram então duas ursas da floresta |
| וַתְּבַקַּעְנָה מֵהֶם אַרְבָּעִים וּשְׁנֵי יְלָדִים׃ | 2,24e | e despedaçaram, dentre eles, quarenta e dois meninos. |
| וַיֵּלֶךְ מִשָּׁם אֶל־הַר הַכַּרְמֶל | 2,25a | Então ele foi dali para o monte Carmelo, |
| וּמִשָּׁם שָׁב שֹׁמְרוֹן׃ פ | 2,25b | e dali voltou para Samaria. |

Nos v. 1a.11e, o termo סְעָרָה pode ser traduzido genericamente como uma "tempestade"[285]. Entretanto, de maneira mais específica refere-se a um "forte vento"[286]; pela sua violência (atrelada à raiz סער)[287], é melhor traduzido como "borras-

---

285. BROWN, F.; DRIVER, S. R.; BRIGGS, C. A., סְעָרָה, p. 704; COGAN, M.; TADMOR, H., II Kings, p. 30; MCKENZIE, S. L., 1 Kings 16–2 Kings 16, l. 6292.

286. CLINES, D. J. A., סְעָרָה, p. 176; KOEHLER, L. et al., סְעָרָה, p. 762.

287. ALONSO SCHÖKEL, L., סער, p. 469; HOLLADAY, W. L., סער, p. 366.

ca", "torvelinho" ou "turbilhão"²⁸⁸, esta última adotada aqui e que reflete a opção da Vulgata pelo termo *turbo*²⁸⁹.

Nos v. 8a.13a.14a o vocábulo אַדֶּרֶת relaciona-se com a mesma raiz de אַדִּיר, pelo que tem como significado básico "glória", "honra", conforme pode ser verificado em Ez 17,8; Zc 11,3. Reputa-se אַדֶּרֶת como forma feminina do adjetivo אַדִּיר, "magnificente"; não obstante, usado como substantivo é designativo de manto (Gn 25,25; Js 7,21.24) – em especial o real e custoso, como em Jn 3,6. De fato, a raiz por trás desse termo, אדר, significaria "aquilo que brilha", que é glorioso, e assim אַדֶּרֶת seria não uma veste ordinária, mas aquela especial de luxo, como em Js 7,21-23; mas também descreve um manto simples (Gn 25,25; Zc 13,4)²⁹⁰. Reputa-se ainda como o manto do profeta (Zc 13,4 e especialmente nas histórias relacionadas não apenas a Eliseu como também a Elias, conforme se vê em 1Rs 19,13.19). Por trás desse uso, poderia estar não a ideia de forte e poderoso, e sim o fato de que o manto é largo e extenso²⁹¹. O termo אַדֶּרֶת, o qual descreve o manto de Elias, não é um vocábulo convencional para descrever uma vestimenta; por isso, de acordo com W. Schniedwind e D. Sivan, é possível que refletisse um hebraico típico do Reino do Norte – uma hipótese que carece de dados mais seguros²⁹².

---

288. ALONSO SCHÖKEL, L., סְעָרָה, p. 469. Cf. a ampla atestação do uso dessa tradução em AULD, A. G., I & II Kings, p. 150; BARNES, W. H., Cornerstone Biblical Commentary, p. 200; BEAL, L. M. W., 1 & 2 Kings, p. 299; FRITZ, V., A Continental Commentary, p. 233; HOBBS, T. R., 2 Kings, p. 13; HOUSE, P. R., 1, 2 Kings, p. 256; LANGE, J. P. et al., A Commentary on the Holy Scriptures, p. 10; ROBINSON, J., The Second Book of Kings, p. 21. Sobre a constatação de ser a tradução "mais natural", cf. OMANSON, R. L.; ELLINGTON, J. E., A Handbook on 1-2 Kings, p. 710; RUSHDOONY, R. J., Chariots of Prophetic Fire, p. 77; WOLFGRAMM, A. J., Kings, p. 167.

289. Cf. tb. o uso de עַלְעוֹל no Targum (JASTROW, M., עַלְעוֹל, p. 1085) e de συσσεισμός na LXX (MURAOKA, T., συσσεισμός, p. 663).

290. BURKI, M., L'étoffe du prophétie, p. 145. O caráter singular desse manto utilizado por Elias seria enfatizado na Peshitta pelo uso do termo específico מעפרה, em contraposição ao mais comum מרטוט (JOÜON, P., Le costume d'Elie et celui de Jean Baptiste, p. 74). E especialmente associado a Elias: das 12 ocorrências de אַדֶּרֶת, em 5 relaciona-se ao grande profeta, quando é envolto em torno da face dele (1Rs 19,13), é lançado por ele em direção a Eliseu (1Rs 19,19); pega-se, enrola-se e enfim é utilizado para ferir o Jordão (2Rs 2,8.14) e levantado, erguido (2Rs 2,13) – e todas essas ações notavelmente atípicas (WAGSTAFF, B. J., Redressing Clothing in the Hebrew Bible, p. 308). De fato, a raiz אדר no ugarítico remete a epítetos de várias divindades, evocando o majestoso, esplendoroso, o que reforçaria a ligação entre o substantivo אַדֶּרֶת e a raiz אדר no hebraico (COLLINS, C. J., אדר, p. 269; COPPES, L. J., אָדַר, p. 18-19; JENNI, E., אַדִּיר, p. 29-30). Não obstante, B. J. Wagstaff não concorda que a etimologia seja suficiente para associar אַדֶּרֶת com a ideia de glória ou poder, sendo incerto se o uso carrega necessariamente as mesmas conotações de sua raiz original (WAGSTAFF, B. J., Redressing Clothing in the Hebrew Bible, p. 324-325).

291. AHLSTRÖM, G. W., אַדִּיר, p. 73; ALONSO SCHÖKEL, L., אדר, p. 29; BROWN, F.; DRIVER, S. R.; BRIGGS, C. A., אַדֶּרֶת, p. 12; CLINES, D. J. A., אַדֶּרֶת, p. 137; HOLLADAY, W. L., אַדֶּרֶת, p. 6; KOEHLER, L. et al., אַדֶּרֶת, p. 17.

292. SCHNIEDWIND, W.; SIVAN, D., The Elijah-Elisha Narratives, p. 326-327. Como W. Schniedwind e D. Sivan indicam pelo título do artigo, a hipótese levantada por eles é um "teste de caso", um ponto de partida para futuros estudos, sem bibliografia sustentando-o. Esse tipo de hebraico poderia ser também designado

No v. 8b encontra-se וַיִּגְלֹם, forma verbal proveniente da raiz (um *hápax legomenon*) גלם. O significado mais comumente associado a essa raiz é o de "enrolar", "dobrar"²⁹³. Pertenceria à mesma raiz de גְּלוֹם, que aparece em Ez 27,14 como uma espécie de "pacote", "embalagem" de roupas²⁹⁴. Baseando-se num cognato árabe, *jalama*, J. Kaltner sugere "cortar" em vez de "enrolar", argumentando que este último sentido seria influenciado por equiparar-se o manto de Elias ao cajado de Moisés, no evento da separação das águas do Mar de Juncos em Ex 14; ainda segundo J. Kaltner, explicaria a omissão da raiz גלם ao descrever a repetição do ato de Elias no v. 8 por Eliseu no v. 14²⁹⁵. Entretanto, o significado de "enrolar", "dobrar" é corroborado pelas traduções antigas, bem como pelo uso talmúdico e midráshico posterior e mesmo pelo hebraico moderno²⁹⁶.

No v. 9g, a expressão פִּי־שְׁנַיִם é compreendida como "dupla porção", relacionada à terminologia legal de Dt 21,17²⁹⁷. Por outro lado, em Zc 13,8 a mesma expressão significa "dois terços", encontrando-se evidências provenientes de Mari da mesma época do Código de Hamurabi acerca da divisão do patrimônio paterno entre os herdeiros²⁹⁸. Assim, a hipótese de que a tradução "dois terços" seria aplicada tanto a Dt 21,17 quanto a 2Rs 2,9 recebe apoio de acadêmicos germânicos, argumentando que nesse último versículo o בְּ na palavra רוּחַ seria partitivo, analo-

---

pela nomenclatura "israeliano": OLIVEIRA, D. V. S., O hebraico israeliano e o texto de Oseias, p. 74-75. Essa hipótese leva em consideração o fato de que "a língua hebraica bíblica tenha sofrido alguma evolução durante o tempo em que vigorou como linguagem falada, além de escrita" (LIMA, M. L. C., Os valores do verbo hebraico na literatura profética, p. 422). Não fica claro por que essa palavra é empregada em detrimento de outras mais comuns para manto, como שִׂמְלָה ou מְעִיל; pela raiz, destacaria o manto como magnífico ou impressionante. Assim, a forma feminina אַדֶּרֶת serve tanto como a designação abstrata de "glória" (como em Ez 17,8 e Zc 11,3) como o significado concreto de "manto".

293. ALONSO SCHÖKEL, L., גלם, p. 140; BEAL, L. M. W., 1 & 2 Kings, p. 299; BROWN, F.; DRIVER, S. R.; BRIGGS, C. A., גלם, p. 166; CLINES, D. J. A., גלם, p. 356; COGAN, M.; TADMOR, H., II Kings, p. 30; FRITZ, V., A Continental Commentary, p. 233; HOBBS, T. R., 2 Kings, p. 14; HOLLADAY, W. L., גלם, p. 84; KOEHLER, L. et al., גלם, p. 194; KONKEL, A. H., גלם, p. 843-844; LANGE, J. P. et al., A Commentary on the Holy Scriptures, p. 10; MCKENZIE, S. L., 1 Kings 16–2 Kings 16, l. 6300; RUSHDOONY, R. J., Chariots of Prophetic Fire, p. 77; SCHNIEDWIND, W.; SIVAN, D., The Elijah-Elisha Narratives, p. 320; WOLFGRAMM, A. J., Kings, p. 168.

294. BROWN, F.; DRIVER, S. R.; BRIGGS, C. A., גְּלוֹם, p. 166; COGAN, M.; TADMOR, H., II Kings, p. 32; KOEHLER, L. et al., גְּלוֹם, p. 193; OMANSON, R. L.; ELLINGTON, J. E., A Handbook on 1-2 Kings, p. 715.

295. KALTNER, J., What did Elijah Do to His Mantle?, p. 225-229.

296. Das traduções antigas, cf. o uso de *involvo* na Vulgata e de εἰλέω na LXX. Sobre o uso talmúdico e midráshico, cf. HOBBS, T. R., 2 Kings, p. 20; JASTROW, M., גלם, p. 250. Acerca do hebraico moderno, cf. BEREZIN, J. R., גלם, p. 75. Um outro termo provavelmente pertença à mesma raiz: גֹּלֶם, "embrião", no Sl 139,16; e a raiz גלם poderia ser um fenômeno típico do hebraico "israeliano": SCHNIEDWIND, W.; SIVAN, D., The Elijah-Elisha Narratives, p. 320.

297. COGAN, M.; TADMOR, H., II Kings, p. 32.

298. DAVIES, E. W., The Meaning of pî šᵉnayim in Deuteronomy xxi 17, p. 342.

gamente à preposição מִן ²⁹⁹. E. W. Davies mostra que em Zc 13,8 pode-se traduzir como "dois terços", uma fração, por estar complementando a fração שְׁלִישִׁי, "terça parte", encontrada no contexto imediato; porém, a ausência de qualquer fração a ser complementada tanto em Dt 21,17 quanto em 2Rs 2,9 sugere um sentido multiplicativo, garantindo a tradução "dupla porção" – sentido este confirmado pelo uso na LXX de διπλοῦς em 2Rs 2,9 e τὰ δύο μέρη em Zc 3,8³⁰⁰. No v. 10b, o uso de קשה junto ao infinito de שאל faz com que aquele seja compreendido adjetivalmente, garantindo a tradução "pediste uma coisa difícil"³⁰¹.

Nos v. 11c.12c o termo רֶכֶב pode significar "carruagem" no sentido individual e "carruagens" no sentido coletivo³⁰². Por isso, a opção pelo uso do singular "carruagem" abarca tanto o sentido individual quanto o coletivo³⁰³. Já no v. 12c, o termo פָּרָשׁ pode significar tanto o cavalo montado quanto o cavaleiro. Por isso, a expressão רֶכֶב יִשְׂרָאֵל וּפָרָשָׁיו pode ter diferentes significados: 1) "carro(s) de Israel e seus cavaleiros", "carro(s) de Israel e sua atrelagem", tendo o sufixo no termo פָּרָשׁ referente a carro/carros; 2) "carro(s) de Israel e sua cavalaria", "carros e cavalaria de Israel", "carros e atrelagem de Israel", tendo o sufixo no termo פָּרָשׁ referente a Israel³⁰⁴. M. Richelle descarta "carro de Israel e seus cavaleiros" pelo fato de um

---

299. POPKO, L., פי־שנים in 2 Kgs 2:9 as a Metaphor of Double Speech, p. 354-355; ŠANDA, A., Die Bücher der Könige, p. 8-9; WERLITZ, J., Die Bücher der Könige, p. 207. Concordam com essa tradução: ALONSO SCHÖKEL, L., פֶּה, p. 531; CARLSON, R., Élisée – Le Successeur D'Élie, p. 397; HAMILTON, V. P., פֶּה, p. 1204; HOLLADAY, W. L., פֶּה, p. 410-411; KOEHLER, L. et al., פֶּה, p. 915; LABUSCHAGNE, C. J., פֶּה, p. 977; LUKE, K., Elijah's Ascension to Heaven, p. 198; UEHLINGER, C., L'ascension d'Élie, p. 83; WEINGART, K., My Father, My Father!, p. 259.

300. DAVIES, E. W., The Meaning of pî šᵉnayim in Deuteronomy xxi 17, p. 343-344. Essa distinção é apoiada pela Vulgata e pela Peshitta (POPKO, L., פי־שנים in 2 Kgs 2:9 as a Metaphor of Double Speech, p. 356) e por CLINES, D. J. A., פֶּה, p. 661-662. Cf. tb. a ampla atestação em AULD, A. G., I & II Kings, p. 150; BARNES, W. H., Cornerstone Biblical Commentary, p. 201; BEAL, L. M. W., 1 & 2 Kings, p. 299; COGAN, M.; TADMOR, H., II Kings, p. 32; HOBBS, T. R., 2 Kings, p. 14; LANGE, J. P. et al., A Commentary on the Holy Scriptures, p. 13; MCKENZIE, S. L., 1 Kings 16–2 Kings 16, l. 6300; ROBINSON, J., The Second Book of Kings, p. 22; RUSHDOONY, R. J., Chariots of Prophetic Fire, p. 77; WOLFGRAMM, A. J., Kings, p. 169. E. F. Francisco, reconhecendo a "complexidade" do significado da expressão no contexto de 2Rs 2,9, propõe a tradução "bocado de dois", mantendo estritamente o estado construto de פֶּה e sua acepção primária como "boca" (FRANCISCO, E. F., Antigo Testamento Interlinear Hebraico-Português, p. LII-LIV). Mas deve-se salientar que no hebraico, assim como no acadiano, as partes do corpo são utilizadas metaforicamente em expressões idiomáticas (DHORME, E., L'emploi métaphorique des noms de parties du corps en hébreu et en akkadien, p. 86; LABUSCHAGNE, C. J., פֶּה, p. 977).

301. ZIPOR, M. קָשָׁה, p. 191.

302. BROWN, F.; DRIVER, S. R.; BRIGGS, C. A., רֶכֶב, p. 939; CLINES, D. J. A., רֶכֶב I, p. 489, com sentido coletivo para ambos os v. 11-12; KOEHLER, L. et al., רֶכֶב, p. 1233, em que se defende o sentido individual no v. 11 e o coletivo no v. 12.

303. FORESTI, F., Il rapimento di Elia al cielo, p. 267. Cf. tb. GALLING, K., Die Ehrenname Elisas und die Entrückung Elias, p. 130-132; HOBBS, T. R., 2 Kings, p. 21; OMANSON, R. L.; ELLINGTON, J. E., A Handbook on 1-2 Kings, p. 719.

304. RICHELLE, M., Élie et Elisée, Auriges en Israel, p. 323.

único carro não comportar mais do que um condutor; entretanto, levando em consideração o sentido coletivo de רֶכֶב e a ambiguidade de פָּרָשׁ, opta-se pela tradução "cavalaria" para esse último[305].

No v. 14e há um problema relacionado com a expressão אַף־הוּא: já na LXX essa expressão provoca dificuldades, sendo simplesmente transliterada por αφφω, vocábulo este entendido por Teodoreto e outros tradutores como designativo do Deus "escondido", "invisível e inacessível aos homens"[306]. A pontuação massorética desloca a expressão אַף־הוּא para o segmento 14f, o que poderia a princípio proporcionar a leitura "também ele golpeou as águas"[307]. Entretanto, o uso do *wayyiqtol* da raiz נכה no v. 14f impede esse tipo de deslocamento; por isso, mantém-se essa expressão no segmento 14e e traduz-se por "[e] mesmo ele, [Elias]", como referência adicional ao próprio Elias[308].

No v. 19e, a palavra מְשַׁכָּלֶת é a forma do particípio *piel* absoluto feminino singular da raiz שכל, cujo significado básico é o de estar privado, experimentar perda de filhos[309], e assim no *paal* o sentido é de ser privado de filhos[310]. No *piel*, alguns dicionários concordam com o significado de desprover (dos filhos) de maneira violenta, provocar aborto[311], pelo que poderia então se traduzir como "(aquela que) causa aborto", segundo a LXX[312]. Entretanto, isso envolve uma questão interpretativa (no v. 19e a terra seria abortiva, enquanto no v. 21f as águas

---

305. Para a tradução "cavaleiros", cf. BROWN, F.; DRIVER, S. R.; BRIGGS, C. A., II פָּרָשׁ, p. 832; CLINES, D. J. A., פָּרָשׁ, p. 787; para a tradução "cavalos", cf. KOEHLER, L. et al., פָּרָשׁ, p. 977. A tradução "cavaleiros" recebe apoio da LXX, da Vulgata e da Peshitta (RICHELLE, M., Élie et Elisée, Auriges en Israel, p. 327). Deve-se mencionar ainda que a tradução *agitator Israel*, "condutor de Israel", presente em citações patrísticas e presumivelmente relacionada à Antiga Latina para a expressão רֶכֶב יִשְׂרָאֵל e comentada no mesmo artigo de M. Richelle nas p. 328-329, pressupõe a leitura רַכָּב em vez de רֶכֶב do texto massorético. Cf. ainda FERNÁNDEZ MARCOS, N., Scribes and Translators, p. 76-77; MCKENZIE, S. L., 1 Kings 16–2 Kings 16, l. 6364-6367.

306. HARL, M., A Septuaginta entre os padres gregos e na vida dos cristãos, p. 279.

307. LANGE, J. P. et al., A Commentary on the Holy Scriptures, p. 16. Igualmente mantêm a expressão no v. 14f e traduzem como "novamente", "segunda vez", "também": MCKENZIE, S. L., 1 Kings 16–2 Kings 16, l. 6309; ROBINSON, J., The Second Book of Kings, p. 23; RUSHDOONY, R. J., Chariots of Prophetic Fire, p. 78. Entretanto, em virtude da dificuldade, alguns estudiosos desistiram de traduzir a expressão: AULD, A. G., I & II Kings, p. 150; COGAN, M.; TADMOR, H., II Kings, p. 31; FRITZ, V., A Continental Commentary, p. 234; WOLFGRAMM, A. J., Kings, p. 171; WÜRTHWEIN, E., Die Bücher der Könige: 1 Kön. 17-2 Kön. 25, p. 273.

308. CLINES, D. J. A., אַף I, p. 352. Esta tradução é adotada igualmente por BEAL, L. M. W., 1 & 2 Kings, p. 300; GRAY, J., I & II Kings, p. 473; HOBBS, T. R., 2 Kings, p. 14.

309. BROWN, F.; DRIVER, S. R.; BRIGGS, C. A., שכל, p. 1013.

310. KOEHLER, L. et al., שכל, p. 1491-1492.

311. ALONSO SCHÖKEL, L., שכל, p. 670; BROWN, F.; DRIVER, S. R.; BRIGGS, C. A., שכל, p. 1013; HOLLADAY, W. L., שכל, p. 525; KOEHLER, L. et al., שכל, p. 1492, em que se indica especialmente 2Rs 2,19.21 com o significado de provocar aborto.

312. MURAOKA, T., ἀτεκνόω, p. 100. Cf. tb. COGAN, M.; TADMOR, H., II Kings, p. 36; LANGE, J. P. et al., A Commentary on the Holy Scriptures, p. 10; MCKENZIE, S. L., 1 Kings 16–2 Kings 16, l. 6318.

são abortivas); além disso, várias traduções vertem por estéril, começando pela Vulgata (*sterilis*), razão pela qual utiliza-se essa tradução no v. 19e[313]. Por outro lado, no v. 21f, embora מְשַׁכָּלֶת possa ser considerado um substantivo, e não uma forma participial[314], a vocalização massorética considera ambas as ocorrências nos v. 19e.21f como formas participiais no *piel*[315]. Para harmonizar com o v. 19e, utiliza-se, portanto, "esterilidade" no v. 21f[316].

No v. 20b associa-se צְלֹחִית a uma raiz III צלח, da qual também fazem parte as palavras צְלָחָה, uma panela para cozimento ou tigela em 2Cr 35,13; e צַלַּחַת, um prato ou uma tigela em 2Rs 21,13; Pr 19,24; 26,15[317]. Embora tradicionalmente traduzido como "prato", "vasilha rasa"[318], o *hápax legomenon* צְלֹחִית pode indicar um jarro pequeno, uma tigela funda sem alças, uma pequena garrafa, enfim, um pequeno recipiente[319], sendo inclusive usado na literatura rabínica, tanto midráshica quanto talmúdica[320]; e no hebraico moderno passou a ter o significado de frasco, garrafa pequena[321]. Opta-se então pelo termo mais neutro "recipiente"[322].

Como observações complementares, no v. 17 a raiz בוש, geralmente associada à ideia de "envergonhar"[323], aqui é usada com o sentido de insistência da parte dos filhos do profeta, a ponto de enfastiar Eliseu[324], pelo que se opta pela tra-

---

313. Em concordância com o veredito de CLINES, D. J. A., שכל, p. 353. Cf. tb. BELEM, D. F., Da Palavra sai vida e morte, p. 22-23; HOBBS, T. R., 2 Kings, p. 14; RUSHDOONY, R. J., Chariots of Prophetic Fire, p. 83. Cf. ainda a opção por "infrutífero" em FRITZ, V., A Continental Commentary, p. 237.

314. BROWN, F.; DRIVER, S. R.; BRIGGS, C. A., שכל, p. 1014; HAMILTON, V. P., מְשַׁכָּלֶת, p. 1559.

315. KOEHLER, L. *et al.*, שכל, p. 1492.

316. BELEM, D. F., Da Palavra sai vida e morte, p. 23.

317. BROWN, F.; DRIVER, S. R.; BRIGGS, C. A., III צלח, p. 852; CLINES, D. J. A., צְלָחָה, p. 123; KOEHLER, L. *et al.*, צַלַּחַת, p. 1027. Cf. ainda BELEM, D. F., Da Palavra sai vida e morte, p. 23.

318. HOLLADAY, W. L., צְלֹחִית, p. 435.

319. CLINES, D. J. A., צְלֹחִית, p. 123; KOEHLER, L. *et al.*, צְלֹחִית, p. 1027; HOSTETTER, E. C., צְלֹחִית, p. 654. Sobre o uso destas diferentes opções, cf. AULD, A. G., I & II Kings, p. 151; BARNES, W. H., Cornerstone Biblical Commentary, p. 205; BEAL, L. M. W., 1 & 2 Kings, p. 300; COGAN, M.; TADMOR, H., II Kings, p. 36; FRITZ, V., A Continental Commentary, p. 237; HOBBS, T. R., 2 Kings, p. 14; LANGE, J. P. *et al.*, A Commentary on the Holy Scriptures, p. 10; MCKENZIE, S. L., 1 Kings 16–2 Kings 16, l. 6318; ROBINSON, J., The Second Book of Kings, p. 27; RUSHDOONY, R. J., Chariots of Prophetic Fire, p. 83; WOLFGRAMM, A. J., Kings, p. 171.

320. Em comentários midráshicos, substitui a palavra צִנְצֶנֶת, o vaso contendo o maná (Ex 16,33), e designa o vaso contendo as cinzas da novilha vermelha (Nm 19,9); foi igualmente apropriada pelos targumim, como em Ex 16,33; 1Rs 17,6 e 2Rs 2,20. Cf. JASTROW, M. A., צְלֹחִית, p. 1282.

321. BEREZIN, J. R., צְלֹחִית, p. 554.

322. BELEM, D. F., Da Palavra sai vida e morte, p. 23. Cf. tb. MCKENZIE, S. L., 1 Kings 16–2 Kings 16, l. 6398.

323. BROWN, F.; DRIVER, S. R.; BRIGGS, C. A., בּוֹשׁ, p. 101; FRITZ, V., A Continental Commentary, p. 234; RUSHDOONY, R. J., Chariots of Prophetic Fire, p. 78; WOLFGRAMM, A. J., Kings, p. 171.

324. ALONSO SCHÖKEL, L., בוש, p. 95; KOEHLER, L. *et al.*, I בוש, p. 116.

dução da expressão עַד־בֹּשׁ por "até o constrangimento"³²⁵. No v. 19b, o termo מוֹשַׁב pode ser traduzido como local, referindo-se à localização da cidade³²⁶; opta-se então por "assentamento" para maior conformidade com a raiz ישׁב – pelo que essa mesma raiz é traduzida como "assentar" no v. 18b³²⁷. No v. 23c, a palavra נַעַר tem uma gama de significados, desde menino, rapaz, moço, até servente³²⁸, portanto sem especificar a idade. Mas o adjetivo קָטָן, "pequeno", parece indicar tratar-se de adolescentes envolvidos. Para ressaltar o adjetivo, usa-se a tradução "rapazes pequenos" para a expressão נְעָרִים קְטַנִּים ³²⁹. No v. 24d, se o substantivo דֹּב é invariável quanto ao gênero³³⁰, o uso da forma feminina dos verbos יָצָא e בָּקַע garante a tradução "ursas"³³¹.

## 2.2. Crítica textual

Nos v. 1a.11e, a leitura da LXX ὡς εἰς τὸν οὐρανόν tem motivação exegética: conceber um movimento para cima como em direção aos céus, e não tendo como destino os céus, o que se evidencia pela omissão de ὡς na recensão de Orígenes. Uma leitura confirmada pela Antiga Latina concede um sentido metafórico; poderia ainda constituir uma "precaução teológica", refletindo uma influência helenística que refutava a vida após a morte³³². Ainda no v. 1a e no v. 2c, o Códice Vaticano apresenta ὁ θεός no lugar do Tetragrama Sagrado no texto massorético, o qual não encontra apoio da Vulgata, da Peshitta e do Targum. No v. 1b, no Códice Vaticano (apoiado pela versão etíope) consta Ἰερειχώ, uma

---

325. CLINES, D. J. A., בושׁ I, p. 130. Cf. tb. COGAN, M.; TADMOR, H., II Kings, p. 31; HOBBS, T. R., 2 Kings, p. 14; MCKENZIE, S. L., 1 Kings 16–2 Kings 16, l. 6309.

326. ALONSO SCHÖKEL, L., מוֹשַׁב, p. 362-363; KAISER, W. C., מוֹשָׁב, p. 676; HOLLADAY, W. L., מוֹשָׁב, p. 266; KOEHLER, L. et al., מוֹשָׁב, p. 561.

327. BELEM, D. F., Da Palavra sai vida e morte, p. 22. Ainda há a possibilidade de se traduzir "situação": BROWN, F.; DRIVER, S. R.; BRIGGS, C. A., מוֹשָׁב, p. 444; CLINES, D. J. A., מוֹשָׁב, p. 191; LANGE, J. P. et al., A Commentary on the Holy Scriptures, p. 10.

328. ALONSO SCHÖKEL, L., נַעַר, p. 440; BROWN, F.; DRIVER, S. R.; BRIGGS, C. A., II נַעַר, p. 654-655; HOLLADAY, W. L., נַעַר, p. 341; KOEHLER, L. et al., נַעַר, p. 707.

329. BELEM, D. F., Da Palavra sai vida e morte, p. 24.

330. ALONSO SCHÖKEL, L., דֹּב, p. 146; HOLLADAY, W. L., דֹּב, p. 91; KOEHLER, L. et al., דֹּב, p. 207-208; concordam BROWN, F.; DRIVER, S. R.; BRIGGS, C. A., דֹּב, p. 179, chamando apenas a atenção para o caráter raro do uso no feminino.

331. BELEM, D. F., Da Palavra sai vida e morte, p. 24.

332. LANGE, J. P. et al., A Commentary on the Holy Scriptures, p. 15; VALLANÇON, H., Le développement des traditions sur Élie et l'histoire de la formation de la Bible, p. 55-56. Na p. 67, H. Vallançon explica ainda que o texto massorético concede um caráter "espetacular", enquanto o grego é mais "evasivo", sobre as condições do desaparecimento de Elias.

referência a Jericó, em vez de Guilgal do texto massorético e da recensão luciânica, por influência do contexto narrativo posterior[333]. Ainda no v. 1b, o uso do singular וַיֵּלֶךְ com o sujeito no plural (Elias e Eliseu) fez com que a Vulgata e a Peshitta mudassem o verbo correspondente para a forma plural. Entretanto, como pondera M. Garsiel, é comum no hebraico bíblico, ao haver uma figura dominante acompanhada por outra menos importante, o verbo vir no singular, desde que a figura dominante lidere a atividade (como em Gn 31,23; Ex 15,1)[334]; além disso, o uso do verbo no singular é confirmado pela LXX, pelo Targum e pelo manuscrito 9a1 da Peshitta.

No v. 2b, antes do correspondente à expressão שְׁב־נָא פֹה, o Códice Vaticano acrescenta ἰδού, o que poderia pressupor הִנֵּה. Porém, essa variante não tem confirmação da Vulgata, da Peshitta e do Targum; e a recensão luciânica apoia o texto massorético[335]. No v. 2h, o uso de וַיֵּרְדוּ no texto massorético é substituído na recensão luciânica por ἔρχονται, cujo presente histórico pressupõe o hebraico וַיָּבֹאוּ, harmonizando com o v. 4; o Códice Vaticano pressupõe o mesmo verbo, mas no aoristo singular ἦλθεν. O singular, em vez do plural, também é utilizado no Códice Alexandrino e na versão etíope. São tentativas de suavizar aquilo que a princípio envolve dificuldades geográficas sobre o ato de descer a Betel; contudo, o texto massorético recebe apoio da Peshitta, da Vulgata e do Targum[336].

No v. 3b, na expressão אֲשֶׁר־בֵּית־אֵל parece carecer da preposição בְּ; por isso, alguns manuscritos massoréticos (cerca de 20, segundo a BHK) apresentam בְּבֵית no lugar de בֵּית, o que recebe apoio da LXX e de alguns manuscritos da Vulgata e do Targum. Em vez de entender como uma omissão acidental da preposição, haveria aqui um "acusativo de lugar", o qual dispensaria o uso dessa mesma preposição quando em nomes próprios compostos com בֵּית, a exemplo do que se pode ver em 2Sm 2,32; isso seria corroborado pela nota *sebirin* dos massoretas, talvez baseada em antigas tradições exegéticas, pela qual, segundo E. Tov, "tem sido sugerida erroneamente" a variante e por consequência confirmando o texto

---

333. MCKENZIE, S. L., 1 Kings 16–2 Kings 16, l. 6328-6331; MONTGOMERY, J. A., A Critical and Exegetical Commentary on the Books of Kings, p. 356; VALLANÇON, H., Le développement des traditions sur Élie et l'histoire de la formation de la Bible, p. 56-57.

334. GARSIEL, M., From Earth to Heaven, p. 162.

335. MCKENZIE, S. L., 1 Kings 16–2 Kings 16, l. 6329.

336. HOBBS, T. R., 2 Kings, p. 14; MCKENZIE, S. L., 1 Kings 16–2 Kings 16, l. 6332; MONTGOMERY, J. A., A Critical and Exegetical Commentary on the Books of Kings, p. 353-356; OMANSON, R. L.; ELLINGTON, J. E., A Handbook on 1-2 Kings, p. 711. Há uma questão exegética envolvendo o ato de descer a Betel, que será analisada no comentário. Em defesa da variante grega em detrimento do texto massorético, cf. GARSIEL, M., From Earth to Heaven, p. 164; MCKENZIE, S. L., 1 Kings 16–2 Kings 16, l. 6292.

massorético[337]. Nos v. 3b-c, a expressão אֶל־אֱלִישָׁע וַיֹּאמְרוּ אֵלָיו é rearrumada como εἰς συνάντησιν αὐτῶν καὶ εἶπον πρὸς Ελισσαιε ("para encontrá-los, e disse a Eliseu") na recensão luciânica, ao que parece para enfatizar a presença de Elias[338]. No v. 3c, a recensão luciânica acrescenta οἱ υἱοὶ τῶν προφητῶν, "os filhos dos profetas", uma típica expansão dessa recensão[339]; entretanto, aqui poderia ser influência por proximidade da mesma expressão no v. 3a. Nos v. 3h.5e, a Vulgata e o Targum omitem o correspondente a מֵעַל רֹאשֶׁךָ, o que poderia ser uma opção estilística, pois a mesma expressão está confirmada na LXX e na Peshitta.

Nos v. 4a-b, três manuscritos massoréticos omitem אֱלִישָׁע, aparentemente por influência do v. 6 (onde a Peshitta prefere seguir o caminho inverso, inserindo nesse versículo o nome de Eliseu, com exceção do manuscrito 9a1); e a recensão luciânica, o Códice Vaticano, a Peshitta e a Vulgata omitem לוֹ e colocam o equivalente a πρός após o nome de Elias, o que sugere a leitura אֶל־אֱלִישָׁע (אֵלִיָּהוּ) por parte da BHK. Haveria uma possível influência do v. 5; ou essas variantes evidenciaram uma não compreensão do vocativo. De qualquer forma, o texto massorético é confirmado pelos manuscritos hebraicos e pelo Targum[340].

No v. 7a há uma omissão de הָלְכוּ no Códice Vaticano (e no Alexandrino, segundo a BHK). Ao que parece, esses códices entenderam que havia uma repetição desnecessária do v. 5 (ali os filhos dos profetas já estão presentes). Mas o texto massorético é confirmado pela recensão luciânica, pela Vulgata, pela Peshitta e pelo Targum[341]. No v. 7c, a Peshitta insere ao fim o equivalente hebraico de שָׂפַת, seja por influência do v. 13, seja para tornar mais explícita a localização[342].

---

337. BURNEY, C. F., Notes on the Hebrew Text of the Books of Kings with an Introduction and Appendix, p. 264; HOBBS, T. R., 2 Kings, p. 20; MCKENZIE, S. L., 1 Kings 16–2 Kings 16, l. 6336; TOV, E., Crítica Textual da Bíblia Hebraica, p. 60. E. F. Francisco, citando uma antiga obra, define que essa nota massorética apontaria a variante alternativa como "opinião incorreta, imaginação, suposição, ilusão" (FRANCISCO, E. F., Manual da Bíblia Hebraica, p. 199).

338. MCKENZIE, S. L., 1 Kings 16–2 Kings 16, l. 6337.

339. HOBBS, T. R., 2 Kings, p. 15.

340. MONTGOMERY, J. A., A Critical and Exegetical Commentary on the Books of Kings, p. 356. Para opinião contrária ao texto massorético, MCKENZIE, S. L., 1 Kings 16–2 Kings 16, l. 6344. No v. 4c, parece que o Tetragrama Sagrado foi trocado por אֱלֹהִים no manuscrito 4Q382, reputado como uma "paráfrase" ao texto de Reis, mas isso depende de uma reconstituição em decorrência do estado altamente fragmentário do documento (GARCÍA MARTÍNEZ, F.; TIGCHELAAR, E. J. C., The Dead Sea Scrolls Study Edition, p. 764-765).

341. MCKENZIE, S. L., 1 Kings 16–2 Kings 16, l. 6345; MONTGOMERY, J. A., A Critical and Exegetical Commentary on the Books of Kings, p. 356. Enquanto no texto massorético enfatiza-se a mudança dos filhos dos profetas para um ponto de observação, o texto grego evita esse movimento, por ser suficiente informar que permaneceram em Jericó (VALLANÇON, H., Le développement des traditions sur Élie et l'histoire de la formation de la Bible, p. 65).

342. BEAL, L. M. W., 1 & 2 Kings, p. 300.

No v. 8c, a recensão luciânica acrescenta ἐν αὐτῇ ("com ele")[343], para explicitar o manto como o instrumento usado para partir as águas; a Peshitta acrescenta "do Jordão", para enfatizar de onde procedem as águas partidas. Entretanto, nem uma nem outra tem apoio, seja de outros manuscritos hebraicos, seja da LXX, da Vulgata ou do Targum. No v. 8e, a LXX oferece a leitura ἔρημος, a qual não é utilizada para traduzir o termo חָרָבָה, "terra seca", a não ser em Ez 30,12. É possível que haja aqui uma opção meramente estilística, ou uma possível confusão com o termo homógrafo חׇרְבָּה, pois a recensão luciânica usa ξηράς, expressão equivalente a חָרָבָה no hebraico[344].

No v. 9a, alguns manuscritos massoréticos (18, segundo a BHK) colocam a conjunção בְּ em vez de כְּ junto a עָבְרָם. De fato, encontra-se ἐν τῷ διαβῆναι na LXX, exceto na recensão luciânica, o qual seria apoiado por alguns manuscritos do Targum; entretanto, uma vez que essa variante não tem apoio na maioria dos manuscritos hebraicos e do Targum, nem da Vulgata e da Peshitta, poderia ser uma variação estilística similar ao que ocorre em 2Rs 3,5 – onde se encontra כְּמוֹ, quando também poderia se esperar בְּ[345]. No v. 9c alguns manuscritos massoréticos, junto com a leitura original do Códice Vaticano, omitem שְׁאַל, o que para L. Beal faria mais sentido; entretanto, o próprio pondera que essa omissão diminui o senso de imediatismo do ato de Elias ser tomado – ou seja, Eliseu precisa pedir "agora mesmo". Como argumentação complementar, tal omissão não encontra apoio da recensão luciânica, nem da Vulgata, da Peshitta ou do Targum[346].

No v. 9g, a LXX e a Peshitta omitem a cópula na expressão וִיהִי־נָא, o que corresponderia à supressão do correspondente ao termo hebraico נָא. É provável que se objetive fortalecer a imediatez do pedido; mas isso enfraquece a força da polidez dele, a qual já se encontra igualmente nos v. 2.4.6.16.19 de 2Rs 2. Além disso, não encontra apoio nos diversos manuscritos hebraicos, nem na Vulgata nem no Targum. Essa omissão de cópula ocorre mais uma vez relacionada ao verbo הָיָה no v. 10d, com a supressão do correspondente ao termo hebraico לְךָ na recensão luciânica. Isso daria o correspondente à expressão hebraica וַיְהִי־כֵן, que teria sido reproduzida por opções homiléticas ou hermenêuticas a partir de Gn 1,7.9.11.15.24.30[347]. No v. 10e, a recensão luciânica apresenta um texto mais longo, ἐὰν δὲ μή ἴδῃς, "se não veres". Essa variante encontra apoio da Vulgata e, segundo

---

343. MCKENZIE, S. L., 1 Kings 16–2 Kings 16, l. 6351.

344. HOBBS, T. R., 2 Kings, p. 15.

345. HOBBS, T. R., 2 Kings, p. 15; MONTGOMERY, J. A., A Critical and Exegetical Commentary on the Books of Kings, p. 356.

346. BEAL, L. M. W., 1 & 2 Kings, p. 300; MCKENZIE, S. L., 1 Kings 16–2 Kings 16, l. 6352.

347. BEAL, L. M. W., 1 & 2 Kings, p. 300; MCKENZIE, S. L., 1 Kings 16–2 Kings 16, l. 6355.

S. L. McKenzie, é preferível por proporcionar um maior balanço com a condicional do ato de ver[348]. Apesar de mais curta, a expressão no texto massorético tem balanço na métrica; além do mais, a variante não encontra apoio dos manuscritos hebraicos, nem do Códice Vaticano, da Peshitta ou do Targum.

No v. 11d, o Códice Vaticano utiliza o verbo correspondente à raiz hebraica פרד no singular, compreendendo סוס como um coletivo (pelo que utiliza também este no singular). No v. 11e, tanto o Códice Vaticano quanto a recensão luciânica trazem ἀνελήμφθη para traduzir וַיַּעַל, o que corresponderia mais à raiz לקח, em conformidade com o uso desta no v. 10. É uma opção de interpretação exegética pela ascensão de Elias, representada no verbo ἀναλαμβάνω ("ascender"), num sentido religioso[349]. Essas variantes não encontram apoio nos manuscritos hebraicos, nem na Vulgata, na Peshitta ou no Targum.

No v. 12b, a Peshitta oferece uma leitura substituindo o correspondente de וְהוּא por וְהִנֵּה. Já os Códices Vaticano e Alexandrino omitem וְהוּא[350]. Com relação à Peshitta, é possível que tenha havido uma confusão envolvendo as letras ו e נ, e a troca de א por ה; com relação aos códices gregos, pode ter ocorrido uma omissão acidental, em decorrência da similaridade entre וְהוּא e רָאָה (especialmente supondo que em cópias mais antigas este último fosse grafado רוֹאֶה). De qualquer forma, a recensão luciânica confirma o texto massorético, bem como a Vulgata e o Targum. No v. 12c há o uso do singular correspondente a וּפָרָשָׁיו na LXX, com possível confirmação pela Vulgata segundo o aparato da BHS, em específico pelo termo *auriga*, segundo J. Montgomery. Mas não há confirmação disso nos diversos manuscritos hebraicos, nem na Peshitta ou no Targum[351].

No v. 13a, o vocábulo וַיָּרֶם é compreendido pela recensão luciânica como ἀνείλατο, "enrolou", para harmonizar com o v. 8; o Códice Vaticano seguiu mais

---

348. MCKENZIE, S. L., 1 Kings 16–2 Kings 16, l. 6358.

349. HOBBS, T. R., 2 Kings, p. 15; MCKENZIE, S. L., 1 Kings 16–2 Kings 16, l. 6361-6362. Essa opção exegética reflete-se posteriormente na maneira como Lc 9,51 faz uma alusão direcionada a uma única fonte identificável: o episódio narrado aqui, em 2Rs 2,1-18, em que a "complexa ideia" de tomar alguém aos céus é sintetizada pela palavra ἀνάλημψις (GONZAGA, W.; BELEM, D. F., O uso retórico de Elias em Lc 9,51-55, p. 223-224). Sobre o impacto dessa opção na interpretação e na tradução em línguas modernas, cf. FOX, E., The Translation of Elijah, p. 156-157; VERHEIJ, A. J. C., "The Translation of Elijah", p. 171-172.

350. HOBBS, T. R., 2 Kings, p. 15.

351. MONTGOMERY, J. A., A Critical and Exegetical Commentary on the Books of Kings, p. 356. Essa questão parece envolver mais tradução do que propriamente crítica textual. Cf. seção 2.1. Lucifer de Cagliari omite o correspondente a וּפָרָשָׁיו – pelo que o possível *Vorlage* hebraico igualmente omitiria (RICHELLE, M., Élie et Elisée, Auriges en Israel, p. 327-331). Outros manuscritos da Antiga Latina acrescentam "cui me dereliquisit". Não obstante, no texto grego tudo se passa como se uma carruagem estivesse atrelada a um único cavalo, na qual Elias monta e se separa de Eliseu. No texto massorético, uma cavalaria é atrelada a vários cavalos montados por vários cavaleiros, passando entre Elias e Eliseu separando-os (VALLANÇON, H., Le développement des traditions sur Élie et l'histoire de la formation de la Bible, p. 69).

de perto o texto massorético ao utilizar ὑψόω, e segundo S. L. McKenzie a troca de verbos teria sido ocasionada pela aparente interpolação dos v. 13c-14b (o aparato da BHK considera interpolação apenas os v. 14a-b), com sua repetição da afirmação de que o manto teria caído de Elias[352]. No v. 13b, conforme L. M. W. Beal, o texto massorético afirma que o manto caiu claramente de Elias para ressaltar a continuidade do poder profético, enquanto na LXX o manto cai sobre Eliseu, enfatizando a transferência de poder. Haveria ainda, de acordo com T. R. Hobbs, uma questão exegética envolvida, ao antecipar o comentário dos filhos dos profetas no v. 15[353].

No v. 14c, a recensão luciânica (com apoio de alguns manuscritos da Vulgata) acrescenta καὶ οὐ διῃρέθη, "e não se dividiram", com o propósito de justificar a necessidade de golpear as águas uma segunda vez no v. 14f (pelo que aqui também acrescenta καὶ διῃρέθη καὶ ἐπάταξεν Ελισσαιε τὰ ὕδατα ἐκ δευτέρου, uma leitura duplicada), pela falha de Eliseu na primeira tentativa – e assim coloca dúvidas acerca da posição alcançada por Eliseu em relação a Elias; e no v. 14d acrescenta Ελισσαιε, a fim de especificar quem está falando[354]. No v. 14h, a recensão luciânica ainda acrescenta δια ξηρας, "por terra seca", para conformar com o v. 8[355]. No v. 14e há a omissão do correspondente ao Tetragrama Sagrado na leitura original da LXX (mantida, porém, na recensão de Orígenes) e na Vulgata; entretanto, os maiores debates relacionam-se ao uso de αφφω na LXX, correspondendo a אַף־הוּא no texto massorético. Se existe uma questão de tradução e interpretação envolvida nessa expressão hebraica[356], desde o aparato da BHK e da BHS propõe-se como conjectura a expressão אֵפוֹא הוּא, como forma de fortalecer a interrogação, a exemplo do que se encontra em Jz 9,38[357]. Mas essa conjectura torna-se desnecessária, uma vez que a expressão tem precedente em Pv 22,19 (onde há אַף־אָתָּה); e, portanto, não há necessidade de duvidar da autenticidade de אַף־הוּא [358].

---

352. MCKENZIE, S. L., 1 Kings 16–2 Kings 16, l. 6368-6370; MURAOKA, T., ὑψόω, p. 709.

353. BEAL, L. M. W., 1 & 2 Kings, p. 300; HOBBS, T. R., 2 Kings, p. 15.

354. BEAL, L. M. W., 1 & 2 Kings, p. 300; COGAN, M.; TADMOR, H., II Kings, p. 32-33; MCKENZIE, S. L., 1 Kings 16–2 Kings 16, l. 6373-6380; TREBOLLE BARRERA, J. C., Centena in libros Samuelis et Regum, p. 162.

355. HOBBS, T. R., 2 Kings, p. 15.

356. Cf. observação na seção 2.1.

357. COGAN, M.; TADMOR, H., II Kings, p. 33; KEIL, C. F.; DELITZSCH, F., The Books of Kings, 1 and 2 Chronicles, p. 210; MONTGOMERY, J. A., A Critical and Exegetical Commentary on the Books of Kings, p. 356-357.

358. LANGE, J. P. et al., A Commentary on the Holy Scriptures, p. 16; OMANSON, R. L.; ELLINGTON, J. E., A Handbook on 1-2 Kings, p. 721. Com opinião diferente, cf. TREBOLLE BARRERA, J. C., Centena in libros Samuelis et Regum, p. 163. T. Tekoniemi faz uma extensa crítica textual dessa expressão: contrariando a pontuação massorética, confirma que a expressão אַף־הוּא pode ser incluída no v. 14e, e não no 14f; haveria

No v. 15a, três manuscritos hebraicos omitem o sufixo no vocábulo וַיִּרְאֻהוּ, omissão seguida pela Peshitta. A recensão luciânica igualmente o omite e reformula todo o v. 15a-b desta forma: καὶ εἶδον οἱ υἱοὶ τῶν προφητῶν οἱ ἐν Ιεριχω ἐξ ἐναντίας ἀναστρέφοντα αὐτὸν – "e viram os filhos dos profetas, que estavam em Jericó a distância, ele voltando"[359]. Esse texto parece procurar contornar uma dificuldade identificada por alguns comentaristas na menção a Jericó, que seria entendida como acréscimo para identificar esses profetas com os mencionados no v. 5. Embora o aparato crítico da BHK defenda a supressão de אֲשֶׁר־בִּירִיחוֹ, não há motivos suficientes para descartar como original: o texto massorético tem o apoio do códice Vaticano, da Vulgata e do Targum[360].

No v. 16f, o *qerê* propõe no lugar de הַגֵּיאָיוֹת a leitura הַגֵּאָיוֹת. A forma do *ketiv* é incomum, e o *qerê* pode ter sido influenciado pelo uso em Ez 6,3; 7,16; 31,12 – uma forma mais tardia em que entre o א e o י há uma transposição[361]. A recensão luciânica reflete הַגְּבָעוֹת, uma variante aural, enquanto o Códice Vaticano é expansivo: "no Jordão, ou em uma das montanhas ou em um dos montes"[362]. O texto massorético aqui possui atestação da Vulgata, da Peshitta e do Targum.

No v. 17f, dois manuscritos hebraicos, junto com a recensão luciânica e a Vulgata, omitem o sufixo de מְצָאֻהוּ. O Códice Vaticano, a Peshitta e o Targum confirmam o texto massorético. O Códice Vaticano omite o v. 18a por haplografia, em razão da dupla ocorrência de αὐτόν aqui e no v. 17f[363].

No v. 19b, após הָעִיר a recensão luciânica, a versão etíope e a Vulgata acrescentam הַזֹּאת; o objetivo seria enfatizar que a cidade de fato é Jericó, mencionada no v. 18[364]. No v. 19c, a recensão luciânica acrescenta "tu" a "meu senhor", para enfatizar a deferência para com Eliseu (no sentido oposto, um manuscrito latino

---

ainda a possibilidade de אַף־הוּא ser uma glosa explicativa, mas inclina-se a emendar por אֵפוֹא, pois encontra precedente em 2Rs 10,10 pela LXX. Além disso, reconhece que os acréscimos no texto grego seriam "midráshicos"; porém opta por compreender que o texto grego reflita a possível *Vorlage* do texto hebraico, e consequentemente o texto massorético emendado: a leitura grega colocaria em dúvida se de fato Eliseu lograria êxito em obter a porção dobrada requerida antes, pelo que o texto massorético fez emendas para tornar Eliseu mais poderoso (TEKONIEMI, T., Enhancing the Depiction of a Prophet, p. 79-82).

359. MCKENZIE, S. L., 1 Kings 16–2 Kings 16, l. 6381; MONTGOMERY, J. A., A Critical and Exegetical Commentary on the Books of Kings, p. 357.

360. OMANSON, R. L.; ELLINGTON, J. E., A Handbook on 1-2 Kings, p. 722.

361. GESENIUS, F. W.; KAUTZSCH, E.; COWLEY, A. E., Gesenius' Hebrew Gramar, p. 268-269; KEIL, C. F.; DELITZSCH, F., The Books of Kings, 1 and 2 Chronicles, p. 211.

362. MCKENZIE, S. L., 1 Kings 16–2 Kings 16, l. 6389.

363. MCKENZIE, S. L., 1 Kings 16–2 Kings 16, l. 6392.

364. BELEM, D. F., Da Palavra sai vida e morte, p. 41; MCKENZIE, S. L., 1 Kings 16–2 Kings 16, l. 6393; MONTGOMERY, J. A., A Critical and Exegetical Commentary on the Books of Kings, p. 356-357.

omite "senhor")³⁶⁵. No v. 19e, a recensão luciânica omite o correspondente ao termo hebraico אֶרֶץ, fazendo com que o termo utilizado nessa recensão, ἀτεκνοῦντα, o qual está no neutro, concorde com τὰ ὕδατα, que está igualmente no neutro³⁶⁶. Portanto, a recensão luciânica afirmaria que não a terra, mas as águas são abortivas, o que equivaleria a ter o correspondente hebraico וּמְשַׁכָּלִים – o qual, segundo tanto o aparato da BHS quanto o da BHK, seria uma leitura preferível à do texto massorético. Parece, entretanto, que essa recensão encontra dificuldades em associar a esterilidade ou o caráter abortivo à terra e preferiu então associar com as águas; ou ainda manter o foco na fonte de Jericó. Porém, essa variante não encontra apoio em nenhum manuscrito hebraico, nem na Vulgata, na Peshitta ou no Targum³⁶⁷. São exemplos que servem para salientar o caráter interpretativo dessas adições, sem necessariamente pressupor um "texto original diferente", nas palavras de T. R. Hobbs³⁶⁸.

No v. 21f, o aparato crítico da BHS mostra que mais de 20 manuscritos (segundo a BHK, cerca de 60) apresentam a leitura וְלֹא em vez de לֹא do texto massorético. Essa leitura é corroborada por alguns códices minúsculos da LXX (a BHK acrescenta a recensão luciânica), pela Peshitta, pelo Targum³⁶⁹ e por alguns manuscritos da Vulgata. Há, portanto, um peso considerável do número de manuscritos hebraicos em apoio a essa leitura alternativa, além das principais versões. Entende-se, porém, que pela introdução do ו obtém-se uma oração subordinada, consequência direta da cura das águas, para fins de ênfase; já a leitura sem o ו coloca as frases como coordenadas, equiparando-as: mais do que consequência, não haver mais morte é a cura³⁷⁰.

No v. 22a, o aparato crítico da BHS nos diz que poucos manuscritos têm a leitura וַיֵּרָפְאוּ no lugar de וַיֵּרָפוּ, a qual pressupõe outra raiz – רפה, que significa "enfraquecer, diminuir"³⁷¹. Uma vez que se usa no versículo anterior o verbo רָפָא, este deveria aparecer aqui também; por isso, a LXX entenderia ambas as formas

---

365. MCKENZIE, S. L., 1 Kings 16–2 Kings 16, l. 6393.

366. MURAOKA, T., ἀτεκνόω, p. 100.

367. BELEM, D. F., Da Palavra sai vida e morte, p. 48-49; cf. tb. BEAL, L. M. W., 1 & 2 Kings, p. 301; HOBBS, T. R., 2 Kings, p. 23; MCKENZIE, S. L., 1 Kings 16–2 Kings 16, l. 6394.

368. HOBBS, T. R., 2 Kings, p. 15.

369. O aparato crítico da BHS cita em apoio para a leitura as seguintes edições do Targum: "Targum secundum A. Sperber, The Bible in Aramaic, voll. I–III, 1959–1962", ou segundo "P. de Lagarde, Hagiographa Chaldaice, 1873".

370. BELEM, D. F., Da Palavra sai vida e morte, p. 62; MCKENZIE, S. L., 1 Kings 16–2 Kings 16, l. 6403.

371. HOBBS, T. R., 2 Kings, p. 23. Para o significado de רפה, cf. CLINES, D. J. A., רפה, p. 537-538; KOEHLER, L. et al., רפה, p. 1276-1277.

como variantes do verbo רָפָא. Seria, portanto, a forma וַיְרַפֻּ uma variante de רָפָא comportando-se como verbo *lamed he*, conforme atestado em algumas passagens (Jr 3,22; 19,11; 51,9; Ez 47,8; Sl 60,4)[372]. Consequentemente וַיְרַפֻּ é uma *lectio difficilior*, sendo por isso a leitura preferível, refletindo não a raiz רפה, mas רפא, e comprovando o cumprimento da palavra profética do v. 21[373].

No v. 23d, a recensão luciânica potencializa ainda mais a ação dos "rapazes pequenos" ao acrescentar, após o correspondente grego de וַיִּתְקַלְּסוּ, a expressão και ελιθαζον αυτον ("e o apedrejaram"), fato curioso, uma vez que esse acréscimo corresponde à raiz hebraica סקל, "apedrejar"[374]. Isso dá um interessante jogo de palavras; S. L. McKenzie propõe como possível leitura original ויסקלוהו, a qual teria sido omitida no texto massorético e no Códice Vaticano por haplografia[375]. Entretanto, não tem apoio em nenhum outro manuscrito, seja hebraico ou de versões[376], podendo ser mais bem-explicado como resultante de uma duplicação da raiz hebraica, uma refletindo קלס e a outra סקל na mesma passagem[377]. Seria, portanto, um erro escribal envolvendo metátese, ou ainda uma influência da história de Semei em 2Sm 16,5-7, o qual atirava pedras conforme amaldiçoava Davi. Nesta última hipótese, serviria para reforçar o aspecto reprovável do comportamento dos "rapazes pequenos", um "embelezamento o qual procura explicar a violenta explosão de raiva do profeta contra as crianças"[378]. No v. 23g omite-se φαλακρέ (correspondente a קֵרֵחַ no hebraico) no Códice Vaticano, embora presente na recensão luciânica e de Orígenes com asterisco[379]. Segundo J. A. Montgomery, um manuscrito hebraico omite todo o v. 23g[380]. Entretanto, há ampla atestação do texto massorético nos diversos manuscritos hebraicos, bem como apoio da Vulgata, da Peshitta e do Targum.

---

372. HOBBS, T. R., 2 Kings, p. 24. Ainda na mesma página encontramos uma nota contrária a essa argumentação, baseando-se em SPERBER, D., Weak Waters, p. 114-116. Entretanto, vários dicionários demonstram que de fato וַיְרַפֻּ é apenas uma variante de וַיְרַפְּאוּ: BROWN, F.; DRIVER, S. R.; BRIGGS, C. A., רָפָא, p. 950; CLINES, D. J. A., רפא, p. 535; KOEHLER, L. *et al.*, I רפא, p. 1273; cf. tb. GESENIUS, F. W.; KAUTZSCH, E.; COWLEY, A. E., Gesenius' Hebrew Gramar, p. 216.

373. BELEM, D. F., Da Palavra sai vida e morte, p. 63-64.

374. MONTGOMERY, J. A., A Critical and Exegetical Commentary on the Books of Kings, p. 357.

375. MCKENZIE, S. L., 1 Kings 16–2 Kings 16, l. 6413.

376. A não ser em manuscritos da Antiga Latina; cf. MONTGOMERY, J. A., Critical and Exegetical Commentary on the Books of Kings, p. 357.

377. WEST, J., Beware the Angry Prophet, p. 6.

378. BELEM, D. F., Da Palavra sai vida e morte, p. 76; COGAN, M.; TADMOR, H., II Kings, p. 38; MARCUS, D., From Balaam to Jonah, p. 57; PARKER, J. F., Valuable and Vulnerable, p. 94.

379. MCKENZIE, S. L., 1 Kings 16–2 Kings 16, l. 6417.

380. MONTGOMERY, J. A., A Critical and Exegetical Commentary on the Books of Kings, p. 357.

No v. 24b, a BHK mostra que tanto o Códice Alexandrino quanto o Vaticano trazem o correspondente grego de אַחֲרֵיהֶם no lugar de אַחֲרָיו do texto massorético. Seria uma correção desnecessária, pois é óbvio que o sufixo no singular refere-se ao próprio Eliseu. Esses códices desconsideram que os rapazes teriam se posicionado de modo furtivo atrás de Eliseu, fazendo com que este precisasse olhar para trás de si[381]; e, ao utilizar o sufixo no plural, enfatizariam os rapazes, organizados deliberadamente como grupo[382]. No v. 24c, o Códice Alexandrino acrescenta, depois do correspondente grego de יהוה, a expressão και ειπεν τεκνα παραβασεως και αργιας ("e disse: filhos da transgressão e do ócio") com o propósito de dar mais vivacidade à narrativa e justificar por completo a atitude do profeta. No v. 24d, o Códice Vaticano acrescenta ἰδοὺ, concedendo maior dramaticidade à narrativa[383]. Nenhuma dessas variantes conta com o apoio de qualquer manuscrito hebraico, nem da Vulgata, da Peshitta ou do Targum.

## 2.3. Crítica literária e redacional

A partir de 2Rs 2,1 encontra-se um novo contexto literário, o qual pode ser destacado daquele exposto em 2Rs 1 primeiramente pelo aspecto temporal: em 2Rs 1,17-18 há um término de contexto com a notícia da morte do Rei Ocozias; e em 2Rs 2,1 há uma indicação temporal de um novo evento, por ocasião da transladação do Profeta Elias aos céus, numa espécie de "sumário proléptico"[384].

Além da ruptura temporal entre 2Rs 1,17-18 e 2Rs 2,1, há de se analisar a mudança de personagens envolvidos. Em 2Rs 1,1-18, há o embate entre o Profeta Elias e o Rei Ocozias (protagonista e antagonista), além de personagens secundários – os mensageiros do rei, o mensageiro de YHWH e os capitães de cinquenta com seus cinquenta. Com exceção de Elias, todos esses personagens estão ausentes em 2Rs 2,1-25 e são substituídos por outros que entram em cena: o Profeta Eliseu, os filhos dos profetas, os "homens da cidade" e os "rapazes pequenos". Portanto, com relação aos personagens, pode-se destacar o contexto de 2Rs 2,1-25 daquele exposto em 2Rs 1,1-18.

O contexto de 2Rs 2,1-25, para ser destacado daquele exposto em 2Rs 3,1-27, não conta com informações temporais explícitas, mas leva em consideração a nova mudança de personagens: em relação a 2Rs 2,1-25, permanece apenas Eli-

---

381. BUTLER, J. G., Elisha, p. 75.

382. BELEM, D. F., Da Palavra sai vida e morte, p. 81.

383. BELEM, D. F., Da Palavra sai vida e morte, p. 84; HOBBS, T. R., 2 Kings, p. 15; MCKENZIE, S. L., 1 Kings 16–2 Kings 16, l. 6418.

384. WEINGART, K., My Father, My Father!, p. 260.

seu, e entram em cena quatro reis: o Rei Josafá de Judá, o Rei Jorão de Israel, o Rei Mesa de Moab e o rei anônimo de Edom. São ainda descritos como personagens secundários os moabitas e os israelitas, pois há uma guerra travada entre Moab e Israel, sendo este auxiliado justamente pelos reis de Judá e de Edom. Há ainda a menção do primogênito do rei de Moab, o qual é sacrificado ao fim da narrativa. Deve-se salientar ainda que essa menção de reis não ocorria desde 2Rs 1,1-18, pelo que 2Rs 2,1-25 destaca-se tanto de 2Rs 1,1-18 quanto de 2Rs 3,1-27 pela total ausência da menção de reis. O contexto de 2Rs 2,1-25 fica ainda delimitado em relação àquele exposto em 2Rs 3,1-27 por uma questão geográfica: em 2Rs 2,25, há uma informação de "partida", ao mencionar Eliseu deixando Betel, lugar do evento relatado em 2Rs 2,23-24, e partindo para o Monte Carmelo e para Samaria, enquanto 2Rs 3,1-27 gira em torno do "caminho de Edom"[385].

Se é possível destacar o contexto de 2Rs 2,1-25 daquele exposto tanto em 2Rs 1,1-18 como em 2Rs 3,1-27, quanto à sua unidade interna, em 2Rs 2,1-18 consta uma narrativa em torno de Elias e Eliseu e que conta com os filhos dos profetas como personagens secundários. A partir de 2Rs 2,19 permanece apenas Eliseu, não encontrando-se mais Elias nem os filhos dos profetas, entrando em cena os "homens da cidade". Em 2Rs 2,23, há nova mudança de personagens: se Eliseu continua sendo protagonista, os "homens da cidade" são agora substituídos pelos "rapazes pequenos".

Portanto, à primeira vista são três contextos distintos, e como tais são trabalhados em separado por alguns comentaristas[386]. Entretanto, outros preferem salientar a unidade intrínseca existente dentro de 2Rs 2,1-25[387]. Segundo G. Hens-Piazza, são três histórias separadas (v. 1-18.19-22.23-25), mas trabalhando juntas, narrando a transição que traz um fim à carreira de Elias e legitima seu sucessor, Eliseu[388]. Em 2Rs 2,18, não há um movimento de partida, indicando

---

385. Uma exceção encontra-se em P. R. House, o qual defende o conjunto de 2Rs 2,1–3,27 como uma unidade em torno da questão da sucessão profética (HOUSE, P. R., 1, 2 Kings, p. 256).

386. COGAN, M.; TADMOR, H., II Kings, p. 30-39; FRITZ, V., A Continental Commentary, p. 233-240; HALE, T., 2 Kings, p. 655-657; MARTIN, C. G., 1 and 2 Kings, p. 419-421. Mesmo ao considerar-se 2,19-25 como uma unidade, alguns autores preferem separar do contexto de 2Rs 2,1-18: OMANSON, R. L.; ELLINGTON, J. E., A Handbook on 1-2 Kings, p. 708-733; RUSHDOONY, R. J., Chariots of Prophetic Fire, p. 77-87; TOMES, R., 1 and 2 Kings, p. 265-266; WINTER, J., Face2Face with Elisha, p. 14-29. Acerca da unidade intrínseca interna de 2Rs 2,19-25, cf. análise detalhada em BELEM, D. F., Da Palavra sai vida e morte, p. 24-29.

387. BEAL, L. M. W., 1 & 2 Kings, p. 299-308; BRUEGGEMANN, W., 1 & 2 Kings, p. 293-304; EVERETT, G. H., The Books of 1 and 2 Kings, p. 95-99; FRETHEIM, T. E., First and Second Kings, p. 135-141; HOBBS, T. R., 2 Kings, p. 13-28; LANGE, J. P. et al., A Commentary on the Holy Scriptures, p. 10-29; LONG, B. O., 2 Kings, p. 19-32; NELSON, R. D., First and Second Kings, p. 157-163; PROVAN, I. W., 1 & 2 Kings, p. 172-174; SWEENEY, M. A., I & II Kings, p. 271-275.

388. HENS-PIAZZA, G., 1-2 Kings, p. 232.

uma conclusão de narrativa que evidencie uma ruptura com 2Rs 2,19. Na expressão "os homens da cidade" de 2Rs 2,19, ficaria implícito pelo contexto que a cidade em questão é Jericó[389], a mesma mencionada explicitamente em 2Rs 2,18: o uso do artigo definido "requer que o leitor supra com o nome do último lugar mencionado"[390].

Pressupondo, portanto, que há uma continuidade pela mesma menção de Jericó em 2Rs 2,18-19, há uma unidade intrínseca em 2Rs 2,1-25 mediante uma disposição geográfica quiástica: Betel (v. 2), Jericó (v. 4) e o Rio Jordão (v. 6), com a presença tanto de Elias quanto de Eliseu, voltam a ser mencionados em ordem inversa, agora somente com a presença de Eliseu – Rio Jordão (v. 13), Jericó (v. 19) e Betel (v. 23)[391]. Essa unidade traz uma "mensagem primária" proclamada: mesmo em face de grandes transições perturbadoras no Reino de Deus, YHWH providencia liderança adequada para seu povo (v. 1-18) e os confronta com a possibilidade de usufruir sua graça (v. 19-22) ou enfrentar seu julgamento (v. 23-25)[392]. O tema unificador de 2Rs 2,1-25 é a sucessão profética, de Elias para Eliseu, e como ela ocorre: nos v. 1-6 Eliseu busca essa sucessão, nos v. 7-18 ocorre o fato da sucessão, e finalmente, por meio dos dois atos portentosos nos v. 19-25, essa sucessão é confirmada[393]. B. O. Long levanta a hipótese de haver nos v. 19-22.23-25, não obstante a *petucha* posta ao fim dos v. 19.25, dois textos que "foram costurados ao longo do tempo por um ou mais redatores"[394]. Pode-se concluir com B. P. Irwin: "enquanto alguns têm observado as várias seções como procedentes de tradições distintas, a forma final do capítulo mostra claros sinais de unidade literária"[395]. Nesta observação de B. P. Irwin, da mesma forma conclui-se que essa coesão literária não apresenta uma unidade redacional. A identificação de três histórias aparentemente independentes nos

---

389. HOBBS, T. R., 2 Kings, p. 23. Como declara C. G. Martin, "se o incidente segue imediatamente a 2,18 a cidade (19) é Jericó" (MARTIN, C. G., 1 and 2 Kings, p. 421). Cf. ainda CHAMPLIN, R. N., II Reis, I Crônicas, II Crônicas, Esdras, Neemias, Ester, Jó, p. 1475; COHN, R. L., 2 Kings, p. 16; DAVIS, D. R., 2 Kings, p. 35; HOUSE, P. R., 1, 2 Kings, p. 260; OMANSON, R. L.; ELLINGTON, J. E., A Handbook on 1-2 Kings, p. 727; PROVAN, I. W., 1 & 2 Kings, p. 174.

390. GILMOUR, R., Juxtaposition and the Elisha Cycle, p. 97. Cf. tb. BELEM, D. F., Da Palavra sai vida e morte, p. 41.

391. COHN, R. L., 2 Kings, p. 17; DAVIS, D. R., The Kingdom of God in Transition, p. 386; LEITHART, P. J., 1 & 2 Kings, p. 175-176; LONG, B. O., 2 Kings, p. 20-21; NELSON, R. D., First and Second Kings, p. 157-158.

392. DAVIS, D. R., The Kingdom of God in Transition, p. 393-394; cf. tb. DAVIS, D. R., 2 Kings, p. 27-40.

393. BELEM, D. F., Da Palavra sai vida e morte, p. 101; FOKKELMAN, J., Reading Biblical Narrative, p. 192. Cf. ainda MCKENZIE, S. L., 1 Kings 16–2 Kings 16, l. 6597; NELSON, R. D., First and Second Kings, p. 158-159.

394. LONG, B. O., 2 Kings, p. 20.

395. IRWIN, B. P., The Curious Incident of the Boys and the Bears, p. 29. Cf. tb. BELEM, D. F., Da Palavra sai vida e morte, p. 27.

v. 1-18.19-22.23-25, provenientes de "tradições heterogêneas", seria um primeiro indício acerca dessa questão[396].

Para alguns, as histórias de Eliseu têm a marca de serem inserções pós-deuteronomistas[397]. Entretanto, as histórias de Eliseu, segundo A. Rofé, começaram a ser colecionadas ainda durante a dinastia de Jeú[398], com o fim de legitimar essa dinastia em sua substituição da dinastia anterior de Amri e em decorrência do prestígio de Eliseu junto ao Rei Joás – depreendido de 2Rs 13,20-21. Haveria então um "patrocínio real" aos "filhos dos profetas", os quais desapareceram ainda no século VIII a.C., dando lugar aos "profetas escritores"[399]. Dessa forma, por um lado, existiria um "núcleo inicial" pré-deuteronomista, elaborado entre os séculos IX e VII a.C.; por outro, muitas das histórias de Eliseu não teriam sido incluídas na obra de Reis até o século V a.C.[400]

Para S. J. de Vries, os v. 1-18.23-25 pertenceriam a um primeiro estágio de coleção de narrativas em torno do tema da "legitimação", com os v. 23a.25 como notas redacionais. Por sua vez, os v. 19-22 pertenceriam a uma segunda coleção de histórias, embora igualmente em torno do tema da "legitimação", opinião seguida por M. A. O'Brein – que ainda acrescenta ser um consenso acadêmico[401]. Em especial a expressão עַד הַיּוֹם הַזֶּה, a qual aparece somente aqui no v. 22 em todo o ciclo de Elias e de Eliseu, abre a possibilidade sobre uma nota editorial acrescentada pelo narrador ou pelo editor[402].

Para A. Rofé, os v. 1-18 constituem uma das partes mais tardias das narrativas envolvendo Eliseu – não obstante suas histórias começarem a ser colecionadas

---

396. STIPP, H.-J., Elischa-Profeten-Gottesmanner, p. 472-473.

397. JONES, G. H., 1 and 2 Kings, vol. 2, p. 338-339; NA'AMAN, N., Prophetic Stories as Sources for the Histories of Jehosaphat and Omrides, p. 154; OTTO, S., The Composition of the Elijah-Elisha Stories and the Deuteronomistic History, p. 497; VAN SETERS, J., Em busca da História, p. 315-316; WÜRTHWEIN, E., Die Bücher der Könige: 1 Kön. 17-2 Kön. 25, p. 496-503. Para T. Römer, todo ciclo de Eliseu foi acrescentado à História Deuteronomista no período persa, sem diferenciar camadas redacionais para ela (RÖMER, T., A chamada história deuteronomista, p. 153).

398. ROFÉ, A., Storie di profeti, p. 86.

399. LEMAIRE, A., Comment devient-on prophète en Israël au IXe siècle av. n. è?, p. 91, 98. Entretanto, J. Miller sugere que o rei por ocasião da morte de Eliseu seria Joacaz, e não Joás (MILLER, J., The Elisha Cycle and the Accounts of the Omride Wars, p. 442-443). De qualquer forma, mantém-se a ligação entre Eliseu e a dinastia de Jeú.

400. MCKENZIE, S. L., The Trouble with Kings, p. 96. Deve-se salientar, conforme já observado na seção 1.3, que as histórias de Elias teriam começado a ser coletadas ainda no reinado de Jeú, originador da dinastia, mas seriam incorporadas à obra de Reis após as histórias de Eliseu e modeladas segundo essas.

401. HOBBS, T. R., 2 Kings, p. 16; O'BRIEN, M. A., The Portrayal of Prophets in 2 Kings 2, p. 14; DE VRIES, S. J., Prophet Against Prophet, p. 117-121.

402. BARNES, W. H., Cornerstone Biblical Commentary, p. 205; COGAN, M.; TADMOR, H., II Kings, p. 36. Cf. tb. BELEM, D. F., Da Palavra sai vida e morte, p. 26-27.

ainda no reinado de Jeú –, mostrando como os filhos dos profetas conhecem o futuro, sendo como que idealizados e considerados verdadeiros profetas – uma concessão tardia[403]. T. R. Hobbs complementa afirmando que os v. 1-18 constituem o "produto final" no processo de compilação[404].

Se alguns advogam uma unidade redacional pelo menos para os v. 1-18[405], outros mostram como mesmo aqui há tensões narrativas. Segundo V. Fritz, haveria sinal de editoração no v. 11, onde o translado de Elias parece ser referido duplamente, pelo que a sentença no v. 11e seria redacional, pois a princípio a ascensão aos céus seria aludida apenas através da carruagem e dos cavalos de fogo no v. 11c, para o qual o grito de Eliseu no v. 12 faria referência[406]. Com relação aos v. 16-18, segundo S. Otto um editor, talvez oriundo do mesmo círculo responsável por 1Rs 19,1-18, inseriu o episódio da busca infrutífera dos "filhos dos profetas" com o intuito de depreciá-los em comparação com seu mestre, enfatizando assim a veracidade da ascensão de Elias e a transferência da autoridade profética para Eliseu[407]. Há ainda uma tensão nos v. 13-14 pela repetição do v. 13b no v. 14b e do v. 14c no v. 14f, entendida por B. O. Long não tanto como um processo redacional, mas antes como um recurso narrativo para duas tentativas de partir as águas, pelas quais a primeira malograda e a segunda bem-sucedida representam a passagem do "sagrado" para o profano[408].

S. L. McKenzie detalha ainda mais o processo redacional, entendendo que todo o conjunto de 2Rs 2,1-25 é creditado ao "narrador profético" pós-deuteronomista, mas em etapas, a partir das lendas proféticas inicialmente independentes coletadas: uma primeira história seria encontrada nos v. 1b.7b-13a.14b e teria sido suplementada por esse narrador com os v. 1a.2-6.7a.13b.14a.15-18[409]. Uma vez que a lenda original não esclareceria onde a ascensão de Elias ocorrera nem se havia sido testemunhada pelos filhos dos profetas, as "adições" do "narrador profético" procurariam eliminar essa aparente ambiguidade[410]. A seguir, esse nar-

---

403. ROFÉ, A., Storie di profeti, p. 57.

404. HOBBS, T. R., 2 Kings, p. 16-17.

405. GRAY, J., I & II Kings, p. 466; DEL OLMO LETE, G., La Vocación del Líder en el Antiguo Israel, p. 165-178; ROFÉ, A., The Classification of the Prophetical Stories, p. 436.

406. FRITZ, V., A Continental Commentary, p. 235.

407. OTTO, S., The Composition of the Elijah-Elisha Stories and the Deuteronomistic History, p. 507. Cf. tb. GALLING, K., Die Ehrenname Elisas und die Entrückung Elias, p. 141-142; LONG, B. O., 2 Kings, p. 20; WÜRTHWEIN, E., Die Bücher der Könige: 1 Kön. 17-2 Kön. 25, p. 274.

408. LONG, B. O., 2 Kings, p. 28.

409. MCKENZIE, S. L., 1 Kings 16–2 Kings 16, l. 6670-6674.

410. MCKENZIE, S. L., 1 Kings 16–2 Kings 16, l. 6727-6728.

rador pegou mais duas histórias a princípio independentes e revisou-as, atribuindo os milagres a YHWH e usando-as para evidenciar Eliseu como o legítimo sucessor de Elias. A primeira, a qual pode ser encontrada nos v. 19-20.22a, uma etiologia acerca das fontes de Jericó, foi modificada pelo narrador para uma história acerca da eficácia da palavra profética pela adição do v. 21 e do cumprimento no v. 22b-c[411]. A segunda história, nos v. 23b-24, uma lenda acerca do poder de um homem santo originalmente anônimo com a advertência para tratá-lo de maneira respeitosa, foi associada com o "itinerante" Eliseu e suplementada pelo narrador com o v. 23a para associar essa história a Betel, permitindo sua integração em 2Rs 2[412]. Por fim, o narrador "fechou" todas essas três histórias com informações geográficas no v. 25, que permitiriam relacionar a outras histórias de Eliseu: o Monte Carmelo faz menção à morada de Eliseu ali localizada em 2Rs 4,25, e Samaria faria alusão ao exército israelita que sai da cidade em 2Rs 3,11[413].

Sendo a mais atual e mais detalhada, aceita-se esta última hipótese levantada por S. L. McKenzie como a mais plausível: ajuda a compreender 2Rs 2,1-25 como de fato um complexo processo redacional e uma das partes mais tardias do ciclo de Eliseu, efetuada no período persa – a redação dos v. 1-18 seria acrescida posteriormente a uma reelaboração de material com probabilidade de ser mais antigo contido nos v. 19-25.

## 2.4. Crítica da forma

Após averiguar a unidade literária (ainda que não redacional) da perícope de 2Rs 2,1-25, encontram-se os seguintes blocos sintáticos[414]:

- **v. 1a-b:** No v. 1a, o uso de uma oração nominal simples com infinitivo acompanhado de preposição בְּ objetiva conceder um valor temporal, a ocasião em que ocorre o evento que começará a ser narrado justamente com o *wayyiqtol* do v. 1b, numa relação prótase (v. 1a) e apódose (v. 1b)[415]. A questão temporal é enfatizada ainda pela conjugação de infinito + preposição com וַיְהִי [416]. O uso de וַיְהִי no v. 1a é um sinal macrossintático, o qual não modifica a estrutura sintática, com a função de vincular a circunstância

---

411. MCKENZIE, S. L., 1 Kings 16–2 Kings 16, l. 6738-6745. Cf. tb. AUTH, R.; MOREIRA, G. L., Introdução ao estudo das formas literárias do Primeiro Testamento, p. 110-116.

412. MCKENZIE, S. L., 1 Kings 16–2 Kings 16, l. 6748-6754.

413. MCKENZIE, S. L., 1 Kings 16–2 Kings 16, l. 6760-6769.

414. Acerca da nomenclatura e dos critérios, cf. seção 1.4.

415. NICCACCI, A., Sintaxis del Hebreo Bíblico, p. 122.

416. GESENIUS, F. W.; KAUTZSCH, E.; COWLEY, A. E., Gesenius' Hebrew Gramar, p. 347.

temporal do v. 1a com a linha narrativa principal do v. 1b, servindo para interromper a linha narrativa esboçada antes em 2Rs 1,1-18 e estabelecer a introdução de uma nova narrativa[417].

• **v. 2a-c:** O *wayyiqtol* do v. 2a dá continuidade à narrativa e ao mesmo tempo introduz a primeira fala de Elias para Eliseu, que consiste num imperativo volitivo no v. 2b, cuja necessidade é justificada com p-x-*qatal* no v. 2c pelo uso de כִּי. Mediante a partícula נָא no v. 2b, Elias deseja persuadir Eliseu de segui-lo, mais do que "impor" uma ordem[418]. A posição do Tetragrama precedendo o verbo em *qatal* no v. 2c enfatiza de quem Elias está recebendo a ordem expressa, uma ação iminente, cuja realização já necessita estar em progresso[419]. Encontra-se ainda uma aliteração entre as raízes שלח no v. 2c e הלך no v. 1b, mediante a letra ל e as letras ה e ך final por homofonia.

• **v. 2d-h:** O *wayyiqtol* do v. 2d agora inicia a réplica de Eliseu ao requerido por Elias nos v. 2a-c; se Elias utilizou um imperativo seguido pelo p-x-*qatal*, agora Eliseu utiliza dois segmentos em interjeição (חַי como forma adjetivada, e não verbal) nos v. 2e-f com caráter de petição, com um compromisso expressado pelo p-*yiqtol* do v. 2g: essa transição do volitivo para p-*yiqtol* não somente confirma aquele, como também coloca esse último como enfático[420]. Em específico, o uso de אִם no v. 2g tem implícita a ênfase negativa, que introduz promessas confirmadas por um juramento expresso nos v. 2e-f[421]. O uso do *wayyiqtol* no v. 2h tem caráter conclusivo. Estilisticamente, há um crescendo nos v. 2e-h para ressaltar ainda mais a importância desse juramento, incluindo uma assonância com os finais dos v. 2f-g.

• **v. 3a-e:** O *wayyiqtol* do v. 3a dá continuidade à narrativa, agora apresentando os filhos dos profetas em Betel, complementada no v. 3b com uma oração nominal simples com função de comentário[422]. A fala deles com Eliseu é introduzida por outro *wayyiqtol* no v. 3c e começa de fato no v. 3d

---

417. NICCACCI, A., Sintaxis del Hebreo Biblico, p. 56-58.

418. SHULMAN, A., The Particle נָא in Biblical Hebrew Prose, p. 69. Como explicado no Talmud ao analisar Gn 22,2, נָא é compreendido sempre como termo de petição ou súplica (b. Sanhedrin 89B).

419. JOÜON, P.; MURAOKA, T., A Grammar of Biblical Hebrew, p. 380.

420. NICCACCI, A., Sintaxis del Hebreo Biblico, p. 87.

421. BURNEY, C. F., Notes on the Hebrew Text of the Books of Kings with an Introduction and Appendix, p. 12; GESENIUS, F. W.; KAUTZSCH, E.; COWLEY, A. E., Gesenius' Hebrew Grammar, p. 471; JOÜON, P.; MURAOKA, T., A Grammar of Biblical Hebrew, p. 584.

422. NICCACCI, A., Sintaxis del Hebreo Biblico, p. 169. O uso de אֲשֶׁר prescinde da preposição בְּ não somente por questões estilísticas – evitando uma dupla ocorrência da letra ב bem no início do nome בֵּית־אֵל – como também pelo fato de אֲשֶׁר cumprir aqui a função de um genitivo (PAT-EL, N., On Periphrasitc Genitive Constructions in Biblical Hebrew, p. 43-48).

em p-*qatal* mediante uma interrogação (representada pela partícula הֲ). A interrogação aqui é meramente retórica, não uma "pergunta genuína", um recurso estilístico⁴²³. No v. 3e, há outra oração nominal simples com função de comentário; e a presença do particípio precedido da partícula כִּי cria uma subordinação com o segmento anterior⁴²⁴. Há ainda uma assonância envolvendo os fins de cada um dos segmentos nos v. 3b-e, um recurso estilístico para chamar a atenção para a fala dos filhos dos profetas; e uma aliteração, envolvendo as raízes ידע no v. 3d e ירד no v. 2h (pelas letras י e ד).

- **v. 3f-h:** O *wayyiqtol* do v. 3f introduz agora a réplica de Eliseu aos filhos dos profetas em Betel, a qual é iniciada de fato no v. 3g com p-x-*qatal*. Essa réplica continua de forma coordenada, e não subordinada, no v. 3h através de um imperativo. Percebe-se uma espécie de disposição quiástica entre a pergunta dos filhos dos profetas e a resposta de Eliseu, um recurso estilístico: os filhos dos profetas começam com uma curta oração em p-*qatal* no v. 3d e concluem com uma longa oração nominal simples no v. 3e; já Eliseu começa com uma oração não tão longa no v. 3g e termina com um imperativo curto no v. 3h.

- **v. 4a-c:** A disposição sintática deste bloco, o qual constitui a segunda requisição de Elias a Eliseu, é a mesma dos v. 2a-c, com o acréscimo do vocativo do nome de Eliseu no v. 4b. É uma forma de enfatizar aqui, mais do que nos v. 2a-c, a quem Elias está dirigindo sua requisição: Eliseu⁴²⁵. Há ainda uma assonância envolvendo os finais dos v. 4b-c, ausente nos v. 2b-c, como que concedendo um crescimento nas expectativas acerca do que está para ocorrer.

- **v. 4d-h:** A disposição sintática deste bloco, com a réplica de Eliseu à nova requisição de Elias, é a mesma dos v. 2d-g; entretanto, há a supressão do nome de Eliseu como sujeito especificado no v. 4d, o qual aparecera no v. 2d. Como ali foi enfatizado Eliseu respondendo a Elias, há essa supressão aqui no v. 4d, a qual cria ainda, em termos estilísticos, um balanceamento para "compensar" o acréscimo do mesmo nome como vocativo no v. 4b. Se a especificação do nome de Eliseu no v. 2d concedeu a certeza de quem está respondendo, a ausência no v. 4d enfatiza estilisticamente a imediatez da persistência de Eliseu, o qual não precisa nem sequer de nomeação.

---

423. JOÜON, P.; MURAOKA, T., A Grammar of Biblical Hebrew, p. 573.

424. NICCACCI, A., Sintaxis del Hebreo Bíblico, p. 120. Cf. tb. REVELL, E. J., Thematic Continuity and the Conditioning of Word Order in Verbless Clauses, p. 312-319.

425. JOÜON, P.; MURAOKA, T., A Grammar of Biblical Hebrew, p. 476.

• **v. 5a-e:** A disposição sintática deste bloco, com a fala dos filhos dos profetas em Jericó a Eliseu, é exatamente a mesma dos v. 3a-e. É um recurso estilístico que visa mostrar como o conhecimento dos filhos dos profetas em Jericó é idêntico ao daqueles em Betel.
• **v. 5f-h:** A disposição sintática deste bloco, o qual reproduz a réplica de Eliseu aos filhos dos profetas em Jericó, é idêntica à dos v. 3f-h, um recurso estilístico para ressaltar que o tratamento de Eliseu para com os filhos dos profetas de Jericó é o mesmo dispensado antes para com os de Betel.
• **v. 6a-c:** A disposição sintática deste bloco, a qual representa a terceira requisição de Elias a Eliseu, é idêntica à dos v. 2a-c.4a-c, mas sem o vocativo e a assonância encontrados nos v. 4a-c, retornando à forma mais "simples" dos v. 2a-c. Depois do clímax de um pedido mais "vigoroso" por parte de Elias, representado pelos recursos estilísticos nos v. 4a-c, esse retorno nos v. 6a-c à "simplicidade" estilística dos v. 2a-c parece representar um "decréscimo" na expectativa, por parte de Elias, de que Eliseu desista de sua persistência.
• **v. 6d-h:** A disposição sintática deste bloco, que representa a réplica de Eliseu à terceira requisição de Elias, é idêntica à dos v. 2d-h.4d-h. A especificação do nome de Eliseu no v. 2d permanece ausente aqui no v. 6d, a exemplo do que já ocorrera no v. 4d, para evidenciar que a persistência de Eliseu em nada mudou. E foi uma persistência recompensada: enquanto nos v. 2h.4h informa-se que de fato encaminharam-se ao destino já comunicado por Elias, no v. 6h informa-se simplesmente que ambos andaram juntos, enfatizando agora uma concordância entre mestre e discípulo. Há a mesma aliteração entre as raízes שלח no v. 6c e הלך no v. 6h, já vista antes nos v. 1b.2c.
• **v. 7a-c:** Aqui são apresentados outros filhos dos profetas, cuja origem não é especificada, mas que se encontram no Jordão. Para expressar simultaneidade ao ato de Elias e Eliseu caminharem juntos em direção a esse lugar no v. 6h, utiliza-se w-x-*qatal* no v. 7a, uma informação requerida para o fluxo narrativo, concedendo a circunstância do *wayyiqtol* seguinte no v. 7b. Esta sequência, com w-x-*qatal* inicial, chama ainda a atenção para esses filhos dos profetas; e, se desde o v. 2d os blocos começavam com *wayyiqtol*, a mudança para w-x-*qatal* inicial marca estilisticamente a chegada ao Jordão, uma informação importante para a sequência narrativa[426]. Um novo w-x-*qatal* no v. 7c, agora após o *wayyiqtol* do v. 7b, busca dar ênfase a um

---

426. LONG, B. O., 2 Kings, p. 26; NICCACCI, A., Sintaxis del Hebreo Bíblico, p. 44.

fato: juntos com Elias e Eliseu agora estão esses filhos dos profetas, testemunhas do que está para ocorrer[427]. Mas a disposição sintática a' – b – a põe em posição central o v. 7b, com a informação de estarem um em frente do outro, os filhos dos profetas de um lado e Elias e Eliseu do outro, como numa "disputa".

• **v. 8a-e:** Há uma série de orações subordinadas em *wayyiqtol* nos v. 8a-e, sendo o *wayyiqtol* no v. 8e conclusivo de todo este bloco. Há uma assonância envolvendo os fins dos v. 8a-b, e outra assonância envolvendo os fins dos v. 8d-e; com esse recurso estilístico, o v. 8c é colocado em relevo numa posição central, enfatizando o ato do ferir as águas. No v. 8e, encontra-se ainda uma aliteração envolvendo a raiz חרב do vocábulo חֲרָבָה e a raiz עבר (pelas letras ב e ר).

• **v. 9a-e:** A exemplo do que ocorreu no v. 1a, outra vez há uma oração nominal simples com infinitivo + preposição com וַיְהִי no v. 9a, agora não somente como circunstância temporal, mas também como forma de estabelecer conexões entre subdivisões menores dentro da narrativa[428]. Mais do que uma simultaneidade, o uso de כְּ + infinitivo no v. 9a enfatiza a sucessão imediata, providenciando uma espécie de "zoom" na última conversa entre Elias e Eliseu, a qual começará[429]. O w-x-*qatal* no v. 9b, por ser não inicial, serve aqui para introduzir uma ação de fundo (a pergunta de Elias para Eliseu sobre o que ele deseja antes de ser tomado) à ação anterior (a travessia do Jordão)[430]. Com o imperativo, Elias "ordena" em forma volitiva a Eliseu para pedir no v. 9c; sobre o que de fato pode pedir, é especificado com o uso de p-*yiqtol* no v. 9d, com função jussiva por justamente ser precedido por uma forma volitiva[431]. Há ainda uma circunstância temporal dada mediante p-*yiqtol* no v. 9e – um futuro iminente, prospectivo, indicado pelo uso de בְּטֶרֶם [432].

• **v. 9f-g:** A resposta de Eliseu à nova pergunta de Elias é bem simples, direta, representada por apenas dois segmentos, com introdução em *wayyiqtol* no v. 9f e seguido pelo pedido em si no v. 9g, através do jussivo com valor volitivo. O uso da partícula נָא faz com que Eliseu expresse não exatamente

---

427. NICCACCI, A., Sintaxis del Hebreo Bíblico, p. 67-68.

428. NICCACCI, A., Sintaxis del Hebreo Bíblico, p. 58.

429. COHN, R. L., 2 Kings, p. 13; NICCACCI, A., Sintaxis del Hebreo Bíblico, p. 53.

430. NICCACCI, A., Sintaxis del Hebreo Bíblico, p. 44.

431. NICCACCI, A., Sintaxis del Hebreo Bíblico, p. 76.

432. JOÜON, P.; MURAOKA, T., A Grammar of Biblical Hebrew, p. 342; JOOSTEN J., The Long Form of the Prefix Conjugation Referring to the Past in Biblical Hebrew Prose, p. 19.

um desejo ou uma esperança, mas uma deferência para com Elias, como agradecimento por lhe ter feito essa concessão[433].

• **v. 10a-f:** O *wayyiqtol* no v. 10a introduz a réplica de Elias à resposta anterior de Eliseu, a qual começa com uso de *qatal* inicial no v. 10b, típica do discurso, e que põe relevo na ação verbal: o ato de pedir da parte de Eliseu[434]. Entretanto, uma condição, representada pela sequência p-*yiqtol* no v. 10c (iniciada com אִם, conjunção típica de condicional) e pelo imperativo no v. 10d com valor "proibitivo"[435]. A descrição da não concretização do pedido de Eliseu, caso a condição não seja satisfeita, aparece mediante outra sequência, uma oração nominal simples no v. 10e seguida de N-*yiqtol* no v. 10f. E a sequência וְאִם־אַיִן + N-*yiqtol* nos v. 10e-f produz uma negação enfática, tornando o exposto nos v. 10c-d uma condição *sine qua non* ao pedido de Eliseu[436].

• **v. 11a-e:** O uso de וַיְהִי no v. 11a é uma das situações na obra de Reis em que começa uma subseção narrativa – o mesmo sinal macrossintático inicia uma nova seção no v. 1[437]. E o uso de uma série de orações nominais simples – com particípio no v. 11a e de infinitivos no v. 11b – produzem estilisticamente a ideia de movimento e tensão sobre o que está para acontecer: a ascensão de Elias, enfatizada pelo uso de וְהִנֵּה no v. 11c através de outra oração nominal simples[438]. Ressalta-se ainda como וְהִנֵּה, ao contrário da forma simples הִנֵּה, introduz relatos de visões, sonhos e revelações – como do v. 11c, ainda que falte um verbo relacionado à visão[439]. No v. 11b, um infinitivo pospositivo absoluto seguido por um segundo infinitivo absoluto, um "par sincrônico", expressa a simultaneidade do ato de conversar e caminhar[440]. A tensão aponta para o clímax no v. 11c por meio de uma disposição concêntrica estilística do tipo a – b – c – b' – a': há uma assonância envolvendo o fim dos v. 11a.e e outra envolvendo os v.

---

433. SHULMAN, A., The Particle נָא in Biblical Hebrew Prose, p. 61.

434. NICCACCI, A., Sintaxis del Hebreo Biblico, p. 45-47.

435. NICCACCI, A., Sintaxis del Hebreo Biblico, p. 73-74.

436. GESENIUS, F. W.; KAUTZSCH, E.; COWLEY, A. E., Gesenius' Hebrew Gramar, p. 480; JOÜON, P.; MURAOKA, T., A Grammar of Biblical Hebrew, p. 570.

437. LI, T., ויהי as a Discourse Marker in Kings, p. 237.

438. JOÜON, P.; MURAOKA, T., A Grammar of Biblical Hebrew, p. 587; LONG, B. O., 2 Kings, p. 27; 30.

439. ZEWI, T., The Particles הִנֵּה and וְהִנֵּה in Biblical Hebrew, p. 27.

440. JOÜON, P.; MURAOKA, T., A Grammar of Biblical Hebrew, p. 395; REVELL, E. J., Thematic Continuity and the Conditioning of Word Order in Verbless Clauses, p. 317.

11b.d. É a narrativa da ascensão de Elias, que continua pelo uso de *wayyiqtol* no v. 11d e é concluída por outro *wayyiqtol* no v. 11e.

• **v. 12a-d:** O relato da reação de Eliseu à ascensão de Elias inicia no v. 12a, com uma oração nominal simples, pela qual o nome de Eliseu é colocado em primeira posição, mudando assim para o ponto de vista de Eliseu; e a vivacidade da reação de Eliseu na cena é proporcionada por uma série de "imagens descritivas" pelo uso dos particípios nas orações nominais simples dos v. 12a-b, em orações coordenadas[441]. Essa vivacidade ainda é reforçada por assonância envolvendo os fins dos v. 12a-b. Outra oração nominal simples, sem uso de particípio, ou infinitivo, mas apenas de vocativos, representa o grito de Eliseu no v. 12c, em resposta ao que ele testemunha. E o uso de w-N-*qatal* no v. 12d é o "correspondente negativo" de um *wayyiqtol* conclusivo[442].

• **v. 12e-13b:** Há uma série de orações subordinadas em *wayyiqtol* nos v. 12e-13a, com a descrição do lamento de Eliseu por Elias nos v. 12e-f – como que por um morto – e a conclusão com o ato de "levantar" o manto de Elias no v. 13a. O uso de p-*qatal* no v. 13b comenta um aspecto da ação que precede em *wayyiqtol* no v. 13a: esse manto caíra de Elias durante sua ascensão[443].

• **v. 13c-14c:** A disposição sintática dos v. 13c-14b é idêntica à dos v. 12e-13b, incluindo uma quase repetição dos v. 13a-b nos v. 14a-b (em vez de salientar o ato de "levantar" o manto do v. 13a, simplesmente se afirma que Eliseu pegou o manto no v. 14a). Entretanto, o ato de lamento dos v. 12e-f é substituído pela informação de que Eliseu postara-se na margem do Rio Jordão nos v. 13c-d. Este bloco encerra-se com o *wayyiqtol* conclusivo no v. 14c, informando acerca do ato de ferir as águas.

• **v. 14d-h:** O *wayyiqtol* do v. 14d introduz a exclamação de Eliseu através de uma oração nominal simples no v. 14e. A expressão אַף־הוּא, como que destacada no fim do v. 14e, reproduz estilisticamente uma espécie de desabafo pela ausência do mestre[444]. Uma série de orações subordinadas

---

441. COHN, R. L., 2 Kings, p. 14; LONG, B. O., 2 Kings, p. 30; MCKENZIE, S. L., 1 Kings 16–2 Kings 16, l. 6541; REVELL, E. J., Thematic Continuity and the Conditioning of Word Order in Verbless Clauses, p. 316.

442. NICCACCI, A., Sintaxis del Hebreo Biblico, p. 61, 98.

443. NICCACCI, A., Sintaxis del Hebreo Biblico, p. 44.

444. Conforme antecipado na seção 2.1, a expressão אַף־הוּא é alvo de debates, se deve ser mantida no v. 14e ou no v. 14f; após considerações ali sobre tradução, resta agora enfatizar a análise sintática. Os massoretas puseram no vocábulo אֵלִיָּהוּ o sinal disjuntivo אַתְנָח, que marca o "meio lógico" do versículo, colocando consequentemente a expressão אַף־הוּא no v. 14f. Entretanto, nessa mesma expressão encontra-se outro sinal disjuntivo, לְגַרְמֵיהּ, e consequentemente não relacionando ao verbo seguinte no

em *wayyiqtol* nos v. 14f-h descreve, de forma subentendida, um segundo ato de ferir as águas (o v. 14f repete *ipsis litteris* o v. 14c) – entretanto, agora há como resultado as águas partindo-se, e por consequência Eliseu consegue atravessar o Rio Jordão.

• **v. 15a-f:** A narrativa inicia-se com *wayyiqtol* no v. 15a, seguido de uma oração nominal simples no v. 15b com caráter de comentário. Um novo *wayyiqtol* no v. 15c introduz o discurso no v. 15d com *qatal* inicial que enfatiza a ação verbal: repousa sobre Eliseu o espírito de Elias, fato constatado pelos filhos dos profetas. Mais duas orações subordinadas pelo *wayyiqtol* nos v. 15e-f narram como esses filhos dos profetas prestam a devida reverência a Eliseu em decorrência dessa constatação.

• **v. 16a-f:** O *wayyiqtol* no v. 16a introduz o contexto do pedido dos filhos dos profetas a Eliseu para levar a cabo uma busca por Elias, cuja circunstância é posta em primeiro plano com oração nominal simples no v. 16b; o pedido em si é expresso através do volitivo do v. 16c e de w-*yiqtol* no v. 16d, uma sequência que confirma o caráter volitivo do v. 16c e especifica a finalidade no v. 16d[445], com outra finalidade expressa negativamente no v. 16e mediante p-*qatal*. A ocorrência de הִנֵּה־נָא no v. 16b precede uma requisição, enfatizando uma "permissão" pedida da forma mais polida possível[446]. O uso de פֶּן junto ao *qatal* no v. 16e constitui uma exceção, objetivando a vívida representação de um medo realizado, uma apreensão cuja "reparação" vem tarde demais[447]. A oração nominal simples no v. 16b também serve para iniciar um "discurso narrativo", que termina em *wayyiqtol* no v. 16f como forma consecutiva de uma construção inicial típica de discurso direto[448]. Ainda no v. 16f, o uso da partícula אוֹ introduz uma outra possibilidade – Elias ter sido arremessado para um dos vales – a qual exclui a que precede – ter sido arremessado para um dos montes[449].

---

*wayyiqtol*, mantendo-a como que "destacada" (FRANCISCO, E. F., Manual da Bíblia Hebraica, p. 204-213; JOÜON, P.; MURAOKA, T., A Grammar of Biblical Hebrew, p. 58-62). Além disso, o *wayyiqtol* dentro da narrativa ocupa a primeira posição, pelo que אַף־הוּא não poderia começar um segmento (NICCACCI, A., Sintaxis del Hebreo Biblico, p. 39). Assim, mais do que uma opção sintática, houve da parte dos massoretas uma opção de cantilação – a natureza primária desses sinais. Por isso, sintaticamente, é mais adequado manter אַף־הוּא no v. 14e (para opção contrária, cf. FRANCISCO, E. F., Antigo Testamento Interlinear Hebraico-Português, p. 516).

445. NICCACCI, A., Sintaxis del Hebreo Biblico, p. 84-87.

446. SHULMAN, A., The Particle נָא in Biblical Hebrew Prose, p. 80-81.

447. GESENIUS, F. W.; KAUTZSCH, E.; COWLEY, A. E., Gesenius' Hebrew Gramar, p. 318; 482; JOÜON, P.; MURAOKA, T., A Grammar of Biblical Hebrew, p. 596.

448. NICCACCI, A., Sintaxis del Hebreo Biblico, p. 98-100.

449. GESENIUS, F. W.; KAUTZSCH, E.; COWLEY, A. E., Gesenius' Hebrew Gramar, p. 500.

• **v. 16g-17c:** No v. 16g, o *wayyiqtol* introduz a resposta de Eliseu ao pedido dos filhos dos profetas, expressa de forma negativa mediante N-*yiqtol* no v. 16h. É uma proibição no v. 16h quase em caráter "apodítico", a exemplo do Decálogo[450]. No v. 17a, mediante *wayyiqtol*, narra-se a insistência desses filhos dos profetas, pela qual Eliseu resolve ceder com um "imperativo de permissão" no v. 17c[451], introduzido com *wayyiqtol* no v. 17b. Estilisticamente, há uma simetria por contraposição entre a negativa dos v. 16g-h e a "permissão" nos v. 17b-c, numa disposição concêntrica a – b – c – a' – b' que põe em relevo a insistência descrita no v. 17a.

• **v. 17d-f:** Narra-se agora a busca, durante três dias, empreendida por cinquenta homens enviados pelos filhos dos profetas através de duas orações subordinadas em *wayyiqtol* nos v. 17d-e, tendo w-N-*qatal* no v. 17f como correspondente negativo de um *wayyiqtol* conclusivo.

• **v. 18a-e:** O uso de *wayyiqtol* no v. 18a comenta o retorno da busca infrutífera dos cinquenta homens, e a oração nominal simples do v. 18b, um comentário de ação contemporânea ao fato narrado no v. 18a[452]. Essa ação recebe um comentário da parte de Eliseu, introduzido por *wayyiqtol* no v. 18c e descrito mediante p-N-*qatal* no v. 18d. Percebe-se um jogo de palavras envolvendo אֲלֵהֶם no v. 18c e אֲלֵיכֶם no v. 18d. No v. 18e, há uma "negativa de proibição" pelo N-*yiqtol*, onde אַל serve como uma nuança mais enérgica em relação ao mesmo uso de N-*yiqtol*, mas com לֹא, no v. 16h[453]. Ou pode-se ainda dizer que, enquanto o v. 16h concede um caráter "apodítico", o uso de אַל no v. 18e concede um "desejo negativo", quase em tom de "oração negativa"[454]. Percebe-se ainda o efeito estilístico pelo uso de várias orações coordenadas aqui[455].

• **v. 19a-e:** No v. 19a, *wayyiqtol* marca o início da narrativa do primeiro dos atos portentosos. A este se segue uma série de proposições nominais simples, com função de comentário da ação principal; e a presença do particípio precedido de conjunção no v. 19c faz uma subordinação desse segmento ao anterior. Há uma disposição simétrica apontando para uma ênfase do v. 19c, com os pares de sequências nos v. 19b-c/19d-e apre-

---

450. JOÜON, P.; MURAOKA, T., A Grammar of Biblical Hebrew, p. 343.

451. JOÜON, P.; MURAOKA, T., A Grammar of Biblical Hebrew, p. 350.

452. NICCACCI, A., Sintaxis del Hebreo Bíblico, p. 37.

453. JOÜON, P.; MURAOKA, T., A Grammar of Biblical Hebrew, p. 568.

454. JOÜON, P.; MURAOKA, T., A Grammar of Biblical Hebrew, p. 348.

455. REVELL, E. J., Thematic Continuity and the Conditioning of Word Order in Verbless Clauses, p. 316.

sentando ideias antitéticas. O uso de הִנֵּה־נָא no v. 19b, mesmo não sendo seguido por um requerimento, deixa claro que os homens da cidade estão pedindo a Eliseu que solucione o problema[456]; por isso, todo esse versículo é tomado pelo pedido dos homens da cidade, ainda que não seja usado o imperativo – a comunicação do fato, ou seja, a palavra deixa o pedido implícito[457]. Note-se ainda o recurso estilístico proporcionado pelo uso de adjetivos em todo o v. 19[458].

- **v. 20a-21b:** O v. 20a é igualmente aberto com um *wayyiqtol*, agora seguido de duas proposições nos v. 20b-c no imperativo. Esse tipo de sequência enfatiza o caráter volitivo, na forma direta; é um desejo expressado com força positiva. Há um pedido de Eliseu. A partir do v. 20d há uma cadeia de *wayyiqtol*, formando uma série de orações coordenadas. Pela acentuação massorética, o v. 20d é reputado como continuação do anterior, mas serve também como "ponte" para os segmentos posteriores, proporcionando dois pares de sequências relacionadas: ao pedido do profeta (v. 20b-c) corresponde à execução na exata ordem (v. 21a-b), com ênfase na pronta obediência dos homens da cidade (v. 20d) – o recipiente novo (v. 20b) é levado à fonte das águas (v. 21a), onde o sal depositado anteriormente (v. 20c) é jogado (v. 21b). Forma-se então um padrão concêntrico a – b – c – a' – b'. Há uma ação humana aqui: a dos homens da cidade e a do profeta[459].
- **v. 21c-f:** A sequência de *wayyiqtol* continua e chega no v. 21c a introduzir a fala do profeta, expressa na sequência x-*qatal*/0-*qatal*/ N-*yiqtol*. O *qatal* tem aqui função de marcar o início do discurso[460], e o *yiqtol* é consequência da frase em *qatal*[461]. Acontece nos v. 21e-f uma assonância com o fim de cada segmento. Se anteriormente havia a ação humana, aqui há a ação divina através da palavra[462].
- **v. 22a-c:** A narração continua, após a palavra de YHWH, com a frase em *wayyiqtol* no v. 22a, acompanhado de uma oração nominal simples no v.

---

456. SHULMAN, A., The Particle נָא in Biblical Hebrew Prose, p. 81.

457. BELEM, D. F., Da Palavra sai vida e morte, p. 29-30. Cf. tb. NICCACCI, A., Sintaxis del Hebreo Biblico, p. 159-161.

458. REVELL, E. J., Thematic Continuity and the Conditioning of Word Order in Verbless Clauses, p. 319.

459. BELEM, D. F., Da Palavra sai vida e morte, p. 30. Cf. tb. JOÜON, P.; MURAOKA, T., A Grammar of Biblical Hebrew, p. 345, 349.

460. NICCACCI, A., Sintaxis del Hebreo Biblico, p. 45. Na p. 36, A. Niccacci mostra que mais importante é a transição do *qatal* para *yiqtol* como característica do discurso.

461. NICCACCI, A., Sintaxis del Hebreo Biblico, p. 163-164.

462. BELEM, D. F., Da Palavra sai vida e morte, p. 30-31.

22b e uma sentença em p-*qatal* no v. 22c. Essa sequência aqui funciona como um comentário do discurso anterior[463]. Nos v. 22a.22c, através do par דָּבָר/הַזֶּה, ocorre também a similaridade do tipo de assonância visto antes, nos v. 21e-f (מְשַׁכֶּלֶת/הָאֵלֶּה), como que evidenciando a beleza da comprovação do oráculo divino[464].

• **v. 23a-b:** No v. 23a, a narrativa continua uma nova unidade com *wayyiqtol*, acompanhada de uma nominal simples com particípio no v. 23b – uma transição que sinaliza uma circunstância simultânea[465], pelo qual o v. 23b é o "pano de fundo" do *wayyiqtol* no v. 23a[466]. Serve de introdução à segunda ação portentosa de Eliseu[467].

• **v. 23c-d:** A oração em w-x-*qatal* no v. 23c indica uma ação circunstancial, que aponta para a oração em *wayyiqtol* seguinte no v. 23d como consecutivo na linha principal da narração. Enfatiza-se aqui a ação dos rapazes[468].

• **v. 23e-g:** Muda-se o sujeito e ocorre uma nova cadeia. Começa-se com *wayyiqtol* no v. 23e introduzindo a fala dos meninos, seguido de imperativos nos v. 23f-g com o uso do recurso estilístico da repetição ("par sincrônico") realçando a dramaticidade do ato[469]. A zombaria dos rapazes é destacada nesse bloco através da maneira como se referem ao profeta[470]. Toda a dramaticidade é representada pela série de orações coordenadas em todo o v. 23[471].

• **v. 24a-c:** Muda-se novamente o sujeito no v. 24a, com uma nova cadeia de orações coordenadas em *wayyiqtol* até o v. 24c, correspondendo a três ações de Eliseu como num "crescendo": virar-se, olhar e amaldiçoar no nome de YHWH. É a ação do profeta[472].

• **v. 24d-e:** Muda-se pela terceira vez consecutiva o sujeito no v. 24d. Nos v. 24d-e, ocorre uma nova cadeia em *wayyiqtol*, além de um jogo de palavras envolvendo as raízes קלס no v. 23d e קלל no v. 24c, e entre as palavras עִיר no

---

463. NICCACCI, A., Sintaxis del Hebreo Bíblico, p. 35.
464. BELEM, D. F., Da Palavra sai vida e morte, p. 31.
465. NICCACCI, A., Sintaxis del Hebreo Bíblico, p. 108.
466. NICCACCI, A., Sintaxis del Hebreo Bíblico, p. 104.
467. BELEM, D. F., Da Palavra sai vida e morte, p. 31.
468. BELEM, D. F., Da Palavra sai vida e morte, p. 31. Cf. tb. NICCACCI, A., Sintaxis del Hebreo Bíblico, p. 64, 161.
469. REVELL, E. J., Thematic Continuity and the Conditioning of Word Order in Verbless Clauses, p. 298.
470. BELEM, D. F., Da Palavra sai vida e morte, p. 31.
471. REVELL, E. J., Thematic Continuity and the Conditioning of Word Order in Verbless Clauses, p. 316.
472. BELEM, D. F., Da Palavra sai vida e morte, p. 32.

v. 23c e יַעַר no v. 24d: é a ação a partir da palavra divina (v. 24d-e) através das ursas, decorrente da maldição impetrada no v. 24c[473].

• **v. 25a-b:** A cadeia anterior é interrompida aqui no v. 25a por um *wayyiqtol* acompanhado de w-x-*qatal* no v. 25b, proporcionando um enquadramento. Ainda ocorre uma aliteração envolvendo a letra שׁ no v. 25b. A frase em *qatal* fecha a perícope, uma vez que a ação "foi... de Guilgal" (מִן־הַגִּלְגָּל ... וַיֵּלֶךְ) no v. 1b corresponde ao "foi dali" (וַיֵּלֶךְ מִשָּׁם) no v. 25b, fazendo do v. 25 a conclusão de todo o conjunto de 2Rs 2,1-25[474].

Procedendo à análise lexicográfica, a raiz que domina toda a perícope de 2Rs 2,1-25 é אמר, com 25 ocorrências em 16 versículos[475], a qual pertence ao campo semântico da comunicação. Existe ainda, nesta perícope, as raízes דבר (a raiz nos v. 11.22, além do vocábulo דָּבָר no v. 22), חשה (v. 3.5) e שׁאל (v. 9.10). A não ser pela ocorrência de דָּבָר/דבר no v. 22, onde há a comunicação da palavra divina por mediação profética, esse campo semântico sempre se dá aqui ao nível da comunicação humana.

Os nomes de Elias e de Eliseu constituem o segundo grupo mais frequente na perícope: אֱלִישָׁע, o segundo vocábulo mais frequente na perícope de 2Rs 2,1-25, com 13 ocorrências em 11 versículos[476], e אֵלִיָּהוּ, 12 ocorrências em 10 versículos[477] – o quarto vocábulo mais frequente. Eliseu não somente é o único profeta como também o único personagem que aparece em toda a perícope de 2Rs 2,1-25, sendo, portanto, o grande protagonista – Elias, por exemplo, aparece apenas no conjunto dos v. 1-15.

Os nomes de Elias e de Eliseu apontam, além do mais, para o vocábulo שְׁנַיִם, com 7 ocorrências[478] – o sétimo vocábulo com maior frequência, o qual, com exceção dos v. 12.24, envolve sempre esses dois profetas. Esse vocábulo pertence ao campo semântico numérico, o que conta ainda com os vocábulos חָמֵשׁ (v. 7.16.17); אֶחָד (2x no v. 16); אַרְבָּעִים וּשְׁנַיִם (v. 24); שָׁלֹשׁ (v. 17); e אַחֵר (v. 24). Além disso, os nomes de Elias e de Eliseu, junto com os filhos dos profetas, também apontam para o campo semântico do profetismo: ראה, aqui aplicada ao "sensorial profético", com 6 ocorrências em 5 versículos (v. 10.12[2x].15.19.24); נָבִיא (v. 3.5.7.15); ידע,

---

473. BELEM, D. F., Da Palavra sai vida e morte, p. 32. Sobre jogo de palavras, cf. tb. WATSON, W. G. E., Classical Hebrew Poetry, p. 239-240.

474. BELEM, D. F., Da Palavra sai vida e morte, p. 32.

475. v. 2[2x].3[2x].4[2x].5[2x].6[2x].9[2x].10.14.15.16[2x].17.18[2x].19.20.21[2x].23.

476. v. 1.2[2x].3.4.5.9[2x].12.14.15.19.22.

477. v. 1[2x].2.4.6.8.9.11.13.14 [2x].15.

478. v. 6.7.8.9.11.12.24.

aqui aplicada ao "conhecimento profético", com 4 ocorrências em 2 versículos (v. 3[2x].5[2x]); אַדֶּרֶת (v. 8.13.14); בֶּגֶד, no v. 12; e נוח, no v. 15. Ressalta-se igualmente o relacionamento entre os profetas como o relacionamento entre um filho e o pai: por isso, a ocorrência dos vocábulos בֵּן (v. 3.5.7.15.16) e אָב (2x no v. 12), que compõem o campo semântico familiar, e que conta ainda com os vocábulos יֶלֶד (v. 24), נַעַר (v. 23) e קָטָן (v. 23).

Há também forte incidência do campo semântico do divino: o Tetragrama, יהוה, é o terceiro vocábulo mais frequente na perícope, com 13 ocorrências em 10 versículos[479]. O vocábulo שֵׁם, no v. 24, também faz referência ao Tetragrama. O outro nome divino que aparece é אֱלֹהִים, unicamente no v. 14. Outros vocábulos e raízes desse campo semântico evocam o maravilhoso, a manifestação divina: רוּחַ (v. 9.15.16), שָׁמַיִם (v. 1.11), סְעָרָה (v. 1.11) e אֵשׁ (2x no v. 11).

Se há forte incidência do divino, esta realiza-se pela mediação humana, pelos profetas. Por isso há muitos vocábulos e raízes do campo semântico antropológico: חיה, com 6 ocorrências em 3 versículos (v. 2[2x].4[2x].6[2x]); אִישׁ (v. 7.16.17.19); הוּא (v. 12.14.18.23); נֶפֶשׁ (v. 2.4.6); אֲנִי (v. 3.5); רֹאשׁ (v. 3.5); שָׂכַל (v. 19.21); הֵם (v. 11); e פֶּה (v. 9). A imbricação do divino com o antropológico cristaliza-se com vocábulos e raízes do campo semântico cultual: בוש (v. 17); רפא (v. 21.22); קֵרֵחַ (2x no v. 23); o vocábulo קְרָעִים e a raiz קרע (ambos no v. 12); חוה (v. 15); קלל (v. 24); קלס (v. 23); צְלֹחִית (v. 20); חָדָשׁ (v. 20); רַע (v. 19); טוֹב (v. 19); e צעק (v. 12).

Essa atuação humana pressupõe algo dinâmico, e não estático: por isso há raízes relacionadas ao campo semântico do movimento, sendo as mais frequentes: הלך, 8 ocorrências em 7 versículos[480], e לקח, 8 ocorrências em 7 versículos[481] – estes dois vocábulos, juntos, ocupam a quinta e a sexta posições dos mais frequentes; שלח, com 6 ocorrências em 5 versículos (v. 2.4.6.16.17[2x]); e עלה, 6 ocorrências em 3 versículos (v. 1.11.23[4x]). Mas são muitas as outras raízes enfatizando essa necessidade do movimento: יצא (v. 3.21.23.24, além de מוֹצָא no v. 21); שׁוּב (v. 13.18.25); עזב (v. 2.4.6); עמד (3 ocorrências em 2 versículos: 7[2x].13); נכה (3 ocorrências em 2 versículos: 8.14[2x]); עבר (v. 8.9.14); שׁלך (v. 16.21); בוא (v. 4.15); בקש (v. 16.17); נפל (v. 13.14); חצה (v. 8.14); גלם (v. 8); רום (v. 13); שׂים (v. 20); נשׂא (v. 16); קרא II (v. 15); מצא (v. 17); פרד (v. 11); ירד (v. 2); עשׂה (v. 9); פנה (v. 24); נגשׁ (v. 5); e חזק (v. 12).

As atitudes humanas oscilam entre o campo semântico da polidez – com os vocábulos נָא, com 7 ocorrências em 6 versículos (v. 2.4.6.9.16[2x].19); אָדוֹן

---

479. v. 1.2[2x].3.4[2x].5.6[2x].14.16.21.24.

480. v. 1.6.7.11[2x].16.18.25.

481. v. 3.5.8.9.10.14.20[2x].

121

(v. 3.5.16.19); e עֶבֶד (v. 16) – e o campo semântico da negação – este, com os vocábulos לֹא (v. 10.12.16.17.18.21); טֶרֶם (v. 9); פֶּן (v. 16); אַיִן (v. 10); e a raiz קשה (v. 10). Um exemplo dessa oscilação é a contraposição entre לֹא תִשְׁלָחוּ do v. 16h e שָׁלְחוּ do v. 17c. Essa polidez se contrapõe de maneira ainda mais forte ao campo semântico militar, com os vocábulos רֶכֶב (v. 11.12); חַיִל (v. 16); סוּס (v. 11); מָוֶת (v. 21); פָּרָשׁ (v. 12); e as raízes פצר (v. 17) e בקע (v. 24).

Tanto as atitudes humanas quanto a manifestação do divino localizam-se espacial e temporalmente. Por essa razão, há elementos do campo semântico da natureza, com especial atenção para o vocábulo מַיִם, com 7 ocorrências em 5 versículos[482], além dos vocábulos אֶרֶץ (v. 15.19); הַר (v. 16.25); מֶלַח (v. 20.21); גַּיְא (v. 16); דֹּב (v. 24); e יַעַר (v. 24). A localização espacial ainda inclui o campo semântico geográfico, com os vocábulos e raízes שָׁם, com 6 ocorrências em 4 versículos (v. 20.21[2x].23.25[2x]); ישׁב (v. 2.4.6.18, além de מוֹשָׁב no v. 19); o vocábulo הֵנָּה, com 4 ocorrências em 2 versículos (v. 8[2x].14[2x]); פֹּה (v. 2.4.6.9); עִיר, com 3 ocorrências em 2 versículos (v. 19[2x].23); נֶגֶד (v. 7.15); דֶּרֶךְ (v. 23); רָחוֹק (v. 7); חָרָבָה (v. 8); e שָׂפָה (v. 13). Dentro do campo geográfico, há especial referência a nomes de lugares: יְרִיחוֹ, 5 ocorrências em 4 versículos (v. 4[2x].5.15.18); בֵּית־אֵל, 4 ocorrências em 3 versículos (v. 2[2x].3.23); יַרְדֵּן (v. 6.7.13); שֹׁמְרוֹן (v. 25); יִשְׂרָאֵל (v. 12); גִּלְגָּל (v. 1); e כַּרְמֶל (v. 25). O campo semântico temporal é representado pelos vocábulos יוֹם (v. 3.5.17.22), עוֹד (v. 12.21) e הֵנָּה (v. 11.16.19) – este último representando uma imbricação com o geográfico.

Os dois campos semânticos utilizados com mais frequência em toda a perícope são o da comunicação e o do divino. Pela grande incidência dos nomes de Elias e de Eliseu – abordando a maneira como este sucede aquele –, essa comunicação se dá principalmente acerca da sucessão profética. A temática da sucessão é confirmada por dois campos semânticos: o campo "numérico", o qual sempre evoca a expectativa da transferência do poder profético de Elias para Eliseu pelo vocábulo שְׁנַיִם ("ambos" permanecem juntos nos v. 6-8, sinal da perseverança de Eliseu que enfim pede porção "dobrada" no v. 9, e finalmente "ambos" são separados no v. 11, representado no ato de Eliseu partir em "dois" seus vestidos no v. 12), e o campo profético. A relação pai/filho, do campo semântico familiar, reforça ainda mais essa temática – a sucessão ocorre como a real, de pai para filho; e a forte incidência do campo semântico do divino lembra que essa sucessão se dá inequivocamente no âmbito do "sobrenatural", sob controle exclusivo de Deus.

Unindo os dados da análise sintática e estilística com a lexicográfica, os nomes de lugares, relacionados ao campo semântico geográfico, em conjunto com

---

482. v. 8.14[2x].19.21[2x].22.

o campo semântico da comunicação, ajudam a modelar todo o capítulo: Elias comunica a Eliseu sua ida a Betel (v. 2), a Jericó (v. 4) e ao Jordão (v. 6). E tanto os filhos dos profetas em Betel (v. 3) quanto os que estão em Jericó (v. 5) comunicam a Eliseu a iminência de Elias ser tomado, ao que Eliseu comunica já ter conhecimento. Com a forte incidência dos verbos de movimento, ocorrem em lugares específicos diálogos alternados com ações, numa interação lugar – ação – diálogo: a ação de ir a Betel inclui diálogos entre Elias e Eliseu e entre Eliseu e os filhos dos profetas, um padrão que se repete em Jericó. Durante o ato de ir ao Jordão, inclui-se novamente um diálogo entre Elias e Eliseu, mas falta o diálogo com os filhos dos profetas.

Esse padrão lugar – ação – diálogo repete-se no Jordão, onde ocorre a maior parte da narrativa. Após a presença de cinquenta entre os filhos dos profetas (v. 7), presumivelmente em Jericó, e a ação de Elias de partir as águas (v. 8) – dois fatos sem nenhuma comunicação, apenas apelando para o "visual" –, há um novo ciclo de diálogos entre Elias e Eliseu, em que primeiro Elias comunica a Eliseu sua partida e diz que ele pode pedir o que quiser, ao que Eliseu comunica desejar o poder profético de Elias, evidenciando claramente almejar a sucessão profética (v. 9). Elias comunica então a condicional para essa sucessão (v. 10).

No Jordão acontece o clímax dessa sucessão: o translado de Elias (v. 11), uma ação divina, é visto por Eliseu – atendendo à condicional posta por Elias no v. 10 –, e há o seu brado acerca da partida de Elias (v. 12a-d), seguida da ação de adquirir o manto de Elias, símbolo da sucessão (v. 12e-13b); seguem-se uma primeira tentativa de Eliseu em partir as águas (v. 13c-14c), como fizera antes Elias no v. 8, cujo malogro faz com que Eliseu pergunte onde estão tanto YHWH quanto Elias, e uma nova tentativa – agora bem-sucedida – em partir as águas (v. 14d-h). Assim, os filhos dos profetas comunicam que de fato o espírito de Elias repousa sobre Eliseu e lhe prestam as devidas homenagens (v. 15).

Finalmente, ainda no Jordão, há um diálogo entre os filhos dos profetas e Eliseu: eles querem se certificar se Elias está ou não ausente. Por isso, após o pedido para permitir o envio de cinquenta homens valentes para uma busca (v. 16a-f), há uma negativa de Eliseu, o qual cede em decorrência da insistência deles (v. 16g-17c). Os cinquenta homens valentes malogram nessa empreitada (v. 17d-f), pelo que estes retornam e recebem a comunicação de Eliseu de que tinha avisado para não irem (v. 18).

A menção de Jericó no v. 18 serve de ponte para os dois próximos atos portentosos, os quais se realizam em Jericó (v. 19-22) e Betel (v. 23-24), os mesmos lugares mencionados no início da narrativa nos v. 2 e 4. O campo semântico da comunicação continua sendo importante: se nos v. 1-18 a comunicação é exclusiva entre Elias, Eliseu e os filhos dos profetas, acerca da iminente transladação de Elias e da consequente transferência do poder profético a Eliseu – a sucessão –, nos v. 19-25 o mesmo campo semântico é utilizado sobre a comunicação da palavra profética, seja para bênção, nos v. 19-22, seja para maldição, nos v. 23-25. Os verbos de movimento, tão abundantes em toda a perícope de 2Rs 2,1-25, ajudam a relacionar intrinsecamente os dois atos portentosos: palavra e ação dos homens da cidade (v. 19.20d), quando estes fazem um pedido a Eliseu e trazem o que o profeta requereu; palavra e ação dos rapazes (v. 23c-g), quando estes zombam de Eliseu e pedem que ele suba; palavra e ação do profeta (v. 20a-c.20e-21b, e mais uma vez nos v. 24a-c) no primeiro ato portentoso, quando Eliseu vai às fontes e derrama ali sal, pronunciando a palavra de YHWH, e no segundo ato portentoso, quando Eliseu vira-se para os rapazes e os amaldiçoa em nome de YHWH; e ação da Palavra divina (v. 21c-22c, e outra vez nos v. 24d-e) no v. 21, quando YHWH sara as águas mediante sua palavra proferida profeticamente, e no v. 24, ao aparecerem duas ursas despedaçando 42 entre os יְלָדִים a partir da maldição no nome de YHWH[483]. A dupla ação da Palavra Divina fornece a comprovação necessária da sucessão profética.

A predominância do campo semântico bélico no conjunto dos v. 7-18, que coincide com a parte da narrativa no Jordão, evidenciaria uma divisão tríplice da perícope: v. 1-6.7-18.19-25. Entretanto, levando em consideração os nomes de lugares, a menção de וַיֵּלֶךְ ... מִן־הַגִּלְגָּל no v. 1 e de וַיֵּלֶךְ מִשָּׁם no v. 25 servem ambos como movimento de partida: no primeiro concede uma introdução à narrativa, de Guilgal em direção a Jericó; e no último a partida de Betel em direção ao Monte Carmelo e a Samaria concede uma conclusão. A dupla menção de Betel e Jericó nos v. 2-6 corresponde à dupla menção dos mesmos lugares, em ordem inversa, nos v. 19-24: no primeiro caso, a insistência de Eliseu em buscar a sucessão profética, e no último, a confirmação dessa sucessão. Ainda que a sucessão tenha ocorrido de fato no Jordão nos v. 7-18 e tenha sido comunicada pelos filhos dos profetas, o pedido destes para uma busca por Elias deixaria implícita a necessidade da confirmação dessa sucessão.

No esquema a seguir, mostra-se a organização do texto, que apresenta uma disposição quiástica e concêntrica A – B – C – B' – A' (v. 1.2-6.7-18.19-24.25). A ênfase recai na parte central, composta pelos v. 7-18, sobre os fatos ocorridos no Jordão, a qual também tem uma disposição quiástica e concêntrica A – B – C – B' – A': v. 7.8.9-10.11-15.16-18 (observar a presença dos filhos dos profetas e da menção da cifra "cinquenta" nos v. 7.16-18 e o ato do partir das águas nos v. 8.11-15).

---

483. BELEM, D. F., Da Palavra sai vida e morte, p. 34-35.

O centro de toda a perícope de 2Rs 2,1-25, portanto, é ocupado pelo pedido de Eliseu a Elias nos v. 9-10[484], pois para a sucessão profética o mais crucial é esse pedido, o clímax da crescente insistência de Eliseu desde o início da narrativa. No conjunto dos v. 19-24, tendo os v. 23a-b como "ponte", há uma disposição concêntrica: a – b – c – x – a' – b' – c'. Sem um "versículo ponte", a ocorrência da sucessão profética nos v. 11-15 apresenta uma disposição a – b – c – a' – b' – c': o translado de Elias no v. 11 provoca a primeira tentativa de partir as águas nos v. 13c-14c; o brado de Eliseu nos v. 12a-d corresponde ao brado, junto com a segunda tentativa de partir as águas, nos v. 14d-h; e a aquisição do manto nos v. 12e-13b simboliza a sucessão profética, a qual é reconhecida pelos filhos dos profetas no v. 15. Os v. 16-18 mantêm-se destacados dos v. 7-15, pois, apesar da mesma ocorrência da cifra "cinquenta", nesses refere-se aos filhos dos profetas, enquanto naqueles aos "valentes" enviados por esses filhos.

**A sucessão profética de Elias por Eliseu divinamente realizada (2Rs 2,1-25)**
**I – Introdução (v. 1)**
**II – Eliseu busca a sucessão em Betel e Jericó (v. 2-6)**
A) Em direção a Betel (v. 2-3)
    a) Primeiro diálogo entre Elias e Eliseu (v. 2)
    b) Primeiro diálogo entre Eliseu e os filhos dos profetas, em Betel (v. 3)
B) Em direção a Jericó (v. 4-5)
    a) Segundo diálogo entre Elias e Eliseu (v. 4)
    b) Segundo diálogo entre Eliseu e os filhos dos profetas, em Jericó (v. 5)
C) Terceiro diálogo entre Elias e Eliseu, em direção ao Jordão (v. 6)
**III – Eliseu obtém a sucessão profética no Jordão (v. 7-18)**
A) Apresentam-se cinquenta filhos dos profetas (v. 7)
B) Elias parte as águas (v. 8)
C) Quarto diálogo entre Elias e Eliseu (v. 9-10)
D) A sucessão profética ocorre (v. 11-15)
    a) O translado de Elias (v. 11)
    b) Eliseu reage à partida de Elias com atos e palavras (v. 12a-d)
    c) Eliseu adquire o manto de Elias, símbolo da sucessão (v. 12e-13b)
    d) Primeira tentativa de Eliseu em partir as águas (v. 13c-14c)

---

484. Como concorda NELSON, R. D., First and Second Kings, p. 162. Por outro lado, para J. P. Leithart, o translado no v. 11 é tido como clímax, ocupando a parte central (LEITHART, P. J., 1 & 2 Kings, p. 175-176); e, para tal, deixa de fora os v. 19-22, numa disposição quiástica incompleta. R. L. Cohn, numa disposição quiástica completa, mantém no centro os v. 9-12, incluindo, portanto, o pedido de Eliseu nos v. 9-10 (COHN, R. L., 2 Kings, p. 17).

  e) Segunda tentativa de Eliseu em partir as águas (v. 14d-h)
  f) Os filhos dos profetas comunicam que houve a sucessão profética (v. 15)
E) Terceiro diálogo entre Eliseu e os filhos dos profetas (v. 16-18)
IV – A sucessão profética é confirmada em Jericó e Betel (v. 19-24)
A) Palavra de bênção em Jericó (v. 19-22)
  a) Palavra e ação dos homens da cidade (v. 19.20d)
  b) Palavra e ação do Profeta (v. 20a-c.20e-21b)
  c) Ação da Palavra Divina (v. 21c-22c)
B) Palavra de maldição em Betel (v. 23-24)
  a) Introdução: subida a Betel (v. 23a-b)
  b) Palavra e ação dos Rapazes (v. 23c-g)
  c) Palavra e ação do Profeta (v. 24a-c)
  d) Ação da Palavra Divina (v. 24d-e)
V – Conclusão (v. 25)

## 2.5. Crítica do gênero literário e seu contexto histórico

  Pelo teor do texto, a perícope de 2Rs 2,1-25 como um todo pode ser considerada pertencente ao gênero lenda – de fato, tornou-se frequente essa associação com as histórias de Eliseu[485]. Mais precisamente, uma lenda pessoal, comum nos ciclos de Elias e de Eliseu, na qual o santo e o imitável se unem em torno da figura profética[486]. Entretanto, com mais frequência classifica-se essa perícope como lenda profética, recorrente tanto no ciclo de Elias quanto no de Eliseu, na qual o profeta é um modelo de piedade, virtude e obediência, em geral efetuando atos milagrosos, tais como curas e "ressuscitamento" de mortos[487]. Isso é confirmado por alguns elementos apresentados numa tabela mostrada por C. M. D. Silva: a perícope analisada pode ser enquadrada nesse gênero, com uma situação de crise (v. 1-6.19.23a-e) e palavras proferidas (v. 9.21.24a-c) que produzem um efeito (v. 10-15.22.24e)[488]. Y. Shemesh sugere uma espécie de subcategoria: entende que enquadrar as histórias de Eliseu como lenda profética ou, ainda, narrativa

---

485. MOORE, R. D., God Saves, p. 30-31. A. Rofé especifica que todo o ciclo de Eliseu pode ser enquadrado no gênero *vita*, o qual supera o caráter fragmentário da lenda (ROFÉ, A., Storie di profeti, p. 55-60; VAN SETERS, J., Em busca da História, p. 314); D. R. Davis prefere falar de "narrativa simbólica" (DAVIS, D. R., 2 Kings, p. 29).

486. SCHREINER, J., Formas y géneros literários en el Antiguo Testamento, p. 262.

487. GRABBE, L. L., 1 & 2 Kings, p. 19-20. Convém aqui rever o que já foi dito na seção 1.5 acerca do assunto.

488. Cf. seção 1.5 e SILVA, C. M. D., Metodologia de exegese bíblica, p. 270. Cf. tb. BELEM, D. F., Da Palavra sai vida e morte, p. 37.

profética parece obscurecer seu real caráter distintivo; em vez disso, prefere a especificação de hagiografia profética[489].

Mas podem ser identificados outros gêneros literários. Nos v. 1-18 haveria uma "narrativa de demonstração profética", objetivando mostrar o escopo e a natureza do poder do profeta e qualificá-lo como genuíno. Os v. 19-25b poderiam ser classificados, por outro lado, como uma "narrativa de demonstração de poder", uma subdivisão da "estória de palavra profética"[490]. Esses gêneros apontariam para o conjunto dos v. 1-25 como uma "narrativa de legitimação profética", o que confirmaria a temática em torno da sucessão profética de Elias por Eliseu[491]. Ainda nos v. 11-12 encontra-se um "relatório de visão"; e algumas "expressões formulaicas" menores podem ser identificadas em passagens pontuais: o juramento (v. 2.4.6); a descrição estereotipada de aflição (v. 12); e a imagem convencional de submissão respeitosa à autoridade (v. 15.19). O v. 25 poderia ser compreendido simplesmente como uma "notícia de itinerário"; mas toda a narrativa de 2Rs 2,1-25 é influenciada pelas convenções de itinerário, a exemplo do visto em 1Rs 19,1-18, um recurso que objetiva conceder à narrativa suspense e foco[492].

Com relação aos v. 1-18, tanto podem ser classificados como narrativa profética quanto como lenda biográfica[493]. A. Rofé defende ser um exemplo de *vita*, a qual buscava narrar os inícios da vida de um homem de Deus e a maneira como recebe seus poderes sobrenaturais, que lhe permitem operar milagres e prodígios. Mas esse gênero também tentava mostrar o fim de sua carreira, abordando se o homem de Deus morreria como qualquer outro, ou se seria possível de alguma forma escapar da morte, numa espécie de imortalidade – transmitindo, assim, às gerações futuras, todas as particularidades dessa maravilhosa existência. Por isso, nos v. 1-18 Eliseu é o personagem principal, pois o "desaparecimento" de Elias

---

489. SHEMESH, Y., The Elisha Stories as Saint's Legends, p. 1. Cf. tb. BELEM, D. F., Da Palavra sai vida e morte, p. 37-38. Como ponderado por K. Luke, que propõe o termo similar "hagiologia", a qual seria uma narrativa acerca do *hagios*, o "santo", evita-se aqui um certo "prejuízo" pelo uso da denominação "lenda", em prol de um mais "pronunciadamente teológico" (LUKE, K., Elijah's Ascension to Heaven, p. 187). J. A. Montgomery utiliza para 2Rs 2,1-25 o termo "hagiologia", mas pondera que esse gênero florescerá de fato apenas com o advento da literatura do Novo Testamento (MONTGOMERY, J. A., A Critical and Exegetical Commentary on the Books of Kings, p. 353).

490. HOBBS, T. R., 2 Kings, p. 16. Ainda para os v. 1-18, C. M. D. Silva classifica como "relato de ascensão", comparável à "brevíssima narrativa acerca do patriarca Henoc, em Gn 5,24": SILVA, C. M. D., Metodologia de exegese bíblica, p. 277-278.

491. DE VRIES, S. J., Prophet Against Prophet, p. 54. K. Baltzer reconhece nomear como "instalação", tendo como modelo certos textos egípcios, mas prefere restringir apenas ao conjunto dos v. 1-18 (BALTZER, K., Die Biographie der Propheten, p. 101-102). B. O. Long entende que a noção de "legitimação" de Eliseu parece ser restritiva demais (LONG, B. O., 2 Kings, p. 29).

492. LONG, B. O., 2 Kings, p. 21; 29-30.

493. RENDTORFF, R., Introduzione all'Antico Testamento, p. 155-156.

objetiva evidenciar as origens dos poderes miraculosos de Eliseu – pelo que esses versículos já são reputados como ciclo de Eliseu. Assim, há um novo gênero que ultrapassa os pressupostos da lenda profética; porém a passagem da lenda para a *vita* deu-se num processo lento, tendo início justamente com as histórias de Eliseu e depois florescendo entre tradições de "homens santos" tanto no judaísmo quanto no islamismo[494].

Há divergências sobre a classificação do gênero literário para o conjunto dos v. 19-25. Tanto os v. 19-22 quanto os v. 23-25 podem ser tratados como "anedotas"[495] ou "lendas simples", em que se conta "um simples milagre com suas circunstâncias imediatas"[496]. A expressão כֹּה אָמַר יְהוָה é identificada como "uma fórmula do enviado que pode aparecer como introdução de uma palavra com a qual se realiza um milagre", e conclui-se que em 2,19-22 há uma palavra de salvação[497] – uma "fórmula justificante do mensageiro", como sinal de que suas palavras, sem dúvida, são de YHWH[498]. Essa "palavra de salvação" ainda pode ser definida como "promessa de salvação", uma subdivisão do oráculo salvífico, por responder diretamente a uma queixa formulada e por faltarem tanto a interpretação quanto o consolo salvífico[499]; ou melhor, como "anúncio de salvação", um "simples anúncio, que, por não se ancorar no agir de Deus no passado, apresenta-se menos garantido que a promessa de salvação"[500] – constituindo, portanto, o gênero do texto de 2,19-22 na sua totalidade[501].

---

494. ROFÉ, A., Storie di profeti, p. 52-56. Concentrando-se não em Eliseu, mas na figura de Elias, W. Vogels analisa a importância na tradição cristã para além da judaica e da muçulmana, e como os *fioretti* de Francisco de Assis, um compêndio dos atos do grande santo, deram continuidade a esse gênero literário (VOGELS, W., Elie et se fioretti, p. 9-58; cf. tb. SICRE DIAZ, J. L., Introdução ao profetismo bíblico, p. 157). Tanto Elias quanto Eliseu são importantes igualmente para a ordem carmelita (CONNERS, Q. R., Elijah and Elisha, p. 235). Sobre o impacto de um "culto" ou uma reverência a Elias tanto no Ocidente quanto no Oriente cristãos, cf. FERRARIS, D., Il culto del profeta Elia tra Oriente e Occidente, p. 47-64. Ou seja, se o ciclo de Eliseu deixa mais evidente do que o de Elias essa "reverência", quase "culto" ao homem de Deus que opera grandes atos portentosos, foram as tradições concernentes a Elias que deixaram sua "marca cultual" nas três religiões abraâmicas.

495. CARLSON, R., Élisée – Le Successeur D'Élie, p. 398; GRAY, J., I & II Kings, p. 465; MCKENZIE, S. L., 1 Kings 16–2 Kings 16, l. 6597-6598; WÜRTHWEIN, E., Die Bücher der Könige: 1 Kön. 17-2 Kön. 25, p. 277-278. R. Rendtorff observa que "alguns dos contos de Eliseu são contos de milagres, centrados sobre um único milagre, cujos efeitos não se estendem para além do contexto limitado em que foi realizado" (RENDTORFF, R., Introduzione all'Antico testamento, p. 156). Cf. tb. BELEM, D. F., Da Palavra sai vida e morte, p. 38.

496. ROFÉ, A., The Classification of the Prophetical Stories, p. 430.

497. RENDTORFF, R., Introduzione all'Antico Testamento, p. 158-159.

498. SCHREINER, J., Formas y géneros literários en el Antiguo Testamento, p. 274.

499. SCHREINER, J., Formas y géneros literários en el Antiguo Testamento, p. 281.

500. LIMA, M. L. C., Mensageiros de Deus, p. 105.

501. BELEM, D. F., Da Palavra sai vida e morte, p. 38.

Há uma dificuldade maior em detectar a que gênero pertencem os v. 23-24. Por isso, D. Marcus propõe uma classificação diferente: ele vê aqui uma "sátira", com os seguintes elementos: situações fantásticas, como o olhar de Eliseu e a súbita aparição tanto das ursas quanto das florestas; o grotesco de crianças serem despedaçadas pelas ursas; o exagero no número de vítimas e na punição desproporcional à ofensa; a ironia de um profeta habituado a ajudar os outros aparecer como vingativo, usando ainda por cima o nome de YHWH; o ridículo de Eliseu ser chamado de "careca"; e uma situação burlesca envolvendo o hirsuto Elias e sua ascensão aos céus[502]. Eliseu nos v. 23-25 seria alvo de sátira e sujeito ao ridículo devido ao seu comportamento impróprio[503], posto como uma espécie de profeta caprichoso ao lado do "velho profeta" de 1Rs 13 e de Jonas, a quem é lançada uma crítica de "abuso de poder profético", por invocar uma maldição de severidade abominável contra uma ofensa que parece branda; e, portanto, seria uma advertência para que autoridades não sejam como Eliseu[504]. Ao invés de advertir o povo a respeitar os profetas, o objetivo seria diametralmente oposto: condenar o comportamento do profeta, e não dos rapazes[505]. Entretanto, o próprio Marcus reconhece que "um texto pode ser identificado como uma sátira se tem um alvo que é objeto de ataque"[506], e não parece que Eliseu seja esse alvo. Seria estranho que em meio a tantas demonstrações de respeito e deferência, como "meu senhor" (2Rs 2,19; 4,28; 6,5.15; 8,12), "teu servo" (2Rs 4,1-2; 5,15-18; 6,3; 8,13), "meu pai" (2Rs 6,21; 13,14) e "teu filho Ben-Adad" (2Rs 8,9)[507], essa fosse a única parte do ciclo de Eliseu com um posicionamento desfavorável ao profeta[508].

---

502. MARCUS, D., From Balaam to Jonah, p. 46-61. A menção do "caráter vingativo" de Eliseu faz com que C. M. D. Silva veja aqui o mesmo gênero que havia proposto para 2Rs 1,1-18, sob o título "vingança do mensageiro contrariado" (rever seção 1.5), nos seguintes elementos: (c) os "rapazes pequenos" de Betel zombam de Eliseu, contrariando o mensageiro divino (v. 23); (d) Eliseu os amaldiçoa em nome de YHWH (v. 24a-c); (e) a maldição surte efeito, pois duas ursas despedaçam 42 moleques (v. 24d-e). Entretanto, assim como em 2Rs 1,1-18 falta o elemento (b), quando em nome de YHWH o mensageiro entrega uma mensagem. Além disso, aqui em 2Rs 2,23-25 também falta o elemento (a), a pré-história (SILVA, C. M. D., Quando o mensageiro divino é vingativo, p. 105; cf. tb. SILVA, C. M. D., Metodologia de exegese bíblica, p. 339-340).

503. MARCUS, D., From Balaam to Jonah, p. 8.

504. MARCUS, D., From Balaam to Jonah, p. 164-168.

505. MARCUS, D., From Balaam to Jonah, p. 64.

506. MARCUS, D., From Balaam to Jonah, p. 9.

507. SHEMESH, Y., The Elisha Stories as Saint's Legends, p. 39.

508. SHEMESH, Y., The Elisha Stories as Saint's Legends, p. 9. Na mesma página, Y. Shemesh comenta acerca da possível inclusão da história da sunamita e de seu filho, a qual aparentemente intenciona ensinar uma lição ao profeta. Para este parágrafo, cf. tb. BELEM, D. F., Da Palavra sai vida e morte, p. 38-39. Não obstante, deve-se reconhecer que os profetas com frequência usam sátira e técnicas satíricas, como o sarcasmo de Elias aos devotos de Baal (1Rs 18,27): cf. MARCUS, D., From Balaam to Jonah, p. 7-17.

Com temas tão distintos em toda a perícope, o gênero dominante, "aquele que o caracteriza em sua totalidade e que atua como fator de integração"[509], é o da lenda profética – ou melhor, o da hagiografia profética, na nomenclatura proposta por Y. Shemesh[510].

Sobre *Sitz im Leben*, B. O. Long comenta:

> O *Sitz im Leben* e a função social das histórias de milagre sobre os profetas podem ser visualizados em termos diferentes dos da veneração dos profetas por certa gente piedosa. [...] A questão pode ser posta se atitudes de veneração teriam sido ou não importantes em modelar e transmitir, por exemplo, as histórias acerca dos feitos miraculosos de Eliseu. Parece provável que contar e recontar histórias de milagre sobre os grandes profetas do passado teria uma finalidade imediata no sentido de reforçar a instituição da profecia, a qual foi grandemente pressionada por agitação em toda a parte[511].

Ou seja: a principal motivação dessas lendas proféticas, independentemente de sua época, foi de reavivar uma instituição que parecia estar decadente, porém era importante para a época da redação. A passagem notável de um profeta a outro, única na história do profetismo e modelada segundo a sucessão de Moisés por Josué, evoca um arquétipo canônico mais amplo, ultrapassando um interesse "meramente" biográfico[512], pelo que R. P. Carroll ainda levanta outra hipótese:

> [...] parte da motivação por trás da seleção de princípios utilizados pelos compiladores dos volumes foi o desejo de apresentar o material profético formado pelo modelo do profeta mosaico. Assim, as lendas de milagres de Eliseu foram selecionadas para ilustrar certo caráter mosaico naquele trabalho do profeta. A verdade é que existe outra possibilidade, nomeadamente que as lendas surgiram no Reino do Norte já modeladas por um mito da sucessão profética de uma ordem mosaica. Por conseguinte, as sagas quase que poderiam ser consideradas um experimento, ou modelo, baseado em um dogma do profeta como Moisés[513].

---

509. LIMA, M. L. C., Exegese bíblica, p. 124.

510. SHEMESH, Y., The Elisha Stories as Saint's Legends, p. 1. Cf. tb. BELEM, D. F., Da Palavra sai vida e morte, p. 39.

511. LONG, B. O., The Social Setting for Prophetic Miracle Stories, p. 46. Cf. tb. BELEM, D. F., Da Palavra sai vida e morte, p. 40.

512. LONG, B. O., 2 Kings, p. 31.

513. CARROLL, R. P., The Elijah-Elisha Sagas, p. 413. Cf. tb. BELEM, D. F., Da Palavra sai vida e morte, p. 40.

Pode-se concluir com W. Brueggemann: a "prática diária disponível e visível, constituída e empreendida de forma humana, implementa as conexões definidoras" entre YHWH e Israel para além do texto escrito; e, não obstante haver o texto começado por transmissão oral, o habitat natural de YHWH está nessas práticas de milagres a favor de seu povo[514].

Assim, conclui-se que o *Sitz im Leben* de 2Rs 1,1-25 estaria relacionado à perene validade da palavra profética na vida cotidiana do povo, mesmo quando o movimento profético estivesse relegado ao passado de Israel. A palavra profética estaria viva não apenas através da escrita, mas principalmente também através da atuação milagrosa junto ao povo comum, objetivando diminuir ao máximo a suposta distância entre a tradição escrita e as camadas mais baixas da população. Isso explicaria também um gênero de hagiografia que ultrapassa os limites de uma "mera" biografia profética[515].

---

514. BRUEGGEMANN, W., Teologia do Antigo Testamento, p. 748-749.

515. Se estas observações acerca do *Sitz im Leben* servem para toda a perícope, alguns autores ainda salientam que, por trás dos v. 23-24, estaria o objetivo de instilar o medo nos jovens para levá-los a respeitar os mais velhos, um intento claramente didático (COGAN, M.; TADMOR, H., II Kings, p. 355). Cf. tb. BELEM, D. F., Da Palavra sai vida e morte, p. 40.

# Capítulo 3 | A autoridade da palavra de YHWH (2Rs 1,1-18)

## 3.1. Introdução (v. 1-2c)

Se a princípio o v. 1 parece deslocado, ele consiste no contexto histórico pelo qual a dinastia de Amri encontra seu destino. E há uma ligação intrínseca com o v. 2: se há possibilidade de os moabitas terem se rebelado aproveitando a notícia do que ocorreu com Ocozias no v. 2, o texto coloca os dois fatos lado a lado, como que para evidenciar um "duplo julgamento" pelos pecados de Ocozias[516]; e está de acordo com o sumário exposto antes em 1Rs 22,52, relacionando a revolta de Moab com os reinados tanto de Acab quanto de Ocozias, avaliados negativamente[517]. Por outro lado, como o texto coloca, o que teria animado os moabitas à revolta seria a morte de Acab em si, pois a força militar comprovada desse rei em batalhas desencorajaria qualquer "movimento de libertação mais importante enquanto ele vivesse"[518].

Segundo a Pedra Moabita (a "estela de Mesa", ANET 320-321), Moab foi controlado por Israel nos dias de Amri e em metade dos dias de seus filhos; a rebelião poderia ter ocorrido no segundo ano de Ocozias[519]. A inscrição parece suportar a historicidade dessa rebelião, como ocorrendo nos dias do filho (ou descendente) de Amri, seguindo um período de quarenta anos de dominação israelita – o que se conformaria em cifras arredondadas aos doze anos de reinado

---

516. BARBER, C. J., The Books of Kings, p. 11-12.

517. FRETHEIM, T. E., First and Second Kings, p. 131; LANGE, J. P. et al., A Commentary on the Holy Scriptures, p. 4.

518. BUTLER, J. G., Analytical Bible Expositor, p. 185; CHAMPLIN, R. N., II Reis, I Crônicas, II Crônicas, Esdras, Neemias, Ester, Jó, p. 1470; MCKENZIE, S. L., 1 Kings 16–2 Kings 16, l. 6064-6069; WOLFGRAMM, A. J., Kings, p. 163-164.

519. WISEMAN, D. J., 1 e 2 Reis, p. 169.

de Amri e aos 22 anos de reinado de Acab[520]. Segundo P. Berlyn, não haveria um domínio territorial em si de Israel sobre Moab, pelo que os moabitas reivindicariam uma independência estatal em relação a Israel[521]. Talvez em sinal de desprezo, Mesa não cita de maneira direta o filho de Amri, Acab, mas a menção do filho seria a um descendente, é provável que Jorão, irmão de Ocozias – o que concordaria com a revolta tendo se consumado nos dias desse rei, de acordo com 2Rs 3,5, embora iniciada nos estertores do reinado de Ocozias, conforme 2Rs 1,1[522]. Nota-se que, enquanto 1,1 coloca o confronto entre dois povos – Moab revoltando-se contra Israel –, em 3,5 o conflito é posto diretamente entre os reis dos dois povos – o rei de Moab revoltou-se contra o rei de Israel (algo mais de acordo com a temática da perícope de 3,1-27 de um conflito envolvendo vários reis).

Os relatos bíblicos associam o domínio sobre Moab retrocedendo aos tempos de Davi, como encontra-se em 2Sm 8,2[523]. Ainda por esses relatos, existem íntimas relações entre Davi e os moabitas, pois Rute é descrita como antepassado do grande rei (Rt 4,13-22). Nas tradições relacionadas ao Pentateuco, Moab é o filho da filha mais velha de Ló com o próprio pai (Gn 19,30-38): se a história bíblica mostra Israel considerando os moabitas como parentes, estes eram desprezados por suas origens incestuosas, pelo que, nos livros de Samuel, Moab aparece em listas dos inimigos de Israel (1Sm 14,47; 2Sm 8,2.11-12). Na obra de Reis, Moab é mencionado em 1Rs 11,7.33 para servir ao propósito de demonstrar como o pecado da idolatria contribuiu para a separação do reino e o exílio[524]. Moab ocupa um lugar de "destaque nos oráculos proféticos de julgamento contra as nações, sendo considerada uma inimiga que se aproveitou de Israel" (Is 15–16; Am 2,1-3; Jr 48); e no período pós-exílico exemplifica o povo vizinho que pode desviar o Israel restaurado por meio de casamentos mistos (Esd 9,1)[525].

---

520. BEAL, L. M. W., 1 & 2 Kings, p. 294; SWEENEY, M. A., I & II Kings, p. 267.

521. BERLYN, P., The Wrath of Moab, p. 218.

522. LUND, J. A., Moabe, p. 929. Há a possibilidade de menção a prisioneiros israelitas durante a rebelião de Moab (EMERTON, J. A., Lines 25-6 of the Moabite Stone and a Recently-discovered Inscription, p. 293-303). Acerca das relações da estela de Mesa com a formação "estatal", ou pelo menos uma "unificação" de Moab, cf. ROUTLEDGE, B., The politics of Mesha, p. 221-256. Independentemente de sua real situação política, era uma das três forças da Idade do Ferro, junto com Amon ao Norte e Edom ao Sul (TEBES, J. M., The Mesha inscription and relations with Moab and Edom [en línea], p. 286-287). Cf. ainda DEARMAN, J. A.; MATTINGLY, G. L., Mesha Stele, p. 708-709; MILLER, J. M., Moab (Place), p. 882-893; THOMPSON, T. L., Mesha and Questions of Historicity, p. 241-260.

523. KEIL, C. F.; DELITZSCH, F., The Books of Kings, 1 and 2 Chronicles, p. 201.

524. LEITHART, P. J., 1 & 2 Kings, p. 166; LUND, J. A., Moabe, p. 929-930. Na obra de Reis, Moab ainda é mencionado de forma extensa em 2Rs 3,1-27 e em 13,20; 23,13; 24,2 – sempre negativamente (EVEN-SHOSHAN, A., A New Concordance of the Bible, p. 629).

525. KAISER, W. C., מוֹאָב, p. 812-813; LUND, J. A., Moabe, p. 931.

A rebelião de Moab é descrita pela raiz hebraica פשע, frequentemente utilizada para contextos tanto legais quanto cultuais, para crimes sujeitos às devidas penalidades; mas aqui se estende e denota a rebelião de um rei contra seu suserano (1Rs 12,19; 2Rs 8,22). Por sua vez, as rebeliões de Judá contra Assíria e Babilônia são definidas pela raiz מרד (2Rs 18,7; 24,1.20). Nas inscrições assírias, o acadiano *ḫaṭû*, "cometer um erro, praticar uma ofensa", carrega o sentido de quebra de uma relação de vassalagem[526]. Portanto, embora não pertença ao vocabulário deuteronomista típico, utiliza-se פשע em contextos de quebra de dependência política, e na literatura profética salienta-se a ruptura de aliança entre Israel com YHWH, a exemplo do visto em Os 7,13 – fazendo com que os significados "político" e "religioso" da raiz estejam relacionados[527]. Não deixa de ser notório que, enquanto o sucessor um tanto piedoso de Asa no reino de Judá, Josafá, mantém suserania sobre Edom (1Rs 22,47), o filho idólatra de Acab no reino de Israel perde essa suserania sobre Moab; e que, justamente durante o reinado do sucessor idólatra de Josafá no reino de Judá, Jeorão, Edom se revolta (2Rs 8,16-24, mesma raiz פשע usada em 2Rs 1,1)[528]. A revolta de Moab é apenas a primeira de uma sequência de ameaças que põem em xeque as pretensões imperiais tanto de Israel quanto de Judá (2Rs 3,5-27; 5,1; 6,24; 8,20-22; 10,32-33; 12,17-18), salientando que, enquanto o poder real sofre ameaça constante, a palavra profética persiste[529].

A menção da "morte de Acab" serve para evidenciar que a "era de Acab" está terminando[530]. Existe, portanto, o propósito de "fechar" uma etapa da história de Israel e "abrir" outra. Um modelo parece estar em Gn 25,11: em tais períodos de mudança, uma significativa época da história de Israel termina com mortes de figuras proeminentes, tais como Abraão, Moisés, Josué e Samuel. Notório ainda é o silêncio acerca do ministério de Elias após a morte de Acab, pelo

---

526. COGAN, M.; TADMOR, H., II Kings, p. 21-22; KNIERIM, R., פֶּשַׁע, p. 1034-1035. Em contextos políticos, os únicos objetos preposicionais de מרד são reis, enquanto os objetos preposicionais relacionados a פשע incluem nomes de países, como em 2Rs 1,1 (SCHWIENHORST, L., מָרַד, p. 2).

527. KNIERIM, R. פֶּשַׁע, p. 1036; RINGGREN, H.; SEEBASS, H., פָּשַׁע, p. 135-139. Acerca da tese de H. Ringgren e H. Seebass, segundo a qual o contexto de delito ou transgressão da raiz פשע envolva tanto o âmbito religioso quanto político, E. Carpenter e M. A. Grisanti preferem salientar que, se transgressão ou delito seriam apropriados para Salmos e Provérbios, deixam de atender à maioria dos textos históricos e proféticos. Mas a análise na verdade enfatiza o substantivo derivado פֶּשַׁע, e não a raiz propriamente dita (CARPENTER, E.; GRISANTI, M. A. פֶּשַׁע, p. 704-708). De fato, a não ser no Pentateuco, o uso mais comum da raiz פשע é de rebelião política (HOBBS, T. R., 2 Kings, p. 7); mas a ligação entre "pecado" e "rebelião" expressa especificamente o deliberado desafio provocativo daquilo que é admitido como a vontade divina (GRAY, J., I & II Kings, p. 460). Dessa forma, enquanto a raiz pode evocar tanto o religioso quanto o político, o substantivo estaria mais relacionado ao religioso (LIVINGSTON, G. H., פָּשַׁע, p. 1246-1248).

528. PROVAN, I. W., 1 & 2 Kings, p. 170.

529. LONG, B. O., 2 Kings, p. 8.

530. HOBBS, T. R., 2 Kings, p. 4.

menos até o episódio que envolve sua confrontação com o Rei Ocozias, sucessor de Acab. Igualmente não há nenhuma menção à "nêmesis" do Profeta Elias, a Rainha Jezabel[531].

Acab, אַחְאָב, significa "irmão do rei", o que poderia ser um nome monárquico que indicasse ter ocupado a posição de corregente com seu pai, o fundador da dinastia de Amri. Por isso, as datas exatas de seu reinado são disputadas: 871-852 a.C.; 874-853 a.C.; ou 875-854 a.C.[532] Não foi um rei incompetente, ou indolente do ponto de vista político: expandiu o que seu pai havia conquistado, mantendo alianças com Sidônia (selada com o casamento da Princesa Jezabel, 1Rs 16,31), Judá e possivelmente o Egito; e construiu cidades e fortaleceu o poderio militar, de tal forma a trazer Israel para um lugar de destaque no cenário internacional. É provável que a aliança com os fenícios estaria relacionada a disputas territoriais mais do que à garantia da paz; contudo, não percebeu o valor do bem-estar moral, recebendo a repreensão do relato bíblico ao ser leniente com o culto a Baal, influenciado por Jezabel (1Rs 16,31-34) – ainda que os nomes teofóricos dados a seus filhos indiquem que sua devoção particular continuaria javista[533].

A morte de Acab refere-se, de modo mais específico, ao contexto da tragédia ocorrida em campo de batalha, descrita em 1Rs 22,34-38[534]. Lembra ainda

---

531. GARSIEL, M., From Earth to Heaven, p. 143. Éfren de Nisibi declara que a consulta a Baal teria sido aconselhada justamente por Jezabel, pois ela teria dominado seus filhos assim como dominara antes Acab (CONTI, M. et al., 1-2 Reyes, 1-2Crónicas, Esdras, Nehemías, p. 202).

532. GRAY, J., I & II Kings, p. 367; PIENAAR, D. N., Acabe, p. 355; THIEL, W., Ahab (Person), p. 100. Para a questão das datas, cf. tb. ANDERSEN, K. T., Die Chronologie der Könige von Israel und Juda, p. 69-114.

533. BERLYN, P., Elijah's Battle for the Soul of Israel, p. 53; PIENAAR, D. N., Acabe, p. 355-356; THIEL, W., Ahab (Person), p. 101. A importância de Acab como figura internacional pode ser confirmada em ANET 278-279, onde Acab participou ativamente junto com 10 mil soldados da bem-sucedida campanha de uma coalizão contra o avanço assírio em Qarqar (YATES, G. E., The Motif of Life and Death in the Elijah-Elisha Narratives and its Theological Significance in 1 Kings 17 – 2 Kings 13, p. 23). Cf. tb. LIVERANI, M., Antigo Oriente, p. 551-553. A aliança entre Tiro e Israel poderia ainda objetivar neutralizar o poderio crescente do reino arameu de Damasco (HOUSE, P. R., 1, 2 Kings, p. 211-212). Sobre o papel das cidades fortificadas no Israel amrida, cf. PIENAAR, D. N., The Role of Fortified Cities in the Northern Kingdom During the Reign of the Omride Dynasty, p. 151-157. Acerca dos nomes teofóricos, escavações em Samaria evidenciam nomes relacionados tanto a YHWH quanto a Baal, o que evidenciaria uma adoração de ambas as divindades lado a lado (GRABBE, L. L., 1 & 2 Kings, p. 88), algo que parece pressuposto por Oseias em 1,4 (HADLEY, J. M., Baal, p. 421); havia um "pluralismo religioso" no Israel Antigo, combatido (e até "ocultado") pela ideologia deuteronomista (DE MENEZES, R., Religious Pluralism in the Old Testament, p. 834-844). Cf. tb. KÜHLEWEIN, J., בַּעַל, p. 247; WÉNIN, A., O homem bíblico, p. 135. Sobre os aspectos históricos de Acab e da dinastia amrida em geral e sobre como as descobertas arqueológicas contribuíram para tal, cf. tb. FINKELSTEIN, I., O reino esquecido, p. 107-145. Apesar dos nomes teofóricos, nas p. 143-145, I. Finkelstein mostra como ainda há dados arqueológicos insuficientes para a apreciação da real natureza do culto do Israel Norte. Aliás, a reconstrução histórica do Reino do Norte como um todo a partir dos dados arqueológicos coletados até o momento, ainda que "interessante", deve ser "cautelosa" (LIVERANI, M., Antigo Oriente, p. 560).

534. BARNES, W. H., Cornerstone Biblical Commentary, p. 194.

a profecia antes dada: não obstante o duro juízo acerca da morte de Acab, pelo qual seu sangue seria lambido por cães, e do anúncio de que cada macho em sua casa, fosse livre ou escravo, seria destruído (1Rs 21,21), em razão da demonstração de arrependimento sua dinastia seria terminada apenas com seus filhos, ou seja, após a sua morte[535]. Essa menção lembra igualmente que, ao contrário do que supõe Ocozias na sequência, Baal não é deus de vida, e sim traz morte aos seus devotos[536].

O sucessor Ocozias, no hebraico אֲחַזְיָהוּ, significa "YHWH segurou, agarrou", podendo ficar subtendido o ato com intenção de busca da proteção divina[537]. Se o nome teofórico foi dado com esse objetivo, por sua vez a raiz אחז geralmente aplica-se a ações hostis e violentas, e pode-se conjecturar que, em razão do desenvolvimento de toda a história esboçada em 2Rs 1,1-18, o significado intencionado pelo hagiógrafo poderia ser de YHWH ter "agarrado", "segurado" Ocozias para julgamento[538].

O reinado de Ocozias em Israel durou pouco mais de um ano; se as datas de Acab são disputadas, igualmente as suas o são: 852-851 a.C.; 853-852 a.C.; ou 854-853 a.C. Um período tão curto de reinado foi insuficiente para levar adiante ou modificar as políticas de seu pai. No âmbito doméstico, é provável que tenha continuado a se equilibrar entre os cidadãos israelitas e a população cananeia; entretanto, os três fatos que se destacam no relato bíblico de sua carreira são: uma oferta para participar de uma missão naval em conjunto com o Rei Josafá de Judá, oferta recusada por esse (1Rs 22,49-50); a revolta de Moab, iniciada em seu reinado (2Rs 1,1); e a sua queda por entre o gradeamento do balcão (2Rs 1,2)[539].

---

535. MISCALL, P. D., Elijah, Ahab and Jehu, p. 75-77. Cf. tb. MILLER, J. M., The Fall of the House of Ahab, p. 307-324.

536. YATES, G. E., The Motif of Life and Death in the Elijah-Elisha Narratives and its Theological Significance in 1 Kings 17 – 2 Kings 13, p. 3.

537. BROWN, F.; DRIVER, S. R.; BRIGGS, C. A., אֲחַזְיָהוּ, p. 28; KOEHLER, L. et al., אֲחַזְיָהוּ, p. 32.

538. KONKEL, A. H., אחז, p. 345; SCHMID, H. H., אחז, p. 82. Na p. 347, A. H. Konkel pondera que "não há nenhuma importância teológica particular anexa ao conceito de segurar" e que esse é um dos vários verbos "usados em uma metáfora de escolha e cuidado divinos".

539. THIEL, W., Ahaziah (Person), p. 107-109. Com relação às datas propostas, I. Finkelstein declara que não vê razão para duvidar dos nomes, ordem e datas propostas para esses reis. Se Ocozias de Israel de fato tentou mudar ou continuar as políticas de seu pai não há evidências para tal, pois mesmo sua existência histórica não pode ser comprovada, uma vez que apenas seu homônimo rei de Judá tem atestação arqueológica mediante a estela de Tel Dan (FINKELSTEIN, I., O reino esquecido, p. 86-87). Se não se deve confundir Ocozias de Israel com o homônimo que reinou em Judá, mencionado em 2Rs 8,24-29; 9,16.21-29; 10,13-14, por outro lado não deixa de ser notório como reis homônimos participam dos acontecimentos perto do fim de ambas as carreiras de Elias e de Eliseu. Sobre as tensões entre as duas camadas da população, israelita e cananeia, bem como o reflexo das condições socioeconômicas da época amrida, cf. SCHEFFLER, E. Royal Care for the Poor in Israel's First History, p. 160-174; TODD, J. A., The Pre-Deuteronomistic Elijah Cycle, p. 3-11. Essas diferenças socioeconômicas poderiam explicar também um

O balcão, עֲלִיָּה, poderia ser um aposento superior com corrimãos entrelaçados ou janelas, como parte do segundo pavimento, não apenas uma "câmara no sótão" com sacada, ou alguma construção síria sustentada por pilares do tipo *bit-hilani*[540]; mas costumava ser uma câmara sobre o teto de uma casa, construída sobre um portão da cidade (2Sm 19,1) ou no canto de um telhado de casa (Ne 3,31), seja numa moradia comum (1Rs 17,19.33), seja num palácio (Jz 3,20). Importante é a descrição de uma עֲלִיָּה no templo (1Cr 28,11; 2Cr 3,9), inclusive para se referir à morada de Deus (Sl 104,3.13). Usualmente dispunham de uma escadaria para acesso. O balcão de Ocozias seria rodeado por alguma espécie de cerca. Ao que tudo indica, Ocozias chegou perto demais; a cerca partiu-se, e ele desabou. Ou então haveria uma grade protetora em uma larga janela aberta, que deixava entrar ar para ventilação; Ocozias apoiou-se nessa grade, ela cedeu, e ele caiu. A queda não o matou de imediato, mas o feriu de tal modo que ele nunca mais se recuperou[541]. Para Flávio Josefo (*Antiguidades judaicas* 9.2.1), o acidente ocorreu quando Ocozias descia do telhado de seu palácio[542]. As reais circunstâncias permanecem ocultas no texto, até mesmo pela imprecisão do termo técnico para o gradeamento, שְׂבָכָה [543].

Mais importante do que a real natureza do gradeamento, a palavra hebraica para descrevê-la é a mesma utilizada para a decoração nos dois pilares de bronze na entrada do templo de Salomão (1Rs 7,17-18.41-42; 2Rs 25,17; 2Cr 4,12-13; Jr 52,22-23); em Jó 18,8 é utilizada para designar uma armadilha para animais; e uma palavra da mesma raiz representa o entrelaçamento de galhos que prenderam os cabelos de Absalão, deixando-o dependurado (2Sm 18,9). Há, portanto, um forte simbolismo da queda "física" de Ocozias para uma queda "espiritual" em relação à adoração de YHWH, um "retrato" do tema de YHWH *versus* Baal,

---

possível conflito entre os nômades adeptos de YHWH com as populações já estabelecidas em Canaã e aderentes ao culto de Baal (DE MOOR, J. C.; MULDER, M. J., בַּעַל, p. 199). Cf. tb. LIVERANI, M., Antigo Oriente, p. 541-564.

540. WISEMAN, D. J., 1 e 2 Reis, p. 169.

541. CHAMPLIN, R. N., II Reis, I Crônicas, II Crônicas, Esdras, Neemias, Ester, Jó, p. 1470. Cf. tb. BUTLER, J. G., Elijah, p. 214; JONKER, L., עֲלִיָּה, p. 421; OMANSON, R. L.; ELLINGTON, J. E., A Handbook on 1-2 Kings, p. 695. P. G. Ryken conjectura que o rei estivesse limpando as janelas – algo pouco provável em razão de sua posição como rei (RYKEN, P. G., 2 Kings, p. 6).

542. BEGG, C., Ahaziah's Fall (2 Kings 1), p. 26. Ao contrário do texto bíblico, há uma omissão da localização geográfica do palácio: Samaria. Enquanto o texto bíblico intenciona uma ênfase nessa informação, Flávio Josefo a consideraria redundante.

543. FRITZ, V., A Continental Commentary, p. 230. Para a tradição judaica seria um gradeamento colocado no solo do andar superior para permitir a entrada de luz nos andares inferiores (KEIL, C. F.; DELITZSCH, F., The Books of Kings, 1 and 2 Chronicles, p. 201). Provavelmente seria feita de madeira (BUTLER, J. G., Analytical Bible Expositor, p. 185; GRAY, J., I & II Kings, p.462-463; ROBINSON, J., The Second Book of Kings, p. 16).

ou do poder do profeta de YHWH *versus* o "poder" do monarca[544]. Assim como a flecha que atingiu Acab no campo de batalha (1Rs 22,34), a queda de Ocozias não foi acidental, não foi obra do "acaso"[545]. Logo, os acidentes não são simplesmente de ordem política, mas manifestações dos propósitos de YHWH[546]. Não há como deixar de perceber o irônico ponto de contato com 2Rs 9,30, em que Jezabel olha através de uma janela antes de ser jogada e morrer após a queda[547].

O simbolismo relacionado à queda é confirmado pela raiz נפל, que a princípio tem um significado neutro para o cair físico[548]. Entretanto, em muitas passagens o ato de cair aos pés de alguém significa não apenas humildade como também reconhecimento da superioridade desse alguém (como na atitude da mulher em relação a Eliseu em 2Rs 4,37). Em muitas passagens, o cair está associado à morte, à catástrofe; e o cair de Ocozias traz sérias consequências, das quais não se pode recuperar, a exemplo de 2Sm 4,4; Is 24,18.20[549]; por isso, mais de um quarto das ocorrências da raiz relaciona-se à morte. A raiz ainda é utilizada em contextos do "lançamento de sortes" (Jn 1,7) e como termo técnico para que algo não falhe, em especial que a palavra de YHWH não falhe, não "caia por terra" (2Rs 10,10)[550]. Todos esses dados corroboram o simbolismo de um "julgamento" que está "caindo" sobre Ocozias.

Ainda que as reais circunstâncias da queda estejam ocultas no texto, há a ênfase de que ele adoeceu. Por isso, para confirmar o quadro do juízo divino, o uso da raiz חלה lembra o conceito mosaico de saúde como sinal de benção, e enfermidade como sinal de maldição (Lv 26,16; Dt 28,22.27) – dentro de uma visão monista, ambos eram creditados a YHWH[551]. Mesmo sendo maldição divina, a doença leva à penitência e à confissão de pecados (1Rs 8,37-40; Is 38,9-20)[552].

---

544. BEAL, L. M. W., 1 & 2 Kings, p. 294; COGAN, M.; TADMOR, H., II Kings, p. 24; FOULKES, F., שׁוֹבָךְ, p. 1214; HOBBS, T. R., 2 Kings, p. 8; OMANSON, R. L.; ELLINGTON, J. E., A Handbook on 1-2 Kings, p. 694.

545. SWEENEY, M. A., I & II Kings, p. 269.

546. HOBBS, T. R., 2 Kings, p. 12.

547. MONTGOMERY, J. A., A Critical and Exegetical Commentary on the Books of Kings, p. 349.

548. FISHER, M. C., נפל I, p. 980.

549. SEEBASS, H., נָפַל, p. 491-494.

550. HARMAN, A. M., נפל, p. 132-133.

551. HARRISON, R. K., חלה, p. 138. Na mesma página, R. K. Harrison afirma: "Esse monismo teológico dominou o pensamento israelita até bem depois do exílio, quando a intrusão de superstições pagãs, no judaísmo, começou a permitir uma possível etiologia demoníaca para a enfermidade". Cf. tb. MCKENZIE, S. L., 1 Kings 16–2 Kings 16, l. 6189-6198; STOLZ, F., חלה, p. 426; WEBER, C. P., חָלָה I, p. 466-467. Ainda sobre as possíveis raízes desta etiologia no período persa, cf. DAVIES, P. R., Monotheism, Empire, and the Cult(s) of Yehud in the Persian Period, p. 24-35.

552. STOLZ, F., חלה, p. 427.

Interessante perceber como o estado de doente representado pela raiz חלה está em oposição à noção de שָׁלוֹם, um termo técnico para "paz", porém igualmente usado em sentido mais amplo para o estado normal de integridade, saúde – confirmando, portanto, a ligação com a revolta de Moab no v. 1[553].

A narrativa enfatiza que o acidente ocorreu em Samaria. Cidade fundada por Amri para servir de capital para o Reino do Norte, seu nome no hebraico, שֹׁמְרוֹן, seria proveniente da raiz שמר, "guardar", o que evocaria a ideia de proteção. Era uma bela capital, muito mais protegida do que a capital anterior, Tersa, a ponto de não ter sido destruída completamente pelos assírios[554]. Mas a cidade não oferecia proteção espiritual: Samaria é condenada na literatura profética por ser a "espinha dorsal da idolatria israelita": lar de ladrões (Os 7,1), é a "coroa da soberba" (Is 28,1-4), a "transgressão de Jacó" (Mq 1,5), cujos falsos profetas desencaminham o povo (Jr 23,13) – enfim, uma cidade digna de duro juízo (Am 4,1-4) mesmo anacronicamente (1Rs 13,32)[555]. A localização geográfica do acidente relaciona a queda com a busca, empreendida por Ocozias, de uma "proteção" na sequência narrativa.

## 3.2. O tema do envio (v. 2d-17b)

### 3.2.1. O envio dos mensageiros pelo rei (v. 2d-8e)

#### 3.2.1.1. A ordem do rei aos seus mensageiros (v. 2d-h)

No v. 2d, começa o tema do envio pelo uso da raiz שלח, a qual funcionará como um *Leitwort* para o corpo principal da narrativa nos v. 2d-17b. Essa raiz de fato monopoliza o tema, uma vez que a raiz לאך aparece no hebraico bíblico apenas através de substantivos derivados, tais como מַלְאָךְ – o qual também é importante dentro da narrativa e faz parte do mesmo campo semântico[556]. Com o sentido básico de "enviar", שלח é uma raiz trivalente, envolvendo três actantes: um "sujeito" (seja humano ou divino) envia o objeto direto (pessoal ou impessoal) para um determinado propósito ou objetivo a ser alcançado por um terceiro actante[557]. A partir do século VIII a.C., o comissionamento divino de profetas adquire um

---

553. SEYBOLD, K., חָלָה, p. 401.

554. HARTLEY, J. E., שֹׁמְרוֹן, p. 1588; PIENAAR, D. N., Samaria (שֹׁמְרוֹן), p. 1182; PURVIS, J. D., Samaria (Place), p. 915.

555. HARTLEY, J. E., שֹׁמְרוֹן, p. 1589. Cf. tb. BELEM, D. F., Da Palavra sai vida e morte, p. 93.

556. BOWLING, A., לאך, p. 762; DAHMEN, U.; VAN DER VELDEN, H., שָׁלַח, p. 52.

557. COLLINS, C. J., שׁלח, p. 120; DAHMEN, U.; VAN DER VELDEN, H., שָׁלַח, p. 58-60.

sentido especializado, de tal forma que se torna análogo ao envio de mensageiros cotidianos por humanos, como os reis[558]. Ainda que a raiz שׁלח não seja exclusiva para o comissionamento divino dos profetas, haveria da parte da narrativa uma deliberada associação entre o ato do rei enviar e o ato de YHWH enviar.

Essa percepção é amplificada pelo ato do rei de enviar mensageiros, מַלְאָכִים, uma palavra do mesmo campo semântico de שׁלח – deve-se inclusive notar que essa raiz, enquanto verbo, acompanha o vocábulo מַלְאָךְ na maioria das ocorrências, a saber, 56 vezes[559]. Os mensageiros aparecem tanto na esfera divina (enviados por YHWH) quanto na esfera humana (enviados por autoridades terrenas como os reis). Em ambos os casos, o mensageiro não transmite sua própria mensagem; sua função e sua mensagem dependem daquele que o enviou. Sua própria significância não depende de quem ele é, mas de quem lhe é superior. Derivada da raiz לאך, atestada no ugarítico e no ramo sul das línguas semíticas (embora não atestada nem no hebraico nem no acadiano), a expressão não significa meramente "enviar", mas "enviar um mensageiro". Portanto, esse mensageiro é um "embaixador", o qual representa e fala em nome daquele que o envia[560]. A forma plural de מַלְאָךְ é utilizada mais para a esfera humana, ao se referir a "embaixadores" da parte de líderes políticos, pois era costumeiro mandar sempre mais de um mensageiro. Já a forma singular predomina para enviados na esfera divina, a qual inclui profetas e sacerdotes[561].

O uso da raiz הלך seguida pela raiz אמר, ambas no imperativo, é a típica fórmula do comissionamento profético, usada primariamente em oráculos de julgamento contra indivíduos; assim o uso do imperativo לְכוּ torna-se um "imperativo de envio" divino[562]. Entretanto, a raiz אמר transmite no v. 2e a ideia de comunicação sem conotações teológicas, podendo ser traduzida por "mandar"[563]. Dessa

---

558. AUSTEL, H. J., שׁלח I, p. 1566-1568; DAHMEN, U.; VAN DER VELDEN, H., שָׁלַח, p. 53; DELCOR, M.; JENNI, E. שׁלח. p. 1330-1334.

559. FREEDMAN, D. N. et al., מַלְאָךְ, p. 308.

560. FREEDMAN, D. N. et al., מַלְאָךְ, p. 309-310. Cf. tb. FICKER, R., מַלְאָךְ, p. 667-669.

561. FREEDMAN, D. N. et al., מַלְאָךְ, p. 313-315. Das 89 ocorrências de מַלְאָךְ, 72 relacionam-se a "enviados políticos": nos livros proféticos, מַלְאָכִים aparecem como oficiais governamentais com o propósito de iniciar alianças políticas. Em contrapartida, das 120 ocorrências de מַלְאָךְ como "enviado divino", em apenas 15 utiliza-se o plural. Cf. tb. NOLL, S. F. מַלְאָךְ, p. 940.

562. HELFMEYER, F. J., הָלַךְ, p. 401. Exemplos: Dt 5,30; 1Rs 14,7; 18,8.11.14; 2Rs 8,10 (EVEN-SHOSHAN, A., A New Concordance of the Bible, p. 301; LISOWSKY, G., Concordantiae veteris testamenti, p. 414-419).

563. FEINBERG, C. L., אָמַר, p. 90-91; WAGNER, S., אָמַר, p. 331-337. Entretanto, como será salientado na sequência narrativa, esta raiz tem a importante função teológica da proclamação da vontade divina, e há uma espécie de "emulação" da parte do rei da autoridade divina em suas proclamações, algo que poderia já estar implícito aqui de maneira bastante sutil. Cf. tb. BELEM, D. F., Da Palavra sai vida e morte, p. 58.

forma, no v. 2f o uso do imperativo לְכוּ serve para enfatizar e fortalecer o senso da demanda exigida pelo rei⁵⁶⁴.

Por isso, merece maior atenção o par הלך/דרש, o qual aparece 6 vezes no texto massorético, sempre relacionado a consulta por YHWH⁵⁶⁵. O uso de דרש, pertencente à esfera cognitiva, "buscar cuidadosamente", é um termo técnico específico para a procura de revelação divina por consulta oracular⁵⁶⁶, algo reforçado pela raiz הלך, usada às vezes para descrever a visita a um santuário⁵⁶⁷. Assim, a raiz דרש serve para a "consulta a YHWH", quando em geral um profeta exerce um importante papel de mediador⁵⁶⁸. Empregado predominantemente para a busca a Deus, envolve a ideia de aliança; e nos livros históricos denuncia-se o pedido de direcionamento a outras divindades que não sejam YHWH – sinônimo de relacionamento rompido: Saul quis a orientação de uma vidente e deixou de consultar a YHWH (1Sm 28,6-7; 1Cr 10,13-14)⁵⁶⁹. No v. 2g, a raiz דרש contém o בְּ de instrumentalidade; entretanto, o mediador pelo qual a questão é colocada não é designado, ao contrário do que pode ser visto em 1Sm 28,7⁵⁷⁰. O uso de um termo

---

564. SAUER, G., הלך, p. 368.

565. Gn 25,22; 1Sm 9,9; 2Rs 1,2-3; 22,13; 2Cr 34,21. EVEN-SHOSHAN, A., A New Concordance of the Bible, p. 276-277; LISOWSKY, G., Concordantiae veteris testamenti, p. 375-377.

566. Am 5,5; cf. tb. Gn 25,22; Ex 18,15; Dt 4,29. COPPES, L. J., דָּרַשׁ, p. 327-329; GERLEMAN, G.; RUPRECHT, E., דרש, p. 347; GRAY, J., I & II Kings, p. 463; HOBBS, T. R., 2 Kings, p. 8; WAGNER, S., דָּרַשׁ, p. 294.

567. HELFMEYER, F. J., הָלַךְ, p. 391.

568. Um bom exemplo do uso da raiz דרש para buscar a YHWH encontra-se em 2Cr 20,3; 34,3; e a intermediação profética encontra-se em Jr 21,2; 37,7; Ez 14,7. GERLEMAN, G.; RUPRECHT, E., דרש, p. 347-348; WAGNER, S., דָּרַשׁ, p. 302.

569. DENNINGER, D., דָּרַשׁ, p. 969-970. M. Garsiel mostra as diversas similaridades entre as perícopes de 1Sm 28 e 2Rs 1: em ambas há aflição militar e medo pessoal; ambos os reis decidem inquirir acerca de seus destinos em domínios estrangeiros – e em ambos os episódios, são enviadas delegações para esse fim (com a diferença que Saul resolve ir pessoalmente, enquanto Ocozias está impossibilitado em virtude de sua queda); ambos os reis decidem consultar divindades estrangeiras, ouvindo oráculos de condenação de grandes profetas de suas gerações – Samuel no caso de Saul, e Elias no de Ocozias; e ambos os reis morrem pouco depois da entrega dos oráculos, e após alguns anos suas dinastias encerram-se de acordo com a Palavra de YHWH proclamada pelos seus profetas. Observa-se ainda como a mulher que não deveria ser consultada é chamada בַּעֲלַת־אוֹב em 1Sm 28,7, e Elias, que deveria ser consultado, é chamado בַּעַל שֵׂעָר em 2Rs 1,8. Mediante esse ponto de contato, o destino de ambos os reis – suas mortes e o término de suas respectivas dinastias – confirma a condição intransigente de que todos os reis de Israel devem obedecer a YHWH e aquiescer às suas demandas expressas pelos grandes profetas que lhes são contemporâneos (GARSIEL, M., From Earth to Heaven, p. 158-159).

570. COGAN, M.; TADMOR, H., II Kings, p. 25; JOÜON, P.; MURAOKA, T., A Grammar of Biblical Hebrew, p. 419. Rever seção 1.3. O cronista usa para esta raiz tanto אֶת quanto בְּ (2Cr 18,4.7; 34,26). É possível que haja referência à frequente prática no politeísmo de invocar uma divindade inferior para que essa possa interceder a uma divindade superior em favor do suplicante (GERLEMAN, G.; RUPRECHT, E., דרש, p. 349). Assim, a consulta a uma divindade qualificada como uma "manifestação" filisteia de Baal poderia revelar sua total confiança tanto em YHWH quanto na "manifestação" de Baal promovida por incentivo de Jezabel durante o reinado de Acab (BARBER, C. J., The Books of Kings, p. 13).

técnico, דְּרֹשׁ בְּ, em referência não a YHWH, mas a Baal, bem como o envio de uma embaixada a uma cidade filisteia, Acaron, amplifica a apostasia de Ocozias – algo enfatizado pelo fato de a raiz הלך ser muito utilizada para contextos de "ir após" falsos deuses[571].

O nome da divindade a ser consultada, Baal Zebub (בַּעַל זְבוּב), seria um título derisório, fazendo um jogo de palavras com Baal Zebul, "Baal príncipe"[572]. Zebul é um título honorífico de Baal bem conhecido desde tempos antigos, aparecendo inclusive no nome de Jezabel[573]. Uma divindade hostil, el-Debhub – um nome similar a Zebub –, aparece nas histórias ugaríticas acerca de Baal (ANET 137a), mas nada mais é dito acerca dela[574]. Uma vez que tanto a LXX quanto Flávio Josefo insistiriam no nome Zebub como uma associação real (e não meramente derisória) a moscas[575], C. F. Keil e F. Delitzsch levantam a hipótese de que seria uma divindade com aparência de mosca ou de mosquito, em relação similar aos insetos associados ao deus oracular Apolo, o qual poderia tanto en-

---

571. COHN, R. L., 2 Kings, p. 5; COPPES, L. J., הָלַךְ, p. 355-356; SAUER, G., הלך, p. 369.

572. BERRIGAN, D., The Kings and Their Gods, p. 121; DILLARD, R. B., Faith in the Face of Apostasy, p. 76-77; FRETHEIM, T. E., First and Second Kings, p. 132; GIBSON, J. C. L.; DRIVER, G. R., Canaanite Myths and Legends, p. 149; HADLEY, J. M., Baal, p. 423; HOUSE, P. R., 1, 2 Kings, p. 243; DE MOOR, J. C.; MULDER, M. J., בַּעַל, p. 194; RINGGREN, H., Religions of the Ancient Near East, p. 132-133; RYKEN, P. G., 2 Kings, p. 6; STEENKAMP, Y., King Ahaziah, the Widow's Son and the Theology of the Elijah Cycle, p. 650-652; WOLFGRAMM, A. J., Kings, p. 164. Na literatura ugarítica, majoritariamente a raiz זבל está associada com "príncipe", embora às vezes possa significar "doente" (MAIER, W. A. I., Baal-Zebub [Deity], p. 554).

573. AULD, A. G., I & II Kings, p. 152. Baal Zebub poderia ser uma manifestação local de Baal Hadad, segundo W. H. Barnes (BARNES, W. H., Cornerstone Biblical Commentary, p. 195) – pois Baal Hadad também era conhecido como Baal Zebul na Fenícia. Na p. 160, ao comentar 1Rs 18,41-46, W. H. Barnes argumenta que essa divindade era adorada como deus da fertilidade e da chuva. Entretanto, se essa manifestação local de Baal encaixa-se bem no contexto do chamado "ciclo da seca" de Elias (1Rs 17–18), não necessariamente seria a de 2Rs 1,1-18, uma vez que essa hipótese precisa pressupor que de fato haja corruptela com o nome "Baal Zebub". Cf. tb. STEIN, B. L., Who the Devil Is Beelzebul?, p. 45. Flávio Josefo declara (Antiguidades judaicas 8.13.1) que o Baal adorado em Samaria era proveniente de Tiro, a ponto de ser construído ali um templo em sua homenagem (BERLYN, P., Elijah's Battle for the Soul of Israel, p. 54). Conjectura-se que mais especificamente essa variante fenícia tratava-se de Baal Melqart, adorado em Tiro e atestado na literatura ugarítica (CHILDS, B. S., On Reading the Elijah Narratives, p. 131; HADLEY, J. M., Baal, p. 420; entretanto, cf. DE MOOR, J. C.; MULDER, M. J., בַּעַל, p. 195). Cf. ainda PUECH, E., L'ivoire inscrit d'Arslan-Tash et les rois de Damas, p. 553; SMITH, M. S., God in Translation, p. 37-90; STECK, O. H., Die Erzählung von Jahwes Einschreiten gegen die Orakelbefragung Ahasjas, p. 546-556; STEENKAMP, Y., A Comparative Reading of the Elijah Cycle and its Implications for Deuteronomistic Ideology, p. 49-52.

574. COGAN, M.; TADMOR, H., II Kings, p. 25. Haveria a possibilidade, segundo H.-J. Fabry, de uma "contaminação consciente" do nome Baal Zebub com a ideia de bel dababi, "inimigo, assassino", pela qual o hagiógrafo mostra sua fidelidade a YHWH e sua oposição a Baal pela simples mudança de seu nome, caracterizando-o como inimigo – e assim afastando-o de qualquer possibilidade de observância israelita (FABRY, H.-J., זְבוּב; דִּבָּה, p. 75).

575. Rever notas sobre crítica textual na seção 2.2. Flávio Josefo (Antiguidades judaicas 9.2.1) enfatiza que θεὸν Μυῖαν (tradução livre em grego de Baal Zebub) era de fato o nome da divindade em Acaron (BEGG, C., Ahaziah's Fall (2 Kings 1), p. 27).

viar cura quanto remover enfermidades. Esses insetos teriam em si poderes proféticos – talvez interpretados pelo zumbido –, que explicariam o mesmo poder associado a Apolo[576].

F. C. Fensham estuda a possível associação com o ugarítico *dbb*, "chama": é foneticamente possível, pois *d* nas raízes ugaríticas muda para *z* no hebraico; e Baal, nos escritos ugaríticos, sempre é representado com uma flecha semelhante a um raio luminoso em sua mão direita – o que teria influenciado representações do próprio YHWH, como pode ser comparado em Ex 19; Sl 29. Isso forneceria um contexto interessante para as histórias do ciclo de Elias; e ainda poderia sugerir que Ocozias estivesse procurando uma espécie de divindade cananeia do fogo para afrontar Elias e YHWH com relação ao ordálio pelo fogo exposto em 1Rs 18,19-40[577]. Independentemente da real origem, זְבוּב funciona como nome próprio de uma manifestação de Baal, uma divindade estrangeira; e, uma vez que בַּעַל tem como sentido básico "senhor", Ocozias estaria revelando que uma divindade estrangeira é seu "senhor" e "mestre" – algo potencializado ainda pelo uso como "marido", evocando o casamento e a aliança religiosa, a exemplo do visto no Profeta Oseias[578].

Acaron, עֶקְרוֹן, é uma das cidades da "pentápole filisteia" (junto com Gaza, Azoto, Ascalon e Gat), localizada na fronteira entre Judá e Filístia (Js 13,3), cerca de 64km ao sudoeste de Samaria. Acaron é mencionada 22 vezes em 20 versículos, como nas narrativas de conquista relacionadas à tribo de Judá (Js 13,3; 15,11.45-46; 19,43) – inclusive, é dito que efetivamente Acaron foi apossada por essa tribo (Jz 1,18). Entretanto, na obra de Samuel, Acaron é mencionada ora como independente, ora como relacionada às tribos israelitas (1Sm 5,10; 6,16-17; 7,14; 17,52). Na literatura profética, Acaron sempre é alvo de duro juízo (Jr 25,20;

---

576. KEIL, C. F.; DELITZSCH, F., The Books of Kings, 1 and 2 Chronicles, p. 201; LANGE, J. P. *et al.*, A Commentary on the Holy Scriptures, p. 4; NELSON, R. D., First and Second Kings, p. 154-155. Segundo M. A. Sweeney, há muitas referências a divindades relacionadas a insetos e pragas na literatura clássica (SWEENEY, M. A., I & II Kings, p. 269-270; TÅNGBERG, A., A Note on Ba'al Zěbūb in 2 Kgs 1,2.3.6.16, p. 293-296). Analisando Ecl 10,1, F. Saracino mostra que a expressão זְבוּבֵי מָוֶת poderia ser traduzida como "moscas de Mot", uma possível alusão a demônios sob domínio do deus Mot (SARACINO, F., Ras Ibn Hani 78/20 and Some Old Testament Connections, p. 339-340). Independentemente dessa análise, Baal Zebub teria sido paulatinamente demonizado até chegar à literatura intertestamentária (DAOUST, F., Satan, Bélial, Azazel et les autres, p. 10-25; STEIN, B. L., Who the Devil Is Beelzebul?, p. 42-45).

577. FENSHAM, F. C., A Possible Explanation of the Name of Baal-Zebub of Ekron, p. 361-364; LONG, B. O., 2 Kings, p. 17; DE MOOR, J. C.; MULDER, M. J., בַּעַל, p. 199. Poderia ainda haver uma associação com o árabe *dubab*, "voo", o que faria de Baal Zebub um "deus do voo" a exemplo de Zeus Apomyios (FABRY, H.-J., דְּבָה זְבוּב, p. 75; SARACINO, F., Ras Ibn Hani 78/20 and Some Old Testament Connections, p. 340).

578. KOOPMANS, W. T., בעל, p. 659-660; MARTENS, E. A., בַּעַל, p. 198-201; DE MOOR, J. C.; MULDER, M. J., בַּעַל, p. 183. Cf. tb. PIETSCH, M., Beelzebul oder Beelzebub?, p. 299-318.

Am 1,8; Sf 2,4; Zc 9,5.7). Salienta-se que, em toda a obra de Reis, a perícope de 2Rs 1,1-18 é a única a mencionar Acaron[579].

Acaron é um local inesperado, pois, em se tratando de Baal, este era adorado na Fenícia, ao nordeste de Israel; caso houvesse o propósito de "enganar" Elias e YHWH com esse lugar inusitado, como postula W. H. Barnes, poderia ser comparado à tentativa de 1Rs 14,1-18 de "enganar" o profeta acerca das intenções da consulta a este sobre a recuperação do filho de Jeroboão I de uma doença que ameaçava sua vida[580]. De fato, há um padrão de "consulta oracular à divindade" na obra de Reis, que inclui ainda a consulta de Ben-Adad a Eliseu (2Rs 8,7-15) e do Rei Ezequias a Isaías (2Rs 20,1-11): um rei com sua vida em risco em razão de uma doença, consultando um profeta de YHWH. O caso de Ocozias "quebra" o padrão, porque há consulta a uma divindade estrangeira em vez de a um profeta de YHWH. Entretanto, dentro da proposta mais ampla da História Deuteronomista, um elemento a mais aproxima 1Rs 14,1-18 de 2Rs 1,1-18: embora Jeroboão I esteja preocupado com seu filho e Ocozias consigo próprio, em ambos os casos há ameaças à continuidade dinástica[581]. Esse dado liga ainda Ocozias com o primeiro rei do Norte responsável pela implantação da idolatria segundo as prescrições deuteronomistas, e parâmetro negativo para todos os reis subsequentes no reino de Israel. Se Jeroboão aparenta ser "patético" em 1Rs 14,1-18, Ocozias é retratado como ímpio, ao direcionar sua inquirição diretamente a Baal Zebub[582].

---

579. EVEN-SHOSHAN, A., A New Concordance of the Bible, p. 912; MCKENZIE, S. L., 1 Kings 16–2 Kings 16, l. 6205-6207. Sobre a possessão de Judá, parece haver uma contradição entre o exposto em Josué e Juízes. Pelo menos posteriormente, na época de Ezequias, Acaron teria passado por um breve período de domínio judaíta. Destruída no século X a.C., continuou habitada por mais quatro séculos, tornando-se um importante centro comercial (especialmente na produção de azeite de oliva, exportado tanto para a Assíria quanto para o Egito) no Império Neoassírio no século VII a.C. (FINKELSTEIN, I.; SILBERMAN, N. A., A Bíblia desenterrada, p. 388-389; OLIVIER, J. P. J., Ecrom (עֶקְרוֹן), p. 545-547). Para mais informações extrabíblicas e arqueológicas de Acaron, cf. DOTHAN, T.; GITIN, S., Ekron (Place), p. 415-422; FINKELSTEIN, I.; SILBERMAN, N. A., A Bíblia desenterrada, p. 138; 374-375; 487.

580. BARNES, W. H., Cornerstone Biblical Commentary, p. 195; BUTLER, J. G., Elijah, p. 215-216. B. Britt reconhece, numa tabela, que 2Rs 1,1-18 atende "explicitamente" ao padrão do profeta silenciado, enganado ou restringido, embora apenas "parcialmente" (BRITT, B., Prophetic Concealment in a Biblical Type Scene, p. 40-41).

581. BODNER, K., Elisha's Profile in the Book of Kings, p. 41-42; COHN, R. L., Convention and Creativity in the Book of Kings, p. 603. Como afirma B. J. M. Johnson, a vantagem em reconhecer uma perícope bíblica como uma cena típica é que esta provê um outro contexto pelo qual ler a perícope (JOHNSON, B. J. M., What Type of Son is Samson?, p. 271).

582. BEAL, L. M. W., 1 & 2 Kings, p. 298; COHN, R. L., Convention and Creativity in the Book of Kings, p. 615. A proposta de Jeroboão I não seria idolátrica, pois os bezerros de ouro mencionados em 1Rs 12,25-33 serviriam como o "pedestal" de YHWH, um contraposto ao culto em Judá, uma "demonstração nortista de que seu culto a YHWH está ligado a antigas tradições do javismo" (OLIVEIRA, T. C. S. A., Os bezerros de Arão e Jeroboão, p. 100). Por isso, é possível que Jeroboão I intencionasse restaurar antigas práticas nortistas de culto (ZEVIT, Z., Deuteronomic Historiography in 1 Kings 12-2 Kings 17 and the Reinvestiture of

Um outro ponto de contato pode ser detectado com a obra de Samuel: quando a arca da aliança "peregrinou" em território filisteu, ao chegar em Acaron, os seus habitantes eram ou mortos ou afligidos por terríveis tumores (1Sm 5,10-12), pelo que sentiram a necessidade de reenviar a arca ao território israelita com uma oferta não aos deuses filisteus – os quais se mostraram impotentes, como evidenciado pelo episódio envolvendo o templo de Dagon em 1Sm 5,1-7 –, mas unicamente a YHWH (1Sm 6,1-9)[583]. Uma vez que o hagiógrafo põe na boca dos próprios filisteus a ligação com as pragas do Egito (1Sm 6,7; cf. tb. a menção do clamor aos céus em 5,12, comparado com Ex 2,23-24), Ocozias seria comparado à geração do êxodo que deseja retornar ao Egito e aos seus "deuses derrotados"[584]. Observa-se que Ocozias, ao procurar uma divindade relacionada aos inimigos tradicionais de Israel, mostrou o quanto foi longe na adoração a uma divindade estrangeira[585].

Se tanto זְבוּב quanto עֶקְרוֹן parecem estranhos ao contexto, um elemento poderia unir o uso desses dois vocábulos. O vocábulo זְבוּב, "mosca", é um *hápax legomenon* no texto massorético: além de 2Rs 1,1-18, aparece apenas em Is 7,18 e Ecl 10,1[586]. Em Ecl 10,1, em especial, é utilizada a expressão זְבוּבֵי מָוֶת, "moscas da morte", por estar presente tanto em matéria fecal quanto nos corpos em decomposição. Assim, se houve mudança deliberada no nome da divindade, esta não seria meramente derisória; indicaria a irônica apreciação da delegação enviada por Ocozias: ele esperava saber se viveria, mas selou seu destino – ele estava para morrer. O nome עֶקְרוֹן oferece outro jogo de palavras, reforçando essa percepção: proveniente da raiz עקר, "ser infértil, desfilhado", עֶקְרוֹן como local pretendido para

---

the Israelian Cult, p. 61). A teologia deuteronômica-deuteronomista induz os leitores a entenderem o ato de Jeroboão como uma falta grave contra YHWH (OLIVEIRA, T. C. S. A., Os bezerros de Arão e Jeroboão, p. 106), porque infringia o mandamento que condena a adoração de ídolos (Dt 7,5), um culto visto com desdém (PARKER, J. F., Valuable and Vulnerable, p. 91-92) e que recebeu a censura trazida por um profeta anônimo que desafia o próprio rei em 1Rs 13 (OLIVEIRA, T. C. S. A., Os bezerros de Arão e Jeroboão, p. 106). Essa "indução" inclui alguns estudiosos em seus comentários: "centro da idolatria" (MESSNER, R. G., Elisha and the Bears, p. 13) e "quartel-general da apostasia em Israel" (MESSNER, R. G., Elisha and the Bears, p. 21) o qual atrairia "muitos [...] que não aderiram ao javismo estrito advogado pelos profetas" (MERCER, M., Elisha's Unbearable Curse, p. 171); segundo F. W. Krummacher, uma grande mancha no lugar que Jacó havia denominado a casa de Deus e a porta dos céus! (KRUMMACHER, F. W., Elisha, p. 16-17). Cf. ainda BELEM, D. F., Da Palavra sai vida e morte, p. 70-71; IRWIN, B. P., The Curious Incident of the Boys and the Bears, p. 30. Entretanto, cf. NA'AMAN, N., Jeroboam's "Polytheism" according to 1 Kings 12:28-29, p. 35-44.

583. DILLARD, R. B., Faith in the Face of Apostasy, p. 76; HOBBS, T. R., 2 Kings, p. 8.

584. LEITHART, P. J., 1 & 2 Kings, p. 167.

585. HENS-PIAZZA, G., 1-2 Kings, p. 227.

586. BROWN, F.; DRIVER, S. R.; BRIGGS, C. A., זְבוּב, p. 256; KOEHLER, L. *et al.*, זְבוּב, p. 261. Não aparece na literatura de Qumran (CLINES, D. J. A., זְבוּב, p. 75), embora seja frequente na literatura rabínica (JASTROW, M., זְבוּב, p. 378).

inquirição de Baal Zebub conecta sua punição descrita ao fim da narrativa em morrer sem filhos, de acordo com o princípio que cria elos literários entre o pecado e sua punição[587].

Se o real significado do envio para consultar uma manifestação desconhecida de Baal a uma cidade filisteia é um "enigma", a mensagem teológica é evidente: o rei não se contentou em buscar a Baal em vez de YHWH, mas o fez fora do território de Israel, o território particularmente associado a YHWH[588]. E, ainda que Baal Zebub seja de todo desconhecido, é posto como adversário de YHWH, rejeitado e derrotado, retratado como inútil e sem poder algum[589]. A insistência na menção de uma cidade estrangeira, Acaron, parece salientar que, se a identidade de Israel não depende apenas do território habitado, teologicamente o estrangeiro é aquele que se esquece da aliança entre YHWH e seus pais (Gn 12,1-3)[590].

Mesmo sem a especificação do intermediário da consulta, mesmo buscando saber se viveria, Ocozias estaria transgredindo não apenas o grande mandamento de Ex 20,3, mas também o especial mandamento sacerdotal e deuteronômico (Lv 19,31; 20,6.27; Dt 18,10-11), pelo qual ameaçava-se com o extermínio todos que consultassem adivinhos e feiticeiros – ultrapassando em apostasia o próprio pai Acab[591]. Vida está intimamente associada ao rei – por isso, a expressão "viva o rei"; entretanto, de maneira inequívoca essa vida provém de Deus. Viver inclui usufruir de felicidade e saúde; e estas, em especial em Deuteronômio, são garantidas ao se guardarem os mandamentos[592]. O uso de הלך pode também sig-

---

587. GARSIEL, M., From Earth to Heaven, p. 146-147. Para sustentar sua tese, em nota da p. 147, M. Garsiel aponta o jogo de palavras em Sf 2,4: וְעֶקְרוֹן תֵּעָקֵר ("e Acaron será desarraigada"). Cf. tb. ZALCMAN, L., Ambiguity and Assonance at Zephaniah II 4, p. 365-371. Salienta-se ainda que a influência corruptora dos efeitos da insensatez sobre a sabedoria é comparada a moscas mortas (CARPENTER, E.; GRISANTI, M. A., עָרַב, p. 522).

588. BEAL, L. M. W., 1 & 2 Kings, p. 295. Cf. tb. FRITZ, V., A Continental Commentary, p. 230; MARTIN, C. G., 1 and 2 Kings, p. 419; MONTGOMERY, J. A., A Critical and Exegetical Commentary on the Books of Kings, p. 349. J. Gray levanta a hipótese de que o culto de uma divindade semítica em território filisteu seria evidência de uma assimilação cultural; e que esse culto teria sido implantado na região cedo, e não tardiamente – dados que não têm nenhum indício arqueológico (GRAY, J., I & II Kings, p. 463). Mas há um paralelo interessante com a literatura ugarítica: a "história do Rei Keret", envolvendo embaixada, consulta oracular a um santuário, cerco da cidade e demanda por filhos, ao contrário da saúde prometida pela divindade (WYATT, N., Religious Texts from Ugarit, p. 176-241).

589. BRUEGGEMANN, W., 1 & 2 Kings, p. 284.

590. PICHON, C., La figure de l'étranger dans le cycle d'Élie, p. 91.

591. LANGE, J. P. et al., A Commentary on the Holy Scriptures, p. 6. E não apenas "repetindo" Acab (RYKEN, P. G., 2 Kings, p. 12). Entretanto, é possível que o quadro de idolatria de Ocozias seja exagerado pela ideologia do redator final da história de 2Rs 1,1-18, a fim de se conformar às necessidades homiléticas de sua própria época (NOBILE, M., La reductio jahwista del profetismo biblico, p. 88-89).

592. A expressão "Viva o rei" aparece em 1Sm 10,24; 2Sm 16,16; 1Rs 1,25.34.39; 2Rs 11,12; 2Cr 23,11; e a dependência de uma boa vida da obediência aos mandamentos pode ser encontrada em Dt 4,1; 5,33; 8,1 (BRENSINGER, T. L., חיה, p. 106; GERLEMAN, G., חיה, p. 413-414; RINGGREN, H., חָיָה, p. 329-336).

nificar "viver"; assim, de forma contrastante à atitude de Ocozias, ao se apresentar igualmente doente de cama, e sob a perspectiva anunciada pelo Profeta Isaías de não viver, o piedoso Rei Ezequias pede a YHWH que dele se lembre, de como andou na sua presença – reconhecendo assim que a única fonte de vida é o Deus de Israel[593].

Por todos esses dados analisados, Ocozias de fato é colocado como um exemplo muito negativo de rei, "rivalizando" com outros avaliados negativamente, como Saul e até o próprio Jeroboão I.

### 3.2.1.2. A ordem do mensageiro de YHWH para Elias (v. 3-4)

Se o rei envia mensageiros (מַלְאָכִים) da sua parte para consultar Baal Zebub, o "mensageiro" (מַלְאַךְ) de YHWH instrui Elias, o tesbita (תִּשְׁבִּי), a interceptar os mensageiros do rei e repassar a mensagem de repreensão por essa consulta alheia à fé javista, junto a uma sentença de morte. É frequente a associação de מַלְאַךְ יְהוָה com o Êxodo e a conquista (Ex 23,32; Js 2,1-5); ele é não apenas o mensageiro incumbido de entregar a Palavra de YHWH mas também seu ministro autorizado para agir em seu nome e dar assistência a Israel[594]. Há ainda um contexto profético pretendido pelo uso da raiz דבר, pois prioritariamente YHWH é o sujeito da ação dessa raiz enquanto verbo, mesmo que seus intermediários sejam profetas ou o mensageiro celestial, como aqui, no v. 3[595]. Em geral, a fala de YHWH com Elias era direta; só no v. 3 e em 1Rs 19,5 há como intermediário o "mensageiro" de YHWH, a fim de enfatizar o contraste entre esse mensageiro e os do rei, bem como suas distintas finalidades[596]. Ainda que YHWH não seja explicitamente

---

593. HELFMEYER, F. J., הָלַךְ, p. 393; MERRILL, E. H., הלך, p. 1006-1007; SMICK, E. B., חָיָה, p. 454-458.

594. FREEDMAN, D. N. et al., מַלְאַךְ, p. 317-318. Claramente o mensageiro de YHWH em questão é um anjo, um ser celestial. Tanto no hebraico quanto no grego não há distinção pelo vocabulário, pois ela é efetuada apenas pelo contexto. Somente a partir do latim, reserva-se na Vulgata *nuntius* para o mensageiro humano (como em 2Rs 1,2) e *angelus* para o anjo, o mensageiro celestial (como em 2Rs 1,3). Para Flávio Josefo, é o próprio Deus dos hebreus (ὁ τῶν Ἑβραίων θεὸς) que apareceu a Elias (BEGG, C., Ahaziah's Fall [2 Kings 1], p. 27). De fato, מַלְאַךְ יְהוָה está estreitamente associado com YHWH por seu nome, sua autoridade e sua mensagem, e ele representa YHWH na esfera humana (FREEDMAN, D. N. et al., מַלְאַךְ, p. 321). Para uma discussão mais ampla se o anjo de YHWH é um ser distinto ou o próprio YHWH, cf. FICKER, R., מַלְאַךְ, p. 671; LANGE, J. P. et al., A Commentary on the Holy Scriptures: 2 Kings, p. 4; LODS, A., "L'Ange de Yahvé et l'âme extérieure", p. 263-278; MEIER, S. A., Angels, Messengers, Heavenly Beings, p. 24-29; OMANSON, R. L.; ELLINGTON, J. E., A Handbook on 1-2 Kings, p. 696. Segundo P. Buis, é o único caso antes de Zacarias no qual um profeta recebe sua mensagem de um intermediário, e não diretamente de YHWH (BUIS, P., Le livre des Rois, p. 179; MCKENZIE, S. L., 1 Kings 16–2 Kings 16, l. 17722-17723).

595. AMES, F. R., דָּבָר, p. 887-889; GERLEMAN, G., דָּבָר, p. 330; KALLAND, E. S., דָּבָר, p. 294; SCHMIDT, W. H.; BERGMAN, G. J.; LUTZMANN, H., דָּבָר, p. 99-102.

596. BRUEGGEMANN, W., 1 & 2 Kings, p. 284; MONTGOMERY, J. A., A Critical and Exegetical Commentary on the Books of Kings, p. 349-350; WISEMAN, D. J., 1 e 2 Reis, p. 170. J. Gray vê no uso de מַלְאַךְ יְהוָה uma

chamado de rei dentro da narrativa de 2Rs 1,1-18, a justaposição de dois tipos de mensageiros encenaria a luta entre dois "reis", YHWH e Ocozias, cada qual enviando seus representantes e cada um clamando de modo implícito ser o "verdadeiro governante"[597].

Além do jogo de palavras com מַלְאָךְ, M. Garsiel vê uma sutil mensagem através do designativo תִּשְׁבִּי. Para o autor, um *hápax legomenon* associado em 6 ocasiões ao nome de Elias, e aceitando שׁוּב como raiz de תִּשְׁבִּי, teria uma associação com a ideia de necessidade de arrependimento da parte do rei, e YHWH constituiria o único meio para tal – e ele não é Baal Zebub[598]. Literariamente todas as ocorrências do termo תִּשְׁבִּי são comissionamentos abruptos, aos quais Elias de imediato responde como o enviado de YHWH. Além disso, lembraria a Ocozias sobre a luta contra Baal na época de Acab[599].

Entretanto, muitos comentaristas modernos, acompanhando Flávio Josefo (*Antiguidades judaicas* 8.13.2), entendem תִּשְׁבִּי como referente ao local de origem de Elias. Sua precisa localização seria ignorada; porém, a partir da informação de 1Rs 17,1 e do apoio da LXX e da recensão luciânica, seria uma cidade, Tesbi, localizada em Galaad. A especificação "de Galaad" ainda permitiria uma diferenciação em relação a uma Tisbe localizada na Galileia e mencionada em Tb 1,2. Entretanto, Tesbi de Galaad não é atestada em outro lugar, seja na literatura bíblica, seja na extrabíblica. Além disso, essa possível Tisbe de Galaad pressupõe uma revocalização do texto massorético, o qual lê מִתֹּשָׁבֵי גִלְעָד, "dentre os residentes de Galaad", indício de que Elias não seria nativo de Galaad, mas sim um residente fixo – em oposição ao גֵּר, um estrangeiro com residência temporária. Mas de fato a forma da palavra תשבי, considerando-se ou não a questão

---

influência da suposta fonte Eloísta, da tradicional teoria documental relacionada ao Pentateuco. Ainda segundo ele, isso representaria a ideologia do Eloísta no século VIII a.C., época em que as tradições de Elias teriam sido cristalizadas (GRAY, J., I & II Kings, p. 463). Entretanto, como visto anteriormente na seção 1.3, pelo menos no que tange à redação final, as histórias de Elias seriam tardias; além do mais, houve uma reformulação concernente ao redacional do Pentateuco: ainda que não haja consenso no mundo acadêmico hoje, não haveria mais nem a ideia de fonte (e sim documentos, ou tradições) nem de um suposto Eloísta (para maiores detalhes, cf. RÖMER, T.; NIHAN, C., O debate atual sobre a formação do Pentateuco, p. 85-143).

597. BRUEGGEMANN, W., 1 & 2 Kings, p. 286; HOUSE, P. R., 1, 2 Kings, p. 243; MCKENZIE, S. L., 1 Kings 16–2 Kings 16, l. 6087; 6267. Cf. tb. ROFÉ, A., Baal, the Prophet and the Angel (II Kings 1), p. 222-232.

598. GARSIEL, M., From Earth to Heaven, p. 147-148. As 6 ocorrências de תִּשְׁבִּי são: por ocasião da primeira aparição de Elias (1Rs 17,1), 2 vezes no episódio envolvendo Nabot (1Rs 21,17.28), 2 envolvendo Ocozias de Israel (2Rs 1,3.8) e 1 por declaração de Jeú (2Rs 9,36).

599. BEAL, L. M. W., 1 & 2 Kings, p. 295; HADLEY, J. M., Elias e Eliseu, p. 564.

da vocalização, gramaticalmente reflete outros gentílicos, como חִתִּי (2Sm 11,6) e מוֹרַשְׁתִּי (Mq 1,1)[600].

O mensageiro de YHWH transmite a Elias uma ordem, expressa por imperativos das raízes קוּם e עלה. A raiz קוּם tem um sentido mais neutro de "movimento em direção a uma posição mais elevada", ou ainda "entrar em ação"; por isso, uma vez que a raiz קוּם é utilizada em conjunto com a raiz עלה, não é um simples encorajamento para levantar-se de um lugar; antes, funciona como uma exortação para uma significativa ação a ser executada. Ainda, participa tanto de contextos teológicos que envolvem o "levantar de profetas" (Am 2,11) quanto de contextos bélicos, como na exortação para empreender uma guerra santa contra determinado povo (Jr 6,4-5)[601]. A raiz עלה também envolve o contexto bélico e reforça o da raiz קוּם; o uso do imperativo de ambas as raízes קוּם e עלה envolve igualmente um contexto bélico em Js 8,1; Jr 49,28.31[602].

A ordem "sobe a encontrar os mensageiros" no v. 3c pode envolver problemas geográficos, uma vez que Acaron fica ao sul e Samaria ao norte, em direções de todo opostas. Pode-se conjecturar que Elias recebeu a ordem com antecipação, partiu de imediato e pôde então interceptar os mensageiros do rei assim que estavam saindo de Samaria. Isso ajudaria a explicar a surpresa do rei, expressa no v. 5, pois o retorno dos mensageiros teria sido em extremo prematuro. Não são dados seguros: o mais importante é que Elias partiu, obedecendo prontamente à ordem do mensageiro de YHWH[603]. A raiz קרה (ou קרא II) reflete a manifestação não do acaso, mas da divina providência: YHWH encontrou seu povo (Ex 3,18) para divina orientação e revelação. Por isso, é uma raiz que mostra por excelência o encontro entre o humano e o divino, em especial no seu aspecto repentino e inesperado[604]. Nas duas únicas outras ocasiões de "subir ao encontro", envol-

---

600. BARTHÉLEMY, D., Critique textuelle de l'Ancien Testament 1, p. 368; BERLYN, P., Elijah's Battle for the Soul of Israel, p. 52; CLINES, D. J. A., תִּשְׁבִּי, p. 681-682; DENNISON JR., J. T., Elijah the Tishbite, p. 124-126; HOBBS, T. R., 2 Kings, p. 9; HUGO, P., Les deux visages d'Élie, p. 206-207; KOEHLER, L. et al., תִּשְׁבִּי, p. 1799 (como conjectura); MCKENZIE, S. L., 1 Kings 16–2 Kings 16, l. 2022-2028; OMANSON, R. L.; ELLINGTON, J. E., A Handbook on 1-2 Kings, p. 519; WALSH, J. T., Tishbe (Place)/Tishbite, p. 577-578. D. Barthélemy levanta a hipótese de manter-se a vocalização massorética, mas indicando ser parte de um nome composto para o local de procedência de Elias. Segundo S. Wyatt, o uso de תּוֹשָׁב teria o propósito de "estrangeirizar" o Profeta Elias no relato de 1Rs 17 (WYATT, S., Jezebel, Elijah, and the Widow of Zarephath, p. 444-446). W. Buchholz associa o termo תּוֹשָׁב a um deus hurrita, Tashub, o que carece de evidências (BUCHHOLZ, W., Thisbe, p. 80-81).

601. AMSLER, S., קוּם, p. 1139; COPPES, L. J., קוּם, p. 1331-1333; GAMBERONI, J., קוּם, p. 591-604; MARTENS, E. A., קוּם, p. 900; OMANSON, R. L.; ELLINGTON, J. E., A Handbook on 1-2 Kings, p. 696.

602. FUHS, H. F., עָלָה, p. 84. Cf. tb. CARR, G. L., עָלָה, p. 1115-1122; MERRILL, E. H., עלה, p. 402-404.

603. LANGE, J. P. et al., A Commentary on the Holy Scriptures, p. 4. Salienta-se que, para Flávio Josefo (Antiguidades judaicas 9.2.1), o retorno dos mensageiros foi imediato, após ouvirem a mensagem por Elias (BEGG, C., Ahaziah's Fall [2 Kings 1], p. 29).

604. AMSLER, S., קרה, p. 1169-1171; GRISANTI, M. A., קרה, p. 981-983; RINGGREN, H., קָרָה; קָרָא II, p. 159-162.

vem-se momentos positivos, auspiciosos: em Gn 46,29, José sobe ao encontro de seu pai, após anos sem vê-lo; em Jz 6,35, Gideão envia mensageiros às tribos de Manassés, Aser, Zabulon e Neftali, as quais então resolvem subir ao seu encontro. Não obstante, em outras passagens há um sentido hostil, um confronto formal de inimigos (Js 8,5.22; 2Rs 23,29), uma conotação marcial que pode estar implícita na exortação a Israel preparar-se para encontrar-se com seu Deus (Am 4,12)[605]. Esse contexto bélico envolvendo as raízes קום, עלה, e קרה/קרא II proporia um "apelo marcial" do mensageiro de YHWH a Elias, uma "guerra" contra a idolatria.

O mensageiro de YHWH pede a Elias para se dirigir ao "rei de Samaria", sem utilizar o nome próprio Ocozias. Esse título aparece apenas mais uma vez em todo o texto massorético em 1Rs 21,1, com referência ao pai de Ocozias, o Rei Acab[606]. Além de corroborar a conexão com Acab efetuada pelo uso de תִּשְׁבִּי, o título "rei de Samaria" igualmente enfatiza o tema da sucessão: enquanto a dinastia de Amri sofre problemas dinásticos em 2Rs 1,1-18, a sucessão profética será garantida na perícope seguinte, a saber, 2Rs 2,1-25[607]. Deve-se também lembrar que as noções teológicas tradicionais da fé israelita influenciaram a ideia de um estado, ancorada nas tradições pré-monárquicas de Israel, criando um contrabalanceamento a uma "mágica imperial" e contra a tentação de uma concepção ideológica-sacral do reinado – a atuação profética tanto em Judá quanto em Israel representa uma resistência a um desenvolvimento autônomo do sistema monárquico, alheio à aliança com YHWH[608]. E isso poderia estar implícito na declaração "rei de Samaria", talvez até em tom sarcástico.

A entrega de um oráculo por profeta a um rei moribundo em 2Rs 1,1-18 é um dos quatro na obra de Reis, sendo os demais: do Profeta Aías para o Rei Jeroboão I (1Rs 14,1-18), do Profeta Eliseu para Ben-Adad (2Rs 8,7-15) e do Pro-

---

605. AMSLER, S., קרה, p. 1170; COPPES, L. J., קָרָא II, p. 1366; EVEN-SHOSHAN, A., A New Concordance of the Bible, p. 1029-1030; LISOWSKY, G., Concordantiae veteris testamenti, p. 1275-1276.

606. EVEN-SHOSHAN, A., A New Concordance of the Bible, p. 1125.

607. BODNER, K., Elisha's Profile in the Book of Kings, p. 41; MCKENZIE, S. L., 1 Kings 16–2 Kings 16, l. 6100.

608. SEYBOLD, K.; RINGGREN, H.; FABRY, H.-J., מֶלֶךְ, p. 362-363. Nas p. 364-369, debate-se até que ponto a noção de reinado seria de fato única em relação a outros povos, ou se seguiria um padrão estereotipado. Não se pode duvidar que alguns elementos são padronizados; e não se pode perder de vista algumas nuanças que diferenciam o Reino do Sul do Reino do Norte: enquanto o Sul como que "sacralizou" a dinastia davídica e apegou-se à chamada "tradição de Sião", o Norte não apresenta nem uma nem outra, tirando toda aura que pudesse haver em relação tanto ao rei quanto à cidade de Samaria. Salienta-se ainda que a monarquia surgiu tardiamente em Israel, o que permitiria aos profetas e à História Deuteronomista questionarem a instituição sem reservas (SOGGIN, J. A., מֶלֶךְ, p. 674; cf. tb. CULVER, R. D., מֶלֶךְ I, p. 843-844; NEL, P. J., מלך, p. 958). Ou seja, o "fato de que a monarquia não era uma consequência intrínseca da religião de Israel torna compreensível a objeção contra ela" (NEL, P. J., מלך, p. 957).

feta Isaías ao Rei Ezequias (2Rs 20,1-11), dentro de uma "cadeia profética"[609]; e, com exceção da última passagem, relacionam também a temática da busca oracular, conforme visto supra. Em 1Rs 14,1-18, Jeroboão I enviou sua própria esposa como mensageira em segredo a Aías; Ocozias envia seus mensageiros abertamente a Baal Zebub. A despeito da maldição impetrada antes por Elias sobre a casa de Acab (1Rs 21,17-26), Ocozias prossegue de modo imprudente na apostasia, ignorando tanto Elias quanto o próprio YHWH. Mas as expectativas de Ocozias são revertidas: seus mensageiros, enviados com uma inquirição a Baal Zebub, tornam-se agentes de Elias portando uma mensagem de todo inesperada pelo rei[610].

A pergunta feita pelo mensageiro de YHWH – "Porventura não há Deus em Israel?" (v. 3e) – ecoa sutil e sintaticamente aquela formulada pelo povo no deserto: Não há sepulturas no Egito? (Ex 14,11). Enquanto esta expressa a frustração dos escravos recém-libertos, a ordem dada a Elias concede voz à ira divina pela deserção do rei para uma divindade estrangeira[611]. Flávio Josefo (*Antiguidades judaicas* 9.2.1) a reformula de tal forma, a dar ênfase mais explícita ao contraste entre o "Deus próprio" do povo dos israelitas (θεὸν ὁ Ἰσραηλιτῶν λαὸς ἴδιον) e o deus "estranho, estrangeiro" (τὸν ἀλλότριον), e assim a oposição deixa de ser especificamente contra Baal Zebub e passa a se referir a toda divindade estrangeira[612]. Com o uso do substantivo בְּלִי, uma negação enfática que concede a ideia de cessação, fim, a exortação que deve ser dada ao Rei Ocozias assevera que ele age como se não houvesse Deus em Israel, algo que causa, como é natural, uma "deficiência" para sua fé[613].

A fórmula כֹּה אָמַר יְהוָה ("assim diz YHWH") no v. 4a é a "fórmula do mensageiro", comum nos escritos proféticos. Serve para a autoconfirmação do mensageiro e sua legitimação diante da pessoa a quem se dirige – lembrando que o mensageiro vem para entregar não sua própria palavra, mas a daquele que o enviou. Assim, o mensageiro de YHWH comissiona Elias como mediador da palavra

---

609. BODNER, K., Elisha's Profile in the Book of Kings, p. 41-42; COHN, R. L., 2 Kings, p. 5.

610. COHN, R. L., Convention and Creativity in the Book of Kings, p. 609; STEENKAMP, Y., King Ahaziah, the Widow's Son and the Theology of the Elijah Cycle, p. 654.

611. COHN, R. L., 2 Kings, p. 6.

612. BEGG, C., Ahaziah's Fall (2 Kings 1), p. 28-29. Cf. tb. KÖCKERT, M., "Gibt es keinen Gott in Israel?", p. 253-271.

613. BROWN, F.; DRIVER, S. R.; BRIGGS, C. A., בְּלִי, p. 115-116; HARMAN, A. M., Partículas, p. 1031-1032; KOEHLER, L. et al., בְּלִי, p. 133. Embora a exata etimologia ainda seja debatida, o substantivo בְּלִיַּעַל seria formado pela partícula בְּלִי + algum conceito positivo. E alguns estudiosos argumentam que estaria envolvido ainda o substantivo בַּעַל pela deliberada metátese e adição de um *lamed* diminutivo. Outra hipótese levantada é que seja alguma referência mitológica. Haveria uma sutil referência a Baal na pergunta formulada no v. 3e? Ademais, chama a atenção a citação de Sl 41,9, na qual se menciona que alguém acamado não pode mais levantar-se em decorrência de uma "coisa destruidora", דְּבַר־בְּלִיַּעַל (OTZEN, A. B., בְּלִיַּעַל, p. 131-134).

de YHWH, salientando que o confronto não é entre Ocozias e o profeta, mas antes é um embate entre as divindades[614]. Por isso, essa fórmula introduz mensagens divinas solenes e investidas de autoridade que consistem em alusões ao julgamento divino iminente. Da mesma maneira que Elias havia anteriormente transmitido a notícia da morte do Rei Acab (1Rs 21,19), envia ao Rei Ocozias, através de seus mensageiros, o decreto de sua morte em decorrência de sua apostasia[615].

Ao se declarar especificamente que da cama na qual subiu não descerá (v. 4b-c), a palavra hebraica מִטָּה é uma das cinco utilizadas para "cama", em geral feita de madeira, motivo pelo qual se precisaria do auxílio de uma espécie de escadaria para deitar-se nela. Era uma mobília não acessível ao povo comum, que utilizaria uma simples esteira indicada pela palavra mais corriqueira, מִשְׁכָּב (2Cr 16,14); ainda assim, uma מִטָּה não se equipararia à mais luxuosa עֶרֶשׂ. A מִטָּה poderia ser ainda um leito para reclinar-se para comer (Am 6,4) e era transportável (1Sm 19,15), pelo que poderia ser ainda usada como esquife (2Sm 3,31). Seja como for, essa mobília não garante proteção: a cama do faraó não estava protegida contra a praga das rãs (Ex 7,28); Isbaal, herdeiro de Saul ao trono de Israel, foi morto e decapitado na cama (2Sm 4,7); e o Sirácida associa o criticismo profético contra reis e aristocratas especialmente com Elias, ao declarar que "fez reis descerem à cova, e nobres de suas camas" (Eclo 48,6)[616].

Segundo R. N. Champlin, literalmente se subia e se descia das camas, porque no Oriente estas costumavam ser elevadas, havendo degraus ou escadas que davam acesso a elas. Além disso, a cama de Ocozias estaria no andar superior, e isso também pode explicar essa expressão sobre subir e descer[617]. Entretanto, a contraposição עלה/ירד trabalha os opostos dentro da perícope: se descer tem com frequência uma conotação negativa, e subir, uma conotação positiva, subir

---

614. WAGNER, S., אָמַר, p. 339-340.

615. LUND, J. A., אמר, p. 433; OMANSON, R. L.; ELLINGTON, J. E., A Handbook on 1-2 Kings, p. 378; SCHMID, H. H., אמר, p. 159-162.

616. ANGERSTORFER, A., עֶרֶשׂ; מִטָּה; יָצוּעַ, p. 380-382; PICHON, C., Le prophète Elie dans les Evangiles, p. 66; WILLIAMS, W. C., מִטָּה, p. 924-925. A. Angerstorfer lembra que essa distinção entre as cinco palavras hebraicas para "cama" não é consensual, e M. R. Winson declara que uma מִטָּה poderia até ser uma esteira – embora a de um rei certamente seria uma mobília, e não uma esteira (WINSON, M. R., נֶטֶה, p. 956-958). A menção de cova em Eclo 48,6 segue o texto hebraico (BEENTJES, P. C., The Book of Ben Sira in Hebrew, p. 85), que usa o termo שחת, o qual, segundo D. J. A. Clines seria o substantivo "cova" (CLINES, D. J. A., שַׁחַת I, p. 331). O uso na LXX de ἀπώλεια, "ruína", parece compreender o mesmo termo não como substantivo, mas como verbo, a exemplo do que ocorre em Pr 6,32; ou pode compreender o substantivo שחת como simbolismo para ruína, pois na maior parte das vezes esse termo é traduzido na LXX por palavras do campo semântico da destruição, sendo uma delas ἀπώλεια (WÄCHTER, L., שַׁחַת, p. 598).

617. CHAMPLIN, R. N., II Reis, I Crônicas, II Crônicas, Esdras, Neemias, Ester, Jó, p. 1470.

significou aqui a entrada no estado de enfermidade, do qual se almeja descer – o que, por decreto divino, será negado a Ocozias[618]. Salienta-se que na literatura sálmica estar de cama adoentado tem forte conotação de proximidade da morte (Sl 41,5-9); mas YHWH assiste aqueles que estão acamados por doença (Sl 41,4), no entanto lembra que devemos manter a humildade diante de YHWH na enfermidade (Sl 35,13), pois é Ele, mais ninguém, quem sara todas as enfermidades (Sl 103,3)[619].

Na mitologia ugarítica, a morte é personificada como um deus, Mot, representante da "morte" da vegetação durante a estação seca, que logra êxito em matar Alyian Baal, o "Príncipe, Senhor da Terra". Entretanto, Baal é reputado como um deus que revivifica (simbolizando a renovação da vegetação experimentada na primavera), pois logo em seguida declara-se: "Olhem, vivo está Alyian Baal! E olhem, o existente Príncipe, Senhor da Terra!"[620] Como em 1Rs 17,7-16, a crença de que Baal controla a vida e a morte é desafiada; somente YHWH tem tais atributos[621]. Por isso, se Ocozias confiava no mito da vitória de Baal sobre Mot, suas expectativas foram de todo frustradas: a declaração מוֹת תָּמוּת ("certamente morrerás") no v. 4d funciona como um pronunciamento formal de sentença de morte, utilizada numa série de mandamentos como Ex 21,12-17, uma fórmula também presente no pronunciamento de YHWH ao casal primevo em Gn 2,7 – paralelos que atestam a severidade e a firmeza do pronunciamento profético[622]. Mas, se em Gn 2,7 pode-se compreender mais como uma "ameaça", um aviso, no v. 4 de fato há um julgamento, em linguagem legal, pois o pecado é considerado a razão, um critério para tal[623]. YHWH não se restringe a sobrepujar Baal, mas o próprio deus da morte na mitologia cananeia[624].

---

618. MAYER, G., יָרַד, p. 316; MERRIL, E. H., יָרַד, p. 532-533; WEHMEIER, G., עלה, p. 886; YAMAUCHI, E., יָרַד, p. 657-660.

619. SEYBOLD, K., חָלָה, p. 406.

620. ANET 140; ILLMAN, K.-J.; RINGGREN, H.; FABRY, H.-J., מוּת, p. 190; SMICK, E. B., מוּת, p. 821.

621. LIMA, M. L. C.; BELEM, D. F., 1 Reis 17,7-16, p. 140. Cf. tb. FRETHEIM, T. E., First and Second Kings, p. 96.

622. BRUEGGEMANN, W., 1 & 2 Kings, p. 284.

623. ILLMAN, K.-J.; RINGGREN, H.; FABRY, H.-J., מוּת, p. 198-200. Na p. 202, percebe-se que a origem exata da expressão מוֹת תָּמוּת tem chamado a atenção de vários estudiosos, revelando uma possível origem nômade para esse tipo de lei. Não obstante, a expressão não necessariamente deveria ter origem numa formulação de pena de morte, mas talvez numa declaração de que tal pessoa apenas é digna de morte. Cf. tb. GERLEMAN, G., מוּת, p. 660-664; SMICK, E. B., מוּת, p. 821.

624. LIMA, M. L. C.; BELEM, D. F., 1 Reis 17,7-16, p. 162.

### 3.2.1.3. Os mensageiros do rei reenviados por Elias (v. 5-6)

Começa no v. 5 até o v. 16 uma série quádrupla de encontros, conduzidos pela parte do rei, com mensageiros. Há idas e vindas, subidas e descidas, com o profeta localizado em lugares altos (subentendido pela menção do monte no v. 9c). Enquanto nos v. 9-16 os mensageiros são constituídos por destacamentos militares, aqui os mensageiros reais veem malograr sua missão original de busca oracular a Baal Zebub e encarregam-se de retornar ao rei as exatas palavras da acusação profética e da sentença[625]. Ainda que o encontro não seja relatado, Elias de pronto obedeceu à ordem do mensageiro de YHWH com a simples declaração do v. 4e: "então, foi Elias". De enviado, ele se torna aquele que envia na medida em que Elias intercepta os mensageiros do Rei Ocozias e os reenvia com a resposta acerca da inquirição real. Assim Elias frustra a missão desses mensageiros, a qual é totalmente mudada[626]. Sem especificar o esperado encontro entre Elias e os mensageiros, nos v. 5-6 há um conhecimento indireto desse fato, pois à pergunta do rei do porquê de terem retornado tão cedo, os mensageiros referem-se *verbatim* à mensagem de um homem anônimo[627].

Como não há registro de confronto entre os mensageiros do rei e Elias na transição do v. 4 para o v. 5, não há contestação, de tal forma que esses transmitem de boa vontade a nova mensagem ao rei. Além disso, mantém-se uma "aura" de separação e mistério em relação a Elias[628]. A ausência do encontro constitui uma elipse, que realça essa aura de mistério e que transmite uma "eficiência quiástica", nas palavras de S. McKenzie: o mensageiro de YHWH dirige-se a Elias no singular, enquanto este fala aos enviados do rei na segunda pessoa do plural e dá-lhes a mensagem a ser dada a Ocozias na segunda pessoa do singular[629].

Um aspecto importante da identidade de Elias emerge do relatório dado pelos mensageiros ao Rei Ocozias: os mensageiros não conhecem o nome do "homem"; ainda assim, esse homem causou tal impressão poderosa neles, que simplesmente através de sua palavra eles abortaram sua missão real e colocaram-se ao dispor desse desconhecido. Assim, o mesmo Elias que parecia totalmente submisso ao mensageiro de YHWH no v. 4 agora demonstra tamanha autoridade em

---

625. BRUEGGEMANN, W., 1 & 2 Kings, p. 285.
626. MCKENZIE, S. L., 1 Kings 16–2 Kings 16, l. 6088-6090.
627. BEGG, C. T., Unifying Factors in 2 Kings 1.2-17a, p. 76.
628. NELSON, R. D., First and Second Kings, p. 155.
629. MCKENZIE, S. L., 1 Kings 16–2 Kings 16, l. 6104-6105. Cf. tb. GRAY, J., I & II Kings, p. 461.

seus tratos com outros seres humanos[630]. Os mensageiros ainda informam ao rei que Elias "subiu" para encontrá-los: esse movimento antecipa a "queda" de Ocozias, enfatizando o poder divino que o profeta exercerá sobre o rei[631].

Os mensageiros do rei, sem nenhum temor, evidenciam que as ordens do Profeta Elias têm precedência sobre as ordens do próprio rei. Poderiam se esperar represálias da parte do rei; mas nada disso é relatado – a obediência deles a Elias garante proteção, pois agora, como mensageiros de Elias em vez de mensageiros do rei, participam de sua própria inviolabilidade[632]. Eles repetem o oráculo *verbatim*, trocando apenas "vós ides a consultar" do v. 3f por "tu envias a consultar" do v. 6j[633]. Mas a única real alteração em relação às palavras transmitidas por Elias é o acréscimo da ordem "voltai ao rei o qual enviou-vos" (v. 6e-f). Tornando-se agora "embaixadores" de Elias, esses mensageiros transmitem um comprometimento resoluto e zeloso dele por YHWH; por isso, o profeta mostrou tanta indignação pelo ato do rei de ter se voltado a uma divindade estrangeira (implícita na raiz שׁוּב, embora não utilizada explicitamente com esse sentido). Elias entrega a ordem do mensageiro de YHWH *verbatim* para os mensageiros da delegação enviada pelo rei; os membros da delegação, por sua vez, assumem total responsabilidade por qualquer modificação, ainda que mínima, na mensagem tal como deveriam repassar ao rei[634].

Flávio Josefo (*Antiguidades judaicas* 9.2.1) traz modificações significativas ao relato. Especifica que, quando os mensageiros ouviram as palavras de Elias, o qual os prevenira de ir adiante, eles imediatamente retornaram ao Rei Ocozias[635];

---

630. BEGG, C. T., Unifying Factors in 2 Kings 1.2-17a, p. 78. Embora אִישׁ tenha como conotação primária o homem enquanto "biologicamente constituído" (MCCOMISKEY, T. E., אִישׁ, p. 62), uma vez que exista uma conexão entre os termos נָבִיא e אִישׁ (BRATSIOTIS, N. P., אִישׁ, p. 233), pode-se fazer a seguinte pergunta: O uso de אִישׁ nos v. 6-8 deixaria implícito um reconhecimento tanto da parte dos mensageiros quanto do próprio rei de que consistia em um profeta?

631. COHN, R. L., 2 Kings, p. 6.

632. BEGG, C. T., Unifying Factors in 2 Kings 1.2-17a, p. 80; CHAMPLIN, R. N., II Reis, I Crônicas, II Crônicas, Esdras, Neemias, Ester, Jó, p. 1470-1471; HENS-PIAZZA, G., 1-2 Kings, p. 228. R. N. Champlin conjectura, na p. 1470, se a decisão dos mensageiros em abortar a missão poderia ser motivada justamente por pensarem que poderiam provocar o cumprimento da triste sorte de Ocozias, caso insistissem em consultar o oráculo que Elias havia condenado.

633. BEAL, L. M. W., 1 & 2 Kings, p. 295.

634. GARSIEL, M., From Earth to Heaven, p. 149-150. Na p. 149, M. Garsiel debate uma observação de H. C. Brichto: ao mesmo tempo que se prontificam a obedecer a Elias, não são tão meticulosos na transmissão dessa mesma ordem *verbatim*. Isso poderia indicar que, desde o início, os mensageiros não estivessem "felizes" com a missão de inquirir Baal Zebub. Impressionados por encontrar um estranho que conhece em detalhes sua "missão secreta", teriam percebido ser um profeta, por falar em nome de YHWH. Ficaram então constrangidos em serem repreendidos por escolherem o deus de Acaron em vez do deus de Israel para uma consulta oracular (BRICHTO, H. C., Toward a Grammar of Biblical Poetics, p. 153).

635. BEGG, C., Ahaziah's Fall (2 Kings 1), p. 29-30.

abrevia a mensagem profética conforme (re)transmitida pelos mensageiros, eliminando sua acusação inicial; e varia a linguagem do anúncio inicial da punição, "ele não iria recobrar de sua doença", e reitera que "sua doença pioraria". Enfim, ele modifica a "fórmula do mensageiro" para "conforme a ordem do rei de Israel". Desse modo, evita a repetição *verbatim* do anúncio do destino de Ocozias[636], mas atenua o tom de "comprometimento" dos mensageiros do rei para com Elias.

O retorno imediato dos mensageiros deu ao rei a certeza de que não houve tempo suficiente para concluir a missão em Acaron, pelo que a intervenção de YHWH proporcionou o malogro da obtenção da palavra de Baal Zebub, a qual teria depreciado o culto javista junto à opinião do povo[637]. O rápido retorno dos mensageiros teria dado ainda a certeza ao rei de que o encontro entre Elias e os mensageiros acontecera não muito longe de Samaria – talvez tivesse ocorrido nas vizinhanças da capital. Isso simbolizaria que a necessidade de expurgar o culto javista de suas práticas idolátricas não ficaria relegada às regiões mais distantes do reino de Israel, mas deveria incluir e começar pela própria sede do poder real[638].

Digno de nota é o jogo de palavras envolvendo a raiz שׁוּב. Os mensageiros retornam ao rei (v. 5a), que pergunta: Por que eles retornaram? (v. 5c). Então, os mensageiros "apologeticamente" respondem que um homem veio até eles ordenando: "voltai ao rei" (v. 6e). Assim, esses mensageiros foram "perspicazes" em perceber que era necessário obedecer ao estranho, retornando, e dessa forma entregar ao rei o oráculo divino[639].

Podem ser encontrados dez significados diferentes para o grau *qal* de שׁוּב, destacando-se três: 1) voltar; 2) verbo auxiliar com sentido de repetir determinada ação; e 3) a volta da comunidade à aliança com YHWH[640]. Se o sentido primário da raiz שׁוּב é o de simples movimento físico de voltar para alguma pessoa, retornar – evidenciado especialmente pela combinação שׁוּב + אֶל no v. 6e[641] –, a raiz tem uma ambivalência semântica, concedendo um certo grau de incerteza: pode haver o sentido teológico de voltar-se contra Deus, ou o de voltar-se para Deus[642]; de fato, nas categorias semânticas do *qal* dominam os vários aspectos do

---

636. BEGG, C., Ahaziah's Fall (2 Kings 1), p. 30.

637. WISEMAN, D. J., 1 e 2 Reis, p. 170.

638. GRAY, J., I & II Kings, p. 464.

639. GARSIEL, M., From Earth to Heaven, p. 148.

640. HAMILTON, V. P., שׁוּב, p. 1532-1534. D. J. A. Clines encontra para o *qal* 31 significados, com alguns divididos em subitens para a mesma nuança do significado (CLINES, D. J. A., שׁוּב I, p. 273-274).

641. BROWN, F.; DRIVER, S. R.; BRIGGS, C. A., שׁוּב, p. 997; CLINES, D. J. A., שׁוּב I, p. 278; GRAUPNER, M.; FABRY, H.-J., שׁוּב, p. 474.

642. GRAUPNER, M.; FABRY, H.-J., שׁוּב, p. 474-475.

arrependimento em contextos teológicos⁶⁴³. A raiz שוב no sentido de "arrepender-se" muitas vezes funciona como uma palavra-chave na proclamação profética, e mesmo como uma descrição do objetivo do profeta. Entretanto, existe falta de evidência sobre essa tradição entre os profetas dos séculos X e IX a.C. Assim, embora Elias dirija-se ao povo em 1Rs 18,21, antes de Amós, quando os profetas falam em primeira pessoa, visam não o povo em geral, mas um indivíduo como um rei – a exemplo do visto na perícope envolvendo 2Rs 1,1-18. Em vez de advertências, essas mensagens frequentemente abordam desastres que se abateriam – como no caso de Ocozias⁶⁴⁴.

### 3.2.1.4. A pergunta do rei pela aparência de Elias (v. 7-8)

O Rei Ocozias havia requerido um oráculo da parte de Baal Zebub, mas confronta-se com uma mensagem enviada pelo próprio YHWH nos v. 5-6, o Deus de Israel – por isso, enfatiza-se mais uma vez a pergunta se não há deus em Israel. Agora, no v. 7, o Rei Ocozias deseja saber quem é o portador dessa mensagem⁶⁴⁵. Ao perguntar pelo nome do homem, sabendo que seus mensageiros desconheciam quem era e suspeitando que poderia ser Elias, a "nêmese" de seu pai, Acab, requereu uma descrição dele. Utiliza-se a palavra מִשְׁפָּט, cujo significado básico é o de "juízo", "julgamento", mas pode significar "aparência", além de poder descrever a maneira ou o procedimento de uma pessoa (Jz 13,12)⁶⁴⁶. O paralelo entre Jz 13,12 e 2Rs 1,7 sugere o significado "proceder próprio". Assim, Deus ensina ao fazendeiro o procedimento adequado (Is 28,26), e tudo tem seu tempo e modo, maneira (Ecl 8,6). Logo, o מִשְׁפָּט de um homem é compreendido como sua aparência característica, sua conduta particular⁶⁴⁷. Mais do que sua aparência, Elias é reconhecido pelo seu proceder: o radical defensor da exclusividade de YHWH; e a descrição de suas vestes o distingue de outros⁶⁴⁸.

Entretanto, o ponto focal do significado de מִשְׁפָּט permanece no campo legal, da justiça, do julgamento. Em muitos textos o sentido de "decisão" é suficiente. Tende na direção de "demanda", enfatizando engajamento em prol de uma posição particular. Em ordem de prioridade, pode-se colocar: 1) julgamento; 2)

---

643. GRAUPNER, M.; FABRY, H.-J., שוב, p. 480.
644. GRAUPNER, M.; FABRY, H.-J., שוב, p. 484. Na p. 497, explica-se que o tema do arrependimento, relacionado à raiz שוב, aparece apenas entre os profetas a partir do século VIII a.C.
645. COHN, R. L., 2 Kings, p. 6.
646. BARBER, C. J., The Books of Kings, p. 16.
647. JOHNSON, B., מִשְׁפָּט, p. 96.
648. FRITZ, V., A Continental Commentary, p. 230-231.

questão sob julgamento; 3) decisão de juízes do que é certo ou justo. Dentro desse terceiro escopo da "lei consuetudinária" reside o sentido de "costume", "hábito", "maneira"[649]. Por isso, o uso de מִשְׁפָּט no v. 7 poderia deliberadamente ecoar o significado de juízo, em geral associado à ideia de julgamento legal, o qual está para se abater sobre o Rei Ocozias. É provável que essa fosse a intenção homilética por trás das versões gregas: a LXX verte por τίς ἡ κρίσις, literalmente "qual é o julgamento?", enquanto a recensão luciânica tornaria ainda mais específica essa questão ao traduzir por τί τὸ δικαίωμα, "qual é o direito?"[650].

Pode-se contrastar Elias, designado como בַּעַל שֵׂעָר, com בַּעַל זְבוּב. Os mensageiros, comissionados para achar Baal Zebub, encontram pelo caminho alguém que é בַּעַל שֵׂעָר: enquanto o último representa o deus que pode levantar o doente do leito de morte – a saber, YHWH, Deus de Israel –, Baal Zebub, o deus de Acaron, simplesmente é impotente[651]. W. H. Barnes prefere contrastar entre o aparente hirsuto Elias com o "careca" Eliseu, zombado pelos rapazes em 2Rs 2,23-25[652]: a expressão בַּעַל שֵׂעָר designaria alguém "cabeludo" ou "hirsuto", ou ainda alguém que usasse uma vestimenta característica feita de pelos, podendo ser uma tanga ou cinto[653]. De fato, Elias era conhecido por usar um manto (1Rs 19,13.19), o qual poderia ser de pelos (Zc 13,4) – haveria, então, uma inferência desse tipo de veste aqui; mas foi apenas no período posterior intertestamental que o manto de pelos foi associado exclusivamente com Elias[654].

---

649. JOHNSON, B., מִשְׁפָּט, p. 87.

650. HOBBS, T. R., 2 Kings, p. 2. O termo δικαίωμα na LXX pode ser traduzido como ordenança, incorporando princípios da fé israelita, os quais foram dados por YHWH. O termo é utilizado, por exemplo, em Os 13,1: "ele recebeu ordenanças em Israel; estabeleceu-as para Baal, e morreu" (MURAOKA, T., δικαίωμα, p. 170). Portanto, a recensão luciânica em 2Rs 1,7 estabeleceria um interessante ponto de contato com Os 13,1, proporcionando um contexto para o "julgamento" de Ocozias por parte de YHWH, devido a ter consultado Baal Zebub. Embora não utilizado em Os 13,1, o uso de נִימוֹס ou נִימוֹסָא em 2Rs 1,7 no Targum – um termo que equivaleria a νόμος no grego e, portanto, a תּוֹרָה no hebraico – indicaria pelo menos um uso homilético dessa leitura (JASTROW, M., נִימוֹס II, p. 905). Observar ainda o uso de מִשְׁפָּט para o sentido de lançar sortes, que também poderia apontar para essa compreensão dos tradutores (JOHNSON, B., מִשְׁפָּט, p. 88). Cf. tb. CULVER, R. D., שׁפט, p. 1602-1606; ENNS, P., מִשְׁפָּט, p. 1140-1142; LIEDKE, G., שפט, p. 1396.

651. LEITHART, P. J., 1 & 2 Kings, p. 168; NELSON, R. D., First and Second Kings, p. 155.

652. BARNES, W. H., Cornerstone Biblical Commentary, p. 196.

653. BEAL, L. M. W., 1 & 2 Kings, p. 295. Flávio Josefo (Antiguidades, 9.2.1) entende a expressão como referência ao fato de ser cabeludo (BEGG, C., Ahaziah's Fall [2 Kings 1], p. 30).

654. COGAN, M.; TADMOR, H., II Kings, p. 26. J. Gray afirma que seria uma vestimenta típica para Elias, assim como o foi para João Batista no Novo Testamento e entre os sufis do islamismo. Mas esse é um desenvolvimento posterior, pois, para João Batista, significaria seu *status* como precursor do Messias, assim como Elias também é apresentado em Ml 3,23. Da mesma forma, numa abordagem unicamente antropológica, E. R. Wendland compara Elias aos *mung 'ungu*, "homens da medicina", xamãs da tribo Tonga ao sul da Zâmbia, no continente africano, os quais atendem seus "clientes" vestidos em peles de animais, como uma espécie de "crachá" (GRAY, J., I & II Kings, p. 464; WENDLAND, E. R., Elijah and Elisha, p. 217).

Se a expressão designa Elias como alguém "cabeludo", ele poderia ser uma espécie de nazireu, que não cortava o cabelo como demonstração de sua consagração[655]. A expressão בַּעַל שֵׂעָר pode designar tanto a pessoa como a vestimenta; em favor da primeira opção, estaria o paralelo com Gn 27,11, e o contraste com o "careca" Eliseu em 2Rs 2,23-25. Mas a interpretação como referência à roupa seria corroborada pela menção de seu cinto de couro e por textos que identificam o profeta por suas roupas, como Zc 13,4[656].

Independentemente do desenvolvimento posterior na tradição tanto judaica quanto cristã, a palavra שֵׂעָר – com significado simples de "cabelo" ou "pelos" –, quando utilizada de modo adjetival para roupa, não apresenta ambiguidade, como fica claro pelo contexto de Gn 25,15; Zc 13,4. Além do mais, embora não necessariamente, o uso do construto de בַּעַל poderia indicar שֵׂעָר como designativo da pessoa, e não da roupa. Salienta-se ainda que se um cabelo longo poderia ser uma boa identificação para Elias – pois Eliseu seria "careca", de acordo com 2Rs 2,23-35 – a suposta roupa característica de profeta não o seria, a não ser que pudesse se comprovar Elias como o primeiro a se utilizar desse tipo de "roupa profética"[657]. Por outro lado, a palavra שֵׂעָר poderia se referir tanto a uma capa feita de couro de bode, com os pelos para fora, quanto aos próprios pelos corporais do profeta[658].

Seja como for, há uma ironia colocada entre essa contraposição de dois tipos de *baal* e a necessidade de escolha por um dos dois. Os mensageiros optaram pelo estranho que anuncia o Deus de Israel; Ocozias, o rei de Israel, preferiu o deus estrangeiro[659]. A contraposição entre בַּעַל שֵׂעָר e בַּעַל זְבוּב poderia atestar ainda, segundo D. Nocquet, uma espécie de "baalidade" ("*baalité*") de Elias: a sua descrição insinuaria que doravante há um "baal" em Israel, enfatizando a inutilidade de se recorrer a um "baal" estrangeiro. Sendo a expressão בַּעַל שֵׂעָר entendida como menção a um cabelo comprido, poderia ser uma alusão à ico-

---

655. FRITZ, V., A Continental Commentary, p. 231. Cf. tb. ALDEN, R. L., שֵׂעָר (1), p. 1254-1256; BOTTERWECK, G. J., גָּלַח, p. 12; WALTKE, B. K., שֵׂעָר, p. 1485-1487.

656. MCKENZIE, S. L., 1 Kings 16–2 Kings 16, l. 6231-6237; OMANSON, R. L.; ELLINGTON, J. E., A Handbook on 1-2 Kings, p. 699; ROBINSON, J., The Second Book of Kings, p. 19. Defendendo a expressão como designativo da pessoa de Elias, e não da roupa, cf. JOÜON, P., Le costume d'Elie et celui de Jean Baptiste, p. 77. D. J. Wiseman, defendendo como descrição da roupa, entende que a expressão בַּעַל שֵׂעָר não seria alusão a um modo extravagante de se vestir, diferentemente da dura reprimenda às "filhas de Sião" em Is 3,16-22 (WISEMAN, D. J., 1 e 2 Reis, p. 170).

657. FENÍK, J., Clothing Symbolism in the Elijah–Elisha Cycle and in the Gospel of John, p. 51-53; HOBBS, T. R., 2 Kings, p. 10.

658. CHAMPLIN, R. N., II Reis, I Crônicas, II Crônicas, Esdras, Neemias, Ester, Jó, p. 1471.

659. COHN, R. L., 2 Kings, p. 6; GARSIEL, M., From Earth to Heaven, p. 151; NELSON, R. D., First and Second Kings, p. 155.

nografia do deus Baal, representado com uma cabeleira trançada. Mais do que a sua própria, Elias seria a manifestação da "baalidade" de YHWH em Israel, ou seja, seu "domínio"[660].

Qualquer que seja o sentido exato da descrição de Elias – o texto aparentemente trabalha de propósito com a ambiguidade dos significados –, o profeta parece ser caracterizado como um homem "selvagem", subsistindo nas "franjas" do poder real, uma espécie de *outsider* que não apenas critica a sociedade, da qual vive à margem, como também protesta contra ela, sendo alvo, em especial, a elite[661].

A descrição de Elias é completada pela menção a um cinto, אֵזוֹר, envolvendo seus lombos, מָתְנַיִם. Um אֵזוֹר seria largo o suficiente, com a parte superior cobrindo os rins, em contraposição ao חֲגוֹרָה/חָגוֹר, a cinta estreita descrita como utilizada por Adão e Eva (Gn 3,7)[662] – apesar das palavras diferentes, parece haver um "ponto de contato". Estar com os lombos cingidos tornou-se uma expressão simbólica para força e intervenção enérgica; e perder o cinto é sinal de fraqueza (Is 45,1)[663]. O chamado de Deus a Jeremias para cingir seus lombos e profetizar (Jr 1,17) pode implicar para o profeta um caminho áspero à frente, no qual tanto ele quanto sua mensagem podem encontrar rejeição[664]; Elias deparou-se com os mesmos desafios em seu ministério.

A raiz אזר faz parte da expressão "cingir os lombos". Figurativamente, representa a força, חַיִל; e o significado primário metafórico carrega o sentido de preparar-se para uma tarefa, como uma guerra. Por conseguinte, está associado com maturidade e capacidade de cumprir uma responsabilidade[665]. Dessa forma, o "cinto", אֵזוֹר, está associado tanto ao soldado quanto a quem está "preparado para a ação"[666]. Ao Profeta Jeremias, que havia argumentado não ter maturidade ou idade suficiente (Jr 1,6-7), Deus mostra que diante dele o recém-chamado profeta é um "adulto responsável", capacitado para a obra em que foi investido. Deus cinge para a batalha (2Sm 22,40); e Deus cinge o Rei Ciro (Is 45,5), mostrando que à pessoa cingida é dada uma tarefa, uma missão[667]. Isso seria confirmado pelo

---

660. NOCQUET, D., Le livret noir de Baal, p. 168-173. Deus se mostra "como o real, o melhor Baal" (CRÜSEMANN, F., Elia – die Entdeckung der Einheit Gottes, p. 52).

661. MCKENZIE, S. L., 1 Kings 16–2 Kings 16, l. 6114.

662. JOÜON, P., Le costume d'Elie et celui de Jean Baptiste, p. 78.

663. HAMP, V., חֲלָצַיִם, p. 442.

664. HAMILTON, V. P., מָתְנַיִם, p. 1148. Cf. tb. HAMILTON, V. P., מָתְנַיִם, p. 895-897.

665. ROOKER, M. F., אזר, p. 334.

666. WOLF, H., אָזַר, p. 47.

667. JOHNSON, B., חָגַר, p. 215-216.

material, עוּר. A raiz por trás de עוּר é obscura, havendo três "candidatas", todas com "méritos", segundo G. A. Long: עוּר, "ficar nu"; ערר, "tirar as roupas"; ou ערה, "ficar sem roupas"[668]. C. Schultz distingue uma raiz עוּר III, distinta de uma raiz similar עוּר I, que significaria "agitar-se", "incitar"[669]. Apesar de raízes distintas e não necessariamente relacionadas, o significado da raiz עוּר I chama a atenção pelo seu contexto de que "alguém ou algo torna-se e permanece engajado em alguma atividade", em especial em contextos bélicos[670].

Com a descrição feita pelos mensageiros, Ocozias identifica inequivocamente Elias pelo título תִּשְׁבִּי, tesbita – um título-chave, já utilizado no v. 3, pois, desde sua primeira identificação dentro da narrativa mais ampla do ciclo em 1Rs 17,1, Elias é apresentado sobrepujando os "inimigos" de YHWH, sejam humanos, sejam divinos[671]. O único "inimigo" que parece ter conseguido fazer frente ao profeta foi Jezabel em 1Rs 19,1 – justamente a grande ausência na perícope de 2Rs 1,1-18.

Uma pergunta fica no ar: Por que os mensageiros do rei não conseguem identificar o homem que entrega uma mensagem tão dramática ao monarca? Sem responder, parece que se cria um clímax acerca da descoberta do poder que se apresenta contra Ocozias. Além disso, a aparente "inocência" dos mensageiros serve retoricamente para colocar o nome do profeta na boca do próprio rei[672].

## 3.2.2. O envio dos capitães pelo rei (v. 9-15)

### 3.2.2.1. O primeiro capitão (v. 9-10)

O reconhecimento do rei de que o mensageiro do oráculo era o Profeta Elias não foi suficiente para convencê-lo. Três novas embaixadas são enviadas, e a arrogância das duas primeiras contrasta com a inocência demonstrada pela embaixada descrita nos v. 2-8. Assim, aparentemente uma disputa por domínio entre o rei e o profeta desenvolve-se[673]. O conjunto dos v. 9-15 assemelha-se mais às histórias de Eliseu, em especial a 2Rs 2,23-25, onde a "moral de reverência pelo

---

668. LONG, G. A., עוּר, p. 361.

669. SCHULTZ, C., עוּר I/II/III, p. 1095-1098.

670. SCHREINER, J., עוּר, p. 570-572.

671. BEAL, L. M. W., 1 & 2 Kings, p. 295. Flávio Josefo (Antiguidades 9.2.1) torna o reconhecimento pelas características descritas mais explícito: "destas palavras o rei conheceu (συνεὶς) que o homem... era Elias" (BEGG, C., Ahaziah's Fall [2 Kings 1], p. 31).

672. COHN, R. L., 2 Kings, p. 7.

673. COHN, R. L., 2 Kings, p. 7.

profeta é instilada da forma mais crua, às vezes, às expensas de ideias ordinárias de justiça e humanidade"[674].

Pelo que se pode depreender a partir do envio sucessivo dos três capitães, o Rei Ocozias, rei de Israel, parece estar disposto a logo desconsiderar o oráculo de YHWH. Essa atitude contrasta de forma diametral àquela demonstrada pela viúva de Sarepta (1Rs 17,7-16): esta, sendo estrangeira, tem confiança total numa divindade alheia a seus próprios povo e culto – justamente a atitude que seria esperada por um rei de Israel! Assim, ganha maior alcance a pergunta no v. 6i, repetida do v. 3e: "Porventura não há Deus em Israel?"[675]

O propósito do rei em enviar destacamentos militares não é de todo claro. Desejaria o rei em primeira mão ouvir seu destino? Pretenderia simplesmente intimidar o profeta, ou matá-lo? Ou apenas buscar ajuda, obter uma cura mediante os poderes de Elias? Seja como for, destacamentos de tamanho considerável para trazer uma única pessoa à presença do rei parecem prenunciar perigo ao profeta de YHWH[676]. Assim, é importante salientar que, ao enviar não mensageiros, mas soldados, suas intenções não seriam positivas[677]; e não é a primeira vez na obra de Reis que um oráculo negativo contra um rei é seguido pela tentativa de captura do profeta[678]. Ocozias aparentou estar desesperado na ten-

---

[674]. CHAMPLIN, R. N., II Reis, I Crônicas, II Crônicas, Esdras, Neemias, Ester, Jó, p. 1471, citando um comentário de Norman H. Snaith. Cf. tb. ROBINSON, J., The Second Book of Kings, p. 21.

[675]. STEENKAMP, Y., King Ahaziah, the Widow's Son and the Theology of the Elijah Cycle, p. 654. Na palavra de YHWH a Elias, em 1Rs 17,8-9, quando este é enviado a um território estrangeiro, aplica-se uma forma da "lei de talião": se Israel provoca YHWH com ídolos, Ele provocará Israel com ciúmes, enviando seu profeta a outras nações, conforme atestado em Dt 32,21 (LEITHART, P. J., 1 & 2 Kings, p. 128; LIMA, M. L. C.; BELEM, D. F. 1 Reis 17,7-16, p. 153-154; NIETRO RENTERÍA, F. N., "Según la palabra Yahvé había pronunciado por boca de Elías" [1Re 17,16], p. 9-24). Há um movimento "inverso" aqui em 2Rs 1: Ocozias busca uma outra divindade em território estrangeiro e provoca YHWH com ciúmes. Deve-se ainda salientar que o objeto de arrependimento nos profetas escritores é o restabelecimento de um estado original, mais especificamente o retorno ao relacionamento original com YHWH. Isso não constituiria um simples retorno a um estado primitivo, mas antes o ponto de partida para um novo começo (SOGGIN, J. A., שׁוּב, p. 1315). Por isso, a raiz שׁוּב é essencial para o conceito de arrependimento, com a imagem de uma pessoa dando meia-volta a fim de movimentar-se para a direção correta, a saber, YHWH (THOMPSON, J. A.; MARTENS, E. A., שׁוּב, p. 57). Em contrapartida, o termo תְּשׁוּבָה, se com o uso pós-bíblico torna-se um substantivo importante para o conceito de arrependimento, não é utilizado com nenhum sentido específico teológico no Antigo Testamento – encontra-se com o significado de "retorno" em 1Sm 7,17; Eclo 22,22, e "resposta" em Jó 21,34, por exemplo (CLINES, D. J. A., [תְּשׁוּבָה] I, p. 682-683; GRAUPNER, M.; FABRY, H.-J., שׁוּב, p. 481).

[676]. BRUEGGEMANN, W., 1 & 2 Kings, p. 285; DAVIS, D. R., 2 Kings, p. 21; DILLARD, R. B., Faith in the Face of Apostasy, p. 78-79; FRETHEIM, T. E., First and Second Kings, p. 133; GARSIEL, M., From Earth to Heaven, p. 152; RYKEN, P. G., 2 Kings, p. 10; WISEMAN, D. J., 1 e 2 Reis, p. 170. Segundo R. L. Heller, provavelmente o envio de soldados não objetivava feri-lo, mas Elias não podia ver isso (HELLER, R. L., The Characters of Elijah and Elisha and the Deuteronomic Evaluation of Prophecy, p. 104).

[677]. BARBER, C. J., The Books of Kings, p. 17; BEAL, L. M. W., 1 & 2 Kings, p. 296; BUTLER, J. G., Elijah, p. 219; WERLITZ, J., Vom feuerigen Propheten zum Versöhner, p. 193.

[678]. 1Rs 13,1-7; 17,1-4; 18,9-10; 22,1-28. Cf. tb. PROVAN, I. W., 1 & 2 Kings, p. 169.

tativa de reverter uma profecia contra si, usando a força se necessário⁶⁷⁹. Assim, aproximando-se antes do "deus errado", agora se aproxima do "correto" homem de Deus de maneira inapropriada⁶⁸⁰. Independentemente das reais intenções do rei, os sucessivos destacamentos militares agem e falam como emissários reais, ou seja, מַלְאָכִים sem o título⁶⁸¹.

Ao afirmar que Elias estava no topo do monte (v. 9c), a paisagem "metonímica" agora servia como "metáfora", referindo-se de modo simbólico ao conflito e à lacuna estabelecida, tanto em *status* quanto na hierarquia entre o profeta e o capitão: o profeta senta-se acima, ou seja, fica claro que sua posição de dignidade como homem de Deus o eleva acima tanto do capitão quanto do rei a quem o comandante do destacamento representa⁶⁸². Segundo R. L. Omanson e J. E. Ellington, a presença do artigo definido junto ao vocábulo hebraico הַר parece ser problemática, uma vez que nenhum monte específico é mencionado. Seria um "certo monte", pois gramaticalmente o artigo definido às vezes é usado como referência não a algo específico, mas a um certo tipo específico de coisa. Mas pelo artigo a ênfase recairia sobre o "topo", ראש, e não necessariamente sobre o monte em si⁶⁸³. A rapidez com que a narrativa é reportada sugere que o monte não seria o Carmelo, como afirmam alguns comentaristas⁶⁸⁴; pelo posicionamento no topo do monte, mais importante é salientar que, enquanto Ocozias subiu e não poderá descer do leito de enfermidade pela palavra de YHWH, Elias subiu e não descerá exceto pela ordem expressa da Palavra de YHWH⁶⁸⁵. Em termos geográficos, o monte

---

679. CHAMPLIN, R. N., II Reis, I Crônicas, II Crônicas, Esdras, Neemias, Ester, Jó, p. 1471.

680. AULD, A. G., I & II Kings, p. 152.

681. LONG, B. O., 2 Kings, p. 13.

682. GARSIEL, M., From Earth to Heaven, p. 152.

683. OMANSON, R. L.; ELLINGTON, J. E., A Handbook on 1-2 Kings, p. 700-701. Na p. 409, R. L. Omanson e J. E. Ellington explicam que o mesmo fenômeno ocorreria em 1Rs 12,22, quando o artigo definido é utilizado para "homem de Deus" como designação de Semeías, sem que necessariamente seja um título exclusivo dele. O artigo definido ainda pode indicar o chamado "uso genético": classes ou espécies que são únicas e, por esse motivo, determinadas. Além disso, há objetos que são específicos por serem usados para algum propósito em particular, o que bem poderia ser o caso em 2Rs 1,9 (JOÜON, P.; MURAOKA, T., A Grammar of Biblical Hebrew, p. 476-478).

684. BEGG, C., Ahaziah's Fall (2 Kings 1), p. 31; HOBBS, T. R., 2 Kings, p. 10; KEIL, C. F.; DELITZSCH, F., The Books of Kings, 1 and 2 Chronicles, p. 202; LANGE, J. P. et al., A Commentary on the Holy Scriptures, p. 4; OLLEY, J. W., YHWH and His Zealous Prophet, p. 44; PICHON, C., Le prophète Elie dans les Evangiles, p. 43. Uma tradição cristã posterior situa o local do encontro em Sheikh Sha'le, na vizinhança de Samaria (COGAN, M.; TADMOR, H., II Kings, p. 26). O "monte" é um importante lugar para manifestação divina; se o Carmelo está associado especialmente a Elias (1Rs 18,19-20), há também a menção do Horeb em 1Rs 19,8-18, relacionando-o a Moisés na teofonia do Sinai (PICHON, C., La figure de l'étranger dans le cycle d'Élie, p. 88).

685. BEAL, L. M. W., 1 & 2 Kings, p. 296.

em 2Rs 1,9 complementa outros quatro "territórios delimitados" que conhecem uma manifestação de YHWH a Elias em lugares elevados: o quarto elevado (1Rs 17,19-24); o Monte Carmelo em Israel (1Rs 18,19-20); o Monte Horeb ao Sul (1Rs 19,8-18); e nos céus a leste do Jordão (2Rs 2,1-18)[686].

A ordem do primeiro capitão é enfática, com tom militar, em nome do rei: o profeta deve descer. Justapõe-se, então, a autoridade humana do rei contra a autoridade do homem de Deus[687]. Flávio Josefo é mais específico: caso Elias se recusasse, o capitão deveria forçá-lo contra a sua vontade[688]. A interpelação feita a Elias pelo primeiro capitão foi equivocada. Uma vez que fala em nome do rei, observe-se que mesmo um rei não tinha o direito de pedir tal submissão, e suas ações deveriam sempre estar subordinadas à palavra divina (1Sm 10,25)[689].

O tom militar é confirmado pelo envio de uma unidade militar de cinquenta soldados. A organização do exército de Israel incluía destacamentos de mil, cem ou cinquenta, cada um com seu oficial ou capitão, שַׂר (Nm 31,14.48; 1Sm 8,12)[690]. O vocábulo שַׂר tem um vasto alcance semântico: pode significar "rei vassalo", ou "príncipe" enquanto membro da corte; "conselheiros do rei"; ou ainda comandantes e chefes, seja de uma cidade, seja de um destacamento militar. Enfim, designa funcionários em geral, uma autoridade subordinada[691]. Entretanto, esses oficiais estão intimamente relacionados à ideia de "comandante militar"[692]; e são alvo de duro juízo por parte dos profetas (Is 1,23; 3,13-15; Jr 34,10-11)[693].

Há uma ironia envolvendo a raiz ירד, "descer". Enquanto o capitão, em nome do rei, ordena ao profeta que desça, como se estivesse acima dele, por sua

---

686. PICHON, C., Le prophète Elie dans les Evangiles, p. 47.

687. COHN, R. L., 2 Kings, p. 7-8; LANGE, J. P. et al., A Commentary on the Holy Scriptures, p. 5.

688. BEGG, C., Ahaziah's Fall (2 Kings 1), p. 32.

689. WISEMAN, D. J., 1 e 2 Reis, p. 170.

690. NIEHR, H., שַׂר, p. 205; RUSHDOONY, R. J., Chariots of Prophetic Fire, p. 74. Flávio Josefo salienta ainda mais o tom militar, ao usar a terminologia grega padrão mais específica do que a da LXX, falando de um ταξίαρχος, oficial, comandante de destacamento, este composto de ὁπλίτας, soldados fortemente armados. Ainda acrescenta que o objetivo era claro: trazer Elias à sua presença (BEGG, C., Ahaziah's Fall [2 Kings 1], p. 31).

691. BAKER, D. W.; NEL, P. J., שָׂרַר, p. 1287.; NIEHR, H., שַׂר, p. 193-197.

692. CLINES, D. J. A., שַׂר I, p. 182-183; COHEN, G. G., שָׂרַר, p. 1493-1494.

693. NIEHR, H., שַׂר, p. 204. Se esses capitães de cinquenta têm uma abordagem negativa, intimidatória, H. Niehr mostra na p. 214 como, em três passagens dos escritos sectários de Qumran, apresentam-se de forma positiva como uma organização "militar" dentro da comunidade (1QSa 1,14-15) de cunho administrativo, emulando o disposto em Ex 18,21.25; Dt 1,15, e uma perspectiva de organização "militar escatológica" em 1QM 4,4; 11QT 57,4. Além de Ex 18,21.25; Dt 1,15 e 2Rs 1,9.11.13, a expressão específica שַׂר־חֲמִשִּׁים aparece no texto massorético ainda em 1Sm 8,12; Is 3,3 (EVEN-SHOSHAN, A., A New Concordance of the Bible, p. 1205-1207).

vez Elias, em sua autoridade de homem de Deus, ordena que um fogo desça e consuma o capitão e seus cinquenta. Assim, percebe-se que o homem de Deus está posicionado muito acima do rei e sua força militar. Como ocorrera anteriormente em 1Rs 18,38-39, no "ordálio" do Monte Carmelo, Elias demonstra sua autoridade profética mediante o fogo[694]. O rei precisava lembrar como YHWH já havia revelado a si próprio e confirmado Elias a seu pai, Acab; e o fogo ainda vincula Elias a Moisés (Lv 10,2; Nm 11,3)[695].

O primeiro capitão, falando em nome do rei, utiliza para Elias a expressão אִישׁ אֱלֹהִים; no seu discurso peremptório, o uso da expressão pode bem ser derrogatório, sem nenhuma apreciação de sua importância, equiparando Elias a outros que pudessem ser qualificados da mesma forma. Mais importante é a assonância envolvendo as palavras אִישׁ e אֵשׁ[696]. Como homem de Deus, tem uma conexão especial a qual concede ao profeta poder divino. Portanto, a inteira cena diz respeito menos à necessidade de proteção do que à demonstração de poder de Elias como homem de Deus[697]. Se por um lado o capitão denomina Elias como "homem de Deus", ao mesmo tempo negligencia o poder do profeta em resistir à ordem do rei[698].

A expressão אִישׁ אֱלֹהִים é reservada, além de a Elias e a Eliseu, a Moisés (Dt 33,1) e Samuel (1Sm 9,6)[699]. O termo muitas vezes está associado a atividades portentosas (1Sm 9; 2Rs 4), embora não restrito a estas[700]. A razão disso é a existência de uma relação íntima com a tradição profética: um profeta anônimo é designado como tal em 1Sm 2,17; e em 1Rs 12–14 há um bloco de histórias concernentes a profetas e um "homem de Deus" que se posicionam contrários à política do Rei Jeroboão I. Salienta-se que em 1Rs 13,14-18 os termos "homem de Deus" e "pro-

---

694. FRETHEIM, T. E., First and Second Kings, p. 133; GARSIEL, M., From Earth to Heaven, p. 153; MCKENZIE, S. L., 1 Kings 16–2 Kings 16, l. 6098; PICHON, C., Le prophète Elie dans les Evangiles, p. 66.

695. WISEMAN, D. J., 1 e 2 Reis, p. 171.

696. GRAY, J., I & II Kings, p. 464; MCKENZIE, S. L., 1 Kings 16–2 Kings 16, l. 6128-6129; ŠANDA, A., Die Bücher der Könige, p. 5.

697. MCKENZIE, S. L., 1 Kings 16–2 Kings 16, l. 6133. Cf. tb. HADLEY, J. M., Elias e Eliseu, p. 563.

698. BEGG, C. T., Unifying Factors in 2 Kings 1.2-17a, p. 80; BURNEY, C. F., Notes on the Hebrew Text of the Books of Kings with an Introduction and Appendix, p. 263.

699. SICRE DIAZ, J. L., Introdução ao profetismo bíblico, p. 55. Um título associado especialmente a Eliseu (29 vezes), e apenas secundariamente a Elias (apenas 7 vezes). Na mesma página, J. L. Sicre Diaz afirma que, sendo "um termo pouco usado no começo (as quatro referências a Samuel aparecem todas na mesma história, a das jumentas de Saul), alcançou grande difusão, sobretudo aplicado a Eliseu, e desapareceu de repente".

700. HOBBS, T. R., 2 Kings, p. 5-6.

feta" são estreitamente relacionados[701]. Se por um lado a expressão אִישׁ אֱלֹהִים é um título honorífico concedido a personagens ilustres "sem referência propriamente à índole profética" (como Moisés e Davi), quando referida a um profeta "põe em relevo sua proximidade a Deus e o poder que ele detém, como seu mensageiro, em suas palavras e ações", em especial o poder de cura, como é o caso das narrativas concernentes a Eliseu[702].

A resposta de Elias utiliza a raiz comum ענה I. A combinação com דבר, embora entendida como hendíadis, a qual aparece seis vezes ao todo no texto massorético, confere uma qualificação adicional para uma reação verbal de Elias; entretanto, ענה no v. 10 adequa-se como introdução a palavras do profeta, apesar de poder igualmente adequar-se a contextos militares (como em Jz 18,14; 1Sm 4,17)[703].

Desde a Antiguidade discute-se a questão moral envolvendo o aparente desejo de Elias para que desça fogo dos céus[704]. Primeiramente, como pode ser visto em Ex 3, o fogo, אֵשׁ, é a princípio um meio de revelação de YHWH[705]. Não obstante, a imagem do fogo descendo dos céus para proteger figuras ou lugares santos é

---

701. HOBBS, T. R., 2 Kings, p. 10-11; OMANSON, R. L.; ELLINGTON, J. E., A Handbook on 1-2 Kings, p. 420. Por isso, Flávio Josefo, comentando a passagem, evita a expressão "homem de Deus" e utiliza, em vez disso, "profeta", sendo mais preciso (BEGG, C., Ahaziah's Fall [2 Kings 1], p. 32).

702. LIMA, M. L. C., Mensageiros de Deus, p. 63. Cf. tb. JEREMIAS, J., נָבִיא, p. 699. M. A. Sweeney afirma que a expressão אִישׁ אֱלֹהִים estaria relacionada a profetas "periféricos", os quais se situam fora das estruturas sociais de poder – e ao lado do povo comum (SWEENEY, M. A., I & II Kings, p. 270); entretanto, Moisés e Samuel, por exemplo, não se enquadram, é óbvio, na descrição de "profetas periféricos". Mas, com relação a Elias e, em especial, Eliseu, estes estão inequivocamente do lado do povo comum (KÜHLEWEIN, J., אִישׁ, p. 103). Portanto, se por um lado a expressão אִישׁ אֱלֹהִים não parece ter designado uma categoria social determinada (LIMA, M. L. C., Mensageiros de Deus, p. 65), em vez de "profetas periféricos" seria mais adequado enfatizar essa proximidade com o povo, como encontra-se especialmente nos ciclos de Elias e de Eliseu. É ainda notório que o título אִישׁ אֱלֹהִים seja usado nos livros proféticos apenas em Jr 35,4, e nunca com referência aos profetas literários; e jamais se utiliza uma expressão tal como יְהוָה אִישׁ. Chama igualmente a atenção o fato de que, enquanto encontra-se a expressão feminina נְבִיאָה, há completa ausência da expressão אֵשֶׁת אֱלֹהִים, a qual poderia lhe ser correspondente. Assim, o título אִישׁ אֱלֹהִים seria uma designação de especial reverência, acerca de homens que têm uma particular relação com a divindade (BRATSIOTIS, N. P., אִישׁ, p. 233-235; HAMILTON, V. P., אִישׁ, p. 380). Percebe-se como a LXX traduz essa expressão por ἄνθρωπος τοῦ θεοῦ, que é explorada por Filo de Alexandria nos seus escritos e que não encontra paralelos exatos fora do judaísmo helenista (JEREMIAS, J., ἄνθρωπος, ἀνθρώπινος, p. 365). Compare-se ainda com o título nada elogioso de Acab a Elias, עֹכֵר יִשְׂרָאֵל, "perturbador de Israel", em 1Rs 18,17, e a máxima deferência de Abdias para com Elias com o título אֲדֹנִי, "meu senhor", em 1Rs 18,7 (PICHON, C., Le prophète Elie dans les Evangiles, p. 34).

703. BECK, J. A., ענה (1), p. 448-449; LABUSCHAGNE, C. J., ענה, p. 928; STENDEBACH, F. J., עָנָה, p. 217-222. As seis ocorrências da hendíadis: Gn 34,13; Js 22,21; 1Rs 12,7; 2Rs 1,10-12. Cf. tb. ALLEN, R. B., ענה I, p. 1139-1141; JOÜON, P., Respondit et dixit, p. 309-312.

704. CONTI, M. et al., 1-2 Reyes, 1-2Crónicas, Esdras, Nehemías, p. 203. Cf. tb. DAVIS, D. R., 2 Kings, p. 20.

705. BERGMAN, J.; KRECHER, J.; HAMP, V., אֵשׁ, p. 426; GOSSE, A. B., Abraham, Isaac et Jacob, Moïse et Josué, Elie et Elisée et l'unification du corpus biblique, p. 518; STOLZ, F., אֵשׁ, p. 185.

encontrada em outros relatos antigos extrabíblicos: quando os persas avançaram contra o templo de Delfos, raios desceram dos céus sobre eles, de acordo com Heródoto. Assim, a narrativa aqui expressa a ideia geral de que a divindade protege seus favorecidos, ouvindo suas orações quando pede-se pelo extraordinário, ainda que por meios não convencionais[706].

O fogo não foi enviado para agradar a Elias, como se servisse ao propósito de satisfazer algum tipo de capricho: seriam chamas do julgamento divino. Assim, investido da autoridade divina, Elias não hesitou em usá-la[707]. Mais do que um desejo expresso de Elias, ele estaria anunciando de antemão o que estava para acontecer como claro sinal do poder e da supremacia tanto da Palavra como do próprio YHWH[708]. Portanto, não é pela própria vontade de Elias que fogo dos céus é enviado; somente Deus pode fazer tal. E Deus o faz como aprovação do *status* de Elias enquanto homem de Deus, protegendo-o – não é demonstração de um Deus "intolerante": o fogo representa também proteção[709]. Se o ו no v. 10c parece supérfluo, a ponto de ser omitido em versões antigas[710], a ênfase aqui é de Elias unir sua resposta imediatamente à fala do capitão, sem dar qualquer interva-

---

706. BEGG, C. T., Unifying Factors in 2 Kings 1.2-17a, p. 79; HAMILTON, V. P., אש, p. 128-129; LANGE, J. P. et al., A Commentary on the Holy Scriptures, p. 8; NAUDÉ, J. A., אש, p. 521. No pensamento religioso persa, o fogo é considerado protetor do bem e da ordem divina da vida (NAUDÉ, J. A., אש, p. 518).

707. CHAMPLIN, R. N., II Reis, I Crônicas, II Crônicas, Esdras, Neemias, Ester, Jó, p. 1471. É possível que o fogo evoque a ideia de "guerra santa", como símbolo da "ira divina" (BERGMAN, J.; KRECHER, J.; HAMP, V., אש, p. 425).

708. WENDLAND, E. R., Elijah and Elisha, p. 217-218. Flávio Josefo especifica que Elias orou; assim, fica claro que o profeta não tinha o poder celestial a seu próprio dispor, não havia um "controle mágico" sobre o fenômeno; e ele poderia pedir, e não ordenar, para que caísse fogo dos céus (BEGG, C., Ahaziah's Fall [2 Kings 1], p. 33).

709. BUTLER, J. G., Elijah, p. 222; DAVIS, D. R., 2 Kings, p. 16-21; PICHON, C., Le prophète Elie dans les Evangiles, p. 43. Para R. L. Heller, seria uma espécie de "abuso de poder" da parte de Elias, pois suas intenções seriam demonstrar seu poder, e não o de YHWH. Mas reconhece a ênfase da narrativa em instilar o respeito pelo "profeta mosaico", ainda que veja ambiguidade no caráter de Elias, e aborda como essa ambiguidade estaria sendo insinuada ao leitor (HELLER, R. L., The Characters of Elijah and Elisha and the Deuteronomic Evaluation of Prophecy, p. 108). Mas F. Crüsemann observa que a violência infelizmente teve associação histórica à defesa do monoteísmo, desde o judaísmo (como o exemplo do episódio envolvendo o "bezerro de ouro" em Ex 32-34), passando pelo cristianismo até o islamismo. E a época de Elias era violenta, não havendo ainda um monoteísmo incontestável (as disputas com Baal), e possivelmente a época em que as histórias de Elias foram elaboradas envolviam defesa violenta do monoteísmo contra outros tipos de culto. Ainda assim, o hagiógrafo registrou em 1Rs 19,12 que YHWH não estava no "fogo", o mesmo fogo presente de forma vindicativa em 2Rs 1,9-12; antes, encontrava-se na voz tranquila e suave. Portanto, YHWH distancia-se da atitude violenta de seus servos (COOTE, R. B., Yahweh Recalls Elijah, p. 115-120; CRÜSEMANN, F., Gottes leise Stimme gegen Gewalt im Namen Gottes, p. 208-214; SAVRAN, G. W., Encountering the Divine, p. 146). Seria a observação de 1Rs 19,12 uma crítica ao texto de 2Rs 1,9-12? Cf. tb. BERGMAN, J.; KRECHER, J.; HAMP, V., אש, p. 427-428; PICHON, C., Le prophète Elie dans les Evangiles, p. 39. Se alguns comentários rabínicos entendem os atos de Elias como "perfeitos", outros criticam Elias sem reservas (GLOVER, N., Elijah Versus the Narrative of Elijah, p. 455).

710. Cf. seção 1.2.

lo que pudesse sugerir hesitação ou intimidação, ou ainda dúvidas acerca de seu chamado profético[711].

A raiz אכל, cujo significado básico é "comer", denota no v. 10 o fogo "comendo", consumindo um grupo de pessoas, queimando-as até a morte[712]; esse uso figurativo para expressar atividades hostis ou destrutivas encontra paralelos tanto no acadiano quanto no egípcio[713]. Por isso, אֵשׁ costumeiramente aparece como sujeito da raiz אכל. Oráculos proféticos anunciam que YHWH envia um fogo devorador como castigo tanto contra nações estrangeiras (Is 10,17) quanto contra a própria nação de Israel (Am 7,4)[714].

O relato assemelha-se ainda ao episódio envolvendo Moisés e a rebelião de Coré, quando este e seus sequazes também foram consumidos pelo fogo, ratificando a autoridade de Moisés enquanto servo de YHWH (Nm 16,35). Muitos outros julgamentos divinos são representados como um fogo consumidor[715]; e o próprio Deus, em sua justiça retributiva, é chamado "fogo consumidor" (Dt 4,24; 9,3)[716]. Igualmente, a destruição dos soldados com seus capitães em 2Rs 1,9-12 lembra o castigo que se abateu sobre Nadab e Abiú, filhos de Aarão (Lv 10,2)[717]. O fogo pode representar, além da presença ativa divina (Ex 3,2), a consumação e a consequente aceitação de um sacrifício (Jz 6,21); e a punição divina, como bem poderia ser o caso de 2Rs 1,10[718]. Mediante o jogo de palavras entre אִישׁ e אֵשׁ, Elias é posto como o "fogo de Deus" enviado por YHWH para consumir Israel com suas "palavras ardentes", a exemplo de Jeremias (Jr 1,10)[719]. Dessa forma, conclui-se que o fogo transmite concomitantemente as ideias de revelação, proteção e julgamento e confere legitimidade a Elias na qualidade de homem de Deus[720].

---

711. LANGE, J. P. et al., A Commentary on the Holy Scriptures, p. 5.

712. OMANSON, R. L.; ELLINGTON, J. E., A Handbook on 1-2 Kings, p. 702.

713. OTTOSSON, M., אָכַל, p. 237.

714. OTTOSSON, M., אָכַל, p. 238-239. Cf. tb. GERLEMAN, G., אכל, p. 105; O'CONNELL, R. H., אכל, p. 384-385; SCOTT, J. B., אָכַל, p. 64-65.

715. Nm 11,1; Dt 32,22; Sl 21,10; Is 26,11; Ez 15,6-7; Jó 20,26. Cf. ainda BERGMAN, J.; KRECHER, J.; HAMP, V., אֵשׁ, p. 426-427.

716. LANGE, J. P. et al., A Commentary on the Holy Scriptures, p. 7; PICHON, C., Le prophète Elie dans les Evangiles, p. 50; WOLFGRAMM, A. J., Kings, p. 166.

717. ZUCKER, D., Elijah and Elisha, p. 226-227.

718. OMANSON, R. L.; ELLINGTON, J. E., A Handbook on 1-2 Kings, p. 565; NAUDÉ, J. A., אֵשׁ, p. 519.

719. LEITHART, P. J., 1 & 2 Kings, p. 168-169.

720. NAUDÉ, J. A., אֵשׁ, p. 520.

### 3.2.2.2. O segundo capítão (v. 11-12)

A narrativa não informa como a notícia da matança dos soldados chegou ao rei; parece presumir que houve algum sobrevivente ou que a cena seria testemunhada por alguma outra pessoa[721]. O envio do segundo capitão com seus cinquenta é relatado com linguagem idêntica ao do primeiro, o que indicaria a determinação do rei em capturar Elias a todo custo. Mas há pequenas modificações: esse segundo capitão utiliza uma linguagem mais formal, com uma demanda intensa pelo acréscimo de מְהֵרָה. Ironicamente, o uso teológico da raiz מהר envolve a ação iminente divina, em especial nos contextos de julgamento: o dia de YHWH "está perto, e muito se apressa" (Zc 1,14)[722]. Chama a atenção a combinação no v. 11 das raízes מהר e ירד – uma combinação a qual aparece ainda em ocasiões envolvendo situações tanto positivas quanto negativas. A ênfase no v. 11 recai sobre uma atitude de total empáfia e desrespeito[723]. Foi um "grande erro" cometido por esse segundo capitão; a intensificação da demanda corresponde à intensificação da resposta: não apenas desce fogo dos céus, mas "fogo de Deus"[724].

Esse segundo capitão escolhe meticulosamente suas palavras: com a expressão כֹּה־אָמַר הַמֶּלֶךְ, "assim diz o rei", adapta-se a "fórmula do mensageiro" típica da tradição profética, salientando de forma ainda mais aguda o tema do conflito do profeta com a autoridade real[725]. Numa mistura de estilos semiprofético e militar, numa demanda mais irônica e humilhante do que a do primeiro capítulo, o segundo capitão fala de modo insolente; e ao substituir na "fórmula do mensageiro" YHWH pelo rei, demonstra que considera a autoridade real maior do que a profética, divina[726].

---

721. CHAMPLIN, R. N., II Reis, I Crônicas, II Crônicas, Esdras, Neemias, Ester, Jó, p. 1471.

722. RINGGREN, H., מהר, p. 139. Cf. tb. KAISER, W. C., מָהַר I, p. 810-811; TOMASINO, A., מהר, p. 857-859.

723. Existe uma conotação positiva na combinação de מהר e ירד em Gn 24,18.46; Gn 45,9.13; e uma conotação negativa em Gn 44,11; Dt 9,12; 1Sm 25,23; 2Sm 19,17. Uma atitude de total desrespeito pode ser vista igualmente nesta última passagem, em 2Sm 19,17. Cf. EVEN-SHOSHAN, A., A New Concordance of the Bible, p. 628.

724. COHN, R. L., 2 Kings, p. 8; LANGE, J. P. et al., A Commentary on the Holy Scriptures, p. 5; MCKENZIE, S. L., 1 Kings 16–2 Kings 16, l. 6140; RYKEN, P. G., 2 Kings, p. 11.

725. HOBBS, T. R., 2 Kings, p. 11.

726. GARSIEL, M., From Earth to Heaven, p. 153. Deve-se ponderar, entretanto, que a "fórmula do mensageiro" teria surgido no meio do protocolo oficial usado pela corte para transmitir ordens oficiais através dos mensageiros, e posteriormente ela teria sido adaptada pela mensagem profética (WESTERMANN, C., Basic Forms of Prophetic Speech, p. 90-128). Isso fica evidente em passagens como 1Rs 2,30; 22,27; 2Rs 9,18-19; 2Cr 18,26. Não obstante, o uso majoritário na literatura profética da expressão כֹּה־אָמַר יְהוָה (291 versículos, contra apenas 12 versículos com a expressão כֹּה־אָמַר הַמֶּלֶךְ, cf. EVEN-SHOSHAN, A., A New Concordance of the Bible, p. 86-87) pressupõe que em 2Rs 1,11 a narrativa pareça transmitir a ideia de "simulacro" deliberado por parte desse segundo capitão, lembrando o tom irônico e desafiador

Mas, como medida de precaução, aparentemente esse segundo capitão mantém uma maior distância em relação a Elias do que o primeiro capitão[727]. Se o uso da raiz ענה soa estranho, uma vez que não há nada que Elias tenha dito ao capitão para que este possa responder – a ponto de suscitar sérias questões de crítica textual[728] –, essa raiz às vezes tem o significado de "começar a falar", como pode ser visto em 1Sm 9,17[729]. O uso de ענה ressalta o contexto profético para Elias e é também uma resposta ao desafio militar posto pelo segundo capitão[730]. Mais importante: Elias, percebendo o desrespeito e a arrogância do segundo capitão, direciona agora sua resposta não apenas ao capitão, como fizera antes, mas a todos os presentes, incluindo o destacamento de cinquenta soldados. Assim, o castigo também é proporcionalmente maior, incluindo o jogo de palavras: não apenas desce fogo dos céus, como no caso anterior, mas אֵשׁ־אֱלֹהִים (fogo de Deus), a fim de punir o desrespeito ao homem de Deus, אִישׁ הָאֱלֹהִים – para dar maior ênfase, ao contrário do visto no v. 10c, o título "homem de Deus" agora no v. 12c ganha o artigo definido no hebraico[731].

A expressão אֵשׁ־אֱלֹהִים constitui um *hápax legomenon* no texto massorético: aparece somente aqui em 2Rs 1,12 e ainda em Jó 1,16[732], estabelecendo um interessante ponto de contato, amplificado pelo uso comum da raiz אכל. O "fogo de Deus" em Jó 1,16 – provavelmente um "raio" proveniente dos céus –, ao consumir as ovelhas e os criados de Jó, testa sua fé[733]. Entretanto אֵשׁ־אֱלֹהִים seria uma variante mais específica da expressão אֵשׁ יְהוָה, outro *hápax legomenon* que aparece apenas em Nm 11,1.3 e 1Rs 18,38[734]. Há contexto de juízo em Nm 11,1.3; mais importante, contudo, é a ocorrência de אֵשׁ יְהוָה na passagem de 1Rs 18,38, por ocasião do ordálio do Carmelo, onde o "fogo de YHWH" comprova que de fato

---

do copeiro-mor do Rei Senaquerib ao Rei Ezequias em 2Rs 18,19.29.31; Is 36,4.14.16 (HOBBS, T. R., 2 Kings, p. 256-257).

727. MONTGOMERY, J. A., A Critical and Exegetical Commentary on the Books of Kings, p. 350.

728. Cf. seção 1.2.

729. OMANSON, R. L.; ELLINGTON, J. E., A Handbook on 1-2 Kings, p. 702.

730. STENDEBACH, F. J., עָנָה, p. 220-222.

731. GARSIEL, M., From Earth to Heaven, p. 154; GRAY, J., I & II Kings, p. 464. Há a possibilidade, debatida por M. Garsiel na mesma página, de que, no v. 12c, o termo אֱלֹהִים funcione não como substantivo, mas sim como adjetivo, numa espécie de ênfase, um superlativo do tipo de fogo descido dos céus. Cf. tb. COGAN, M.; TADMOR, H., II Kings, p. 26-27; SCHMIDT, W. H., אֱלֹהִים, p. 118.

732. EVEN-SHOSHAN, A., A New Concordance of the Bible, p. 120-121.

733. NAUDÉ, J. A., אֵשׁ, p. 520.

734. CLINES, D. J. A., Job 1-20, p. 32; EVEN-SHOSHAN, A., A New Concordance of the Bible, p. 120-121.

Elias é o autêntico profeta e representante de YHWH, evidenciado pelo teor da oração de Elias em 1Rs 18,36-37. Pode-se concluir que o tom de juízo objetiva levar os leitores de 2Rs 1,12 a uma atitude de fé diante de ameaças que se lhe apresentem – representada na demanda do segundo capítão[735].

Portanto, ao contrário da afirmativa de D. Berrigan de que a atitude de Elias não tem precedente em seus "anais", o ato de Elias em 2Rs 1,9-12 assemelha-se de fato à matança, por ele incentivada, dos profetas de Baal registrada em 1Rs 18,40[736]. A aniquilação dos dois primeiros capitães com seus cinquenta, os quais seriam considerados "inocentes", uma vez que falavam em nome do rei e não de si próprios, não deve ser vista na perspectiva de um "Deus injusto", pois a ênfase dessa narrativa repousa sobre a rivalidade de autoridades – a autoridade do rei *versus* a autoridade do profeta, representando respectivamente a autoridade de Baal *versus* a autoridade de YHWH[737].

Nessa "segunda rodada" de "emissários" (v. 9-12), o rei não obtém maior sucesso do que na "primeira rodada" (v. 2-8). Os dois primeiros capitães de fato entregam a ordem a Elias, mas falham totalmente em surtir efeito. Até agora, Elias não fez o menor movimento de "descer", conforme solicitado[738]. Imperativos reais não se sobrepõem à autoridade profética: mais uma vez, o profeta sobrepuja o rei de forma humilhante[739].

### 3.2.2.3. O terceiro capitão (v. 13-15)

Presumivelmente, o Rei Ocozias recebeu notícias do ocorrido aos dois destacamentos enviados antes; a evidência narrativa repousa nas palavras do terceiro capítão, o qual se refere ao fogo consumidor desses destacamentos. Não obstante, o rei persiste em enviar um terceiro destacamento para trazer Elias – a contumá-

---

735. Não somente ao comparar com 1Rs 18,38: em Nm 11,1-3, o "fogo de YHWH" aborda um episódio no qual a queixa do povo é uma expressão de falta de fé, a qual incorre em julgamento divino (BUDD, P. J., Numbers, p. 121). Na p. 119, ao comentar sobre a expressão מִתְאֹנְנִים, a qual tradicionalmente é associada com a raiz אנן, um *hápax legomenon* significando "queixar-se" (ALONSO SCHÖKEL, L., אנן, p. 68; BROWN, F.; DRIVER, S. R.; BRIGGS, C. A., אָנַן, p. 59; KOEHLER, L. *et al.*, אנן, p. 72), P. J. Budd levanta a hipótese de que na verdade reflita a raiz III אנה, "procurar pretexto", a qual aparece no ciclo de Eliseu em 2Rs 5,7 (BROWN, F.; DRIVER, S. R.; BRIGGS, C. A., III אָנָה, p. 58; KOEHLER, L. *et al.*, III אנה, p. 70); mas reconhece que isso parte unicamente da pressuposição de que Nm 11,1-3 e Nm 11,4-35 estejam relacionados, o que carece de comprovação.

736. BERRIGAN, D., The Kings and Their Gods, p. 122.

737. BARBER, C. J., The Books of Kings, p. 18-19; LIMA, M. L. C.; BELEM, D. F. 1 Reis 17,7-16, p. 140; MARTIN, C. G., 1 and 2 Kings, p. 419.

738. BEGG, C. T., Unifying Factors in 2 Kings 1.2-17a, p. 77.

739. BRUEGGEMANN, W., 1 & 2 Kings, p. 286.

cia de Ocozias lembra a do faraó do Êxodo, que, mesmo contemplando sua terra devastada, insiste em não ceder a YHWH. Esse terceiro capitão, contudo, opta por uma abordagem bem diferente da dos anteriores – ainda que trouxesse a mesma ordem da parte do rei[740].

Esse capitão vê-se numa difícil situação: ou desobedece ao rei, ou é eliminado pelo profeta. Mas ele faz sua escolha, mostrando-se mais "sábio" do que os dois primeiros capitães[741]. De acordo com Flávio Josefo (*Antiguidades judaicas* 9.2.1), esse terceiro capitão demonstra ainda ser "prudente" (φρόνιμος), tenro e meigo (ἐπιεικής), dirigindo-se a Elias "amigavelmente" (φιλοφρόνως)[742]. Parece se esquecer das ordens dadas pelo rei e comporta-se como se estivesse abandonando sua inteira missão[743]. Primeiro, ele não requer ao profeta que obedeça a qualquer ordem em nome do rei; segundo, demonstra, através de gestos e palavras, que Elias, como homem de Deus, é superior ao rei e a ele próprio, bem como seus cinquenta comandados; terceiro, de modo submisso ele se refere a seus comandados como "teus servos" (עֲבָדֶיךָ), ou seja, subordinados a Elias – e não ao rei[744].

O primeiro gesto desse terceiro capitão é curvar-se. Mas a raiz כרע denota mais do que o simples ato de curvar-se: um importante uso relaciona-se à subserviência, ou melhor, à deferência para com alguém superior, merecedor de todas as honrarias – e, consequentemente, reconhecimento de estado inferior. Embora fosse possível o ato de manter-se numa posição ereta, em geral o ato estava associado a בֶּרֶךְ, "joelho". Assim, o "ajoelhar-se" tornou-se apropriado para oração diante de Deus, como pode ser visto em 1Rs 8,54 – uma confissão de fé[745]. As similaridades entre 1Rs 8,54 – o gesto de Salomão diante de YHWH

---

740. BEAL, L. M. W., 1 & 2 Kings, p. 296; BUTLER, J. G., Elijah, p. 220; DILLARD, R. B., Faith in the Face of Apostasy, p. 75; GARSIEL, M., From Earth to Heaven, p. 154-155.

741. BARNES, W. H., Cornerstone Biblical Commentary, p. 196; BRUEGGEMANN, W., 1 & 2 Kings, p. 286; HENS-PIAZZA, G., 1-2 Kings, p. 229; KEIL, C. F.; DELITZSCH, F., The Books of Kings, 1 and 2 Chronicles, p. 203.

742. BEGG, C., Ahaziah's Fall (2 Kings 1), p. 34. Em nota de rodapé que continua na página seguinte, C. Begg cita como na Vida dos Profetas 9,3 levanta-se a hipótese de esse terceiro capitão ser o futuro Profeta Abdias!

743. LONG, B. O., 2 Kings, p. 15.

744. COHN, R. L., 2 Kings, p. 8; GARSIEL, M., From Earth to Heaven, p. 156. Para Flávio Josefo (Antiguidades judaicas 9.2.1.), este terceiro capitão confessa que não é por sua própria vontade (μὴ βουλόμενος), mas por sua submissão ao mandado do rei (βασιλικῷ διακονῶν προστάγματι) que ele veio até o Profeta; e pede para Elias ter piedade (ἐλεῆσαι) dele e de seus cinquenta e que o acompanhe até o rei (BEGG, C., Ahaziah's Fall [2 Kings 1], p. 35).

745. EISING, H.; FABRY, H.-J., כָּרַע, p. 337-338; WILLIAMS, W. C., כרע, p. 726. Como em 1Rs 8,22 mostra-se Salomão em pé para adorar, E. Würthwein argumenta que o v. 54 seria uma adição posterior, quando então ajoelhar-se seria compreendido como o único gesto apropriado em adoração (WÜRTHWEIN, E., Die Bücher der Könige: Das Alte Testament Deutsch 11/1, p. 94-100). A raiz ברך, de onde deriva-se o

por ocasião da dedicação do templo de Jerusalém – e 2Rs 1,13 – a atitude do capitão em se ajoelhar diante de Elias – são amplificadas pelo uso, no contexto de 1Rs 8,28, da raiz חנן [746].

Essa raiz tem o significado básico de "graça", "favor"; no *hitpael* significa "buscar favor", principalmente de Deus, mas também da humanidade em geral. Em todos os casos, חנן é um termo positivo: é inconcebível que alguém possa estar irado e mostrar favor ao mesmo tempo, como se favor e julgamento não pudessem coexistir[747]. Aquele que busca o favor de outrem reconhece ser inferior, precisa estar subordinado ao outro. Ainda mais em relação ao favor divino, precisa-se ter consciência da não obrigatoriedade de YHWH atender à requisição por favor: mesmo diante do apelo emocionante de Moisés, YHWH não permite que este cruze o Rio Jordão e entre na Terra Prometida (Dt 3,23-26) com o povo[748]. No seu sentido original, o campo semântico de חנן como favor é exercido pelo rei, o qual estende sua benevolência e boa vontade especialmente em momentos de grande perigo de vida aos seus subordinados, como pode ser visto em Est 4,8; 8,3[749]. O terceiro capitão reitera que a fonte do favor é não o rei, mas YHWH, através de seu representante legal, o profeta.

A petição para que a vida do terceiro capitão e a de seus comandados seja preciosa aos olhos de Elias tem correspondente no acadiano[750]; na literatura bíblica, encontra paralelos com 1Sm 26,21; Sl 116,15; Is 43,4[751]. A raiz יקר está associada especialmente à ideia de "valor"; e o pedido de considerar preciosa a vida (נֶפֶשׁ) diante de Elias encontra paralelos com o reconhecimento da parte do Rei Saul de que sua vida foi preciosa aos olhos de Davi, quando este teve amplas oportunida-

---

substantivo בֶּרֶךְ, associa os significados de "ajoelhar" e "abençoar", talvez na suposição de que a pessoa a ser abençoada deveria se colocar de joelhos (WILLIAMS, W. C., ברך, p. 731). Mas deve ser salientado que, das 45 ocorrências da raiz כרע, em apenas 7 há associação com o substantivo בֶּרֶךְ (EVEN-SHOSHAN, A., A New Concordance of the Bible, p. 208). Portanto, mesmo em época posterior, o "gesto exterior" parece ter menor relevância em relação ao "gesto interior", pois "nenhum ato cúltico necessita de prostração" (BOCKMUEHL, M., Shall We Kneel to Pray?, p. 14-17; GREEVEN, H.; HERRMANN, J., εὔχομαι, εὐχή, προσεύχομαι, προσευχή, p. 788-790). Cf. tb. HARRIS, R. L., בָּרַע, p. 748.; PFEIFER, G., "Rettung" als Beweis der Vernichtung (Amos 3,12), p. 269-277.

746. OMANSON, R. L.; ELLINGTON, J. E., A Handbook on 1-2 Kings, p. 704.

747. FREEDMAN, D. N.; LUNDBOM, J. R.; FABRY, H.-J., חָנַן, p. 22-24. Entre 17 ocorrências de חנן no *hitpael*, em 12 busca-se o favor divino, e apenas 5 da parte dos homens (FRETHEIM, T. E., חנן (1), p. 201).

748. FREEDMAN, D. N.; LUNDBOM, J. R.; FABRY, H.-J., חָנַן, p. 27-31.

749. STOEBE, H. J., חנן, p. 442-444; YAMAUCHI, E., חָנַן I, p. 494-495.

750. COGAN, M.; TADMOR, H., II Kings, p. 27; MONTGOMERY, J. A., A Critical and Exegetical Commentary on the Books of Kings, p. 350.

751. OMANSON, R. L.; ELLINGTON, J. E., A Handbook on 1-2 Kings, p. 704.

des de proceder em contrário (1Sm 26,21)⁷⁵². Assim, a associação entre יקר e נֶפֶשׁ mostra o valor da vida humana quando esta parece abandonada ou correndo risco, necessitando de livramento⁷⁵³. A ideia de honra também está ligada à raiz יקר: o terceiro capitão pede a Elias um ato de misericórdia, mesmo sem considerar-se merecedor⁷⁵⁴. O pedido desse capitão foi aceito diante de YHWH; ao poupar a vida dele e de seus comandados, YHWH evidencia ser não apenas um fogo consumidor, um Deus de juízo, como havia demonstrado para com os dois primeiros capitães, mas também um Deus de graça e misericórdia⁷⁵⁵.

O sentimento de subordinação desse terceiro capitão em relação a Elias é intensificado por este chamar-se a si mesmo e seus cinquenta como עֶבֶד, "servo". Tal subordinação pode existir em vários níveis: escravo, servo, sujeito, oficial, servidor. Em específico, aqui nos v. 13-14 é uma expressão formulaica de obsequiosidade. Representando provavelmente uma "etiqueta palaciana", expressa humilhação e subjugação diante de um senhor poderoso como o rei⁷⁵⁶. Na política, como era importante o עֶבֶד de um rei, esse capitão age como se transferisse sua submissão ao profeta de YHWH⁷⁵⁷.

No v. 14c, o pedido do capitão para que sua vida seja preciosa aos olhos de Elias é repetido; entretanto, se no v. 13g houve a inclusão dos cinquenta, aqui ele reitera o pedido apenas para si mesmo⁷⁵⁸. Não é um pedido egoísta; antes, age como se entendesse a si próprio como representante e, consequentemente, responsável pelo inteiro destacamento de soldados. Assim, delineia um grande diferencial com relação aos dois primeiros capitães, os quais parecem se eximir por completo de qualquer responsabilidade pela vida de seus comandados.

A postura do terceiro capitão é aquela que o Rei Ocozias deveria ter adotado: ao perceber que não haveria chance de restabelecimento de sua doença, deveria ter

---

752. WAGNER, S., יָקַר, p. 280-285. Outro paralelo é encontrado em Sl 72,14 – reputado como um salmo régio pré-exílico por S. Wagner: "precioso é o seu sangue aos olhos dele". Isso fica claro ainda por Sl 49,9: cf. tb. WESTERMANN, C., נֶפֶשׁ, p. 753.

753. YARCHIN, W., יקר, p. 521-522.

754. HARTLEY, J. E., יָקַר, p. 653; WESTERMANN, C., כבד; יקר, p. 590-602. Cf. tb. BRONZNICK, N. M., The Semantics of the Biblical Stem yqr, p. 9-12.

755. HALE, T., 2 Kings, p. 654.

756. RINGGREN, H.; RÜTERSWÖRDEN, U.; SIMIAN-YOFRE, H., עָבַד, p. 387-392.

757. WESTERMANN, C., עָבַד, p. 822. No judaísmo o עֶבֶד é entendido como referência a Israel; e nos escritos de Qumran é a autodesignação do adorador (CARPENTER, E., עבד, p. 310). A raiz está associada ainda ao culto e à adoração; profetas são especialmente chamados de "servos de YHWH", como Elias se autodesigna em 1Rs 18,36 (KAISER, W., עָבַד, p. 1065-1068; RINGGREN, H.; RÜTERSWÖRDEN, U.; SIMIAN-YOFRE, H., עָבַד, p. 395).

758. OMANSON, R. L.; ELLINGTON, J. E., A Handbook on 1-2 Kings, p. 705.

suplicado pela misericórdia divina. YHWH teria mostrado a mesma misericórdia outrora evidenciada para com seu pai, Acab, por ocasião do episódio envolvendo a vinha de Nabot (1Rs 21,39)[759]. É possível que o terceiro capitão estivesse mais motivado pelo medo do que propriamente pela piedade; e o pedido do mensageiro de YHWH para não temer concede uma dose de ironia à narrativa, em vista do poder demonstrado com os dois primeiros capitães – lembrando o medo exibido por Elias em relação a Jezabel após o ordálio do Carmelo (1Rs 19,1-3)[760]. Nas palavras do terceiro capitão, Israel tem o modelo de resposta para a ira de YHWH; Israel pode ver aqui o caminho para a vida[761]. E é apenas pela figura do terceiro capitão que o devido respeito ao homem de Deus evidencia-se. Esse capitão personifica, portanto, a aceitação do homem de Deus enquanto representante da vontade de YHWH como a única cabível, tolerável[762].

Elias contém-se em pedir fogo dos céus ou de Deus; não obstante, não faz um único movimento para acompanhar o terceiro capitão com seus cinquenta – como se houvesse tacitamente uma recusa para tal. Tudo muda apenas no v. 15, quando o mensageiro de YHWH assevera que Elias não precisa ter medo e que pode descer. O mensageiro de YHWH parece não aceitar uma possível recusa da parte de Elias, e ainda poderia haver uma sutil reprimenda por aquilo que poderia ter sido excesso de medo da parte de Elias com relação aos dois primeiros capitães[763]. Embora a fórmula אַל־תִּירָא seja constante no contexto de guerra e batalha, como estímulo a lutar – e matar, se necessário[764] –, bastava de mortes; a intervenção do mensageiro de YHWH buscou tirar toda a ansiedade de Elias, pois o profeta não haveria de sofrer nas mãos do rei[765].

---

759. RYKEN, P. G., 2 Kings, p. 13-14.

760. MCKENZIE, S. L., 1 Kings 16–2 Kings 16, l. 6145-6149.

761. DAVIS, D. R., 2 Kings, p. 23-24.

762. FRITZ, V., A Continental Commentary, p. 231.

763. BRUEGGEMANN, W., 1 & 2 Kings, p. 286-287; GARSIEL, M., From Earth to Heaven, p. 156; OLLEY, J. W., YHWH and His Zealous Prophet, p. 44. Deve ser salientado que há uma ambiguidade no texto: não fica claro se a ordem "não o temas" no v. 15c refere-se ao capitão ou ao rei. O texto parece intentar essa ambiguidade; e a ênfase recai na necessidade de não ter medo (OMANSON, R. L.; ELLINGTON, J. E., A Handbook on 1-2 Kings, p. 705).

764. FUHS, H. F., יָרֵא, p. 304; STÄHLI, H.-P., ירא, p. 570. Embora esta mesma fórmula seja importante nos assim chamados "oráculos sacerdotais de salvação", nos ciclos de Elias e de Eliseu chama a atenção que a raiz ירא apareça, além de em 2Rs 1,15, apenas em 1Rs 18,3.12; 2Rs 4,1, junto com a fórmula אַל־תִּירָא em 1Rs 17,13 e 2Rs 6,16 (EVEN-SHOSHAN, A., A New Concordance of the Bible, p. 489-490; FUHS, H. F., יָרֵא, p. 305-309).

765. CHAMPLIN, R. N., II Reis, I Crônicas, II Crônicas, Esdras, Neemias, Ester, Jó, p. 1471. O quadro apresentado por Flávio Josefo (Antiguidades judaicas 9.2.1) é diferente: evita qualquer menção ao mensageiro de YHWH, afirmando que Elias aceitava descer e acompanhá-lo por aprovar a "diplomacia de suas palavras" (ἀποδεξάμενος δὲ τὴν δεξιότητα τῶν λόγων) e a sua "maneira cortês" (τὸ ἀστεῖον

O padrão da comissão tríplice dos capitães com seus cinquenta encerra-se com uma gradação, da imperiosa tentativa de controle do profeta até a capitulação diante da irresistível e impressionante demonstração de poder divino. Assim, o comportamento desse terceiro capitão assemelha-se ao dos mensageiros do rei a Baal Zebub, no reconhecimento da superioridade do Deus e da autoridade representados na pessoa do profeta[766].

### 3.2.3. Elias, enviado de YHWH ao rei (v. 16a-17b)

Por fim, o oráculo é entregue ao rei pessoalmente por Elias, não por meio de mensageiros, como era a orientação divina original (v. 3): essa demora serve para salientar que todo o esforço de confrontação do poder real, demonstrado antes, nos v. 9-15, contra o poder profético é inútil, pois este lhe é superior[767]. Se Ocozias pretendia inquirir Baal Zebub e não o profeta, esse mesmo sem ser requisitado oferece uma resposta ao rei. A resposta de Elias repete praticamente *verbatim* o que já havia sido dito nos v. 3-4.6. Por isso, a "fórmula do mensageiro" vem, de modo irônico, em primeiro lugar, lembrando ao rei qual divindade ele deveria ter consultado[768]. Se o rei pensou que suborno ou coerção poderiam alterar o teor da mensagem, torná-la "mais palatável" – como seu pai, Acab, conseguira fazer com diversos profetas em 1Rs 22,13 –, certamente ficou desapontado[769].

Se antes o terceiro capitão demonstrou certa astúcia e até loquacidade, enquanto Elias silenciosamente o escuta (e também se mantém em silêncio diante da observação do mensageiro de YHWH), agora a situação se inverte: Elias é quem fala, enquanto o rei ouve em silêncio. Ao contrário do terceiro capitão, Ocozias não consegue trazer a si mesmo arrependimento, selando sua sentença: a morte de Ocozias ocorre imediatamente após a entrega do oráculo de YHWH por parte de Elias – e essa imediatez corrobora a validade desse oráculo[770].

---

τοῦ ἤθους) (BEGG, C., Ahaziah's Fall [2 Kings 1], p. 36). Por isso, a fórmula אַל־תִּירָא significaria aqui, no v. 15, simplesmente um encorajamento a não temer, sem conotações "bélicas" (STÄHLI, H.-P., ירא, p. 573). Não obstante, poderia ser um contexto de "guerra santa", para encorajar Elias a enfrentar o rei face a face no contexto seguinte (VAN PELT, M. V.; KAISER JR., W. C., ירא, p. 530; STÄHLI, H.-P., ירא, p. 574). Cf. ainda BOWLING, A., יָרֵא I, p. 654-657.

766. LONG, B. O., 2 Kings, p. 15.

767. COHN, R. L., Convention and Creativity in the Book of Kings, p. 609.

768. BEAL, L. M. W., 1 & 2 Kings, p. 296.

769. BARBER, C. J., The Books of Kings, p. 22.

770. GARSIEL, M., From Earth to Heaven, p. 157. Na mesma página, M. Garsiel discute as similaridades entre o conjunto de 2Rs 1,13-17 – o encontro de Elias com o terceiro capitão e com o Rei Ocozias – e o conjunto de 1Rs 18,1-9 – o encontro de Elias com Abdias e o Rei Acab. Em ambos, Elias está prestes a se encontrar com o rei, ocorrendo preliminarmente um encontro entre Elias e o servo do rei; supõe-se que o servo

O rei não somente está em silêncio diante do profeta; ele é mencionado sem que saibamos suas reações, suas emoções. Elias está no "comando", e o rei apresenta-se totalmente desprovido de qualquer poder. Antes, o rei já soubera que Elias era o responsável pela interrupção de sua missão ao deus Baal Zebub; agora, o rei é forçado a ouvir pessoalmente da parte do profeta de YHWH a mensagem que ele já recebera em segunda mão. E de modo tardio, com sua própria morte, certifica-se da autoridade profética[771].

A declaração כִּדְבַר יְהוָה, "conforme a palavra de YHWH", é a marca do profeta e do cumprimento da palavra profética investida de autoridade divina na obra de Reis[772]. A expressão tem um significado teológico especial, pois é o termo técnico para a palavra profética de revelação; rara no Pentateuco e nos profetas literários, é possível que tenha sido "popularizada" pela literatura deuteronomista, porque a expressão estaria ancorada historicamente mediante tradições mais antigas – caracterizando a palavra do Deus da aliança como fidedigna e poderosa[773]. Importante é a contraposição efetuada entre "consultar a Baal Zebub" no v. 16c e "consultar por sua palavra", ou seja, a palavra de YHWH, no v. 16d: isso confere um peso todo especial à palavra divina pronunciada por meio de seu mensageiro chancelado, o profeta – mesmo Jeroboão I, estereotipado como "pai da idolatria" no Reino do Norte, buscou a palavra de YHWH através de um profeta (1Rs 14,5)[774]. O rei morre, em conformidade com a "Palavra de YHWH", transmitida pelo mesmo profeta trazendo vida em 1Rs 17,24. Entretanto, o profeta é um "instrumento": YHWH, que não tolera rivais, é o real causador da morte do

---

esteja encarregado de trazer o profeta ao rei; Elias parece se recusar a ter esse encontro; os servos do rei rogam ao profeta para demonstrar misericórdia e poupar suas vidas; o profeta não tem alternativa, a não ser encontrar o rei e entregar pessoalmente a mensagem de YHWH; os servos parecem lograr êxito em apresentar seus casos diante do profeta. Mas essas similaridades parecem supor que Abdias fosse um colaborador meramente subserviente do idólatra Rei Acab, sem levar em consideração a observação dada em 1Rs 18,4 de como aquele escondeu cem profetas da fúria real e os sustentou. Aliás, cf. nota de rodapé 742 na seção 3.2.2.3 sobre a possibilidade deste terceiro capitão ser o futuro Profeta Abdias! (BEGG, C., Ahaziah's Fall [2 Kings 1], p. 34-35).

771. COHN, R. L., 2 Kings, p. 9. Para salientar a autoridade profética de Elias, Flávio Josefo (Antiguidades judaicas 9.2.1) afirma que este "profetizou" (προεφήτευσεν) diante do rei e "revelou" (ἐδήλου) o que Deus havia dito: por tê-lo desprezado (κατέγνως... αὐτοῦ), como se não fosse Deus (ὡς οὐκ ὄντος θεοῦ), incapaz de prenunciar a verdade (οὐ τἀληθὲς προειπεῖν δυναμένου). Diferentemente das menções anteriores, Flávio Josefo retém aqui o discurso direto, para dar maior ênfase às palavras do profeta (BEGG, C., Ahaziah's Fall [2 Kings 1], p. 37).

772. 1Rs 14,18; 22,13; 2Rs 2,22; 10,17; 24,2. Cf. HOBBS, T. R., 2 Kings, p. 11.

773. SCHMIDT, W. H.; BERGMAN, G. J.; LUTZMANN, H., דָּבָר, p. 111. Cf. tb. AMES, F. R., דָּבָר, p. 888; GERLEMAN, G., דָּבָר, p. 330; KALLAND, E. S., דָּבָר, p. 295.

774. BEGG, C. T., Unifying Factors in 2 Kings 1.2-17a, p. 83; PICHON, C., Le prophète Elie dans les Evangiles, p. 44.

rei[775]. Além do mais, como afirma R. N. Champlin: "Algumas vezes, a morte é a única coisa que pode solucionar certos problemas. [Ocozias] foi libertado de suas agonias"[776].

Embora Ocozias tenha caído de um lugar alto no início da narrativa (v. 2), ele morre num lugar alto sem poder descer, revertendo ironicamente a causa inicial de seu ferimento. Pode-se ver ainda a reversão de um simbolismo: em geral o fim do ímpio ocorre na parte mais baixa, após este cair, e não em cima – como aconteceu com a Rainha Jezabel em 2Rs 9,30-37[777]. Mas a comparação com o terceiro capítulo evidencia que, caso Ocozias demonstrasse real arrependimento, ele teria alcançado misericórdia. Não importa o quanto alguém seja ímpio: sempre há esperança para o penitente. Entretanto, infelizmente, o rei demonstrou apenas sua total falta de fé diante de YHWH[778].

A fórmula de sucessão monárquica וַיָּמָת é ampliada aqui com a nota de que o rei não deixou filhos homens para sucedê-lo no trono, a exemplo do visto em 1Cr 2,30.32.34; 23,32 – o grande infortúnio na Antiguidade, encarado como punição divina, como explicado pelo hagiógrafo em 2Sm 6,23 acerca de Micol, por ter criticado seu marido, o Rei Davi (comparar com 2Sm 6,16-22)[779].

### 3.3. Conclusão (v. 17c-18b)

A notícia da morte de Ocozias não segue a fórmula usual de término de reinado, como exemplificado em 1Rs 14,19-21.29-31: uma tentativa de sincronização dos reinados no Sul em Judá e ao Norte em Israel (em especial pela expressão בִּשְׁנַת), sendo fornecidas ambas as idades de ascensão; após uma introdução sumária, ambos os reinados são concluídos com avaliações teológicas – em especial com a expressão וְיֶתֶר דִּבְרֵי – e os reis são geralmente comparados a antecessores –

---

775. BRUEGGEMANN, W., 1 & 2 Kings, p. 287.

776. CHAMPLIN, R. N., II Reis, I Crônicas, II Crônicas, Esdras, Neemias, Ester, Jó, p. 1472. Flávio Josefo (Antiguidades judaicas 9.2.2) salienta que, conforme Elias havia profetizado (καθὼς προεῖπεν Ἠλίας), após um tempo muito curto (ὀλίγου σφόδρα χρόνου) o rei morreu (BEGG, C., Ahaziah's Fall [2 Kings 1], p. 37-38).

777. LEITHART, P. J., 1 & 2 Kings, p. 169. Cf. tb. SWEENEY, M. A., I & II Kings, p. 271. Entretanto, o texto de Eclo 48,5, ao comentar 2Rs 1, parece retomar o simbolismo tradicional ao afirmar pelo texto hebraico que Elias é o que fez reis descerem (המוריד) à cova (שחת); e na linha seguinte declara que nobres desceram de seus leitos (BEENTJES, P. C., The Book of Ben Sira in Hebrew, p. 85; PICHON, C., Le prophète Elie dans les Evangiles, p. 66). Cf. tb. SKEHAN, P. W.; DI LELLA, A. A., The Wisdom of Ben Sira, p. 533. Sobre a tradução de שחת, rever seção 3.2.1.2.

778. BRICHTO, H. C., Toward a Grammar of Biblical Poetics, p. 157; NELSON, R. D., First and Second Kings, p. 143; OLLEY, J. W., YHWH and His Zealous Prophet, p. 50-51.

779. ILLMAN, K.-J.; RINGGREN, H.; FABRY, H.-J., מות, p. 196.

os reis de Judá a Davi, e os reis de Israel ao norte a Jeroboão I[780]. Em contrapartida, a notícia da ascensão de Jorão sucede de imediato a morte de Ocozias, pois não há o usual padrão de sucessão "pai para filho". Além disso, falta a frase corriqueira "descansou com seus pais" (1Rs 22,40). Isso porque a sucessão não passa para o filho de Ocozias, mas para seu irmão (2Rs 3,1). A morte e a sucessão invulgar de Ocozias obstam ainda a declaração acerca do sepultamento[781].

Ao passar o reinado para o irmão, outro padrão é quebrado: com a família de Acab, tal como fora com Jeroboão I, pais pecam e condenam suas dinastias à extinção; um filho mais velho vive e morre sem incidente, e o julgamento cai no filho mais novo. Além disso, em Gênesis, filhos mais velhos (Ismael, Esaú) repetidamente provam ser não crédulos e por consequência são removidos em favor do filho mais novo (Isaac, Jacó). Na obra de Reis há uma ligeira mudança: um filho mais velho é removido, mas, em vez de simplesmente ser substituído por um filho mais novo crédulo, o filho mais novo recebe de maneira integral o peso do julgamento[782].

Segundo W. H. Barnes, a atestação do texto massorético de que a ascensão de Jorão ocorreu no "segundo ano de... Jorão (de Judá)", embora denuncie a sintaxe de uma inserção tardia e secundária no texto, pode muito bem representar uma cronologia mais antiga e possivelmente mais acurada, semelhante ao "sincronismo aberrante" encontrado em 1Rs 16,23[783]. Os dois anos de Ocozias resultariam pouco menos de doze meses de duração, segundo nosso calendário: Ocozias assumiu o trono no 17º ano de Josafá (1Rs 22,52) e morreu no 18º ano desse mesmo rei (2Rs 3,1). Esse sincronismo evidenciaria uso de um sistema de contagem de anos de reinado, pelo qual o primeiro ano oficial do rei era contado desde a ocasião da ascensão até o próximo festival do Ano-novo. Assim, um sincronismo diferente seria dado em 2Rs 1,17[784].

Com um reinado tão curto, é provável que a informação dos demais atos de Ocozias, através da expressão וְיֶתֶר דִּבְרֵי, os quais estariam incluídos na obra desconhecida intitulada *Livro dos Anais dos Reis de Israel*, serviria mais a um

---

780. BEAL, L. M. W., 1 & 2 Kings, p. 200; HOBBS, T. R., 2 Kings, p. 3-4. O capítulo de 2Rs 1 termina semelhantemente a 1Rs 22, com a notícia da morte de Ocozias (WERLITZ, J., Vom feuerigen Propheten zum Versöhner, p. 193); entretanto, se em 2Rs 1 não se encontra a "fórmula padrão", esta evidencia-se em 1Rs 22,50-53, na comparação feita entre Josafá – o qual se assemelha em atitudes a Davi – e Ocozias (NELSON, R. D., First and Second Kings, p. 154).

781. BEAL, L. M. W., 1 & 2 Kings, p. 297.

782. LEITHART, P. J., 1 & 2 Kings, p. 166-167.

783. BARNES, W. H., Cornerstone Biblical Commentary, p. 197.

784. COGAN, M.; TADMOR, H., II Kings, p. 21.

recurso literário estereotipado propriamente dito[785]. E a aparente discrepância entre 2Rs 1,17-18 e 2Rs 3,1 poderia ser resolvida conjecturando que Jorão de Judá governou como corregente nos anos finais de Josafá. Assim, Jorão de Israel assume o trono no 18º ano do governo de Josafá (2Rs 3,1), que também é o segundo ano da corregência de Jorão de Judá com Josafá (2Rs 1,17). Durante o quinto ano de Jorão de Israel, Josafá morre, e Jorão de Judá assume integralmente a coroa (2Rs 8,16)[786].

A notícia de que Ocozias morreu sem filhos pode ser encarada como punição de YHWH pelos pecados do rei. Sua morte não marca o fim do seu ramo da casa real, nem o da dinastia. Não obstante, é um passo em direção ao cumprimento do oráculo de Elias proferido em 1Rs 21,21-22: o breve reinado de Ocozias funciona como simples adiamento no movimento que culminará na total obliteração da casa de Amri – a ascensão de Jorão assinala o "princípio do fim"[787]. Assim, as duas histórias contadas no capítulo (v. 2-8.16a-17b e v. 9-15) ao mesmo tempo contrastam e colaboram para mostrar Elias como o "profeta quintessencial de julgamento": na primeira, Elias é o "porta-voz" que entrega a palavra divina de julgamento do rei; a segunda história ressoa o retrato do profeta com poderes divinos à sua disposição[788].

À guisa de conclusão, juntamente com Jz 6,25-32; 1Rs 18,17-46 e 2Rs 10,18-28, o objetivo da polêmica contra Baal em 2Rs 1,1-18 é colocar à prova de maneira variegada a divindade de YHWH e a de Baal, provando que a deste é ineficaz, senão nula; e a realeza é descrita como o "apanágio" de YHWH, senhor da vida e a morte, que faz e desfaz reis[789]. Baal ainda era considerado aquele que faz frutificar, concede vida; mas é mostrado aqui como desprovido de força, incapaz de proporcionar filhos a um rei; assim, tudo submete-se à égide de YHWH, e a ninguém

---

785. OMANSON, R. L.; ELLINGTON, J. E., A Handbook on 1-2 Kings, p. 708. Uma vez que se perdeu, nada mais pode ser dito acerca destes "anais", mencionados 18 vezes na obra de Reis. Servindo de fonte para todos os reis de Israel, exceto Jorão e Oseias, a existência desses anais seria "plausível", e assim haveria de fato outros episódios do reinado de Ocozias não inclusos na obra de Reis; mas, na falta de dados seguros, pode-se somente conjecturar. Ainda seria possível que os mesmos eventos descritos nos "anais" fossem apenas reelaborados teologicamente em Reis (KRONHOLM, T., יָתַר, p. 487; OMANSON, R. L.; ELLINGTON, J. E., A Handbook on 1-2 Kings, p. 462).

786. BEAL, L. M. W., 1 & 2 Kings, p. 297; KEIL, C. F.; DELITZSCH, F., The Books of Kings, 1 and 2 Chronicles, p. 204. Cf. ainda a seção 1.2 sobre crítica textual. Cf. tb. COGAN, M.; TADMOR, H., II Kings, p. 27; FRITZ, V., A Continental Commentary, p. 232; MONTGOMERY, J. A., A Critical and Exegetical Commentary on the Books of Kings, p. 351; NELSON, R. D., First and Second Kings, p. 154; OMANSON, R. L.; ELLINGTON, J. E., A Handbook on 1-2 Kings, p. 707; PROVAN, I. W., 1 & 2 Kings, p. 171.

787. LONG, B. O., 2 Kings, p. 17; MCKENZIE, S. L., 1 Kings 16–2 Kings 16, l. 6155-6159.

788. MCKENZIE, S. L., 1 Kings 16–2 Kings 16, l. 6284-6291.

789. NOCQUET, D., Une manifestation "politique" ancienne de Yhwh, p. 179.

mais⁷⁹⁰. Há ainda mais uma lição: aqui se ilustra a relação existente entre a falta de fé em YHWH e o potencial humano para o abuso de poder[791].

---

790. BRUEGGEMANN, W., 1 & 2 Kings, p. 287.
791. HENS-PIAZZA, G., 1-2 Kings, p. 231.

# Capítulo 4 | A sucessão profética de Elias por Eliseu divinamente realizada (2Rs 2,1-25)

## 4.1. Introdução (v. 1)

Todo o conjunto de 2Rs 2 marca uma "pausa" na progressão das histórias acerca de reis e de seus respectivos conflitos com outros reis e profetas. Referências a eventos, governantes e outras alusões cronológicas estão ausentes de modo notável: é uma história de transição de liderança profética, uma forma "única" de introdução em todo o conjunto de Gênesis-2 Reis[792]. Espacialmente, a existência mortal de Elias culmina entre o céu e a terra; ele não morre como humano, embora não seja um ser divino. Seu translado o põe em companhia exaltada ao lado de Henoc (Gn 5,24) e de Moisés, cujo local de sepultamento ninguém conhece (Dt 34,6)[793].

---

792. BERGEN, W. J., Elisha and the End of Prophetism, p. 55; HADLEY, J. M., Elias e Eliseu, p. 562; HENSPIAZZA, G., 1-2 Kings, p. 232; MCKENZIE, S. L., 1 Kings 16-2 Kings 16, l. 6423.

793. MCKENZIE, S. L., 1 Kings 16-2 Kings 16, l. 6423-6425. Embora o texto de Gn 5,24 seja vago, pode-se aceitar uma menção em 2Rs 2,1-18 ao translado de Henoc e consequentemente o uso de conceitos similares entre Gn 5,24 e 2Rs 2,1-18: em ambos se utiliza a raiz לקח; em ambos se encontra o contraste entre morte e "ser tomado", sem que se suponha necessariamente uma dependência entre os dois textos; e em ambos tanto Elias quanto Henoc, de alguma forma, "escaparam" à morte (HOOPEN, R. B. T., Where Are You, Enoch?, p. 9). Pelo menos Ben Sira (Eclo 48,9; 49,14) parece já pressupor que de fato tanto Elias quanto Henoc foram transladados de maneira única (PICHON, C., Le prophète Elie dans les Evangiles, p. 68). Flávio Josefo (Antiguidades judaicas 9.2.2) também pressupõe essa ligação entre Elias e Henoc pelo translado (HOBBS, T. R., 2 Kings, p. 21). Cf. tb. BUTLER, J. G., Elijah, p. 239; COGAN, M.; TADMOR, H., II Kings, p. 33; HALE, T., 2 Kings, p. 656; LANGE, J. P. et al., A Commentary on the Holy Scriptures, p. 19-20; SCHENKER, A., Le monde a venir dans l'Ancien Testament, p. 26; WINTER, J., Face2Face with Elisha, p. 18. Com relação a Moisés, o texto bíblico em Dt 34,6 diz simplesmente que o seu lugar de sepultamento é desconhecido (o Targum Pseudo-Jônatas acrescenta que o próprio YHWH teria realizado o sepultamento), ou seja, nada se fala de um translado; entretanto, Flávio Josefo declara ter sido escrito que Moisés morreu em razão de reverência e temor, pois teria sido elevado aos céus numa nuvem até a presença de Deus devido à sua extraordinária virtude (Antiguidades judaicas 4.8.48). Há uma tradição rabínica, preservada em b. Sotah 13B, a qual diz que Moisés nunca morreu. Haveria ainda, segundo Orígenes, ao comentar uma

A ascensão[794] de Elias é mencionada por meio da raiz עלה (v. 1a no *hifil*, e v. 11e no *qal*). Em meio a um evento teofânico, Elias está para entrar na esfera divina. A noção de que seres humanos, usufruindo estreito relacionamento com Deus, ascendem aos céus era amplamente difundida na Antiguidade. Salienta-se assim, em linguagem formulaica, que Elias transcendeu de alguma forma a morte[795]. Aliás, a ascensão de uma pessoa no sentido próprio relaciona-se por meio da raiz עלה somente com Elias[796].

A ascensão de Elias é realizada por YHWH mediante um turbilhão, סְעָרָה. O artigo definido acompanhando o vocábulo evidenciaria que o hagiógrafo considera esse um motivo teofânico familiar. De fato, é constante em teofanias do Antigo Testamento, especialmente em Jó (9,17; 38,1; 40,6), e reflete a antiga noção oriental da ascensão de deidades numa tempestade ou num turbilhão. A transferência dessa noção para Elias não representaria uma polêmica contra deuses (como pode ser constatado pelo uso de רוּחַ no v. 16) – embora haja uma sutil referência a Baal como o "deus das tempestades"; seja como for, é um testemunho do excepcional *status* alcançado pelo profeta[797].

---

passagem na Epístola de Judas acerca da disputa entre Satanás e o Arcanjo Miguel pelo corpo de Moisés, a menção a um texto judaico perdido, o qual refletiria possivelmente a mesma tradição (LANGE, J. P. et al., A Commentary on the Holy Scriptures, p. 20).

794. Uma importante discussão acerca da preferência em se falar de "ascensão", ou mesmo "translado", em vez do corriqueiro "arrebatamento", encontra-se em FOX, E., The Translation of Elijah, p. 156-169; VERHEIJ, A. J. C., "The Translation of Elijah", p. 170-174; WÜRTHWEIN, E., Die Bücher der Könige: 1 Kön. 17-2 Kön. 25, p. 275. O uso dos termos "ascensão" e "translado" podem ser vistos em GRILL, S.; HAAG, E., Die Himmelfahrt Elias nach 2 Kg. 2:1–15, p. 18-32; HENTSCHEL, G., Elijas Himmelfahrt und Elischas Berufung (2 Kon 2,1-15), p. 75-82; LUKE, K., Elijah's Ascension to Heaven, p. 196; SCHMITT, A., "Elija stieg zum Himmel hinauf", p. 27-33. Não obstante, o uso de "arrebatamento" pode ser visto em artigos mais antigos, como FORESTI, F., Il rapimento di Elia al cielo, p. 257-272; GALLING, K., Die Ehrenname Elisas und die Entrückung Elias, p. 129-148.

795. FUHS, H. F., עָלָה, p. 91-92.

796. WEHMEIER, G., עלה, p. 891. A outra única menção de ascensão, relacionada com Henoc em Gn 5,24, utiliza-se de outra raiz, לקח, a qual aparece igualmente na perícope de 2Rs 2,1-25 somente nos v. 3.5; e deve-se enfatizar que a raiz "oposta", ירד, relaciona-se exatamente com a descida ao mundo dos mortos (como em Gn 37,35). Salienta-se ainda que o texto de Dt 30,12 refere-se apenas à superfluidade do recebimento da lei, e não a uma ascensão propriamente dita.

797. FABRY, H.-J., סַעַר, p. 294-295. Que סְעָרָה estaria associado com teofanias pode ser evidenciado nas 16 passagens de ocorrência no texto massorético: 2Rs 2,1.11; Jó 38,1; 40,6; Sl 107,25.29; 148,8; Is 29,6; 40,24; 41,16 (estas duas últimas passagens, do Dêutero-Isaías, poderiam ser referências ao fenômeno climático, simplesmente); Jr 23,19; 30,23; Ez 1,4; 13,11.13; Zc 9,14 (EVEN-SHOSHAN, A., A New Concordance of the Bible, p. 812; LISOWSKY, G., Concordantiae veteris testamenti, p. 1001-1002). Chama a atenção o fato de que סְעָרָה esteja ausente na teofania do Sinai (Ex 19; Jz 5,4-5; Dt 33,2; Hab 3; 1 Henoc 1,3-7). Uma vez que סְעָרָה comporta-se como antônimo de דְּמָמָה, a ocorrência deste último termo em 1Rs 19,12 torna essa passagem um caso isolado em relação às representações usuais teofânicas e uma polêmica radicalmente monoteísta – polêmica esta apenas sutil em 2Rs 2,1-18 (DREYTZA, M., שֵׂעָר II, p. 1256-1257; FABRY, H.-J., סַעַר, p. 295; PATTERSON, R. D., סַעַר, p. 1051-1052). Se há em 1Rs 19,12 a descrição da recepção de uma revelação mediante teofania, e compreendendo-a como uma tentativa deliberada de separar o conceito

Elias ascende para os céus, שָׁמַיִם. Apesar de esta palavra poder se referir ao "céu físico", os céus têm uma relação especial com YHWH e referem-se à esfera divina[798]. Como moradia por excelência de YHWH, local do seu palácio (Sl 11,4), em geral os céus são inacessíveis aos mortais; alguém pode ascender a Deus apenas em teoria (Sl 139,8; Jó 20,6; Pr 30,4). Sendo lugar de repouso para YHWH, como é natural, os céus pertencem ao campo cúltico (Ex 24,10). Assim como os céus estão infinitamente acima da terra, de igual modo os pensamentos e caminhos divinos estão infinitamente acima da capacidade humana de compreensão (Is 55,8-9), de tal forma que os céus se tornam uma alusão adequada à transcendência divina. Por isso, Elias, ao ascender aos céus, tem um privilégio único, pois o mais comum é descrever YHWH descendo dos céus (Gn 11,5; 2Sm 22,10; Sl 18,10; 144,5)[799].

A ascensão de Elias tem como um dos propósitos "contrabalancear" o tema da morte, tão proeminente na obra de Reis, com muitos governantes vitimados, muitas sepulturas cavadas. Assim, se alguma esperança precisa ser preservada, se à vida deve ser concedida um lugar em meio a tanto luto, se alguém precisa sublimar de alguma forma a questão da morte, este é Elias[800]. Em 2Rs 2,1-18, YHWH mais uma vez prova ser maior do que Baal, pois sobrepuja a morte como já fizera anteriormente no ciclo narrativo de Elias em 1Rs 17,7-24 – e a presença do tur-

---

teofânico israelita das ideias religiosas do Antigo Oriente (BAUMANN, A., דְּמָמָה, p. 264-265), estaria 1Rs 19,12 polemizando com 2Rs 2,1-18? Cf. tb. LUST, J., A Gentle Breeze or a Roaring Thunderous Sound?, p. 110-115; SAVRAN, G., 1 and 2 Kings, p. 163.

798. Alguns estudiosos questionam, não obstante, que aqui se fale de céus enquanto morada divina. Isso, porque uma ascensão de Elias aos céus seria uma inserção tardia, do período helenístico ou mesmo greco-romano; cf. discussão completa em HENTSCHEL, G., Elijas Himmelfahrt und Elischas Berufung (2 Kon 2,1-15), p. 75-82. Entretanto, K. Spronk argumenta que a narrativa da ascensão de Elias pertenceria à parte mais antiga da história, mostrando como o profeta integrou à hoste celeste, comparável aos reis ugaríticos divinizados (SPRONK, K., Beatific Afterlife in Ancient Israel and in the Ancient Near East, p. 258-264). J. E. Wright afirma que Elias ascendeu não para os céus em si, mas para um lugar similar ao qual Henoc fora transladado. Para basear sua argumentação, mostra como a palavra שָׁמַיִם ocorre em múltiplas citações como "céu físico" (1Rs 16,4; 18,45; 21,24, não obstante aparecer como clara morada divina em 1Rs 8,30.39.43; 22,19; 2Rs 17,16). Complementa com a observação de que nem sequer há um locativo ou uma preposição na palavra שָׁמַיִם que indique claramente a ida de Elias na direção dos céus (WRIGHT, J. E., Whither Elijah?, p. 123-140; cf. tb. PATTERSON, R. D.; AUSTEL, H. J., 1 and 2 Kings, p. 176). R. B. T. Hoopen afirma que todas as ocorrências da palavra שָׁמַיִם nas histórias de Elias referem-se ao céu físico; e como 2Rs 1, uma passagem estreitamente relacionada com 2Rs 2,1-18, falaria de שָׁמַיִם como céu físico, isso poderia esclarecer o uso em 2Rs 2,1-18. Este último ponto pode ser contestado, e o próprio R. B. T. Hoopen reconhece o quanto suas argumentações como um todo podem ser contestadas, e o destino último de Elias permaneceria, na melhor das hipóteses, não esclarecido (HOOPEN, R. B. T., Where Are You, Enoch?, p. 13-14).

799. AUSTEL, H. J., שָׁמַיִם, p. 1580-1581; BARTELMUS, G., שָׁמַיִם, p. 214; SOGGIN, J. A., שָׁמַיִם, p. 1371; TSUMURA, D. T., שָׁמַיִם, p. 163.

800. GLOVER, N., Elijah Versus the Narrative of Elijah, p. 461. Na mesma página, N. Glover lembra que a última palavra na obra de Reis é justamente "vida" (2Rs 25,30).

bilhão evidencia ser YHWH, e não o "deus das tempestades", quem controla a natureza[801].

A jornada começa em Guilgal, próximo a Jericó (v. 1b), um local associado intimamente com a narrativa da entrada de Israel na terra de Canaã durante a campanha promovida por Josué (Js 4,19-20). O nome Guilgal, no hebraico גִּלְגָּל, é um nome corriqueiro de vários lugares no Antigo Testamento. A não ser em dois casos (Js 5,9; 12,23), vem prefixado pelo artigo definido. Parece estar relacionado a uma raiz I גלל, daí "círculo de pedras", "pedregulho", "montão de pedras"[802]. Mas há uma dificuldade geográfica envolvida em associar Guilgal nas proximidades de Jericó: desde o Vale do Jordão até Betel, seria necessário subir topograficamente, e não descer, como dito no v. 2. Uma maneira de resolver isso seria identificar uma possível Guilgal "alternativa", Jiljuleah, cerca de 12km ao norte de Betel. Entretanto, como pondera L. M. W. Beal, esse local não é mais elevado do que Betel[803]; e a menção a "descer", ao invés de "subir" no v. 2, serviria mais a uma possível polêmica antibetelita envolvida em decorrência da "tenaz" aversão deuteronomista a Betel como local de adoração no Reino do Norte[804]. Não somente Guilgal como também a referência, logo depois, a Betel (v. 2) e Jericó (v. 4) retraçam o itinerário de Israel na Terra Prometida sob a liderança de Josué, tornando-se uma pedra de toque para a transição de Elias para Eliseu, assemelhando-se àquela de Moisés para Josué[805].

A possível alusão à Guilgal da campanha de Josué, conforme descrita nos relatos bíblicos, parece estabelecer de fato uma conexão entre os ministérios de

---

801. HOUSE, P. R., 1, 2 Kings, p. 259. Cf. tb. BRONNER, L., The Stories of Elijah and Elisha as Polemics against Baal Worship, p. 125-133.

802. CLINES, D. J. A., גִּלְגָּל I, p. 348; KOEHLER, L. et al., II הַגִּלְגָּל, p. 191; KOTTER, W. R., Gilgal (Place), p. 1022.

803. BEAL, L. M. W., 1 & 2 Kings, p. 302-303; cf. tb. BARNES, W. H., Cornerstone Biblical Commentary, p. 200; BURNEY, C. F., Notes on the Hebrew Text of the Books of Kings with an Introduction and Appendix, p. 264; BUTLER, J. G., Elijah, p. 228; COGAN, M.; TADMOR, H., II Kings, p. 31; FORESTI, F., Il rapimento di Elia al cielo, p. 260-261; GARSIEL, M., From Earth to Heaven, p. 163; GRAY, J., I & II Kings, p. 473-474; HOBBS, T. R., 2 Kings, p. 19; LEITHART, P. J., 1 & 2 Kings, p. 172; SWEENEY, M. A., I & II Kings, p. 272. O termo גִּלְגָּל aparece pela primeira vez no texto massorético em Dt 11,30, "junto aos carvalhais de Moré", que pelo versículo anterior leva à identificação da vizinhança dos Montes Ebal e Garizim, ou seja, perto de Siquém (Gn 12,6). A Guilgal referida em 2Rs 2,2 poderia ser na região montanhosa sul de Samaria; entretanto, devido ao contexto geral de referência ao processo de conquista engendrado por Josué – segundo as tradições bíblicas –, muitos estudiosos preferem identificar com Guilgal perto de Jericó. Ainda são identificados mais dois lugares com o nome Guilgal: um na fronteira norte do lote tribal destinado à tribo de Benjamin (Js 15,7) e outro a uma possível cidade cananeia (Js 12,23). Para maiores detalhes, cf. KOTTER, W. R., Gilgal (place), p. 1022-1024; KRAUS, H.-J., Gilgal, p. 181-191; MÜNDERLEIN, G., גלל, p. 20-23; ROOKER, M. F., Gilgal, p. 686-688.

804. BELEM, D. F., Da Palavra sai vida e morte, p. 71. Cf. ainda BURNETT, J. S., "Going Down" to Bethel, p. 281-283.

805. BERGEN, W. J., Elisha and the End of Prophetism, p. 56; MCKENZIE, S. L., 1 Kings 16–2 Kings 16, l. 6460.

Eliseu e de Josué: em Guilgal, nas proximidades de Jericó, os israelitas estabeleceram seu primeiro acampamento após a travessia do Rio Jordão e construíram um memorial composto por doze pedras (Js 4,19-20). Ainda em Guilgal, Josué estabeleceu a base de seus exércitos, de onde partiram e para onde retornaram as expedições militares (Js 10,6-9.15-43). Assim como Josué começou sua campanha por Guilgal, Eliseu começa seu ministério também em Guilgal como "novo Josué"[806]. F. Foresti observa que de fato há um significado muito mais teológico do que geográfico, associado não somente a Josué mas também ao evento pelo qual Elias erige um altar com doze pedras em 1Rs 18,31-32 – apesar da ausência, nesta última passagem, do termo גִּלְגָּל, a menção das doze pedras como representação de Israel seria uma alusão a Js 4,20, onde גִּלְגָּל aparece textualmente relacionado com estas pedras[807].

## 4.2. Eliseu busca a sucessão em Betel e Jericó (v. 2-6)

### 4.2.1. Em direção a Betel (v. 2-3)

#### 4.2.1.1. Primeiro diálogo entre Elias e Eliseu (v. 2)

Ao pedir para Eliseu não seguir adiante no v. 2a-b – pedido que se repetirá nos v. 4b.6b –, Elias estaria propondo uma espécie de teste ao seu discípulo[808]. Em virtude da sequência, pode-se pensar de fato nessa possibilidade; entretanto, em nenhum momento Elias diz o motivo pelo qual parece não desejar a companhia de Eliseu em sua "peregrinação"[809]. Sendo um teste, há uma negação enfática da parte de Eliseu em abandonar Elias no v. 2g, com a raiz עזב em forma idiomática: essa raiz, utilizada originalmente num ambiente de solidariedade tribal, evoca os laços elementares comunais, evoluindo para a concepção teológica como termo pactual do compromisso divino em não abandonar seu povo (Dt 31,6; Is 45,14-15) – compromisso quebrado sempre como consequência do abandono primeiro do povo (Dt 31,16-17). A persistência de Eliseu garante que

---

806. LIMA, M. L. C., Os 9,10-17 nella dinamica del messaggio del libro di Osea, p. 164-165.

807. FORESTI, F., Il rapimento di Elia al cielo, p. 262.

808. BODNER, K., Elisha's Profile in the Book of Kings, p. 46; BUTLER, J. G., Elisha, p. 27-28; HALE, T., 2 Kings, p. 655; MCKENZIE, S. L., 1 Kings 16–2 Kings 16, l. 6463; ROBINSON, J., The Second Book of Kings, p. 24.

809. PROVAN, I. W., 1 & 2 Kings, p. 172. Aparentemente, se há conhecimento do relato da chamada de Eliseu em 1Rs 19,15-18, onde YHWH claramente aponta este como seu sucessor, estaria Elias relutando em se submeter aos planos divinos, não aceitando sua substituição pelo discípulo? Ou estaria talvez duvidando da capacidade de Eliseu testemunhar seu translado iminente? (CHAMPLIN, R. N., II Reis, I Crônicas, II Crônicas, Esdras, Neemias, Ester, Jó, p. 1472-1473).

uma testemunha esteja presente no momento da ascensão, tornando-se assim penhor da sucessão profética[810].

Betel (בֵּית־אֵל), "casa de Deus" (v. 2c), era uma importante cidade da região central montanhosa da Palestina, localizada ao norte de Jerusalém e bem próxima a Hai, ao longo de encruzilhadas. Consideravam-na um relevante local de adoração relacionado às histórias patriarcais e ao Reino do Norte, visto com desdém pela teologia deuteronômica-deuteronomista em razão da insistência desta no lugar único de adoração (Dt 12,13-14), alvo também da censura profética (1Rs 13), especialmente dos profetas Amós e Oseias (Am 5,5; Os 4,15). Assim, Betel era um lugar emblemático sobretudo na geografia deuteronomista da desobediência de Israel a Deus: Hiel, betelita, ignorou a maldição impetrada por Deus sobre Jericó (Js 6,26) e reconstruiu a cidade, perdendo seus filhos (1Rs 16,34)[811].

Betel era um lugar ambíguo pela presença dos "filhos dos profetas", conforme revelado no v. 3 seguinte – ambiguidade esta salientada por uma idiossincrasia geográfica: no v. 2 é dito que Elias e Eliseu *desceram* de Guilgal a Betel, o que envolve dificuldades geográficas – Betel estava a mais de 900 metros acima do nível do mar –, enquanto no v. 23a Eliseu *sobe* em direção a Betel. Porém, em vista da tenaz aversão deuteronomista a Betel, o "descer a Betel" no v. 2 envolve mais uma questão teológica que serve à polêmica antibetelita[812]. Ao utilizar a raiz שׁלח, Elias reitera o tema do envio dos profetas, mais especificamente para os filhos dos profetas que se encontram neste local, conforme mencionado no v. 3[813].

---

810. ALDEN, R. L., עזב, p. 365-366; GERSTENBERGER, E., עָזַב, p. 586-587; GESENIUS, F. W.; KAUTZSCH, E.; COWLEY, A. E., Gesenius' Hebrew Grammar, p. 472; HOBBS, T. R., 2 Kings, p. 20; STÄHLI, H.-P., עזב, p. 866-868.

811. BELEM, D. F., Da Palavra sai vida e morte, p. 69-71. Cf. tb. BRODSKY, H., Bethel (Place), p. 710; BURNETT, J. S., "Going Down" to Bethel, p. 294; BUTLER, J. G., Elisha, p. 70-71; MCGEE, J. V., Thru the Bible Commentary, p. 306; PARKER, J. F., Valuable and Vulnerable, p. 91-92; SILVA, C. M. D., A careca de Eliseu, os moleques e as ursas, p. 380.

812. BELEM, D. F., Da Palavra sai vida e morte, p. 71. Cf. tb. BERGEN, W. J., Elisha and the End of Prophetism, p. 69-70; BURNETT, J. S., "Going Down" to Bethel, p. 281-283; BUTLER, J. G., Elijah, p. 228; BUTLER, J. G., Elisha, p. 69; KEIL, C. F.; DELITZSCH, F., The Books of Kings, 1 and 2 Chronicles, p. 212. Que as declarações acerca de Betel na época de Jeroboão I em 1Rs 12,26-33 parecem ser teológicas, e não necessariamente históricas, seriam confirmadas pela arqueologia: o monte no vilarejo de Beitin, leste de Ramallah, localização da Betel bíblica, foi profundamente escavado nos anos de 1930 e 1950, não produzindo claras indicações de atividades no tempo desse rei. Assim, o relato de 1Rs 12,26-33 refletiria fatos históricos de outro rei homônimo, Jeroboão II (FINKELSTEIN, I., O reino esquecido, p. 97-98), retratando realidades do início do século VIII a.C., ocasião em que teria ocorrido uma reorganização do culto no Reino do Norte (BERLEJUNG, A., Twisting Traditions, p. 1-42; FINKELSTEIN, I., O reino esquecido, p. 168; KÖCKERT, M., YHWH in the Northern and Southern Kingdom, p. 253-271). Uma análise detalhada do possível caráter tardio do culto não somente em Betel quanto em Dã pode ser visto em PAKKALA, J., Jeroboam without Bulls, p. 501-525.

813. Acerca do "tema do envio", cf. seção 3.2.1.1.

Eliseu utiliza no v. 2e-f dois enunciados para enfatizar sua afirmação de que não deixará Elias seguir sozinho para Betel. A primeira, חַי־יְהוָה, "que viva YHWH", é encontrada abundantemente no texto massorético, ainda mais na obra de Reis[814]; aproxima-se, portanto, da expressão יְחִי הַמֶּלֶךְ, "que viva o rei", a qual pode ser considerada uma "fórmula de cortesia palaciana" e que, no seu contexto, tanto indica uma exclamação quanto expressa reconhecimento da realeza do aclamado; originalmente, contudo, seria um simples desejo por "vida" digna de um genuíno rei, com poder e sucessor[815]. Portanto, a expressão "que viva YHWH" seria um reconhecimento tácito da realeza divina, sutil lembrança do "embate entre realezas" em 2Rs 1,1-18. Tal expressão aparece ainda como juramento nas cartas de Laquis[816].

A segunda, חֵי־נַפְשְׁךָ, "viva tua alma", encontra-se repetida não somente nos v. 4f.6f como também em 2Rs 4,30[817]. O uso de נֶפֶשׁ na fórmula mostra como a vida é preciosa, o reconhecimento de que a "mão celestial" age em proteção dessa vida – e a importância da evocação de נֶפֶשׁ pode ser avaliada pela fórmula pouco comum "נֶפֶשׁ de Deus"[818]. Considerando unicamente o ciclo de Eliseu, como este acompanha seu mestre até sua "admissão" aos céus em 2Rs 2,2-6 e procura reaver a vida do filho morto da sunamita em 2Rs 4,35, E. G. Dafni mostra o quanto pode se falar de um "acompanhamento" da vida, seja esta celestial ou terrena – e que a fórmula conjunta חַי־יְהוָה וְחֵי־נַפְשְׁךָ é geralmente vista como

---

814. Ao todo são 44 ocorrências, sendo 14 na obra de Reis: 1Rs 1,29; 2,24; 17,1.12; 18,10.15; 22,14; 2Rs 2,2.4.6; 3,14; 4,30; 5,16.20 (EVEN-SHOSHAN, A., A New Concordance of the Bible, p. 360-361).

815. RINGGREN, H., חָיָה, p. 335-336; SEYBOLD, K.; RINGGREN, H.; FABRY, H.-J., מֶלֶךְ, p. 358. A expressão יְחִי הַמֶּלֶךְ é encontrada 8 vezes em sete versículos do texto massorético: 1Sm 10,24; 2Sm 16,16[2x]; 1Rs 1,25.34.39; 2Rs 11,12; 2Cr 23,11 (EVEN-SHOSHAN, A., A New Concordance of the Bible, p. 362).

816. Óstracos de Laquis 3,9; 6,12; 12,3. CLINES, D. J. A., חַי I., p. 203; HOBBS, T. R., 2 Kings, p. 20; OMANSON, R. L.; ELLINGTON, J. E., A Handbook on 1-2 Kings, p. 711. Está também no óstraco de Arad 21,5; e os óstracos de Laquis encontram-se em ANET 321-322. O texto hebraico dessas correspondências pode ser conferido em LINDENBERGER, J. M., Ancient Aramaic and Hebrew Letters, p. 120-127. No texto massorético há uma diferença de pontuação (חֵי, em vez de חַי) utilizada apenas para o Tetragrama Sagrado, para preservar a singularidade do nome divino.

817. Onde também aparece a combinação com a expressão "Que viva YHWH", a qual encontra-se igualmente em 1Sm 20,3; 25,26. A expressão "Que viva tua alma" aparece ainda sem essa combinação em 1Sm 1,26; 17,55; 2Sm 11,11; 14,19 (a recensão de Orígenes do texto grego restabeleceria a combinação em 2Sm 11,11), totalizando 10 ocorrências no texto massorético (EVEN-SHOSHAN, A., A New Concordance of the Bible, p. 360-361).

818. DHARAMARAJ, H., A Prophet Like Moses?, p. 170; GREENBERG, M., The Hebrew Oath Particle Hay/He, p. 34-39; SEEBASS, H., נֶפֶשׁ, p. 514-516. Como H. Seebass comenta nessas páginas, a ideia pode ser encontrada em passagens como 1Sm 2,35; Is 1,14; 42,1; Am 6,8; Jr 51,14. O uso de נֶפֶשׁ pode simplesmente ser compreendido nas fórmulas como o pronome pessoal "eu", uma relação – e consequente comprometimento – consigo mesmo (CLINES, D. J. A., נֶפֶשׁ I, p. 732). Dentro da visão holística do Antigo Testamento, a נֶפֶשׁ não pode ser considerada um aspecto separado do ser humano (FREDERICKS, D. C., נֶפֶשׁ, p. 136-137; WALTKE, B. K., נֶפֶשׁ, p. 981-986; WESTERMANN, C., נֶפֶשׁ, p. 753-756).

um juramento para confirmar comprometimento. O uso de נֶפֶשׁ lembra que a morte como resultado da não observância do juramento é primordial, enquanto o pronunciamento de um juramento usando o nome sagrado de YHWH em Israel está ligado à esperança de vida. Uma expressão idiomática para afirmar a veracidade das afirmações ditas, buscando solenemente expressar a certeza da fidelidade do discípulo ao seu mestre, com ênfase não tanto no juramento em si, mas em YHWH como o Deus vivo, uma declaração de fé que poderia ser assim parafraseada: "quando você me deixar, tua alma vive e vive YHWH (ou vive tua alma com o YHWH vivo)" – ou melhor, "mesmo que eu te deixe, YHWH vive e tua alma também". Em suma, YHWH é aquele que tem vida em si mesmo e pelo qual a נֶפֶשׁ de alguém vive mesmo após a morte[819].

### 4.2.1.2. Primeiro diálogo entre Eliseu e os filhos dos profetas, em Betel (v. 3)

Em Betel, menciona-se a presença dos בְּנֵי־הַנְּבִיאִים, "filhos dos profetas" (v. 3a-b). A expressão é intimamente relacionada com o ciclo de Eliseu; refere-se a um grupo formal de profetas, representando uma classe ou filiação a esse grupo (antes do que uma sociedade organizada), sob a autoridade de um superior, designado como "pai". É um grupo atuante durante o período crítico da dinastia de Amri, mas não são comprovados de maneira adequada – curiosamente, Elias se declara "sozinho" em 1Rs 18,22; 19,10, e o grupo não é mais mencionado a partir de Jeú, fazendo com que os "filhos dos profetas" tenham conexões exclusivas com Eliseu, e a visita de Elias a esse grupo acaba servindo tão somente para preparar e sancionar a sucessão – ou seja, como se Eliseu estivesse no comando[820].

---

819. DAFNI, E. G., Zum extensionalen und intentionalen Gehalt der Aussage, p. 37-54. Cf. tb. GESENIUS, F. W.; KAUTZSCH, E.; COWLEY, A. E., Gesenius' Hebrew Grammar, p. 472.

820. BARNES, W. H., Cornerstone Biblical Commentary, p. 174; BEAL, L. M. W., 1 & 2 Kings, p. 303; BERGEN, W. J., Elisha and the End of Prophetism, p. 60-61; LEITHART, P. J., 1 & 2 Kings, p. 173; SICRE DIAZ, J. L., Introdução ao profetismo bíblico, p. 157; WISEMAN, D. J., 1 e 2 Reis, p. 158. Das 11 ocorrências no texto massorético, apenas duas ocorrem fora do ciclo de Eliseu: 1Rs 20,35; Am 7,14. Além de 2Rs 2,3.5.7.15 – o que comprova a importância nessa perícope –, aparece ainda no ciclo de Eliseu em 2Rs 4,1.38; 5,22; 6,1; 9,1 (EVEN-SHOSHAN, A., A New Concordance of the Bible, p. 733-734). Entretanto, J. G. Williams entende que esse grupo de "filhos dos profetas" teria sido organizado pelo próprio Elias (WILLIAMS, J. G., The Prophetic "Father", p. 345). A designação específica בְּנֵי־הַנְּבִיאִים ocorre antes de tudo em 1Rs 20,35, sem nenhuma indicação de onde e como o grupo surgiu; e tão inesperadamente quanto desaparecem em 1Rs 21–2Rs 1, reaparecem agora em 2Rs 2 – para outra vez, de forma inexplicada, desaparecerem definitivamente após as histórias relacionadas a Eliseu. Isso evidenciaria a íntima conexão dos filhos dos profetas com Eliseu, e não com Elias – os filhos dos profetas se dirigem sempre a Eliseu, e nunca a Elias (BERGEN, W. J., Elisha and the End of Prophetism, p. 57-60). A íntima conexão entre os filhos dos profetas e Eliseu os colocam como os prováveis responsáveis pela coleção de pelo menos algumas histórias sobre Eliseu. Não há acordo se a expressão usada no singular בֶּן־נָבִיא ("filho de profeta") em Am 7,14 refere-se ao mesmo grupo. Os filhos dos profetas, a partir do teor das narrativas, são avaliados negativamente pelos acadêmicos: M. Smith os compara mesmo a uma "organização partidária" envolvida em "atividades terroristas" (SMITH,

Se os filhos dos profetas são localizados primeiramente em Betel, um importante centro de adoração de acordo com as narrativas bíblicas, eles atuam como que na "periferia" – presentes, mas não associados aos santuários oficializados, à margem da "religião estatal"[821]. Isso pode ser visto de modo nítido em 2Rs 3,13, onde são contrastados de forma enfática com os "profetas palacianos". Em vez de usufruir da presença benévola do rei, estão sempre sentados "diante" do mestre, em íntima comunhão com este (2Rs 4,38); aparentemente, não levam vida celibatária, podendo ter esposas (2Rs 4,1) e tendo נְעָרִים a seu serviço (2Rs 5,22; 9,4)[822].

Deve-se apreciar a tensão e o suspense mantidos na história. Em Betel (como também em Jericó nos v. 4-5), os filhos dos profetas abordam o tema da partida de Elias (v. 3c-e). Os filhos dos profetas conhecem, de alguma forma, o

---

M., Palestinian Parties and Politics that Shaped the Old Testament, p. 34), pois, segundo J. R. Porter, eles ganharam influência e alto *status* sob Eliseu como instrumentos de oposição às políticas religiosas da casa de Amri (PORTER, J. R., benê hannebî'îm, p. 427-428). W. Wifall mantém uma opinião positiva: os filhos dos profetas seriam líderes cultuais ao lado dos sacerdotes nos grandes santuários (WIFALL, W., The Court History of Israel, p. 100). Cf. ainda AVRAHAM, N., Toward the Social Status of Elisha and the Disciples of the Prophets, p. 41-54.

821. MCKENZIE, S. L., 1 Kings 16–2 Kings 16, l. 6451. Cf. tb. BRUEGGEMANN, W., 1 & 2 Kings, p. 294; COGAN, M.; TADMOR, H., II Kings, p. 31; HOBBS, T. R., 2 Kings, p. 20;25; HOUSE, P. R., 1, 2 Kings, p. 254-255; WILSON, R. R., Profecia e sociedade no Antigo Israel, p. 175-176, 243-244. Os "filhos dos profetas", bem como o "homem de Deus", seriam um exemplo do que J. P. Lewis chama de "profecia periférica", com suas próprias características: a) surge em tempos de crise: fome, seca, tensões, pobreza, guerra; b) os indivíduos que aparecem como homens de Deus são oprimidos ou estão relacionados com membros periféricos da sociedade (Elias, Eliseu); c) a maneira como o homem de Deus desempenha seu papel implica atividade de grupo (Eliseu aparece muito relacionado com os filhos dos profetas; d) o Deus da profecia periférica é, durante o século IX, periférico, por mais estranho que pareça; e) o Deus da profecia periférica é amoral; seu traço principal não é a bondade, mas o poder (LEWIS, J. P., "A Prophet's Son" (Amos 7:14) Reconsidered, p. 229-240; SICRE DIAZ, J. L., Introdução ao profetismo bíblico, p. 59). Entretanto, cf. seção 3.2.2.1 sobre "profetas periféricos".

822. JEREMIAS, J., נָבִיא, p. 700; MÜLLER, H.-P., נָבִיא, p. 142. Apesar da opinião de J. Robinson, não seriam identificados com os profetas palacianos descritos em 1Rs 22,6 (ROBINSON, J., The Second Book of Kings, p. 25). É pouco provável também que fosse uma "escola de profetas" (RUSHDOONY, R. J., Chariots of Prophetic Fire, p. 84-85; WOLFGRAMM, A. J., Kings, p. 168), onde fossem ensinados de alguma forma no ofício profético, ou no modo de receber a revelação divina; o conteúdo de suas mensagens poderia ser apenas recebido, e não aprendido. A participação no grupo nem sequer garantiria tornar-se um profeta, embora discípulos individuais dos profetas agissem por ordem de YHWH, como pode ser visto em 1Rs 20,35; 2Rs 9,1-13 (VERHOEF, P. A., Profecia, p. 1073). A princípio, devem ser distinguidos do חֶבֶל נְבִיאִים, "grupo de profetas" (1Sm 10,5.10, descritos como לַהֲקַת נְבִיאִים em 1Sm 19,20), os quais demonstram comportamento extático, associados a Gabaá, e localizados no Período dos Juízes e primórdios da monarquia (CULVER, R. D., נָבָא, p. 906; FABRY, H.-J., חֶבֶל, p. 178; LIMA, M. L. C., Mensageiros de Deus, p. 59; LANGE, J. P. *et al.*, A Commentary on the Holy Scriptures, p. 23; MÜLLER, H.-P., נָבִיא, p. 143). Cf. ainda, sobre a questão da tradução de חֶבֶל, atestada no ugarítico como "grupo", CLINES, D. J. A., חֶבֶל I, p. 151-152; WEBER, C. P., חֶבֶל I, p. 416-417. Segundo J. R. Porter, a expressão בְּנֵי־הַנְּבִיאִים "não se refere a associações proféticas em geral, mas a uma organização profética concreta, confinada a um período histórico e a uma área geográfica muito precisa. Surgiu em oposição a certas inovações teológicas da dinastia amrida, alcançou seu zênite sob a liderança de Eliseu; e quando, sob seu impulso, destronou a dinastia e eliminou o culto ao deus estrangeiro Baal, concluiu sua obra e desapareceu da história" (PORTER, J. R., benê hannebî'îm, p. 429; SICRE DIAZ, J. L., Introdução ao profetismo bíblico, p. 158).

fato; e igualmente Eliseu sabe. Mas Eliseu não quer falar sobre isso; e Elias nada menciona; algo como uma família em que temas particulares permanecem num "limbo verbal"[823]. A razão da persistência de Eliseu demonstrada no v. 2e-g fica evidente no v. 3f-h mediante o encontro com os "filhos dos profetas": Eliseu, de algum jeito, conhece os planos divinos e instrui os "filhos dos profetas" a guardar silêncio em sinal de respeito – ou, mais do que se calar, manter a "tranquilidade" diante do que está para ocorrer. O uso do imperativo da raiz חשׁה também evidencia o senso de urgência e enfatiza a persistência de Eliseu[824].

Na verdade, como M. Garsiel pondera, os filhos dos profetas, em vez de saudarem Elias, engajam-se num breve diálogo com Eliseu. Como se "isolassem" esse de seu mestre, a pergunta parece insinuar um "alto conhecimento mântico"; mas pode ser interpretado como a expressão de lealdade do grupo a Eliseu enquanto autêntico sucessor – e parecem compartilhar a alegria de que finalmente a sucessão ocorrerá. Porém, embora Eliseu confirme saber do que está para acontecer, parece reprovar esse comportamento dos filhos dos profetas e pede para que estes se silenciem, provando sua total lealdade – acima de seus próprios interesses[825].

Na expressão "hoje YHWH toma teu senhor por cima de tua cabeça" (v. 3e), a qual alude à maneira "misteriosa" da ascensão de Elias, מֵעַל רֹאשֶׁךָ pode ser considerada equivalente, dentro da narrativa, a מֵעִמָּךְ e מֵאִתָּךְ, utilizadas por Elias nos v. 9-10 com a mesma ideia. Entretanto, a expressão מֵעַל רֹאשֶׁךָ parece sugerir uma conexão mais forte, e mais distinta, do que as outras. O uso de רֹאשׁ, embora compreendido literalmente para a questão espacial do translado, poderia ao mesmo tempo dar a ideia de "chefe", e assim os filhos dos profetas estariam confirmando que o translado significa, de modo indubitável, que Eliseu não estará mais sob a tutela de seu mestre, mas ele doravante será o mestre – o que seria ainda explicado pelo uso de אֲדֹנֶיךָ, "teu senhor" – um termo de ordem social em oposição ao עֶבֶד, ou mesmo a נַעַר, uma expressão de cortesia para homens, apenas ocasionalmente dirigindo-se a Deus[826].

---

823. DAVIS, D. R., The Kingdom of God in Transition, p. 387.

824. CARLSON, R., Élisée – Le Successeur D'Élie, p. 402; COPPES, L. J., חָשָׁה, p. 545; HOBBS, T. R., 2 Kings, p. 20; MCKENZIE, S. L., 1 Kings 16–2 Kings 16, l. 6472; DEL OLMO LETE, G., La Vocación del Líder en el Antiguo Israel, p. 171; OSWALT, J. N., חשׁה, p. 310-311.

825. GARSIEL, M., From Earth to Heaven, p. 165-166. Cf. tb. BODNER, K., Elisha's Profile in the Book of Kings, p. 47-48; BUTLER, J. G., Elijah, p. 234; CARLSON, R., Élisée – Le Successeur D'Élie, p. 386; COHN, R. L., 2 Kings, p. 12; LANGE, J. P. et al., A Commentary on the Holy Scriptures, p. 11-13. A. Rofé declara que haveria uma espécie de "medo" do futuro, e assim Eliseu não estaria totalmente seguro do que está para acontecer (ROFÉ, A., Storie di profeti, p. 58).

826. BARTLETT, J. R., The Use of the Word רֹאשׁ as a Title in the Old Testament, p. 1-19; BERGEN, W. J., Elisha and the End of Prophetism, p. 57; BEUKEN, W. A. M.; DAHMEN, U., רֹאשׁ I, p. 252-256; CLINES, D. J. A., רֹאשׁ I, p. 367-376; LANGE, J. P., et al., A Commentary on the Holy Scriptures, p. 12. Sobre אָדוֹן como pronome

R. Havrelock parece insinuar que haveria uma espécie de competição, pois ao arguir se Eliseu saberia do translado do mestre é como se os filhos dos profetas duvidassem da habilidade daquele em ser o digno sucessor; e falam como se Elias tencionasse apenas punir, ou mesmo frustrar as aspirações de Eliseu. Afirmando que de fato conhecia o que estava para ocorrer e pedindo que mantivessem o silêncio, Eliseu reitera sua autoridade sobre o grupo, deixando claro que o papel dos filhos dos profetas é de testemunhar[827].

Finalizando, o uso da raiz לקח parece ser ambíguo: ainda que utilizada também para Henoc em Gn 5,24, a ideia de que alguém possa ser corporalmente transladado aos céus parece ser inesperada, não obstante o precedente de Henoc. Mas os filhos dos profetas (e talvez o próprio Eliseu) talvez creiam que a declaração no v. 3e signifique que Elias está para morrer[828]. Entretanto, deve-se lembrar que o tema de "YHWH tomar" usando a raiz לקח é constante, tanto nas tradições relativas ao Êxodo (Ex 6,7) e ao exílio (Dt 30,4) quanto nas relativas à eleição (Gn 24,7) e à chamada profética (Am 7,15). Além de Henoc em Gn 5,24, a referência a ser transladado diretamente para Deus ocorre em Sl 49,16; mas há ainda uma similaridade com o translado (visionário?) de Ezequiel para outro lugar (Ez 3,14; 8,3)[829].

## 4.2.2 Em direção a Jericó (v. 4-5)

A presença dos filhos dos profetas em Betel não surpreende, ao considerar-se a narrativa bíblica em 1Rs 13 concernente a um profeta que provém dessa localidade; em contrapartida, é completamente inusitada em Jericó (v. 5a-b): ao contrário de Betel, não constitui um santuário, ou um lugar de culto – antes, está sob maldição (Js 6,26)[830].

Jericó situa-se na colina de Tell-es-Sultan a cerca de 16km ao noroeste da colina norte do Mar Morto e a leste das montanhas da Judeia, atingindo 24m

---

de respeitoso tratamento, cf. ALDEN, R. L., אָדוֹן, p. 17-18; BELEM, D. F., Da Palavra sai vida e morte, p. 43; EISSFELDT, O., אָדוֹן, p. 62; JENNI, E., אָדוֹן, p. 23-29; OMANSON, R. L.; ELLINGTON, J. E., A Handbook on 1 & 2 Kings, p. 727.

827. HAVRELOCK, R., River Jordan, p. 154.

828. MCKENZIE, S. L., 1 Kings 16–2 Kings 16, l. 6474-6477.

829. SEEBASS, H., לקח, p. 20. Pode-se fazer a seguinte pergunta: haveria intenção do hagiógrafo em abordar simultaneamente todos esses temas (êxodo, exílio, eleição – chamada profética de Elias? –, translado físico e espiritual) pelo uso da raiz לקח? Há ainda a similaridade do "rapto" (translado?) de Utnapistim na Epopeia de Gilgamesh, onde é utilizada a raiz acádica *leqû* (SCHMID, H. H., לקח, p. 651). Cf. tb. ELS, P. J. J. S., לקח, p. 812-813.

830. BRUEGGEMANN, W., 1 & 2 Kings, p. 294; GRAY, J., I & II Kings, p. 474.

de altura. Antiquíssima, suas origens remontam ao Mesolítico (9000 a.C.), foi destruída e reconstruída várias vezes, sendo 1Rs 16,34 e 2Rs 2,19 possíveis tentativas de reocupação – há, inclusive, provas arqueológicas de um assentamento no século IX a.C. Jericó evoca lembranças tanto positivas quanto negativas: é o primeiro obstáculo a Josué e suas tropas na campanha pela conquista da terra (Js 6) – de certo modo, ali começa a posse da terra outrora prometida a Abraão, Isaac e Jacó, mesmo sob maldição (Js 6,17.26); e, nas campinas de Jericó, o Rei Sedecias é alcançado pelo exército dos caldeus, por ocasião da invasão da cidade de Jerusalém (2Rs 25,5). Segundo as tradições bíblicas, a cidade que presenciou o início da posse de Canaã pelos israelitas também se torna palco da perda dessa mesma terra, como resultado da desobediência à lei. Jericó aqui simboliza o binômio deuteronomista: obediência à lei, posse da terra; desobediência à lei, perda da terra[831]. Assim, Jericó representaria o compromisso dos filhos dos profetas para com a aliança, tão ameaçada pela dinastia de Amri, segundo as narrativas bíblicas.

As conversações em Guilgal e Betel são repetitivas, com os v. 2.4.6 praticamente idênticos e o v. 5 repetindo *ipsis litteris* o v. 3. Essas repetições, bem como as ligeiras variações, funcionam a diferentes propósitos, embora bem próximos: o acréscimo do nome de Eliseu no v. 4b em relação ao v. 2b enfatiza que inequivocamente Elias dirige-se a Eliseu e que somente este deve permanecer onde está; e a repetição quase *ipsis litteris* entre os v. 3 e 5 evidencia que não existe diferença alguma de *status* entre os filhos dos profetas de Betel e os de Jericó – não obstante esta cidade nem sequer ser um santuário do Reino do Norte[832].

Na verdade, a única diferença entre o relato do v. 3 e do v. 5 além da geográfica consiste na descrição da ação dos filhos dos profetas: enquanto no v. 3a eles saem ao encontro de Eliseu, aqui no v. 5a eles se aproximam de Eliseu. A raiz נגשׁ geralmente implica contatos bem próximos entre os envolvidos, incluindo contatos sexuais (Ex 19,15). Os filhos dos profetas de Jericó – não obstante esse lugar não ser santuário e estar debaixo de maldição – têm relações mais íntimas do que

---

831. BELEM, D. F., Da Palavra sai vida e morte, p. 41-42. Cf. tb. FRITZ, V., A Continental Commentary, p. 237; HOLLAND, T. A., Jericho (Place), p. 723-737; WEINFELD, M., Deuteronomy and the Deuteronomic School, p. 147.

832. MCKENZIE, S. L., 1 Kings 16–2 Kings 16, l. 6467. Cf. tb. a análise sintática na seção 2.4. I. Finkelstein aceita o texto de 2Rs 2,4-5.18-22 como forte indício de que Jericó estava de fato em poder do Reino do Norte na época da dinastia de Amri, indicado pela referência à construção no tempo de Acab em 1Rs 16,34. Jericó serviria para proteger a importante estrada que ligava Betel com o norte de Moab – quase não havia um meio de governar em Moab sem ter uma "âncora" em Jericó (FINKELSTEIN, I., O reino esquecido, p. 136). Haveria então a intenção do hagiógrafo em mostrar que os "verdadeiros governantes" da terra eram os profetas? Haveria uma interessante ligação ainda com a menção de Moab em 2Rs 1,1?

os filhos dos profetas de Betel – não obstante este constituir um importante santuário nacional[833].

A raiz נגש aparece ainda em contextos cultuais, como a aproximação dos sacerdotes ao altar (Ex 28,43) ou ao Santíssimo (Nm 4,19); os homens também se aproximam de YHWH para aprender a vontade divina (Jr 42,1); ou simplesmente o aproximar-se a uma pessoa de posição elevada, enfatizando todo o respeito que lhe é devido – tanto aqui, no v. 5, quanto em 2Rs 5,13[834]. No contexto cultual, a raiz lembra de Elias exortando o povo a aproximar-se com intuito de mudar seu alvo de adoração (1Rs 18,21.30.36). Nas histórias de Eliseu, a raiz é usada ainda quando os filhos da viúva necessitam "aproximar" os utensílios para a multiplicação do azeite por intermediação do profeta (2Rs 4,5-6); quando Eliseu pede a Giezi não impedir que a mulher de Sunam se chegasse ao profeta (2Rs 4,27); e, finalmente, quando os servos de Naamã se aproximam deste, pedindo para não se opor ao pedido de Eliseu para mergulhar nas águas do Jordão (2Rs 5,13).

### 4.2.3. Terceiro diálogo entre Elias e Eliseu, em direção ao Jordão (v. 6)

Na terceira etapa da jornada comum de Elias e de Eliseu há uma ruptura não nos diálogos, que seguem ainda o padrão proposto nos v. 2 e 4, mas no destino. Nos dois casos anteriores, cidades contrastantes: uma, Betel, importante centro cultual; a outra, Jericó, sob maldição – ainda que esta última seja importante para a tradição relacionada às histórias deuteronomistas. Agora, dirigem-se a campo aberto, ao Rio Jordão (v. 6c)[835].

O Rio Jordão, יַרְדֵּן, tem sua nascente no Monte Hermon e desemboca no Mar Morto, separando a parte ocidental (Cisjordânia, Canaã, "Terra Prometida") e a parte oriental (Transjordânia) da Palestina[836]. O termo hebraico יַרְדֵּן aparece

---

833. BERGEN, W. J., Elisha and the End of Prophetism, p. 61.

834. ARNOLD, B. T., נגש (2), p. 31-32; COPPES, L. J., נָגַשׁ, p. 920-921; RINGGREN, H., נָגַשׁ, p. 216.

835. CARLSON, R., Élisée – Le Successeur D'Élie, p. 393-395; HAMMOND, J.; SPENCE-JONES, H. D. M., The Pulpit Commentary, p. 19. R. Carlson ainda observa como o padrão da "repetição tríplice" ocorre em outras passagens do ciclo de Eliseu, como a menção de três rios e da tríplice repetição das raízes טהר e רחץ em 2Rs 5,10-12, bem como a menção dos três dias em 2Rs 2,17 e de três reis em 2Rs 3,10.13. Esse padrão ainda pode ser observado nos três mensageiros enviados a Jeú (2Rs 9,1-26), três eunucos (2Rs 9,32); e as três vezes para ferir os arameus (2Rs 13,19).

836. GARSIEL, M., From Earth to Heaven, p. 167; THOMPSON, H. O., Jordan River, p. 953-954. É ainda comum dividir em Jordão Superior, ao norte do Mar da Galileia, e o Jordão Inferior, ao sul do Mar da Galileia. O Jordão Inferior servia de fronteira ocidental para a meia-tribo de Manassés, além das tribos de Gad e de Rúben (Nm 34,10-12; Js 16,7; 22,34), bem como aos reinos de Seon e de Og (Dt 1,4); e ainda servia de fronteira oriental para as tribos de Issacar (Js 19,22), Efraim (Js 16,7), Benjamin (Js 18,2) e Judá (Js 15,5). Fora da literatura bíblica, a mais antiga descrição do Rio Jordão encontra-se num texto da XIX dinastia egípcia (ANET 242), e num deles (ANET 477) debate-se a importante questão de qual seria a

181 vezes no Antigo Testamento, e na maioria das vezes (165) com o artigo definido. A maior quantidade de referências bíblicas ao Rio Jordão está no bloco narrativo Gênesis-Reis ("Eneateuco") e Crônicas, com apenas 10 referências fora desse conjunto; e nesse conjunto, majoritariamente nas tradições concernentes à entrada dos israelitas na Terra Prometida, no Livro de Josué em especial[837].

Diferentemente dos rios Eufrates e Tigre, na Mesopotâmia, e do Rio Nilo, no Egito, o Rio Jordão não desempenhou um papel tão vital em Canaã, pois essa região nunca foi um oásis dependente de um rio. Por isso, o Jordão nunca foi divinizado, e seu nome nunca foi utilizado no panteão cananeu. Não obstante, muitas das narrativas de Eliseu envolvem atos portentosos nesse rio (2Rs 2,7.13; 6,1), incluindo aquela na qual Naamã precisa mergulhar nele sete vezes para ser curado (2Rs 5). Essas narrativas, contudo, não atribuem algum poder especial intrínseco às águas do rio, embora possa conter indícios de tradições acerca de sua importância[838].

A jornada que Elias e Eliseu empreendem juntos transforma de alguma forma o relacionamento deles. O v. 6 termina afirmando que ambos partiram. Mais do que mestre e discípulo, tornaram-se companheiros. Estão juntos, permanecem

---

melhor maneira de atravessá-lo – o Rio Jordão, com relação à sua largura, é relativamente estreito, mas sua corrente é forte e de fato perigosa.

837. BROWN, F.; DRIVER, S. R.; BRIGGS, C. A., יַרְדֵּן, p. 434; THOMPSON, H. O., Jordan River, p. 954; VOGEL, E. K., Jordan, p. 1119; YAMAUCHI, E., יַרְדֵּן, p. 658-660. Com base numa etimologia popular, o nome significaria de maneira superficial "o rio que desce"; embora a corrente da maioria dos rios desça, isso sinalizaria que o Jordão tem essa característica mais marcante do que outros rios. Assumindo, porém, que a etimologia estaria relacionada à raiz árabe *wrd*, "vir para", transmitiria a ideia de pessoas e animais buscando fontes de água, sugerido no termo usado pelos árabes para o Jordão, *esh-Sherî'ah*, o "lugar de beber". Mas haveria uma possibilidade de origem não semítica, existindo consequentemente um intenso debate que pode ser conferido em COHEN, S., Jordan, p. 973-978; POWELL, T., Jordão, p. 794; SMICK, E., Archaeology of the Jordan Valley, p. 26-31; THOMPSON, H. O., Jordan River, p. 954. Observe-se ainda que o nome "Jordão" não se restringe à onomástica palestinense, nem à literatura bíblica: Homero menciona um Rio Jordão em Creta (Odisseia 3,292) e outro em Elis (Ilíada 7,135). O uso do artigo definido na maioria das ocorrências poderia indicar que consiste não num nome próprio, e sim num substantivo comum que significa simplesmente "rio" – o possível real contexto nas obras homéricas (THOMPSON, H. O., Jordan River, p. 954). D. J. A. Clines concorda em parte: haveria uma raiz I como nome próprio referindo-se ao Rio Jordão, e uma única passagem (Jó 40,23) refletiria uma raiz II significando "rio" como substantivo comum (CLINES, D. J. A., יַרְדֵּן I/II, p. 289-290). Concordam com a possibilidade de significado como substantivo comum, sem distinção de raízes, KOEHLER, L. et al., יַרְדֵּן, p. 436.

838. GÖRG, M., יַרְדֵּן, p. 324-325. Em textos provenientes de Emar, menciona-se uma oferenda a uma divindade identificada como *ya-ar-da-ni*; e um portão recebe um nome (o portão da deusa rio) utilizando-se nomenclatura similar. Não obstante, não seria uma referência ao Rio Jordão em si, mas ao uso da palavra como substantivo comum; de qualquer forma, ainda que rios em geral recebam relevância religiosa no Antigo Testamento, nenhum deles, nem mesmo o Rio Jordão, são tratados como uma divindade em si (BECKING, B., Jordan, p. 475; GÖRG, M., יַרְדֵּן, p. 324). Por outro lado, B. Becking, na mesma página, pondera que aparentemente ao Rio Jordão seriam atribuídos poderes mágicos e misteriosos, usando como exemplo o episódio envolvendo o translado de Elias em 2Rs 2,1-18; e M. Görg comenta que possivelmente no período pré-israelita o Jordão seria objeto de um importante culto. Cf. tb. HULST, A. R., Der Jordan in den alttestamentlichen Überlieferungen, p. 162–188.

juntos, após três vezes Eliseu insistir que não abandonaria Elias[839]. A expressão וַיֵּלְכוּ שְׁנֵיהֶם assinala que a sequência repetida de ações está para ser quebrada. Após três tentativas sem sucesso de Elias separar-se de Eliseu, o narrador confirma por essa expressão tal malogro – e a insistência do "caminhar juntos" lembra Abraão e Isaac, no episódio da grande prova de fé proposta por YHWH (Gn 22,8) –, o que aumentaria a percepção de que houve de fato um teste proposto a Eliseu. Se no v. 1 utilizou-se o verbo no singular ("partiu Elias"), no v. 6 utiliza-se o plural, ao fim do contexto iniciado no v. 2 da busca de Eliseu pela sucessão profética, evidenciando a jornada comum – e não solitária – dos dois profetas[840].

## 4.3. Eliseu obtém a sucessão profética no Jordão (v. 7-18)

### 4.3.1. Apresentam-se cinquenta filhos dos profetas (v. 7)

Os cinquenta filhos dos profetas (v. 7a) ecoam o número de soldados enviados em três ocasiões pelo Rei Ocozias para trazer Elias em 2Rs 1,9-15 – entretanto, enquanto esses se aproximaram de um jeito arrogante (exceto o terceiro grupo), aqueles se posicionam de "longe" (v. 7b), numa atitude respeitosa. O vocábulo שְׁנֵיהֶם no v. 7c demonstra não apenas que Elias e Eliseu continuam juntos, conforme já salientado ao fim do v. 6, mas também que os filhos dos profetas estão igualmente unidos no propósito de presenciar a sucessão profética – serão testemunhas "silenciosas", atendendo ao pedido feito antes por Eliseu aos grupos "acantonados" em Betel e Jericó[841].

Se os grupos de 2Rs 1,9-15 e de 2Rs 2,7 não devem necessariamente ser identificados como o mesmo grupo[842], não se pode deixar de observar como o hagiógrafo parece intentar compará-los por meio de contraposições. Os dois primeiros grupos de cinquenta em 2Rs 1,9-15 procuravam levar coercitivamente o Profeta Elias até a presença do Rei Ocozias – ou seja, ao palácio deste em Samaria; em 2Rs 2,7, os cinquenta profetas serão testemunhas passivas da elevação de Elias

---

839. MCKENZIE, S. L., 1 Kings 16–2 Kings 16, l. 6481-6483.

840. COHN, R. L., 2 Kings, p. 12. A expressão וַיֵּלְכוּ שְׁנֵיהֶם aparece em Gn 22,6, evidenciando a ênfase colocada nela. Está ainda em 2Sm 17,18; 2Rs 2,6; Am 3,3, além da forma feminina em Rt 1,19 (EVEN-SHOSHAN, A., A New Concordance of the Bible, p. 1192.1216). Se שְׁנַיִם pode jogar por vezes com a ambiguidade relacional (como em Gn 22,6.8; Rt 1,9), a ênfase em 2Rs 2,6 recai sobre o contexto de companheirismo, pelo qual duas pessoas expressam um desejo comum – como pode ser visto em Am 3,3 (JENSON, P. P., שְׁנַיִם, p. 193).

841. BERGEN, W. J., Elisha and the End of Prophetism, p. 61; BODNER, K., Elisha's Profile in the Book of Kings, p. 50-51; COHN, R. L., 2 Kings, p. 13; HOBBS, T. R., 2 Kings, p. 20; HAMMOND, J.; SPENCE-JONES, H. D. M., The Pulpit Commentary, p. 19-20; LANGE, J. P. et al., A Commentary on the Holy Scriptures, p. 13.

842. HOBBS, T. R., 2 Kings, p. 20; para opinião contrária, cf. LUNDBOM, J. R., Elijah's Chariot Ride, p. 157-158.

até a presença do Rei YHWH, no seu palácio nos céus; aqueles têm um capitão a lhes comandar, esses demonstram lealdade ao Profeta Eliseu e esperam por ele serem comandados.

O uso da raiz עמד traz a ideia de serviço: indivíduos assistem como ministros ou mensageiros diante de reis (Dn 1,4); e, com relação a YHWH, o rei por excelência, essa raiz designa profetas e sacerdotes que assistem diante dele, como o próprio Elias em 1Rs 17,1. A raiz também carrega o sentido de permanência, persistência, quando diz em linguagem poética que os planos divinos "duram" para sempre" (Sl 33,11) – e tanto Elias quanto Eliseu e os filhos dos profetas estão evidenciando sua persistência. Chama a atenção ainda a presença, no v. 7, da raiz הלך, que serve de antônimo (enquanto designativo de verbo de movimento) a עמד (o qual tem conotação estativa). A junção das raízes עמד e הלך indica a disponibilidade de alguém para o exercício profético (Jr 17,19)[843].

A junção de עמד com רָחוֹק, "posicionar-se a distância", é utilizada para descrever a necessidade de total reverência do povo que testemunha a teofania no Monte Sinai (Ex 20,18-21). Em outra perspectiva, diz-se que a justiça posiciona-se de longe (Is 59,14), e o salmista pergunta por que YHWH posiciona-se longe dele (Sl 10,1) e declara que infelizmente muitos dos seus supostos amigos posicionaram-se longe (Sl 38,12)[844]. A ideia de temor à presença do sagrado pode ser vista ainda quando Moisés constrói a "Tenda do Encontro" (אֹהֶל מוֹעֵד) longe do acampamento dos israelitas, e por ocasião da travessia do Rio Jordão, quando pede-se que os israelitas mantenham distância segura da arca (Js 3,4). Os únicos a quem é permitido chegar-se à arca e posicionar-se (mais uma vez o uso de עמד) sobre o Jordão são os sacerdotes (Js 3,8)[845]. Por isso, o grupo de cinquenta filhos dos profetas não precisa ser comparado apenas aos cinquenta homens mencionados em 2Rs 1,9-15; eles estariam igualmente evocando esses sacerdotes presentes na travessia do Rio Jordão, a qual será de fato efetuada por Elias e Eliseu no versículo seguinte.

A junção de עמד e נֶגֶד ocorre em contextos de teofanias, para contrastar o homem mortal e o imortal, o finito e o infinito, como quando Josué confronta o príncipe do exército de YHWH (Js 5,13-14) ou quando um ser com aparência

---

843. ALLEN, R. B., עָמַד, p. 1128-1130; AMSLER, S., עמד, p. 922; MARTENS, E. A., עמד, p. 432. Isso pode ser visto igualmente em Jz 9,7; Is 21,6; e observa-se ainda em contraposição a expressão הֵלְכוּ אַל־תַּעֲמֹדוּ ("parti, não vos detenhais") em Jr 51,50.

844. RINGGREN, H., עָמַד, p. 181. Cf. ainda KÜHLEWEIN, J., רחק, p. 1230-1232; O'CONNELL, R. H., רחק., p. 1094-1097.

845. WÄCHTER, L., רָחַק, p. 471.

humana coloca-se diante de Daniel (Dn 8,15; 10,16)[846]. Portanto, a combinação de עָמַד, רָחוֹק e נֶגֶד reitera e potencializa a reverência ao sagrado, bem como enfatiza que os filhos dos profetas estão para presenciar uma importante teofania.

### 4.3.2. Elias parte as águas (v. 8)

O primeiro ato de Elias, ao chegar às margens do Rio Jordão, é pegar (com a raiz לקח) seu manto, אַדֶּרֶת, e enrolá-lo (v. 8a-b) – conforme o significado da raiz גלם, visto anteriormente[847]. Ao pegar o manto, além de estabelecer uma conexão com o ato de Elias estar para ser tomado por YHWH, inicia-se o senso de movimento antes mesmo de o manto ser manipulado. É criada uma expectativa: Elias está para empregar, em ação eficaz, o manto num tipo de ritual, como se esse tivesse um poder inerente[848].

O manto de Elias, אַדֶּרֶת, é o mesmo utilizado por ele no Monte Horeb, quando YHWH lhe apareceu (1Rs 19,13). É inegavelmente um símbolo de autoridade profética; mais do que isso, pelas similaridades com o cajado usado por Moisés em Ex 14, evidenciaria que o próprio Elias é um "cajado humano", um "cajado encarnado de julgamento". O paralelismo com Moisés e Josué, apenas "sugerido" antes, nos v. 2-6, fica mais evidente aqui[849]. O manto aparece como uma espécie

---

846. CLINES, D. J. A., נֶגֶד I, p. 604.

847. Cf. seção 2.1. J. Kaltner insiste que a raiz deve ser associada com a raiz árabe que significa "cortar", mudando totalmente o significado do ato: em vez de ser enrolado em forma de cajado, o manto estaria sendo cortado, partido, num gesto simbólico que emula o que está para ocorrer com o Rio Jordão (KALTNER, J., What did Elijah Do to His Mantle?, p. 225-226). Cf. tb. BELLAMY, M. L., The Elijah-Elisha Cycle of Stories, p. 81-83. H. Ghantous opta por uma interpretação bem diferente: partindo do pressuposto de que o manto era feito de pele de carneiro, e aproveitando a mesma raiz árabe analisada por J. Kaltner, argumenta que o ato de Elias foi "tosquiar", "raspar" o manto, para que adquirisse o formato de um rolo, um pergaminho (GHANTOUS, H., From Mantle to Scroll, p. 126-127). Entretanto, essa interpretação depende muito de conjecturas, como a de que o manto necessariamente fosse de pele animal; e de uma agenda estipulada por H. Ghantous: demonstrar a transição da figura do profeta para a profecia escrita insinuada no relato de 2Rs 2,1-18 (WAGSTAFF, B. J., Redressing Clothing in the Hebrew Bible, p. 339; cf. tb. THOMAS, S. I., Eternal Writing and Immortal Writers, p. 573-588). B. J. Wagstaff acrescenta na p. 340 que o ato de enrolar tem seu potencial em si mesmo, tornando-o mais eficaz no ato de ferir as águas na sequência. Por isso, muitos estudiosos concordam com o ato de enrolar o manto, simulando o cajado de Moisés e determinando a conexão com o ato deste no Mar de Juncos: BODNER, K., Elisha's Profile in the Book of Kings, p. 51; BURNETT, J. S., "Going Down" to Bethel, p. 287; BURNETT, J. S., The Question of Divine Absence in Israelite and West Semitic Religion, p. 217-218; COHN, R. L., 2 Kings. p. 13; COULOT, C., L'Investiture d'Elisée par Elie (1R 19,19-21), p. 86-87; FELDT, L., Wild and Wondrous Men, p. 342-346; FRITZ, V., A Continental Commentary, p. 235; GRAY, J., I & II Kings, p. 475; HOBBS, T. R., 2 Kings, p. 19; LONG, J. C., 1 & 2 Kings, p. 290; MONTGOMERY, J. A., A Critical and Exegetical Commentary on the Books of Kings, p. 354; PROVAN, I. W., 1 & 2 Kings, p. 173.

848. WAGSTAFF, B. J., Redressing Clothing in the Hebrew Bible, p. 336.

849. BODNER, K., Elisha's Profile in the Book of Kings, p. 87; CARROLL, R. P., The Elijah-Elisha Sagas, p. 411-414; COULOT, C., L'Investiture d'Elisee par Elie (1R 19,19-21), p. 87; GUNKEL, H., Elisha, p. 184; KALTNER,

de indicador do *status* de Eliseu enquanto sucessor de Elias, ao "receber" esse manto nos v. 12e-13b. A importante função social da vestimenta é amplamente documentada no Antigo Oriente; e à luz do papel do profetismo em fazer e desfazer reis, fica evidente a escolha pelo termo אַדֶּרֶת, por estar associado às ideias de realeza e esplendor (Jn 3,6) e grandeza ou nobiliarquia (Ez 17,8)[850].

Embora o ato de "enrolar" o manto em si seja difícil de especificar, explicar-se-ia pela ação subsequente de golpear (usando a raiz נכה) as águas (v. 8c), pelo qual enrolaria o manto simulando o cajado de Moisés e, como consequência, evocaria o ato de partir as águas do Mar de Juncos em Ex 14[851]. Além disso, na antiga Canaã, tanto o rio quanto o mar eram "rivais" do deus Baal, os quais ameaçavam destruir o deus caso este malograsse em subjugá-los adequadamente. Na literatura bíblica, entretanto, YHWH em nenhum momento é ameaçado pelo rio ou pelo mar, antes os subjuga por inteiro, como em Js 3,8, por ocasião da travessia

---

J., What did Elijah Do to His Mantle?, p. 226; LEITHART, P. J., 1 & 2 Kings, p. 174; LUKE, K., Elijah's Ascension to Heaven, p. 189; MCKENZIE, S. L., 1 Kings 16–2 Kings 16, l. 6485-6490; MOTTA, F. B., The Charismatic & the Social Prophetic Ministry in the Life of the Prophet Elisha, p. 227; POLAN, G. J., The Call of Elisha, p. 362; RICE, G., Elijah's Requirement for Prophetic Leadership (2 Kings 2:1-18), p. 9; SWEENEY, M. A., I & II Kings, p. 233; WALSH, J. T., 1 Kings, p. 279. Observar ainda o notável paralelismo com Is 10,24; 11,4, onde o cajado e/ou a vara é utilizado para ferir, como símbolo de punição ou correção (LANGE, J. P. et al., A Commentary on the Holy Scriptures, p. 13). O lançamento do manto em 1Rs 19,19 é um rito de "contato mágico": a vestimenta estaria imbuída da personalidade de seu detentor, a ponto de o manto dos reis assírios ser utilizado como substituto de sua própria pessoa em certos rituais de purificação (GRAY, J., I & II Kings, p. 413). Não obstante, C. M. Fetherolf vê o manto de Elias não como símbolo da autoridade profética, mas antes como símbolo do declínio e do "descomissionamento" de Elias enquanto profeta, o qual estaria insinuado em 1Rs 19,8-18 e pelo fato de o manto "desaparecer" de todo o restante do ciclo de Eliseu – inclusive, como símbolo de sua autoridade, Eliseu utiliza seu próprio bordão, e não o manto de Elias, em 2Rs 4,29 (FETHEROLF, C. M., Elijah's Mantle, p. 199-212). Cf. tb. BRITT, B., Prophetic Concealment in a Biblical Type Scene, p. 43-49. R. Graybill vê uma "corporeidade" sendo transmitida junto com o poder através do manto; mas, similarmente a C. M. Fetherolf, entende que Eliseu malogrou no uso do manto de seu mestre (GRAYBILL, R., Elisha's Body and the Queer Touch of Prophecy, p. 34).

850. LUKE, K., Elijah's Ascension to Heaven, p. 197; NOBLE, J. T., Cultic Prophecy and Levitical Inheritance in the Elijah-Elisha Cycle, p. 47; REISS, M., Elijah the Zealot, p. 179; SCHOTT, M., Elijah's Hairy Robe and the Clothes of the Prophets, p. 477; WAGSTAFF, B. J., Redressing Clothing in the Hebrew Bible, p. 310. Como B. J. Wagstaff salienta na mesma página, em nota de rodapé, alguns autores explicitamente indicam o אַדֶּרֶת como símbolo da sucessão profética, tais como BODNER, K., Elisha's Profile in the Book of Kings, p. 52; HOBBS, T. R., 2 Kings, p. 13; KISSLING, P. J., Reliable Characters in the Primary History, p. 161. B. J. Wagstaff mostra ainda, na p. 318, como um grupo de carmelitas e outros monges ascéticos do deserto adotaram a prática de uma vestimenta específica pela qual eles se identificam com o אַדֶּרֶת de Elias.

851. BARNES, W. H., Cornerstone Biblical Commentary, p. 201; BURNEY, C. F., Notes on the Hebrew Text of the Books of Kings with an Introduction and Appendix, p. 265; FETHEROLF, C. M., Elijah's Mantle, p. 208; FRETHEIM, T. E., First and Second Kings, p. 137; HALE, T., 2 Kings, p. 655; LANGE, J. P. et al., A Commentary on the Holy Scriptures, p. 13; JOÜON, P., Le costume d'Elie et celui de Jean Baptiste, p. 75; RUSHDOONY, R. J., Chariots of Prophetic Fire, p. 79-80; SWEENEY, M. A., I & II Kings, p. 273. Elias, ao cruzar o Rio Jordão na sequência, para deixar este mundo no lado oriental desse rio, recorda que Moisés também se despediu dessa vida no lado oriental do Jordão, enfatizando as similaridades entre o grande legislador e o profeta (BUTLER, J. G., Elijah, p. 229).

do Rio Jordão; assim, o ato de Elias evoca esse grande momento[852]. Ao lembrar do grande evento do Mar de Juncos, a saída de Elias e Eliseu do Reino do Norte, num "êxodo" através do Rio Jordão, simbolizaria que Israel tornou-se uma espécie de "Egito"[853].

A raiz נכה, "ferir", tendo um significado que varia desde bater a matar, enfatiza a violência, servindo como sinônimo de outras raízes associadas ao ato de matar, como הרג, מות ou רצח. O uso do *hifil*, em contextos militares, transmite a ideia de uma derrota devastadora, onde o inimigo é totalmente humilhado. Por isso, a raiz é utilizada em 2Rs 11,12, onde o "bater" palmas como regozijo pela entronização simboliza o triunfo de YHWH sobre seu povo, "antecipando" o desastre que se abaterá sobre Israel e Judá como punição divina. Não obstante, como o ato de ferir as águas do Nilo procura beneficiar Israel em Ex 7,20, 2Rs 2,8 demonstraria a transferência da autoridade divina de um profeta para outro[854].

Ao ferir as águas, estas são partidas (v. 8d). A raiz חצה, "partir", aparece como verbo 15 vezes em 14 versículos, transmitindo a ideia de divisão, como em Ez 37,22 e Dn 11,4; mas em muitos contextos enfatiza o compartilhar, para benefício daqueles envolvidos (Ex 21,35; Nm 31,27.42). Assim, embora não necessariamente, a raiz ressaltaria o dividir em partes iguais[855]: haveria um "compartilhar" entre Elias e Eliseu da mesma missão profética, sem solução de continuidade.

Se há uma evocação do partir das águas do Jordão efetuadas pela liderança de Josué, deve-se salientar que não se utiliza, em Js 3,13.16, a raiz חצה, e sim כרת, "cortar". Por outro lado, a perícope de Js 3,1-17 insiste no uso da raiz עבר, "atravessar" – ao todo 9 vezes em 8 versículos[856]. A noção de cruzar o Jordão é uma formulação típica da literatura deuteronômica-deuteronomista, a qual utiliza como *terminus technicus* em conexão com a conquista da terra. O conjunto de Js 3–5 descreve o passar do Jordão como um ato de "quase" adoração: o povo deve se santificar (Js 3,5) como numa preparação para um serviço litúrgico, no templo. É uma narrativa teológica que pretende mostrar o passar do Jordão em conexão com o grande propósito divino: provar sua direção poderosa e misericor-

---

852. DILLARD, R. B., Faith in the Face of Apostasy, p. 86; PICHON, C., La figure de l'étranger dans le cycle d'Élie, p. 97-99. O ato de "subjugar" o rio como algo caótico evoca o imaginário do *Chaoskampf*, comum na literatura do Antigo Oriente e insinuado em alguns textos bíblicos, como Jó 38,8 e mesmo Gn 1,2 (LANG, B., The Hebrew God, p. 57-62; WAGSTAFF, B. J., Redressing Clothing in the Hebrew Bible, p. 341; WYATT, N., Arms and the King, p. 151-189).

853. LEITHART, P. J., 1 & 2 Kings, p. 174.

854. CONRAD, J., נכה, p. 418-420; VAN DAM, C., נכה, p. 105-107; WILSON, M. R., נָכָה, p. 963-965.

855. CLINES, D. J. A., חצה I/II, p. 292-293; HESS, R., חצה, p. 243-244; WOLF, H., חָצָה, p. 514-515.

856. EVEN-SHOSHAN, A., A New Concordance of the Bible, p. 825-827.

diosa, marcando algo totalmente novo – o "futuro salvífico" começa. A raiz עבר indica, portanto, como Israel venceria o obstáculo ou a barreira para entrar na terra. Assim, o passar do Jordão torna-se uma "chave hermenêutica" para o futuro – evocado, portanto, em 2Rs 2,8[857]. O discurso de Josué em Js 4,21-23 contém ainda uma alusão com a contraparte poética em Sl 114,3-5, de tal maneira que a travessia do Jordão forma um paralelo com a do Mar de Juncos[858].

Para os israelitas, a permanência no lado oriental do Jordão seria um ato de desobediência, pois esse rio representava a última barreira às promessas da aliança divina; era impensável não completar a jornada, pois atravessar o Jordão exigia coragem, compromisso e fé por parte dos israelitas. Por isso, a travessia de Oeste para Leste era sinal de problemas, como quando Abner e Isbaal tiveram de recuar para além do rio, a fim de escapar dos filisteus (2Sm 2,8); e quando Davi fugiu para além do Jordão, a fim de escapar da revolta de Absalão (2Sm 17,22)[859]. Essa é a razão pela qual, com Elias, a aliança foi renovada, que será levada a efeito pelo seu discípulo Eliseu, pois este, tal como Josué, reentrou na Terra de Israel ao atravessar o Jordão a pé seco e prosseguiu em Israel o que seu predecessor havia começado no exterior (1Rs 17)[860].

Os pontos de contato do v. 8 com a passagem pelo Mar de Juncos e a travessia do Rio Jordão são completados pela menção de que ambos, Elias e Eliseu, passaram a pé enxuto, חָרָבָה (v. 8e)[861]. O uso teológico da raiz evidencia a fé em YHWH como aquele que exerce domínio sobre a natureza e a história, a favor de Israel (Js 3,17), um poder compartilhado por Elias[862]; e o substantivo חָרָבָה aparece

---

857. ALVAREZ BARREDO, M., Las Narraciones sobre Elias y Eliseo en los Libros de los Reyes, p. 59; FUHS, H. F., עָבַר, p. 419-420; VAN GRONINGEN, G., עָבַר, p. 1070; HARMAN, A. M., עבר (1), p. 315-318.

858. FUHS, H. F., עָבַר, p. 419-420; PICHON, C., La figure de l'étranger dans le cycle d'Élie, p. 97. H. F. Fuhs ainda levanta aqui outra questão: teria esse paralelo seu Sitz im Leben na recitação de uma etiologia narrativa cúltica em torno de Guilgal, ou adquiriu expressão literária através da combinação de tradições em Jerusalém?

859. POWELL, T., Jordão, p. 795; XERAVITS, G. G., Remark on the Miracles of Elisha in the Lives of the Prophets 22.5-20, p. 364.

860. PICHON, C., La figure de l'étranger dans le cycle d'Élie, p. 99.

861. PALMISANO, M. C., La testimonianza nella successione profetica in 2 Re 2,1-18, p. 88.

862. O poder de Elias sobre as águas lembra, segundo E. R. Wendland, como os "mágicos" de Tonga são também conhecidos pelas suas habilidades em manipular fantasticamente as águas, um bem precioso na África Central, como "erguer" as águas de um córrego, de uma piscina ou fonte ao golpeá-las com um objeto ritual – seja uma clava, uma vara ou um cajado. Mas, ao contrário do efetuado por Elias, não pode ser feito de imediato, e sim após um considerável tempo, removendo "magicamente" as águas de um lugar para outro em benefício de outrem – uma espécie de "roubo" (WENDLAND, E. R., Elijah and Elisha, p. 218).

8 vezes no texto massorético, trazendo a ideia de segurança proporcionada pelo estar em "terra seca"[863].

À guisa de conclusão, como o povo de Israel, Elias e Eliseu atravessaram as águas do Rio Jordão em terra seca. E como Moisés morreu a leste do Jordão, igualmente a caminhada terrena de Elias finaliza nessa parte da terra adjacente ao rio. É onde a carreira de Eliseu começa – repetindo a de seu mentor (1Rs 17)[864]. O cruzar do Rio Jordão efetuado por Elias e Eliseu é um fato sobrenatural – e miraculoso – tanto quanto os grandes eventos da história de Israel, como a travessia do Mar de Juncos e do Rio Jordão[865].

### 4.3.3. Quarto diálogo entre Elias e Eliseu (v. 9-10)

Após atravessarem o rio (v. 9a-b), o evento outrora antecipado pelo narrador nos v. 3.5, compartilhado tanto pelos filhos dos profetas quanto por Eliseu, agora é confirmado pelo próprio Elias: ele de fato será tomado – embora não especifique, como aqueles, a intervenção de YHWH (v. 9e). Talvez o pedido anterior de Eliseu para que os filhos dos profetas permanecessem em silêncio, quietos, tivesse a intenção de deixá-lo nesse momento a sós com o mestre para externar um desejo[866].

O pedido no v. 9c através da raiz שאל, expressando um desejo, lembra a intervenção de Betsabeia ao Rei Salomão por requisição de Adonias: que se lhe dê Abisag, a antiga concubina de Davi – um assunto delicado, pois Salomão compreendeu um sutil ardil de Adonias, enquanto filho mais velho, em reivindicar seu direito ao trono (1Rs 2,13-22). Há similaridades semânticas ainda mais fortes

---

863. CLINES, D. J. A., חָרְבָה, p. 311. A ideia de segurança pode ser vista em 7 das 8 ocorrências: Gn 7,22; Ex 14,21; Js 3,17 (2x); 4,18; 2Rs 2,8; Ag 2,6 – em Ez 30,12 há o sentido de juízo. Ao mesmo tempo, o substantivo חָרְבָה, "desolação", da mesma raiz, traz o significado teológico de YHWH dispor das forças da natureza para secar a terra, devastá-la, em punição como consequência da desobediência (Jr 7,34). Haveria intenção do hagiógrafo em jogar com duas palavras que se diferenciam apenas na vocalização massorética? Há ainda um interessante paralelo – a evocação de outras palavras da mesma raiz: חֶרֶב, "espada", lembrando da promessa de que Eliseu levaria adiante um castigo para aqueles que escapassem da espada tanto de Hazael quanto de Jeú (1Rs 19,17); e חֹרֵב, Horeb, o lugar onde Elias foi "reencenar" o recebimento da lei (1Rs 19,8) efetuado anteriormente por Moisés em Dt 4,10 (HAYDEN, R. E., חרב, p. 256; KAISER, O., חֶרֶב, p. 152-153; YAMAUCHI, E., חֶרֶב I, p. 523-526).

864. MCKENZIE, S. L., 1 Kings 16–2 Kings 16, l. 6490-6494. Cf. tb. BUTLER, J. G., Elijah, p. 236.

865. WAGSTAFF, B. J., Redressing Clothing in the Hebrew Bible, p. 321. Cf. tb. BURNETT, J. S., "Going Down" to Bethel, p. 287; FORTI, T., Transposition of Motifs in the Elijah and Elisha Cycles, p. 239; KISSLING, P. J., Reliable Characters in the Primary History, p. 191; MONTGOMERY, J. A., A Critical and Exegetical Commentary on the Books of Kings, p. 354; NELSON, R. D., First and Second Kings, p. 160; NOBLE, J. T., Cultic Prophecy and Levitical Inheritance in the Elijah-Elisha Cycle, p. 54; SATTERTHWAITE, P. E., The Elisha Narratives and the Coherence of 2 Kings 2-8, p. 8; WILLIAMS, J. G., The Prophetic "Father", p. 345.

866. COHN, R. L., 2 Kings, p. 13-14.

quando YHWH se manifesta em sonho a Salomão (1Rs 3,5) e lhe diz para pedir o que quisesse, e lhe seria concedido (שְׁאַל מָה אֶתֶּן־לָךְ). Salomão poderia ter requisitado riquezas, poder, glória – até a morte de seus inimigos –, mas pediu sabedoria para governar o povo (1Rs 3,6-9). Foi então agraciado: por ter pedido o que era o mais apropriado e louvável, garantiu até mesmo aquilo que não pedira (1Rs 3,10-14). Nessas passagens em que Salomão exerce um papel preponderante, a raiz שאל age como uma "palavra-chave"[867]. Elias, numa atitude desesperada diante da perseguição, pede a morte (1Rs 19,4). E com Eliseu a raiz שאל exerce a função de pedido ou empréstimo associado à consecução do ato portentoso (2Rs 4,3.28; 6,5) e de arguição do rei acerca dos atos desse profeta (2Rs 8,6).

No v. 9d, Elias pergunta o que Eliseu deseja, e este responde (v. 9f) de maneira categórica: a porção dobrada do espírito sobre Elias (v. 9g). O pedido da "porção dobrada"[868] do espírito é a expressão usada em Dt 21,17 para descrever a parte destinada ao primogênito, a ser recebida da propriedade de seu pai. Portanto, o termo está associado à herança – especificamente, aquela de alguém que está assumindo a liderança de uma propriedade, pois, quando o pai morre, o primogênito assume seu lugar. Eliseu deseja que ele seja mais do que o sucessor de Elias enquanto profeta: deseja a ascendência sobre o grupo de filhos dos profetas, como líder[869].

Mas esse é o "espírito profético" que YHWH pôs no profeta, o qual é "transferível" a outros (Nm 11,16-17.24-30), que não garante necessariamente o "dobro de milagres" ou o "dobro do poder". Não obstante, Eliseu obtém o *status*

---

867. FUHS, H. F., שָׁאַל, p. 257-262; cf. tb. BECK, J. A., שאל, p. 9-10; BODNER, K., Elisha's Profile in the Book of Kings, p. 51-52; GERLEMAN, G., שאל, p. 1282-1284. Cf. ainda como Salomão concedeu à rainha de Sabá tudo que esta lhe pediu (1Rs 10,13).

868. Sobre a tradução, cf. seção 2.1.

869. BELLAMY, M. L., The Elijah-Elisha Cycle of Stories, p. 81-82; BERGEN, W. J., Elisha and the End of Prophetism, p. 62-63; BUTLER, J. G., Elijah, p. 232; BUTLER, J. G., Elisha, p. 37; CHAMPLIN, R. N., II Reis, I Crônicas, II Crônicas, Esdras, Neemias, Ester, Jó, p. 1473; CONTI, M. et al., 1-2 Reyes, 1-2 Crónicas, Esdras, Nehemías, p. 207; FORESTI, F., Il rapimento di Elia al cielo, p. 265-266; GRAY, J., I & II Kings, p. 475; HAVRELOCK, R., River Jordan, p. 156; HENS-PIAZZA, G., 1-2 Kings, p. 235; HOBBS, T. R., 2 Kings, p. 21; LANGE, J. P. et al., A Commentary on the Holy Scriptures, p. 13; LEVINE, N., Twice as much of your Spirit, p. 43-44; LUKE, K., Elijah's Ascension to Heaven, p. 198; MCKENZIE, S. L., 1 Kings 16–2 Kings 16, l. 6500-6507; O'BRIEN, M. A., The Portrayal of Prophets in 2 Kings 2, p. 10; OMANSON, R. L.; ELLINGTON, J. E., A Handbook on 1-2 Kings, p. 716; WAGSTAFF, B. J., Redressing Clothing in the Hebrew Bible, p. 313-314; WEINGART, K., My Father, My Father!, p. 259; WOLFGRAMM, A. J., Kings, p. 169. De fato, os textos cuneiformes de Emar atestam que o filho mais velho recebia porção dobrada (TSUKIMOTO, A., Emar and the Old Testament, p. 3-24). Cf. tb. RUBIN, N., The Social Significance of the Firstborn in Israel, p. 155-170. Não obstante, W. J. Bergen chama a atenção para o fato de que não haveria um outro herdeiro especificamente delineado que justificasse o paralelismo com a ideia de partilha – a lei deuteronômica seria aplicada apernas a múltiplos herdeiros.

de "filho mais velho"⁸⁷⁰. Segundo R. Havrelock, o "espírito profético" de fato pode ser transferido de uma pessoa para outra: o espírito que Josué (Dt 34,9) e Eliseu (2Rs 2,9) receberam era o "espírito" de seus mestres, não um espírito concedido de modo direto pelo divino. A transmissão desse "espírito profético" ocorre dentro da proposta da sucessão, a fim de assegurar a continuidade das missões de Moisés e de Elias, sem a obrigatoriedade de estabelecer uma linhagem, uma "dinastia profética"⁸⁷¹.

Mas tanto em Nm 27,15 como em 2Rs 2,10 nega-se ao carismático a competência pela doação do espírito, ainda que esta necessite de um mediador divino. Moisés e Elias são instrumentos nas mãos de YHWH em um ambiente teofânico, dentro da concepção deuteronomista da continuidade profética⁸⁷². Assim, Eliseu pediria a Elias, enquanto intermediário divino, a porção dobrada do "espírito profético" que teria sido destinada a outros profetas, conferindo-lhe especial autoridade, poder e sabedoria⁸⁷³. Portanto, se 2Rs 2 começa com um relato que fala

---

870. BARNES, W. H., Cornerstone Biblical Commentary, p. 201; MOTTA, F. B., The Charismatic & the Social Prophetic Ministry in the Life of the Prophet Elisha, p. 234; SWEENEY, M. A., I & II Kings, p. 273. Os setenta anciãos em Nm 11 refletem a importância que certos grupos como os "filhos dos profetas" concedem à possessão do espírito (SICRE DIAZ, J. L., Introdução ao profetismo bíblico, p. 150). Quanto à menção do "dobro do espírito", ainda que Eliseu não tenha o "dobro da grandeza" de Elias, há de fato algumas "duplicações" no ministério daquele em comparação ao deste: dois ressuscitamentos efetuados por Eliseu (2Rs 4,32-37; 13,21) contra um de Elias (1Rs 17,17-24), e a menção das duas ursas em 2Rs 2,24 (BUTLER, J. G., Elisha, p. 38). Essa observação parece ser corroborada pela insistência em torno do número dois (v. 6.7.8.11.12), insinuado ainda na menção do partir – subentendido em dois – nos v. 11.14 (BELLAMY, M. L., The Elijah-Elisha Cycle of Stories, p. 83). Por isso, o Midrash afirma que Eliseu realizou 16 milagres, contra 8 de seu mestre (GINZBERG, L.; SZOLD, H.; RADIN, P., Legends of the Jews, p. 1022-1025; LEVINE, N., Twice as much of your Spirit, p. 25; XERAVITS, G. G., Remark on the Miracles of Elisha in the Lives of the Prophets 22.5-20, p. 360-364; OMANSON, R. L.; ELLINGTON, J. E., A Handbook on 1-2 Kings, p. 716; REISS, M. Elijah the Zealot, p. 179).

871. HAVRELOCK, R., River Jordan, p. 144; LEVISON, J., Boundless God, p. 73-88; NAUMANN, T., Vom prophetischen Geist erfüllt, p. 62-70. Esse espírito não seria uma "qualidade inerente pessoal", pois sua fonte é YHWH (COGAN, M.; TADMOR, H., II Kings, p. 32); entretanto, Z. Weisman mostra a idiossincrasia da referência única ao "espírito de Elias" em 2Rs 2,9, enquanto em 1Rs 18,12 menciona-se o "Espírito de YHWH" carregando Elias – pelo que nas duas passagens o "espírito" difere em sua natureza (WEISMAN, Z., The Personal Spirit as Imparting Authority, p. 232-234). Assim, de fato o v. 9 aborda o "espírito de Elias" (PICHON, C., Le prophète Elie dans les Evangiles, p. 50). Ainda segundo W. J. Bergen, há uma notável ausência aqui de referência (pelo menos explícita) a YHWH. Pela sua requisição, é como se Eliseu desejasse uma parte do espírito do próprio Elias. Se por um lado isso reforça a conexão entre mestre e discípulo, por outro diminui a conexão entre o próprio Elias e YHWH. Não obstante, há uma ambiguidade salientada pela ausência de qualquer referência anterior ao espírito de Elias: há apenas uma referência explícita ao espírito de YHWH em 1Rs 18,12 e a um espírito/vento, o qual não contém a presença divina, em 1Rs 19,11 (BERGEN, W. J., Elisha and the End of Prophetism, p. 62). Entretanto, cf. NOBLE, J. T., Cultic Prophecy and Levitical Inheritance in the Elijah-Elisha Cycle, p. 54.

872. ALVAREZ BARREDO, M., Las Narraciones sobre Elias y Eliseo en los Libros de los Reyes, p. 60.

873. CLINES, D. J. A., רוּחַ, p. 432; FETHEROLF, C. M., Elijah's Mantle, p. 208; FRETHEIM, T. E., First and Second Kings, p. 137-138; FRITZ, V., A Continental Commentary, p. 235.

acerca de Elias e Eliseu, mais especificamente da sucessão profética de um para o outro, um tema importante é a passagem do espírito de Elias para seu discípulo[874].

A concessão do espírito pode estar relacionada, em especial, às tradições sobre o "homem de Deus", atestando uma concepção popular do profeta enquanto "homem do espírito" (Os 9,7), um conceito com ligação tão íntima com "posse", que poderia ser herdado de acordo com os direitos de primogenitura. A herança do espírito por um sucessor seria uma antiga tradição, sem necessariamente ser uma "reconstrução arcaizante" deuteronomista, pelo que 2Rs 2,9-10 poderia ter influenciado Dt 34,9 e Nm 27,12-23[875].

A menção da "porção dobrada" envolve uma dificuldade: refere-se a algo quantificável; entretanto o espírito requerido por Eliseu não é[876]. Contudo, deve-se salientar que a palavra פֶּה significa literalmente "boca", pelo que poderia se traduzir a expressão פִּי שְׁנַיִם como "bocado (de comida) duplo". Seria uma maneira de entender o espírito como alimento, e o pedido de Eliseu adquiriria o desejo de fornecer abundante "alimento espiritual" – o que poderia estar exemplificado no episódio em que este proporciona abundante pão para os filhos dos profetas (2Rs 4,42-44)[877].

Se nada é dito acerca da exata maneira pela qual o espírito é concedido, um claro teste é oferecido (v. 10a): se Eliseu conseguir "ver" (v. 10c) o exato momento

---

874. SICRE DIAZ, J. L., Introdução ao profetismo bíblico, p. 157. A transferência do "espírito profético" de Moisés para Josué é descrita com maiores detalhes em Nm 27,12-23, onde Moisés concede uma parte de sua autoridade (הוֹד) através da imposição de mãos. No Monte Abarim, YHWH anuncia a morte iminente de Moisés; este, sem questionar, expressa unicamente preocupação por um sucessor, que esteja à frente da congregação de Israel. Como resposta, YHWH designa Josué como seu sucessor – e a descrição do motivo, ser este אִישׁ אֲשֶׁר־רוּחַ בּוֹ, "homem em que há o espírito", evidencia a importância do papel do espírito (HAVRELOCK, R., River Jordan, p. 148).

875. ALBERTZ, R.; WESTERMANN, C., רוּחַ, p. 1212-1218; BLOCK, D. I., Empowered by the Spirit, p. 37-41; BRATSIOTIS, N. P., אִישׁ, p. 233-235; VAN PELT, M. V.; KAISER, W. C.; BLOCK, D. I., רוּחַ, p. 1072; TENGSTRÖM, S.; FABRY, H.-J., רוּחַ, p. 390-391. Entretanto, o Espírito de YHWH é mencionado em conexão com as histórias de Elias e de Eliseu apenas em 1Rs 18,12 e 2Rs 2,15-16.

876. BRUEGGEMANN, W., 1 & 2 Kings, p. 295.

877. LEITHART, P. J., 1 & 2 Kings, p. 177. L. Popko debate essa polissemia da palavra פֶּה e percebe que gramaticalmente אֶל + היה não indica possessão (a qual seria representada por ל + היה), pois na construção adverbial nominal וִיהִי־נָא אֵלַי a ênfase recai na preposição direcional אֶל, pelo que ele prefere traduzir o v. 9g assim: "que então o פִּי־שְׁנַיִם no teu espírito venha para mim!" Sem negar o uso de פִּי־שְׁנַיִם como "porção dobrada", evidente no texto hebraico de Eclo 48,12, e comparando o uso de פֶּה־אֶחָד em 1Rs 22,13, que expressa "uma só boca" "unanimemente", L. Popko chega à seguinte conclusão: a expressão envolve uma metáfora acerca da dubiedade da oralidade, a qual seria bem-exemplificada no episódio envolvendo Hazael em 2Rs 8,10 – o que Eliseu pretendia dizer: que Ben-Adad iria certamente morrer, ou certamente viver? (POPKO, L., פִּי־שְׁנַיִם in 2 Kgs 2:9 as a Metaphor of Double Speech, p. 358-369). Cf. ainda RICOEUR, P., The Rule of Metaphor, p. 345; SOSKICE, J. M., Metaphor and Religious Language, p. 73-74. Essa "dubiedade" no discurso do Profeta Eliseu leva K. Bodner a qualificá-lo como um "agente duplo" (BODNER, K., Elisha's Profile in the Book of Kings, p. 35).

da ascensão, conseguirá a porção dobrada do espírito – uma condição *sine qua non* (v. 10d-f). Nada se fala acerca dos filhos dos profetas, como se a esses não se garantisse esse "privilégio"⁸⁷⁸. Por isso Elias afirma no v. 10b que é um pedido difícil (הִקְשִׁיתָ לִשְׁאוֹל), pois somente YHWH pode garantir esse privilégio, e o "ver" aqui envolve mais do que simples condição de "percepção sensorial": requer compreensão e "percepção espiritual", como Eliseu evidenciará posteriormente em 2Rs 6,16-17⁸⁷⁹.

A raiz ראה (v. 10c) abarca uma gama de significados além de "ver": "considerar", "perceber", "sentir", "entender", "aprender". Um dos usos teológicos é o *profético*: como tal, "designa a aceitação da Palavra de Deus tal como entregue por seus mensageiros designados", um termo de investigação com poderosa efetividade, tornando-o complementar ao verbo גָּלָה, "revelar" (Is 40,5; Ez 21,29). Há exemplos desse uso de ראה com Eliseu (2Rs 6,17; 8,13)⁸⁸⁰. Tão importante é a visão para o profeta, que um dos termos utilizados como sinônimo para este é o de vidente, רֹאֶה ⁸⁸¹. Em Elias e Eliseu, "Palavra e visão aparecem frequentemente juntas, como os dois canais de comunicação divina ao profeta"; e se "a visão profética se caracteriza pela audácia de ver o que nós outros não queremos ver, em outras se distingue pela capacidade de ver a realidade de maneira profunda"⁸⁸².

### 4.3.4. A sucessão profética ocorre (v. 11-15)

#### 4.3.4.1. O translado de Elias (v. 11)

No v. 11, a narrativa chega a um clímax com a ascensão de Elias, pelo que alguns autores entendem aqui o ponto central de um arranjo de todo o conjunto

---

878. BARNES, W. H., Cornerstone Biblical Commentary, p. 201; BERGEN, W. J., Elisha and the End of Prophetism, p. 63; BERRIGAN, D., The Kings and Their Gods, p. 125-126; BODNER, K., Elisha's Profile in the Book of Kings, p. 53; FRITZ, V., A Continental Commentary, p. 235.

879. BEAL, L. M. W., 1 & 2 Kings, p. 304; CARLSON, R., Élisée – Le Successeur D'Élie, p. 403; CHAMPLIN, R. N., II Reis, I Crônicas, II Crônicas, Esdras, Neemias, Ester, Jó, p. 1474; MCKENZIE, S. L., 1 Kings 16–2 Kings 16, l. 6500-6507; NAUDÉ, J. A., ראה, p. 1007-1008; NELSON, R. D., First and Second Kings, p. 158; ROBINSON, J., The Second Book of Kings, p. 25; VETTER, D., ראה, p. 1181; VAN DER WOUDE, A. S., קשה, p. 1175.

880. BELEM, D. F., Da Palavra sai vida e morte, p. 44. Cf. tb. CULVER, R. D., רָאָה, p. 1383; FUHS, H. F., רָאָה, p. 228-229.

881. O termo vidente, רֹאֶה, só é usado em 11 passagens do texto massorético, 6 vezes nas tradições anteriores ao exílio: em 4 delas se refere a Samuel (1Sm 9,9.11.18.19), em uma ao sacerdote Sadoc (2Sm 15,27 – um texto duvidoso, pois הֲרוֹאֶה pode ser aqui uma forma participial: CLINES, D. J. A., רֹאֶה I, p. 362), e em Is 30,10 se fala dos videntes no plural (רֹאִים). As demais menções devem-se ao Cronista, que adota o título para aplicá-lo 3 vezes a Samuel (1Cr 9,22; 26,28; 29,29) e 2 a Hanani, um personagem que denuncia o Rei Asa de Judá e acaba no cárcere, 2Cr 16,7.10 (SICRE DIAZ, J. L., Introdução ao profetismo bíblico, p. 52).

882. SICRE DIAZ, J. L., Introdução ao profetismo bíblico, p. 63-67.

de 2Rs 2,1-25 em forma quiástica[883]. Duas tradições seriam unidas aqui no v. 11 acerca da ascensão de Elias: uma relacionada ao turbilhão (v. 11e, já presente no v. 1), e outra relativa à separação de mestre e discípulo mediante carruagem e cavalos de fogo (v. 11c-d)[884]. O evento ocorre não com uma espera "estática", mas enquanto eles caminham e conversam (v. 11a-b). O caminhar salienta a necessidade de não interrupção da missão, que doravante será levada a efeito por Eliseu; e o "falar" enfatiza a mensagem profética.

A principal função da carruagem, רֶכֶב (v. 11c), embora pudesse ser utilizada como meio de transporte (Gn 50,9), era militar. Provendo mobilidade na batalha, não obstante a relativa limitação de seu poder de fogo, exercia um poderoso valor psicológico: quando várias carruagens avançavam sobre o inimigo, levava pânico, tendo valor de choque. Para ser eficiente, demandava investimento na sua confecção, tornando-se um objeto custoso; por isso, a posse de muitas carruagens estava associada ao poderio do exército[885]. Segundo I. Finkelstein, haveria em Israel, na época de Acab, uma poderosa armada de carruagens, atestada pela infantaria fornecida por esse rei na batalha de Qarqar (ANET 279), pois as escavações arqueológicas em Meguido revelaram estábulos originalmente atribuídos a Salomão, mas datados na época amrida – pelo que 1Rs 5,6 seria uma descrição do período do Rei Acab[886].

Ao contrário da representação comum na arte iconográfica, Elias não é transportado na carruagem, nem a dirige. A função da carruagem é separar Elias de Eliseu (v. 11d), aquele que está na terra daquele que se dirige ao céu, separando aquele que doravante assume a responsabilidade profética daquele que foi levado à impressionante esfera do divino[887]. Deve ser salientado que a

---

883. Cf. seção 2.4 acerca da questão quiástica.

884. BAILEY, R., Elijah and Elisha, p. 19; JONES, G. H., 1 and 2 Kings, vol. 2, p. 380-389.

885. JONKER, L., רכב, p. 1105-1106.

886. CANTRELL, D. O., The Horsemen of Israel, p. 112-113; FINKELSTEIN, I., O reino esquecido, p. 141-142; LITTAUER, M. A.; CROUWEL, J. H., Chariots, p. 891; YADIN, Y., The Art of Warfare in Biblical Lands, p. 284-286. Uma descrição detalhada do funcionamento do exército e do armamento israelita nesse período pode ser encontrada em SEEVERS, B., Warfare in the Old Testament, p. 45-82.

887. BARNES, W. H., Cornerstone Biblical Commentary, p. 201; BRUEGGEMANN, W., 1 & 2 Kings, p. 297; BUIS, P., Le livre des Rois, p. 183; BUTLER, J. G., Elijah, p. 238; FORESTI, F., Il rapimento di Elia al cielo, p. 266; HADLEY, J. M., Elias e Eliseu, p. 567; HAUSMANN, J., פָּרַד, p. 77; HESS, R., פָּרַד, p. 671; LANGE, J. P. et al., A Commentary on the Holy Scriptures, p. 13-14; MCKENZIE, S. L., 1 Kings 16–2 Kings 16, l. 6527-6530; RYKEN, P. G., 2 Kings, p. 24; SKA, J.-L., Morrire e risorgere, p. 221-222; UEHLINGER, C., L'ascension d'Élie, p. 84; WISEMAN, D. J., 1 e 2 Reis, p. 172. Isso já vem expresso igualmente por Agostinho de Hipona em Cidade de Deus 20,29 (RYKEN, P. G., 2 Kings, p. 25). Essa concepção parece remontar ao Sirácida (Eclo 48,9), o qual afirmaria que a elevação ocorreu num turbilhão e através da carruagem, como que equiparando-os (BULLARD, R. A.; HATTON, H. A., A Handbook on Sirach, p. 962; NELSON, R. D., First and Second Kings, p. 160). Não obstante, A. Schenker parece defender que de fato Elias acendeu na

raiz envolvida aqui, רכב, remete à ideia de cavalgar, atestada tanto no ugarítico – vide o epíteto de Baal, "cavaleiro das nuvens" – quanto no acadiano. Entretanto, muitas passagens bíblicas insistem que YHWH é aquele que de fato cavalga nas nuvens (Sl 68,5; 104,3). Assim, pode-se dizer que o "guerreiro" YHWH veio buscar seu servo, o profeta[888].

Para J. R. Lundbom, a carruagem exerceria não uma função simbólica, mas concreta: aceitando não haver descontinuidade cronológica entre 2Rs 1–2, o novo rei, Jorão, mandara raptar Elias numa carruagem em represália pela morte dos cem soldados com seus capitães enviados anteriormente por Ocozias (1,9-15), a qual teria culminado numa vingança sangrenta com a possível anuência ou até mesmo participação ativa da Rainha Jezabel, cumprindo a ameaça de 1Rs 19,1-2[889]. São pressuposições baseadas apenas em conjecturas, sem dados seguros. Não obstante, o simbolismo envolvendo a carruagem poderia ser uma metáfora para a morte, algo reforçado por outras menções da presença dela na morte de reis, como a de Acab (1Rs 22,25) e a de Josias (2Cr 35,24)[890].

O cavalo, סוּס (v. 11c), costuma ser associado aos fins militares, pois era esse animal que puxava as carruagens na batalha (Ex 15,19), pelo que era grandemente apreciado pelos reis. Por isso é relevante a combinação de רֶכֶב e סוּס como uma espécie de expressão idiomática com significado de "cavalo que puxa uma carruagem de combate"[891]. Porém, haveria aqui um contexto mitológico-teológico, porque o cavalo era conhecido na Antiguidade como um animal de culto ao Sol (2Rs 23,11), pelo que a história de Elias poderia ser fundida aqui com uma antiga lenda cúltica solar. A renovação do poder do Profeta Elias em seu sucessor sugere a de uma divindade fenícia – numa variação cúltica local do "mito da fênix". A teofania aqui no relato de 2Rs 2,11 enfatizaria a presença divina, acentuando a autoridade com a qual Eliseu foi investido[892]. Além do

---

carruagem de fogo (SCHENKER, A., Le monde a venir dans l'Ancien Testament, p. 26; cf. tb. LEITHART, P. J., 1 & 2 Kings, p. 176).

888. DILLARD, R. B., Faith in the Face of Apostasy, p. 83-84; MCKENZIE, S. L., 1 Kings 16–2 Kings 16, l. 6518-6520.

889. LUNDBOM, J. R., Elijah's Chariot Ride, p. 160.

890. BARRICK, W. B.; RINGGREN, H., רֶכֶב, p. 489; LANGE, J. P. et al., A Commentary on the Holy Scriptures, p. 14; RUSHDOONY, R. J., Chariots of Prophetic Fire, p. 78-79; SCHMITT, A., "Elija stieg zum Himmel hinauf", p. 27-33.

891. CHISHOLM, R. B., סוּס, p. 237; FICKER, R., רכב, p. 1238; MOWINCKEL, S., Drive and/or Ride in OT, p. 284-299; PATTERSON, R. D., סוּס II, p. 1033.

892. GRAY, J., I & II Kings, p. 476; PATTERSON, R. D., סוּס II, p. 1033; ROBINSON, J., The Second Book of Kings, p. 26; STENDEBACH, F. J., סוּס, p. 185; UEHLINGER, C., L'ascension d'Élie, p. 91. K. Galling alega uma comprovação no aramaico, onde se atesta um Deus conhecido como rkb ʾl, cujo símbolo é uma canga com uma parelha de cavalos (GALLING, K., Die Ehrenname Elisas und die Entrückung Elias, p. 146-147). A

mais, uma importante consideração teológica profética salientada é de Israel necessitar pôr sua confiança não em cavalos, mas em YHWH (Is 2,7; Os 14,4). Isso é reiterado na literatura sálmica (Sl 20,8; 33,17; 147,10), e Pr 21,31 oferece um meio-termo: ainda que se preparem cavalos para a batalha, o fiel não pode esquecer que a vitória vem de YHWH[893].

Um elemento associado aqui no v. 11 tanto à carruagem quanto ao cavalo é o fogo, importante item presente em teofanias (Ex 3,2; 24,17)[894]. O fogo representa uma manifestação não somente do poder divino, a exemplo do que ocorrera em 1Rs 18,39, mas também de aprovação divina: este último versículo evidencia que Deus respondeu satisfatoriamente à prova proposta por Elias em 1Rs 18,24. A ideia de legitimidade também estaria por trás do episódio de 2Rs 1,10.12.14; e YHWH legitimou o templo construído por Salomão evidenciando sua presença através do fogo (2Cr 7,1-3)[895].

Se a combinação de רֶכֶב e סוּס parece ser uma expressão idiomática, mais fundamental literariamente é a associação entre as palavras אֵשׁ, רֶכֶב e סוּסִים, a qual retorna mais de uma vez nas histórias de Eliseu em 2Rs 6,17, símbolo da poderosa presença divina. Acrescenta-se a importância do ver, que ficará mais evidente no v. 12: como elemento comum em 2Rs 2,11-12; 6,17, a carruagem e os cavalos de fogo tornam-se visíveis somente quando YHWH abre os olhos de seus servos[896].

Segundo J. Gray, a menção de סְעָרָה (v. 11e) e o repentino desaparecimento de Elias sugere um "demônio da areia", o qual poderia acompanhar o siroco à leste do Jordão. O fogo sugere o siroco, e o progresso da tempestade de areia

---

imagem da carruagem e de cavalos de fogo, independentemente de suas conotações mitológicas, parece ter influenciado, na tradição judaica pós-bíblica, a ideia da מֶרְכָּבָה de YHWH, baseada ainda em Ez 1; Hab 3,8; Zc 6,1-3 (LUKE, K., Elijah's Ascension to Heaven, p. 199-200). Nas p. 95-97, C. Uehlinger analisa uma representação iconográfica encontrada, na qual uma divindade solar põe sob sua proteção um rei com sua carruagem, seus cavalos e seus cavaleiros – uma semelhança impressionante com a descrição de 2Rs 2,11-12. A representação iconográfica de uma carruagem celestial relacionada a uma divindade das tempestades é comum no Antigo Oriente, aplicada a YHWH em Sl 18,11; 77,19 (WEINGART, K., My Father, My Father!, p. 265).

893. CHISHOLM, R. B., סוּס, p. 237; STENDEBACH, F. J., סוּס, p. 186-187.

894. GRAY, J., I & II Kings, p. 476; MCKENZIE, S. L., 1 Kings 16–2 Kings 16, l. 6518-6520. Segundo R. N. Champlin, esse fogo, não sendo literal, "era apenas a conflagração do céu manifestando-se sob formas que podiam ser comparadas a um carro de fogo e a cavalos de fogo" (CHAMPLIN, R. N., II Reis, I Crônicas, II Crônicas, Esdras, Neemias, Ester, Jó, p. 1474).

895. NAUDÉ, J. A., אֵשׁ, p. 520; PICHON, C., La figure de l'étranger dans le cycle d'Élie, p. 88.

896. BEAL, L. M. W., 1 & 2 Kings, p. 304; BEEK, M. A., The Meaning of the Expression "The Chariots and the Horsemen of Israel" (2 Kings 2:12), p. 3; BERGEN, W. J., Elisha and the End of Prophetism, p. 63; LANGE, J. P. et al., A Commentary on the Holy Scriptures, p. 14. Saliente-se que o vocábulo וְהִנֵּה poderia ser traduzido como "eis, veja!"; de qualquer forma, indica uma mudança do ponto de vista, uma ênfase para se "ver" a cena (COHN, R. L., 2 Kings, p. 14).

poderia ser comparada a carruagens e cavalos[897]. Mas não há necessidade de uma explicação "minimalista": tanto o turbilhão quanto o fogo completam o quadro de uma teofania; e ao se retornar à menção de סְעָרָה, já efetuada no v. 1, leva-se a narrativa ao seu clímax, a exemplo do que ocorrera na teofania mediante a mesma palavra em Jó 38,1 – quando finalmente Deus se manifesta após reiterados pedidos de Jó[898].

O uso da raiz עלה, além de evocar a subida em direção aos céus, lembra a palavra עֹלָה, do campo semântico cultual, que descreve o holocausto como uma oferta totalmente consumida pelo fogo. Assim, é como se Elias fosse tratado como uma "oferta viva" a YHWH, como se toda a cena funcionasse como um ritual de "consagração" do seu sucessor. Em outra passagem (1Rs 18,36), Elias havia se apresentado como sacerdote, oferecendo uma מִנְחָה, "oblação", uma "oferta de grãos"[899].

### 4.3.4.2. Eliseu reage à partida de Elias com atos e palavras (v. 12a-d)

Enquanto a ascensão de Elias ocorria, Eliseu via (v. 12a), e com isso preenche o que foi requisitado anteriormente no v. 10c-f, para que o pedido de Eliseu pela possessão do espírito se realizasse, tornando-se uma "experiência iniciática". Eliseu passa no teste. Não obstante, para salientar a mesma ascensão, este bloco sintático encerra-se com a declaração de que não mais o viu (v. 12d): doravante, Elias não mais pertenceria à esfera "terrestre"[900].

---

897. GRAY, J., I & II Kings, p. 475. Segundo M. R. Simone, o fogo em 2Rs 2 tem primariamente conotações meteorológicas (SIMONE, M. R. [S.J.], Yhwh's Fiery Chariots, p. 199-217). C. Uehlinger chama a atenção para o fato de que a palavra סְעָרָה aparece aqui nos v. 1.11 em toda a obra de Reis, junto ao *nifal* da raiz סער em 2Rs 6,11, o que confirmaria uma apreciação negativa do fenômeno do turbilhão; cita vários versículos em que o turbilhão realmente envolve questões negativas ou "nefastas", sugerindo o juízo, como Is 29,6; 40,24; 41,16; Ez 13,11-13; Jr 23,19; Na 1,3 (UEHLINGER, C., L'ascension d'Élie, p. 84). Cf. tb. HOUSE, P. R., 1, 2 Kings, p. 258-259; MCKENZIE, S. L., 1 Kings 16–2 Kings 16, l. 6530-6534. Essa apreciação negativa tem similaridade, segundo E. R. Wendland, com a tradição tonga: um feiticeiro utiliza o redemoinho de vento como um transporte, a fim de alcançar o telhado de alguém inimizado, e assim expô-lo a um ataque noturno. Era uma crença tão arraigada entre esse povo que, ao se perder o telhado da casa, dispara-se uma espécie de alarme (WENDLAND, E. R., Elijah and Elisha, p. 218).

898. BODNER, K., Elisha's Profile in the Book of Kings, p. 45; COHN, R. L., 2 Kings, p. 14; HOBBS, T. R., 2 Kings, p. 21; LUKE, K., Elijah's Ascension to Heaven, p. 200.

899. BURKI, M., L'étoffe du prophétie, p. 147; LEITHART, P. J., 1 & 2 Kings, p. 176-177; PICHON, C., Le prophète Elie dans les Evangiles, p. 35; NOBLE, J. T., Cultic Prophecy and Levitical Inheritance in the Elijah--Elisha Cycle, p. 58-60.

900. BERGEN, W. J., Elisha and the End of Prophetism, p. 63-64; CARR, A. D., Elisha's Prophetic Authority and Initial Miracles (2 Kings 2:12-15), p. 37; COHN, R. L., 2 Kings, p. 14; FORESTI, F., Il rapimento di Elia al cielo, p. 266; HAVRELOCK, R., River Jordan, p. 157; DEL OLMO LETE, G., La vocación de Eliseo, p. 291; OMANSON, R. L.; ELLINGTON, J. E., A Handbook on 1-2 Kings, p. 719; RICE, G., Elijah's Requirement for Prophetic Leadership (2 Kings 2:1-18), p. 10.

Como reação imediata ao que consegue ver, Eliseu grita (v. 12b). A raiz צעק pode expressar a surpresa pelo acontecimento presenciado por Eliseu, associada a uma agonia, e até mesmo a um sofrimento. Esse sofrimento pode evocar o luto, como Davi em 2Sm 19,5 – e, a semelhança deste, o senso de sofrimento aqui no v. 12b é enfatizado pela repetição do termo אָב; mas igualmente pode ser utilizada em contexto de convocação militar, como em 2Rs 3,21 – abordando um campo semântico já evidenciado no v. 11 com carruagens e cavalos. Mas a reação de Eliseu sem dúvida pode ser comparada a um lamento, um luto – 2Rs 2,12 é a única passagem, de fato, em que ocorre a raiz no *piel*, dando uma ideia intensiva. Não fica claro se Eliseu entendeu a ascensão de Elias como uma morte; mas a tradição, já relatada por Agostinho de Hipona (*Cidade de Deus* 20,29), afirma que Elias permaneceria vivo por ter sido transladado fisicamente[901].

Sendo uma expressão de luto ou não, o conteúdo do grito de Eliseu (v. 12c) é um panegírico, pelo qual Elias é retratado concomitantemente como pai e carruagem. Ao gritar "Meu pai, meu pai" para se referir a Elias, lembra a passagem na qual Eliseu abandonou seu lar e passou a seguir o profeta (1Rs 19,19-21), demonstrando seu profundo respeito e carinho àquele que se tornou seu pai espiritual e reconhecendo a liderança profética exercida por ele. Por isso, seu grito poderia ainda expressar a profunda emoção de alguém que se coloca como um "discípulo órfão". Haveria ainda, na declaração de Elias como pai, um sutil conflito entre essa liderança profética e a monárquica, a qual seria responsável pela "secularização" das forças militares em particular e das antigas tradições javistas em geral[902].

A segunda parte do panegírico de Eliseu em relação a Elias é a declaração de "carruagem de Israel e sua cavalaria". Há uma quase repetição do que foi dito acerca da ascensão no v. 11, com a diferença de que "cavalos" são substituídos agora por פָּרָשׁ, "cavalaria". Mas, como bem observa R. Bailey, há um alinhamento perfeito entre as expressões:

---

901. ALBERTZ, R., צעק, p. 1088; CARLSON, R., Élisée – Le Successeur D'Élie, p. 387; CARR, A. D., Elisha's Prophetic Authority and Initial Miracles (2 Kings 2:12-15), p. 37; CHAMPLIN, R. N., II Reis, I Crônicas, II Crônicas, Esdras, Neemias, Ester, Jó, p. 1474; HASEL, G., צעק, p. 116-119; KONKEL, A. H., צעק, p. 824; RYKEN, P. G., 2 Kings, p. 25; UEHLINGER, C., L'ascension d'Élie, p. 84.

902. BEAL, L. M. W., 1 & 2 Kings, p. 304; BUTLER, J. G., Elijah, p. 241-243; COGAN, M.; TADMOR, H., II Kings, p. 32; GALLING, K., Die Ehrenname Elisas und die Entrückung Elias, p. 130-131; GRAY, J., I & II Kings, p. 476; LONG, B. O., 2 Kings, p. 28-29; LUKE, K., Elijah's Ascension to Heaven, p. 201; ROFÉ, A., The Classification of the Prophetical Stories, p. 438; WILLIAMS, J. G., The Prophetic "Father", p. 344-348. Mas o próprio Eliseu ocupou o papel de "pai" para sucessivos reis (2Rs 6,21; 13,14), evidenciando que seu papel de liderança doravante não estará restrito apenas ao círculo dos "filhos dos profetas" (JENNI, E., אָב, p. 5; RINGGREN, H., אָב, p. 7-8; WRIGHT, C. J. H., אָב, p. 215).

| | |
|---|---|
| carruagem de fogo | A |
| e cavalos de fogo | B |
| carruagem de Israel | A' |
| e sua cavalaria | B' |

Este alinhamento duplo serviria mais do que a um propósito estilístico: evidenciaria que o pedido de Eliseu feito no v. 9 foi de fato atendido[903].

Carruagens e cavalaria simbolizariam a poderosa proteção e a presença espiritual de YHWH, que eram a verdadeira segurança de Israel; portanto, com essa transferência, assim como Joás reconhece ser Eliseu o "verdadeiro exército" que o defendia de seus inimigos (2Rs 13,14), Eliseu reconhece aqui em Elias as verdadeiras proteção e defesa de Israel – uma avaliação espiritual, pois militarmente esse profeta jamais se envolveu em guerras, ao contrário de Eliseu; e a verdadeira proteção de Israel residida de fato em YHWH[904]. Não obstante, segundo G. Fohrer, estaria sendo aqui expresso uma espécie de "recrutamento" de Eliseu para continuar a "batalha espiritual" iniciada por seu mestre, tendo o apoio das hostes celestiais. Haveria ainda uma sutil polêmica acerca da real eficácia das forças militares israelitas na segurança do reino[905].

O mesmo título atribuído a Elias aqui em 2Rs 2,12 está repetido em 2Rs 13,14, mas aplicado a Eliseu. Como Elias nunca se envolveu em política externa como Eliseu, o título de 2Rs 13,14 pertenceria de fato a esse profeta, e um compilador tardio teria transferido a descrição para Elias em 2Rs 2,12. O título teria sido

---

903. BAILEY, R., Elijah and Elisha, p. 21.

904. BARNES, W. H., Cornerstone Biblical Commentary, p. 201; BURNEY, C. F., Notes on the Hebrew Text of the Books of Kings with an Introduction and Appendix, p. 265; BUTLER, J. G., Elijah, p. 243; DAVIS, D. R., 2 Kings, p. 28; DILLARD, R. B., Faith in the Face of Apostasy, p. 85; GARSIEL, M., From Earth to Heaven, p. 170-171; HENS-PIAZZA, G., 1-2 Kings, p. 235; RICHELLE, M., Élie et Elisée, Auriges en Israel, p. 325-326; ROBINSON, J., The Second Book of Kings, p. 26; SKA, J.-L., Morrire e risorgere, p. 222; WHITE, W., רָכַב, p. 1428; WISEMAN, D. J., 1 e 2 Reis, p. 172. K. Weingart afirma que nem Elias nem YHWH (ao contrário do que se vê em Hab 3,8) seriam os cavaleiros aqui, mas o próprio Israel, enquanto beneficiário do poder da carruagem – esta, sim, representando Elias (WEINGART, K., My Father, My Father!, p. 265-266). Cf. tb. LANGE, J. P. et al., A Commentary on the Holy Scriptures, p. 15; LEITHART, P. J., 1 & 2 Kings, p. 176. Não obstante, no Talmud (b. Shabat 109A), Eliseu aparece ao Rabi Shimi bar Ashi tal qual um cavaleiro (RICHELLE, M., Élie et Elisée, Auriges en Israel, p. 334-335). Cf. ainda BERRIGAN, D., The Kings and Their Gods, p. 126.

905. FOHRER, G., Elia, p. 100; cf. tb. BRUEGGEMANN, W., 1 & 2 Kings, p. 297; GRAY, J., I & II Kings, p. 476. A. Šanda compara com o título dado por Maomé ao General Khalid como "espada de Alá" (ŠANDA, A., Die Bücher der Könige, p. 12); portanto, poderiam estar aqui presentes tradições da "guerra santa" (BEAL, L. M. W., 1 & 2 Kings, p. 304; MILLER, P. D., The Divine Warrior in Early Israel, p. 134-135; VON RAD, G., Holy War in Ancient Israel, p. 94-100). Cf. ainda BERRIGAN, D., The Kings and Their Gods, p. 126; LEMAIRE, A., Chars et cavaliers dans l'ancien Israël, p. 165-182; UEHLINGER, C., L'ascension d'Élie, p. 86.

aplicado então, primeiramente, a Eliseu pelo seu apoio à dinastia de Jeú e ainda mais pelo suporte dado em meio às guerras contra os arameus, e apenas depois a Elias em 2Rs 2,12 para enfatizar a sucessão profética. Eliseu, pois, merece o título de 2Rs 13,14, porque envolve-se de modo direto nas guerras de Israel. A expressão "carruagem de fogo e cavalos de fogo" em 2Rs 2,11 antecipa o título aqui exposto; mas a palavra "cavalos" é substituída por "cavaleiros", o que evidencia a "arte narrativa": a associação entre רֶכֶב e פָּרָשׁ remete a Ex 14, e em especial Ex 15,19. Mas em total oposto ao faraó com seus carros e cavaleiros está a poderosa palavra profética. O profeta é o homem cuja oração é melhor do que carros e cavaleiros[906].

Mais do que uma reação de luto sugerida pela raiz צעק (v. 12b), o ato de Eliseu pode ser considerado uma espécie de "profissão de fé" em YHWH como o protetor de Israel e em Elias como seu genuíno representante[907]. O grito de Eliseu pode ser compreendido tanto como uma espécie de epitáfio acerca do valor de Elias quanto como uma elação acerca do triunfo de Elias, ao ser elevado pelo próprio YHWH rumo ao céus[908]. Eliseu, como "novo Josué", lidera uma "nova conquista" que coaduna com a nuança marcial do ministério desse profeta, o qual começa e termina com a menção de carruagem e de cavalaria (2Rs 2,12; 13,14), envolvendo divinas "carruagens de fogo" (2,11; 6,17), instigações de golpes palacianos ao ungir generais (8,7–10,36) e constantes envolvimentos com armas, soldados (6,8–7,20; 13,1-25) – mesmo após sua morte (13,20-21)[909].

Como declara A. G. Auld, a narrativa da partida de Elias está além de qualquer interpretação, pois esta constitui a tentativa em descrever o indescritível[910].

---

906. BAILEY, R., Elijah and Elisha, p. 20; BEEK, M. A., The Meaning of the Expression "The Chariots and the Horsemen of Israel" (2 Kings 2:12), p. 2-8; CARLSON, R., Élisée – Le Successeur D'Élie, p. 388; CHISHOLM, R. B., פָּרָשׁ, p. 699; COGAN, M.; TADMOR, H., II Kings, p. 32; FORESTI, F., Il rapimento di Elia al cielo, p. 267; GRAY, J., I & II Kings, p. 472; JONES, G. H., 1 and 2 Kings, vol. 2, p. 382-383; LUKE, K., Elijah's Ascension to Heaven, p. 201; MCKENZIE, S. L., 1 Kings 16–2 Kings 16, l. 6438-6443; NELSON, R. D., First and Second Kings, p. 162; NIEHR, H., פָּרָשׁ, p. 128; PEREIRA, N. C., La Profecia y lo Cotidiano, p. 10; REHM, M., Das zweite Buch der Könige, p. 133; ROFÉ, A., The Classification of the Prophetical Stories, p. 436; UEHLINGER, C., L'ascension d'Élie, p. 88-89; WEINGART, K., My Father, My Father!, p. 267-268; WILLIAMS, J. G., The Prophetic "Father", p. 348. Segundo C. M. D. Silva, houve aqui uma "transposição de um texto tradicional", o qual "ocorre quando uma frase [...] da Escritura é transladada para outro contexto" (SILVA, C. M. D., Metodologia de exegese bíblica, p. 405-406). Entretanto, T. R. Hobbs advoga que todas as tentativas em demonstrar a dependência literária não foram satisfatórias (HOBBS, T. R., 2 Kings, p. 21-22). Há ainda uma diferença contextual: enquanto 2Rs 2,12 enfatiza o poder pelo qual Elias realiza seus atos portentosos, em 2Rs 13,14 Eliseu é retratado como o "guerreiro de YHWH", substituindo a fraca força militar israelita descrita em 2Rs 13,7. Se os arameus possuíam carruagem e cavalos, Israel tinha Eliseu (BAILEY, R., Elijah and Elisha, p. 38).

907. AULD, A. G., I & II Kings, p. 154; BUTLER, J. G., Elisha, p. 44-45.

908. MARTIN, C. G., 1 and 2 Kings, p. 420.

909. BODNER, K., Elisha's Profile in the Book of Kings, p. 54.

910. AULD, A. G., I & II Kings, p. 154.

### 4.3.4.3. Eliseu adquire o manto de Elias, símbolo da sucessão (v. 12e-13b)

Dando continuidade à sua reação, Eliseu agarrou suas vestes e as rasgou em duas partes (v. 12e-f). O uso da raiz חזק no *hifil* seguido de בְּ associa-se ao ato de "agarrar" (tornando-se um sinônimo do *qal* de אחז); entretanto, uma vez que o *hifil* de חזק significa literalmente "tornar forte", insinuaria um ritual para apontar alguém para um ofício, quando aquele investido de poder indicava alguém para uma função específica segurando este pela mão. Mediante esse ato, o "poder" fluiria da mão (por si só um símbolo de poder) do mais forte para a mão do recém-investido (Is 41,13). Entretanto, Eliseu agarra suas próprias vestes, e não a de Elias, num primeiro momento: de fato, em geral o *hifil* de חזק está associado a um ato violento ou de extrema angústia, como pode ser visto pela atitude da sunamita em 2Rs 4,27[911].

Eliseu agarra suas vestes e as rasga (v. 12e-f). Se בֶּגֶד, sendo um vocábulo comum para vestes, uma necessidade básica do ser humano, serve de metáfora para a alegria concedida por Deus na salvação (Is 61,10), o rasgar (קרע) remete a extrema tristeza e angústia, coadunando com um dos significados possíveis da raiz חזק analisados supra – como pode ser visto pela combinação de בֶּגֶד e da raiz קרע em muitas passagens (2Rs 5,7-8; 6,30; 11,14) como sinal de sofrimento profundo, horror, consternação diante de uma calamidade[912].

Há outras instâncias nas quais o rasgar das vestes é empregado num contexto ritual, com outras palavras similares a אַדֶּרֶת: a túnica (מְעִיל) do Profeta Samuel foi rasgada quando o Rei Saul a agarrou, representando o reino "rasgado" e a consequente rejeição desse rei (1Sm 15,27); e o Profeta Aías rasgou sua veste, שַׂלְמָה, em doze pedaços, representando a separação das doze tribos (1Rs 11,29-30). A veste, שִׂמְלָה, é rasgada ainda em sinal de luto em Gn 37,34[913]. Portanto, se à primeira vista o rasgar evoca um lamento, há um significado ainda maior, segundo M. Garsiel: ao rasgar suas roupas, Eliseu simbolicamente estaria "rasgando" sua personalidade anterior, desistindo de suas visões e aspirações para se dedicar por inteiro a suceder seu mestre, Elias. Isso ficaria claro pela função do manto na sequência, no v. 13 – e que caracterizaria a liderança de Elias[914].

---

911. HESSE, F., חָזַק, p. 304; WAKELY, R., חזק, p. 72-73; WEBER, C. P., חָזַק, p. 448-449; VAN DER WOUDE, A. S., חזק, p. 404.

912. ALDEN, R. L., בֶּגֶד, p. 579-580; COPPES, L. J., קרע, p. 1375-1376; VAN DAM, C., קרע, p. 990-991; GOLDBERG, L., בֶּגֶד, p. 148-149; JEROME, O. M.; UROKO, F.C. Tearing of Clothes, p. 1-8; THIEL, W., קרע, p. 175-178.

913. WAGSTAFF, B. J., Redressing Clothing in the Hebrew Bible, p. 306.

914. FENÍK, J., Clothing Symbolism in the Elijah–Elisha Cycle and in the Gospel of John, p. 57-59; GARSIEL, M., From Earth to Heaven, p. 172. Deve ser salientado que o substantivo קְרָעִים, sempre no plural, aparece somente em 1Rs 11,30-31; 2Rs 2,12; Pr 23,21 (CLINES, D. J. A., קֶרַע, p. 329; THIEL, W., קרע, p. 175). Como nesta

Com relação ao manto de Elias, a primeira atitude de Eliseu consiste em levantá-lo (v. 13a), quando este cai durante o translado (v. 13b), usando o *hifil* da raiz רום. Seria estranho esse gesto de Eliseu, pois se esperaria que simplesmente pegasse o manto. De fato, o uso do *hifil* de רום poderia funcionar como um sinônimo de לקח – como pode ser visto no paralelo estabelecido entre רום em Nm 17,2 e לקח em Nm 17,4 –, da mesma forma que ocorre em 2Rs 2,13-14 – e ainda em Js 4,5; Lv 6,3; 1Sm 9,24; 2Rs 6,7[915]. Eliseu, acima de tudo, precisou levantar sua mão, o que é compreendido como um gesto simbólico de poder e orgulho, como em Dt 32,27; Mq 5,8; dessa forma, a representação pictórica de divindades com a mão erguida brandindo algum tipo de arma poderia simbolizar um gesto de ameaça contra inimigos. Por isso, a expressão "levantar a mão" é utilizada amplamente para atos de rebelião contra um rei, como pode ser visto em 1Rs 11,26-27; 2Rs 19,22[916].

Entretanto, o uso da raiz רום é mais bem compreendido como uma alusão ao levantar do bordão da parte de Moisés (Ex 14,16); e ao próprio ato de levantar as pedras do Rio Jordão por ordem de Josué em Js 4,5. Isso seria corroborado pelo uso da raiz נפל com relação ao manto caindo para que Eliseu o levantasse – lembrando o termo técnico para o lançamento de sortes, seja para distribuição de terra entre as tribos (Js 13,6), seja para a decisão de quem exerceria um determinado ofício santo nos textos tardios cronistas (Ne 10,35; 1Cr 26,13)[917]. Nessa última acepção, o manto exerceria uma espécie de "investidura sacerdotal" de Elias para Eliseu.

Essa "investidura" mediante o manto pode ser comprovada num texto ugarítico, no qual ele ocupa uma função simbólica nos ritos de transmissão de poder: se um príncipe decide partir, ao abdicar de seus direitos à sucessão deve depositar sua veste sobre o trono. Isso explicaria o contexto de 1Sm 18,4, onde Jônatas entrega a Davi sua vestimenta, bem como sua armadura, seu arco, seu cinto e sua espada; tal ato significava que um estava renunciando a seus direitos como futuro rei em favor do outro. Assim, a transmissão do manto de Elias para Eliseu coloca

---

última passagem pode-se traduzir por "trapos", relacionados à mendicância, poderia de uma certa forma corroborar a visão de M. Garsiel sobre o "rasgar" da personalidade; não obstante, por 1Rs 11,30-31, lembraria a triste menção do "rasgar" do reino segundo a ideologia deuteronomista – fazendo com que Eliseu leve adiante a missão de "resgatar" o reino rasgado. Haveria, portanto, uma "vocação" de Eliseu (DEL OLMO LETE, G., La vocación de Eliseo, p. 287; DEL OLMO LETE, G., La Vocación del Líder en el Antiguo Israel, p. 165-178), uma espécie de "chamada" (POLAN, G. J., The Call of Elisha, p. 361-362), um "discipulado" (DABHI, J. B., Discipleship in the Hebrew Bible, p. 59-61) atendido plenamente por Eliseu.

915. CLINES, D. J. A., רום I, p. 446; FIRMAGE JR., E.; MILGROM, J.; DAHMEN, U., רום, p. 406.

916. SMITH, G. V.; HAMILTON, V., רום, p. 1075.

917. FORESTI, F., Il rapimento di Elia al cielo, p. 271; HARMAN, A. M., נפל, p. 132; SEEBASS, H., נָפַל, p. 490; STÄHLI, H.-P., רום, p. 1221.

a sucessão profética nos mesmos moldes da sucessão real, de pai para filho, conforme atestada no Antigo Oriente[918].

Portanto, quando Eliseu "herda" o manto de Elias, YHWH confirma a sucessão profética, reforçando a decisão tomada pelo próprio Eliseu e demonstrada na sua persistência desde o início da narrativa[919]. Essa sucessão profética é um evento sem paralelos na literatura bíblica, mas que atende aos critérios meticulosamente delineados em Dt 18,15-22. É o ideal do profeta segundo o "modelo mosaico": por todas as semelhanças vistas até aqui entre as "tradições do Êxodo", como a passagem pelo Mar de Juncos, e as "tradições da conquista", como a passagem do Rio Jordão efetuada por Josué, apenas Elias (como "novo Moisés") e Eliseu (como "novo Josué") atendem esse critério[920]. Eliseu, levando adiante a missão de Elias, evidencia que simbolicamente este grande profeta ressurge naquele[921].

---

918. BODNER, K., Elisha's Profile in the Book of Kings, p. 51; BURKI, M., L'étoffe du prophétie, p. 146-147; GRAYBILL, R., Elisha's Body and the Queer Touch of Prophecy, p. 34; SCHOTT, M., Elijah's Hairy Robe and the Clothes of the Prophets, p. 480-482; WEISMAN, S., Elijah's Mantle and the Consecration of Elisha, p. 93-99. Cf. ainda BAR-EFRAT, S., Narrative Art in the Bible, p. 52; BERGEN, W. J., Elisha and the End of Prophetism, p. 35; COLLINS, T., The Mantle of Elijah, p. 137; MONTGOMERY, J. A., A Critical and Exegetical Commentary on the Books of Kings, p. 350; LEVINE, N., Twice as much of your Spirit, p. 46. Ou ainda, uma espécie de "sucessão sacerdotal": NOBLE, J. T., Cultic Prophecy and Levitical Inheritance in the Elijah-Elisha Cycle, p. 46. A tradição judaica insiste em apresentar Elias como sacerdote, comparando-o a Fineias (VALLANÇON, H., Le développement des traditions sur Élie et l'histoire de la formation de la Bible, p. 186-192).

919. CARR, A. D., Elisha's Prophetic Authority and Initial Miracles (2 Kings 2:12-15), p. 37; MOTTA, F. B., The Charismatic & the Social Prophetic Ministry in the Life of the Prophet Elisha, p. 233; PICHON, C., Le prophète Elie dans les Evangiles, p. 45. A sucessão de Elias por Eliseu e a ascensão daquele estão, pois, decididamente interligadas (HENTSCHEL, G., Elijas Himmelfahrt und Elischas Berufung [2 Kon 2,1-15], p. 75-82).

920. HAVRELOCK, R., River Jordan, p. 137-138. Há uma "ordenação" (WAGSTAFF, B. J., Redressing Clothing in the Hebrew Bible, p. 311-315), quase um "ritual sacerdotal" (NOBLE, J. T., Cultic Prophecy and Levitical Inheritance in the Elijah-Elisha Cycle, p. 46; PICHON, C., Le prophète Elie dans les Evangiles, p. 35). Entretanto, o mais comum é enfatizar não o possível "ritual" em si, mas as características "mosaicas" da sucessão: BARNES, W. H., Cornerstone Biblical Commentary, p. 203; BEAL, L. M. W., 1 & 2 Kings, p. 301-308; BRIEND, J., Elie et Moïse, p. 30-31; BUTLER, J. G., Elijah, p. 227-244; BUTLER, J. G., Elisha, p. 26-81; COHN, R. L., 2 Kings, p. 10-17; MARTIN, C. G., 1 and 2 Kings, p. 419-421; MCKENZIE, S. L., 1 Kings 16–2 Kings 16, l. 6492-6494; MEINHOLD, A., Mose und Elia am Gottesberg und am Ende des Prophetenkanons, p. 22-38; NOBILE, M., La reductio jahwista del profetismo biblico, p. 91; PICHON, C., La figure de l'étranger dans le cycle d'Élie, p. 96-98. O "modelo mosaico" para o profeta, com base em Dt 18,15-22, é analisado minuciosamente em HELLER, R. L., The Characters of Elijah and Elisha and the Deuteronomic Evaluation of Prophecy, p. 22-36. As similaridades de 2Rs 2 com as duas grandes travessias de mar/rio em Ex 14–15 e Js 3–5 reforçam ainda mais esse "modelo mosaico" (DHARAMARAJ, H., A Prophet Like Moses?, p. 200-217).

921. SKA, J.-L., Morrire e risorgere, p. 224.

### 4.3.4.4. Primeira e segunda tentativas de Eliseu em partir as águas (v. 13c-14h)

Com a confirmação de que seu mestre se foi, resta a Eliseu retornar e postar-se à margem do Rio Jordão – agora, sozinho (v. 13c-d). Mas não bastava só estar de posse do manto de Elias; havia a necessidade da comprovação de que o pedido feito por Eliseu no v. 9 foi plenamente atendido. Por isso, a próxima atitude de Eliseu consiste em reatravessar o Rio Jordão, simulando assim o que seu mestre fizera no v. 8 – a raiz שׁוּב fornece não apenas a ideia de "retorno" mas também a de "ação repetida"[922].

O próprio ato de usar אַדֶּרֶת para partir as águas do Jordão numa primeira tentativa (v. 14a-c) representaria a transferência tanto do poder quanto da autoridade profética de Elias para Eliseu[923]. Imbuído do manto de Elias, Eliseu torna-se o instrumento para levar adiante o julgamento prometido no Sinai (1Rs 19,15-18), o "cajado humano" que golpeará a terra[924]. Entretanto, o manto de Elias que Eliseu recupera e usa para partir o Jordão é um símbolo do poder que lhe é transferido, pois a fonte desse poder é o espírito, e não o manto em si. E esse poder é a base do ministério de Eliseu[925].

Como essa primeira tentativa não logra êxito, Eliseu pergunta onde está YHWH, o Deus de Elias (v. 14e). Há uma relação intrínseca com a arguição feita em Dt 32,37: "Onde estão teus deuses?" Funciona, portanto, como uma "pergunta de retórica", respondida em seguida, ao ser bem-sucedido em partir as águas (v. 14f-g)[926]. Conclui-se que a pergunta não envolve ansiedade, dúvidas ou desespero; antes, demonstra que o mesmo Deus adorado por Elias, e não aqueles reverenciados pelos reis amridas, continua atuante no meio do povo,

---

922. CHAMPLIN, R. N., II Reis, I Crônicas, II Crônicas, Esdras, Neemias, Ester, Jó, p. 1474; COGAN, M.; TADMOR, H., II Kings, p. 32; MCKENZIE, S. L., 1 Kings 16–2 Kings 16, l. 6555-6557.

923. WAGSTAFF, B. J., Redressing Clothing in the Hebrew Bible, p. 311-312. Vários autores compartilham essa percepção: COGAN, M.; TADMOR, H., II Kings, p. 34; COHN, R. L., 2 Kings, p. 15; FENÍK, J., Clothing Symbolism in the Elijah–Elisha Cycle and in the Gospel of John, p. 51-53; FRITZ, V., A Continental Commentary, p. 234; GHANTOUS, H., From Mantle to Scroll, p. 126; GILMOUR, R., Juxtaposition and the Elisha Cycle, p. 80; HAVRELOCK, R., River Jordan, p. 157-158; LINDBLOM, J., Prophecy in Ancient Israel, p. 64; LONG, B. O., 2 Kings, p. 27; NELSON, R. D., First and Second Kings, p. 158-159; SATTERTHWAITE, P. E., The Elisha Narratives and the Coherence of 2 Kings 2-8, p. 5; WÜRTHWEIN, E., Die Bücher der Könige: 1 Kön. 17-2 Kön. 25, p. 275.

924. LEITHART, P. J., 1 & 2 Kings, p. 174.

925. MCKENZIE, S. L., 1 Kings 16–2 Kings 16, l. 6453-6460; RICE, G., Elijah's Requirement for Prophetic Leadership (2 Kings 2:1-18), p. 9. Cf. tb. HELLER, R. L., The Characters of Elijah and Elisha and the Deuteronomic Evaluation of Prophecy, p. 119.

926. HOBBS, T. R., 2 Kings, p. 22.

mesmo após a partida do grande profeta[927]. Talvez houvesse uma dúvida momentânea da parte de Eliseu, ou ele sente necessidade em comparar seu poder ao de Elias[928]; seja como for, seu "grito" ecoa ainda a insistente pergunta feita por Elias a Ocozias: "Porventura não há Deus em Israel?" (2Rs 1,3.6.16) – evidenciando que Eliseu continua a missão do mestre na defesa incansável do javismo, da fé em YHWH como Deus de Israel[929].

Uma vez que a expressão אַף־הוּא (v. 14e) representa um desafio tanto para a crítica textual quanto para a tradução, muitos preferem ou omiti-la ou emendá-la, conforme visto anteriormente; mas, levando em consideração a expressão tal como consta no texto massorético, há de fato uma referência ao próprio Elias[930]. O objetivo seria ressaltar que Eliseu pergunta tanto onde está YHWH, Deus de Elias, quanto onde está o próprio Elias: Eliseu demonstraria a ânsia pela presença não apenas de YHWH mas também do mestre amado. Se Eliseu, na sequência, insiste para que os filhos dos profetas não busquem por Elias, pois ele não estava mais entre eles – e precisam, portanto, aceitar a consumação da sucessão profética –, parece que Eliseu (pelo menos num primeiro momento) deve compreender que a fase de "discipulado" de fato se encerrou: concretizou-se seu pedido insistente, ainda que a custo da ausência do grande profeta[931]. Segundo R. Havrelock, a ausência de Elias levantaria questões sobre como Israel continuará a ouvir a voz de YHWH, causando igualmente ansiedade acerca da

---

927. OMANSON, R. L.; ELLINGTON, J. E., A Handbook on 1-2 Kings, p. 721.

928. BRUEGGEMANN, W., 1 & 2 Kings, p. 297; CARR, A. D., Elisha's Prophetic Authority and Initial Miracles (2 Kings 2:12-15), p. 38.

929. BODNER, K., Elisha's Profile in the Book of Kings, p. 54.

930. Cf. notas da tradução na seção 2.1 e da crítica textual na seção 2.2.

931. Muitos comentaristas não estabelecem conexão entre a expressão אַף־הוּא e Elias, preferindo ignorá-la, ou considerá-la uma referência unicamente a YHWH (AULD, A. G., I & II Kings, p. 150; BERGEN, W. J., Elisha and the End of Prophetism, p. 64; CARLSON, R., Élisée – Le Successeur D'Élie, p. 387; COGAN, M.; TADMOR, H., II Kings, p. 31; FRITZ, V., A Continental Commentary, p. 233; ROBINSON, J., The Second Book of Kings, p. 23; RUSHDOONY, R. J., Chariots of Prophetic Fire, p. 78; WOLFGRAMM, A. J., Kings, p. 170-171; WÜRTHWEIN, E., Die Bücher der Könige: 1 Kön. 17-2 Kön. 25, p. 273); outros preferem emendar, como referência à segunda tentativa de Eliseu em partir as águas (BEAL, L. M. W., 1 & 2 Kings, p. 300; BURNEY, C. F., Notes on the Hebrew Text of the Books of Kings with an Introduction and Appendix, p. 266; GARSIEL, M., From Earth to Heaven, p. 171; MCKENZIE, S. L., 1 Kings 16–2 Kings 16, l. 6372-6380; RUDOLPH, W., Zum Text der Königsbücher, p. 209). Alguns até levam em consideração a expressão traduzindo-a como "mesmo ele", mas sem esclarecer a quem se refere: BODNER, K., Elisha's Profile in the Book of Kings, p. 54; GRAY, J., I & II Kings, p. 473; HOBBS, T. R., 2 Kings, p. 14-15; LANGE, J. P. et al., A Commentary on the Holy Scriptures, p. 10; MARTIN, C. G., 1 and 2 Kings, p. 420. Recentemente T. Tekoniemi resolveu manter a expressão, mas como referência ao próprio YHWH, numa espécie de "leitura redundante" (TEKONIEMI, T., Enhancing the Depiction of a Prophet, p. 79); o mesmo faz SWEENEY, M. A., I & II Kings, p. 274. Mas G. del Olmo Lete, em artigo antigo, reconhece que de fato a expressão refere-se a Elias (DEL OLMO LETE, G., La Vocación del Líder en el Antiguo Israel, p. 167-168).

continuidade da aliança – e do próprio Israel. Assim, salienta-se uma espécie de necessidade da "imortalidade da profecia"[932].

Precisar repetir o ato de partir as águas do Jordão (v. 14f-g) não significa malogro de Eliseu, nem que seu poder necessariamente seja menor do que o de seu mestre – invertendo por completo, assim, a eficácia do pedido do v. 9; somente quando há a invocação de YHWH, o Deus de Elias, evidencia-se que para Elias, e agora para Eliseu, o poder para partir as águas do Jordão sem dúvida reside em YHWH. Por isso, ao golpear pela segunda vez as águas, não é mencionado o manto. A confiança de Eliseu não poderia repousar nele próprio, nem no manto, nem em Elias, mas unicamente em YHWH[933]. Assim como, assumindo a liderança de Moisés, Josué atravessa o Rio Jordão com o povo (Js 3,17), também Eliseu atravessa o mesmo rio, recebendo a autoridade espiritual do ministério profético de Elias. Mas, enquanto aquele evento foi público, com Eliseu vai apenas um grupo seleto, uma espécie de "remanescente" testemunha[934].

Há um retrato escatológico do Rio Jordão como fonte sobrenatural de bênçãos na visão de Ezequiel, quando o rio corre do templo para o Vale do Jordão (Ez 47,8), levando o poder da purificação e tornando-se uma fonte de vida em abundância. É o mesmo que ocorre no episódio de Naamã (2Rs 5), quando este é purificado da sua lepra ao banhar-se no Rio Jordão. Assim, a "reação" do rio ao poder do profeta confirmaria a bênção de YHWH sobre o ministério de Eliseu, transmitindo aos filhos dos profetas (e aos leitores) essa importante verdade teológica[935]. Tanto para Elias quanto para Eliseu, a sucessão profética culminando no Rio Jordão – um lugar "de milagre e de revelação" – é representada pela menção de Eliseu ter atravessado suas águas (v. 14h): chegar à outra margem simboliza a consumação da transferência do poder profético[936].

---

932. HAVRELOCK, R., River Jordan, p. 140-141.

933. BEAL, L. M. W., 1 & 2 Kings, p. 305; BRUEGGEMANN, W., 1 & 2 Kings, p. 297; BUTLER, J. G., Elisha, p. 49; CARLSON, R., Élisée – Le Successeur D'Élie, p. 387; COHN, R. L., 2 Kings, p. 15; FETHEROLF, C. M., Elijah's Mantle, p. 209; GARSIEL, M., From Earth to Heaven, p. 172; HOUSE, P. R., 1, 2 Kings, p. 260.

934. DAVIS, D. R., 2 Kings, p. 32; DAVIS, D. R., The Kingdom of God in Transition, p. 389; FORESTI, F., Il rapimento di Elia al cielo, p. 271; HENS-PIAZZA, G., 1-2 Kings, p. 235-236.

935. POWELL, T., Jordão, p. 796. Cf. tb. REISER, W., Eschatologische Gottesprüche in den Elisa-legenden, p. 321-338.

936. HAVRELOCK, R., River Jordan, p. 153-154; SAVRAN, G. W., Encountering the Divine, p. 176. R. Havrelock ainda diz na p. 156 que a sucessão profética ocorrida no Rio Jordão potencializa a necessidade da próxima transição política da dinastia de Amri para a de Jeú; e o Rio Jordão "funciona como um portal para os céus, tanto quanto um lugar de contato entre o humano e o divino. É mais uma junção entre vida e morte, onde a morte pode ser transcendida". Cf. tb. MOTTA, F. B., The Charismatic & the Social Prophetic Ministry in the Life of the Prophet Elisha, p. 233.

### 4.3.4.5. Os filhos dos profetas comunicam que houve a sucessão profética (v. 15)

Os filhos dos profetas, antes parados junto ao Rio Jordão (v. 7), "retornam" à narrativa, posicionados agora em Jericó, e demonstram que até aquele momento atuaram como "testemunhas oculares silenciosas" do que Eliseu realizara no rio (v. 15a-b). Não haveria um grupo de profetas relacionados ao Rio Jordão; eles seriam provenientes de Jericó. O rio, portanto, serviu como lugar de encontro para todos os envolvidos pela narrativa, a qual desloca-se agora para a cidade de Jericó. Talvez o grupo dos filhos dos profetas inclua alguns oriundos do agrupamento de Betel (v. 3); mas há um "silêncio narrativo" acerca desse dado. Ao testemunharem Eliseu lograr êxito em cruzar o Rio Jordão como já fizera Elias, os filhos dos profetas reconhecem que o espírito deste repousa no discípulo e consequentemente prestam-lhe a devida obediência[937].

A atestação dos filhos dos profetas, que mencionam não o manto, e sim o espírito (v. 15c-d), confirmaria que este é a verdadeira fonte do poder e da autoridade profética, sendo o manto um veículo passivo ou condutor mediante o qual o espírito – a saber, a autoridade profética – é transferido de Elias para Eliseu[938]. Não há descrição do espírito de YHWH, e sim do "espírito de Elias", ou seja, o "carisma" concedido por YHWH a um grupo seleto de pessoas ("juízes", profetas, mas não sacerdotes) para exercer feitos extraordinários, na qualidade de líderes e mensageiros divinos. A "transferência" desse espírito é exclusiva das narrativas de Eliseu, pois em Nm 27,18-20 Josué já tem um espírito, mencionando-se apenas a "concessão" da autoridade (הוֹד) de Moisés para ele[939].

---

937. BEAL, L. M. W., 1 & 2 Kings, p. 305; CHAMPLIN, R. N., II Reis, I Crônicas, II Crônicas, Esdras, Neemias, Ester, Jó, p. 1474; COHN, R. L., 2 Kings, p. 15; FETHEROLF, C. M., Elijah's Mantle, p. 209-210; HOUSE, P. R., 1, 2 Kings, p. 258; MOTTA, F. B., The Charismatic & the Social Prophetic Ministry in the Life of the Prophet Elisha, p. 227. Mas o uso de מִנֶּגֶד poderia sugerir que os filhos dos profetas não estivessem em Jericó, mas nas cercanias como expectadores (BURNEY, C. F., Notes on the Hebrew Text of the Books of Kings with an Introduction and Appendix, p. 266).

938. WAGSTAFF, B. J., Redressing Clothing in the Hebrew Bible, p. 320. Cf. tb. CARROLL, R. P., The Elijah--Elisha Sagas, p. 405; COGAN, M.; TADMOR, H., II Kings, p. 34; FORESTI, F., Il rapimento di Elia al cielo, p. 268-271; FRITZ, V., A Continental Commentary, p. 235; WÜRTHWEIN, E., Die Bücher der Könige: 1 Kön. 17-2 Kön. 25, p. 275. Para opinião contrária – a saber, o poder reside de fato no objeto –, cf. COHN, R. L., 2 Kings, p. 15; HAVRELOCK, R., River Jordan, p. 157; MILLGRAM, H. I., The Elijah Enigma, p. 196; O'BRIEN, M. A., The Portrayal of Prophets in 2 Kings 2, p. 9. Alguns autores são bastante explícitos acerca desse ponto: um "objeto mágico" (MATTHEWS, V. H., Making Your Point, p. 26); um "sinal do poder espiritual" (DE VRIES, S. J., 1 Kings, p. 239); um "talismã de poder" (WALSH, J. T., 1 Kings, p. 279).

939. TENGSTRÖM, S.; FABRY, H.-J., רוּחַ, p. 390-391. Sobre a tradução de הוֹד como "autoridade", cf. CLINES, D. J. A., הוֹד I, p. 500-501. Assim encontra-se declarado em b. Sotah 49B: "piedade conduz ao Espírito Santo, o Espírito Santo conduz à ressurreição dos mortos, e a ressurreição dos mortos vem através de Elias, abençoada seja sua memória, Amém".

Os filhos dos profetas atestam a transferência do "espírito profético" afirmando que este "repousa" sobre Eliseu. Mediante a raiz נוח, há pontos de contato com Nm 11,25; mas ali YHWH "reteve" apenas parte do espírito (מִן־הָרוּחַ) que estava sobre Moisés, fazendo-a repousar sobre setenta anciãos. Como YHWH ainda promete repousar o seu Espírito – relacionado com muitos atributos, como o da sabedoria – sobre o herdeiro davídico (Is 11,1-2), a transferência do espírito de Elias para Eliseu realiza-se nos moldes da investidura real[940]. Ao usar ainda a raiz נוח em 2Rs 2,15, torna-se implícita a concretização, através da palavra profética, da promessa de YHWH em dar descanso ao seu povo – segurança e proteção (Is 14,3); mas igualmente concede um "tom marcial", pela promessa do descanso decorrente da derrota dos inimigos (Dt 25,19)[941].

Vindo ao encontro de Eliseu, a obediência dos filhos dos profetas a Eliseu é demonstrada quando estes se prostram diante dele em terra (v. 15e-f). O ato de prostração, seja qual for a origem etimológica[942], relaciona-se ao gesto comum na antiguidade de reverência e subordinação a alguém superior, em especial a reis. Bem cedo o gesto foi estendido à adoração das divindades, pois a linha entre o profano e o sagrado é extremamente tênue neste caso. Assim, o gesto dos filhos dos profetas em relação a Eliseu pode ser compreendido como um "ritual" de submissão, sem necessidade de expressar adoração a um ser humano[943].

---

940. PREUSS, H. D., נוּחַ, p. 279; STOLZ, F., נוח, p. 723. Cf. tb. HAVRELOCK, R., River Jordan, p. 155; OMANSON, R. L.; ELLINGTON, J. E., A Handbook on 1-2 Kings, p. 723; WEISMAN, Z., The Personal Spirit as Imparting Authority, p. 226-227. Sobre a sucessão real e suas similaridades com a sucessão profética de Elias para Eliseu, cf. HAVRELOCK, R., River Jordan, p. 135-137.

941. COPPES, L. J., נוּחַ, p. 937; OSWALT, J. N., נוח (1), p. 60.

942. FRETHEIM, T. E., חוה (2), p. 42; PREUSS, H. D., חוה, p. 249; STÄHLI, H.-P., חוה, p. 398; YAMAUCHI, E., חָוָה III, p. 434-436. O ato de prostração por excelência tradicionalmente ligava-se a raiz שחה no *hitpalel*; entretanto, a partir do ugarítico, verificou-se ser uma antiga forma causativa *shafel*, com nuança reflexiva da raiz חוה ou חוי; concordam HOLLADAY, W. L., חוה II, p. 138; JOÜON, P.; MURAOKA, T., A Grammar of Biblical Hebrew, p. 195 (relacionando com uma raiz חיה); KOEHLER, L. et al., חוה II, p. 295-296. Entretanto, a ligação com a raiz שחה ainda pode ser encontrada em ALONSO SCHÖKEL, L., שָׁחָה, p. 664-665; BROWN, F.; DRIVER, S. R.; BRIGGS, C. A., שָׁחָה, p. 1005; GESENIUS, F. W.; KAUTZSCH, E.; COWLEY, A. E., Gesenius' Hebrew Grammar, p. 215, e mesmo recentemente em CLINES, D. J. A., שחה I, p. 316-319. Um estudo amplo, defendendo a ligação com a raiz חוי/חוה baseado no ugarítico, é o de KREUZER, S., Zur Bedeutung und Etymologie von hištaḥawāh/yštḥwy, p. 39-60. Não obstante, L. Alonso-Schökel declara que "o hebraico o trata de fato como *hitpalel* de שחה".

943. FRETHEIM, T. E., חוה (2), p. 43; FRITZ, V., A Continental Commentary, p. 236; PREUSS, H. D., חוה, p. 250-251; STÄHLI, H.-P., חוה, p. 399; WEINGART, K., My Father, My Father!, p. 260. Com os significados de "adoração" e "prostração" relacionados igualmente na palavra grega προσκύνησις, não fica claro se o ato exigido por Alexandre Magno requereu de seus súditos simples reverência ou talvez uma espécie de culto à sua personalidade – algo ainda incerto para os estudiosos, como provavelmente seria para seus contemporâneos (YAMAUCHI, E., חָוָה III, p. 434).

### 4.3.5. Terceiro diálogo entre Eliseu e os filhos dos profetas (v. 16-18)

É provável que o estranho pedido para procurar por Elias no v. 16d baseie-se na tradição exposta em 1Rs 18,12, pela qual o grande profeta poderia ser levado inesperadamente para outro lugar – embora possa ser uma simples metáfora para a sua atividade itinerante, sob a orientação do Espírito de YHWH[944]. Ao mesmo tempo que evidenciam "compreensão espiritual" no reconhecimento da sucessão (v. 15), e colocando-se na posição de "servos" de Eliseu (v. 16b), ao insistir na procura por Elias os filhos dos profetas na verdade apresentariam uma "carência" espiritual: recusariam crer que de fato Elias foi transladado aos céus[945]. Entretanto, é possível ainda que presenciassem somente o cruzamento do Jordão tanto por Elias quanto por Eliseu – e, assim, fazem a declaração no v. 15 –, mas não o translado mencionado nos v. 11-12. Não obstante, estariam procurando não por um cadáver, e sim por alguém vivo – logo, de qualquer forma, estariam como que ainda pondo em dúvida a realidade da sucessão[946].

Para efetuar a procura, utiliza-se a raiz no *piel* בקש (v. 16c-d). Significando basicamente "procurar", "buscar" algo ou alguém, diferencia-se de דרש por esta ser de natureza mais intelectual, abstrata. Mas as duas palavras podem ser utilizadas em paralelismo, como em Dt 4,29: por isso, um dos usos teológicos importantes de בקש consiste na busca de YHWH, seja ele o sujeito, seja ele o objeto[947]. Essas relações entre בקש e דרש permitem associações entre o episódio envolvendo a "busca", a inquirição (דרש) por Baal Zebub em 2Rs 1,1-18 e a procura (בקש) por Elias aqui em 2Rs 2,16.

Para empreender a busca, colocam-se à disposição cinquenta homens qualificados como "valentes", בְּנֵי־חַיִל (v. 16a-b). A palavra חַיִל envolve a ideia de "poder", e na associação com a palavra בֵּן ("possuidor do poder") evoca ainda a ideia de poderio militar: das 17 ocorrências, isso pode ser visto em 9[948]. Mas há

---

944. HOBBS, T. R., 2 Kings, p. 22-23; LONG, B. O., 2 Kings, p. 28.

945. AULD, A. G., I & II Kings, p. 154; BEAL, L. M. W., 1 & 2 Kings, p. 305; BRUEGGEMANN, W., 1 & 2 Kings, p. 298; CHAMPLIN, R. N., II Reis, I Crônicas, II Crônicas, Esdras, Neemias, Ester, Jó, p. 1474.

946. BEAL, L. M. W., 1 & 2 Kings, p. 305; LANGE, J. P. et al., A Commentary on the Holy Scriptures, p. 11-16; MCKENZIE, S. L., 1 Kings 16–2 Kings 16, l. 6733-6736; PROVAN, I. W., 1 & 2 Kings, p. 174; ROBINSON, J., The Second Book of Kings, p. 27; RYKEN, P. G., 2 Kings, p. 27. Não haveria uma "apreciação equivocada" da situação baseada no baalismo, como se Deus intencionasse "enganar" os filhos dos profetas – simplesmente, esses não teriam testemunhado o translado (BUTLER, J. G., Elisha, p. 54). Ou apenas se recusassem a crer que enfim Elias havia sido transladado (BRUEGGEMANN, W., 1 & 2 Kings, p. 298). O uso da raiz נשא, e não לקח (v. 3.5), indicaria que o conhecimento desses discípulos era pouco claro (DHARAMARAJ, H., A Prophet Like Moses?, p. 194), pelo menos em comparação aos relacionados com Betel e Jericó nos v. 3.5.

947. CHHETRI, C., בקש, p. 698-699; GERLEMAN, G., בקש, p. 251-253; WAGNER, S., בָּקַשׁ, p. 229-337.

948. Dt 3,18; Jz 18,2; 1Sm 14,52; 18,17; 2Sm 2,7; 13,28; 17,10; 1Cr 5,18; 2Cr 28,6 (EVEN-SHOSHAN, A., A New Concordance of the Bible, p. 365).

uma aplicação "pacífica" em 1Rs 1,52, onde Salomão exorta Adonias a se comportar como בֶּן־חַיִל, uma pessoa "honesta", "confiável"; e, na obra do Cronista, a mesma expressão é utilizada com o sentido de homens "capazes", "hábeis" (1Cr 26,7.9.30.32; 2Cr 26,17)[949]. O sentido em 2Rs 2,16 poderia, portanto, ser não necessariamente de homens "guerreiros", mas sim de homens com capacidade física suficiente para empreender uma busca por três dias[950].

Se os filhos dos profetas mencionam no v. 15 o espírito de Elias, agora falam do Espírito de YHWH, רוּחַ יְהוָה, ter levado Elias e o lançado para algum dos montes ou vales (v. 16e-f). De fato, o papel do Espírito de YHWH nas narrativas de Elias consistiria em transportar o profeta de um lugar para o outro, como depreende-se comparando 1Rs 18,12 e 2Rs 2,16 – um fenômeno explorado igualmente no livro do Profeta Ezequiel (Ez 3,12.14; 8,3; 11,1.24), embora aqui não fique claro tratar-se de remoção física ou visionária[951].

Essa ação do Espírito é descrita por duas raízes: נשא e שׁלך. A raiz נשא (v. 16e) lembra que Elias teria sido levado pelo Espírito de YHWH, assim como ocorreu com o Profeta Ezequiel (Ez 3,11-12; 11,1) – e assim como o vento carrega a palha (Is 40,24; 41,16); e, com a raiz שׁלך (v. 16f), especifica-se que o Espírito de YHWH lançou Elias, momentaneamente deixando em segundo plano a questão da sucessão e retornando à temática da ascensão. Por isso, a menção de vales e montes torna-se uma ênfase geográfica para salientar que os filhos dos profetas pensam pelo menos numa remoção de Elias de um lugar para outro, a exemplo do que pode ser visto em 1Rs 18,12[952].

---

949. EISING, H., חַיִל, p. 349-350; WAKELY, R., חַיִל, p. 116-117.

950. HOBBS, T. R., 2 Kings, p. 22; LANGE, J. P. et al., A Commentary on the Holy Scriptures, p. 16-17; LONG, B. O., 2 Kings, p. 28; MONTGOMERY, J. A., A Critical and Exegetical Commentary on the Books of Kings, p. 354; WAKELY, R., חַיִל, p. 116. Apesar das afinidades com a palavra כֹּחַ, a qual pode significar igualmente "poder", חַיִל evocaria um "grande poder" ou uma "grande capacidade", adequadas ao contexto bélico (VAN DER WOUDE, A. S., כֹּחַ, p. 610-611). Não haveria dados seguros para afirmar que essa expressão se referisse a guerreiros beduínos que raptassem Elias (GRAY, J., I & II Kings, p. 476).

951. ALBERTZ, R.; WESTERMANN, C., רוּחַ, p. 1207; VAN PELT, M. V.; KAISER, W. C.; BLOCK, D. I., רוּחַ, p. 1071; TENGSTRÖM, S.; FABRY, H.-J., רוּחַ, p. 393. Cf. ainda CLINES, D. J. A., רוּחַ, p. 432; GRAY, J., I & II Kings, p. 476-477; MONTGOMERY, J. A., A Critical and Exegetical Commentary on the Books of Kings, p. 354-355; OMANSON, R. L.; ELLINGTON, J. E., A Handbook on 1-2 Kings, p. 724, em que se debate haver referência ao Espírito de YHWH ou a um vento de YHWH. Apesar das similaridades com Ezequiel, o caráter único das passagens acerca de Elias em 1Rs 18,12; 2Rs 2,16 baseia-se numa interessante peculiaridade: enquanto em 2Rs 2,15 a palavra רוּחַ foi tratada como feminina, em 1Rs 18,12; 2Rs 2,16 comporta-se como masculina – pois utiliza-se nessas passagens o mesmo verbo conjugado no masculino, נָשָׂא (FORESTI, F., Il rapimento di Elia al cielo, p. 258).

952. FREEDMAN, D. N. et al., נָשָׂא, p. 29; STOLZ, F., נשא, p. 770; STOLZ, F., שׁלך, p. 1336; THIEL, W., שׁלך, p. 95. Se pode ser de fato somente um "sinalizador geográfico", não obstante pode representar juízo (Is 28,1), sendo mais proeminente o "vale dos filhos de Enom" (2Cr 28,3; Jr 7,31; 19,2) e um obstáculo que precisa ser transposto, como em Is 40,4 (RASMUSSEN, C., גַּיְא, p. 826-827; SMITH, J. E., גַּיְא, p. 261). Pode-se dizer que ainda há um obstáculo, posto pelos próprios filhos dos profetas, para ratificar a sucessão profética. Por

Eliseu pede para que não enviem homens a fazer tal busca (v. 16g-h): ele sabe que Elias não está mais no âmbito deste mundo[953]. Não obstante, os filhos dos profetas não aceitam isso e pressionam Eliseu (v. 17a). A raiz פצר, "pressionar", ocorre 7 vezes no texto massorético, usada para salientar uma forte insistência: Ló com os anjos (Gn 19,3) e o sogro com o levita (Jz 19,7) para aceitarem pernoitar em suas casas; Jacó com seu irmão, Esaú (Gn 33,11), e Naamã com Eliseu (2Rs 5,16) para aceitar um presente; e numa atitude negativa, com o sentido de "obstinação", como os homens de Sodoma com Ló (Gn 19,9) e o Rei Saul com YHWH (1Sm 15,23)[954]. Os filhos dos profetas insistem até o constrangimento de Eliseu, עַד־בֹּשׁ (v. 17a), uma fórmula estereotipada encontrada igualmente em Jz 3,25 e 2Rs 8,11 – quando Eliseu tanto fitou Hazel, que este constrangeu-se, numa espécie de "importunação"[955].

Em razão da insistência, Eliseu consente que os filhos dos profetas façam a busca (v. 17b-c). Enviaram então cinquenta homens (v. 17d), os quais procuram Elias em vão por três dias (v. 17e). Não o encontram: a raiz מצא (v. 17f) é a resposta adequada à raiz בקשׁ nos v. 16-17, especialmente na figura metafórica do procurar e não encontrar. Por isso, ao voltarem os cinquenta homens a Eliseu (v. 18a), o profeta declara que já havia avisado para não empreenderem tal busca, expondo a futilidade do esforço deles (v. 18c-e)[956]. Note-se que Eliseu não conta aos filhos dos profetas o exato ocorrido no Rio Jordão: assim como a localização da sepultura de Moisés era desconhecida (Dt 34,6), o destino de Elias permaneceria um mistério – um outro paralelo mosaico importante[957].

---

isso, a aparente "perturbação" do texto entre os v. 15-16, que levaria a supor uma inserção redacional dos v. 16-18 (FORESTI, F., Il rapimento di Elia al cielo, p. 258).

953. DEL OLMO LETE, G., La vocación de Eliseo, p. 292.

954. As 7 ocorrências segundo CLINES, D. J. A., פָּצַר, p. 736; cf. tb. CONRAD, J., פָּרַץ, p. 107; FOULKES, F.; SOUTHWELL, P. J. M., פָּצַר, p. 654-655. Na p. 105, J. Conrad argumenta ser פצר semanticamente equivalente a algumas ocorrências de פרץ, "irromper", podendo representar פצר no qal uma forma secundária de פרץ (os dois sentidos poderiam estar incluídos em Gn 19,9). Mas D. J. A. Clines distingue פצר das raízes פרץ I, "irromper" (usada em Os 4,2, por exemplo), e פרץ II, "urgir" (esta com 4 ocorrências: 1Sm 28,23; 2Sm 13,25.27; 2Rs 5,23) – analisadas por ele nas p. 776-778. Nas p. 778-779, D. J. A. Clines ainda distingue mais 6 raízes relacionadas a פרץ: III, "ordenar" (1Sm 3,1; 2Cr 31,5; Sl 17,4); IV, "entalhar" (Jó 28,4); V, "portar-se como bandoleiro" (1Sm 25,10); VI, "vir primeiro" (Gn 38,29); VII, "transbordar, exceder" (Gn 38,29 como alternativa para a raiz VI; e Pr 3,10); e VIII, "mentir, ser falso" (1Sm 3,1 como alternativa para a raiz III).

955. BARNES, W. H., Cornerstone Biblical Commentary, p. 202; BODNER, K., Elisha's Profile in the Book of Kings, p. 55; CARR, A. D., Elisha's Prophetic Authority and Initial Miracles (2 Kings 2:12-15), p. 38; COGAN, M.; TADMOR, H., II Kings, p. 33; HOBBS, T. R., 2 Kings, p. 23; LANGE, J. P. et al., A Commentary on the Holy Scriptures, p. 16; NEL, P. J., בושׁ I, p. 605; SEEBASS, H., בּוֹשׁ, p. 52; STOLZ, F., בושׁ, p. 205.

956. COHN, R. L., 2 Kings, p. 15; DAVIS, D. R., The Kingdom of God in Transition, p. 390; GERLEMAN, G., מצא, p. 683-684; GRISANTI, M. A., מצא, p. 1059; HAVRELOCK, R., River Jordan, p. 159; LONG, B. O., 2 Kings, p. 28; WAGNER, S.; FABRY, H.-J., מָצָא, p. 466-468.

957. HOBBS, T. R., 2 Kings, p. 16; MARTIN, C. G., 1 and 2 Kings, p. 420; MCKENZIE, S. L., 1 Kings 16–2 Kings 16, l. 6591-6595.

A menção de Eliseu estar assentado em Jericó (v. 18b) fornece o contexto para as próximas ações do profeta, a saber, a purificação das águas da cidade, efetuada a cabo por Eliseu numa primeira confirmação da sucessão profética (v. 19-22). A segunda confirmação ocorrerá na sequência, no episódio envolvendo os rapazes pequenos e as ursas (v. 23-24): doravante, a autoridade profética de Eliseu enfim será incontestável – e a sucessão estará definitivamente consumada[958].

## 4.4. A sucessão profética é confirmada em Jericó e Betel (v. 19-24)

### 4.4.1. Palavra de bênção em Jericó (v. 19-22)

#### 4.4.1.1. Palavra e ação dos homens da cidade (v. 19.20d)

A palavra de bênção em Jericó inicia-se com a fala dos homens da cidade (v. 19a), "provavelmente autoridades representando o povo"[959]. Os homens da cidade atestam (v. 19b) que o seu assentamento (מוֹשַׁב הָעִיר) é bom (טוֹב). A palavra "cidade", עִיר, associa-se com proteção; e o adjetivo טוֹב concede ao local uma conotação positiva. Por isso, como "parte integrante da terra prometida, Jericó é um lugar bom" (Nm 14,7), uma "terra santificada pela presença de YHWH e que, portanto, não pode ser contaminada" (Nm 35,34). Jericó, com um clima "sempre agradável, seja no inverno ou verão [...] ajudaria a explicar o contexto do pedido para purificar as águas"[960].

Mostrando "elevado respeito e deferência ao profeta" com o uso de אֲדֹנִי, "requerem sua atenção para constatar o estado das águas e da terra" (v. 19c)[961]. Para essa finalidade emprega-se a raiz ראה, a mesma utilizada anteriormente no v. 10 – onde havia um significado teológico fundamental: estariam reconhecendo de fato Eliseu como profeta autorizado. Contudo, "importante para o v. 19c é o campo semântico da percepção sensorial", concluindo-se que "não obstante a maldição

---

958. BEAL, L. M. W., 1 & 2 Kings, p. 305; BERGEN, W. J., Elisha and the End of Prophetism, p. 66; MCKENZIE, S. L., 1 Kings 16–2 Kings 16, l. 6431-6433; POLAN, G. J., The Call of Elisha, p. 363; RICE, G., Elijah's Requirement for Prophetic Leadership (2 Kings 2:1-18), p. 9-10.

959. BELEM, D. F., Da Palavra sai vida e morte, p. 41; cf. tb. LANGE, J. P. et al., A Commentary on the Holy Scriptures, p. 17. A identificação da cidade fica implícita pelo contexto de 2Rs 2,13-18, pois pressupõe-se que Eliseu não deixara Jericó (BERGEN, W. J., Elisha and the End of Prophetism, p. 66; PIETSCH, M., Der Prophet als Magier, p. 349). Cf. tb. seção 2.3.

960. BELEM, D. F., Da Palavra sai vida e morte, p. 42-43; cf. tb. BOWLING, A., טוֹב, p. 564; HARTLEY, J. E., יְרִיחוֹ, p. 668; HULST, A. R., עִיר, p. 880-881; OTTO, E., עִיר, p. 54-63. Para a ligação de עִיר com a raiz עיר "proteger", cf. KOEHLER, L., et al., עִיר, p. 820; CLINES, D. J. A., עִיר, p. 368. Sobre o termo מוֹשָׁב, cf. GÖRG, M., מֹשָׁב, p. 420-438; KAISER, W. C., מֹשָׁב, p. 676-677; WILSON, G. H., יָשַׁב, p. 549-550.

961. SHEMESH, Y., The Elisha Stories as Saint's Legends, p. 39; cf. tb. BELEM, D. F., Da Palavra sai vida e morte, p. 42.

sobre Jericó, os homens da cidade percebem que o lugar é bom, como deve ser o território prometido a Israel, pedindo a constatação da parte do profeta"[962].

Os homens da cidade reclamam que as águas são ruins (v. 19d)[963]. A água apresenta uma ambivalência: "mesmo constituindo uma bênção sem a qual ninguém consegue sobreviver, ao mesmo tempo é um elemento caótico [...] refletindo as condições climáticas do Levante". Não obstante, atribui-se geralmente um caráter positivo às águas, ao ponto de YHWH ser comparado à "fonte de águas vivas" (Jr 2,13); por isso, "chama a atenção o fato de 2Rs 2,19 ser a única passagem na qual מַיִם e רַע estão associados"[964].

Buscando uma "explicação dentro do próprio texto"[965], percebe-se a "inegável conexão do ministério de Eliseu com águas". Segundo J. Pakkala, em 22 passagens de Reis que se referem a águas, "18 estão relacionadas a profetas ou [lugares] onde um profeta exerce papel central, e 10 diretamente conectadas a milagres: água pode imediatamente ser instrumento de milagre [...] ou pode ser palco do milagre". Conclui-se, portanto, que enquanto "elemento primário e natural, e uma necessidade de vida", água era "um objeto ideal para Eliseu demonstrar poder"[966].

A segunda reclamação é de que a terra é estéril (v. 19e). Pelo uso de אֶרֶץ, poderia "se pensar na terra de Israel, um dos principais focos teológicos e éticos da fé israelita e das escrituras do Antigo Testamento". Entretanto, "apesar de o território de Israel ser aplicado em algumas passagens do ciclo de Eliseu (2Rs 5,2.4; 6,23), o sentido aqui é de solo, por estar abordando sua produção". Isso seria confirmado pelo uso da raiz שׁכל, a qual remete à "privação do produto humano": a reprodução. Como da "privação de filhos vem a ideia do aborto (Ex

---

962. BELEM, D. F., Da Palavra sai vida e morte, p. 44; cf. tb. PEREIRA, N. C., Profecia cotidiana e a religião sem nome, p. 38.

963. Sobre a identificação destas águas com a fonte de Ein-es-Sultan, a "fonte de Eliseu" na tradição cristã, cf. BELEM, D. F., Da Palavra sai vida e morte, p. 44; COGAN, M.; TADMOR, H., H., II Kings, p. 36; FRITZ, V., A Continental Commentary, p. 237; GRAY, J., I & II Kings, p. 427; KEIL, C. F.; DELITZSCH, F., Commentary on the Old Testament, p. 211; LANGE, J. P. et al., A Commentary on the Holy Scriptures, p. 17; SWEENEY, M. A., I & II Kings, p. 274; WISEMAN, D. J., 1 e 2 Reis, p. 173.

964. BAKER, D. W., רעע, p. 1147-1151; BELEM, D. F., Da Palavra sai vida e morte, p. 44-45; CLEMENTS, R. E.; FABRY, H-J., מַיִם, p. 265-288; DOHMEN, R., רעע, p. 564; EVEN-SHOSHAN, A., A New Concordance of the Bible, p. 652; GRISANTI, M. A., מַיִם, p. 928; HÖVER-JOHAG, I., טוֹב, p. 309; KAISER, W. C., מַיִם, p. 829-833; LISOWSKY, G., Concordantiae veteris testament, p. 785-789; LIVINGSTON, G. H., רעע, p. 1141; PAKKALA, J., Water in 1-2 Kings, p. 299-300; STOEBE, H. J., טוֹב, p. 486-495; WESTERMANN, C., מַיִם, p. 1410-1414.

965. BELEM, D. F., Da Palavra sai vida e morte, p. 46. Para uma explicação "natural" acerca do fenômeno das águas ruins em 2Rs 2,19-22, além da nota nessa página cf. tb. BLAKE, I. M., Jericho (Ain es-Sultan), p. 86-96; CHAMPLIN, R. N., II Reis, I Crônicas, II Crônicas, Esdras, Neemias, Ester, Jó, p. 1475; SEOW, C. L., 1 & 2 Kings, p. 178.

966. PAKKALA, J., Water in 1-2 Kings, p. 300-312. Cf. tb. BARNES, W. H., Cornerstone Biblical Commentary, p. 205; BELEM, D. F., Da Palavra sai vida e morte, p. 46.

23,26; Os 9,14), a qual pode ainda representar figurativamente a esterilidade do solo (Ml 3,11)", muitos comentaristas "preferem aqui em 2,19e portanto o sentido figurativo de esterilidade do solo, tanto mais que no v. 21 Eliseu fala não da terra, mas das águas que seriam abortivas"⁹⁶⁷. Por esse motivo, mesmo que haja uma referência primária à esterilidade do solo como consequência de infecção das águas (algo "de acordo com um contexto agrícola"), ao "entender o sentido literal abortivo" assume-se o termo אֶרֶץ "dirigindo-se aos habitantes": são estes representados metaforicamente como "terra" que sofre abortos, permitindo que o texto abarque os "dois sentidos da raiz שׁכל: a esterilidade (do solo) e o abortivo (dos habitantes)"⁹⁶⁸.

Como última ação dos homens da cidade, estes demonstraram "pronta obediência" (v. 20d), trazendo não somente o recipiente como também o sal dentro dele, conforme requisitado por Eliseu (v. 20a-c). Houve também "envolvimento, permitindo que eles sejam coparticipantes do milagre a ser realizado". Como "muitos dos milagres de Eliseu envolvem um pedido que de alguma forma deve ser prontamente atendido" (2Rs 3,15; 4,3.12), a "obediência ao final é recompensada"⁹⁶⁹.

### 4.4.1.2. Palavra e ação do profeta (v. 20a-c.20e-21b)

Para o pedido de Eliseu (v. 20a-c) emprega-se a raiz לקח, cujo "uso teológico para essa perícope gira ainda em torno" da narrativa da ascensão (v. 2,3.5.10.11), "proporcionando um entrelaçamento entre o ato de Eliseu e a história de Elias". Além do mais, é uma raiz comumente encontrada "nos milagres efetuados por intermédio de Eliseu usando diversos instrumentos", como o manto (v. 14) e o

---

967. BELEM, D. F., Da Palavra sai vida e morte, p. 47-48; cf. tb. EVEN-SHOSHAN, A., A New Concordance of the Bible, p 1143; HAMILTON, V. P., אֶרֶץ, p. 124-126; HAMILTON, V. P., שׁכל, p. 106-107; LISOWSKY, G., Concordantiae veteris testamenti, p. 1432; OTTOSSON, M.; BERGMAN, G. J., אֶרֶץ, p. 397; SCHMID, H. H., אֶרֶץ, p. 172-179; SCHMOLDT, H., שׁכל, p. 678-679; WRIGHT, C. J. H., אֶרֶץ, p. 508. Sobre o sentido figurativo de esterilidade, cf. BARNES, W. H., Cornerstone Biblical Commentary, p. 205; FRITZ, V., A Continental Commentary, p. 237; HALE, T., 2 Kings, p. 656; HOBBS, T. R., 2 Kings, p. 14; GRAY, J., I & II Kings, p. 427; OMANSON, R. L.; ELLINGTON, J. E., A Handbook on 1 & 2 Kings, p. 727; MARTIN, C. G., 1 and 2 Kings, p. 421; WOLFGRAMM, A. J., Kings, p. 171.

968. BELEM, D. F., Da Palavra sai vida e morte, p. 48; cf. tb. DAVIS, D. R., 2 Kings, p. 35; HOBBS, T. R., 2 Kings, p. 23; KEIL, C. F.; DELITZSCH, F., Commentary on the Old Testament, p. 211; PROVAN, I. W., 1 & 2 Kings, p. 174; SCHMOLDT, H., שׁכל, p. 679; WÜRTHWEIN, E., Die Bücher der Könige: 1 Kön. 17-2 Kön. 25, p. 277. Assim, todas as emendas sugeridas desde a recensão luciânica tornam-se desnecessárias: cf. tb. seção 2.3, de crítica textual.

969. COHN, R. L., 2 Kings, p. 16; OMANSON, R. L.; ELLINGTON, J. E., A Handbook on 1 & 2 Kings, p. 728; cf. tb. BELEM, D. F., Da Palavra sai vida e morte, p. 53-54.

recipiente novo (v. 20) dentro da perícope de 2Rs 2,1-25⁹⁷⁰. Designado como צְלֹחִית חֲדָשָׁה, o recipiente novo requerido por Eliseu (v. 20b) não tem um "uso teológico específico"; assim, a ênfase cai no adjetivo חָדָשׁ, "novo", e não no recipiente em si. A novidade do צְלֹחִית "simboliza sua pureza, não ter sido usado para outro propósito anteriormente, uma vez que tudo que esteja a serviço de YHWH deve ser incontaminado"⁹⁷¹.

Eliseu também pede מֶלַח, "sal", para pôr (שִׂים) no צְלֹחִית (v. 20c). O sal tanto demonstra "a autoridade de Eliseu como profeta quanto permitirá que as águas saiam do estado ruim [...] tornando-se o verdadeiro instrumento para a realização do milagre" (v. 21b)⁹⁷². O sal, além de condimento, era "um elemento indispensável à preservação", por isso um "importante componente dos sacrifícios", e "associado com aliança, indicando sua durabilidade e santidade". Mas junto ao "recipiente novo" o sal torna-se um "elemento de ritual de separação", uma "proposta de quebra com o passado, removendo do âmbito do profano e trazendo para a esfera do sagrado"; assim, por esse "ritual", Jericó é retirada do "âmbito da maldição e trazida para o da bênção"⁹⁷³.

---

970. KAISER, W. C., לקח, p. 794; SCHMID, H. H., לקח, p. 651; cf. tb. BELEM, D. F., Da Palavra sai vida e morte, p. 50.

971. BELEM, D. F., Da Palavra sai vida e morte, p. 50-51; cf. tb. BARNES, W. H., Cornerstone Biblical Commentary, p. 205; GILMOUR, R., Juxtaposition and the Elisha Cycle, p. 96; cf. tb. GRAY, J., I & II Kings, p. 478; LANGE, J. P. et al., A Commentary on the Holy Scriptures, p. 17; NORTH, R., חָדָשׁ, p. 225-244; OMANSON, R. L.; ELLINGTON, J. E., A Handbook on 1 & 2 Kings, p. 728; VERHOEF, P. A., חדשׁ, p. 30-37; WESTERMANN, C., חָדָשׁ, p. 394-397; YAMAUCHI, E., חָדָשׁ, p. 430-432.

972. COHEN, G. G., שׂום, p. 1469-1471; MEIER, S., שׂים, p. 1230-1233; cf. tb. BELEM, D. F., Da Palavra sai vida e morte, p. 51-52. Sobre a ênfase no sal em vez de no recipiente, confirmada pelo esquema tripartido sujeito + objeto direto + sintagma adicional, cf. VANONI, G., שׂים, p. 99-100.

973. BELEM, D. F., Da Palavra sai vida e morte, p. 52-53; cf. tb. BARNES, W. H., Cornerstone Biblical Commentary, p. 205; BEAL, L. M. W., 1 & 2 Kings, p. 305; EISING, H., מֶלַח, p. 331; FRITZ, V., A Continental Commentary, p. 237-238; GRAY, J., I & II Kings, p. 478; HAMILTON, V. P., מלח, p. 946-948; HOUSE, P. R., 1, 2 Kings, p. 260; KAISER, W. C., מֶלַח, p. 839; MCKENZIE, S. L., 1 Kings 16–2 Kings 16, l. 6606-6608; PEREIRA, N. C., Profecia cotidiana e a religião sem nome, p. 41-42; ROOKER, M. F., Leviticus, p. 98. M. Pietsch vê um ritual mágico no uso do sal, cuja "fórmula do encantamento" encontra-se no v. 21, e a atestação de sua eficácia no v. 22 (PIETSCH, M., Der Prophet als Magier, p. 350); e declara nas p. 347-348 que "o cerne de todas essas narrativas, às vezes muito curtas, é uma ação ritual-simbólica. [...] Eliseu aparece no papel do mágico ou invocador, que simbolicamente percebe o poder de executar as ordens de YHWH em rituais". Mas já ponderara na p. 344 que mesmo "os atos simbólicos proféticos, cuja proximidade com práticas rituais mágicas é amplamente reconhecida, podem ser interpretados como encenações performáticas do discurso profético da revelação, como se pode ver a partir das palavras interpretativas que acompanham". Desse ponto de vista, Eliseu seria uma espécie de "curandeiro", ou "xamã" (CONNERS, Q. R., Elijah and Elisha, p. 238; KARNER, G., Elemente ritueller Handlungen in den Elija-Elischa-Erzählungen, p. 181-184; OVERHOLT, T. W., Elijah and Elisha in the Context of the Israelite Religion, p. 111; SCHMITT, R., Magie im Alten Testament, p. 262-264; WENDLAND, E. R., Elijah and Elisha, p. 218-219). Entretanto, S. McKenzie ressalta que, ainda que o ato pudesse ser compreendido como uma espécie de "exorcismo" para depurar as águas dos "espíritos malignos", o texto enfatiza a eficácia da palavra de YHWH, tendo como mediador o profeta – e não a "mágica" (MCKENZIE, S. L., 1 Kings 16–2 Kings 16, l. 6744-6746). Cf. ainda CZACHESZ, I.,

Passando do âmbito das palavras para o da ação, Eliseu sai (יצא) à fonte (מוֹצָא) das águas (v. 21a). Como o "uso teologicamente mais importante da raiz יצא relaciona-se ao Êxodo de Israel, havendo uma clara correspondência com o ato redentor levado a cabo por YHWH", confirma-se o "modelo mosaico" de profetismo já visto antes, nos v. 1-18, o que seria reforçado pelo uso do substantivo מוֹצָא, proveniente da mesma raiz[974]. Isso é potencializado ainda mais quando Eliseu, uma vez na fonte, lança (שלך) nela o sal que havia pedido (v. 21b): uma vez que a raiz שלך tem como significado básico "lançar", o arremessar de um objeto exerce um papel relevante nas histórias de milagre que aparecem nas tradições ligadas tanto a Eliseu quanto a Moisés (Ex 4,3; 2Rs 6,6)[975].

### 4.4.1.3. Ação da Palavra Divina (v. 21c-22c)

A expressão כֹּה אָמַר יְהוָה no v. 21d serve "adequadamente como introdução ao clímax de uma seção dominada pela raiz אמר, 'dizer'": a "fórmula do mensageiro" representa a "autoconfirmação do mensageiro e sua legitimação diante da pessoa endereçada [...] enfatizando quem o enviou", ressaltando o "poder de YHWH por trás de suas palavras". Por isso, essa raiz "aparece em muitas ocasiões do ciclo de Eliseu": há uma "centralidade da palavra no ministério de Eliseu"; sua palavra "se torna em ação, se cumpre, algo que é reconhecido por todos os que o cercam"[976].

O verbo de ação da Palavra Divina provém da raiz רפא, "curar" (v. 21e). Essa raiz, que aparece 67 vezes no texto massorético, não se restringe à cura física,

---

Magical Minds, p. 19-45; GERSTENBERGER, E. S., Shamanism and Healing Experts, p. 216-232; NISSINEN, M., Magic in the Hebrew Bible, p. 47-67; NISSINEN, M., Why Prophets Are (Not) Shamans?, p. 124-139. Percebe-se que Flávio Josefo esquiva-se de citar milagres, ou tende a racionalizá-los quando os cita – especialmente na sua obra "Antiguidades judaicas", a qual tem não judeus por público-alvo, os quais tendiam a zombar dos judeus acerca da sua "excessiva credulidade". Mas incluiu o episódio de 2Rs 1,19-22 em Guerra dos Judeus 4.8.3, onde reelabora incluindo uma longa e piedosa oração de Eliseu. A audiência primária dessa obra consiste em judeus, aos quais Flávio Josefo quer convencer a não se revoltar contra os romanos – e, para isso, precisa provar que ele próprio é um leal e observante judeu (FELDMAN, L. H., Josephus, Liberties in Interpreting the Bible in the Jewish War and in the Antiquities, p. 319-320).

974. GILCHRIST, P. R., יָצָא, p. 643; JENNI, E., יצא, p. 561-566; MERRILL, E. H., יצא, p. 497; PREUSS, H. D., יָצָא, p. 235-249; cf. tb. BELEM, D. F., Da Palavra sai vida e morte, p. 54. Sobre o "modelo mosaico", cf. seção 4.3.4.3.

975. AUSTEL, H. J., שלך, p. 1570-1571; CHISHOLM, R. B., שלך, p. 127-129; STOLZ, F., שלך, p. 1335-1337; THIEL, W., שלך, p. 89-91. Cf. tb. BELEM, D. F., Da Palavra sai vida e morte, p. 55-57.

976. LUND, J. A., אמר, p. 434; ROVIRA, C. Y., Eliseo, p. 251; SCHMID, H. H., אמר, p. 162; WAGNER, S., אָמַר, p. 339-340. O reconhecimento dado a Eliseu pode ser conferido em 2Rs 3,12; 4,9; 5,3.13; 8,4-5; e, além do v. 21d, a expressão כֹּה אָמַר יְהוָה pode ser encontrada no ciclo de Eliseu em 2Rs 3,16-17; 4,43; 7,1; 9,3.6.12 (EVEN-SHOSHAN, A., A New Concordance of the Bible, p. 86). Cf. BELEM, D. F., Da Palavra sai vida e morte, p. 58-59.

pois pode referir-se metaforicamente ao perdão (Is 19,22) e à "restauração espiritual da parte de Deus" (2Cr 7,14). Esse significado metafórico evidencia-se ainda mais em 1Rs 18,30, um "paralelo", em que Elias, de maneira simbólica, "cura" o altar. Assim, Eliseu, ao promover uma restauração – a da fertilidade –, legitima-se como sucessor de Elias, tornando evidente a continuidade: a "obra começada por Elias deve ser levada adiante", dentro da linguagem profética pela qual se utiliza "a figura da cura para falar da restauração espiritual do povo"[977].

Em 2Rs 2,19-22 há um "eco da tradição de Ex 15,22-27", o "episódio das águas de Mara", um "motivo tradicional"[978]. Havendo em 2Rs 2,19-22 uma "ligação estrita" entre a cura, a saúde e a obediência aos mandamentos divinos, "salienta-se que, sem obediência, a terra (povo) torna-se doente". A presença de um "eco da tradição do Êxodo" é reforçada pela palavra מְשַׁכָּלֶת, "esterilidade" (v. 21f) – a qual remete à ideia de aborto –, cuja raiz também comparece em Ex 23,26, um eco amplificado ainda mais pelo uso da sequência raiz שכל / verbo הָיָה/לֹא em ambas as passagens. O verbo הָיָה aparece no v. 21f como uma "fórmula de recepção da palavra profética", demonstrando que a genuinidade dessa palavra é averiguada pela concordância entre anúncio e cumprimento enquanto critério imprescindível (Dt 18,22). Por isso, mediante a expressão לֹא־יִהְיֶה, o "hagiógrafo deseja expressar que infalivelmente a palavra de YHWH está se cumprindo"[979]. E associando-se no v. 21f a "promessa [...] de que não haverá mais esterilidade" com "a garantia de que não haverá mais morte", as histórias de Eliseu "compartilham o poder sobre a morte" (2Rs 4,31-37; 4,38-41; 13,20-21)[980].

---

977. BELEM, D. F., Da Palavra sai vida e morte, p. 59-60; cf. tb. BROWN, M. L., רָפָא, p. 593-602; CHAN, A. K.; SONG, T. B.; BROWN, M. L., רפא, p. 1156-1159; GRAY, J., I & II Kings, p. 479; STOEBE, H. J., רפא, p. 1255; WHITE, W., רָפָא, p. 1446. Em 1Rs 18,30, "restaurar" possivelmente reflete o sentido original, atestado em línguas semíticas do ramo sul (STOEBE, H. J., רפא, p. 1254-1255). Para a metáfora de cura como restauração espiritual, cf. Is 6,10; Jr 30,17; Os 14,5. Quanto ao significado de "curar", cf. CLINES, D. J. A., רפא I, p. 533-535. Com relação às ocorrências, cf. lista completa em EVEN-SHOSHAN, A., A New Concordance of the Bible, p. 1089; LISOWSKY, G., Concordantiae veteris testamenti, p. 1352.

978. BELEM, D. F., Da Palavra sai vida e morte, p. 60; cf. tb. BEAL, L. M. W., 1 & 2 Kings, p. 305; BODNER, K., Elisha's Profile in the Book of Kings, p. 56; COGAN, M.; TADMOR, H., II Kings, p. 37; DAVIS, D. R., 2 Kings, p. 36; FRETHEIM, T. E., First and Second Kings, p. 138; LONG, B. O., 2 Kings, p. 35; OMANSON, R. L.; ELLINGTON, J. E., A Handbook on 1 & 2 Kings, p. 729; PEREIRA, N. C., Profecia cotidiana e a religião sem nome, p. 44; SWEENEY, M. A., I & II Kings, p. 274. O eco pode facilmente ser constatado pelo quadro encontrado em BELEM, D. F., Da Palavra sai vida e morte, p. 61. Cf. tb. LABOUVIE, S., "Denn ich bin der HERR, dein Arzt" (Ex 15,26), p. 51-68.

979. AMSLER, S., היה, p. 361-362; BERNHARDT, K. H.; BERGMAN, G. J.; RINGGREN, H., הָיָה, p. 379; GRISANTI, M. A., הָיָה, p. 998; HAMILTON, V. P., הָיָה, p. 351; cf. tb. BELEM, D. F., Da Palavra sai vida e morte, p. 61-62.

980. BELEM, D. F., Da Palavra sai vida e morte, p. 62-63; GILMOUR, R., Juxtaposition and the Elisha Cycle, p. 70, 141; ILLMAN, K.-J.; RINGGREN, H.; FABRY, H-J., מות, p. 187. Vale salientar que 1Rs 17,17-24; 2Rs 4,31-37; 13,20-21 podem ser considerados, segundo alguns autores, os únicos casos de ressurreição pessoal no Antigo Testamento (HOBBS, T. R., 2 Kings, p. 170; MARTIN-ACHARD, R., Resurrection, p. 681).

No v. 22a, assegura-se que "foram então saradas as águas até este dia", asseverando-se que os efeitos da "'cura' permanecem até este dia' (עַד הַיּוֹם הַזֶּה)", uma "expressão do presente ritualista", caracterizando "o significado essencial de um evento importante" (Ex 12,17, sobre os Ázimos). Nos livros dos Reis, essa expressão conecta com relatos da História Deuteronomista, o "Deus que age na história". Portanto, "juntando-se com a expressão 'conforme a palavra de Eliseu que dissera'", nos v. 22b-c sublinha-se a "eficácia da palavra profética" (confirmando mais uma vez o "modelo mosaico" em Dt 18,20-22)⁹⁸¹.

O uso de דְּבַר־יְהוָה "evidencia a crença na revelação divina, a convicção teológica que o Deus de Israel fala", a "palavra divina direcionada ao profeta". Se nos livros dos Reis o "cumprimento da palavra proclamada pelo profeta é frequentemente afirmado pela frase כִּדְבַר יְהוָה אֲשֶׁר דִּבֶּר, 'segundo a palavra que YHWH falara'", conforme já visto em 2Rs 1,17, há um "desvio na fórmula usada no v. 22b-c – כִּדְבַר אֱלִישָׁע אֲשֶׁר דִּבֵּר, somente aqui – para salientar a confirmação da palavra de Eliseu", e a "demonstração de que Eliseu é o portador inequívoco da palavra de YHWH"; além disso, a "repetição de uma frase similar aplicada a Elias anteriormente em 2Rs 1,17 ratifica Eliseu como seu legítimo sucessor"⁹⁸². Ao sanar a região de Jericó, Eliseu confirma a ligação com Josué (o "motivo mosaico") e ultrapassa-o: se este amaldiçoara a cidade num contexto de conquista militar, a "conquista" do profeta, um "novo Josué", dá-se pela cura⁹⁸³.

### 4.4.2. Palavra de maldição em Betel (v. 23-24)

#### 4.4.2.1. Introdução: subida a Betel (v. 23a-b)

Se no v. 23a-b é afirmado que Eliseu dirige-se a Betel, pairam dúvidas no v. 23c sobre a proveniência dos "rapazes pequenos", pondo "incertezas acerca do exato local": seria Jericó ou Betel? Como Eliseu virou-se para trás no v. 24, esses

---

981. BELEM, D. F., Da Palavra sai vida e morte, p. 64-66; GEOGHEGAN, J. C. X., The Redaction of Kings and Priestly Authority in Jerusalem, p. 116; VERHOEF, P. A., יוֹם, p. 421-422. Cf. ainda CHILDS, B. S., A Study of the Formula "Until this Day", p. 280-292; COPPES, L. J., יוֹם, p. 604-605; JENNI, E., יוֹם, p. 531-532; SAEBØ, M.; VON SODEN, W.; BERGMAN, G. J., יוֹם, p. 8-15.

982. AMES, F. R., דָּבָר, p. 888; COHN, R. L., 2 Kings, p. 16; GILMOUR, R., Juxtaposition and the Elisha Cycle, p. 96; HOBBS, T. R., 2 Kings, p. 24; OMANSON, R. L.; ELLINGTON, J. E., A Handbook on 1 & 2 Kings, p. 730; RUSHDOONY, R. J., Chariots of Prophetic Fire, p. 85; SCHMIDT, W. H.; BERGMAN, G. J.; LUTZMANN, H., דָּבָר, p. 111; cf. ainda BELEM, D. F., Da Palavra sai vida e morte, p. 66-67. A expressão כִּדְבַר יְהוָה אֲשֶׁר דִּבֶּר encontra-se ainda na obra de Reis em 1Rs 13,26; 14,18; 15,29; 16,12.34; 17,16; 22,38; 2Rs 10,17; 24,2 (SCHMIDT, W. H.; BERGMAN, G. J.; LUTZMANN, H., דָּבָר, p. 114). Cf. tb. seção 3.2.3.

983. CARR, A. D., Elisha's Prophetic Authority and Initial Miracles (2 Kings 2:12-15), p. 36; cf. tb. CARLSON, R., Élisée – Le Successeur D'Élie, p. 404; DAVIS, D. R., The Kingdom of God in Transition, p. 390; FORESTI, F., Il rapimento di Elia al cielo, p. 260; LEITHART, P. J., 1 & 2 Kings, p. 173; PROVAN, I. W., 1 & 2 Kings, p. 173.

"rapazes pequenos" poderiam ser "provenientes de Jericó". Entretanto o "narrador parece de fato intencionar associação com Betel": na expressão מִן־הָעִיר ("da cidade") a preposição מִן pode "designar o natural ou nativo de um topônimo", e assim no v. 23c estaria "implícito o último lugar mencionado": Betel. Portanto, esses "rapazes pequenos" seriam provenientes de Betel "de acordo com muitos comentaristas", determinando "substancialmente o significado da menção a esta cidade"[984].

Como já indicado anteriormente no v. 3, um motivo forte o suficiente para que Eliseu se dirigisse para Betel era a presença, ali, dos "filhos dos profetas". Ao "associar Betel como local de origem dos rapazes insolentes", e comparando com 1Rs 13 e 2Rs 23, o "relato nos v. 23-25 confirmaria o tom antibetelita"[985] identificado já no v. 3. E quanto à raiz עלה no v. 23a, embora "muito usada para indicar peregrinação a lugares sagrados"[986], encontra-se aqui o uso comum de "subir"[987]: o par מִשָּׁם עָלָה "nunca é usado com relação à adoração"; e a "própria maldição impetrada na sequência descarta que o profeta pudesse 'validar' o santuário com sua adoração"[988]. Mais importante parece ser o "uso teológico no v. 23a-b da mesma raiz עלה, se é considerado que essa raiz serve para designar a ascensão de Elias aos céus" dos v. 1-18: seria um "modo de confirmar a transferência do poder profético a Eliseu"[989].

---

984. BELEM, D. F., Da Palavra sai vida e morte, p. 68-69. Cf. tb. ALONSO SCHÖKEL, L., מִן, p. 382; BARBER, C. J., The Books of Kings, p. 45; BURNETT, J. S., "Going Down" to Bethel, p. 296; DAVIS, D. R., 2 Kings, p. 37; GILMOUR, R., Juxtaposition and the Elisha Cycle, p. 102; HOUSE, P. R., 1, 2 Kings, p. 260; MARCUS, D., From Balaam to Jonah, p. 55; MERCER, M., Elisha's Unbearable Curse, p. 169; MESSNER, R. G., Elisha and the Bears, p. 19-22; OMANSON, R. L.; ELLINGTON, J. E., A Handbook on 1 & 2 Kings, p. 730; PARKER, J. F., Valuable and Vulnerable, p. 91; PROVAN, I. W., 1 & 2 Kings, p. 174-175; SATTERTHWAITE, P. E., The Elisha Narratives and the Coherence of 2 Kings 2-8, p. 5; SILVA, C. M. D., A careca de Eliseu, os moleques e as ursas, p. 381; ZIOLKOWSKI, E. J., The Bad Boys of Bethel, p. 331-358. Sobre a tradição rabínica acerca dos "rapazes pequenos" como "adultos carregadores de água de Jericó", que "foram prejudicados pelo milagre efetuado", cf. b. Sotah 46B; WOODS, F. E., Elisha and the Children, p. 49; ZIOLKOWSKI, E. J., The Bad Boys of Bethel, p. 337. Cf. tb. ABDALLA NETO, T., "Sobe, Careca!"

985. BELEM, D. F., Da Palavra sai vida e morte, p. 69; BERGEN, W. J., Elisha and the End of Prophetism, p. 69-70; PARKER, J. F., Valuable and Vulnerable, p. 92. J. Gray declara ser este lugar a fonte das tradições por trás do relato (GRAY, J., I & II Kings, p. 479).

986. BELEM, D. F., Da Palavra sai vida e morte, p. 71; cf. tb. BURNETT, J. S., "Going Down" to Bethel, p. 286; cf. tb. FUHS, H. F., עָלָה, p. 89-90; MERCER, M., Elisha's Unbearable Curse, p. 175; MERRILL, E. H., עלה, p. 404.

987. BUTLER, J. G., Elisha, p. 69; CARR, G. L., עָלָה, p. 1115; cf. tb. BELEM, D. F., Da Palavra sai vida e morte, p. 72.

988. BURNETT, J. S., "Going Down" to Bethel, p. 295; cf. tb. BELEM, D. F., Da Palavra sai vida e morte, p. 71-72. Ainda na mesma página, J. S. Burnett comenta: "o detalhe topograficamente incorreto de 'descer a Betel' deve ser não somente uma calúnia lançada sobre Betel como também parte do esquivar-se da narrativa sobre qualquer implicação de que Elias e Eliseu tenham adorado ali".

989. SWEENEY, M. A., I & II Kings, p. 276; cf. tb. BELEM, D. F., Da Palavra sai vida e morte, p. 72.

## 4.4.2.2. Palavra e ação dos rapazes (v. 23c-g)

Na expressão נְעָרִים קְטַנִּים, "rapazes pequenos" (v. 23c), ocorrendo apenas aqui no plural[990], o vocábulo נַעַר "cobre uma gama de significados, desde uma criança por nascer [...] até um homem de trinta anos, já casado"[991], incluindo ainda "criado", "acompanhante"[992]; e a raiz קטן "denota pequenez de quantidade ou qualidade". Portanto, tanto pode ser referência à pouca idade quanto pode envolver um "uso depreciativo", podendo significar "pequeno" como "oposto ao grande em importância"[993]. De fato, o adjetivo קָטֹן parece enfatizar a imaturidade, como Salomão ao designar-se a si próprio como נַעַר קָטֹן, mais como um "gesto de autodepreciação e de humildade diante de YHWH, mesmo sendo um homem crescido e já poderoso" (1Rs 3,7)[994].

Conclui-se que a ênfase acerca dos "rapazes pequenos" não recai sobre a idade – embora no mínimo sejam retratados como se estivessem na adolescência, plenamente conscientes do que estavam fazendo – e sim no comportamento. Assim, haveria para a expressão נְעָרִים קְטַנִּים a tradução alternativa "rapazes insignificantes", "contrastando com a atitude respeitosa dos homens da cidade de Jericó". É "preciso demonstrar respeito pelo profeta", pois utiliza-se o "adjetivo קָטֹן como autodepreciação", como "ironia e contraponto à atitude desrespeitosa deles para com Eliseu"[995].

---

990. E mais 5 vezes no singular dentro do texto massorético: EVEN-SHOSHAN, A., A New Concordance of the Bible, p. 766.

991. BARNES, W. H., Cornerstone Biblical Commentary, p. 205; BELEM, D. F., Da Palavra sai vida e morte, p. 72-73; BURNETT, J. S., "Going Down" to Bethel, p. 295; FUHS, H. F., נַעַר, p. 481; HAMILTON, V. P., נַעַר, p. 128; MERCER, M., Elisha's Unbearable Curse, p. 172.

992. BELEM, D. F., Da Palavra sai vida e morte, p. 73; cf. tb. FISHER, M. C., נַעַר, p. 978. Sobre esses "rapazes pequenos" serem "trabalhadores ou serventes que se associaram com os filhos dos profetas em Jericó", cf. WOODS, F. E., Elisha and the Children, p. 50.

993. BELEM, D. F., Da Palavra sai vida e morte, p. 73; CARROLL, M. D., קטן, p. 907; CONRAD, J., קָטֹן, p. 4-5; COPPES, L. J., קָטֹן, p. 1335; MARTIN, C. G., 1 and 2 Kings, p. 421; MESSNER, R. G., Elisha and the Bears, p. 17; PARKER, J. F., Valuable and Vulnerable, p. 53.

994. BARNES, W. H., Cornerstone Biblical Commentary, p. 205; BELEM, D. F., Da Palavra sai vida e morte, p. 73-74; GILMOUR, R., Juxtaposition and the Elisha Cycle, p. 100; LANGE, J. P. et al., A Commentary on the Holy Scriptures, p. 17; MARTIN, C. G., 1 and 2 Kings, p. 421; OMANSON, R. L.; ELLINGTON, J. E., A Handbook on 1 & 2 Kings, p. 730; PARKER, J. F., Valuable and Vulnerable, p. 63. De fato, נַעַר pode referir-se a adultos, mas o uso do adjetivo קָטֹן parece reduzir a idade das pessoas envolvidas: basta verificar o contexto de נַעַר קָטֹן em 2Rs 5,14; Is 11,6; 1Sm 20,35.

995. BELEM, D. F., Da Palavra sai vida e morte, p. 74-75. Cf. tb. BEAL, L. M. W., 1 & 2 Kings, p. 305-306; BUTLER, J. G., Elisha, p. 72; IRWIN, B. P., The Curious Incident of the Boys and the Bears, p. 24; LANGE, J. P. et al., A Commentary on the Holy Scriptures, p. 25; MCKENZIE, S. L., 1 Kings 16–2 Kings 16, l. 6637-6639; MESSNER, R. G., Elisha and the Bears, p. 17; PARKER, J. F., Valuable and Vulnerable, p. 94. Para o significado de קָטֹן como "insignificante", cf. CLINES, D. J. A., קָטָן I, p. 240.

Expressa-se o desrespeito através da raiz קלס, a qual aparece no *hitpael* aqui no v. 23d e em mais duas passagens (Ez 22,5; Hab 1,10), significando "fazer troça", "zombar", "ridicularizar"[996]. Conclui-se que em "todas as passagens o desdém relaciona-se à humilhação", com o "tema do justo que sofre zombaria"; e Eliseu "compartilha com Jeremias o destino de sofrer injúrias por anunciar a palavra de YHWH" (Jr 20,8), um "desdém pela autoridade, pelo profeta e pelo próprio YHWH", mostrando o quanto os "'rapazes pequenos' vituperaram da maneira mais vil o profeta"[997]. Eliseu compartilha ainda a profunda humilhação experimentada por Israel após o julgamento de YHWH diante das nações (Sl 44,14; 79,4; Ez 22,4-5)[998].

No v. 23f-g, a raiz verbal עלה é utilizada para o pedido dos rapazes pequenos: "Sobe!", o qual "poderia ser um simples pedido para Eliseu continuar sua jornada, e não entrar em Betel para importuná-los condenando o santuário"; ou, ao contrário, "convidando a cultuar no santuário betelita"[999]. O pedido poderia ainda esconder um sarcasmo, uma "referência zombeteira" ao translado de Elias. Esses rapazes "assemelham-se aos dois grupos de soldados em 2Rs 1,9-12" pelo desrespeito à "autoridade e posição de Elias", um paralelismo para "correlacionar o episódio de Elias e o de Eliseu"[1000].

Enfatiza-se a força do escárnio pelo epíteto dado por esses rapazes a Eliseu: קֵרֵחַ, "calvo", um substantivo o qual aparece somente aqui e em Lv 13,40, "deno-

---

996. BELEM, D. F., Da Palavra sai vida e morte, p. 75; BROWN, F.; DRIVER, S. R.; BRIGGS, C. A., קלס, p. 887; CLINES, D. J. A., קלס I, p. 259; KOEHLER, L. et al., קלס, p. 1105. No *piel*, aparece em Ez 16,31 e em Eclo 11,4 (BEENTJES, P. C., The Book of Ben Sira in Hebrew, p. 139; BROWN, F.; DRIVER, S. R.; BRIGGS, C. A., קלס, p. 887; CLINES, D. J. A., קלס I, p. 259; KOEHLER, L. et al., קלס, p. 1105; POWELL, T., קלס, p. 927); e a raiz aparece ainda três vezes como o substantivo קֶלֶס (Sl 44,14; 79,4; Jr 20,8) e קַלָּסָה (Ez 22,4), ambos significando "zombaria" (SHEMESH, Y., The Elisha Stories as Saint's Legends, p. 13). Para todas as ocorrências da raiz קלס, cf. EVEN-SHOSHAN, A., A New Concordance of the Bible, p. 1019; LISOWSKY, G., Concordantiae veteris testamenti, p. 1261.

997. BURNETT, J. S., "Going Down" to Bethel, p. 296; BUTLER, J. G., Elisha, p. 69-73; COPPES, L. J., קלס, p. 1347; LONG, B. O., 2 Kings, p. 33; PARKER, J. F., Valuable and Vulnerable, p. 94; POWELL, T., קלס, p. 926. Cf. tb. BELEM, D. F., Da Palavra sai vida e morte, p. 75-76.

998. PIETSCH, M., Der Prophet als Magier, p. 355.

999. BARNES, W. H., Cornerstone Biblical Commentary, p. 206; BEAL, L. M. W., 1 & 2 Kings, p. 306; BELEM, D. F., Da Palavra sai vida e morte, p. 76-77; BURNETT, J. S., "Going Down" to Bethel, p. 297; DAVIS, D. R., 2 Kings, p. 38; FRETHEIM, T. E., First and Second Kings, p. 139; FUHS, H. F., נער, p. 483; LANGE, J. P. et al., A Commentary on the Holy Scriptures, p. 17; MCKENZIE, S. L., 1 Kings 16–2 Kings 16, l. 6639-6641; MERCER, M., Elisha's Unbearable Curse, p. 175; PARKER, J. F., Valuable and Vulnerable, p. 95.

1000. BELEM, D. F., Da Palavra sai vida e morte, p. 77; cf. tb. HOUSE, P. R., 1, 2 Kings, p. 260; KRUMMACHER, F. W., Elisha, p. 19; MARTIN, C. G., 1 and 2 Kings, p. 421; PARKER, J. F., Valuable and Vulnerable, p. 95; RUSHDOONY, R. J., Chariots of Prophetic Fire, p. 85-86. Cf. tb. BUTLER, J. G., Elisha, p. 74; MERCER, M., Elisha's Unbearable Curse, p. 174; MESSNER, R. G., Elisha and the Bears, p. 19.

tando o simples estado de calvície"[1001]. Isso poderia mencionar, segundo alguns comentaristas, "uma tonsura usada pelos profetas"[1002]; e outros "abordam a possibilidade de Eliseu estar com a cabeça raspada em sinal de luto por seu mestre" (2Rs 2,12; Ez 27,31; Mq 1,16). Entretanto, o povo em geral (Dt 14,1), incluindo sacerdotes e nazireus (Lv 21,5; Nm 6,5), são "proibidos de tosar a cabeça em imitação dos ritos cananeus de luto"[1003]. Portanto, a "calvície de Eliseu seria natural", um "contraste com Elias, conhecido por ser בַּעַל שֵׂעָר, 'hirsuto'"[1004].

Mas a calvície "transformou-se num termo injurioso, encarada como uma maldição", "sinal de desonra e vergonha" e "marca do leproso". Assim, evidencia-se o "caráter maligno desses rapazes, que desejam imputar ao profeta de Deus" a característica de "alguém impuro e banido da presença divina", o "oposto do que ele realmente é"[1005]. A atitude dos rapazes constitui um "desafio à autoridade profética

---

1001. BELEM, D. F., Da Palavra sai vida e morte, p. 77; cf. tb. COPPES, L. J., קרח, p. 1374; EVEN-SHOSHAN, A., A New Concordance of the Bible, p. 1034; LISOWSKY, G., Concordantiae veteris testamenti, p. 1283; MESSNER, R. G., Elisha and the Bears, p. 18.

1002. BARNES, W. H., Cornerstone Biblical Commentary, p. 206; BELEM, D. F., Da Palavra sai vida e morte, p. 77-78; MARTIN, C. G., 1 and 2 Kings, p. 421; WÜRTHWEIN, E., Die Bücher der Könige: 1 Kön. 17-2 Kön. 25, p. 277, como faziam muitos sacerdotes na Antiguidade (RUSHDOONY, R. J., Chariots of Prophetic Fire, p. 86), uma marca que identificaria sua opção ascética, separando-os da esfera profana para o serviço de Deus e assim não contradizer a proibição de Dt 14,1 (BUIS, P., Le livre des Rois, p. 189; GRAY, J., I & II Kings, p. 480; MCKENZIE, S. L., 1 Kings 16–2 Kings 16, l. 6647-6649; MONTGOMERY, J. A., A Critical and Exegetical Commentary on the Books of Kings, p. 355-356). Como consequência, os rapazes estariam zombando do sinal que o identificaria como mensageiro de YHWH, ofendendo "o profeta enquanto tal e no exercício de seu ministério" (SILVA, C. M. D., A careca de Eliseu, os moleques e as ursas, p. 381). Deve ser salientado, contudo, que não há nenhum testemunho bíblico para essa prática: o profeta anônimo em 1Rs 20,41 teria sido imediatamente reconhecido pelo rei caso utilizasse uma tonsura – o que ocorre somente após tirar a bandagem que havia sobre seus olhos (MERCER, M., Elisha's Unbearable Curse, p. 179).

1003. ALDEN, R. L., קרח, p. 984; BELEM, D. F., Da Palavra sai vida e morte, p. 78; COPPES, L. J., קרח, p. 1373; FRITZ, V., A Continental Commentary, p. 239; IRWIN, B. P., The Curious Incident of the Boys and the Bears, p. 24; LANGE, J. P. et al., A Commentary on the Holy Scriptures, p. 18; SHEMESH, Y., The Elisha Stories as Saint's Legends, p. 12-13. Sobre a proibição encontrada na m. Bekhorot 7,2 de que homens calvos exercessem o sacerdócio (não obstante Is 22,12), cf. MARCUS, D., From Balaam to Jonah, p. 59.

1004. BELEM, D. F., Da Palavra sai vida e morte, p. 78; cf. tb. CHAMPLIN, R. N., II Reis, I Crônicas, II Crônicas, Esdras, Neemias, Ester, Jó, p. 1476; COGAN, M.; TADMOR, H., II Kings, p. 38; DILLARD, R. B., Faith in the Face of Apostasy, p.91; LEITHART, P. J., 1 & 2 Kings, p. 176; MCKENZIE, S. L., 1 Kings 16–2 Kings 16, l. 6654-6656. Sobre a tradução "hirsuto", cf. seção 3.2.1.4.

1005. BELEM, D. F., Da Palavra sai vida e morte, p. 79; KEIL, C. F.; DELITZSCH, F., Commentary on the Old Testament, p. 212; LANGE, J. P. et al., A Commentary on the Holy Scriptures, p. 18; SUSSMAN, M., Sickness and Disease, p. 11. Sobre a possível alusão a Coré (קרח), levando em consideração um jogo de raízes com as mesmas consoantes, cf. WOODS, F. E., Elisha and the Children, p. 53-54. Cf. ainda a presença em representações pictográficas medievais de um Jonas "calvo", relacionando a esse episódio: FRIEDMAN, J. B., Bald Jonah and the exegesis of 2 Kings 2.23, p. 125-144. A tradição judaica presume ser Jonas o filho da viúva de Sarepta em 1Rs 17,17-24 (VALLANÇON, H., Le développement des traditions sur Élie et l'histoire de la formation de la Bible, p. 91-92); e poderia haver uma dependência literária entre a narrativa de Jn 4 e 1Rs 19 (SWEENEY, M. A., I & II Kings, p. 231).

de Eliseu", pondo em dúvida a realidade da sucessão, "um severo ataque na sua dignidade de homem santo"[1006].

### 4.4.2.3. Palavra e ação do profeta (v. 24a-c)

Para o movimento físico inicial de Eliseu de virar-se (v. 24a), utiliza-se a raiz פנה (v. 24a), a qual "aparece no grau *qal* com o sentido básico de 'virar-se'; teologicamente está associada à orientação espiritual", sobretudo "para os ídolos", mas raras vezes com relação a Deus. Porém essa raiz também é usada em preces, lembrando que "YHWH está disposto a voltar-se e mostrar favor para o seu povo"; uma "ênfase tão positiva", que "ao fim do ciclo de Eliseu o hagiógrafo declara que YHWH voltou-se mais uma vez para o seu povo em consideração à aliança firmada com Abraão, Isaac e Jacó (2Rs 13,23)", mesmo a despeito da infidelidade do coração dos israelitas (Dt 31,8). Entretanto "virar-se para alguém nem sempre traz benefícios, antes pode resultar em tragédia", como Saul, ao decidir sobre sua própria morte (2Sm 1,7-8); e Abner, virando-se para assassinar Asael (2Sm 2,20-23). Dessa forma, o "virar-se" no v. 24a teria "sentido negativo"[1007].

O ato de ver no v. 24b salienta a importância dessa percepção sensorial como requisito para o exercício profético, uma condição *sine qua non* imposta a Eliseu no v. 10c-f; assim, confirma-se a autoridade profética concedida a Eliseu enquanto sucessor de Elias[1008]. Nota-se ainda que a sequência das raízes ראה/פנה no v. 24a-b mantém um interessante "ponto de contato" com 2Rs 23,16: nesta passagem, afirma-se que o Rei Josias se volta (פנה) e vê (ראה) tumbas nas adjacências de Betel, de onde se tiram ossos a serem queimados sobre o altar dessa cidade. Confirma-se assim a polêmica antibetelita percebida em toda a perícope

---

1006. BELEM, D. F., Da Palavra sai vida e morte, p. 79; cf. tb. BURNETT, J. S., "Going Down" to Bethel, p. 296; FETHEROLF, C. M., Elijah's Mantle, p. 211; MCKENZIE, S. L., 1 Kings 16–2 Kings 16, l. 6657-6659; MESSNER, R. G., Elisha and the Bears, p. 21; SHEMESH, Y., The Elisha Stories as Saint's Legends, p. 13.

1007. BELEM, D. F., Da Palavra sai vida e morte, p. 80; cf. tb. BERGEN, W. J., Elisha and the End of Prophetism, p. 70; EVEN-SHOSHAN, A., A New Concordance of the Bible, p. 948; HAMILTON, V. P., פָּנָה, p. 1221; SCHREINER, J.; BOTTERWECK, G. J., פָּנָה, p. 582-583; THOMPSON, J. A.; MARTENS, E. A., פנה, p. 634-635; VAN DER WOUDE, A. S., פָּנִים, p. 997.

1008. Cf. seção 4.3.3 acerca dessa condição *sine qua non*. Ao salientar que Eliseu virou-se para ver, M. Pietsch observa um "feitiço de dano", um "mau-olhado", uma ideia tão difundida em todo o Oriente Médio, que foi encontrada em Ugarit uma tábua cuneiforme do século XII a.C. contendo um "encantamento contra o mau-olhado" (PIETSCH, M., Der Prophet als Magier, p. 355; cf. tb. KARNER, G., Elemente ritueller Handlungen in den Elija-Elischa-Erzählungen, p. 184-187). Cf. ainda o que foi dito sobre a suposta relação entre magia e profetismo na seção 4.4.1.2.

de 2Rs 2,1-25, pois o contexto de 2Rs 23,16-18 "declara cumprir a profecia anunciada por um profeta anônimo contra o altar de Betel em 1Rs 13"[1009].

Mais notável ainda é o ponto de contato entre o v. 24ab e 2Sm 1,7, não só "por uma sequência praticamente idêntica – וַיִּפֶן אַחֲרָיו וַיִּרְאֵם/וַיִּרְאֵנִי – mas também pelo contexto de juízo": Saul, "antes escolhido e ungido por ordem de YHWH" (1Sm 9-10), é rejeitado pela desobediência tanto a YHWH (1Sm 15) quanto ao Profeta Samuel (1Sm 10,8; 13,8-14). Assim, se Betel, um lugar "outrora escolhido por Deus como santuário nas tradições bíblicas patriarcais, é alvo de juízo em 1Rs 13", igualmente é Saul, pois sua ofensa "não foi direcionada somente a YHWH, e sim contra Samuel enquanto seu profeta legítimo". Portanto, da mesma forma, "os rapazes não desrespeitaram apenas YHWH, mas Eliseu enquanto profeta"[1010].

No v. 24c, amaldiçoar verte a raiz קלל no *piel*, o qual "demonstraria algo muito mais do que o simples desdém": "amaldiçoar, praguejar, execrar", e não somente o "ser leve ou insignificante" do grau *qal*[1011]. Difere de outras raízes similares por "salientar a zombaria e o escárnio de alguém", como "Semei procurou fazer com Davi" (2Sm 16,5-14)[1012]. Por isso, "a raiz קלל está relacionada à ideia de punição e consequência"; e o "paralelo com o crime dos rapazes é amplificado pelo jogo de palavras entre as raízes קלל e קלס, que ainda guardam campos semânticos aproximados", pois קלל pertence ao campo semântico da zombaria[1013].

A imprecação é realizada בְּשֵׁם יְהוָה, no nome de YHWH. Como no Antigo Oriente, o "nome servia para definir a própria essência da entidade nomeada, sua natureza e seus atributos", o nome de YHWH, שֵׁם יְהוָה, está "tão intimamente ligado ao ser divino que funciona quase como sinônimo do próprio Deus" (Ex 23,20-21), sua "autorrevelação" (Ex 34,5-7), tornando o nome a "força predominante no Antigo Testamento"[1014]. Se o "o nome de YHWH ameaçando com pragas quem obsta-

---

1009. SCHREINER, J.; BOTTERWECK, G. J., פָּנָה, p. 580. Sobre a polêmica antibetelita, cf. seção 4.1. Cf. tb. BELEM, D. F., Da Palavra sai vida e morte, p. 80-81.

1010. MCCARTER JR., P. K., I Samuel, p. 230; cf. tb. BELEM, D. F., Da Palavra sai vida e morte, p. 81.

1011. COPPES, L. J., קלל, p. 1345-1346; KELLER, C. A., קלל, p. 1142-1144; SCHARBERT, J., קלל, p. 39-41; cf. tb. BELEM, D. F., Da Palavra sai vida e morte, p. 82.

1012. BELEM, D. F., Da Palavra sai vida e morte, p. 82; cf. tb. HAMILTON, V. P., ארר, p. 126-127; KELLER, C. A., קלל, p. 1143. Difere da raiz ארר, a "maldição como julgamento em virtude da violação do relacionamento com Deus"; da raiz אלה, "pronunciar uma maldição condicional"; da raiz קבב, "amaldiçoar mediante ações mágicas"; e da raiz זעם, "ralhar severamente".

1013. BELEM, D. F., Da Palavra sai vida e morte, p. 82-83; GORDON, R. P., קלל, p. 924; HOUSE, P. R., 1, 2 Kings, p. 260; SCHARBERT, J., קלל, p. 39-40; SHEMESH, Y., The Elisha Stories as Saint's Legends, p. 13. Sobre o campo semântico, cf. a análise lexicográfica na seção 2.4.

1014. FABRY, H-J., שֵׁם, p. 134-140; KAISER, W. C., שֵׁם, p. 1578-1579.; ROSS, A. P., שֵׁם, p. 149-150; VAN DER WOUDE, A. S., שֵׁם, p. 1350; cf. tb. BELEM, D. F., Da Palavra sai vida e morte, p. 83.

culiza o ministério dos profetas" é usado alhures[1015], em 2Rs 2,24c encontra-se a "única passagem em todo o texto massorético onde o nome de YHWH é invocado diretamente para uma maldição": além dessa passagem, apenas "Golias amaldiçoando Davi pelos seus deuses (1Sm 17,43)". Outra particularidade: "não é transcrito o conteúdo da maldição e, não obstante, ela se realiza imediatamente"[1016]. Entretanto, amaldiçoar em nome de YHWH significa que o profeta é o "genuíno representante de YHWH", e assim Eliseu "não cometeu abusos"[1017].

### 4.4.2.4. Ação da Palavra Divina (v. 24d-e)

Em resposta à ação e à palavra do profeta, no v. 24d "ursas vieram da floresta". Designando não apenas "grandes árvores" mas também "arbustos, ervas, moitas, bosques", o vocábulo יַעַר, ainda que "nenhum significado religioso" lhe seja associado, "ocorre em discursos teológicos, em especial nos livros proféticos, onde o julgamento vindouro é descrito em termos de destruição da floresta" (Ez 15,6; Mq 3,12), semelhante a Absalão, o qual "encontrou a morte numa floresta que devorou mais pessoas do que a espada" (2Sm 18,8)[1018].

Apresentando um "elemento fantástico" que levou um comentário talmúdico (b. Sotah 46B-47A) a declarar que "não havia nem ursos nem floresta", a menção da floresta serve para "indicar um princípio de medida por medida para o castigo mediante um jogo de palavras": se os rapazes vieram da cidade (מִן־הָעִיר), as ursas vêm da floresta (מִן־הַיַּעַר)[1019]. Não obstante, mais importante do que יַעַר é a menção de דֹּב, "urso", um vocábulo com "poucas referências no texto massorético"[1020], uma "metáfora", onde "os ursos representam a ira divina lançada contra

---

1015. 1Rs 13,2-5; 17,1; 21,21-24; Am 7,17.

1016. BELEM, D. F., Da Palavra sai vida e morte, p. 84; cf. tb. FABRY, H-J., שֵׁם, p. 138-145; KELLER, C. A., קלל, p. 1144; MARCUS, D., From Balaam to Jonah, p. 55; MERCER, M., Elisha's Unbearable Curse, p. 180; SILVA, C. M. D., A careca de Eliseu, os moleques e as ursas, p. 381-382; UUSIMÄKI, E., Blessings and Curses in the Biblical World, p. 159-174.

1017. BELEM, D. F., Da Palavra sai vida e morte, p. 84; cf. tb. MCKENZIE, S. L., 1 Kings 16–2 Kings 16, l. 6659-6661; MERCER, M., Elisha's Unbearable Curse, p. 183; MESSNER, R. G., Elisha and the Bears, p. 19. Comparar com as tentativas malogradas de Balaão em Nm 22,8.38; 23,3.12.26; 24,13.

1018. CORNELIUS, I., יַעַר, p. 491-492; GILCHRIST, P. R., יַעַר, p. 639-640; MULDER, M. J., יַעַר, p. 216-217; cf. tb. BELEM, D. F., Da Palavra sai vida e morte, p. 85.

1019. BELEM, D. F., Da Palavra sai vida e morte, p. 85-86; cf. tb. BEREZIN, J. R., יַעַר, p. 277; COGAN, M.; TADMOR, H., II Kings, p. 39; MARCUS, D., From Balaam to Jonah, p. 47-48; SHEMESH, Y., The Elisha Stories as Saint's Legends, p. 13.

1020. BELEM, D. F., Da Palavra sai vida e morte, p. 86; CAQUOT, A., דֹּב, p. 70-71. O vocábulo דֹּב aparece apenas 12 vezes no texto massorético, mais o cognato aramaico em Dn 7,5 (EVEN-SHOSHAN, A., A New Concordance of the Bible, p. 246; LISOWSKY, G., Concordantiae veteris testamenti, p. 335); e Eclo 11,30; 25,17; 47,3 no texto hebraico (CLINES, D. J. A., דֹּב, p. 383).

um Israel em pecado" (Lm 3,10; Is 59,11; Am 5,19); em consonância com "muitas passagens proféticas nas quais feras e animais peçonhentos representam os inimigos de Judá"[1021].

São mencionadas no v. 24d *ursas*, e não ursos[1022], o motivo da "ursa roubada dos seus filhotes", a quem são "comparados Davi e seus guerreiros" (2Sm 17,8), e a quem é "melhor encontrar do que um estúpido com suas tolices" (Pr 17,12). Uma ironia, pois "as mães que tão tenazmente protegem seus próprios filhotes, agora despedaçam a prole humana". Mas a "chave" para o "simbolismo envolvido" encontra-se em Os 13,7-8, onde a "ira de YHWH para com seu povo rebelde é comparada à dessas ursas, cumprindo a maldição impetrada em Lv 26,21-22"[1023]. O "castigo veio da parte de YHWH contra os rapazes representando uma nação inteira", o qual se abateu "sobre o povo de Israel em decorrência de sua rebeldia e contumácia"[1024].

Com a impetração da maldição, são vitimados 42 יְלָדִים entre (מֵהֶם) os rapazes (v. 24e). O termo יֶלֶד, que tem uma "gama de significados", é "frequentemente usado de maneira similar a בֵּן (filho)", em "contraste principalmente com זָקֵן (velho), assumindo o significado mais genérico de 'criança'". Faz, então, correlação com os filhos dos profetas mencionados antes, nos v. 1-18[1025]. Há uma insistência do texto na cifra 42, para a qual T. R. Hobbs "não encontra nenhum significado simbólico", aceitando ser uma "coincidência" por ser um "número incomum no texto bíblico"[1026].

---

1021. SILVA, C. M. D., A careca de Eliseu, os moleques e as ursas, p. 382; STIGERS, H. G., דֹּב, p. 290. Sobre as passagens proféticas, cf. Is 5,29-30; 7,18; 14,29; 15,9; 56,9; Jr 2,14-15; 4,7; 8,17; 12,9; 48,40; 49,19.22; 50,44; Os 1,8; 5,14. Cf. tb. BELEM, D. F., Da Palavra sai vida e morte, p. 86.

1022. Cf. seção 2.1.

1023. BELEM, D. F., Da Palavra sai vida e morte, p. 86-87; cf. tb. DAVIS, D. R., 2 Kings, p. 39; OMANSON, R. L.; ELLINGTON, J. E., A Handbook on 1 & 2 Kings, p. 732; PARKER, J. F., Valuable and Vulnerable, p. 95; ROBINSON, B. P., II Kings 2:23-25 Elisha and the She-Bears, p. 2-3.

1024. BELEM, D. F., Da Palavra sai vida e morte, p. 87; cf. tb. HALE, T., 2 Kings, p. 657; HOUSE, P. R., 1, 2 Kings, p. 261; MERCER, M., Elisha's Unbearable Curse, p. 190-191. Como comenta R. N. Champlin, "o autor sacro queria que víssemos uma situação de causa e efeito em sua história. A natureza, pois, rebelou-se contra os rebeldes" (CHAMPLIN, R. N., II Reis, I Crônicas, II Crônicas, Esdras, Neemias, Ester, Jó, p. 1476). Por isso, M. Mercer fala de uma "maldição da aliança" (MERCER, M., Elisha's Unbearable Curse, p. 193); e D. R. Davis, de "ursas da aliança" (DAVIS, D. R., 2 Kings, p. 39).

1025. GILCHRIST, P. R., יֶלֶד, p. 620; HAMILTON, V. P., יֶלֶד, p. 456; KÜHLEWEIN, J., יֶלֶד, p. 545; cf. tb. BELEM, D. F., Da Palavra sai vida e morte, p. 88. Os vários significados de יֶלֶד incluem um feto, um recém-nascido, adolescentes e moços.

1026. HOBBS, T. R., 2 Kings, p. 24; cf. tb. BELEM, D. F., Da Palavra sai vida e morte, p. 88; LANGE, J. P. *et al.*, A Commentary on the Holy Scriptures, p. 18. Além de 2Rs 2,24; 10,14, a cifra אַרְבָּעִים וּשְׁתַּיִם/וּשְׁנָיִם reaparece em Nm 35,6; 2Cr 22,2; Esd 2,24; Ne 7,28 (EVEN-SHOSHAN, A., A New Concordance of the Bible, p. 106-107).

Não obstante a observação de T. R. Hobbs, vários comentaristas propuseram as mais diversas explicações para o simbolismo envolvendo a cifra 42 no v. 24[1027]; mas a "chave para a compreensão dessa cifra" está "nos pontos de contato com 2Rs 10,14", a "quantidade de parentes de Ocozias, rei de Judá, e descendentes de Acab, que Jeú mandou assassinar", depois que um dos filhos dos profetas ungira Jeú a mando de Eliseu (2Rs 9,1-3), "cumprindo o oráculo divino proferido por intermédio de Elias (1Rs 21,21; 2Rs 10,10)". Esse ponto de contato seria "intencional", com um "editor posterior assumindo que os rapazes de Betel fossem adoradores de Baal", tornando-se então um "símbolo do julgamento que caiu sobre Israel". Esse julgamento teria ocorrido quando "Hazael se tornou rei dos sírios", por "instigação" do Profeta Eliseu – que "chora ao declarar que este fenderia as grávidas" em 2Rs 8,12. Obtém-se assim outro ponto de contato, agora pelo uso da raiz בקע. Havendo "intencionalidade do hagiógrafo", as duas ursas "representariam Hazael e Jeú, os quais 'despedaçaram' tanto em meio ao povo quanto à estirpe real [...] cumprindo oráculos relacionados a uma palavra de Eliseu (2Rs 8,7-13; 9,1-3)", pois a guerra entre Aram e Israel é uma manifestação do controle da história por parte de YHWH[1028].

O ponto de contato entre 2Rs 2,24 e 8,12, garantido pelo uso comum da raiz בקע, intensifica-se pela ocorrência de יֶלֶד em 2Rs 2,24 e de עוֹלֵל em 2Rs 8,12 – ambas mantendo o campo semântico da infância. Ainda בקע, "rachar, fender", e יֶלֶד compartilham em ambas as passagens o campo semântico bélico, pois "é o ter-

---

1027. BELEM, D. F., Da Palavra sai vida e morte, p. 88-89. "Simbolismo para uma grande quantidade" (BARNES, W. H., Cornerstone Biblical Commentary, p. 206; cf. tb. OMANSON, R. L.; ELLINGTON, J. E., A Handbook on 1 & 2 Kings, p. 732; ZIOLKOWSKI, E. J., The Bad Boys of Bethel, p. 335), talvez "quase todos" (CARLSON, R., Élisée – Le Successeur D'Élie, p. 404-405; COGAN, M.; TADMOR, H., II Kings, p. 38; LONG, B. O., 2 Kings, p. 35). Um "número convencional, irreal, e um detalhe exagerado dentro da narrativa" (MARCUS, D., From Balaam to Jonah, p. 53), um número "indefinido no folclore semita, para dar impressão de exatidão" (GRAY, J., I & II Kings, p. 480), "associado ao mau agouro" (MCKENZIE, S. L., 1 Kings 16–2 Kings 16, l. 6761-6763; MONTGOMERY, J. A., A Critical and Exegetical Commentary on the Books of Kings, p. 355), maldição (BEAL, L. M. W., 1 & 2 Kings, p. 306) ou morte (FRITZ, V., A Continental Commentary, p. 240) ou ainda os 42 reis (3 do reino unido, 20 de Judá e 19 de Israel [Reino do Norte]) que se comportaram como "moleques" sobre o trono (SILVA, C. M. D., A careca de Eliseu, os moleques e as ursas, p. 384-385). Mas o próprio C. M. D. Silva reconhece o problema nessa interpretação. Não obstante, a cifra rememora ainda os 42 juízes diante dos quais o falecido deve ser convocado no Livro Egípcio dos Mortos; e poderia simbolicamente se referir à morte ou à destruição de Israel (PIETSCH, M., Der Prophet als Magier, p. 358).

1028. BELEM, D. F., Da Palavra sai vida e morte, p. 89-90; cf. tb. CARR, A. D., Elisha's Prophetic Authority and Initial Miracles (2 Kings 2:12-15), p. 42; LANGE, J. P. et al., A Commentary on the Holy Scriptures, p. 25; OEMING, M., "And the King of Aram was at war with Israel'", p. 401-412; PRIOTTO, M., Il ciclo di Eliseo, p. 31; SILVA, C. M. D., A careca de Eliseu, os moleques e as ursas, p. 384; WOODS, F. E., Elisha and the Children, p. 58. Outras propostas: Babilônia e Assíria (SILVA, C. M. D., A careca de Eliseu, os moleques e as ursas, p. 386), ou pelo menos um dos ursos representando Nabucodonosor (DILLARD, R. B., Faith in the Face of Apostasy, p. 91). Entre os padres da Igreja, Efrém da Síria já falava de Hazael e Jeú, embora Cesáreo de Arles associe as duas ursas com os imperadores Vespasiano e Tito (CONTI, M. et al., 1-2 Reyes, 1-2Crónicas, Esdras, Nehemías, p. 214-215).

rível ato de rasgar o ventre das mulheres grávidas que seria evocado em 2Rs 2,24 (comparar com 2Rs 15,16)" e mencionado "frequentemente nas obras proféticas"; assim, a associação da raiz בקע com a guerra e a violência reforçaria a identificação das duas ursas com Hazel e Jeú[1029].

## 4.5. Conclusão (v. 25)

Eliseu termina seu roteiro encaminhando-se para o Monte Carmelo e depois para Samaria, fazendo com que todas as referências geográficas da perícope de 2Rs 2,1-25 envolvam "um estranho elemento de simbolismo", ressaltado no versículo final, numa "jornada tanto longa quanto sem propósito explícito"[1030]. O "movimento final de Eliseu" para a cidade de Samaria (v. 25b), em razão de seu simbolismo negativo na literatura profética[1031], representaria "uma missão de denúncia contra o pecado e a idolatria", e talvez um "indício de possuir ali sua residência"[1032]. Mas Eliseu está construindo uma "ponte" entre o "mundo profético" (Carmelo) e a "esfera monárquica" (Samaria), algo ainda mais proeminente do que o realizado anteriormente por seu mestre, Elias[1033].

O Monte Carmelo (v. 25a)[1034] é um entre muitos montes citados no Antigo Testamento[1035], "frequentemente mencionado na literatura profética como objeto de juízo"[1036]; mas está "especialmente associado ao ciclo de Elias e de Eliseu": "local do ordálio proposto por Elias aos profetas de Baal (1Rs 18,19.20.42)"; entre-

---

1029. ALONSO SCHÖKEL, L., בָּקַע, p. 113-114; BELEM, D. F., Da Palavra sai vida e morte, p. 90-91; HAMILTON, V. P., בקע, p. 680; LANGE, J. P. et al., A Commentary on the Holy Scriptures, p. 81; OSWALT, J. N., בָּקַע, p. 207; SILVA, C. M. D., A careca de Eliseu, os moleques e as ursas, p. 383. Sobre as menções nas obras proféticas, cf. Is 13,16.18; Os 10,14; Na 3,10; Am 1,13. V. P. Hamilton, na mesma página, cita um hino assírio que louva as vitórias de Tiglate-Pileser I (1114-1076 a.C.), dizendo que "ele rasgou o ventre das mulheres grávidas".

1030. BELEM, D. F., Da Palavra sai vida e morte, p. 91; BERGEN, W. J., Elisha and the End of Prophetism, p. 71.

1031. Cf. seção 3.1.

1032. CHAMPLIN, R. N., II Reis, I Crônicas, II Crônicas, Esdras, Neemias, Ester, Jó, p. 1476; HOBBS, T. R., 2 Kings, p. 24; cf. tb. BELEM, D. F., Da Palavra sai vida e morte, p. 93-94.

1033. MCKENZIE, S. L., 1 Kings 16–2 Kings 16, l. 6664-6667.

1034. BELEM, D. F., Da Palavra sai vida e morte, p. 91-92; HARRIS, R. L., כַּרְמֶל, p. 749. Sobre outros significados do substantivo כַּרְמֶל, cf. CLINES, D. J. A., כַּרְמֶל I/II/III, p. 462; CORNELIUS, I., כַּרְמֶל, p. 723; KOEHLER, L. et al., כַּרְמֶל I/II/III/IV, p. 499.

1035. Além de Sinai/Horeb, onde "YHWH se revela por excelência" e "monte de Deus" por excelência, são mencionados vários montes e montanhas com significados teológicos, tais como Sião, Ebal e Garizim, pois monte ou montanha (הַר) em geral "proporcionou uma associação aos deuses"; cf. BELEM, D. F., Da Palavra sai vida e morte, p. 91-92; SELMAN, M., הַר, p. 1026-1027; STOLZ, F., הַר, p. 1073; TALMON, S., הַר, p. 443; WALTKE, B. K., הַר, p. 369-370.

1036. HADLEY, J. M., Carmelo (כַּרְמֶל), p. 455; cf. tb. BELEM, D. F., Da Palavra sai vida e morte, p. 92. Alguns exemplos: Is 33,9; Jr 4,26; 46,18; Am 1,2; 9,3; Na 1,4.

tanto, a "associação com Eliseu parece ser um tanto periférica": além de 2Rs 2,25, somente em 2Rs 4,25 "é procurado e achado neste lugar"[1037].

O itinerário é descrito por duas raízes (הלך e שוב) que são utilizadas como verbos de movimento. O primeiro denota "locomoção em geral" e tem o "segundo como um de seus sinônimos". O uso do imperativo da raiz הלך no v. 25a é a "típica forma de toda comissão profética para pregar a palavra, sendo usada principalmente em oráculos de juízo contra indivíduos"; Eliseu usa esse "imperativo profético" (2Rs 4,3.7.24.29; 5,10; 8,1) junto com a "disposição dos destinatários em obedecer à ordem profética" (2Rs 4,5; 8,2); assim, a presença da raiz הלך no *wayyiqtol* no v. 25 indica a "disposição de Eliseu em cumprir sua missão profética, tornando-se apropriada para o início de seu ministério"[1038].

Quanto à raiz שוב no v. 25b, soa estranho a menção de que Eliseu "voltou para Samaria": nada é dito dentro da narrativa acerca da presença de Eliseu em Samaria; e o lugar nem sequer foi mencionado antes dentro da perícope de 2Rs 2,1-25. Seria uma espécie de nota redacional, talvez influenciada pelo contexto de 2Rs 3,1-11; 5,1-8[1039]. Busca-se então um sentido figurado: a "volta da comunidade da aliança para Deus, arrependimento, afastar-se do mal, renunciando ao pecado ou ainda o extremo oposto de desviar-se de Deus, apostatar". Entretanto, se "arrepender-se" "funciona como uma palavra-chave na proclamação profética" (2Rs 17,13), por outro lado o "uso da raiz שוב no ciclo de Eliseu sempre está relacionado ao sentido literal do retorno físico, e não arrependimento"[1040]. A raiz שוב confirma, portanto, uma ênfase posta na questão do movimento, deslocamento que perpassa toda a perícope de 2Rs 2,1-25.

---

1037. BEAL, L. M. W., 1 & 2 Kings, p. 306; BELEM, D. F., Da Palavra sai vida e morte, p. 92-93; HADLEY, J. M., Carmelo (כַּרְמֶל), p. 455-456; SILVA, C. M. D., A careca de Eliseu, os moleques e as ursas, p. 380. Poderia haver um "santuário ou ainda uma escola de profetas ali" (CHAMPLIN, R. N., II Reis, I Crônicas, II Crônicas, Esdras, Neemias, Ester, Jó, p. 1476), pois há "referências em fontes egípcias ao Monte Carmelo como 'Cabeça Sagrada'" (THOMPSON, H. O., Carmel, Mount [Place], p. 874-875); entretanto, a suposição de R. N. Champlin carece de confirmação.

1038. BELEM, D. F., Da Palavra sai vida e morte, p. 94-95; cf. tb. COPPES, L. J., הָלַךְ, p. 355; HELFMEYER, F. J., הָלַךְ, p. 397-401; MERRILL, E. H., הלך, p. 1007.

1039. MCKENZIE, S. L., 1 Kings 16–2 Kings 16, l. 6660-6662; WÜRTHWEIN, E., Die Bücher der Könige: 1 Kön. 17-2 Kön. 25, p. 278.

1040. BELEM, D. F., Da Palavra sai vida e morte, p. 95; cf. tb. HAMILTON, V. P., שׁוּב, p. 1533; SOGGIN, J. A., שׁוּב, p. 1313. Sobre esta raiz no sentido de "arrepender-se" como um "quadro idealizado", cf. GRAUPNER, M.; FABRY, H-J., שׁוּב, p. 484. O uso da raiz שׁוּב no ciclo de Eliseu pode ser comprovado em 2Rs 2,13.18.25; 3,4.27; 4,22.31.35.38; 5,10.14-15; 7,8.15; 8,3.6.29; 9,15.18.20.36; 13,25 (EVEN-SHOSHAN, A., A New Concordance of the Bible, p. 1119-1123).

# Capítulo 5 | A sucessão profética de Elias por Eliseu: uma análise narrativa

As narrativas bíblicas, assim como muitas narrativas tradicionais, focam mais as ações (trama, enredo) do que o desenvolvimento de personagens específicos; por isso, muitos autores entendem ser mais apropriado começar analisando o enredo antes dos personagens[1041]. Entretanto, tendo-se realizado já uma análise pelo Método Histórico-crítico – o qual já forneceu importantes informações acerca do enredo –, adota-se aqui a abordagem de S. Bar-Efrat e J. Fokkelman: analisar primeiro os personagens e posteriormente o enredo[1042]. Uma vez que a questão do ponto de vista – posto na boca dos diversos personagens – abre "um acesso mais refinado à estratégia narrativa dos autores"[1043], "a relação que o narrador tem com a história narrada"[1044], entre a análise de personagens e do enredo insere-se um subtópico acerca do lugar e da focalização fornecidos pelos personagens, subtópico este que contribui para as dimensões espacial, temporal, psicológica, fraseológica e ideológica que serão desenvolvidas através do enredo[1045].

---

1041. SKA, J.-L., Our Fathers Have Told Us, p. 17. Além do próprio J.-L. Ska, o qual analisa primeiro o enredo (nas p. 17-38) e posteriormente os personagens (nas p. 83-94), assim procedem MARGUERAT, D.; BOURQUIN, Y., Para ler as narrativas bíblicas, p. 55-96; VITÓRIO, J., Análise narrativa da Bíblia, p. 53-104.

1042. BAR-EFRAT, S., Narrative Art in the Bible, p. 46-140; FOKKELMAN, J., Reading Biblical Narrative, p. 56-111.

1043. MARGUERAT, D., O ponto de vista, p. 10.

1044. LUBBOCK, P., The Craft of Fiction, p. 251.

1045. MARGUERAT, D., O ponto de vista, p. 14-17. Acerca das cinco dimensões, cf. USPENSKY, B., A Poetics of Composition, p. 8-100. Para a análise do ponto de vista após a dos personagens, cf. MARGUERAT, D.; BOURQUIN, Y., Para ler as narrativas bíblicas, p. 75-94 (especialmente nas p. 92-94); SONNET, J.-P., L'Analisi Narrativa dei Racconti Biblici, p. 66-76.

## 5.1. Análise narrativa de 2Rs 1,1-18

### 5.1.1. Narrador e personagens

Utiliza-se aqui a convenção do "narrador onisciente", conhecida por toda a tradição literária (e antes de tudo na literatura antiga), um "privilégio" que não se expõe a cada momento, permitindo assim que os leitores saibam tanto quanto os personagens da narrativa – ou seja, leitor e personagens estão no mesmo nível de conhecimento acerca da trama desenvolvida e recebem juntos a chave para os quebra-cabeças da história[1046].

O narrador "permite" que o personagem se revele por suas ações ou seus diálogos – todos os mensageiros/enviados na narrativa de 2Rs 1,1-18 revelam-se mediante diálogos: opta-se portanto pelo modo *showing* (cênico), com nenhuma interferência do narrador na apreciação dos personagens – sua "voz" encontra-se nos personagens, havendo apenas informações intradiegéticas[1047]. Por isso, há um padrão de repetição tripla explorado no conjunto de 2Rs 1,1-18, o qual revela uma "prática folclórica": encontram-se três diálogos, repetidos praticamente *verbatim*, e a Elias são enviados, um após o outro, três destacamentos de capitães com seus cinquenta comandados. As repetições nos v. 9-14 objetivam uma força cumulativa, marcando uma progressão até o momento crucial[1048]. O fenômeno da repetição mostra o quanto os hagiógrafos estavam convencidos do poder da palavra: por isso o conteúdo da mensagem profética é relatado três vezes, para evidenciar sua força e sua autoridade[1049].

Quanto às funções actanciais, no v. 2d-h Ocozias objetiva inquirir por Baal Zebub se ele será curado ou não de sua doença, tornando-se assim o "destinador", aquele que anuncia o "programa narrativo". O "objeto", alvo de Ocozias, é a cura; buscando esta para si mesmo, e não para outrem, Ocozias também é o "destinatá-

---

1046. ALTER, R., The Art of Biblical Narrative, p. 197; BAR-EFRAT, S., Narrative Art in the Bible, p. 17-18; MARGUERAT, D.; BOURQUIN, Y., Para ler as narrativas bíblicas, p. 90-91; SONNET, J.-P., L'Analisi Narrativa dei Racconti Biblici, p. 51-55; VITÓRIO, J., Análise narrativa da Bíblia, p. 85.

1047. ALTER, R., The Art of Biblical Narrative, p. 109; BAR-EFRAT, S., Narrative Art in the Bible, p. 31-33; FOKKELMAN, J., Reading Biblical Narrative, p. 67; MARGUERAT, D.; BOURQUIN, Y., Para ler as narrativas bíblicas, p. 88-89; SKA, J.-L., Our Fathers Have Told Us, p. 54; VITÓRIO, J., Análise narrativa da Bíblia, p. 84; ZAPPELLA, L., Manuale di analisi narrativa biblica, p. 41.

1048. ALTER, R., The Art of Biblical Narrative, p. 113; BARNES, W. H., Cornerstone Biblical Commentary, p. 196; LONG, B. O., 2 Kings, p. 14; SONNET, J.-P., L'Analisi Narrativa dei Racconti Biblici, p. 78. Na p. 120, R. Alter evidencia como este recurso é explorado alhures na Bíblia Hebraica: três catástrofes destroem as possessões de Jó, antes de uma quarta matar seus filhos (Jó 1); três vezes Balaão malogra em direcionar sua mula, e igualmente três vezes malogra em lançar uma maldição sobre Israel (Nm 22–24).

1049. SONNET, J.-P., L'Analisi Narrativa dei Racconti Biblici, p. 79. Cf. tb. BAR-EFRAT, S., Narrative Art in the Bible, p. 108; FOKKELMAN, J., Reading Biblical Narrative, p. 112.

rio" do programa narrativo. Para alcançar esse "objeto", ele conta com seus mensageiros enviados, os "sujeitos" da ação. Mas tal missão encontra um "opositor" nos v. 3-4: o mensageiro de YHWH, que comissiona Elias como seu "ajudante" para interceptar os mensageiros reais. Elias pede então que esses mensageiros voltem ao rei e declarem que ele não sobreviverá, não será curado – a morte do rei será o novo objeto. Eles tornam-se, nos v. 5-6, "sujeitos" de um novo "programa narrativo", constituído pela entrega da mensagem ao monarca, tendo o rei como destinatário, o mensageiro de YHWH como destinador e Elias como ajudante. Assim, os mensageiros reais transformam-se numa espécie de "consciência moral" do monarca[1050].

Nos v. 9-15, Ocozias volta a ser um destinador, mas com um programa narrativo distinto: trazer Elias coercitivamente à sua presença. A vinda de Elias até o rei, portanto, torna-se o objeto. Os sucessivos capitães com seus cinquenta, buscando realizar esse intento, tornam-se sujeitos da ação; logo, ainda que a narrativa não manifeste as verdadeiras intenções do rei, a exemplo dos v. 2d-8e mais uma vez o rei é destinador e destinatário ao mesmo tempo. Elias torna-se opositor, tendo como ajudante o fogo dos céus[1051].

Mas o terceiro capitão, sujeito do programa narrativo original, usa de uma tática de todo diversa dos outros, com um diálogo que diminui de maneira drástica a velocidade do relato: em vez da coerção, apela para que sua vida e a de seus comandados seja preciosa aos olhos de Elias. Torna-se assim destinador e sujeito de um programa narrativo levemente alterado: levar Elias não à força, mas pela misericórdia. Há a intervenção do mensageiro de YHWH, o mesmo que aparecera nos v. 2d-8e, agora como ajudante do terceiro capitão. Uma vez que pede para Elias não temer, age de uma certa forma como opositor de Elias no que diz respeito aos seus receios[1052].

O leitor implícito[1053] é levado ao sentimento de simpatia por esse terceiro capitão – assim como os mensageiros do rei nos v. 2d-8e suscitam simpatia –, pois não há concordância em ver alguém a serviço de um rei por quem nutre-se

---

1050. MARGUERAT, D.; BOURQUIN, Y., Para ler as narrativas bíblicas, p. 81; SKA, J.-L., Our Fathers Have Told Us, p. 86-87; SKA, J.-L., Sincronia, p. 141.

1051. SKA, J.-L., Our Fathers Have Told Us, p. 92.

1052. BAR-EFRAT, S., Narrative Art in the Bible, p. 80; CHANG, Y.-M. J., A Rhetorical Analysis of the Elijah-Elisha Stories within the Deuteronomistic History, p. 185.

1053. O leitor implícito é o "receptor da narrativa construído pelo texto e apto a atualizar as significações na perspectiva induzida pelo autor", distinto do "leitor real" – qualquer pessoa engajada no ato da leitura, mas não pertencente ao campo da Análise Narrativa (MARGUERAT, D.; BOURQUIN, Y., Para ler as narrativas bíblicas, p. 27). Cf. tb. SKA, J.-L., Our Fathers Have Told Us, p. 42-43; SONNET, J.-P., L'Analisi Narrativa dei Racconti Biblici, p. 54.

antipatia, pelo que há, da mesma maneira, antipatia pelo primeiro e pelo segundo capitães. O terceiro capitão atua de forma implícita como uma "consciência ética" do Profeta Elias, por quem nutre-se natural empatia – quem não concordaria em manter-se firmemente aderente a YHWH? Elias comparece então diante do rei (agora apenas destinatário, não mais destinador), e entrega a mesma mensagem ordenada pelo mensageiro de YHWH (destinador nos v. 2d-8e), o retorno do objeto dos v. 3-6[1054].

Aqui, os personagens são "planos" ou "chatos", construídos em torno de uma única qualidade e, portanto, estáticos, sem apresentar uma pluralidade de traços. Exceção poderia ser dada a Elias: ao mesmo tempo corajoso e intrépido na entrega da mensagem e ao ordenar descer fogo dos céus, a frase do mensageiro de YHWH no v. 15 parece insinuar haver um temor, e o pedido do terceiro capitão capta uma simpatia que deixa em suspense qual será a atitude de Elias. Aqui Elias poderia ser considerado um personagem "redondo", por essa ambiguidade de temor/destemor. Quanto aos seus papéis, claramente Elias é o personagem principal, o protagonista, tendo o Rei Ocozias como antagonista – este, o típico apóstata, personificando a "enfermidade espiritual" de Israel e tipificando a batalha entre os aderentes de Baal e os aderentes de YHWH. Os diversos mensageiros – o de YHWH, os mensageiros do rei, bem como os capitães – são agentes ou funcionários, executando funções secundárias, enquanto os cinquenta comandados pelos capitães exercem o papel de figurantes – não é dito nada acerca de seus pensamentos, mas unicamente dos seus comandantes[1055].

Realizar um genuíno "escrutínio" dos personagens bíblicos consiste em vê-los nitidamente em seus aspectos multifacetados e contraditórios da individualização humana, sendo o *medium* bíblico escolhido por Deus para sua experiência com Israel e sua história[1056]. Por isso, Elias é o personagem que mais chama a atenção nessa narrativa, por ser o único que pode ser enquadrado como "redondo": se as atitudes dos mensageiros reais e do terceiro capitão surpreendem, não se apresentam traços anteriores que indiquem uma real mudança.

---

1054. MARGUERAT, D.; BOURQUIN, Y., Para ler as narrativas bíblicas, p. 85-87; SKA, J.-L., Our Fathers Have Told Us, p. 91; VITÓRIO, J., Análise narrativa da Bíblia, p. 81-82.

1055. CHANG, Y.-M. J., A Rhetorical Analysis of the Elijah-Elisha Stories within the Deuteronomistic History, p. 183-185; FRETHEIM, T. E., First and Second Kings, p. 139; LONG, B. O., 2 Kings, p. 12-13; MARGUERAT, D.; BOURQUIN, Y., Para ler as narrativas bíblicas, p. 77-79; NEPI, A., Dal fondale alla ribalta, p. 48-49; SKA, J.-L., Sincronia, p. 140; SONNET, J.-P., L'Analisi Narrativa dei Racconti Biblici, p. 72; VITÓRIO, J., Análise narrativa da Bíblia, p. 80. Quanto a Elias, seria a mesma ambiguidade apresentada alhures: destemido no ordálio pelo fogo em 1Rs 18, e temeroso a ponto de pedir a morte em 1Rs 19 (SKA, J.-L., Our Fathers Have Told Us, p. 85). Elias apresenta-se como um "caráter inexplicável" (BRUEGGEMANN, W., 1 & 2 Kings, p. 284).

1056. ALTER, R., The Art of Biblical Narrative, p. 13.

O nome de Elias, אֵלִיָּהוּ, "YHWH é (meu) Deus", é carregado de significado narrativo, pois evidencia um programa: enfatizar a unicidade e exclusividade de YHWH para Israel, em contraposição à política sincretista dos amridas[1057]. Isso é amplificado por um detalhe: Elias, nos v. 7-8, revela-se mediante sua aparência, seu modo particular de se vestir[1058]. Como raramente um personagem na Bíblia é descrito pelas suas vestes, a ênfase recai na descrição deste como בַּעַל שֵׂעָר, em clara oposição a בַּעַל זְבוּב. Por meio desse jogo de palavras, amplifica-se na narrativa a grande missão de Elias[1059].

Ainda como personagem "redondo", Elias é comparável a Sansão: embora o fogo esteja ausente nas cenas finais da história deste último em Jz 16,22-31 (mas presente em 15,1-9), ao destruir o templo de Dagon junto com seus inimigos e deixar atrás de si um terrível rastro de destruição, o fogo tornou-se uma "imagem metonímica" de Sansão – consumindo tanto a si próprio como todo aquele que se coloca em seu caminho. Da mesma forma, Elias é um "profeta do fogo", que igualmente consome todo aquele que obstaculiza sua missão, deixando um rastro de destruição em 2Rs 1,9-14 a qual somente é sustada pela intervenção do mensageiro de YHWH no v. 15[1060].

Entretanto, um detalhe não pode passar despercebido: YHWH como personagem "oculto" dentro da narrativa, o Deus de Israel – acima de tudo o Deus da História –, o qual realiza seus propósitos nos eventos históricos através dos personagens, levando aos leitores um vital interesse na diferenciação concreta desses mesmos personagens[1061]. Há uma "teologia narrativa" implícita que dita uma moral complexa e um realismo psicológico, pois os propósitos divinos não têm obstáculos na história, sendo dependente dos atos de indivíduos para sua contínua execução[1062].

Portanto, embora Elias seja o protagonista da história, e o Rei Ocozias seu antagonista; e como o real embate acontece entre uma divindade estrangeira, Baal Zebub (caricatura do deus Baal), e YHWH como o Deus de Israel, este enquan-

---

1057. ALTER, R., The Art of Biblical Narrative, p. 50, onde R. Alter mostra como o nome de Jacó associa-se ao seu papel enquanto "enganador", a ponto de dirigir seu ciclo narrativo.

1058. ALTER, R., The Art of Biblical Narrative, p. 146; VITÓRIO, J., Análise narrativa da Bíblia, p. 79.

1059. BAR-EFRAT, S., Narrative Art in the Bible, p. 51; cf. tb. seção 3.2.1.4.

1060. ALTER, R., The Art of Biblical Narrative, p. 119; GARSIEL, M., From Earth to Heaven, p. 99; LANGE, J. P. et al., A Commentary on the Holy Scriptures, p. 18-19.

1061. ALTER, R., The Art of Biblical Narrative, p. 36.

1062. ALTER, R., The Art of Biblical Narrative, p. 12; ZAPPELLA, L., Manuale di analisi narrativa biblica, p. 178. R. Alter, na p. 20, insiste numa "completa amálgama" de arte literária com visão teológica, moral e historiográfica.

to personagem (representado pelo "mensageiro de YHWH") torna-se o genuíno herói da narrativa: YHWH dirige a narrativa, toma a iniciativa em comissionar e enviar Elias, concentrando todas as atenções em si por colocar em ação o curso dos eventos, a "causa primária" por excelência[1063].

Mas, apesar de não nomeados – a denominação é um privilégio geralmente concedido aos personagens principais –, não se deve negligenciar os personagens secundários da narrativa, pois "um nome não é suficiente para construir um personagem e não esgota o mistério"[1064]: os diferentes mensageiros, sejam os reais, seja o de YHWH, sejam os capitães com seus cinquenta enviados pelo rei (que, antes de serem encarregados de "capturar" Elias, exercem o papel de mensageiros). Eles concedem ritmo à narrativa, desencadeando as ações: sem o mensageiro de YHWH, Elias não falaria aos mensageiros do rei; sem os mensageiros do rei, este desconheceria a intervenção de Elias; e sem o terceiro capitão, auxiliado pela intervenção do mensageiro de YHWH, Elias não compareceria diante do rei. Portanto, mesmo sendo anônimos, são mais do que meros "funcionários", como já dito: o papel de personagens secundários não significa que sejam menos importantes, não são personagens "menores", porque não exercem "diegese lacônica"[1065].

Especialmente os mensageiros reais e o terceiro capitão nos "surpreendem" com a coragem e a audácia de enfrentar a autoridade do rei; são "mensageiros con-

---

1063. FOKKELMAN, J., Reading Biblical Narrative, p. 58; MARGUERAT, D.; BOURQUIN, Y., Para ler as narrativas bíblicas, p. 80; NEPI, A., Dal fondale alla ribalta, p. 23, 265; SKA, J.-L., Our Fathers Have Told Us, p. 86. Herói (ἥρως), nos épicos e mitos gregos, é um guerreiro humano de uma era longínqua; já no âmbito religioso, corresponde a uma pessoa (real ou fictícia) que permaneceu poderosa mesmo após a morte, recebendo consequentemente culto – uma vez que são compreendidos como intermediários entre os homens e os deuses. A palavra grega aparece apenas em Gn 46,28-29 (LXX) como designação da "cidade dos heróis", עִיר no texto massorético (GRAF, F., Heros, p. 412). Os heróis israelitas – aceitando-se essa nomenclatura para as narrativas bíblicas – não constituem alvos diretos de adoração; mas prevalece o senso geral de herói enquanto formador de realidades políticas e religiosas que governam o mundo atual, com uma base comum significativa. Por isso F. M. Cross, rejeitando o conceito de um épico bíblico mitologicamente orientado, reconstruído por U. Cassuto com base nos Salmos, entende os heróis no meio do caminho entre a história e a mitologia, como campeões de uma era normativa e gloriosa (CASSUTO, U., Biblical and Oriental Studies, p. 70-101; CROSS, F. M., From Epic to Canon, p. 28; NEPI, A., Dal fondale alla ribalta, p. 59). Embora "herói" possa ser tratado como "sinônimo" de protagonista (NEPI, A., Dal fondale alla ribalta, p. 45; SKA, J.-L., Our Fathers Have Told Us, p. 86; VITÓRIO, J., Análise narrativa da Bíblia, p. 80), sendo o protagonista o personagem que desempenha um papel importante no desenvolvimento do enredo (MARGUERAT, D.; BOURQUIN, Y., Para ler as narrativas bíblicas, p. 78), pode-se distinguir o herói como "alguém que desde o início está procurando um objeto valioso que é esperado para [...] atender a uma necessidade ou resolver um problema relativo no início da jornada ou ação" (FOKKELMAN, J., Reading Biblical Narrative, p. 18). Como o mensageiro de YHWH representa o próprio YHWH (cf. seção 3.2.1.2), e este deflagra toda uma série de "reações" às ordens do rei, pode-se fazer a distinção de Elias como o protagonista e YHWH como o herói dentro da narrativa.

1064. NEPI, A., Dal fondale alla ribalta, p. 24.

1065. NEPI, A., Dal fondale alla ribalta, p. 48.

testatórios", uma atitude pela qual "todos podem se reconhecer neles sem serem intimidados por um mundo maior que ele mesmo"[1066]. Os mensageiros reais dos v. 2d-8e ultrapassam as barreiras: atuam como um "trágico bumerangue" (junto com o terceiro capitão) enviado de volta ao Rei Ocozias, "derrubando os papéis iniciais" esperados, "com o resultado de deslocar o leitor em suas previsões"[1067]; esses mensageiros do rei, em vez de simples "informantes do perigo ou da morte", na verdade comportam-se como "acusadores do rei"[1068].

Outra ênfase concedida aos mensageiros do rei: estes compartilham com Elias a função de "informantes ominosos" – com uma mensagem sinistra para eventos "típicos da missão e estilo proféticos", esses mensageiros comportam-se como profetas para o rei![1069]. Quanto ao primeiro e ao segundo capitães nos v. 9-12, eles atuam ainda como "agentes de contraste impotentes", um recurso "projetado para melhorar o desempenho do protagonista, o único a superar um obstáculo aparentemente intransponível"[1070]. Os cinquenta comandados pelos capitães, enquanto personagem coletivo, atuam como figurantes, limitando-se a compor pano de fundo[1071].

## 5.1.2. Lugar e focalização

A narrativa começa no contexto de uma precisa localização: Moab. A breve notícia do v. 1 diz respeito a um lugar distante do território israelita, parecendo desconexo com o corpo principal da narrativa. Mas esse detalhe salienta a diminuição do poder israelita – ou mais precisamente amrida –, evidenciada pela

---

1066. NEPI, A., Dal fondale alla ribalta, p. 89.

1067. NEPI, A., Dal fondale alla ribalta, p. 190. Na p. 269, A. Nepi complementa: "Eles guiam o caminho, através de uma inteligência que triunfa sobre a força cega e a possibilidade de persuadir os detentores do poder, mesmo inimigos, a exercê-lo de forma justa e vantajosa, sem pretensões a revoluções ou independência"; e na p. 193 explicitamente designa o terceiro capitão como "informante bumerangue", comparável ao papel de Abdias em 1Rs 18,1-15.

1068. NEPI, A., Dal fondale alla ribalta, p. 58. Na p. 116, A. Nepi fala de outros agentes que "desempenham o papel de acusadores, a fim de envolver mais o público no drama interno do protagonista, criar empatia e apreciar suas reações". Os mensageiros do rei em 2Rs 1,2-8 seriam sutilmente mostrados como acusadores de Ocozias, e de sua idolatria, pela coragem demonstrada. A. Nepi fala sobre os "informantes do perigo ou da morte" na p. 176.

1069. NEPI, A., Dal fondale alla ribalta, p. 194.

1070. NEPI, A., Dal fondale alla ribalta, p. 108. Na p. 143, fala-se no personagem de "conexão", com o objetivo de "estabelecer contatos na trama, iniciando ou reiniciando uma ação, ou, vice-versa, de desconexão em interrompê-los ou neutralizá-los". Portanto, o primeiro e o segundo capitão podem ser classificados como "personagens de conexão", por fazerem uma "conexão" dos v. 9-12 com o desenrolar da narrativa nos v. 2d-8e.

1071. MARGUERAT, D.; BOURQUIN, Y., Para ler as narrativas bíblicas, p. 77.

rebelião levada a cabo por uma potência inimiga, mas subjugada, dependente[1072]. E essa dependência traz um toque de ironia à narrativa: na sequência, Ocozias salientará uma espécie de "dependência" a uma divindade estrangeira, filisteia – justamente a nação contra a qual, segundo a narrativa bíblica encontrada em 1–2 Samuel, Israel busca se emancipar de maneira tão obstinada. Há uma tensão entre dependência/independência dos lugares[1073].

Essa ironia ainda é amplificada por dois fatos: não só o rei está em Samaria (v. 2b), centro do poder israelita e amrida, mas também Ocozias é o rei de Samaria (v. 3c). Ainda assim, na qualidade de rei de Samaria, busca tenazmente uma divindade fora dos limites de sua jurisdição, uma divindade pertencente a um inimigo arquétipo. Há uma contraposição entre dentro/fora de Israel, à qual corresponde uma contraposição israelita/estrangeiro[1074].

E ainda fora da capital Samaria – mesmo que possivelmente nos arredores, não muito longe –, Elias intercepta os mensageiros enviados pelo rei. Como este pensava, uma mensagem viria de fora da capital – mas não tão longe quanto esperava, e seu conteúdo inverterá as expectativas reais[1075]. Há uma contraposição longe/perto.

Não obstante o local de encontro entre Elias e os mensageiros do rei materialize-se fora, sua precisa localização mantém-se desconhecida dentro da narrativa. Ao contrário do pretendido originalmente por Ocozias: a divindade a ser inquirida pelos mensageiros enviados pertence a Acaron. Há, portanto, uma contraposição de lugar conhecido/desconhecido, que revela algo acerca de Ocozias: parece desconhecer YHWH enquanto Deus de Israel, ao passo que "conhece" o deus de Acaron dos filisteus.

Portanto, várias contraposições são obtidas pelas localizações encontradas dentro da narrativa dos v. 1-8, seguindo uma orientação de Samaria enquanto centro do poder e Moab enquanto periferia desse mesmo poder:

---

1072. SWEENEY, M. A., I & II Kings, p. 267.

1073. Acerca da busca de independência de Moab, juntamente com seu contexto histórico exposto na estela de Mesa, cf. seção 3.1.

1074. MARGUERAT, D.; BOURQUIN, Y., Para ler as narrativas bíblicas, p. 104.

1075. Que o encontro entre Elias e os mensageiros do rei ocorrera não muito longe da capital, em razão da surpresa demonstrada pelo rei por um retorno prematuro, cf. seção 3.2.1.3.

| Samaria (centro do poder) – v. 2b | Moab (periferia do poder) – v. 1 |
|---|---|
| Mensageiros do rei: destinados para fora, mas em lugar conhecido (Acaron) – v. 2g | Mensageiros do rei: interceptados fora, mas em lugar desconhecido – v. 3-4 |
| Ocozias, o rei de Samaria – v. 3c | Elias, o tesbita – v. 3a |

Se a qualificação de "profeta periférico" é inadequada para Elias[1076], ainda assim sua posição pode ser entendida tão periférica quanto Moab em relação ao centro do poder em Samaria. E a atitude de Elias para o Rei Ocozias em Samaria é uma rebelião tanto quanto a de Moab – e a própria atitude de Ocozias pode ser compreendida como uma rebelião a YHWH[1077]. Além disso, a própria atitude dos mensageiros do rei, na sua fala ousada no retorno a Samaria no v. 6, coloca-os em posição de rebelião com relação ao monarca. A contraposição entre Elias e Ocozias é amplificada pela designação de seus lugares de origem: Ocozias, rei de Samaria, e Elias, o tesbita – uma origem enigmática para o grande profeta de YHWH[1078]. Do ponto de vista do enquadramento social, a contraposição entre Elias e o rei representa a contraposição entre comandantes e comandados que perpassa toda a narrativa de 2Rs 1,1-18[1079].

Com o retorno dos mensageiros à presença do rei em Samaria, no conjunto dos v. 2-8 encontra-se um caminho percorrido, cujo ponto de chegada é o mesmo de partida:

**Samaria → Fora (Acaron) → Fora (local desconhecido) → Samaria**

Mais complexo é o caminho percorrido nos v. 9-15. Ainda que não mencionada, o leitor compreende que, implicitamente, a ordem do rei ao capitão e seus cinquenta parte de Samaria. O encontro do capitão com Elias se dá no monte (v. 9c), este anônimo. Mais uma vez de Samaria, o rei envia um segundo capitão e seus cinquenta, com novo encontro no monte. E o mesmo acontece com um terceiro capitão com seus cinquenta – uma contraposição entre um lugar conhecido

---

1076. Cf. seção 3.2.1.3.

1077. Estes dados são corroborados pela análise filológica da raiz פשע, permitindo a integração entre o ato de rebelião de Moab e a atitude de Ocozias: cf. seção 3.1.

1078. Sobre a etimologia do vocábulo תשׁבי e o debate como referente ao local de origem de Elias, cf. seção 3.2.1.2.

1079. MARGUERAT, D.; BOURQUIN, Y., Para ler as narrativas bíblicas, p. 103.

não mencionado e um lugar mencionado desconhecido[1080]. Obtém-se, assim, um zigue-zague entre Samaria e o monte:

**Samaria → monte → Samaria → monte → Samaria → monte**

A falta de detalhes acerca da precisa localização em que se dá o encontro final entre Elias e o Rei Ocozias no v. 16 – implicitamente em Samaria, uma vez que a narrativa no v. 2b enfatiza que o rei está de fato nessa cidade, e em razão de sua doença nada sugere que pudesse se ausentar da capital – permite que o foco se concentre no tríplice encontro entre os capitães com seus cinquenta e Elias[1081].

Finalizando com relação aos lugares, o que mais chama a atenção dentro da narrativa é o efeito produzido pela persistente contraposição entre descer (ירד) e subir (עלה) de lugares, uma oposição dependente da topografia, além da persistente afirmação subir/descer da cama[1082]:

| Subir (עלה) | Descer (ירד) |
| --- | --- |
| "sobe a encontrar os mensageiros…" (v. 3c) | "Desce com ele" (v. 15b) … "e desceu com ele ao rei" (v. 15e) |
| "a cama, a qual ali subiste…" (v. 4b.6k.16e) | "…dela não descerás" (v. 4c.6l.16f) |
| "Um homem subiu a encontrar-nos" (v. 6b) … "[o homem] que subiu a encontrar-vos" (v. 7c) | "desça fogo dos céus" (v. 10d.12d) … "desceu fogo dos céus" (v. 10f.12f) |
| O primeiro capitão sobe a Elias… (v. 9b) | …e ordena a Elias: "desce!" (v. 9f) |
| Sem mencionar-se que o segundo capitão sobe… (v. 11e) | …ele ordena a Elias: "desce depressa!" (v. 11e) |
| "ele [o terceiro capitão] subiu"… (v. 13b) | …e relatou: "Eis que desceu fogo dos céus" (v. 14a) |

---

1080. Acerca do monte mencionado no v. 9c, cf. seção 3.2.2.1.

1081. MCKENZIE, S. L., 1 Kings 16–2 Kings 16, l. 6151-6153.

1082. MARGUERAT, D.; BOURQUIN, Y., Para ler as narrativas bíblicas, p. 101. Sobre a contraposição entre as raízes עלה/ירד, cf. análise lexicográfica na crítica da forma, na seção 1.4, além do comentário na seção 3.2.1.2. Cf. tb. BARNES, W. H., Cornerstone Biblical Commentary, p. 198; BELEM, D. F., Da Palavra sai vida e morte, p. 103-104.

A narrativa começa com a ordem do mensageiro de YHWH para Elias subir e encontrar os mensageiros do rei (v. 3c), e encerra-se com a ordem do mesmo mensageiro de YHWH, agora a Elias, para descer com o terceiro capitão (v. 15b). Tal ordem é prontamente obedecida por Elias (v. 15e), pelo qual obtém-se um enquadramento narrativo para o desenrolar das ações no conjunto dos v. 3-15. A atitude de Elias subir para encontrar os mensageiros do rei, relatada como concluída nos v. 6b.7c – cumprindo o pedido do mensageiro de YHWH no v. 3c –, corresponde ao pedido de Elias para descer fogo dos céus nos v. 10d.12d/10f.12f. Em contraposição ao primeiro capitão que sobe ao monte e pede para Elias descer (v. 9), o terceiro capitão sobe e menciona apenas o fato de o fogo descer – não pede diretamente para que Elias desça (v. 13-14).

O segundo capitão ordena para descer depressa (v. 11e) sem a menção de ter subido; falta essa contraposição – o que proporcionou propostas de emendas no texto[1083]. Não importa se esse segundo capitão subiu ou não; esse "branco" dentro da narrativa enfatiza o senso de urgência, potencializado pela fala do capitão[1084].

Enquanto a contraposição Samaria/fora nos v. 2-8 ocorre dentro de um plano horizontal, a contraposição das raízes ירד / עלה coloca toda a narrativa num plano vertical (mais acentuada nos v. 9-16, pela menção do monte)[1085]. Portanto, percebe-se com certa facilidade como os lugares modelam a narrativa de 2Rs 1,1-18 e se tornam parte integral dela – com cada lugar tendo sua função bem definida dentro da narrativa[1086].

Quanto à focalização – os "olhos da câmera" conforme as escolhas do narrador –[1087], de acordo com as categorias de G. Genette[1088], a focalização zero ("tomada em grande angular") ocorre nos v. 1-2c, no início da narrativa – ao se ter informações acerca da revolta de Moab e do acidente de Ocozias; no v. 9c, quando

---

1083. Cf. a crítica textual na seção 1.2.

1084. SONNET, J.-P., L'Analisi Narrativa dei Racconti Biblici, p. 60-61.

1085. MARGUERAT, D.; BOURQUIN, Y., Para ler as narrativas bíblicas, p. 101-102.

1086. BAR-EFRAT, S., Narrative Art in the Bible, p. 187, apesar de S. Bar-Efrat afirmar que "em geral é difícil compreender completamente que papel é desempenhado pelos lugares citados na narrativa bíblica, porque o narrador estava se dirigindo a um público que estava familiarizado com eles".

1087. SKA, J.-L., Our Fathers Have Told Us, p. 79.

1088. De acordo com as categorias de G. Genette, distingue-se entre focalização zero, interna e externa: a focalização zero ocorre num discurso não focalizado, trazendo informações que vão além do quadro espaçotemporal; na focalização interna, tem-se acesso à interioridade do personagem; e a focalização externa corresponde ao plano fixo, numa "visão de fora", o que o leitor "vê" na narração, pela qual o narrador diz menos do que sabe o personagem (GENETTE, G., Figuras III, p. 263-287; MARGUERAT, D., O ponto de vista, p. 28-30; MARGUERAT, D.; BOURQUIN, Y., Para ler as narrativas bíblicas, p. 92-93; SKA, J.-L., Our Fathers Have Told Us, p. 67).

se pode vislumbrar Elias sentado no topo do monte; na descrição da abordagem do primeiro capitão (v. 9a-b.d), do segundo capitão (v. 11a-c) e do terceiro capitão (v. 13a-f); nos v. 10f-g.12f-g, que descrevem a descida do fogo dos céus; no v. 15d-e, em que se relata a descida de Elias; e nos v. 17-18, com o detalhamento da morte do Rei Ocozias. Em todo o restante da narrativa, há focalização externa, a "tomada em *close*", na qual se pode "ouvir o que os personagens dizem e captar-lhes os sentimentos e as emoções": do Rei Ocozias (v. 2f-h.5c.7); do anjo de YHWH (v. 3-4.15a-c); dos mensageiros do rei (v. 6.8); dos capitães enviados pelo rei (v. 9e-f.11d-e.13g-14c); e do Profeta Elias (v. 10a-e.12a-e.16)[1089].

Há uma alternância de comparações de focalizações: primeiro entre Ocozias e o mensageiro de YHWH (v. 2c-4), depois entre Ocozias e seus mensageiros (v. 5-8), e por fim entre os capitães e Elias (v. 9-14). Duas focalizações são postas em sequência, mas sem uma comparação explícita: a última focalização do mensageiro de YHWH (v. 15a-c) e a última de Elias (v. 16) – implicitamente salienta-se um momento de tensão e nervosismo da parte de Elias nos v. 9-15 diante dos capitães, para uma atitude mais corajosa em relação ao rei no v. 16. Sem focalizações internas, todos os focalizados são perceptíveis, e os focalizadores são deslocados, pois a narrativa sugere uma diferença de percepção entre os personagens, salientada pelas comparações efetuadas[1090]:

|  | focalizador | focalizado |
| --- | --- | --- |
| v. 2d-h | Ocozias | Baal Zebub |
| v. 3-4 | Mensageiro de YHWH | Mensageiros do rei |
| v. 5 | Ocozias | Mensageiros do rei |
| v. 6 | Mensageiros do rei | Elias |
| v. 7 | Ocozias | Elias |
| v. 8a-c | Mensageiros do rei | Elias |
| v. 8d-e | Ocozias | Elias |

---

1089. VITÓRIO, J., Análise narrativa da Bíblia, p. 106-107.

1090. M. Bal propõe salientar a distinção entre focalizador – o agente que vê o que é narrado desde o ângulo de visão adotado – e o focalizado – aquilo para o qual nos conduz a atenção do focalizador (e não necessariamente com quem se fala). Por outro lado, não concorda com a confusão entre narrador e focalizador – como se o narrador fosse o "único" a poder exprimir um ponto de vista –, pelo qual "abole" a "focalização zero". Dessa forma, aceita e mantém a dualidade entre a focalização interna e a externa. No nível do focalizado, distingue entre um objeto perceptível – exterior ao focalizador – e um imperceptível – um dado externo ao personagem, disponível apenas para aqueles que têm acesso à sua psicologia (BAL, M., Narratology, p. 132-136; MARGUERAT, D., O ponto de vista, p. 30-32); quanto aos focalizadores deslocados, cf. MARGUERAT, D.; BOURQUIN, Y., Para ler as narrativas bíblicas, p. 93-94.

| v. 9e-f | Primeiro capitão | Elias |
| --- | --- | --- |
| v. 10c-e | Elias | Primeiro capitão |
| v. 11d-e | Segundo capitão | Elias |
| v. 12a-e | Elias | Segundo capitão |
| v. 13g-14c | Terceiro capitão | Elias |
| v. 15 | Mensageiro de YHWH | Elias |
| v. 16 | Elias | Ocozias |

De acordo com as categorias de A. Rabatel, o ponto de vista "representado" encontra-se nos v. 9c.14 pela partícula הִנֵּה; o ponto de vista "relatado", nos v. 1-2c.9a-b.d.10f-g.12f-g.11a-c.13a-f.15d-e.17-18; e o ponto de vista "afirmado" (assertado), nos diálogos do Rei Ocozias (v. 2f-h.5c.7), do anjo de YHWH (v. 3-4.15a-c), dos mensageiros do rei (v. 6.8), dos capitães enviados pelo rei (v. 9e-f. 11d-e.13g) e do Profeta Elias (v. 10a-e.12a-e.16)[1091].

Integrando essas observações com as da tabela acerca dos focalizadores e focalizados, o focalizado predominante é Elias: o diálogo entre Ocozias e os mensageiros nos v. 5-8 realiza-se de tal forma, que a focalização se desloca dos dialogantes para o objeto do diálogo: Elias. Isso é potencializado pelo emprego de הִנֵּה no v. 9c, proporcionando uma "focalização máxima" em relação a Elias[1092]. Por isso, uma vez que o ponto de vista "afirmado" é o do narrador, correspondente aos seus pressupostos ideológicos e sua escala de valores, uma atitude que se aplica a todos os elementos da narração, quase toda tecida de diálogos. Esses valores envolvem comentários explícitos acerca da exclusividade do

---

1091. RABATEL, A., Homo Narrans, p. 17-55. O ponto de vista corresponde ao modo no qual um sujeito considera um objeto, com todos os sentidos do termo "considerar" (MARGUERAT, D., O ponto de vista, p. 34), e inclui questões como: "Com que olhos são vistas as coisas e com que ouvidos são ouvidos?"; "A partir de qual consciência são refletidas?"; "Sob qual perspectiva eles são expressos?" (SONNET, J.-P., L'Analisi Narrativa dei Racconti Biblici, p. 73). O ponto de vista é a "terceira dimensão" da narrativa, pois é insuficiente ater-se a um aspecto unicamente bidimensional (SKA, J.-L., Our Fathers Have Told Us, p. 79). Para A. Rabatel, a focalização externa não existe, uma vez que todo elemento da narrativa denota um ângulo de visão específico, um ponto de vista (PDV) do qual foi emitido – que pode ser representado, relatado ou afirmado (assertado). O ponto de vista representado é aquele no qual as percepções são veiculadas; o ponto de vista relatado é aquele no qual os acontecimentos são justapostos, mas sem que um verbo de percepção o assinale por meio de uma ruptura enunciativa; e o ponto de vista afirmado (assertado) transparece no âmbito das palavras e dos valores que elas exprimem – correspondendo parcialmente aos diálogos identificados como focalização externa nas categorias de G. Genette (MARGUERAT, D., O ponto de vista, p. 36-41). Quanto à partícula הִנֵּה, "eis que", é regularmente associada a um verbo de percepção, indicando em algumas situações a "mudança de perspectiva", introduzindo o leitor ao ponto de vista "representado" do personagem (SKA, J.-L., Our Fathers Have Told Us, p. 68; SONNET, J.-P., L'Analisi Narrativa dei Racconti Biblici, p. 74).

1092. BAR-EFRAT, S., Narrative Art in the Bible, p. 35-36; FOKKELMAN, J., Reading Biblical Narrative, p. 140.

culto javista – cujo expoente é Elias –, em detrimento de qualquer aceno a uma divindade estrangeira – a ponto de os mensageiros do rei tornaram-se mensageiros de YHWH[1093].

### 5.1.3. Enredo e organização da trama

Após detalhamento exaustivo dos personagens (com suas focalizações) – os quais constituem, de certo modo, a "alma" da narrativa –, procede-se então à análise do enredo, da trama, o "corpo" da narrativa[1094]. O tempo "relatante" da trama, que cobre toda a narrativa envolvendo como pano de fundo a doença acarretada pelo acidente do Rei Ocozias, é de 18 versículos ao todo; quanto ao tempo "relatado", implicitamente gira em torno de alguns dias, pois a narrativa não permite um longo tempo entre o envio dos mensageiros e a vinda pessoal do Profeta Elias para entregar a mensagem[1095].

Encontra-se no começo (v. 1-2c) e ao fim da narrativa (v. 17c-18b) o modo narrativo pelo qual o narrador introduz e conclui, mediante comentários próprios seus, "sumários" narrativos. Mas o corpo da narrativa (v. 2d-17b) desenvolve-se no modo cênico, um modo de palco, pelo qual o narrador "dramatiza" as coisas (no sentido inglês da palavra), produzindo cenas relativamente detalhadas[1096]. Isso imprime a uma narrativa ulterior e sincrônica um ritmo do tipo "normal", pelo qual o tempo da narrativa se calca sobre o da história[1097].

Com relação à frequência, a narrativa é repetitiva concernente ao anúncio do conteúdo da palavra profética destinada ao Rei Ocozias, a qual se repete por três vezes (v. 3-4.6.16). Igualmente, comporta-se como repetitiva com relação aos capitães e seus cinquenta no conjunto dos v. 9-14; mas, nesse caso, é melhor com-

---

1093. MARGUERAT, D.; WÉNIN, A., Sapori del Racconto Biblico, p. 141; VITÓRIO, J., Análise narrativa da Bíblia, p. 133-137; ZAPPELLA, L., Manuale di analisi narrativa biblica, p. 30. O envolvimento do leitor depende, em grande extensão, da maneira como a narrativa é apresentada, incluindo o ponto de vista dominante e as alterações nos diversos pontos de vista (BAR-EFRAT, S., Narrative Art in the Bible, p. 16), tendo por finalidade fazer emergir a que (ou quem) se deseja privilegiar (MARGUERAT, D.; WÉNIN, A., Sapori del Racconto Biblico, p. 162; VITÓRIO, J., Análise narrativa da Bíblia, p. 134).

1094. BAR-EFRAT, S., Narrative Art in the Bible, p. 93. A trama ou o enredo consiste num sistema de eventos organizados e ordenados, arranjados em sequência temporal, e construído como uma cadeia significativa de eventos interconectados.

1095. BAR-EFRAT, S., Narrative Art in the Bible, p. 141-143; SKA, J.-L., Our Fathers Have Told Us, p. 7-8; SKA, J.-L., Sincronia, p. 133; SONNET, J.-P., L'Analisi Narrativa dei Racconti Biblici, p. 59.

1096. SONNET, J.-P., L'Analisi Narrativa dei Racconti Biblici, p. 53; cf. tb. BAR-EFRAT, S., Narrative Art in the Bible, p. 34-35.

1097. GENETTE, G., Figuras III, p. 152-153; MARGUERAT, D.; BOURQUIN, Y., Para ler as narrativas bíblicas, p. 107-112; SKA, J.-L., Sincronia, p. 134.

preender como singulativa, uma vez que se narra três vezes o que acontece três vezes – mesmo que de maneira bastante similar. É uma narrativa singulativa que se comporta como repetitiva[1098].

A trama considera-se ainda uma unidade criada pela combinação de vários eventos: as cenas, definidas pelos personagens delas participantes – quando todos ou alguns dos participantes mudam, uma nova cena se inicia. Como geralmente não mais de dois personagens participam de uma cena dialogando – quando muito, há personagens adicionais "silenciosos" ao fundo, sem participação ativa –, podem-se identificar as seguintes cenas com base nos diálogos, enquadradas por uma introdução (v. 1-2c) e uma conclusão (v. 17-18) explicativas do narrador[1099]:

- **Cena 1:** Diálogo entre o rei e seus mensageiros (v. 2d-h);
- **Cena 2:** Diálogo entre o mensageiro de YHWH e Elias (v. 3-4);
- **Cena 3:** Novo diálogo entre o rei e seus mensageiros (v. 5-8);
- **Cena 4:** Diálogo entre Elias e o primeiro capitão (v. 9-10);
- **Cena 5:** Diálogo entre Elias e o segundo capitão (v. 11-12);
- **Cena 6:** Diálogo entre Elias e o terceiro capitão (v. 13-14);
- **Cena 7:** Novo diálogo entre o mensageiro de YHWH e Elias (v. 15);
- **Cena 8:** Diálogo entre Elias e o rei (v. 16).

A estrutura do enredo, com seu esquema quinário, pode ser identificada conforme se segue[1100]:

- **Situação inicial ou exposição (v. 1-2):** Explicita quem deflagra toda a ação – o Rei Ocozias – e ambienta a narração, respondendo a quatro perguntas: temporalmente (quando?), após a morte de Acab (v. 1); espacialmente (onde?), em Samaria (v. 2b); o que aconteceu – o rei sofreu uma queda com consequências graves (v. 2a.c); e qual situação a narrativa visa modificar – a consulta ordenada pelo rei a Baal Zebub (v. 2d-h). Obtém-se, assim, o ponto de partida natural para a inteira narrativa[1101]. Inclui a introdução e a cena 1 detectadas supra neste trabalho.

---

1098. GENETTE, G., Figuras III, p. 181-231; MARGUERAT, D.; BOURQUIN, Y., Para ler as narrativas bíblicas, p. 120-122; SKA, J.-L., Our Fathers Have Told Us, p. 14; SKA, J.-L., Sincronia, p. 135.

1099. BAR-EFRAT, S., Narrative Art in the Bible, p. 96; GENETTE, G., Figuras III, p. 151-161; MUÑOZ SARAOZ, J. J.; LOPEZ TOLEDO, P., En un mundo cambiante la palabra de Dios permanece firme y justa, p. 158-160.

1100. MARGUERAT, D.; BOURQUIN, Y., Para ler as narrativas bíblicas, p. 57-61; NELSON, R. D., God and the Heroic Prophet, p. 102; VITÓRIO, J., Análise narrativa da Bíblia, p. 61-62.

1101. MUÑOZ SARAOZ, J. J.; LOPEZ TOLEDO, P., En un mundo cambiante la palabra de Dios permanece firme y justa, p. 161. Cf. tb. BAR-EFRAT, S., Narrative Art in the Bible, p. 111-116.

• **Nó ou complicação (v. 3-14):** Constitui o desencadeamento da ação, quando começa a ação dramática na cena 2 (v. 3-4): o mensageiro de YHWH envia Elias para interceptar os mensageiros do rei e assim impedi-los de lograr êxito na consulta a Baal Zebub, ordenada por Ocozias, em Acaron. A complexidade vai então se acentuando em torno de uma questão a ser elucidada: quem "reina" em Israel? Na cena 3 (v. 5-8), a autoridade real é posta em xeque, pois os mensageiros do rei comportam-se como mensageiros de Elias; a complexidade e a tensão crescem nas cenas 4 (v. 9-10) e 5 (v. 11-12), com os dois primeiros capitães procurando trazer coercitivamente Elias, como a tentar evidenciar que Ocozias de fato "reina" em Israel e tem o poder militar a seu dispor. Ainda que desista da coerção e apele para uma súplica humilde, na cena 6 (v. 13-14) o terceiro capitão ainda busca levar Elias à presença do rei. Note-se o quanto os diferentes mensageiros, sejam do rei (incluindo os capitães) ou de YHWH, empurram a ação. Observe-se ainda a tensão narrativa entre o nível humano, caracterizado pela necessidade de subir (Elias ao encontro dos mensageiros do rei, os capitães ao encontro de Elias), e o nível divino, pela necessidade de descer – o rei recusa-se a descer, humilhar-se diante de YHWH, e Elias recusa-se a descer ao rei[1102].

• **Ação transformadora ou clímax (v. 15):** Aqui, altera-se a situação inicial: não a Baal Zebub, e sim a Elias o rei deveria ter consultado desde o início, pois há de fato Deus em Israel. O mensageiro de YHWH, que desencadeara todo "nó" narrativo no v. 3, reaparece aqui na cena 7 para a ação transformadora que se situa tanto no nível pragmático (a ordem para Elias "descer" no v. 15b, porque até então lhe fora ordenado a subir) quanto no nível cognitivo (a Elias é revelado que não deve temer no v. 15c, seja ao rei, seja ao terceiro capitão). Todo suspense e curiosidade suscitados anteriormente pelo terceiro capitão são revogados, levando a tensão ao seu clímax[1103].

• **Desenlace ou resolução/desfecho (v. 16):** Aplica-se aqui, na cena 8, a ação transformadora, quando Elias se apresenta de modo ousado diante do rei. Como etapa simétrica do nó, o rei, tão ativo ao mandar mensageiros e capitães nos v. 2.5-14, apresenta-se aqui em total impotência diante do homem de Deus – e mudo (compare-se com os diálogos efetuados com os mensageiros nos v. 2.5-8): é necessário que o rei ouça em silêncio a pala-

---

1102. MUÑOZ SARAOZ, J. J.; LOPEZ TOLEDO, P., En un mundo cambiante la palabra de Dios permanece firme y justa, p. 161-164.

1103. BAR-EFRAT, S., Narrative Art in the Bible, p. 123; BARONI, R., La Tension Narrative, p. 257-278; MUÑOZ SARAOZ, J. J.; LOPEZ TOLEDO, P., En un mundo cambiante la palabra de Dios permanece firme y justa, p. 162-164.

vra profética diretamente do homem de Deus[1104]. A história "está resolvida, embora não possamos dizer isso positivamente, mas contra a vontade do rei"[1105].

• **Situação final (v. 17-18)**: Diametralmente oposta à situação inicial, o comentário à guisa de conclusão do narrador expõe o reconhecimento do novo estado depois que a tensão narrativa foi acalmada: com a eliminação da dificuldade posta pelo "nó", se o rei tinha expectativas de vida na situação inicial, confronta-se com a morte[1106].

Há um enredo de revelação (*anagnorisis*), porque passa-se de uma ignorância inicial a um conhecimento final, culminando num ganho de conhecimento: pelos v. 5-8 o rei já sabe, por meio de seus mensageiros, que não sarará, não viverá, e sabe por quem eles foram informados – pelo Profeta Elias, com seu modo característico de se vestir. A revelação de que o rei não viverá será confirmada no v. 16. Não obstante, seria mais adequado entender aqui um enredo de resolução, pois há uma importante lição a ser aprendida por Ocozias: não buscar outros deuses no lugar do Deus de Israel. A "resolução" da transgressão e da enfermidade do rei se dá mediante o "sinistro" da morte[1107].

A complexidade do nó nos v. 3-14 não permite que a narrativa "suba" aos poucos, até atingir seu clímax, e então "desça" rapidamente a uma serena conclusão. Há um claro relato delimitado pelos v. 1-8, centrado não apenas no pecado de Ocozias como exemplo de pecado e transgressão, mas também na firme e imutável justiça divina que visa punir a idolatria do rei. Mas antes da conclusão nos v. 17-18, eis que outra vez há uma complicação narrativa nos v. 9-16, o que retarda e amplifica a tensão narrativa[1108].

Há, portanto, um "enxerto" dos v. 9-16, o qual suscitou dúvidas de ser uma inserção redacional, não participante originalmente do texto, mas que na narrativa exerce o papel de elevar ao máximo o suspense do enredo. Sem levar em conta esse enxerto, haveria uma lógica narrativa nos v. 1-8.17-18, com a situação

---

1104. BEGG, C. T., Unifying Factors in 2 Kings 1.2-17a, p. 83.

1105. MUÑOZ SARAOZ, J. J.; LOPEZ TOLEDO, P., En un mundo cambiante la palabra de Dios permanece firme y justa, p. 164.

1106. BAR-EFRAT, S., Narrative Art in the Bible, p. 130-132; MUÑOZ SARAOZ, J. J.; LOPEZ TOLEDO, P., En un mundo cambiante la palabra de Dios permanece firme y justa, p. 164.

1107. MARGUERAT, D.; BOURQUIN, Y., Para ler as narrativas bíblicas, p. 72-73; MUÑOZ SARAOZ, J. J.; LOPEZ TOLEDO, P., En un mundo cambiante la palabra de Dios permanece firme y justa, p. 165; SKA, J.-L., Sincronia, p. 136.

1108. BAR-EFRAT, S., Narrative Art in the Bible, p. 124; MUÑOZ SARAOZ, J. J.; LOPEZ TOLEDO, P., En un mundo cambiante la palabra de Dios permanece firme y justa, p. 153.

inicial mantendo-se nos v. 1-2; o nó nos v. 3-4; a ação transformadora ou clímax (os mensageiros do rei se tornam mensageiros de Elias/YHWH) nos v. 5-6; o desenlace (o rei, que age como se desconhecesse YHWH, é obrigado a reconhecer o representante deste, Elias) nos v. 7-8. O leitor espera por uma cena que mostre o encontro entre Elias e os mensageiros do rei entre os v. 4-5; mas ela não ocorre, há um "lapso", um "branco narrativo" acerca dessa cena. Mediante esse recurso, intensifica-se a dramaticidade do retorno dos mensageiros ao rei nos v. 5-6, fazendo dela um clímax, a ação transformadora de fato. A situação final (deslocada) encontra-se nos v. 17-18[1109].

O episódio tríplice dos três capitães (v. 9-15) tanto introduz quanto completa o subenredo de atrair Elias para baixo, para que este abandone seu isolamento no monte. Assim, esse subenredo retarda o enredo primário do confronto direto entre o rei e o profeta, avançando apenas quando Elias finalmente se movimenta e desce[1110]. O conjunto dos v. 9-18 constitui um outro episódio, em torno de outro programa narrativo: trazer Elias à presença do rei. Neste, tanto a situação inicial quanto o nó desenvolvem-se três vezes: a situação inicial quando o rei envia consecutivamente três capitães para trazer Elias (v. 9a-c.11a.13a); e o nó quando esses três capitães tentam cumprir as ordens do rei (v. 9d-f.11b-e.13b-14c), a qual gera duas reações de Elias sobre o fogo descendo dos céus (v. 10.12). Mantém-se a ação transformadora no v. 15 e o desenlace no v. 16, e os v. 17-18 como situação final. A situação final partilhada tanto para o conjunto dos v. 1-8 quanto para os v. 9-18 faz de 2Rs 1,1-18 uma trama unificada mediante o "encaixe" dos v. 9-16 como um subenredo, o qual enfatiza que não se pode servir a YHWH e a um rei idólatra ao mesmo tempo[1111].

Por isso, as cenas podem ainda ser organizadas em três atos (ou episódios), correspondendo exatamente à organização tríplice detectada pela crítica da forma segundo o Método Histórico-crítico[1112]:

---

1109. BEGG, C. T., Unifying Factors in 2 Kings 1.2-17a, p. 82; COGAN, M.; TADMOR, H., II Kings, p. 26; MUÑOZ SARAOZ, J. J.; LOPEZ TOLEDO, P., En un mundo cambiante la palabra de Dios permanece firme y justa, p. 155-161. Sobre a questão redacional, cf. seção 1.3.

1110. NELSON, R. D., First and Second Kings, p. 155.

1111. GARSIEL, M., From Earth to Heaven, p. 157; MARGUERAT, D.; BOURQUIN, Y., Para ler as narrativas bíblicas, p. 69-72; SKA, J.-L., Sincronia, p. 136.

1112. BAR-EFRAT, S., Narrative Art in the Bible, p. 107-108. Na p. 102, define-se o "ato" baseando-se no modelo teatral: o ato consiste em cenas agrupadas em torno de um "subenredo", delimitado tanto espacial (observar aqui a importância de Samaria e do monte anônimo para essa delimitação) quanto temporalmente, ou pelo surgimento de novos personagens, tal como aparece nos v. 9-15. O ato também pode ser chamado de "episódio" (SKA, J.-L., Our Fathers Have Told Us, p. 33). Quanto à crítica da forma, cf. seção 1.4.

- **Primeiro ato (v. 2d-8e), cenas 1-3:** A narrativa gira em torno da consulta a Baal Zebub, ordenada pelo rei aos seus mensageiros. Ainda que personagens secundários, os mensageiros do rei exercem um papel fundamental, perpassando todo o ato, no princípio como enviados do rei e depois como enviados de Elias. Geograficamente, o ato começa e termina em Samaria.
- **Segundo ato (v. 9-15), cenas 4-7:** A narrativa gira em torno da tentativa tríplice do rei em trazer Elias à sua presença mediante três envios consecutivos de capitães com seus cinquenta personagens que enfim aparecem dentro da narrativa. Geograficamente, todo o ato ocorre no monte anônimo.
- **Terceiro ato (v. 16), cena 8:** Elias comparece finalmente diante do rei, entregando em pessoa a mensagem outrora ordenada pelo mensageiro de YHWH nos v. 3-4. O ato, o mais breve de todos, ocorre geograficamente em Samaria.

No centro do enredo de 2Rs 1,1-18 há uma colisão de forças, a princípio entre Elias e Ocozias, mas que na verdade revela o confronto entre o poder divino (representado pelo profeta) e o poder real[1113]. Não obstante o emprego de força militar, apenas a súplica do terceiro capitão logra êxito em trazer Elias à presença do rei, e isso significa a supremacia do "homem de Deus". Porém a ênfase do enredo recai sobre a palavra profética a ser transmitida: não há Deus em Israel? Três vezes esse questionamento é repetido, duas no primeiro ato e uma no terceiro ato. Primeiramente, ouve-se essa palavra, destinada ao rei, quando o mensageiro de YHWH a transmite a Elias; depois, ela é transmitida ao rei pelos seus mensageiros, os quais a ouviram de Elias; e, por último, quando o próprio Elias a comunica pessoalmente ao rei. Portanto, a tríplice repetição põe em relevo a profecia, acentuando seu papel como o ponto primordial da narrativa[1114]. Toda a narrativa envolve um enredo "punitivo"[1115]. Sendo assim, a cadeia de explicações que culmina no v. 17 cria um sistema de profecias de um lado e seu cumprimento de outro, indicando que a história foi considerada o cumprimento da palavra de YHWH. Os eventos narrados são o resultado tanto do comportamento quanto do plano divino[1116].

---

1113. BAR-EFRAT, S., Narrative Art in the Bible, p. 94.

1114. BAR-EFRAT, S., Narrative Art in the Bible, p. 107-108.

1115. CHANG, Y.-M. J., A Rhetorical Analysis of the Elijah-Elisha Stories within the Deuteronomistic History, p. 186.

1116. BAR-EFRAT, S., Narrative Art in the Bible, p. 29.

## 5.2. Análise narrativa de 2Rs 2,1-25

### 5.2.1. Narrador e personagens

Mais uma vez o narrador é onisciente, mediante sua revelação, ao leitor, da ascensão de Elias no v. 1. Dessa aparente "posição elevada" concedida a quem lê, pode-se acompanhar Eliseu na sua gradual caminhada até a partida de seu mestre. Entretanto, os personagens sabem mais do que o leitor: tanto Eliseu quanto os filhos dos profetas sabem antecipadamente que Elias ascenderá, mas o narrador oculta a forma como eles obtiveram essa importante informação. Sem fornecer alguma pista para elucidar essa questão, eleva-se ao máximo a curiosidade do leitor, colocando-o numa posição "inferior" – concede-se a ele uma "posição privilegiada" apenas nos v. 11-12, quando compartilha com Eliseu o destino de Elias. Por outro lado, nem o leitor nem os personagens sabem quando e onde Elias ascenderá, potencializando a tensão narrativa[1117].

O narrador revela-se em 2Rs 2,1-25 mediante diálogos, optando-se pelo modo *showing* (cênico), com informações intradiegéticas (o narrador interfere, com uma breve informação extradiegética, apenas no v. 22), em um diálogo entre Elias e Eliseu repetido praticamente *verbatim* nos v. 2-6 (em concordância com o padrão de repetição tripla), para salientar a força da insistência e da perseverança daquele que almeja ser o sucessor de seu mestre: Eliseu[1118].

Quanto às funções actanciais, nos v. 2-6 Elias e Eliseu encontram-se numa caminhada conjunta; durante esta, Elias declara a Eliseu por três vezes que YHWH o envia a três lugares consecutivos: Betel, Jericó e Jordão – esse seria, a princípio, o programa narrativo[1119]. Não obstante, nos dois primeiros lugares os filhos dos profetas declaram que YHWH tomará Elias, uma informação a qual Eliseu também conhece[1120]. Portanto, subentende-se que Elias preparará os filhos dos profetas para sua partida, sem maiores esclarecimentos desses supostos preparativos.

Ao chegar finalmente ao Jordão no v. 8, na sequência (v. 9), Eliseu pede porção dobrada do espírito profético que está sobre Elias. Elias esclarece que há

---

1117. COHN, R. L., 2 Kings, p. 11-12; DAVIS, D. R., 2 Kings, p. 28; LONG, B. O., 2 Kings, p. 26; MARGUERAT, D.; BOURQUIN, Y., Para ler as narrativas bíblicas, p. 90-91; PROVAN, I. W., 1 & 2 Kings, p. 173; SONNET, J.-P., L'Analisi Narrativa dei Racconti Biblici, p. 55; VITÓRIO, J., Análise narrativa da Bíblia, p. 85.

1118. BAR-EFRAT, S., Narrative Art in the Bible, p. 31-32; VITÓRIO, J., Análise narrativa da Bíblia, p. 84. Sobre o modo *showing*, informações intradiegéticas, extradiegéticas e padrão de repetição tripla, cf. o que foi dito na seção 5.1.1.

1119. Sobre as funções actanciais dos personagens, cf. seção 5.1.1. Cf. ainda seções 4.2.1.1, 4.2.2 e 4.2.3 para os diálogos repetitivos entre Elias e Eliseu.

1120. Cf. seções 4.2.1.2 e 4.2.2 para os diálogos repetitivos entre Eliseu e os filhos dos profetas.

uma condição: Eliseu deve presenciar sua ascensão, uma condição a qual se subentende ser garantida não por ele, mas por YHWH. Obtém-se assim um melhor esclarecimento do programa narrativo: Eliseu deseja ser o legítimo sucessor de Elias enquanto profeta. Nesse programa, Eliseu torna-se assim destinador e destinatário ao mesmo tempo, e o objeto é a sucessão profética. A condição imposta a Eliseu, que este presencie a ascensão de Elias, mostra que YHWH é o sujeito da ação, uma vez que ambas são interligadas e podem ser realizadas somente por mediação divina – tanto o turbilhão como a carruagem e os cavalos de fogo atuam como ajudantes de YHWH. Elias comporta-se como um opositor do objeto do programa narrativo, ao procurar obstar que Eliseu o acompanhe – mas desistiria ao fim em razão da insistência de Eliseu, pois no v. 6h declara-se que ambos prosseguem juntos. Os filhos dos profetas comportam-se como ajudantes de Eliseu, porque o leitor implícito é levado a perceber o entusiasmo deles pela sucessão iminente[1121].

Os filhos dos profetas aparecem em três momentos distintos, relacionados aos três lugares geográficos – Betel, Jericó e Jordão. Se os filhos dos profetas de Betel e Jericó comportam-se como ajudantes, aqueles relacionados ao Jordão são testemunhas silenciosas no v. 7, declarando no v. 15 que de fato o programa narrativo do conjunto dos v. 1-15 foi executado: o espírito profético de Elias repousa sobre Eliseu[1122]. Ainda assim tornam-se destinadores de um novo programa narrativo nos v. 16-18: procurar Elias, para verificar se de fato ele fora tomado por YHWH. Para tal, contam com cinquenta homens valentes como sujeitos dessa ação. O objeto continua sendo a sucessão profética, mas não fica claro se eles próprios seriam os destinatários – estariam almejando a sucessão? – ou Eliseu. Sendo Eliseu, eles são ajudantes de Eliseu; se eles próprios são os destinatários, tornam-se opositores. Uma vez que Eliseu opõe-se a esse novo programa narrativo, cedendo apenas em face da insistência dos filhos dos profetas, seria melhor compreender estes como opositores[1123].

Se tanto Elias quanto Eliseu são protagonistas nos v. 1-18, sendo Elias o protagonista principal – mesmo ausente fisicamente nos v. 13-18 –, a partir do v. 19 Eliseu passa a ser o único protagonista[1124]. No conjunto dos v. 19-22, os homens da cidade de Jericó tornam-se destinadores e destinatários de um novo

---

1121. Sobre o pedido de Eliseu, cf. seção 4.3.3; sobre o suposto entusiasmo dos filhos dos profetas, cf. seção 4.2.1.2. Cf. ainda BELEM, D. F., Da Palavra sai vida e morte, p. 97-98.

1122. Cf. seção 4.3.4.5.

1123. Cf. seção 4.3.5. Cf. tb. BELEM, D. F., Da Palavra sai vida e morte, p. 98.

1124. BELEM, D. F., Da Palavra sai vida e morte, p. 97.

programa narrativo: purificar as águas ruins da cidade. O objeto é: não haver mais abortos, nem mortes. Comparando os v. 21-22, o sujeito da ação é a palavra de Eliseu declarada mediante autoridade profética, contando como ajudantes o próprio Eliseu, os homens da cidade e o recipiente novo com sal dentro[1125].

Se não há antagonistas no conjunto dos v. 1-22, nos v. 23-25 os rapazes pequenos de Betel são claramente antagonistas em relação a Eliseu, destinadores de um novo programa narrativo: pedir a Eliseu que suba. O objeto é impedir que ele de alguma forma exerça seu ministério na cidade. Eliseu então torna-se opositor, apresentando um novo programa narrativo: impor uma maldição sobre os rapazes insolentes. Nesse novo programa, Eliseu é o destinador, tendo a palavra de YHWH como sujeito da ação, as ursas provenientes da floresta como ajudantes e os rapazes pequenos como destinatários[1126].

O leitor implícito é levado naturalmente a nutrir simpatia pelos homens da cidade nos v. 19-22 e antipatia pelos rapazes pequenos nos v. 23-24. Há empatia tanto por Elias quanto por Eliseu. Com relação aos filhos dos profetas, o sentimento parece ambíguo: uma vez que os filhos dos profetas de Betel e Jericó são ajudantes, haveria simpatia; mas, como os filhos dos profetas no Jordão apresentam-se como opositores nos v. 16-18, haveria uma ligeira antipatia por eles. Na verdade, os filhos dos profetas enquanto coletividade (sejam provenientes de Betel, Jericó ou Jordão) são complexos, transitando entre ajudantes a oponentes, de simpatia para ligeira antipatia, sendo, portanto, personagens redondos, enquanto todos os demais personagens dos v. 1-25 – Elias, Eliseu, os homens da cidade e os rapazes pequenos – são planos ou chatos[1127].

Se tanto Elias quanto Eliseu são protagonistas nos v. 1-18, e Eliseu é o grande protagonista dos v. 19-25[1128], à primeira vista Elias parece ser o herói, por ser honrado de forma ímpar com a ascensão aos céus. Entretanto, os olhares são desviados para Eliseu: este persistentemente busca de Elias a sua indicação como sucessor; pede de Elias a porção dobrada de seu espírito profético, a qual lhe é concedida mesmo com a condição *sine qua non* imposta – presenciar em pessoa a ascensão de seu mestre; e, ainda que necessite de uma segunda tentativa, como o mestre ele consegue partir as águas do Jordão com o manto. O malogro da busca por Elias requisitada pelos filhos dos profetas comprova que doravante Eliseu é

---

1125. BELEM, D. F., Da Palavra sai vida e morte, p. 98. Cf. tb. seção 4.4.1.

1126. BELEM, D. F., Da Palavra sai vida e morte, p. 98-99. Cf. tb. seção 4.4.2.

1127. Sobre personagens redondos e planos, cf. seção 5.1.1.

1128. CHANG, Y.-M. J., A Rhetorical Analysis of the Elijah-Elisha Stories within the Deuteronomistic History, p. 191-192.

o mestre. Portanto, sua obstinação em buscar esse objetivo faz de Eliseu o herói incontestável de 2Rs 2,1-25[1129]. O destino de Elias (assim como o de Henoc em Gn 5,24), cuja morte não é contada, constitui uma "partida" que segue o *topos* do "herói desaparecido", concedendo-lhes outra existência mais duradoura na imaginação dos leitores, chamados para preencher o enigma[1130].

Eliseu, enquanto personagem, é construído de tal forma a salientar uma continuidade profética: Elias extraordinariamente continua a viver no ministério de Eliseu; Eliseu é Elias mais uma vez, ultrapassando as barreiras da morte[1131]. Eliseu ainda é um personagem de contraste em ralação aos filhos dos profetas, mediante sua disponibilidade[1132]. E Eliseu atua ainda como uma espécie de confidente para com Elias nos v. 2-6, a exemplo das tragédias gregas, tal como Jonadab em relação a Amnon (2Sm 13,3-5) e os servos de Saul acerca do episódio envolvendo a busca das jumentas perdidas (1Sm 9,5-10)[1133].

Quanto aos personagens secundários, os filhos dos profetas nos v. 2-6, em Betel e Jericó, atuam como personagens de conexão entre Elias e Eliseu, não apenas meros informantes da iminente ascensão de Elias, e sim como "bússola" para Eliseu: pressupõem que Eliseu não esteja informado acerca desse importante evento e pretendem "guiá-lo" para encontrar o "caminho" rumo à sucessão profética[1134]. Destacam-se na função de "catalisadores", expondo o "programa narrativo" da trama[1135].

Os filhos dos profetas no Jordão (v. 7) atuam como espectadores, fazendo parte do quadro, e não da ação; são testemunhas silenciosas do grande evento que está para ser realizado nos v. 11-12. Eles abandonam sua passividade e passam a servir de coro para a importante declaração no v. 15d: "Repousa o espírito de Elias sobre Eliseu!" Através dos filhos, o leitor informa-se de que realmente se consumou a sucessão profética. Uma clara contraposição ao "refrão zombador" dos rapazes pequenos nos v. 23-24: sem eles o leitor nunca teria sabido da calvície do Profeta Eliseu, nem de sua reação brutal, que reivindica a sacralidade do homem de Deus, que não pode ser ridicularizado e cuja maldição é eficaz[1136].

---

1129. FOKKELMAN, J., Reading Biblical Narrative, p. 92-93. Cf. tb. o que foi dito sobre herói na seção 5.1.1.

1130. NEPI, A., Dal fondale alla ribalta, p. 31.

1131. FRETHEIM, T. E., First and Second Kings, p. 140.

1132. HOBBS, T. R., 2 Kings, p. 27.

1133. SKA, J.-L., Our Fathers Have Told Us, p. 90.

1134. NEPI, A., Dal fondale alla ribalta, p. 143-145.

1135. NEPI, A., Dal fondale alla ribalta, p. 197.

1136. DHARAMARAJ, H., A Prophet Like Moses?, p. 192; NEPI, A., Dal fondale alla ribalta, p. 49-50.

Os filhos dos profetas no v. 15 podem ainda ser designados agentes "fiadores" e "resolutivos", por atuarem como "informantes" ou "plataforma de lançamento" para o protagonista, com uma recomendação que despertaria a simpatia do destinatário e do leitor, apresentando um efeito persuasivo maior sobre o público acerca da realidade da sucessão profética angariada por Eliseu. Mas esse sentimento de simpatia é posto em xeque nos v. 16-18, devido à insistência para que Eliseu permita uma busca infrutífera por Elias[1137].

Os homens da cidade (v. 19-22) e os rapazes pequenos (v. 23-24) atuam reciprocamente como agentes de contraste: os homens da cidade mostram o máximo respeito, suscitando natural simpatia, mostrando total disposição para ajudar e serem ajudados pelo profeta, enquanto os rapazes mostram completo desrespeito, suscitando natural antipatia. Postos no início do ministério de Eliseu, atuam ainda como agentes de teste, pois servem para destacar aos olhos do leitor o mundo interior, os valores e as escolhas do profeta, servindo para legitimá-lo em um confronto que destaca a inconsistência de atitudes diante do profeta genuíno de YHWH. Um expediente que coloca o leitor entre duas axiologias, empurrando-o para avaliar qual é o melhor: se normalmente a empatia nasce para o protagonista Eliseu pela atitude para com os homens da cidade de Jericó, esta seria posta em dúvida pela sua atitude para com os rapazes pequenos[1138].

Apesar de envolver a mesma quantidade, os cinquenta homens valentes dos v. 16-17 são distintos dos cinquenta mencionados no v. 7 e prestam-se a funções narrativas diferentes: no v. 7 exercem um papel silencioso, passivo, de audiência, enquanto nos v. 16-17 exercem um papel ativo, pois empreendem uma busca por Elias[1139]. Portanto, enquanto os cinquenta no v. 7 comportam-se como figurantes, os cinquenta homens valentes nos v. 16-17 agem como personagem coletivo "cordão" – sua função está a "serviço do enredo", revestindo-se de uma dimensão simbólica: ressaltar a total ineficácia de procurar Elias, pois doravante Eliseu é o sucessor inconteste, sobre o qual repousa o espírito do mestre[1140].

As ursas no v. 24 também atuam como agentes, pois animais podem ser instrumentos de YHWH para trazer o julgamento sobre aqueles que desafiam sua autoridade, representada aqui na pessoa do profeta. Pondo em evidência um programa narrativo, essas ursas atuam como agentes catalisadores; e por

---

1137. NEPI, A., Dal fondale alla ribalta, p. 156.

1138. CHANG, Y.-M. J., A Rhetorical Analysis of the Elijah-Elisha Stories within the Deuteronomistic History, p. 192; NEPI, A., Dal fondale alla ribalta, p. 81-82, 121.

1139. NELSON, R. D., First and Second Kings, p. 160-161.

1140. MARGUERAT, D.; BOURQUIN, Y., Para ler as narrativas bíblicas, p. 77-78.

estarem totalmente a serviço da palavra de YHWH, comportam-se ainda como agentes "servos", uma espécie de "garçom", para executar a maldição impetrada por Eliseu[1141].

### 5.2.2. Lugar e focalização

Seis lugares são mencionados na perícope de 2Rs 2,1-25: Guilgal, Betel, Jericó, Jordão, Monte Carmelo e Samaria. Em especial, há uma estrita organização quiástica dos lugares: Betel (v. 2-3), Jericó (v. 4-6), Jordão (v. 7-18), e novamente Jericó (v. 19-22) e Betel (v. 23-24), e os três lugares restantes parecem quebrar esse quiasmo formado[1142].

Há uma tensão entre o profano e o sagrado relacionados a Jericó e Betel. A presença dos filhos dos profetas em Betel e Jericó confere uma sacralidade a esses lugares, e Betel é um santuário relacionado às histórias patriarcais. Mas ao mesmo tempo evocam o profano, pois Jericó foi um lugar amaldiçoado em Js 6,26 (cumprindo-se em 1Rs 16,34), e Betel lembra os bezerros de ouro erigidos por Jeroboão I, e seu caráter profano é amplificado pela atitude dos "rapazes pequenos" insolentes. Por outro lado, o Jordão mantém o máximo de sua sacralidade, na sua posição centralizada dentro do quiasmo[1143].

A centralidade concedida ao Jordão potencializa ainda mais essa contraposição entre o sagrado e o profano, representada pela disposição sutil entre além e aquém Jordão nos v. 7-18. Não somente há uma "reencenação" da entrada de Josué para consumar a conquista: o além-Jordão representa o profano, um perigo potencial para toda a comunidade, e permanecer aquém do Jordão representa o sagrado, um dever quase religioso, sem que este seja "divinizado"[1144].

Se Guilgal, Monte Carmelo e Samaria "quebram" a disposição quiástica com a menção "deslocada" de Samaria, por não haver uma menção anterior da

---

1141. CHANG, Y.-M. J., A Rhetorical Analysis of the Elijah-Elisha Stories within the Deuteronomistic History, p. 193; NEPI, A., Dal fondale alla ribalta, p. 197-202. Ainda quanto aos personagens secundários, Elias poderia ser considerado em 2Rs 2,1-18 uma espécie de "personagem secundário não anônimo": embora obviamente não apresente menos interesse e espaço na trama, e não seja um mero "coadjuvante", atua como "auxiliar" para Eliseu, contribuindo para que este capitalize as atenções (NEPI, A., Dal fondale alla ribalta, p. 47).

1142. Para a questão dos lugares, cf. seção 5.1.2; e para a crítica da forma, em especial a disposição quiástica, cf. seção 2.4. Cf. tb. LEVINSON, B. M., The Significance of Chiasm as a Structuring Device in the Hebrew Bible, p. 271-280.

1143. Cf. seções 4.2 e 4.4 para esta contraposição das percepções acerca de Jericó e Betel. Para o aspecto sacralizado do Rio Jordão – mas nunca divinizado –, cf. seção 4.3.

1144. MARGUERAT, D.; BOURQUIN, Y., Para ler as narrativas bíblicas, p. 101-102. Cf. tb. as seções 4.3.2 e 4.3.4.4 acerca desse papel do Jordão.

cidade que justifique uma "volta", parece haver uma comparação implícita entre Guilgal e o Monte Carmelo. Ainda que lugares distintos, relacionam as tradições de Elias (Monte Carmelo) com as tradições da conquista (Guilgal), e amplifica-se a tensão existente entre o profano e o sagrado: no Monte Carmelo há a presença concomitante de Elias como único profeta de YHWH e os inúmeros profetas de Baal em 1Rs 18; e Guilgal recebe uma apreciação tanto positiva em Js 5,9-10 quanto negativa (implicitamente) em Js 9,6-14[1145]. Assim, com exceção de Samaria, estabelece-se o seguinte quiasmo, de forma concêntrica[1146]:

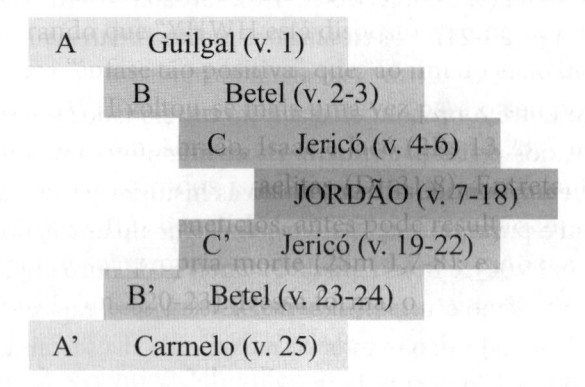

    A       Guilgal (v. 1)
        B      Betel (v. 2-3)
            C      Jericó (v. 4-6)
                JORDÃO (v. 7-18)
            C'     Jericó (v. 19-22)
        B'     Betel (v. 23-24)
    A'      Carmelo (v. 25)

Essa contraposição entre profano e sagrado busca salientar, na verdade, este último. Dentro de um aspecto verticalizado, tanto Elias quanto Eliseu sobem (v. 1.11.23), enquanto uma única vez se fala sobre uma descida (v. 2): tanto o subir quanto o descer têm sentido metafórico, positivo para o primeiro e negativo para o segundo. Entretanto, há uma ênfase na "horizontalização" da narrativa, pela abundância de verbos de movimento, com especial atenção para a raiz הלך, "andar". A princípio Elias e Eliseu andam juntos, e depois Eliseu anda "sozinho". Essa movimentação horizontal visa confirmar um ministério que inequivocamente concede "continuidade", não há espaço para uma ideia de "descontinuidade"[1147].

Ainda no enquadramento geográfico, todos os lugares mencionados são conhecidos; e a não ser pela breve menção a Samaria, há uma total ausência de qualquer contexto político e nenhuma menção a reis, permitindo que a narrativa

---

1145. Sobre o Monte Carmelo e a "estranha" menção de Samaria, cf. seção 4.5; sobre Guilgal, cf. seção 4.1. Uma condenação "explícita", ainda que cercada de "simbolismo" de Guilgal, encontra-se em Os 9,15-17, mediante a declaração enfática "toda a sua maldade está em Guilgal": cf. BELEM, D. F.; SILVA NETO, L. G.; SILVEIRA, L. S., Toda sua maldade está Em Guilgal, p. 21-37.

1146. COHN, R. L., 2 Kings, p. 17. Cf. tb. ALVAREZ BARREDO, M., Las Narraciones sobre Elias y Eliseo en los Libros de los Reyes, p. 55, o qual concorda com o paralelo entre Guilgal e o Monte Carmelo.

1147. MARGUERAT, D.; BOURQUIN, Y., Para ler as narrativas bíblicas, p. 101-102. Cf. tb. a análise lexicográfica na seção 2.4. Para o subir e o descer dentro de um importante simbolismo metafórico, cf. seção 4.1.

gire totalmente em torno da questão profética, pois tanto sobre Betel (1Rs 13) quanto sobre Jericó (Js 6,26) são lançados duros juízos "proféticos"[1148].

De tal forma o enquadramento geográfico "rege" a narrativa, que ela determina o enquadramento social: há uma contraposição entre mestre e discípulos (estes representados pelos filhos dos profetas) no conjunto dos v. 1-6, em Betel e Jericó; e nos v. 19-25, novamente em Jericó e Betel, ainda que os filhos dos profetas estejam ausentes, há uma sutil comparação entre potenciais discípulos (os "homens da cidade) ou "antidiscípulos" (os rapazes pequenos) e Eliseu enquanto mestre; encontram-se ajudados e ajudantes – estes organizados em abençoador/abençoados nos v. 19-22 –, bem como amaldiçoador/amaldiçoados nos v. 23-25[1149]. Assim, há uma ênfase na relação discípulos/mestre, uma quase dependência filial – com a menção de pai/filhos. Essa dependência mantém-se mesmo na relação entre os homens da cidade e Eliseu nos v. 19-22, e consequentemente os rapazes pequenos nos v. 23-24 salientam uma espécie de busca de independência do profeta.

Não há nenhuma menção a lugares desconhecidos, ou fora do território de Israel, ou de não israelitas: toda a focalização mantém-se, do ponto de vista geográfico, estritamente dentro das fronteiras de Israel, sofrendo leve ameaça apenas quando houve uma "caminhada" pelo além-Jordão[1150]. Por isso, encontra-se "focalização zero" no início da narrativa, com a informação temporal acerca da iminente ascensão de Elias a partir de Guilgal, no v. 1, e a informação geográfica ao fim no v. 25; no v. 22, com a informação direta do narrador acerca dos efeitos sentidos da purificação das águas "até este dia"; as informações narrativas acerca dos diálogos entre Elias e Eliseu (v. 2a.d.h.4a.d.h.6a.d.h.9a-b.f.10a), entre Eliseu e os filhos dos profetas (v. 3a-c.f.5a-c.f.15e-f.16a.g.17a-b.d-f.18a-c), entre Eliseu e os homens da cidade em Jericó (v. 19a.20a.d.21a-c), e entre Eliseu (mediante a comunicação "visual") e os rapazes pequenos (v. 23a-e.24); e a descrição da ascensão nos v. 11a-12b, junto à reação "solitária" de Eliseu à ascensão de Elias (v. 12e-14d.f-h) e a reação dos filhos dos profetas (v. 15a-c), bem como a declaração do posicionamento dos filhos dos profetas para testemunharem os fatos no Rio Jordão (v. 7), e a ação de Elias na divisão das águas do Jordão (v. 8). A "focalização externa" concentra-se nas falas de Eliseu (v. 2e-g.3g-h.4e-g.5g-h.6e-g.9g.12c.14e16h.17c.18d-e.20b-c.21d-f), de Elias (v. 2b-c.4b-c.6b-c.9c-e.10b-f.), dos filhos dos profetas

---

1148. Assim como o profeta anônimo de 1Rs 13, Josué comporta-se como um "profeta": conferir Eclo 46,1 e PIROSKA, H., Remembering Joshua in the Book of Ben Sira, p. 240-249.

1149. MARGUERAT, D.; BOURQUIN, Y., Para ler as narrativas bíblicas, p. 103.

1150. Cf. seção 4.3.

(v. 3d-e.5d-e.15d.16b-f), dos homens da cidade em Jericó (v. 19b-e) e dos rapazes pequenos (v. 23f-g)[1151].

Sem focalizações internas, todos os focalizados são perceptíveis, e os focalizadores são deslocados. Na relação entre focalizadores e focalizados, há uma predominância maciça de Eliseu como focalizador; Elias tanto é o segundo maior focalizador, quanto é o maior focalizado. Isso salienta o papel da sucessão profética, percebida nas amplas passagens em que Eliseu é o focalizador e Elias é o focalizado. Os filhos dos profetas, enquanto focalizadores, concentram-se em Elias como focalizado nos v. 16-18, "constrangendo" Eliseu a ter esse mesmo focalizado. Mas, diante do malogro da missão empreendida pelos cinquenta homens valentes, do v. 19 até o v. 25 Eliseu é o grande focalizado. Esses dados podem ser comprovados no quadro a seguir:

| | focalizador | focalizado |
|---|---|---|
| v. 2b-c | Elias | Betel |
| v. 2.e-g.3g-h.4e-g.5g-h.6e-g.9g.11-13 | Eliseu | Elias |
| v. 3d-e.5d-e.15 | Filhos dos profetas | Eliseu |
| v. 4b-c | Elias | Jericó |
| v. 6b-c.8 | Elias | Jordão |
| v. 7 | Filhos dos profetas | Elias e Eliseu |
| v. 9c-e.10 | Elias | Eliseu |
| v. 14 | Eliseu | YHWH e Elias |
| v. 16-18 | Filhos dos profetas e Eliseu | Elias |
| v. 19 | Homens da cidade | Eliseu |
| v. 20-21 | Eliseu | Águas |
| v. 22 | Narrador | Águas |
| v. 23 | Rapazes pequenos | Eliseu |
| v. 24 | Eliseu | Rapazes pequenos |

O ponto de vista "representado" encontra-se pelos verbos de percepção na descrição da ascensão nos v. 11a-12b, da reação de Eliseu (v. 12e-14d.f-h) e dos filhos dos profetas (v. 15a-c), bem como pelo uso da partícula הִנֵּה nos v. 8.11.16b-f. O ponto de vista "relatado" encontra-se nas enunciações narrativas do conjunto dos

---

1151. Sobre a focalização zero e a focalização externa, cf. seção 5.1.2.

v. 1-2a.d.h.4a.d.h.6a.d.h.9a-b.f.10a; v. 3a-c.f.5a-c.f.15e-f.16a.g.17a-b.d-f.18a-c; v. 7; v. 19a.20a.d.21a-c.22; e v. 23a-e.24.25. E o ponto de vista "afirmado" (assertado) encontra-se nas falas de Eliseu (v. 2e-g.3g-h.4e-g.5g-h.6e-g.9g.12c.14e.16h.17c. 18d-e.20b-c.21d-f), de Elias (v. 2b-c.4b-c.6b-c.9c-e.10b-f), dos filhos dos profetas (v. 3d-e.5d-e.15d), dos homens da cidade em Jericó (v. 19b-e.) e dos rapazes pequenos (v. 23f-g)[1152].

É natural que o leitor se identifique com os filhos dos profetas: as perguntas feitas a Eliseu, se ele sabe ou não que Elias será tomado, e a posição enquanto observadores silenciosos dos eventos no v. 7 fazem com que a focalização deles seja a nossa. Mais do que mostrar simpatia pelos filhos dos profetas, somos convidados a nos identificar com eles, mesmo nas dúvidas concernentes aos v. 16-18[1153].

### 5.2.3. Enredo e organização da trama

O tempo relatante, ao total, é de 25 versículos; quanto ao tempo relatado, gira em torno de alguns dias, com a elipse do v. 22 trazendo a narrativa para a época do narrador[1154]. Especialmente no v. 22 há uma intrusão do narrador, uma apóstrofe indireta indicada pela expressão "até este dia", onde o narrador situa-se em sua própria época, uma analepse[1155]. O v. 22 ainda serve de "pausa descritiva", justificando aos olhos do leitor os efeitos ainda sentidos nos dias do narrador proporcionados pelo milagre recém-realizado por intermédio de Eliseu[1156]. Assim, os v. 1.25 (que marcam respectivamente a introdução e a conclusão), bem como o v. 22, inserem-se no modo narrativo; e, para todo o restante, há o modo cênico[1157].

Pela informação inicial no v. 1 e pela insistência de que tanto Eliseu quanto os discípulos dos profetas conhecem o fato que está por acontecer – a ascensão de Elias –, considera-se aqui uma narrativa prenunciativa, posta ao leitor como anterior aos fatos em relação aos personagens[1158]. Ainda no v. 1, o narrador diri-

---

1152. Sobre os focalizadores deslocados e os focalizados perceptíveis, bem como a descrição dos pontos de vista representado, relatado e afirmado (assertado), cf. seção 5.1.2.

1153. NELSON, R. D., First and Second Kings, p. 161.

1154. Sobre tempo relatante e relatado, cf. seção 5.1.3.

1155. MARGUERAT, D.; BOURQUIN, Y., Para ler as narrativas bíblicas, p. 126; SKA, J.-L., Our Fathers Have Told Us, p. 8.

1156. MARGUERAT, D.; BOURQUIN, Y., Para ler as narrativas bíblicas, p. 110. Por isso, a observação do v. 22 também pode ser descrita como uma "metalepse", pois o narrador parece usufruir ele mesmo os efeitos do que narra (GENETTE, G., Figuras III, p. 132-133; SONNET, J.-P., "Today" in Deuteronomy, p. 498-518).

1157. Sobre modo narrado e cênico, cf. seção 5.1.3.

1158. MARGUERAT, D.; BOURQUIN, Y., Para ler as narrativas bíblicas, p. 108.

ge-se ao leitor, pressupondo que este conhece a tradição da ascensão[1159]. Com relação à frequência, a narrativa é singulativa; mas nos v. 2-6 ela comporta-se como repetitiva, pois há uma repetição tríplice quase *verbatim* do diálogo entre Elias e Eliseu, e uma repetição dupla *ipsis litteris* dos diálogos entre Eliseu e os filhos dos profetas[1160].

Há uma elipse: o silêncio sobre como tanto Eliseu quanto os filhos dos profetas sabem que ocorrerá de maneira iminente a ascensão de Elias[1161]. Nos v. 1-6, há uma prolepse interna, pois os eventos narrados das "visitas" de Elias e de Eliseu aos filhos dos profetas em Betel e Jericó não ultrapassam o quadro da narrativa; em contrapartida, há uma anacronia externa no v. 22, uma prolepse "externa", porque a narrativa dá um "salto" para frente, saindo do quadro narrativo e "acusando" a época do narrador[1162]. Referindo-se ao próprio tempo do narrador, este desvia a atenção momentaneamente dos eventos narrados e estabelece uma conexão direta com os leitores, tornando estes fiadores e, como consequência, concedendo credibilidade ao fato narrado[1163]. E há um "silêncio narrativo" no v. 11b: o que Elias e Eliseu conversaram momentos antes da ascensão? Esse branco leva o leitor a conjecturar se haveria instruções finais ou palavras de encorajamento a serem dadas para o sucessor[1164].

Podem-se identificar as seguintes cenas do modo cênico (excetuando os v. 1.22.25, no modo narrativo):

- **Cena 1:** Primeiro diálogo entre Elias e Eliseu (v. 2);
- **Cena 2:** Primeiro diálogo entre Eliseu e os filhos dos profetas (v. 3);
- **Cena 3:** Segundo diálogo entre Elias e Eliseu (v. 4);
- **Cena 4:** Segundo diálogo entre Eliseu e os filhos dos profetas (v. 5);
- **Cena 5:** Terceiro diálogo entre Elias e Eliseu (v. 6);
- **Cena 6:** Apresentação dos cinquenta filhos dos profetas (v. 7);
- **Cena 7:** Partição, por Elias, das águas do Jordão (v. 8);
- **Cena 8:** Quarto diálogo entre Elias e Eliseu e ação de Elias (v. 9-10);
- **Cena 9:** Ascensão de Elias (v. 11);
- **Cena 10:** Monólogo e reação de Eliseu (v. 12);
- **Cena 11:** Monólogo e ações de Eliseu com o manto de Elias (v. 13-14);

---

1159. MARGUERAT, D.; BOURQUIN, Y., Para ler as narrativas bíblicas, p. 118.

1160. Sobre a frequência, singulativa e repetitiva, cf. seção 5.1.3.

1161. MARGUERAT, D.; BOURQUIN, Y., Para ler as narrativas bíblicas, p. 111.

1162. MARGUERAT, D.; BOURQUIN, Y., Para ler as narrativas bíblicas, p. 112-113.

1163. BAR-EFRAT, S., Narrative Art in the Bible, p. 25.

1164. WINTER, J., Face2Face with Elisha, p. 18-19.

- **Cena 12:** Monólogo e reação dos filhos dos profetas (v. 15);
- **Cena 13:** Terceiro diálogo entre Eliseu e os filhos dos profetas (v. 16-18);
- **Cena 14:** Diálogo entre Eliseu e os homens da cidade (v. 19-20);
- **Cena 15:** Monólogo e ação de Eliseu (v. 21);
- **Cena 16:** Monólogo e ação dos rapazes pequenos (v. 23);
- **Cena 17:** Ação de Eliseu (v. 24a-c);
- **Cena 18:** Ação das ursas (v. 24d-e).

Observa-se a quantidade majoritária dos diálogos, sempre tendo como um dos interlocutores Eliseu. Encontram-se ainda alguns monólogos: três de Eliseu (v. 12.13-14.21); um dos filhos dos profetas (v. 15) e ainda outro dos rapazes pequenos (v. 23). Estes dois últimos monólogos, os únicos não pronunciados por Eliseu, são antagônicos, pois o dos filhos dos profetas representa reconhecimento e máxima deferência, enquanto o dos rapazes pequenos relaciona-se zombeteiramente à ascensão de Elias e apresenta o máximo de desrespeito para com Eliseu. A narrativa completa-se por cenas com ausência de qualquer monólogo ou diálogo: os v. 7-8.11, ambas porções de imagens que emolduram o grande diálogo definidor entre Elias e Eliseu nos v. 9-10; e as duas cenas do v. 24[1165].

Entretanto, ainda que haja uma unidade intrínseca no conjunto dos v. 1-25 em torno da sucessão profética – o enredo principal –, do ponto de vista narrativo, existem três episódios, mediante os indicadores da clausura: os personagens envolvidos e a temática, ou subenredos[1166]. Nos v. 1-18, há como personagens Elias, Eliseu e os filhos dos profetas. A temática abordada diz respeito mais diretamente à ascensão de Elias e a como e quem o sucederá, algo que se encerra somente quando, nos v. 16-18, comprova-se, pela busca infrutífera por Elias, que de fato o "espírito de Elias" repousa em Eliseu (v. 15). Nos v. 19-22, permanece apenas Eliseu, e entram como novos personagens os homens da cidade de Jericó, surgindo uma nova temática: como resolver o problema das águas ruins que provocam esterilidade na cidade. E nos v. 23-25 outra vez permanece apenas Eliseu, e novos personagens: os rapazes pequenos de Betel, em torno agora da maldição impetrada em virtude da atitude desrespeitosa deles para com o profeta.

Como visto anteriormente, o conjunto dos v. 19-25 mantém em comum com os v. 1-6 os lugares geográficos: Betel e Jericó. Assim, se nos v. 1-6 Eliseu busca a sucessão, nos v. 19-25 ele confirma essa sucessão (relatada como foi

---

1165. As cenas, as quais podem ser descritas também como "quadros", mudam quando o "narrador faz o leitor ver outra coisa" (MARGUERAT, D.; BOURQUIN, Y., Para ler as narrativas bíblicas, p. 48).

1166. MARGUERAT, D.; BOURQUIN, Y., Para ler as narrativas bíblicas, p. 45-46; NELSON, R. D., First and Second Kings, p. 159.

obtida nos v. 7-18, no Jordão)[1167]. Por esses dados, verifica-se haver no conjunto dos v. 1-25 um enredo unificante, uma trama unificada[1168]. Enquanto nos v. 1-18 encontra-se um enredo de revelação, nos v. 19-25 há um enredo de resolução. O narrador, entrelaçando diferentes episódios, originalmente sem ligação entre si, criou uma narrativa em torno da temática da sucessão profética, sobrepujando e englobando os enredos dos episódios nela contidos, os quais, em conjunto, iniciam e legitimam a carreira "independente" de Eliseu, garantindo a coesão interna dos v. 1-25[1169].

A estrutura do subenredo dos v. 1-18, com seu esquema quinário, pode ser identificada conforme se segue[1170]:

- **Situação inicial ou exposição (v. 1):** A informação acerca do que está por acontecer serve para um importante propósito: a localização espacial e temporal da ascensão de Elias concede o contexto necessário para a sucessão profética[1171].
- **Nó (v. 2-10):** O nó desenvolve-se pela persistência de Eliseu em acompanhar Elias, a qual, descrita dentro do esquema triplo, envolve uma tensão dramática que culminará no diálogo decisivo entre Elias e Eliseu nos v. 9-10[1172].
- **Ação transformadora (v. 11-14):** É o clímax da narrativa dos v. 1-18, marcado pelo uso de הִנֵּה no v. 11 e que continua mesmo após a ascensão de Elias, pois Eliseu depara-se com a angustiante constatação de sua solidão: onde está YHWH, e mesmo seu mestre? (v. 14e). Mas Eliseu, ainda que se sentindo sozinho fisicamente, tem a seu dispor o manto, a "fiança" do poder profético que lhe foi transferido, evidenciado pelo partir das águas (v. 14f-h) que Elias já havia feito antes, no v. 8. Eliseu foi transformado em sucessor de Elias![1173]
- **Desenlace (v. 15-17):** Após a declaração dos filhos dos profetas no v. 15 – a qual marca também o "abandono" da solidão física de Eliseu nos v. 11-14 –, há tensão envolvida na procura por Elias; e ao certificar-se de que não há

---

1167. Cf. o que foi dito na seção 2.4 sobre essas questões.

1168. MARGUERAT, D.; BOURQUIN, Y., Para ler as narrativas bíblicas, p. 71-73.

1169. MARGUERAT, D.; BOURQUIN, Y., Para ler as narrativas bíblicas, p. 70-73; MCKENZIE, S. L., 1 Kings 16–2 Kings 16, l. 6771.

1170. Sobre o esquema quinário, cf. seção 5.1.3.

1171. BAR-EFRAT, S., Narrative Art in the Bible, p. 179.

1172. NELSON, R. D., First and Second Kings, p. 159-160.

1173. BRUEGGEMANN, W., 1 & 2 Kings, p. 300; LONG, B. O., 2 Kings, p. 27; NELSON, R. D., First and Second Kings, p. 162-163; OMANSON, R. L.; ELLINGTON, J. E., A Handbook on 1-2 Kings, p. 718.

"traços" dele, comprova-se de fato que Eliseu agora é o legítimo sucessor, respondendo ao nó envolvido nos v. 9-10: "Repousa o espírito de Elias sobre Eliseu!" (v. 15d)[1174].

• **Situação final (v. 18):** Responde-se aqui não apenas aos filhos dos profetas mas também à situação inicial posta no v. 1: é inútil procurar Elias, pois este ascendeu aos céus.

A estrutura do subenredo dos v. 19-22, com seu esquema quinário, pode ser identificada conforme se segue:

• **Situação inicial ou exposição (v. 19a):** Simplesmente se faz a introdução, especificando que tudo foi motivado por uma fala dita pelos homens da cidade.

• **Nó (v. 19b-e):** Pela fala dos homens da cidade, a complicação da narrativa gira em torno de uma água acessível, em um local aprazível, mas não potável, pois provoca esterilidade[1175].

• **Ação transformadora (v. 20a-21b):** O clímax envolve a requisição de objetos por parte de Eliseu, contando com a pronta obediência dos homens da cidade e a ida para a fonte das águas.

• **Desenlace (v. 21c-f):** Revela-se que o verdadeiro agente pela "cura" das águas é a Palavra de YHWH, resolvendo o problema tal como posto pelos homens da cidade no v. 19b-e.

• **Situação final (v. 22):** A situação final não se restringe aos homens da cidade da época de Eliseu, mas estende-se até os dias do narrador. Se o agente é a Palavra de YHWH, esta realizou-se conforme o que Eliseu dissera. Os leitores da narrativa, ao identificarem-se com os homens da cidade, tornam a declaração "conforme a palavra de Eliseu a qual ele falara" (v. 22b-c) a afirmação da continuidade da palavra profética para os seus dias, as "águas" a serem purificadas.

A estrutura do subenredo dos v. 23-25, com seu esquema quinário, pode ser identificada conforme se segue:

• **Situação inicial ou exposição (v. 23a):** Situa-se geograficamente por ocasião da subida de Eliseu para Betel.

---

1174. CHANG, Y.-M. J., A Rhetorical Analysis of the Elijah-Elisha Stories within the Deuteronomistic History, p. 197-198.

1175. SONNET, J.-P., L'Analisi Narrativa dei Racconti Biblici, p. 56.

- **Nó (v. 23b-g):** Enquanto Eliseu subia para Betel, encontra rapazes pequenos que zombam de Eliseu.
- **Ação transformadora (v. 24a-c):** Como resposta à zombaria dos rapazes pequenos, Eliseu os amaldiçoa pelo nome de YHWH, numa tensão narrativa evidenciada pelo ato de virar-se e depois vê-los.
- **Desenlace (v. 24d-e):** Como consequência da impetração da maldição, saem duas ursas da floresta, que despedaçam os rapazes insolentes como resposta ao nó criado por estes no v. 23.
- **Situação final (v. 25):** Há reversão da situação inicial pela mudança geográfica, primeiramente para o Monte Carmelo, e depois para Samaria.

Para a estrutura do enredo do conjunto dos v. 1-25, com seu esquema quinário, mantém-se a situação inicial no v. 1, o nó nos v. 2-10 e a situação final no v. 25. A ação transformadora não apenas engloba os fatos relacionados diretamente com a ascensão nos v. 11-14, mas também estende-se até o v. 18, pois somente então comprova-se a ausência de Elias e consuma-se a obtenção da sucessão profética. O desenlace engloba as duas narrativas dos v. 19-24, porque cria-se uma ironia dramática ou situacional nos v. 23-24 em comparação aos v. 19-22, o que leva a "resultados que são o reverso" do que se espera de Eliseu, chamando a atenção dos leitores para o ponto de vista avaliador do narrador[1176]. As duas histórias nos v. 19-24 criam, portanto, uma resposta adequada ao nó proposto nos v. 2-10: o pedido de Eliseu pela porção dobrada realiza-se de imediato por dois atos portentosos efetuados, cujo contraste estabelece uma espécie de hendíadis.

Ainda reorganizando as cenas, elas formariam três atos, cada um correspondendo não somente aos lugares geográficos, mas também aos estágios relacionados da sucessão profética: o primeiro ato corresponde à busca da sucessão em Betel e Jericó nos v. 1-6 (cenas 1-5); o segundo ato, à obtenção da sucessão no Jordão nos v. 7-18 (cenas 7-13); e o terceiro ato, à confirmação da sucessão em Betel e Jericó (cenas 14-18)[1177]. Isso reafirma um arranjo concêntrico, ainda que num quiasmo "imperfeito" e que assegura a unidade narrativa[1178].

---

1176. BAR-EFRAT, S., Narrative Art in the Bible, p. 125; MARGUERAT, D.; BOURQUIN, Y., Para ler as narrativas bíblicas, p. 139.

1177. Se cada ato ocorre num tempo ou lugar diferente, neste caso a divisão dos atos baseia-se nos subenredos dependentes da temática central envolvida (BAR-EFRAT, S., Narrative Art in the Bible, p. 102-103).

1178. BURNETT, J. S., "Going Down" to Bethel, p. 288-289; COHN, R. L., 2 Kings, p. 11. Além das referências geográficas, há a menção dupla dos cinquenta nos v. 7 e 16, e o duplo cruzar do Jordão efetuado por Elias no v. 8, e depois por Eliseu no v. 14 (MCKENZIE, S. L., 1 Kings 16–2 Kings 16, l. 6442-6450). Esses três atos correspondem ainda à organização tríplice detectada pelo Método Histórico-crítico, conforme seção 2.4.

## 5.3. Articulação temática entre 2Rs 1,1-18 e 2Rs 2,1-25

Quando 2Rs 1,1-18 e 2,1-25 são lidos independentemente, constituem duas macronarrativas com programas narrativos distintos, como visto nos tópicos anteriores, sem aparente conexão entre si. Mas a análise da articulação temática não somente evidencia os pontos de contato, como também aponta as razões para tal sequência narrativa. Houve "maestria" na combinação dessas duas narrativas em uma, proporcionando a "mais adequada" expressão literária[1179].

Existe uma ênfase em volta da organização tríplice de ambas as narrativas de 2Rs 1,1-18 e 2,1-25. O esquema tríplice torna-se bem notório tanto em 1,9-14 quanto em 2,1-6: se em 1,9-14 dois grupos de cinquenta aproximam-se de Elias antes que um terceiro seja bem-sucedido, em 2,1-6 Eliseu insiste duas vezes para acompanhar Elias, antes que na terceira vez finalmente ganhe a permissão do mestre[1180]. Percebe-se a importância narrativa em torno dos números três; cinquenta; e dois.

A menção tríplice está, ainda, estritamente relacionada com os grupos de cinquenta: são três grupos de cinquenta em 1,9-14, enquanto três vezes grupos de cinquenta aparecem mencionados em 2,7.16.17. O fato de os cinquenta em 2,16 serem nomeados de בְּנֵי־חַיִל, "homens valentes", estabelece outra forte conexão, pois esse termo equivale a "soldados", uma alusão indireta aos três grupos de cinquenta soldados em 1,9-14. Em ambos, os grupos de cinquenta objetivam trazer de alguma forma Elias. Há uma contraposição importante: por ordem expressa de Ocozias, os grupos de cinquenta tentam trazer Elias de maneira coercitiva; já os filhos dos profetas exercem uma espécie de "coerção" sobre Eliseu para convencê-lo a permitir a busca por Elias, a qual não fora dada inicialmente[1181].

Outro número importante para estabelecer as conexões entre 2Rs 1,1-18 e 2,1-25 é o vocábulo שְׁנַיִם, "dois": dois grupos de cinquenta em ambos, exercendo uma espécie de "coerção". Elias, ao pedir a Eliseu que não o acompanhe, deseja

---

1179. ALTER, R., The Art of Biblical Narrative, p. 181. A epopeia de Gilgamesh mostra a "integração de episódios díspares em um todo progressivamente unificado e, assim, nos permitem imaginar um processo semelhante no caso da literatura bíblica", pois aparentemente a "conversão de Enkidu no amigo de Gilgamesh foi a mudança inicial pela qual o autor do épico deu uma unidade aos materiais utilizados" (SONNET, J.-P., L'Analisi Narrativa dei Racconti Biblici, p. 48-49; TIGAY, J. H., The Evolution of the Pentateuchal Narratives in the Light of the Evolution of the Gilgamesh Epic, p. 21-52).

1180. AUCKER, W. B., Putting Elisha in His Place, p. 78-79; GILMOUR, R., Juxtaposition and the Elisha Cycle, p. 92; LUNDBOM, J. R., Elijah's Chariot Ride, p. 156-157.

1181. BODNER, K., Elisha's Profile in the Book of Kings, p. 50-51; CARLSON, R., Élisée – Le Successeur D'Élie, p. 386; GILMOUR, R., Juxtaposition and the Elisha Cycle, p. 92; LUNDBOM, J. R., Elijah's Chariot Ride, p. 158; MCKENZIE, S. L., 1 Kings 16–2 Kings 16, l. 6433; NELSON, R. D., First and Second Kings, p. 158; SWEENEY, M. A., I & II Kings, p. 272.

ficar só em 2,2-5, apenas relutantemente permitindo em 2,6, quando se afirma que ambos (שְׁנַיִם) partiram – ou seja, juntos. Da mesma forma, Elias está só em 1,9-14, condescendendo apenas em face ao pedido do mensageiro de YHWH em 1,15. Em 2Rs 1,1-18, Elias está sozinho, não precisa de Eliseu. Em 2Rs 2,14 Eliseu demonstra que precisa de Elias, não pode ficar sozinho. Mas o espírito de Elias está sobre ele![1182].

O uso das raízes ירד e עלה em 2Rs 1–2, embora de forma desigual, permite que elas se comportem como *Leitwörter*, forjando uma conexão[1183]. Se em 1,1-18 declara-se por três vezes que da cama na qual Ocozias subiu ele não descerá, indicando sua morte, em 2,1-25 Elias sobe aos céus para nunca mais descer ou morrer[1184]. Mais do que "ferramentas literárias" cuidadosamente empregadas como "marcadores narrativos", essas similaridades indicam que Eliseu não é somente o discípulo que continua a obra iniciada por Elias: ele é a própria continuação de Elias em si. Ocozias é indicativo de uma monarquia que "cai" do alto, enquanto Elias representa um profetismo que é elevado por YHWH. Ambos, de onde subiram, não mais descerão; mas, se a dinastia de Amri está condenada, a "dinastia profética" estabelecida na continuidade Elias-Eliseu está garantida[1185].

Ainda que utilizando palavras diferentes, outro elemento relevante de conexão entre 2Rs 1,1-18 e 2,1-25 é a roupa de Elias. Ela serve para identificação por parte de Ocozias em 1,6-8 e exerce papel fundamental para a transferência do poder profético em 2,12-14. Assim, para Ocozias, mais do que descrição física de Elias, a roupa serve como anúncio daquele que acumulará as funções proféticas e régias. O vocábulo אַדֶּרֶת é citado de forma explícita em 2,12-14 e aparece obliquamente em 1,8; portanto, 1,1-18, ao narrar acerca de um rei moribundo, prepara a ascensão de um novo profeta que acumulará também *ipso facto*, ainda que não por direito, as funções reais[1186]. Se parece existir uma "suspensão da narrativa de sucessão real" em detrimento da sucessão profética em 2Rs 2, percebe-se que 2Rs 1 prefacia a sucessão profética em 2Rs 2 como sucessão real desejada e mais eficaz[1187].

---

1182. AUCKER, W. B., Putting Elisha in His Place, p. 79-83; GILMOUR, R., Juxtaposition and the Elisha Cycle, p. 93.

1183. ALTER, R., The Art of Biblical Narrative, p. 120; GILMOUR, R., Juxtaposition and the Elisha Cycle, p. 91.

1184. SWEENEY, M. A., I & II Kings, p. 270.

1185. AUCKER, W. B., Putting Elisha in His Place, p. 74; CARR, A. D., Elisha's Prophetic Authority and Initial Miracles (2 Kings 2:12-15), p. 35.

1186. AUCKER, W. B., Putting Elisha in His Place, p. 72; BAR-EFRAT, S., Narrative Art in the Bible, p. 52; BODNER, K., Elisha's Profile in the Book of Kings, p. 51; BURKI, M., L'étoffe du prophétie, p. 146.

1187. BODNER, K., Elisha's Profile in the Book of Kings, p. 44.

A descrição física de ambos os profetas estabelece outro essencial ponto de contato: enquanto Elias é descrito em 1,8 como בַּעַל שֵׂעָר, uma expressão que pode ser traduzida como "hirsuto", Eliseu é zombado pelos rapazes pequenos em 2,23 como "calvo". Há uma "intenção narrativa" (indicada pela insistência do Rei Ocozias) em fornecer uma descrição dos profetas, estabelecendo um contraste entre os dois ao leitor[1188].

Outro paralelo importante com vocábulos distintos é o ato de prostração do terceiro capitão em 1,15 e dos filhos dos profetas em 2,15. Se o primeiro representa tacitamente o reconhecimento da liderança não de Ocozias, mas de Elias, e por consequência a transferência da obediência para este por parte do capitão, a segunda representa a transferência da liderança de Elias para Eliseu por parte dos filhos dos profetas – e esse ato de prostração não é visto com nenhum outro profeta[1189]. E tal prostração envolve um reconhecimento régio: a prostração utilizando a raiz שׁחה no *hitpalel* ou חוה numa antiga forma *shafel*, antes de 2Rs 2,15, é encontrada relacionada à prostração real em 1Rs 1–2[1190]. Portanto, a comparação evidencia que tanto para o terceiro capitão quanto para os filhos dos profetas Eliseu de fato é um "novo rei", amplificando a temática da sucessão profética com traços da realeza.

Tão essenciais quanto as similaridades são as contraposições, como entre אֵשׁ e מַיִם: se אֵשׁ mantém-se estritamente relacionado a Elias em 1,10.12.14 e 2,11, por outro lado מַיִם vincula-se a Eliseu em 2,19.21.22 – não obstante a palavra מַיִם aparecer associada a ambos no partir das águas do Jordão, antes efetuado por Elias em 2,8 e depois por Eliseu em 2,14[1191]. A narrativa de 2Rs 1,9-14 comporta-se como uma "recapitulação" de 1Rs 18,20-40, pois ambos mantêm a temática comum da descida do fogo dos céus. Esse fogo então aparece novamente em 2Rs 2,1-18, na forma de carruagem e cavalo de fogo; portanto, a ordem dada por Elias para descer fogo dos céus em 1,1-18 encontra seu clímax pela ascensão dele aos céus em 2,1-18[1192].

Outra contraposição importante está entre as expressões כִּדְבַר יְהוָה (1,17) e כִּדְבַר אֱלִישָׁע (2,22): de tal forma Eliseu logra êxito em suceder Elias como autêntico

---

1188. BODNER, K., Elisha's Profile in the Book of Kings, p. 41. Cf. ainda seção 3.2.1.4.

1189. LUNN, N. P., Prophetic Representations of the Divine Presence, p. 57. Cf. tb. seção 3.2.2.3.

1190. AUCKER, W. B., Putting Elisha in His Place, p. 86. Cf. tb. seção 4.3.4.5.

1191. BAR-EFRAT, S., Narrative Art in the Bible, p. 136; GILMOUR, R., Juxtaposition and the Elisha Cycle, p. 92.

1192. BAILEY, R., Elijah and Elisha, p. 20-21; BEEK, M. A., The Meaning of the Expression "The Chariots and the Horsemen of Israel" (2 Kings 2:12), p. 1-2; MONTGOMERY, J. A., A Critical and Exegetical Commentary on the Books of Kings, p. 353.

representante de YHWH, que a narrativa mostra a palavra de Eliseu equiparada à do próprio YHWH. E ainda, se Ocozias não busca Elias para consultar a palavra profética, e o faz apenas posteriormente com intenções dúbias em 2Rs 1,1-18, Eliseu busca de modo obstinado não se separar de Elias, a ponto de proferir um juramento solene[1193].

Mas é a geografia que estabelece as maiores conexões entre 2Rs 1,1-18 e 2,1-25. A dupla menção da rebelião de Moab em 2Rs 1,1; 3,15 proporciona uma moldura para 2Rs 1-2, comparando e contrastando uma monarquia que rejeita a palavra profética, a ponto de buscar divindades estrangeiras com um grupo que sustenta o profetismo e sua palavra, além de ter YHWH em alta estima[1194]. Ainda mais importante é Samaria: o "retorno" mencionado em 2,25 é adequadamente compreendido como referência ao palco dos últimos acontecimentos em 1,2-8.16-18, corroborando o enquadramento[1195]. Dessa forma, não há necessidade de conjecturar se Eliseu estaria só retornando a uma "residência" estabelecida em Samaria, ou se haveria uma narrativa "perdida" acerca de uma descrição literal de uma presença anterior de Eliseu na capital[1196].

Percebe-se uma organização quiástica em torno dos lugares, não apenas dentro de 2Rs 2 mas também incluindo 2Rs 1. Não obstante, aparentemente esse quiasmo é "imperfeito": considerando-se a menção do monte anônimo em 1,9 paralela à do Monte Carmelo em 2,25, há o problema da menção de Guilgal em 2,1[1197]. Mas deve ser salientado que a menção do "topo do monte" (רֹאשׁ הָהָר) evoca Ex 19,20, e o fogo que consome em 1,9-14 evoca Ex 24,17, estabelecendo uma conexão com os eventos do Sinai, pelo que o monte de 1,9 poderia ser uma associação ao Sinai[1198]. Como Guilgal é associado com Josué, os dois elementos mencionados juntos – o monte em 1,9 e Guilgal em 2,1 – seriam alusões aos motivos mosaicos, reiterando mais uma vez a sucessão profética aos moldes mosaicos. Como visto anteriormente, há um paralelo entre Guilgal em 2,1 e o Monte Carmelo em 2,25[1199]. Portanto, com esses dados combinados, o par monte anônimo/

---

1193. AUCKER, W. B., Putting Elisha in His Place, p. 79.

1194. AUCKER, W. B., Putting Elisha in His Place, p. 78; SKA, J.-L., Our Fathers Have Told Us, p. 80-81.

1195. FOKKELMAN, J., Reading Biblical Narrative, p. 162.

1196. OMANSON, R. L.; ELLINGTON, J. E., A Handbook on 1-2 Kings, p. 733; cf. tb. seção 4.5.

1197. BODNER, K., Elisha's Profile in the Book of Kings, p. 48; LONG, B. O., 2 Kings, p. 20. Cf. tb. BERGEN, W. J., Elisha and the End of Prophetism, p. 71; WEINGART, K., My Father, My Father!, p. 261.

1198. LUNN, N. P. Prophetic Representations of the Divine Presence, p. 54.

1199. Cf. seções 4.1 e 5.2.2. Cf. tb. LUNN, N. P., Prophetic Representations of the Divine Presence, p. 58. Na p. 59, N. P. Lunn amplifica ainda mais essas associações, observando que os vocábulos שֵׂעָר e עוֹר fazem alusões ao tabernáculo: a primeira indiretamente é mencionada na cobertura de pelos de cabra (עֵז) do

Guilgal forma um paralelo com o Monte Carmelo em 2,25: e o monte anônimo está associado com Elias em 1,9, e Guilgal com Eliseu em 2,1 – e o Monte Carmelo associa-se a ambos. Por isso a relevância do "anonimato" do monte em 1,9: garantir uma associação tanto com o Monte Sinai quanto com o Monte Carmelo.

Poderia então ser estabelecido o seguinte quiasmo concêntrico, cuja aparente "imperfeição" seria consequência do processo redacional, pelo qual a menção de Samaria em 1,1-8.16-18 apresentaria uma "descontinuidade" em 1,9-15; mas este estabeleceria uma conexão tanto com 2,1 quanto com 2,25a. Assim, todo o conjunto de 2Rs 1–2 formaria uma trama unificada com a seguinte disposição[1200]:

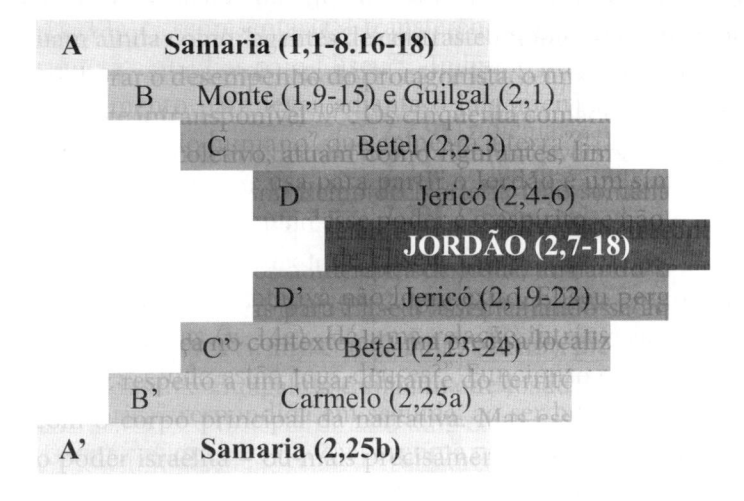

```
A     Samaria (1,1-8.16-18)
  B     Monte (1,9-15) e Guilgal (2,1)
    C     Betel (2,2-3)
      D     Jericó (2,4-6)
        JORDÃO (2,7-18)
      D'    Jericó (2,19-22)
    C'    Betel (2,23-24)
  B'    Carmelo (2,25a)
A'    Samaria (2,25b)
```

Pode-se estabelecer ainda uma "robusta" justaposição entre 1,1-18 e 2,19-25. Saliente-se que unicamente em ambas há antagonistas aos profetas (Ocozias a Elias em 1,1-18, e os rapazes pequenos a Eliseu em 2,22-23). Tanto 1,1-8.16-18 quanto 2,19-22 têm a temática comum da doença e cura; tanto 1,9-15 quanto 2,23-24 abordam como tratar com a máxima deferência um profeta de YHWH; e a dupla ordem "sobe, calvo" dada a Eliseu em 2,23-24 corresponde por contraposição à dupla ordem "desce" dada a Elias em 1,9-15. Essas ordens são comple-

---

tabernáculo (Ex 26,7); já a segunda é mencionada diretamente na dupla descrição de "coberturas de peles" (מִכְסֵה עֹרֹת, Ex 26,14).

1200. Seria a mesma disposição encontrada em LUNDBOM, J. R., Elijah's Chariot Ride, p. 153, exceto pelo fato de que o monte de 1,9 e Guilgal mantêm-se separados, e a "contraparte" de Guilgal está em "aberto". Outra tentativa similar é encontrada em HOBBS, T. R., 2 Kings 1 and 2, p. 332, onde 1,9-15 associa-se com 2,23-25 e 1,1-8.16-18 associa-se com 2,19-25 – uma estrutura replicada, de forma adaptada, em WOODS, F. E., Elisha and the Children, p. 51. Cf. tb. HOBBS, T. R., 2 Kings, p. 17-19. Todas essas estruturas, entretanto, mantêm em comum a dificuldade em resolver a menção de Guilgal.

mentares, para as quais as reações tanto de Elias quanto de Eliseu são similares; um indicativo literário ao leitor de que ambos não constituem meros insultos, mas antes denúncia de uma ameaça ao profetismo como um todo[1201].

Tanto 1,1-18 quanto 2,19-25 mantêm como importante ponto de contato a questão da perda de filhos. Se 1,1-18 sublinha a persistente doença e a morte do "cabeça" de Israel, filho e herdeiro de Acab, por outro lado os homens da cidade de Jericó (2,19-22) experienciam a cura das águas que provocavam aborto e a perda de filhos. E tanto 1,1-18 quanto 2,23-24 mostram a realidade da perda de filhos tb: Ocozias, explicitamente por sua postura idolátrica; no caso dos rapazes pequenos, pela associação com o santuário de Betel[1202]. Se Ocozias não tem filho, necessitando ser sucedido pelo seu irmão, Jorão, Elias igualmente não tem filho carnal, mas é sucedido pelo seu filho espiritual, Eliseu. Como a sucessão profética de Elias por Eliseu é modelada pela sucessão de Moisés por Josué, eles são retratados como protótipos do rei israelita na transferência do ofício de um para outro – algo amplificado quando Eliseu rasga suas próprias vestes e apodera-se do אַדֶּרֶת de Elias, uma roupa de uso "estatal", reiterando uma sucessão real[1203].

Há outra comparação aparentemente intencionada pelo narrador entre Jericó em 2,19-22 e Ocozias em 1,1-18: enquanto as águas de Jericó recebem a cura de um "filho profético" que herda a porção dobrada destinada a um primogênito, permitindo que as mães da cidade não mais vejam seus filhos morrerem ainda no ventre, ao rei lhe são negados, por palavra profética através de Elias, tanto a vida quanto um primogênito[1204].

As duas histórias encontradas em 2,19-25 são programáticas, uma espécie de "sumário" das atividades posteriores de Eliseu e a resposta à dupla pergunta feita anteriormente: onde está YHWH, e mesmo Elias? Em conjunto 2,19-25 pode ser considerada a "prova qualificante" de Eliseu, quando prova a si mesmo ser um herói (segundo a conceituação de A. J. Greimas), amplificado pelos pontos de contato estabelecidos com a atitude de Elias demonstrada em 1,9-15[1205].

---

1201. CARR, A. D., Elisha's Prophetic Authority and Initial Miracles (2 Kings 2:12-15), p. 42; DHARAMARAJ, H., A Prophet Like Moses?, p. 197; HOBBS, T. R., 2 Kings 1 and 2, p. 331-332; NELSON, R. D., First and Second Kings, p. 156; YATES, G. E., The Motif of Life and Death in the Elijah-Elisha Narratives and its Theological Significance in 1 Kings 17 – 2 Kings 13, p. 8-9.

1202. AUCKER, W. B., Putting Elisha in His Place, p. 91; sobre a associação dos rapazes pequenos com o santuário de Betel, cf. seção 4.4.2.2.

1203. AUCKER, W. B., Putting Elisha in His Place, p. 84-86; PORTER, J. R., The Succession of Joshua, p. 121.

1204. BODNER, K., Elisha's Profile in the Book of Kings, p. 57.

1205. AUCKER, W. B., Putting Elisha in His Place, p. 88; GREIMAS, A. J., Elementos para uma teoria da interpretação da narrativa mítica, p. 63-113; cf. tb. BELEM, D. F., Da Palavra sai vida e morte, p. 101 (cf. tb. as p. 110-118 sobre a importância de 2,19-25 para o restante do ciclo de Eliseu); FOKKELMAN, J., Reading Biblical Narrative, p. 195-196.

Percebe-se que Elias age sozinho, sem Eliseu, em 1,1-18; e Eliseu age sozinho, sem Elias, em 2,19-25. Em 2,1-18 reitera-se a tensão da necessidade de ambos caminharem juntos; e, mesmo no momento da separação pela ascensão de Elias, Eliseu ainda procura a presença do mestre em 2,14, enquanto os filhos dos profetas igualmente procuram por Elias em 2,16-18[1206]. A sucessão profética, portanto, está enquadrada pela comparação da atuação solitária de ambos os profetas:

| A | Atuação "solitária" de Elias (1,1-18) |
|---|---|
| | Sucessão Profética de Elias para Eliseu (2,1-18) |
| A' | Atuação "solitária" de Eliseu (2,19-25) |

A justaposição entre 2Rs 1 e 2Rs 2 faz mais do que incrementar a ênfase na figura de Elias, o qual aparece dramaticamente em ambos os episódios: permite uma comparação entre as figuras de Elias e Eliseu enquanto no exercício do ministério profético[1207]. Elias atua como uma espécie de personagem "subsidiário" em 2Rs 1, preparando para a sucessão profética por parte de Eliseu em 2Rs 2. A comparação entre 1,9-12 e 2,23-24 funciona como se o caráter de Elias fosse assumido por – ou antes imposto a – Eliseu no momento crucial[1208].

Não são poucas, portanto, as similaridades entre 2Rs 1,1-18 e 2,1-25, e a combinação das duas narrativas serve para realçar a inter-relação entre Elias e Eliseu, mais do que uma "mera" continuidade"[1209]. Assim, 2Rs 1 torna-se importante não apenas pelas similaridades com 2Rs 2, mas também por atuar como um "prefácio" para este, mantendo a temática comum de transições: a malfadada carreira de Ocozias, sem herdeiros em 2Rs 1, recebe uma bem-organizada justaposição com a exitosa transferência de poder profético de Elias para Eliseu em 2Rs 2. Uma sucessão estéril é totalmente eclipsada por outra muito mais poderosa e eficaz[1210].

Partindo da temática sobre verdadeira e falsa profecia, a questão da sucessão profética sugeriria um conflito acerca do tema e consequentemente acerca da

---

1206. "O fato de a divisão das águas efetuada por Eliseu" em 2,13-14 "ser realizada mediante o manto de Elias [...] mostra que o grande mestre de Eliseu ainda é tema, mesmo que ausente fisicamente" (BELEM, D. F., Da Palavra sai vida e morte, p. 26). Portanto, Eliseu evidencia em 2,14 ainda ser "dependente" de Elias (GARSIEL, M., From Earth to Heaven, p. 172).

1207. GILMOUR, R., Juxtaposition and the Elisha Cycle, p. 90.

1208. ALTER, R., The Art of Biblical Narrative, p. 229; BAR-EFRAT, S., Narrative Art in the Bible, p. 86.

1209. SWEENEY, M. A., I & II Kings, p. 268.

1210. BODNER, K., Elisha's Profile in the Book of Kings, p. 39.

legitimidade da sucessão de Eliseu[1211]. O duplo pedido de Eliseu para que os filhos dos profetas se calem em 2,3.5 esconderia uma sutil tentativa de que a voz profética fosse calada, uma vez que há uma oposição entre a raiz חשה e os verbos relacionados a fala, anúncio, como se os filhos dos profetas estivessem sendo incitados a não exercer a profecia. Ocozias procurou silenciar essa voz profética em 1,1-18; entretanto, o rei fica em silêncio diante do profeta. Assim, a exitosa sucessão de Elias para Eliseu garante que a voz profética não pode ser silenciada[1212].

Finalmente, a expressão "até este dia", referindo-se ao "presente" tanto do narrador quanto da audiência coeva, simboliza uma plateia "mortal" que será substituída por novos leitores, mas na esperança de que as "águas purificadas" do profetismo nunca deixem de jorrar, mantendo viva a esperança de toda uma comunidade. Assim, a articulação temática entre 2Rs 1,1-18 e 2Rs 2,1-25 convida o leitor a ressignificar seu mundo: a sobrevivência do profetismo mesmo em face e acima da morte da monarquia, pois os profetas são os "novos reis"[1213]. Por sua função temática de ênfase na sucessão profética, o conjunto obtido de 2Rs 1–2 constitui uma narrativa metadiegética, por sua relação de contraste, oposição e similaridade, uma "narrativa dentro da narrativa". Tanto Elias quanto Eliseu constituem agentes de comparação, *sinkrisis*; ou ainda, Elias é um "agente de contraste" para Eliseu, a fim de destacar, por refração, o caráter deste – ambos atuam como "duplas literárias" no conjunto de 2Rs 1–2. Portanto, Eliseu, mesmo ausente da cena em 2Rs 1, é o fio que "segura" e une a narrativa em 2Rs 1–2, constituindo uma espécie de "protagonista estrutural" – enquanto Elias permanece como o "protagonista episódico" em 2Rs 2, embora principal em 2Rs 1[1214].

## 5.4. Elias e Eliseu e seus respectivos ciclos narrativos enquanto caracterização deles mesmos

Como um personagem também pode revisitar de maneira inconsciente uma situação narrativa que o precede no *corpus* bíblico, as relações de similaridade e contraste entre Elias e Eliseu podem ser definidas expressamente dentro da fronteira de seus respectivos ciclos em 2Rs 1–2, permitindo que Eliseu seja

---

1211. HOBBS, T. R., 2 Kings 1 and 2, p. 333.

1212. HOBBS, T. R., 2 Kings 1 and 2, p. 334; NOLL, S., The Semantics of Silence in Biblical Hebrew, p. 99.

1213. FOKKELMAN, J., Reading Biblical Narrative, p. 41; MARGUERAT, D.; BOURQUIN, Y., Para ler as narrativas bíblicas, p. 177.

1214. HELLER, R. L., The Characters of Elijah and Elisha and the Deuteronomic Evaluation of Prophecy, p. 116; NEPI, A., Dal fondale alla ribalta, p. 40-82; SKA, J.-L., Our Fathers Have Told Us, p. 48.

encarado como um "novo Elias" no mais amplo sentido da expressão[1215]. Portanto, a articulação temática entre 2Rs 1 e 2Rs 2, além de mostrar inúmeros pontos de contato, leva ao debate acerca dos ciclos de Elias e de Eliseu e do caráter de ambos os profetas.

### 5.4.1. Debate sobre os ciclos de Elias e de Eliseu

Por um lado, de maneira mais ampla, A. F. Campbell nega um caráter distinto tanto das histórias de Elias quanto das de Eliseu, uma vez que insiste haver uma Crônica Profética se estendendo desde 1 Samuel até 2Rs 10 datando do século IX a.C. Tal crônica reivindica autoridade profética sobre os reis de Israel, legitimando o golpe de Jeú e sua campanha contra o culto a Baal[1216]. Por outro lado, as tradições sobre Elias e Eliseu formam um "díptico", já que existe uma sucessão ininterrupta na atividade e nos interesses teológicos. Assim, como as histórias de Eliseu refletem interesses semelhantes a nível redacional e sincronizações temáticas, seria mais adequado falar de um ciclo de Elias-Eliseu – o qual, segundo M. A. Beek, demonstra ser uma "maciça unidade literária" – "sem interrupção" no conjunto de 1Rs 17–2Rs 13, de acordo com J. J. Spoelstra[1217], pois são descritos os mesmos atos portentosos aos dois profetas: ambos providenciam abundantes quantidades de óleo a viúvas em penúria e angústia (1Rs 17,8-16; 2Rs 4,7); ambos trazem de volta à vida o filho de uma viúva (1Rs 17,17-24; 2Rs 4,8-37); e ambos põem fim a uma fome (1Rs 18,41-46; 2Rs 6)[1218].

Mas um ciclo narrativo, segundo B. Efrat – citando nominalmente o de Elias –, é criado quando se apresentam diferentes episódios de um mesmo personagem principal, em ordem cronológica, sejam poucos eventos centrais, seja a inteira duração de sua vida, do nascimento à morte. Assim, W. J. Bergen prefere

---

1215. SONNET, J.-P., L'Analisi Narrativa dei Racconti Biblici, p. 70-71.

1216. CAMPBELL, A. F., Martin Noth and the Deuteronomistic History, p. 42; cf. tb. BELEM, D. F., Da Palavra sai vida e morte, p. 27. Segundo D. Nocquet, como propaganda visando legitimar o golpe de Jeú, o momento propício para uma primeira coleção e elaboração do relato seria o reinado de Jeroboão II (NOCQUET, D., Une manifestation "politique" ancienne de Yhwh, p. 183-184).

1217. ALVAREZ BARREDO, M., Las Narraciones sobre Elias y Eliseo en los Libros de los Reyes, p. 63; BEEK, M. A., The Meaning of the Expression "The Chariots and the Horsemen of Israel" (2 Kings 2:12), p. 1-3; SPOELSTRA, J. J., Queens, Widows, and Mesdames, p. 171-172.

1218. GARSIEL, M., From Earth to Heaven, p. 184. Por isso, T. L. Brodie insiste nas histórias de Elias e de Eliseu como uma unidade, mas a estende ininterruptamente de 1Rs 16,29 a 2Rs 13,25, com sua ênfase ímpar nos milagres e feitos extraordinários – e não duas coleções distintas (BRODIE, T. L., The Crucial Bridge, p. 1-5). L. Bronner classifica em conjunto os feitos de Elias e de Eliseu em oito motivos ou tipos: fogo, chuva, óleo e grão, filhos, cura, "ressurreição", ascensão e rio (BRONNER, L., The Stories of Elijah and Elisha as Polemics against Baal Worship, p. 50-138; YATES, G. E., The Motif of Life and Death in the Elijah-Elisha Narratives and its Theological Significance in 1 Kings 17 – 2 Kings 13, p. 29).

falar genericamente da "Narrativa de Eliseu" como referência a todas as histórias que fazem referência a Eliseu, não como uma unidade literária separada, mas uma seção da História Deuteronomista a qual pode ser destacada por sua referência a um indivíduo específico. Portanto, haveria dois ciclos bem-delineados com base em Elias e Eliseu como personagens distintos: enquanto Elias combate de modo enérgico o culto a Baal – e a monarquia amrida que o apoia – numa carreira solitária e sofrida, Eliseu apresenta-se mais como "milagreiro" que melhora o quotidiano das pessoas, intimamente associado aos filhos dos profetas, e mantendo contatos amistosos tanto com os reis de Israel quanto com os de Aram. As narrativas de Elias comportam-se como "reportagens quase históricas", enquanto as narrativas de Eliseu enfatizam mais o caráter "lendário"[1219].

A narrativa também pode ser pontuada e unificada pela recorrência de um motivo – uma imagem concreta, uma qualidade sensorial, uma ação ou um objeto. Assim, embora o motivo das águas ocorra no ciclo de Elias, estas acompanham mais intimamente a carreira de Eliseu. Se no caso de Elias a ênfase é a falta de água, como em 1Rs 17-18, em Eliseu o tema reiterado são as águas como alvo (2Rs 2,19-22) ou objeto dos atos portentosos (2Rs 3; 5-6). Elias demonstrou controle sobre inúmeros elementos da natureza; mas levantou apenas o filho de uma viúva. Eliseu, por outro lado, realizou mais milagres de cura; seu poder se estendeu a variadas dimensões do cotidiano humano. Não apenas levantou o filho de uma viúva (como Elias fizera), mas também exerceu controle sobre lepra; fez pessoas enxergarem e ficarem cegas; e fez um machado flutuar. Ainda, suas ações beneficiavam indistintamente ricos e pobres. Se Elias exercia poder sobre "elementos celestiais", Eliseu os trouxe para a esfera "terrena"[1220].

Mas os dois personagens encontram-se juntos – e a narrativa insiste nesse dado – em 2Rs 2,1-18, e a definição de ciclo com base no personagem precisaria enfatizar qual personagem seria o mais importante. Além da presença de Elias, a narrativa de 2,1-18 faz uma alusão deliberada a 1Rs 18,12 acerca do translado, numa espécie de "despedida", pelo que poderia se considerar 2Rs 2,1-18 ainda como ciclo de Elias[1221].

---

1219. BAR-EFRAT, S., Narrative Art in the Bible, p. 135; BERGEN, W. J., The Prophetic Alternative, p. 127; HAVRELOCK, R., River Jordan, p. 152-153. Cf. tb. FOKKELMAN, J., Reading Biblical Narrative, p. 159; SONNET, J.-P., L'Analisi Narrativa dei Racconti Biblici, p. 56. J. Fokkelman distingue, na p. 156, um "ato" como grupo de histórias, usualmente cinco ou seis, e o "ciclo de histórias", em geral consistindo em três a cinco atos. Assim, na p. 216, encontra uma unidade intrínseca de seis histórias em torno de Elias: 1Rs 17/18,1-15/18,16-46/19/20/21 – deixando de fora 2Rs 1.

1220. DUBOVSKÝ, P. P., From Miracle-makers Elijah and Elisha to Jesus and [the] Apocrypha, p. 31; SONNET, J.-P., L'Analisi Narrativa dei Racconti Biblici, p. 77.

1221. DHARAMARAJ, H., A Prophet Like Moses?, p. 171.

Na perícope de 2Rs 2,1-18, no entanto, é Eliseu quem capitaliza as atenções, o foco: é somente com ele que os demais personagens dialogam; e dele é a radical transformação de um *protégé* dependente em 2,1-18 para o profeta autoconfiante em 2,19-25. Durante a narrativa de 2,1-18, Elias comporta-se com um "estranho" desapego e distanciamento, em especial na sua relutância em ter a companhia de Eliseu. Por isso, não há necessidade de "separar" 2Rs 2,1-25 em "duas tradições" – e consequentemente dois ciclos narrativos –, uma envolvendo Elias (v. 1-18) e a outra Eliseu (v. 19-25): pode-se considerar 2,1-18 tanto a finalização do ciclo das histórias de Elias quanto o início do de Eliseu[1222].

Ainda um forte argumento para incluir 2,1-18 dentro do ciclo de Eliseu, e não de Elias, é a menção dos "filhos dos profetas". Estes estão em relação estreita com Eliseu (4,1-7.38-44; 6,1-7) e nunca aparecem no bloco de narrativas relacionadas a Elias em 1Rs 17–19; 21; 2Rs 1[1223]. Outra "decisiva evidência" para o pertencimento de 2,1-18 ao ciclo de Eliseu reside no seu "itinerário geográfico": a menção da volta a Guilgal em 2Rs 4,38 e do Jordão em 2Rs 5–6, além do Monte Carmelo e de Samaria em 4,25 e 6,19-20, ecoa o que se "antecipa" acerca desses lugares em 2,1-25[1224].

Portanto, pode-se falar de um ciclo de Eliseu que abranja o inteiro conjunto de 2Rs 2–13, enquadrado pelo refrão אָבִי אָבִי רֶכֶב יִשְׂרָאֵל וּפָרָשָׁיו, "Meu pai, meu pai! Carruagem de Israel e sua cavalaria!": a visão dos cavalos e da carruagem de fogo ao redor de Eliseu em 6,17 desenvolveu-se como conceito desse profeta como guerreiro de Israel – título posto na boca do Rei Joás como reconhecimento régio desse fato (13,14) –, e então transferido a Elias para salientar o seu poder em realizar prodígios, poder esse legado a Eliseu (2,12)[1225].

Uma vez que o fluxo narrativo segue normalmente da "fórmula de conclusão" do reinado de Ocozias em 1,17-18 para a "fórmula introdutória" do reinado de Jorão em 3,1-3, a posição de 2,1-25 evidenciaria ser uma inserção, revelando seu caráter "tardio" em relação ao ciclo de histórias de Eliseu – objetivando en-

---

1222. DHARAMARAJ, H., A Prophet Like Moses?, p. 198; DEL OLMO LETE, G., La vocación de Eliseo, p. 289; STEENKAMP, Y., King Ahaziah, the Widow's Son and the Theology of the Elijah Cycle, p. 656. Cf. tb. COGAN, M.; TADMOR, H., II Kings, p. 33; NELSON, R. D., God and the Heroic Prophet, p. 102; POLAN, G. J., The Call of Elisha, p. 361-362; PRIOTTO, M., Il ciclo di Eliseo, p. 27-32. A unidade de 2,1-25 pôde ainda ser comprovada pelo Método Histórico-crítico: cf. seção 2.4.

1223. CARLSON, R., Élisée – Le Successeur D'Élie, p. 403; MONTGOMERY, J. A., A Critical and Exegetical Commentary on the Books of Kings, p. 353; ROFÉ, A., The Classification of the Prophetical Stories, p. 436-437; TOMES, R., 1 and 2 Kings, p. 165.

1224. WEINGART, K., My Father, My Father!, p. 262-264; cf. tb. VAN SETERS, J., Em busca da História, p. 315-316.

1225. BAILEY, R., Elijah and Elisha, p. 37-39; UEHLINGER, C., L'ascension d'Élie, p. 87.

fatizar a autoridade profética recebida de Elias. Isso incluiria "naturalmente" 2Rs 1, pois a menção de Moab em 2Rs 1,1 repete-se em 3,5 como uma espécie de "moldura" – acusando que todo o conjunto de 2Rs 1-2 seria tardio. Portanto, se a presença de Elias (e a ausência de Eliseu) em 2Rs 1,1-18 incluiria essa perícope no ciclo de Elias, pela definição de B. Efrat, ao levar-se em consideração a temática, esse dado pode ser problematizado. O mesmo B. Efrat reconhece que a narrativa dentro de um ciclo é uma unidade independente contendo uma história completa, ao mesmo tempo constituindo um *link* dentro do padrão geral e contribuindo com sua parte para a criação de um enredo geral[1226].

Falando especificamente de 2Rs 1,9-16, C. T. Begg argumenta que esses versículos podem ser destacados não somente de 2Rs 1,2-8.17 mas também de todo o ciclo de Elias pela designação "homem de Deus", título que lhe é aplicado alhures apenas em 1Rs 17,17-24. E as várias peculiaridades na apresentação de Elias em 2Rs 1,9-16 seriam na verdade reminiscências da descrição de Eliseu em 2Rs 6-7. Ainda, a referência ao "mensageiro de YHWH" em 2Rs 1,2-8.17, comissionando Elias para sua atividade profética, contrasta com o restante do ciclo de Elias, quando é a palavra de YHWH ou o próprio YHWH quem exerce essa função (1Rs 18,1; 19,19; 21,17.28). Se o bloco de 1Rs 17-19 começa e termina com a ênfase na obediência de Elias, 2Rs 1 salienta de forma ainda mais marcante essa característica, pois justapõe a total submissão do profeta às diretrizes de YHWH com sua total superioridade sobre toda coerção humana[1227].

Se o termo עֲלִיָּה em 2Rs 1,2 estabelece um *link* com o ciclo de Elias em 1Rs 17,19, aparece igualmente em 2Rs 4,10; e há maiores afinidades temáticas entre 2Rs 1,1-18 e 8,7-15 pela mesma pergunta oracular feita por um rei (ambas com a raiz דרש): "Sararei/sobreviverei desta/a esta doença?" (1,2; 8,8, com idêntica sequência vocabular: אֶחְיֶה מֵחֳלִי זֶה). Em ambos os casos, os reis requerem consulta oracular a divindades que lhe são estrangeiras: Baal Zebub para Ocozias, e YHWH para Ben-Adad; e ambos morrem. Mesmo na contraposição, há similaridade gramatical: em 1,4.6.16 afirma-se ao rei que "certamente

---

1226. BAR-EFRAT, S., Narrative Art in the Bible, p. 136; BRODIE, T. L., The Crucial Bridge, p. 17; DAVIS, D. R., 2 Kings, p. 31; NELSON, R., The Anatomy of the Book of Kings, p. 44; TOMES, R., 1 and 2 Kings, p. 265. Os elementos do ciclo de Eliseu considerados arcaicos seriam aqueles que descrevem o profeta como taumaturgo, um "mágico"; entretanto, a "mágica" como elemento "arcaico" é um pensamento herdado do fim do século XIX (BURKI, M., L'étoffe du prophétie, p. 141).

1227. BEGG, C. T., Unifying Factors in 2 Kings 1.2-17a, p. 79-84; DHARAMARAJ, H., A Prophet Like Moses?, p. 162. E mais: apenas em 2Rs 1 Elias limita-se à mensagem de YHWH que lhe é dada (v. 2-4.6.16); e aqui, pela primeira vez na narrativa de Elias desde 1Rs 17, um evento ocorre "conforme a palavra de YHWH, a qual falara Elias" (2Rs 1,17). Por outro lado, não há "palavra de YHWH" em 2Rs 2 (OLLEY, J. W., YHWH and His Zealous Prophet, p. 33-34).

morrerás" (מוֹת תָּמוּת), enquanto em 8,10 Eliseu pede a Hazel para comunicar a Ben-Adad que "certamente viverás" (חָיֹה תִחְיֶה)[1228].

O conjunto de 2Rs 1,1-18 é ainda distinto do ciclo de Elias pela "magnificação" do elemento miraculoso e pela desumanidade com a destruição dos dois capitães com seus cinquenta; e ao mesmo tempo, nas palavras de J. A. Montgomery, está "totalmente em humor com o ciclo de Eliseu"[1229]. A narrativa contida em 2Rs 1 comporta-se como uma transição entre Elias e Eliseu: providencia uma espécie de sumário da personalidade e do caráter de Elias (pelas similaridades com o ordálio no Monte Carmelo), simultaneamente vislumbrando adiante a carreira de Eliseu (pela menção de "homem de Deus") e a campanha antibaalista de Jeú[1230].

Um argumento para incluir 2Rs 1 como parte integrante do ciclo de Eliseu é a menção conjunta de Ocozias como rei de Israel e Jorão como rei de Judá em 2Rs 1,16-17, que é "revertida" para a menção de Ocozias como rei de Judá e Jorão como rei de Israel em 2Rs 9,15-27 – uma "técnica narrativa" que proporciona um enquadramento para o conjunto de 2Rs 1–9. Assim, a morte de Ocozias em 2Rs 1 relaciona-se à primeira fase da queda da "casa de Acab", enquanto a revolta de Jeú em 2Rs 9–10 relaciona-se à "consumação" dessa queda, com sua completa destruição[1231].

Mas o texto de 2,1-25 também parece não condizer totalmente com o ciclo de Eliseu: 2,23-24 soa estranho ao contexto geral do ciclo, no qual se encontra uma extraordinária sensibilidade para com os meninos, defendidos e resguardados pela ação profética. Segundo R. Gilmour, tanto 1Rs 19,19-21 quanto 2Rs 2 não pertenceriam nem ao ciclo de Elias nem ao de Eliseu, pois teriam sido escritos quando as histórias de ambos os profetas foram unidas. Para dar pleno embasa-

---

1228. BODNER, K., Elisha's Profile in the Book of Kings, p. 42-43; DHARAMARAJ, H., A Prophet Like Moses?, p. 163-164; HOBBS, T. R., 2 Kings, p. 6-7; STEENKAMP, Y., A Comparative Reading of the Elijah Cycle and its Implications for Deuteronomistic Ideology, p. 49; TODD, J. A., The Pre-Deuteronomistic Elijah Cycle, p. 30-31.

1229. MONTGOMERY, J. A., A Critical and Exegetical Commentary on the Books of Kings, p. 348. Cf. tb. MCKENZIE, S. L., The Trouble with Kings, p. 93-94; NOCQUET, D., Le livret noir de Baal, p. 181-184; ROFÉ, A., Baal, the Prophet and the Angel (II Kings 1), p. 222-232; WÜRTHWEIN, E., Die Bücher der Könige, p. 266-269. Como afirma D. Nocquet na p. 184, 2Rs 1 (mais especificamente v. 2-17) é uma "adaptação da polêmica contra Baal do Rei Acab à situação do Rei Ocozias".

1230. MCKENZIE, S. L., 1 Kings 16–2 Kings 16, l. 6072-6074. Portanto, não obstante a possível origem no meio de contos populares, como pontua R. Alter, a história de 2Rs 1,1-18 evidencia ser uma bem-planejada composição literária, artística e retoricamente bem formada, organizando um material de origem redacional diversa (ALTER, R., The Art of Biblical Narrative, p. 113; GARSIEL, M., From Earth to Heaven, p. 144).

1231. AUCKER, W. B., Putting Elisha in His Place, p. 77; MILLER, J., The Elisha Cycle and the Accounts of the Omride Wars, p. 450. Em ambos os casos, três reis (os dois Ocozias e o Jorão de Israel) são mortos em cumprimento à palavra de YHWH proferida por intermédio de Elias contra a "casa de Acab", conforme deixa claro 2Rs 10,1-17.

mento teológico ao apoio que Eliseu concede ao golpe de Jeú, não era suficiente relacioná-lo ao grande campeão antibaalista Elias; era necessário mesmo "antecipar" a ordem divina dada a ele para ungir Jeú (1Rs 19,16) – algo que foi realizado, de fato, por Eliseu. Assim, a ausência de menção a qualquer rei em 2Rs 2,1-25 prepara um ponto importante para todo o ciclo de Eliseu: reis são tão ineficazes, que o Profeta Eliseu assume para si as prerrogativas e os cargos próprios de um monarca. Assim, a narrativa acerca do rei moribundo Ocozias em 2Rs 1,1-18 tem caráter preparatório para o pleno exercício do ministério de Eliseu[1232].

P. P. Dubovský, debatendo os milagres de Elias, divide-os em dois ciclos narrativos: Ciclo I (1Rs 17–19) e Ciclo II (2Rs 1–2), deixando de fora 1Rs 21 por neste Elias apenas anunciar uma intervenção divina, sem propriamente desencadeá-la. O relato sobre Elias que envolve o episódio da vinha de Nabot em 1Rs 21 – talvez um dos mais antigos, apresentando-o como um típico "profeta deuteronomista" – mostra o arrependimento final de Acab, o verdadeiro objetivo dessa passagem: o ideal deuteronômico-deuteronimista não é a destruição, e sim a salvação. Dessa forma, Elias lidera e salva Israel e seu rei, e tal intervenção funciona como sua despedida, uma vez que alcançou o verdadeiro clímax de sua missão[1233].

Não obstante sua insistência na unidade das histórias de Elias e de Eliseu, T. L. Brodie a divide em "dois dramas", um centrado em Elias (1Rs 16,29–2Rs 2,25) e outro em Eliseu (2Rs 3–13). Cada drama contém quatro atos, sendo 2Rs 1–2 uma unidade literária enquanto quarto ato do primeiro drama. E vê-se similaridades com o quarto ato do segundo drama (2Rs 11–13), em torno da morte de reis e rainhas, de ameaças à sucessão dinástica e de doenças que levam à morte. Por sua vez, 2Rs 1–2 é formado por um "díptico", com cada lado abrangendo um dos capítulos. A temática comum envolve a partida dessa vida, ainda que sejam diversas: o Rei Ocozias cai do alto e morre sem mais poder se levantar de sua cama; o Profeta Elias é elevado aos céus. Há, portanto, um contraste entre queda e ascensão. Mas ambas as partidas são acompanhadas pela palavra profética[1234].

---

1232. AUCKER, W. B., Putting Elisha in His Place, p. 75; GILMOUR, R., Juxtaposition and the Elisha Cycle, p. 74-75; MILLER, J., The Elisha Cycle and the Accounts of the Omride Wars, p. 450; PEREIRA, N. C., La Profecia y lo Cotidiano, p. 16. E talvez 2Rs 2 seja mais tardio do que 1Rs 19,19-21, pois R. Gilmour comenta na p. 80 que a menção de o manto precisar cair nas mãos de Eliseu em 2Rs 2,13-14 faz alusão ao gesto em 1Rs 19,19, insinuando haver um malogro ou pelo menos carecendo complementação.

1233. DUBOVSKÝ, P. P., From Miracle-makers Elijah and Elisha to Jesus and [the] Apocrypha, p. 28-29; HELLER, R. L., The Characters of Elijah and Elisha and the Deuteronomic Evaluation of Prophecy, p. 100-101; SMEND, D. R., The Deuteronomistic Elijah, p. 28-45. Em contraposição ao "Elias pós-deuteronomista" de 2Rs 1,1-18 (cf. seção 1.3); cf. tb. DEARMAN, J. A., Reading Hebrew Bible Narratives, p. 165-184; VANDAGRIFF, M., A Modern Rendering of Naboth's Vineyard, p. 38-41.

1234. BRODIE, T. L., The Crucial Bridge, p. 6-17; HELLER, R. L., The Characters of Elijah and Elisha and the Deuteronomic Evaluation of Prophecy, p. 206. R. L. Heller vê 2Rs 13, no episódio de Eliseu dar vida

Dentro do quadro geral de 2Rs 1-2, pode-se ressignificar a sentença de 2Rs 1,1. Ela segue o padrão já encontrado em Js 1,1; Jz 1,1; 2Sm 1,1. Em todas, um velho líder morre, e uma nova época surge, com mudanças dramáticas tanto na liderança quanto no destino de Israel. Observe-se ainda que dentro da História Deuteronomista esse padrão representa o começo de um livro (Js 1,1; Jz 1,1) ou a separação em dois grandes blocos dentro de um mesmo livro (2Sm 1,1; 2Rs 1,1). Assim, a divisão em dois livros para Samuel e Reis seguida pelos tradutores da LXX não seria tão artificial ou arbitrária; antes, seguiria um padrão talvez percebido[1235]. Deve-se salientar que a divisão entre 1 Reis e 2 Reis é disruptiva, ocorrendo no meio da seção acerca de Ocozias e dividindo o material concernente a Elias. Mas 2Rs 1-2 cria um paralelo com 1Rs 1-2, pois ambos relacionam-se a questões de sucessão, real e profética. 2 Reis começa, assim como 1 Reis, com um rei doente e acamado. Tanto Davi quanto Ocozias recebem profetas em seus leitos de morte, porém com resultados bem diferentes. Há portanto uma "interrupção" antecipada do ciclo de Eliseu em 2Rs 1,1-18[1236].

O redator final de 2Rs 1-2 utilizou a "técnica de colocar dois relatos paralelos em sequência dinamicamente complementar": juntos, 2Rs 1 e 2Rs 2 "produzem mutuamente implicações do evento narrado", possibilitando um "relato imaginativo completo", pois, segundo S. Eisenstein, "a justaposição de dois planos isolados através de sua união não parece a simples soma de um plano mais outro plano – mas o produto". A justaposição de 2Rs 2 com 2Rs 1, como salienta R. Gilmour, incrementa a ênfase na figura de Elias, pela sua dramática aparição em ambos os episódios – mudando-se, como consequência, a percepção acerca deles[1237]. Dentro

---

mesmo depois de sua morte, como "reprise da inteira memória do ministério de Eliseu". Mais do que isso, contrasta com o visto em 2Rs 1,1-18; 2,23-25, promovendo uma moldura.

1235. HOBBS, T. R., 2 Kings 1 and 2, p. 334; MUÑOZ SARAOZ, J. J.; LOPEZ TOLEDO, P., En un mundo cambiante la palabra de Dios permanece firme y justa, p. 152; RENDTORFF, R., Introduzione all'Antico Testamento, p. 233-234, ao contrário do que argumentam EISSFELDT, O., The Old Testament, p. 134-136, 241-243; KISSLING, P. J., Reliable Characters in the Primary History, p. 14. Não obstante, um grande espaço deixado pelo Códice Leningradense entre o v. 18 e o v. 19, e a marcação de uma nova *parashá* no v. 1, apontam para a compreensão dos massoretas da narrativa de 2,1-18 como uma unidade autônoma, sem relação necessária com o que precede em 1,1-18, nem com o que se segue em 2,19-25 (VALLANÇON, H., Le développement des traditions sur Élie et l'histoire de la formation de la Bible, p. 49).

1236. FRETHEIM, T. E., First and Second Kings, p. 131; LEITHART, P. J., 1 & 2 Kings, p. 165; NELSON, R. D., First and Second Kings, p. 153. Da mesma forma, a narrativa de Gn 38 interrompe o início das Histórias de José em 37,1, para somente retornar em 39,1: a interrupção procura contrastar a reação de José ao assédio da mulher de Putifar (39,7-15) com a de Judá, o qual teve relações sexuais com sua própria nora, quando não a reconheceu e supôs tratar-se de uma prostituta (38,13-18); e ainda compara a atitude imposta ao pai em 37,32-33 com a imposta por Tamar a Judá em 38,25-26 pelo uso paralelo da raiz נכר, "reconhecer" (ALTER, R., The Art of Biblical Narrative, p. 3-11; FOKKELMAN, J., Reading Biblical Narrative, p. 79-81).

1237. ALTER, R., The Art of Biblical Narrative, p. 172-175; EISENSTEIN, S., O sentido do filme, p. 16; GILMOUR, R., Juxtaposition and the Elisha Cycle, p. 90-91. S. Eisenstein ainda complementa, no mesmo parágrafo:

do conjunto de 2Rs 1-2, cada narrativa – a saber, 2Rs 1 e 2Rs 2 – é uma unidade independente contendo uma história completa, enquanto ao mesmo tempo estão integradas de maneira magistral e contribuindo como adequado elo entre os ciclos de Elias e de Eliseu[1238].

Consequentemente, o papel de 2Rs 1-2 consiste numa "intersecção" entre os dois ciclos, como demonstrado pelo diagrama a seguir:

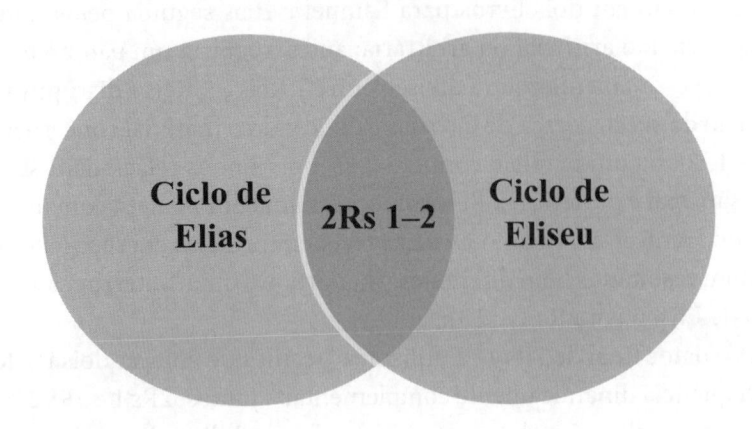

Ciclo de Elias — 2Rs 1-2 — Ciclo de Eliseu

Enquanto ciclos distintos, teriam sido compostos juntos ou separados? São tantas similaridades que se levanta a hipótese de composição na mesma época[1239]. Segundo S. L. McKenzie, o gênero lenda é uma "propriedade" de Eliseu – as poucas de Elias, como 1Rs 17,10-16.17-24, são revisões das lendas sobre Eliseu em 2Rs 4. Ele defende que as de 2Rs 1,9-15; 2,1-18 seriam originalmente sobre Eliseu, ou pelo menos "emprestadas" ou "apropriadas", sugerindo então que as lendas de Eliseu foram reunidas numa coleção, de onde as histórias de Elias foram depois adaptadas[1240].

---

"Parece um produto – em vez de uma soma das partes – porque em toda justaposição deste tipo o resultado é qualitativamente diferente de cada elemento considerado isoladamente".

1238. BAR-EFRAT, S., Narrative Art in the Bible, p. 136. Deve-se salientar que a concepção de "unidade literária" para os editores da Antiguidade era diferente da moderna, pois estava mais interessada em uma completude de informação do que na coerência lógica das histórias, além da possibilidade de que fossem intencionalmente justapostas por razões ideológicas, acompanhando a evolução do público (ALTER, R., The Art of Biblical Narrative, p. 182; NEPI, A., Dal fondale alla ribalta, p. 20; WYATT, S., Jezebel, Elijah, and the Widow of Zarephath, p. 441). Como ainda afirma R. Alter na p. 166, é necessário admitir que o "esforço em reconstruir um conceito de unidade estrutural divergente do nosso e separado de nós por três milênios não tem garantia fácil de sucesso".

1239. HELLER, R. L., The Characters of Elijah and Elisha and the Deuteronomic Evaluation of Prophecy, p. 14-16. Para um debate atual, cf. KNAUF, E. A., 1 Könige 15-22, p. 127-150; MCKENZIE, S. L., 1 Kings 16–2 Kings 16, l. 788-941.

1240. MCKENZIE, S. L., 1 Kings 16–2 Kings 16, l. 746-752; VAN SETERS, J., Em busca da História, p. 316; WEINGART, K., My Father, My Father!, p. 269-270.

Não apenas as histórias de Eliseu apresentam caráter pós-deuteronomista, mas igualmente o bloco de histórias de Elias em 1Rs 17-19: ambos são apresentados mais como homens de Deus "milagrosos" do que mensageiros com uma palavra divina, a exemplo de Aías, o silonita (1Rs 14,7-11), e Jeú, filho de Hanani (1Rs 16,2-4). A construção, por parte de Elias, de um altar no Monte Carmelo (1Rs 18,30) é uma "violação flagrante" ao exposto na teologia deuteronômica-deuteronomista, gerando tensões. As exceções ficariam por conta de 1Rs 21,20-24; 2Rs 1,2-8, segundo S. L. McKenzie[1241].

Esquematicamente, um esboço do desenvolvimento redacional dos ciclos de Elias e de Eliseu pode ser assim representado: com base em tradições orais transmitidas, foram compiladas pelo deuteronomista tanto as tradições de Elias encontradas em 1Rs 21 quanto uma breve menção do embate com Ocozias em 2Rs 1,2-8.17-18. Com a revolução de Jeú, começaram a ganhar força os relatos sobre Eliseu, os quais receberam depois sua redação "pós-deuteronomista". Em seguida foi redigido, ainda pelo "pós-deuteronomista", um relato mais expandido sobre Elias, contendo 1Rs 17-18, completado posteriormente com 1Rs 19, a fim de estabelecer o vínculo entre Elias e Eliseu como mestre e discípulo. Necessitando "comparar" as figuras de Elias e de Eliseu, por fim foram redigidos 2Rs 1,1.9-16 e 2Rs 2,1-25, para que 2Rs 1-2 em conjunto funcionassem como um elo entre os ciclos do mestre e do discípulo, esmiuçando o processo de sucessão profética[1242].

### 5.4.2. Caráter de Elias e de Eliseu

Como pontua M. Garsiel, se por um lado tornou-se consenso acadêmico que muitos episódios relacionados a Eliseu foram posteriormente adotados e adaptados para o ciclo de Elias – o que indicaria a primazia do ciclo de Eliseu sobre o de Elias –, por outro é "duvidosa" a possibilidade de reconstruir a gênese de ambos os ciclos narrativos. Mas qual seria o propósito em combinar ambos os

---

1241. MCKENZIE, S. L., 1 Kings 16-2 Kings 16, l. 808-825. Se em 2Rs 4,42-44 o ato portentoso ocorre não de acordo com as palavras de Eliseu (como em 2,19-22), mas de acordo com a Palavra de YHWH, em consonância com a teologia deuteronômica-deuteronomista do profeta mosaico, isso poderia ser considerado um resquício de um extrato deuteronomista, ou uma "adequação" pós-deuteronomista (HELLER, R. L., The Characters of Elijah and Elisha and the Deuteronomic Evaluation of Prophecy, p. 210). A própria fórmula "até este dia" em 2,22 é reputada deuteronomista, como se uma antiga versão da narrativa de 2,19-22 estivesse sendo adaptada (RENTERÍA, T. H., The Elijah/Elisha Stories, p. 112).

1242. ALBERTZ, R., Elia, p. 64-88; OTTO, S., Jehu, Elia und Elisa, p. 11-27; WERLITZ, J., Vom feuerigen Propheten zum Versöhner, p. 196. Como alerta J. Werlitz na mesma página, é "necessário fazer uma distinção entre a origem dos textos e sua integração" na Obra Historiográfica Deuteronomista; e a "confiança na metodologia diacrônica não é de modo algum igualmente forte em todos os lugares".

ciclos e pôr deliberadamente similaridades e analogias? Por trás da comparação intencionada, qual seria o objetivo do autor implícito?[1243]

As histórias de Elias e de Eliseu, através da caracterização desses personagens, salientam a natureza ambígua e provocam ambivalência da parte do leitor acerca desses grandes profetas, bem como do fenômeno da profecia. Elias e Eliseu são caracteres literários, como pinturas nas quais as várias partes unem-se de tal forma a proporcionar ao leitor interpretações variadas das histórias[1244]. O pedido de Eliseu pela porção dobrada do espírito de Elias, mais do que comparar, em termos quantitativos, os atos de cada um, leva-nos antes a comparar ambos os profetas em suas ações. P. J. Kissling, ao analisar o retrato narrativo de Elias e de Eliseu, contrariando a suposição da exegese tradicional tanto de Moisés quanto de Elias como "heróis", aponta para as similaridades e os contrastes entre Elias e Eliseu como absolutamente cruciais para o retrato deste último[1245].

A contraposição entre Elias e Eliseu desce aos mínimos detalhes: se por um lado a calvície de Eliseu é algo indesejado, alvo da zombaria dos rapazes em 2,23-24, em marcante oposição à presença do cabelo como um traço masculino desejado, por outro lado o excesso de cabelo (conforme implícito em 1,8) pode ser um problema, como evidenciado em Jz 16,17-21 e 2Sm 18,9-15. Seus próprios nomes carregam "programas narrativos": Elias, אֵלִיָּהוּ, "YHWH é (meu) Deus", indica sua total e irrestrita devoção a YHWH; Eliseu, אֱלִישָׁע, "meu Deus é salvador", contém o elemento de libertação, salvação, realçando esse aspecto mais do que o da devoção. A palavra רוּחַ, "espírito", direciona a atenção do leitor para o tipo de "caráter" que passou de Elias para Eliseu. Este será intransigente, errático e imprevisível como seu mestre, ou revelará um "estilo próprio"?[1246].

Primeiramente, deve-se analisar o caráter de Elias. Trata-se de uma "figura ambígua": de um lado, é admirável por sua lealdade intransigente e seu zelo pela adoração exclusiva a YHWH; por outro, age como se sua missão fosse prerrogativa própria, demonstrando uma excessiva independência ao lançar mão de "arroubos" de intolerância em 2Rs 1,9-15, quando reluta até o último instante em se

---

1243. GARSIEL, M., From Earth to Heaven, p. 184. Deve-se salientar que a primazia do ciclo de Eliseu não impede que já circulassem oralmente (ou talvez já houvesse algo escrito) histórias de Elias (WÉNIN, A., O homem bíblico, p. 134-135): encontra-se em 1Rs 17–2Rs 2 um conjunto de características filológicas peculiares que indicaria a origem das histórias de Elias na tradição oral (VALLANÇON, H., Le développement des traditions sur Élie et l'histoire de la formation de la Bible, p. 5).

1244. HELLER, R. L., The Characters of Elijah and Elisha and the Deuteronomic Evaluation of Prophecy, p. 4-6.

1245. GARSIEL, M., From Earth to Heaven, p. 7-8; KISSLING, P. J., Reliable Characters in the Primary History, p. 15-16; 20; LEVINE, N., Twice as much of your Spirit, p. 44-45.

1246. GRAYBILL, R., Elisha's Body and the Queer Touch of Prophecy, p. 35; GARSIEL, M., From Earth to Heaven, p. 103; 173.

mover. É necessária a intervenção do mensageiro de YHWH para convencê-lo a acompanhar o terceiro capitão, mesmo quando esse deixa clara sua lealdade ao profeta. Elias age como se preferisse permanecer longe da sociedade ("sozinho" no topo do monte no v. 9)[1247].

Por isso, se o autor implícito apresenta Elias abertamente como um "admirável milagreiro", ao mesmo tempo faz uma crítica sutil a ele por seu caráter e seu tipo de liderança. Ao ser convidado a compartilhar de certa experiência, o leitor implícito não necessariamente deve concordar com o fogo do céu pedido por Elias em 2Rs 1,9-14, ao contrário do que possa parecer numa leitura de superfície[1248]. Se Elias é um "lutador apaixonado" pela causa de YHWH, que objetiva executar o "milagre" do arrependimento do povo, Elias não deve ser imitado ao extremo em seu zelo pela proteção da adoração exclusiva de YHWH através desse fogo, mas sim na sua oração fervorosa de fé em 1Rs 18,36-37. Se Elias tinha inequívoco e extremo zelo por YHWH dos Exércitos, esse zelo jamais pode ser belicista, em hipótese alguma[1249].

Mais do que ambíguo, Elias é um profeta "multifacetado": além do implacável campeão de YHWH "portador da espada" contra os idólatras em 1Rs 17–18,

---

1247. GARSIEL, M., From Earth to Heaven, p. 158, 170. "Para nós que temos em mente os perigos do fanatismo religioso, um resultado tão violento da competição entre os deuses é alarmante. O narrador se orientou em 1Rs 18,40 provavelmente pela Revolução de Jeú, na qual os adoradores de Baal também foram brutalmente mortos (2Rs 10,24-28). Lá, pela primeira vez na história de Israel, a estreita fusão de interesses político-militares com uma adoração exclusivamente compreendida de YHWH levou a um surto de intolerância fanática." Não obstante, "eles não teriam que ser mortos, uma deportação teria sido suficiente!" (ALBERTZ, R., Elia, p. 136-137). Os profetas viam a si próprios como "paladinos" do javismo "original" na sua forma "mais pura" – embora especulações acerca da natureza das primeiras manifestações do javismo sejam altamente conjecturais (OVERHOLT, T. W., Elijah and Elisha in the Context of the Israelite Religion, p. 98-99). Isso é reflexo de uma ameaça tanto cultural quanto religiosa (NA'AMAN, N., The Contest on Mount Carmel [1 Kings 18:19-40] as a Reflection of a Religious-Cultural Threat, p. 85-100). Cf. ainda ALBERTZ, R., Does An Exclusive Veneration of God Necessarily Have to Be Violent?, p. 33-52; FOKKELMAN, J., Reading Biblical Narrative, p. 66; WYATT, S., Jezebel, Elijah, and the Widow of Zarephath, p. 452-458; YATES, G. E., The Motif of Life and Death in the Elijah-Elisha Narratives and its Theological Significance in 1 Kings 17 – 2 Kings 13, p. 14. Uma compreensão "inadequada" do papel de Elias na defesa do javismo, talvez, leva R. Gregory a dizer que Elias parece "atormentado por seu próprio ego e importância exagerada", uma "figura devorada por egoísmo, preocupado com sua imagem enquanto profeta de YHWH: um *propheta glorious*" (GREGORY, R., Irony and the Unmasking of Elijah, p. 102; ROBINSON, B. P., Elijah at Horeb, 1 Kings 19.1-18, p. 528).

1248. FOKKELMAN, J., Reading Biblical Narrative, p. 148-149; GARSIEL, M., From Earth to Heaven, p. 5; GLOVER, N., Elijah Versus the Narrative of Elijah, p. 455; NELSON, R., The Anatomy of the Book of Kings, p. 47; SKA, J.-L., Our Fathers Have Told Us, p. 43. Uma leitura positiva sobre 2Rs 1 já se encontra no Sirácida em Eclo 48,3-6 (DHARAMARAJ, H., A Prophet Like Moses?, p. 154). A não concordância do leitor implícito representa uma espécie de ironia, pois o ponto de vista exposto pelo autor implícito torna-se objeto de avaliação crítica (NELSON, R., The Anatomy of the Book of Kings, p. 47).

1249. ALBERTZ, R., Elia, p. 17; CHAUNY, P.-S., Pourquoi nous ne devrions pas imiter Élie à l'extrême, p. 94; GONZAGA, W.; BELEM, D. F., O uso retórico de Elias em Lc 9,51-55, p. 225-228; OLLEY, J. W., YHWH and His Zealous Prophet, p. 48. Esta representação "belicista" encontra-se presente pelo menos nas igrejas da Europa Ocidental, onde a figura combativa de Elias se tornou típica nas pinturas, notadamente distintas das pinturas devocionais das igrejas orientais de um Elias sábio e iluminado (ALBERTZ, R., Elia, p. 192).

após o auge mostra toda a sua fragilidade humana em 1Rs 19, tornando-se uma espécie de "personagem secundário" em 1Rs 21 e 2Rs 1, e finalmente o mestre que desaparece e cede lugar ao discípulo em 2Rs 2,1-18. Em 2Rs 1 encontra-se o desenvolvimento da apreciação da identidade de Elias: homem, tesbita, homem de Deus. A inserção de 2Rs 1 cria paralelos com a apresentação de Elias encontrada no bloco de 1Rs 17-19, "revisitando" sua história para "reapresentá-lo", com vistas a sua afirmação enquanto profeta. Portanto, Elias em 2Rs 1 é uma espécie de *cover* de si mesmo, um personagem retrospectivo, representado tão falível quanto Davi e Jacó – uma figura humana[1250].

Diante de todas essas colocações, em vez de sugerir uma "aprovação positiva" do conjunto de seu ministério, a ascensão de Elias em 2Rs 2,1-18 poderia indicar um julgamento – ainda que um "tapa" em Baal, divindade que habitaria os céus. Mas YHWH, em sua graça, importa-se com um profeta imperfeito e o usa, a fim de atrair para si um povo imperfeito[1251].

Quanto a Eliseu, diferentemente de seu grande mestre, participa pouco nas atividades contra os adoradores de Baal. No inteiro ciclo de Eliseu, há uma única repreensão feita por ele a um rei israelita: contra Jorão, em decorrência de sua idolatria (2Rs 3,13-14). Todos os pronunciamentos contra a "casa de Acab" são atribuídos a Elias (2Rs 9,36; 10,10.17), nunca a Eliseu. Ao contrário de seu mestre, Eliseu está bem engajado e ativo nas guerras israelitas contra os arameus e moabitas. Todas as tentativas da parte de Elias para ajudar outros foram efetuadas só após severos testes impostos (1Rs 17; 2Rs 1,13-15); Eliseu, de origem humilde, em situações similares é solícito, procurando ajudar os necessitados e oferecendo sua assistência de maneira incondicional, como em 2Rs 2,19-22. Se a representação de Elias rejeita a possibilidade de salvação através de um profeta, Eliseu apresenta-se diametralmente oposto, bem exemplificado na contraposição entre o tratamento dado por Eliseu aos soldados arameus em 2Rs 6,21-23 e o tratamento dado por Elias aos soldados enviados por Ocozias em 1,9-14[1252].

---

1250. CRONAUER, P. T., The Many Faces of Elijah, p. 340-347; DHARAMARAJ, H., A Prophet Like Moses?, p. 160; NEPI, A., Dal fondale alla ribalta, p. 26; WERLITZ, J., Die Bücher der Könige, p. 181. Elias seria uma espécie de "zelote", a tal ponto "extremamente zeloso" (קַנֹּא קִנֵּאתִי) por YHWH dos Exércitos (1Rs 19,10.14) que acredita estar só, como se nenhum outro profeta importasse, atuando "à sua maneira" (REISS, M., Elijah the Zealot, p. 175).

1251. GARSIEL, M., From Earth to Heaven, p. 191; HELLER, R. L., The Characters of Elijah and Elisha and the Deuteronomic Evaluation of Prophecy, p. 118; LANGE, J. P. et al., A Commentary on the Holy Scriptures: 2 Kings, p. 15-16; MAIER III, W. A., Reflections on the Ministry of Elijah, p. 79; NELSON, R. D., First and Second Kings, p. 163; OLLEY, J. W., YHWH and His Zealous Prophet: The Presentation of Elijah in 1 and 2 Kings, p. 51.

1252. GARSIEL, M., From Earth to Heaven, p. 185-186; HELLER, R. L., The Characters of Elijah and Elisha and the Deuteronomic Evaluation of Prophecy, p. 88; OLLEY, J. W., YHWH and His Zealous Prophet, p. 49; OVERHOLT, T. W., Elijah and Elisha in the Context of the Israelite Religion, p. 94; RENTERÍA, T. H., The

Ainda em oposição a Elias, Eliseu nunca se dirige diretamente ao povo, mas sim a grupos pequenos, como em 2Rs 2,19-22; nem envia mensagens aos reis advertindo-os acerca da correta conduta. Ele nunca confronta profetas de outros deuses, nem os "falsos" profetas de YHWH. Poderia ser dito que o Deus de Eliseu é destituído de demandas ou expectativas de qualquer tipo. Não estabelece uma relação direta entre cura e obediência, ou morte e desobediência – a exceção fica, portanto, com 2Rs 2,19-25. Se tanto Elias quanto Eliseu agiram em tempo de fome severa e reviveram filhos (1Rs 17; 2Rs 4), Eliseu permaneceu sempre com seu povo, sofrendo junto com esse, mesmo numa Samaria sitiada, e mesmo diante do perigo representado por um rei que procura sua morte (2Rs 6,31-33). Se no começo, como demonstrado em 2Rs 2,23-24, adota o estilo de liderança de seu mestre, aos poucos Eliseu desenvolve um estilo profético totalmente diferente[1253].

Mas R. L. Heller questiona o caráter moral de Eliseu no episódio das ursas em 2Rs 2,23-24: parece inumano o castigo desmedido sobre os rapazinhos, realizado de maneira violenta e hedionda, comparável ao episódio do capitão que duvidou de sua palavra em 7,1-2. Levanta-se então a questão: Eliseu provoca (acrescente-se, indiscriminadamente) a morte de quem quer que duvide de suas "habilidades"? Parece que Eliseu vê a si mesmo como centro da fé e da vida israelita (5,8). R. L. Heller então pergunta qual seria o relacionamento entre YHWH e Eliseu, para o que responde de modo categórico: ambivalência[1254].

Por isso, a exemplo de seu grande mestre, Eliseu apresenta-se como um caráter ambíguo. Ao mesmo tempo forte e fraco; sem dúvidas contra as estruturas políticas da monarquia, e ajudando-as em tempo de guerra; proclamando a palavra de YHWH, e ao mesmo tempo a sua própria palavra. Da mesma forma que Eliseu foi responsável indireto pela matança de 42 entre os rapazes insolentes em 2Rs 2,23-24, numa demonstração de poder "rude e amoral", assim ele também foi indiretamente responsável pela matança efetuada por Jeú em 10,14, ao apoiar o golpe que defenestrou do poder a dinastia amrida. Entretanto, afirmar em 1Rs 19,17 que aquele que escapar da espada tanto de Jeú quanto de Hazael será morto por Eliseu não necessariamente afirma um "caráter violento" desse profeta, mas uma espécie de ironia: tanto Jeú quanto Hazel são tão violentos, que escapar de

---

Elijah/Elisha Stories, p. 116; ZUCKER, D., Elijah and Elisha, p. 21-22. Por isso a "investigação clássica não tem dificuldade em reconhecer o caráter comunitário do ciclo de narrações de Eliseu" (PEREIRA, N. C., La Profecia y lo Cotidiano, p. 12).

1253. BERGEN, W. J., The Prophetic Alternative, p. 135; GARSIEL, M., From Earth to Heaven, p. 191-192.

1254. HELLER, R. L., The Characters of Elijah and Elisha and the Deuteronomic Evaluation of Prophecy, p. 226-227.

um deles seria uma genuína façanha. Seria uma ironia para salientar Eliseu como uma figura impositiva[1255].

YHWH ainda "falta" nas narrativas concernentes a Eliseu, aparecendo "muito, muito raramente" – e nunca falando de maneira direta a Eliseu, como a Elias; é como se o profeta assumisse o papel de YHWH, "caracterizado como representativo transparente da divindade" nas histórias. Eliseu, então, "encarna o divino no mundo da narrativa". Ao mesmo tempo, o narrador provê tensão, complexidade, ironia e ambiguidade, com o firme intuito de nunca permitir que Eliseu torne-se um substituto para YHWH na adoração[1256]. E se Elias completa sua existência terrena pela narrativa "espetacular" de seu translado por YHWH aos céus – salientando o relacionamento ímpar do grande profeta com o divino –, isso não contribui para uma impressão de Elias, por parte do leitor, como um "grande milagreiro": os atos portentosos efetuados por Eliseu são mais impressionantes e abundantes em número, claramente afetando uma maior variedade de objetos e pessoas diferentes do que os de Elias[1257].

Pode-se então dizer que Eliseu apresenta-se não somente como uma autêntica alternativa para as estruturas políticas e sociais da monarquia amrida: Eliseu é uma alternativa profética. Ao contrário de Elias, que busca mudar o sistema monárquico "por fora", Eliseu busca esse objetivo por dentro, interferindo na política, como quando envia um discípulo para ungir Jeú como novo rei de Israel – ou seja,

---

1255. BODNER, K., Elisha's Profile in the Book of Kings, p. 33, 59; COHN, R. L., 2 Kings, 17; HELLER, R. L., The Characters of Elijah and Elisha and the Deuteronomic Evaluation of Prophecy, p. 111.

1256. HELLER, R. L., The Characters of Elijah and Elisha and the Deuteronomic Evaluation of Prophecy, p. 221-223.

1257. KISSLING, P. J., Reliable Characters in the Primary History, p. 191-192. P. J. Kissling enumera ao todo doze: 1) o Rio Jordão (2Rs 2,14); 2) as águas de Jericó (2,19-22); 3) os 42 que zombaram dele (2,23-25); 4) o óleo (4,1-7); 5) os processos reprodutivos de uma mulher sem filhos com um marido velho (4,11-17); 6) o filho morto dessa mesma mulher (4,18-37); 7) o guisado no pote dos filhos dos profetas, atingidos pela fome (4,38-41); 8) o "pão das primícias" (4,42-44); 9) o corpo de Naamã (5,1-14); 10) o corpo de Giezi (5,27); 11) um utensílio de ferro na parte inferior do Jordão (6,1-7); e 12) a visão dos sírios (6,18-23). Para Elias, enumera cinco: 1) a multiplicação da farinha e do óleo (1Rs 17,8-16); 2) a cura ("ressurreição") do filho da viúva (17,17-24); 3) o fogo dos céus descendo no Carmelo (18,20-40); 4) o pedido para descer fogo dos céus sobre dois capitães e seus regimentos (2Rs 1,9-12); e 5) cruzamento do Jordão por meio de seu manto (2,8). Embora se use a expressão "a mão de YHWH estava sobre Elias", o que permitiu que ele corresse diante de Acab até a entrada de Jezrael, percorrendo uma distância de 27km (COGAN, M., I Kings, p. 445), não haveria um "elemento fantástico" aqui: uma vez que correr à frente de carruagens reais seria símbolo de honra na Antiguidade, fontes judaicas medievais já interpretam a mão do Onipotente ordenando Elias honrar a realeza. Apesar de inconsistente com a narrativa bíblica dos embates entre Elias e Acab, isso evidenciaria uma aproximação de Elias para se tornar um "profeta palaciano" e influenciar positivamente a política religiosa real, algo frustrado pela ação em 1Rs 19,1 da Rainha Jezabel (KADARI, A., Did Elijah Show Respect to Royalty?, p. 403-429). Talvez Eliseu tenha se aproximado mais em lograr êxito, pois ocupou a posição especial de אָב para sucessivos reis de Israel (2Rs 6,21; 13,14) mesmo sem ser "palaciano" (DHARAMARAJ, H., A Prophet Like Moses?, p. 185). Sobre "narrativa fantástica", cf. FELDT, L., The Fantastic in Religious Narrative from Exodus to Elisha, p. 198-206; TODOROV, T., As estruturas narrativas, p. 147-165.

"eliminando" o culto cananeu através da dimensão religiosa, e não propriamente política. Se Elias está em conflito direto com o sistema monárquico, Eliseu representa uma alternativa de sociedade estável, como um novo sistema monárquico, em que a profecia ligada a YHWH tivesse real relevância. Se Eliseu continua a admoestar e mesmo ameaçar os reis, então o poder profético deve ser compreendido de fato como uma alternativa ao poder monárquico, simbolizado pela queda de Ocozias em 2Rs 1 e pela sucessão profética aos moldes régios em 2Rs 2[1258].

A ênfase da centralidade do Rio Jordão no conjunto de 2Rs 1-2 pode representar um lugar de transformação, uma poderosa metáfora da entrada de um caráter no alto degrau de autoridade pessoal, previamente perdida ou não existente. Assim, em 2,9 o espírito pode ser "ressignificado" como uma menção ao caráter, à moralidade e à personalidade; e o pedido pela porção dobrada do espírito que está sobre Elias poderia ser compreendido como se Eliseu desejasse para si – e por consequência para a profecia como um todo – um caráter "superior", e não "mais do mesmo". Portanto, 2Rs 1-2 não somente mostra que Eliseu é o autêntico sucessor, mas também indica de que tipo: um poderoso mediador da palavra de YHWH (2,19-22) diante de adversários poderosos, mesmo sem portar uma espada (2,23-24), uma testemunha fidedigna dos propósitos divinos não apenas para Israel como também para o mundo – o "real milagre". Assim, o leitor implícito é sutilmente levado a examinar a maneira pela qual Eliseu aos poucos desenvolve uma abordagem independente, com diferença significativa daquela demonstrada por Elias[1259].

---

1258. BERGEN, W. J., The Prophetic Alternative, p. 128;136-137; BRUEGGEMANN, W.; HANKINS, D., The Affirmation of Prophetic Power and Deconstruction of Royal Authority in the Elisha Narratives, p. 59-62; BURKI, M., L'étoffe du prophétie, p. 157; GARSIEL, M., From Earth to Heaven, p. 134; HILL, S. D., The Local Hero in Palestine in Comparative Perspective, p. 70-73; MARTIN, C. G., 1 and 2 Kings, p. 420; MCKENZIE, S. L., 1 Kings 16–2 Kings 16, l. 6429-6430; RENTERÍA, T. H., The Elijah/Elisha Stories, p. 117. Nas p. 42-47, W. J. Bergen caracteriza negativamente Eliseu como um "Elias degenerado", o qual não assume em sua plenitude a "importância histórica de seu antecessor" – um retrato "resolutamente negativo", talvez radical demais para ser adotado (HAVRELOCK, R., River Jordan, p. 160). Não obstante, o mesmo caráter "independente" das ações de Elias observadas supra poderiam ser "imputadas" a Eliseu, pela contraposição importante entre as expressões כִּדְבַר יְהוָה (1,17) e כִּדְבַר אֱלִישָׁע (2,22). Como ainda observa T. H. Rentería na p. 121, enquanto Elias é caracterizado mais no seu papel como profeta tradicional – como voz de resistência às injustiças e aos abusos de um poder monárquico –, Eliseu coloca-se ao lado das instituições monárquicas, seja israelita ou até mesmo estrangeira, talvez por genuinamente acreditar que o regime de Jeú iria corresponder de maneira mais adequada aos reclames do profetismo javista. Não obstante, é possível que o "Eliseu histórico" tenha pouca ou nenhuma relação com a revolução de Jeú, pois a "grande maioria dos personagens nos relatos bíblicos são figuras cuja existência histórica é atestada unicamente pela própria narrativa; não sabemos mais do que o texto nos diz" (NEPI, A., Dal fondale alla ribalta, p. 16). Cf. tb. HUMBER, M. R., Elijah and Elisha, p. 72-81; WALFISH, R., Ruth and Elisha, p. 239.

1259. BODNER, K., Elisha's Profile in the Book of Kings, p. 50; FRETHEIM, T. E., First and Second Kings, p. 139-141; GARSIEL, M., From Earth to Heaven, p. 161; HELLER, R. L., The Characters of Elijah and Elisha and the Deuteronomic Evaluation of Prophecy, p. 117; HOBBS, T. R., 2 Kings, p. 27-28.

Em 1Rs 19,11-12 destaca-se que, após impetuoso furacão e terremoto, veio fogo, mas YHWH não estava ali; e que após o fogo manifesta-se uma "voz levemente audível", קוֹל דְּמָמָה דַקָּה, um "sussurro suave", ou ainda um "pequeno som de silêncio" – um oxímoro. A mesma sequência observada em 2Rs 1–2: após o fogo demonstrado em 2Rs 1,9-14, enfatizando a "espetacular manifestação do divino", ocorre a atuação "inaugural" de Eliseu em 2Rs 2,19-22 – como em 1Rs 19,11-12, de maneira "tranquila". Há uma contraposição implícita entre 2Rs 1,9-14 e 2,19-22; por isso, muito além que um silêncio, conforme declara N. Levine, Eliseu é essa voz representando mais do que uma alternativa: representa uma "nova voz" profética, que proporcionará a vitória final sem demonstrações espetaculares de poder, pois, dos três ordenados por YHWH a serem "ungidos" por Elias, Eliseu é o único a não portar uma espada[1260], um poderoso "símbolo de misericórdia" aliada à justiça[1261].

Portanto, não obstante sua ambiguidade e sua complexidade – que leva R. L. Heller a duvidar se seus atos portentosos estariam de acordo com as palavras e os temas abrangentes de Deuteronômio –, pode-se entender que, sim, Eliseu leva o povo a um relacionamento mais confiante e próximo com YHWH, e sua ambiguidade teria como objetivo "desnudar" sua humanidade. Em vez de representar o fracasso derradeiro da linha de profetas em Israel, Eliseu constitui uma ressignificação da profecia, antes do seu desaparecimento[1262].

---

1260. GARSIEL, M., From Earth to Heaven, p. 168-169; DE GOEDT, M., Elijah in the Book of Kings, p. 17-18; LEVINE, N., Twice as much of your Spirit, p. 45-46; MORRISON, C. E., Handing on the Mantle, p. 113-116.; PROVAN, I., An Ambivalent Hero, p. 145-146; cf. tb. BELEM, D. F., Da Palavra sai vida e morte, p. 107. Sobre a contraposição entre 2Rs 1,9-14 e 2,19-23, cf. seção 5.3. Isso poderia ser contraditado por 2Rs 9,1-3; mas ali um discípulo é o *alter ego* do Profeta Eliseu, que o delega para ungir Jeú como rei de uma maneira secreta. No texto atual, permite atestar o cumprimento da profecia de Elias sobre o extermínio da casa de Acab (1Rs 19,16; 21,21-24;) e a delegação serve para proteger Eliseu aos olhos do leitor de um conluio com Jeú, que será repreendido pelas ações deploráveis em Os 1,4 (NEPI, A., Dal fondale alla ribalta, p. 171). Se por um lado os atos portentosos de Elias não são inteiramente punitivos (1Rs 17,6.14.23; 18,45), por outro os de Eliseu estariam longe de representar um tempo de "ternura divina", como bem comprova 2Rs 2,23-24. Mas trata-se de uma época que experimentou a mais violenta convulsão dentro do reino (2Rs 9–10), bem como os conflitos mais violentos no âmbito externo (2Rs 6–7). Assim, seria a maneira de Eliseu cumprir o pedido de receber o "espírito de Elias" e demonstrar como ele – ainda que indiretamente – foi responsável por todas essas convulsões no âmbito político do reino (LANGE, J. P. et al., A Commentary on the Holy Scriptures, p. 24; LONG, B. O., 2 Kings, p. 31-32). Por isso, o nome do pai (ou antepassado) de Eliseu, שָׁפָט, "julgar", pode referir-se às instâncias em que Eliseu necessitou punir severamente pessoas, como em 2Rs 2,23-24; 5,27; 7,2.17-20 (GARSIEL, M., From Earth to Heaven, p. 103) – algo que não constituiria a "norma".

1261. MOTTA, F. B., The Charismatic & the Social Prophetic Ministry in the Life of the Prophet Elisha, p. 231.

1262. CARR, A. D., Elisha's Prophetic Authority and Initial Miracles (2 Kings 2:12-15), p. 33; HELLER, R. L., The Characters of Elijah and Elisha and the Deuteronomic Evaluation of Prophecy, p. 231. Do ponto de vista histórico, esse desaparecimento da profecia provavelmente teria ocorrido no período dos Macabeus (1Mc 9,27; Zc 13,2-6).

# Conclusão

Se a Análise Narrativa mostrou como 2Rs 1,1-18 e 2Rs 2,1-25 se articulam entre si, o Método Histórico-crítico evidenciou que essa articulação proposta pelo narrador implícito não "obscureceu" o caráter independente de cada narrativa: enquanto 2Rs 1,1-18 aborda o embate entre Elias e Ocozias, os quais evocam o embate entre YHWH e Baal através do "tema do envio" – confirmado pela análise lexicográfica, pois a raiz que domina toda a perícope é דבר (com 19 ocorrências), pertencente ao campo semântico da comunicação –, 2,1-25 utiliza o translado de Elias como pano de fundo para a sucessão profética. Em outras palavras, sem prejuízo de sua mensagem específica quando lida separadamente, 2Rs 1,1-18 "prefacia" e prepara a sucessão profética materializada em 2,1-25.

Salientando ainda a importância da contribuição do Método Histórico-crítico, com relação ao aspecto filológico, uma vez que se concentre apenas em 1,1-18, percebe-se facilmente a relação entre בַּעַל שֵׂעָר e בַּעַל זְבוּב, que potencializa a polêmica em torno da adoração a Baal. Ao mesmo tempo, a expressão בַּעַל שֵׂעָר salienta a aparência do homem que está profetizando. Uma vez que מִשְׁפָּט representa tanto juízo quanto "descrição", "sumário" das características distintivas, uma "maneira de ser", o leitor é convidado tanto a reconhecer um profeta por suas características intrínsecas quanto a exercer um juízo de valor acerca do papel desse enquanto em pleno exercício da profecia. Entretanto, em 2,1-25 há uma referência sutil ao termo אַדֶּרֶת como vestimenta de Elias, conforme já visto em 1Rs 19,19-21. Assim, não somente confirma a sucessão profética "antecipada" nesse último texto, como também amplifica a polêmica em 2Rs 1,1-18 com a realeza: o termo tem conotações de vestimenta real, fazendo com que a sucessão profética ganhe proporções de uma autêntica sucessão real, e mais eficaz e duradoura do que essa.

Com relação à crítica textual, tanto para 1,1-18 quanto para 2,1-25 evidenciam-se duas versões: a transmitida pela recensão luciânica, e aquela transmitida pela tradição massorética. Isso aponta para "duas versões" acerca do Profeta Elias: durante o processo de transmissão do texto se perceberia a potencialidade para uma ambivalência em Elias. As diferentes variantes indicariam opções por "estratégias narrativas", e até mesmo "orientações teológicas" distintas do texto massorético. Mas, embora alguns comentaristas prefiram o texto refletido na recensão luciânica ao texto massorético, a crítica textual tanto mostrou a validade e a coerência do texto massorético quanto comprovou a relevância deste.

E a relevância do texto massorético pode ser bem exemplificada por 2,13b: enquanto o texto massorético afirma que o manto caiu claramente de Elias para ressaltar a continuidade do poder profético, na LXX o manto cai sobre Eliseu, enfatizando a transferência de poder. Isso leva o leitor implícito a se perguntar: "O que é mais importante, ou emergente: a transferência do poder profético em si ou a continuidade desse mesmo poder?" Há uma ênfase na continuidade, que pode ser vista mesmo na expressão אַף־הוּא em 2,14, que tantos debates ocasionou não somente na crítica textual como também na tradução: a pesquisa mostrou como é fundamental não "desprezar" essa expressão, pois ela salienta que, ao se perguntar onde está YHWH, e mesmo o próprio Elias, o leitor implícito é convidado a avaliar como se concretizará a continuidade da linhagem profética.

Outra essencial conclusão da crítica textual (corroborando a crítica redacional) é acerca do caráter tardio tanto de 1,1-18 quanto de 2,1-25: observou-se o caráter "modernizante" com fins teológicos da combinação דָּרַשׁ בְּ em 1,1-18, rara ao extremo e concentrada justamente em 2Rs; e em 2,16f a forma incomum הַגֵּאָיוֹת apontaria para uma escrita mais tardia, em que há uma transposição entre o א e o י – pois o *qerê* mostra a forma "esperada" mais comum הַגֵּאָיוֹת. Mas o caráter tardio não impede que antigas tradições orais sejam reelaboradas, porque, se 2Rs 1,1-18 e 2,1-25 constituem cada uma *per se* uma unidade bem-delimitada e com toda uma coerência interna, garantindo a integridade narrativa, não obstante há tensões que evidenciam um complexo processo redacional em ambas. A redação é pós-deuteronomista, entre os últimos anos do período persa e o início do período grego. Ou seja, após a redação final primeiramente das histórias de Eliseu, e depois das histórias de Elias modeladas segundo as de Eliseu, o conjunto 2Rs 1–2 serviu para unir e comparar ambas.

Ainda pela análise lexicográfica, na perícope de 1,1-18 o campo semântico predominante da comunicação permite que se evoque a autoridade da palavra, mais especificamente de YHWH, em contraposição à do rei. A ênfase do campo semântico bélico nos v. 9-14 traz essa contraposição para um confronto: o duelo de autoridades não é pacífico, pelo que a imposição da vontade real representa perigo ao profetismo, e à própria fé em YHWH por extensão. Por isso, na verdade esse confronto ocorre entre as divindades representadas por cada um – Baal da parte do rei israelita, e YHWH, defendido ardorosamente por Elias.

Um confronto, que em seu âmago é religioso, reflete-se no campo semântico político. Percebe-se que o contexto histórico por trás desses dados evidencia uma espécie de risco ao livre-exercício da fé em YHWH, insinuando haver até mesmo uma perseguição patrocinada pelo poder central. Não obstante esse "belicismo" enfatizado em 1,9-15, a sucessão e a consequente continuidade do profetismo precisa ocorrer de forma pacífica – salientado pela polidez do terceiro capitão e pela ênfase na partícula נָא nos diálogos entre Elias e Eliseu em 2,1-10.

Como os dois campos semânticos mais utilizados amplamente em toda a perícope de 1,1-18 são o da comunicação e o divino, o tema por excelência, objetivo maior, é acerca da Palavra de YHWH, transmitida pelo "homem de Deus" Elias, enviado como bastião do profetismo. O tema do envio em 1,1-18 é ainda potencializado pela insistente contraposição entre subir/descer, evocando verbos de movimento: todas essas ações envolvem o campo semântico do envio – quem envia, e quem é enviado. Se Elias ausenta-se na perícope seguinte em 2,14-25, criando sérias preocupações à comunidade de fiéis (a expressão אַף־הוּא, como que destacada no fim do v. 14e, reproduz estilisticamente uma espécie de desabafo pela ausência do mestre), a continuidade do profetismo é garantida por seu discípulo Eliseu.

Os campos semânticos da comunicação e do divino sobressaem-se também na perícope de 2,1-25. Entretanto, pela grande incidência dos nomes de Elias e de Eliseu – abordando a maneira como este sucede aquele –, essa comunicação se dá sobretudo acerca da sucessão profética, fiança da continuidade dessa. E a relação pai/filho, do campo semântico familiar, reforça ainda mais essa temática – a sucessão ocorre como a real, de pai para filho; e a forte incidência do campo semântico do divino lembra que essa sucessão se dá sem dúvidas no âmbito do "sobrenatural", sob controle exclusivo de Deus, antecipando-se dados da Análise Narrativa.

A audiência pós-exílica em 1,1-18, despojada de suas instituições, poderia ainda estar tentada a buscar oráculos em novos lares estrangeiros – designados então simbolicamente como "Acaron". E há ainda uma advertência aos profetas, pois lembra a estes para dirigirem-se por YHWH, e não pelas autoridades seculares, a exemplo do visto no episódio envolvendo Miqueias e os quatrocentos profetas em 1Rs 22,13-14 – um contexto imediatamente anterior. Por isso a crítica da forma mostrou como a temática da sucessão profética em 2Rs 2,1-25 têm forte modelação pela disposição quiástica geográfica, proporcionando uma espécie de "zigue-zague" e refletindo as experiências de uma comunidade na diáspora, que sente as ameaças à sua fé (conforme evidenciado em 1,9-15) e é encorajada pela palavra profética a resistir e não sucumbir a Baal Zebub, deus que representa morte, e não vida. O ponto de chegada em Betel e Jericó, o mesmo de partida, conclama uma espécie de "busca" das fontes mais prístinas do profetismo e da fé, como inspiração a essa resistência. Tais dados são corroborados pela contraposição israelita/estrangeiro, e entre dependência/independência e conhecido/desconhecido dos lugares.

Ainda que 1,1-18 apresente-se como uma unidade textual bem coesa mas sem unidade literária, evidenciada pela crítica da forma, o texto demonstra várias camadas redacionais, com especial atenção para os v. 9-15 como "enxerto" ao conjunto dos v. 1-8.16-18. Isso proporciona uma riqueza e complexidade, refletida na diversidade de gêneros literários propostos: mas o gênero dominante é o da lenda profética, dentro do qual todos os outros estão dependentes. Esse gênero ainda poderia ser denominado "lenda epigônica", refletindo um período "pós-clássico" que "emula" um período anterior. Em 2,1-25 também se encontra uma unidade textual, mas não literária, o que implica igualmente numa riqueza de gêneros literários. E da mesma maneira propõe-se como gênero dominante o da lenda profética. Entretanto, para as histórias de Eliseu prefere-se nomear como um exemplo de *vita*, também denominado de hagiografia. Em suma, se tanto 1,1-18 quanto 2,1-25 são lendas proféticas, mais marcadamente em 2,1-25, relacionada ao ciclo de Eliseu, há uma hagiografia profética, refletindo a preeminência no processo redacional das histórias de Eliseu em relação às de Elias.

Por isso, com relação ao *Sitz im Leben*, as lendas proféticas teriam duas finalidades básicas: a primeira é, por assim dizer, doutrinal – demonstrar quem é o verdadeiro mensageiro de YHWH; e a segunda é moral ou paradigmática – incentivar a comunidade a respeitar o mensageiro divino e a obedecer à mensagem por ele entregue. As lendas proféticas em 2Rs 1–2 têm ainda um aspecto em comum com o martirológio, que representa a etapa final no desenvolvimento de histórias proféticas. Não obstante, na experiência vivencial do israelita, a palavra profética ainda transmite esperança – e vida. Assim, conclui-se que o *Sitz im Leben* tanto de 1,1-18 quanto de 2,1-25 estaria relacionado à perene validade da palavra profética na vida cotidiana do povo, mesmo quando o movimento profético estivesse relegado ao passado de Israel. A palavra profética estaria viva não apenas através da escrita, mas principalmente através da atuação milagrosa junto ao povo comum, objetivando diminuir ao máximo a suposta distância entre a tradição escrita e as camadas mais baixas da população.

Todo o contexto de 1,1-18 – o fogo dos céus, o mesmo uso de שְׂבָכָה em 1,2 para gradeamento e para a decoração nos dois pilares de bronze na entrada do templo de Salomão (1Rs 7,17-18.41-42), o uso da raiz נפל como metáfora para a "queda espiritual", o ato da prostração do terceiro capítulo – apresenta dados que envolvem a questão cultual, amplificada pela temática da sucessão profética e do próprio ato de prostração dos filhos dos profetas na perícope de 2,1-25. Assim, o conjunto de 2Rs 1-2 aborda o profetismo como garantia para um elemento capital: seja o período persa final, ou o grego, a comunidade necessita reafirmar sua identidade em torno do culto a YHWH. O uso da palavra מַלְאָכִים, mais do que salientar a justaposição entre dois tipos de mensageiros em 1,1-18, estaria enfatizando a importância do papel dos profetas para tal função.

Os "filhos dos profetas" têm conexões exclusivas com Eliseu, pelo que a visita de Elias a esse grupo serve tanto para preparar quanto para sancionar a sucessão. Como grupo ativo só durante a atuação de Eliseu, esses "filhos dos profetas" mantêm viva a chama da mensagem profética; ausentes em 1,1-18, estavam plenamente ativos em 2,1-18. A ausência de Eliseu em 1,1-18, ainda que explicada pelos aspectos redacionais, poderia indicar também uma época de grave perigo aos profetas, ameaçados por perseguição estatal. Mas a liderança de Eliseu, não apenas por levar adiante a obra de Elias, mas também pelas conexões íntimas que tinha com o povo comum, representa a encarnação da esperança que a mensagem profética pode trazer – Eliseu é um novo רֹאשׁ, na plena acepção do que uma liderança proporciona.

O manto de Elias, אַדֶּרֶת, é o mesmo utilizado por ele no Monte Horeb, quando YHWH lhe apareceu (1Rs 19,13), um símbolo de autoridade profética; e pelas similaridades com o cajado usado por Moisés em Ex 14, o próprio Elias é um "cajado humano", um "cajado encarnado de julgamento". Ainda à luz do papel do profetismo em fazer e desfazer reis, fica evidente a escolha pelo termo אַדֶּרֶת, por estar associado às ideias de realeza: na ausência dos reis no período pós-exílico, os profetas acumulam idealmente as funções reais, provendo liderança ao povo. Salienta-se mais a pessoa do profeta, pois não basta a permanência de símbolos: é necessária a presença de um "cajado humano" que conduza o povo nas agruras do período pós-exílico, na busca de identidade e encorajamento para resistir aos desafios para manutenção dela.

Como para os israelitas a permanência no lado oriental do Jordão seria um ato de desobediência, a centralidade desse rio na organização quiástica geográfica de 2,1-25 representaria uma sutil "repreenda" à comunidade que está fora do território de Israel. Partindo desse pressuposto, haveria uma ressignificação dos papéis atribuídos a Jericó e Betel: Jericó, outrora amaldiçoado, agora recebe a ação das "águas purificadas" por Eliseu em 2,19-25, enquanto Betel, outrora importante centro cultual nas tradições patriarcais (Gn 28,10-17), é amaldiçoada em 2,23-24. Assim, a sucessão profética representaria a preeminência da liderança da comunidade no território de Israel (simbolizada na pessoa de Eliseu) sobre a comunidade da diáspora – lembrando os conflitos encontrados no Livro de Neemias. Ainda amplificando as conclusões acerca dos dois episódios justapostos de

2,19-25: os "rapazes pequenos", por evocarem uma "pequenez" não necessariamente em tamanho, mas em grau de maturidade conforme visto, representaria a zombaria de um grupo relacionado a antigas tradições cultuais, zombando não apenas de Eliseu mas também dos herdeiros desse profetismo representativo; Jericó, mesmo sendo amaldiçoada, prontamente atende às demandas desse profetismo e como consequência experimenta as "águas purificadas" – indo além das implicações já observadas do simbolismo das cifras das duas ursas e dos 42 meninos despedaçados.

Existe um senso de urgência pela não interrupção da profecia, representada no caminhar de 2,11 e no "falar", que evoca a ênfase na mensagem profética. Assim, a insistência do "espírito" e do "ver" em 2,10 salientam uma preocupação para além dos símbolos exteriores, institucionais, não mais acessíveis na época persa e grega; a declaração dos filhos dos profetas de que o "espírito profético" repousa sobre Elias não foi acompanhada por estes do ato de "ver", pois a nova geração precisa crer pela "visão espiritual". Assim, a "busca" por Elias é "infrutífera", pois ele não está mais no meio da audiência da forma final do texto de 2,1-25.

A separação entre Elias e Eliseu em 2,11 pela carruagem, carregada de simbolismo bélico, e não pelo turbilhão, importante manifestação teofânica, representaria sutilmente as ameaças estatais ao exercício do profetismo, implícitas ainda pelo contexto de 1,9-15. Mas o reconhecimento de Elias por parte de Ocozias através de vestimenta "rústica" daquele em 1,6-8 evidencia que o profetismo pode ser reconhecido por todos, mesmo sem as "vestes institucionais"; mas a roupagem "real" é transmitida por meio do espírito – observou-se como "fisicamente" ela não aparece mais durante o ministério de Eliseu. Conforme visto, a expressão אַף־הוּא em 2,14e envolve uma referência a Elias e, portanto, demonstraria a ânsia pela presença não apenas de YHWH mas também do próprio Elias. Assim, a ausência de Elias levantaria questões sobre como Israel continuará a ouvir a voz de YHWH, da mesma forma causando ansiedade acerca da continuidade da aliança – e do próprio Israel. Como consequência, salienta-se uma espécie de necessidade da "imortalidade da profecia".

A nuança marcial envolvida no título "carruagem de Israel e sua cavalaria", aplicada antes de tudo a Eliseu em 13,14 e só depois a Elias em 2,12, não pressupõe armamento, mas "logística"; se Eliseu, como "novo Josué", lidera uma "nova conquista", esta não ocorre mediante a espada – em 1Rs 19,16-17, Eliseu é o único a não portar espada –, pois acontece "espiritualmente": o profeta é o homem cuja oração é melhor do que carros e cavaleiros.

Percebe-se, portanto, que alguns pontos de contato entre 2Rs 1 e 2 já são evidenciados pelo Método Histórico-crítico: o conjunto de 1,9-15 assemelha-se mais às histórias de Eliseu, e em especial com 2,23-25, por exemplo. Mas a Análise Narrativa, dentro de seu aspecto de complementaridade, e não de "exclusividade", propõe avanços significativos acerca desses pontos de contato. Explica, por exemplo, o porquê do enxerto redacional de 1,9-15: não somente elevar ao máximo o suspense, como também inserir o embate entre a monarquia e o profetismo dentro de um contexto bélico – ou, mais especificamente, de perseguição. E ainda confirma dados do Método Histórico: a forma tríplice, tanto do texto de 1,1-18 quanto do texto de 2,1-25, é explicada em cada um como três atos, três episódios conectados para formar uma trama unificada.

E não apenas para "resolver" algumas questões, mas também para problematizar: se pelo Método Histórico-crítico o fogo conclamado por Elias em 1,9-15 evidencia um julgamento divino e revela pontos de contato com o ordálio de 1Rs 18, a Análise Narrativa do conjunto de 2Rs 1–2 mostra que o leitor implícito não necessariamente deve concordar – acrescenta-se moralmente – com esse pedido. Por isso, um terceiro capitão atuando, de maneira implícita, como uma "consciência ética" do Profeta Elias, por quem nutre-se natural empatia, simbolizaria uma comunidade a qual medita na sua experiência de fé, necessitando mais do que uma mera continuidade do profetismo: o revigoramento.

Se a princípio 2Rs 1,1 parece deslocado, consiste no contexto histórico da rebelião de Moab – cuja "versão bíblica" encontra-se esmiuçada em 2Rs 3, e possivelmente a mesma da estela de Mesa; mas a menção específica de Moab tem o importante papel narrativo de enclausuramento de todo o conjunto de 2Rs 1–2. Ou seja, se a Análise Narrativa não trata o texto bíblico apenas como um mero documento histórico, ao mesmo tempo não nega esse dado.

Ao serem analisados os personagens, em 1,1-18 há um embate entre, de um lado, o protagonista Elias e, de outro, o antagonista Ocozias. Pelas similaridades estabelecidas entre 1,1-18 e 2,19-25, o papel de antagonista nesta última perícope é ocupado pelos "rapazes pequenos". Ou seja, de uma monarquia representada em Ocozias enquanto "perseguidora" do profetismo, passa-se aos rapazes pequenos como "zombadores". Desses, pela maldição impetrada por Eliseu, 42 são destroçados por duas ursas, símbolo do Rei Jeú, israelita que suplantou a dinastia de Amri e eliminou o culto a Baal, e do Rei Hazael, de Aram, que encarna o castigo divino sobre uma geração pecadora. Após a ação das duas ursas, há menção de um "retorno" de Eliseu a Samaria, um retorno que pressupõe "recomeço" à comunidade no que diz respeito ao exercício da fé mediante o profetismo.

O papel de personagens secundários não significa que sejam menos importantes; não são personagens "menores": os mensageiros do rei comportam-se como profetas para o rei! Portanto, se não há sucessão profética de Eliseu para alguém, os fiéis – o povo comum – exercem uma fé robusta animada pelo espírito profético. Mas tão fundamental quanto a abordagem minuciosa dos personagens presentes é a ausência de um deles. Jezabel, tão proeminente no bloco de narrativas concernentes a Elias em 1Rs 17-19, não parece em 2Rs 1,1-18 – e essa ausência serviria para destacar ainda mais essa última perícope daquele bloco. Porém, ainda que ausente em 2Rs 1,1-18, a queda de Jezabel pela janela em 9,30 proporciona um enquadramento pela menção da queda de Ocozias através do gradeamento em 1,2.

Entretanto, um detalhe não pode passar despercebido: YHWH como personagem "oculto" dentro da narrativa, o Deus de Israel – acima de tudo o Deus da História. Em momentos cruciais, é necessário crer em YHWH como aquele que tem em si as rédeas da história: o seu povo não está à deriva, o profetismo em última instância não está morto, a última palavra não é da perseguição – fortemente sugerida pelo "silêncio" de Ocozias diante de Elias em 1,16.

O silêncio de Ocozias em 1,16 ecoa no silêncio sobre como tanto Eliseu quanto os filhos dos profetas sabem que ocorrerá, de maneira iminente, a ascensão de Elias em 2,2-6, formando uma elipse. O que representa narrativamente esse silêncio? O leitor implícito é levado de modo natural a nutrir simpatia pelos homens da cidade nos v. 19-22 e antipatia pelos rapazes pequenos nos v. 23-24, e os filhos dos profetas (enquanto coletividade) transitam da simpatia para a ligeira antipatia. O duplo pedido de Eliseu para que os filhos dos profetas se calem em 2,3.5 esconderia uma sutil tentativa de que a voz profética fosse calada; mas a exitosa sucessão de Elias para Eliseu garante que a voz profética não pode ser silenciada. É uma plateia "mortal" que será substituída por novos leitores, mas na esperança que as "águas purificadas" do profetismo nunca deixem de jorrar, mantendo viva a esperança de toda uma comunidade.

Deve ser salientada a força dos diálogos como motor da narrativa de todo o conjunto de 2Rs 1-2: mesmo no embate em tom bélico de 1,9-15, e mesmo no pedido de Elias para descer fogo dos céus, os diálogos estão presentes. Uma comunidade sem independência política e sem a figura do rei precisa se apoiar num profetismo "dialogal", representado por Eliseu enquanto interlocutor por excelência. Esse profetismo "dialogal" estaria ainda representado por outra contraposição importante: entre as expressões יְהוָה כִּדְבַר (1,17) e אֱלִישָׁע כִּדְבַר (2,22) – de tal forma Eliseu logra êxito em suceder Elias como autêntico representante de YHWH, que a narrativa mostra a palavra de Eliseu equiparada à do próprio YHWH.

A articulação temática permitiu, mediante a Análise Narrativa, ampliar ao máximo as conexões já percebidas mesmo pelo Método Histórico-crítico. Quando 2Rs 1,1-18 e 2,1-25 são lidas independentemente, constituem duas macronarrativas com programas narrativos distintos, sem aparente conexão entre uma e outra. Não obstante, o narrador, entrelaçando diferentes episódios, a princípio sem ligação entre si, criou uma narrativa em torno da temática da sucessão profética, sobrepujando e englobando os enredos dos episódios nela contidos. Em sua função temática de ênfase na sucessão profética, o conjunto obtido de 2Rs 1–2 constitui uma narrativa metadiegética, por sua relação de contraste, oposição e similaridade, uma "narrativa dentro da narrativa".

Existe uma ênfase em torno da organização tríplice de ambas as narrativas de 2Rs 1,1-18 e 2,1-25: ao se perceber imediatamente essa organização, forja-se um forte entrelaçamento entre as duas narrativas. Outro número importante para estabelecer as conexões entre 2Rs 1,1-18 e 2,1-25 é o vocábulo שְׁנַיִם, "dois": dois grupos de cinquenta em ambos, exercendo uma espécie de "coerção". O numeral "dois", em especial na ênfase de Elias e Eliseu andarem "ambos juntos" até o momento crucial do translado daquele, salienta a necessidade de um "novo profetismo" que aprende e amplifica o profetismo anterior representado em Elias; por isso, ainda que utilizando palavras diferentes, outro elemento importante de conexão entre 2Rs 1,1-18 e 2,1-25 é a roupa de Elias. Mais do que tipificar a persistência de Josué seguir Moisés, a persistência de Eliseu em acompanhar Elias representa um processo de continuidade/descontinuidade no profetismo, representado ainda pelo uso das raízes ירד e עלה como *Leitwörter* em 2Rs 1–2 (embora de forma desigual), construindo uma conexão.

Mas é a geografia que estabelece as maiores conexões entre 2Rs 1,1-18 e 2,1-25. Há uma tensão entre o profano e o sagrado relacionada a Jericó e Betel: por sua vez, o Jordão mantém o máximo de sua sacralidade; há uma total ausência de qualquer contexto político, nenhuma menção a reis, permitindo que toda a narrativa gire em torno da questão profética, e toda a focalização mantém-se do ponto de vista geográfico estritamente dentro das fronteiras de Israel, sob leve ameaça apenas quando houve uma "caminhada" pelo além-Jordão. Ainda mais fundamental é Samaria: a compreensão adequada do "retorno" mencionado em 2,25 é como referência ao palco dos últimos acontecimentos em 1,2-8.16-18, corroborando o enquadramento. De tal forma o enquadramento geográfico "rege" a narrativa, que ela ainda determina o enquadramento social pela sutil comparação entre potenciais discípulos (os "homens da cidade), ou "antidiscípulos" (os rapazes pequenos), e Eliseu enquanto mestre.

Tanto Elias quanto Eliseu são protagonistas nos v. 1-18; mas Eliseu é o grande protagonista dos v. 19-25, e sua obstinação em buscar a sucessão profética faz dele o herói incontestável de 2Rs 2,1-25. Eliseu, enquanto personagem, é construído de forma a salientar uma continuidade profética: Elias extraordinariamente continua a viver no ministério de Eliseu, e Eliseu é Elias mais uma vez, ultrapassando as barreiras da morte. Eliseu ainda é um personagem de contraste em relação aos filhos dos profetas, mediante sua disponibilidade. Por isso, na relação entre focalizadores e focalizados, há uma predominância maciça de Eliseu como focalizador. Eliseu, mesmo ausente da cena em 2Rs 1, é o fio que "segura" e une a narrativa em 2Rs 1-2, constituindo uma espécie de "protagonista estrutural" – enquanto Elias permanece como o "protagonista episódico" em 2Rs 2. Portanto, a articulação temática entre 2Rs 1 e 2Rs 2, além de mostrar inúmeros pontos de contato, leva ao debate acerca dos ciclos de Elias e de Eliseu e do caráter de ambos os profetas.

A grande contribuição do uso conjunto do Método Histórico-crítico e da Análise Narrativa na presente tese, de fato, é o debate sobre os ciclos de Elias e de Eliseu. Pelo Método Histórico-crítico, perceberam-se as múltiplas possibilidades de considerar um ciclo único de Elias-Eliseu, ou de considerar os dois ciclos em separado, ainda que os limites entre esses também fossem amplamente debatidos: desde 2Rs 2 como integrante do ciclo de Elias, passando pelo pertencimento de 2,1-18 ao ciclo de Elias e 2,19-25 ao ciclo de Eliseu, chegando até o pertencimento de todo o conjunto de 2,1-25 ao ciclo de Eliseu. A Análise Narrativa não somente confirmou a relevância da separação dos ciclos em torno das figuras de Elias e de Eliseu, como também foi além: ao acoplar a necessidade da presença de um protagonista e/ou herói à temática que une duas narrativas, pôde-se comprovar a validade do pertencimento de 2Rs 1 ao ciclo de Eliseu; e pela unidade de 2Rs 1-2 em torno da temática da sucessão profética – pela qual 2Rs 1 prepara e "prefacia" a sucessão que ocorrerá *ipso facto* em 2Rs 2 –, esse conjunto serve de "ponto de intersecção" adequado entre os dois ciclos. Se parece existir uma "suspensão da narrativa de sucessão real" em detrimento da sucessão profética em 2Rs 2, percebe-se que 2Rs 1 prefacia a sucessão profética em 2Rs 2 ainda como sucessão real desejada e mais eficaz. Isso evidencia que, tanto para o terceiro capítulo em 1,19-25 quanto para os filhos dos profetas em 2,1-18, Eliseu de fato é um "novo rei", amplificando a temática da sucessão profética com traços da realeza.

E essa questão dos ciclos leva a uma valorosa ponderação pastoral, pois a justaposição entre 2Rs 1 e 2Rs 2 faz mais do que incrementar a ênfase na figura de Elias, o qual aparece dramaticamente em ambos os episódios: permite uma comparação entre as figuras de Elias e Eliseu (*sinkrisis*) enquanto no exercício do ministério profético. Uma comparação já utilizada nas "fronteiras" de outros ciclos narrativos: Isaac e Jacó são comparados no início de um ciclo em Gn 25,19–26,33, e José e Judá no início de outro, em Gn 37,2–38,30. Assim, pela "robusta" justaposição entre 1,1-18 e 2,19-25, a comparação obtida entre 1,9-12 e 2,23-24 funciona como se o caráter de Elias fosse assumido por (ou antes imposto a) Eliseu no momento crucial. Partindo da temática sobre verdadeira e falsa profecia, a questão da sucessão profética sugeriria um conflito acerca do tema, e consequentemente um conflito acerca da legitimidade da sucessão de Eliseu.

Ainda que o título dado tanto a Elias em 2,12 quanto a Eliseu em 13,14 tenha conotações bélicas, e ainda que mais de um autor, como visto durante a pesquisa, salientem uma ambivalência, ou certa dubiedade, no caráter profético, Eliseu apresenta uma vida de compaixão e voz profética de efetiva atividade social. Portanto, nas palavras de I. Provan[1263], mesmo nessa ambivalência Elias serve de "professor", tanto nos seus sucessos quanto nas suas falhas, tanto para Eliseu quanto para os leitores implícitos; e, consequentemente, não há uma teologia do engano, como insinuou L. Popko[1264], nem um "agente duplo", nas palavras de K. Bodner[1265], representando uma "profecia esquizofrênica" que não consegue se posicionar. Eliseu torna-se de fato a encarnação da "voz silenciosa" divina a Elias (1Rs 19,11-12) que representa, nas palavras de W. Brueggemann[1266], um "ou" que rompe a "ortodoxia" do individualismo – e, por que não dizer, do fanatismo e da insensibilidade de um fundamentalismo, uma vez que este não afirma, mas sim nega a genuína ortodoxia.

Prestigiosa é a reflexão de P.-S. Chauny[1267] acerca do "caráter extremado" do ato praticado por Elias: meditando nos quinhentos anos da Reforma Protestante, ao apontar a persistência do caminho do pacifismo e do rompimento com toda manifestação de violência e intolerância, revisita a própria história do protestantismo, o qual havia proposto resgatar uma forma mais prístina de cristianismo, mas acabou fomentando guerras em nome de Deus. Se homileticamente Eliseu é mais explorado, sobretudo no meio pentecostal, como o homem de Deus operador de maravilhas, ao mesmo tempo deve servir de parâmetro para um caminho que se afaste definitivamente de qualquer tipo de violência, de acordo com os mais autênticos valores cristãos. Por isso, foi salientado que, por um lado, se אֵשׁ mantém-se estritamente relacionado a Elias em 1,10.12.14 e 2,11, por outro מַיִם relaciona-se com Eliseu em 2,19.21-22 – não obstante a palavra מַיִם aparecer associada a ambos no partir das águas do Jordão, a princípio efetuado por Elias em 2,8 e depois por Eliseu em 2,14. Assim, se Elias é o "profeta do fogo" por seu zelo e seu fervor, Eliseu

---

1263. PROVAN, I., An Ambivalent Hero, p. 135-151.

1264. POPKO, L., פִּי־שְׁנַיִם in 2 Kgs 2:9 as a Metaphor of Double Speech, p. 353-374.

1265. BODNER, K., Elisha's Profile in the Book of Kings, p. 35.

1266. BRUEGGEMANN, W., Testimony to Otherwise, p. 20, 42-43.

1267. CHAUNY, P.-S., Pourquoi nous ne devrions pas imiter Élie à l'extrême, p. 85-98.

é o "profeta das águas": se Eliseu agiu como Elias em 2,23-24, isso não se tornou um "padrão", pois Eliseu é o profeta da solicitude, do diálogo, da diplomacia, o qual não portou espada, ao contrário de seu mestre. É uma grande lição para uma época de tanta intolerância e violência como o hodierno – não por ocaso, o episódio de 2Rs 1,9-15 foi utilizado como "contraexemplo" pelo Senhor Jesus em Lc 9,51-56.

A tese ainda estabeleceu futuros aprofundamentos oriundos do tema. Se foi evidenciado o caráter tardio de 2Rs 1–2, quão tardio poderia ser? Um contexto bélico em 1,9-15, com riscos à vida do homem de Deus, evocando como que o martírio, a busca de uma autoridade israelita por oráculos relacionados a um inimigo "clássico" como descrito no conjunto de 1–2 Samuel – não seriam esses dados consistentes com a época dos Macabeus e sua resistência não apenas diante da perseguição selêucida, mas também diante de autoridades do próprio povo que ardorosamente aderiram ao culto grego, como descrito em 1Mc 1–2?[1268].

De fato, esses escritos possibilitaram a sobrevivência da comunidade judaica após o exílio, durante o período persa – e mesmo no período grego, pois o risco imposto por Baal Zebub personificaria a ameaça da "assimilação cultural", e a ameaça institucional à voz do profetismo estaria representada no embate entre Ocozias e Elias – profetismo esse refletido no exercício comunal da genuína fé em YHWH: poderia se pensar na política intransigente de Antíoco IV de proibição ao culto javista[1269].

O contexto bélico envolvendo as raízes קום, עלה e קרא/קרה II, ainda que proponha um "apelo marcial" do mensageiro de YHWH a Elias em 2Rs 1,1-18, uma "guerra" contra a idolatria, a qual deve ocorrer no plano cultual, e não de uma "guerra santa" de fato, envolveria uma sutil polêmica contra a campanha empreendida pelos macabeus? Seria a menção de Acaron, inesperada em 1,1-18, um simbolismo para a Síria selêucida? O pedido de Eliseu em 2,2-5 para que os filhos dos profetas permanecessem em silêncio, quietos, pode significar uma não exposição diante de uma perseguição estatal, extrema vigilância necessária em uma época de máximo perigo. Abre-se, consequentemente, possibilidade de estudos que abranjam esse possível contexto selêucida para as histórias de Elias e de Eliseu.

---

1268. Deve-se salientar que a época dos Macabeus poderia ser relacionada, eventualmente, com a tradução grega de 1 Macabeus, mas é provável que não com o texto hebraico, o qual, tendo servido de base para essa tradução, já deveria existir numa forma cristalizada. A existência de uma *Vorlage* hebraica para 1 Macabeus, "universalmente aceita", foi há pouco debatida em DARSHAN, G., The Original Language of 1 Maccabees, p. 91-110, junto com a suposição de que 1 Macabeus poderia ter sido composto num "grego targúmico" em imitação ao estilo da LXX – implicando, como consequência, que a "versão hebraica" de 1 Macabeus nunca existira.

1269. OSWALT, J. N., Is There Anything Unique in the Israelite Prophets?, p. 80, aludindo ao "período helenista"; ZVI, E. B., "The Prophets", p. 566, salientando o papel dos escritos para a construção de uma "identidade".

# Posfácio

Ao término do trabalho, que certamente exigiu do leitor um fôlego gigantesco devido às dimensões e à profundidade da obra, haveria ainda algo mais a ser dito? T. S. Eliot (1888-1965) é quem nos responde no final de um de seus poemas chamado "Little Gidding", no qual afirma:

> *Não cessaremos de explorar*
> *E no fim da exploração*
> *Estaremos no ponto de partida*
> *Conheceremos o lugar pela primeira vez*[1270].

O poeta nos mostra que o fim é o começo de novas descobertas, de outras possibilidades de leitura e de infinitas janelas que se abrem ao pesquisador/leitor, ainda mais quando o objeto trabalhado descortina duas personalidades de tal maneira grandiosas que não ficaram confinadas aos Livros dos Reis. Com efeito, os ciclos de Elias e Eliseu impactaram profundamente o imaginário e a teologia do Antigo e do Novo Testamentos.

Os evangelhos com frequência mencionam Elias em inúmeras passagens. Já Eliseu, embora tenha recebido uma dupla porção do espírito de Elias e a quem são atribuídos milagres ainda mais estupendos, comparece menos. A princípio, João Batista é confundido pelos seus ouvintes com o Profeta Elias, mas logo o mal-entendido é desfeito, quando ele diz abertamente não o ser (Jo 1,21). Não obstante isso, após o episódio da transfiguração do Senhor (Mt 17,1-8), no qual Elias e Moisés aparecem no monte conversando com Jesus, ao descerem da montanha, os discípulos perguntam sobre a vinda de Elias. Jesus responde que Elias já veio e fizeram com ele tudo o que quiseram. A nota final do evangelista é a chave de leitura da passagem ao dizer que "os discípulos entenderam que se referia a João Batista" (Mt 17,13). João Crisóstomo (séc. IV-V) explica a passagem dizendo que,

---

1270. We shall not cease from exploration / And the end of all our exploring / Will be to arrive where we started / And know the place for the first time.

de fato, João foi o precursor do primeiro, a quem Cristo também chamou de Elias, não porque fosse Elias, mas porque cumpriu seu ministério. Como aquele será o precursor da segunda vinda, este foi o da primeira[1271].

Elias e Eliseu são mencionados no famoso episódio da ida de Jesus à sinagoga de Nazaré. Após a leitura do texto de Isaías, diante da perplexidade de seus conterrâneos, Jesus retoma o exemplo desses dois profetas que agiram em benefício de duas figuras estrangeiras, muito embora houvesse tantos necessitados na terra de Israel (Lc 4,25-27). Essa pregação produz uma resposta furiosa por parte dos ouvintes, a ponto de quererem lançar Jesus do penhasco.

Ainda uma ocorrência extremamente significativa acontece no momento da crucifixão de Jesus. Em sua agonia, o Senhor inicia a oração do Sl 22,2 gritando "*Eloi, Eloi, lemá sabachtáni*". Diz o evangelista que "alguns dos presentes, ao ouvirem isso, disseram: 'Eis que ele chama por Elias'" (Mc 15,34-35).

Apenas esses exemplos pinçados dos evangelhos nos permitem constatar que Elias e Eliseu são figuras de tal maneira relevantes que ajudaram a forjar não apenas a espiritualidade judaica mas também até mesmo a cristã. Atesta-o Clemente Romano (séc. I) que o apresenta como um verdadeiro modelo a ser imitado (*Epístola aos Coríntios* 17,1). Orígenes (séc. III) também procura extrair de sua vida ensinamentos para a vida prática (*Homilia sobre o Gênesis* 16,3). Atanásio (séc. III) o considera modelo para os monges (*Vita Antonii* 7), e ainda para Cipriano (séc. III) é um exemplo para os mártires (*Epístola* 67,8). Segundo Agostinho (séc. IV), é um profeta do fim dos tempos (*De civ. Dei* 20,29). E as citações poderiam se prolongar indefinidamente.

Jerônimo, ao refletir sobre o único episódio de vocação frustrada no evangelho, a saber, o chamado do homem rico (Mc 10,17-22; Mt 19,16-22; Lc 18,18-23), que por ser apegado aos seus muitos bens volta para casa contristado, apresenta Elias como um autêntico modelo de discípulo.

> É difícil para o rico entrar no Reino dos Céus, um reino que exige de seus cidadãos que sejam livres de todos os fardos e sustentados apenas por leves asas. [...] Até Elias, de fato, para ascender rapidamente ao Reino dos Céus não pôde ir para lá com seu manto, mas teve de deixar no mundo as roupas do mundo[1272].

---

1271. JOÃO CRISÓSTOMO, Homilias sobre o Evangelho de Mateus 57,1.

1272. JERÔNIMO, Carta a Juliano 118,4.

O fascínio exercido por Elias e Eliseu não se esgota nas páginas deste livro. Mas queira Deus que ele seja um importante incentivo para novas pesquisas e para a redescoberta desses personagens que inspiraram gerações de homens e mulheres em seu seguimento ao Senhor.

*Heitor Carlos Santos Utrini*
Departamento de Teologia da PUC-Rio

# Bibliografia

## Fontes

ELLIGER, K.; RUDOLPH, W. (eds.). *Biblia Hebraica Stuttgartensia*. Editio quinta emendata. Stuttgart: Deutsche Bibelstiftung; São Paulo: Sociedade Bíblica do Brasil, 1997.

FISCHER, B.; WEBER, R. *Biblia Sacra*: iuxta vulgatam versionem. Editionem quintam emendatam retractatam praeparavit Roger Gryson. Stuttgart: Bibelgesellschaft; São Paulo: Sociedade Bíblica do Brasil, 2007.

KITTEL, R. *Biblia Hebraica*. 3. ed. Stuttgart: Württembergische Bibelanstalt, 1966.

PESHITTA INSTITUTE LEIDEN. *Leiden Peshitta*. Leiden: Peshitta Institute Leiden, 2008.

RAHLFS, A.; HANHART, R. *Septuaginta*: SESB Edition. Editio altera. Stuttgart: Deutsche Bibelgesellschaft, 2006.

## Obras

### Apoio (gramáticas, léxicos, metodologia etc.)

ADRIANO FILHO, J. Estética da recepção e métodos histórico-críticos: o texto da perspectiva do leitor. *Estudos Teológicos*, vol. 59, n. 2, p. 311-324, 2019.

ALONSO SCHÖKEL, L. *Dicionário Bíblico Hebraico-Português*. São Paulo: Paulus, 1997.

ALTER, R. *The Art of Biblical Narrative*. 2. ed. Nova York: Basic Books, 2011. E-book.

AUTH, R.; MOREIRA, G. L. *Introdução ao estudo das formas literárias do Primeiro Testamento*: a Palavra de Deus em linguagem humana. São Paulo: Paulinas, 2021.

BAL, M. *Narratology*: Introduction to the Theory of Narrative. 4. ed. Toronto: University of Toronto Press, 2017.

BAR-EFRAT, S. *Narrative Art in the Bible*. Nova York: T&T Clark, 2008.

BARONI, R. *La Tension Narrative*: Suspense, Curiosité et Surprise. Paris: Seuil, 2007.

BARTHÉLEMY, D. *Critique textuelle de l'Ancien Testament 1*: Josué, Judges, Ruth, Samuel, Rois, Chroniques, Esdras, Néhémie, Esther. Friburgo: Editions Universitaires; Gotinga: Vandenhoeck und Ruprecht, 1982.

BEENTJES, P. C. *The Book of Ben Sira in Hebrew*. Atlanta: Society of Biblical Literature, 2006.

BEREZIN, J. R. *Dicionário Hebraico-Português*. São Paulo: Universidade de São Paulo, 2003.

BIBLICAL DEAD SEA SCROLLS. *Bible Reference Index*. Bellingham: Lexham Press, 2011. Base de dados em Software Bíblico Logos, Versão 9.

BRICHTO, H. C. *Toward a Grammar of Biblical Poetics*: Tales of the Prophets. Nova York: Oxford University Press, 1992.

BROWN, F.; DRIVER, S. R.; BRIGGS, C. A. *Enhanced Brown-Driver-Briggs Hebrew and English Lexicon*. Oak Harbor: Logos Research Systems, 2000.

BUSHELL, M. S. *Bible Works for Windows*: Version 10. Norfolk: Bible Works, LLC, 2015.

COMPREHENSIVE ARAMAIC LEXICON. *Targum Jonathan to the Prophets*. Cincinanati: Hebrew Union College, 2005. Base de dados em Software Bíblico Logos, Versão 9.

CONDREA, V. A. Following the Blueprint I: Niccacci's Biblical Hebrew Syntax in view of Harald Weinrich's Tempus. *Journal for the Study of the Old Testament*, vol. 44, n. 3, p. 337-356, 2020.

DEARMAN, J. A. *Reading Hebrew Bible Narratives*. Nova York: Oxford University Press, 2019.

DRIVER, S. R. *An Introduction to the Literature of the Old Testament*. 5. ed. Edimburgo: T&T Clark, 1894.

EISENSTEIN, S. *O sentido do filme*. Rio de Janeiro: Jorge Zahar, 2002.

EVEN-SHOSHAN, A. *A New Concordance of the Bible*: Thesaurus of the Language of the Bible Hebrew and Aramaic Roots, Words, Proper Names Phrases and Synonyms. Jerusalém: Kiryat Sefer, 1997.

FELDMAN, C. F. et al. Narrative Comprehension. *In*: BRITTON, B. K.; PELLEGRINI, A. D. (orgs.). *Narrative Thought and Narrative Language*. Hillsdale: L. Erlbaum, 1990, p. 1-9.

FITZMYER, J. A. *A Bíblia na Igreja*. São Paulo: Loyola, 1997.

FITZMYER, J. A. *A interpretação da escritura*: em defesa do método histórico-crítico. São Paulo: Loyola, 2011.

FOKKELMAN, J. *Reading Biblical Narrative*: An Introductory Guide. Leiderdorp: Deo, 1999.

FRANCISCO, E. F. *Antigo Testamento Interlinear Hebraico-Português*: profetas anteriores. Barueri: Sociedade Bíblica do Brasil, 2014, vol. 2.

FRANCISCO, E. F. *Manual da Bíblia Hebraica*. 3. ed. rev. e ampl. São Paulo: Vida Nova, 2008.

GENETTE, G. *Figuras III*. São Paulo: Estação Liberdade, 2017.

GENETTE, G. Fronteiras da narrativa. *In*: BARTHES, R. et al. *Análise estrutural da narrativa*. 7. ed. Petrópolis: Vozes, 2011, p. 265-284.

GESENIUS, F. W.; KAUTZSCH, E.; COWLEY, A. E. *Gesenius' Hebrew Grammar*. 2. ed. Oxford: Clarendon Press, 1910.

GONZAGA, W. A Sagrada Escritura, a alma da Sagrada Teologia. *In*: MAZZAROLO, I.; FERNANDES, L. A.; LIMA, M. L. C. (orgs.). *Exegese, Teologia e Pastoral*: relações, tensões e desafios. Rio de Janeiro: Academia Cristã, 2015, p. 201-235.

GREIMAS, A. J. Elementos para uma teoria da interpretação da narrativa mítica. *In*: BARTHES, R. et al. *Análise Estrutural da Narrativa*. 7. ed. Petrópolis: Vozes, 2011, p. 63-113.

GRENZER, M. As dimensões temporais do verbo hebraico: desafio ao traduzir o Antigo Testamento. *Revista Pistis Prax*, vol. 8, n. 1, p. 15-32, 2016.

GROSS, W. Is There Really a Compound Nominal Clause in Biblical Hebrew? *In*: MILLER, C. L. (org.). *The Verbless Clause in Biblical Hebrew*: Linguistic Approaches. Winona Lake: Eisenbrauns, 1999, p. 19-50.

HOLLADAY, W. L. *Léxico Hebraico e Aramaico do Antigo Testamento*. São Paulo: Vida Nova, 2010.

JASTROW, M. *A Dictionary of the Targumim, the Talmud Babli and Yerushalmi, and the Midrashic Literature*. Londres: Luzac & Co.; Nova York: G. P. Putnam's Sons, 1903, vols. 1-2. Base de dados em Software Bíblico Logos, Versão 9.

JOOSTEN, J. La critica testuale. *In*: BAUKS, M.; NIHAN, C. (orgs.). *Manuale di esegesi dell'Antico Testamento*. Bologna: EDB, 2010, p. 15-43.

JOOSTEN, J. The Long Form of the Prefix Conjugation Referring to the Past in Biblical Hebrew Prose. *Hebrew Studies*, vol. 40, p. 15-26, 1999.

JOÜON, P.; MURAOKA, T. *A Grammar of Biblical Hebrew*. Roma: Pontificio Istituto Biblico, 2006.

KOEHLER, L. et al. *The Hebrew and Aramaic Lexicon of the Old Testament*. Leiden: E. J. Brill, 1999.

LIMA, M. L. C. Contribuição da linguística textual para a compreensão dos valores do verbo hebraico: algumas considerações. *Revista Atualidade Teológica*, vol. 5, n. 9, p. 229-239, 2001.

LIMA, M. L. C. *Exegese bíblica*: teoria e prática. São Paulo: Paulinas, 2014.

LIMA, M. L. C. Fundamentalismo: Escritura e Teologia entre fé e razão. *Atualidade Teológica*, vol. 33, p. 332-359, 2009.

LIMA, M. L. C. História e Teologia: Reflexões na perspectiva da exegese bíblica. *Atualidade Teológica*, vol. 43, p. 101-111, 2013.

LIMA, M. L. C. *Mensageiros de Deus*: Profetas e profecias no antigo Israel. Rio de Janeiro: PUC-Rio; São Paulo: Reflexão, 2012.

LIMA, M. L. C. Os valores do verbo hebraico na literatura profética: colocação do problema e possível metodologia para o estudo do tema. *Revista Atualidade Teológica*, vol. 8, n. 18, p. 410-424, 2004.

LISOWSKY, G. *Concordantiae veteris testamenti*. 2. ed. Stuttgart: Württembergische Bibelanstalt, 1958.

LUBBOCK, P. *The Craft of Fiction*. Londres: Jonathan Cape, 1921.

MARGUERAT, D. *O ponto de vista*: olhar e perspectiva nos relatos dos evangelhos. São Paulo: Loyola, 2018.

MARGUERAT, D.; BOURQUIN, Y. *Para ler as narrativas bíblicas*: iniciação à análise narrativa. São Paulo: Loyola, 2009.

MARGUERAT, D.; WÉNIN, A. *Sapori del Racconto Biblico*. Bologna: Deoniana, 2013.

MURAOKA, T. *A Greek-English Lexicon of the Septuagint*. Lovaina; Paris; Walpole: Peeters, 2009.

NEUSNER, J. The Babylonian Talmud: A Translation and Commentary. Peabody: Hendrickson, 2011.

NEUSNER, J. The Jerusalem Talmud: A Translation and Commentary. Peabody: Hendrickson, 2008.

NICCACCI, A. *Sintaxis del Hebreo Bíblico*. 2. ed. Navarra: Verbo Divino, 2002.

NICCACCI, A. Types and Functions of the Nominal Sentence. *In*: MILLER, C. L. (org.). *The Verbless Clause in Biblical Hebrew*: Linguistic Approaches. Winona Lake: Eisenbrauns, 1999, p. 215-250.

NOGUEIRA, P. Os métodos histórico-críticos: pressupostos e pautas para renovação. *Estudos Teológicos*, vol. 59, n. 2, p. 296-310, 2019.

NUÑEZ, C. C. Exégesis, texto e imaginario. *Estudos Teológicos*, vol. 59, n. 2, p. 282-295, 2019.

OLSON, D. R. Thinking About Narrative. *In*: BRITTON, B. K.; PELLEGRINI, A. D. (orgs.). *Narrative Thought and Narrative Language*. Hillsdale: L. Erlbaum, 1990, p. 99-110.

OTERO, A. P. *Oxford Hebrew Bible Sample of 2 Kings 1: 1-6*. 2010. Disponível em: https://pdfs.semanticscholar.org/baef/5765f4f701f41e342ed271bbed3a2accb673.pdf. Acesso em: 24 fev. 2020.

PRITCHARD, J. B. (org.). *The Ancient Near Eastern Texts Relating to the Old Testament*. 3. ed. with Supplement. Princeton: Princeton University Press, 1969.

PROPP, V. *Morfologia do Conto Maravilhoso*. São Paulo: Forense Universitária, 2006.

RABATEL, A. *Homo Narrans*: por uma abordagem enunciativa e interacionista da narrativa. São Paulo: Cortez, 2016, vol. 1.

REIMER, H.; REIMER, I. R. À luz da crítica histórica: sobre o método histórico-crítico no estudo da Bíblia. *Estudos Teológicos*, vol. 59, n. 2, p. 384-396, 2019.

REVELL, E. J. Thematic Continuity and the Conditioning of Word Order in Verbless Clauses. *In*: MILLER, C. L. (org.). *The Verbless Clause in Biblical Hebrew*: Linguistic Approaches. Winona Lake: Eisenbrauns, 1999, p. 297-320.

RIBEIRO, O. L. O método histórico-crítico e a questão hermenêutica da intenção do autor: uma problematização. *Estudos Teológicos*, vol. 59, n. 2, p. 356-369, 2019.

SCHMITT, F. Método histórico-crítico: um olhar em perspectiva. *Estudos Teológicos*, vol. 59, n. 2, p. 325-339, 2019.

SCHREINER, J. Formas y géneros literários en el Antiguo Testamento. *In*: SCHREINER, J. (org.). *Introduccion a los metodos de la exegesis biblica*. Barcelona: Herder, 1974.

SILVA, C. M. D. *Metodologia de exegese bíblica*: Versão 2.0. 4. ed. rev. e atual. São Paulo: Paulinas, 2022.

SIMIAN-YOFRE, H. Diacronia: os métodos histórico-críticos. *In*: SIMIAN-YOFRE, H. (org.). *Metodologia do Antigo Testamento*. São Paulo: Loyola, 2000, p. 73-108.

SKA, J.-L. *A Palavra de Deus nas narrativas dos homens*. São Paulo: Loyola, 2005.

SKA, J.-L. *Our Fathers Have Told Us*: Introduction to the Analysis of Hebrew Narrative. Roma: Pontificio Instituto Biblico, 2000.

SKA, J.-L. Sincronia: a análise narrativa. *In*: SIMIAN-YOFRE, H. (org.). *Metodologia do Antigo Testamento*. São Paulo: Loyola, 2000, p. 123-148.

SKA, J.-L.; SONNET, J.-P.; WÉNIN, A. Análisis Narrativo de Relatos del Antiguo Testamento: Introducción. *Cuadernos Bíblicos*, vol. 107, p. 5-8, 2001.

SMITH, J. P. (org.). *A Compendious Syriac Dictionary*: Founded upon the Thesaurus Syriacus of R. Payne Smith. Oxford: Oxford University Press, 1902.

SONNET, J.-P. *Generare è Narrare*. Milano: Vita e Pensiero, 2015.

SONNET, J.-P. L'Analisi Narrativa dei Racconti Biblici. *In*: BAUKS, M.; NIHAN, C. (orgs.). *Manuale di esegesi dell'Antico Testamento*. Bologna: EDB, 2010, p. 45-85.

SONNET, J.-P. La Forza delle Storie Bibliche. *Civiltà Cattolica*, vol. 3879, p. 247-260, 2012.

TALSHIR, Z. Textual Criticism at the Service of Literary Criticism and the Question of an Eclectic Edition of the Hebrew Bible. *In*: AUSLOOS, H.; LEMMELIJN, B.; BARRERA, J. T. (orgs.). *After Qumran*: Old and Modern Editions of the Biblical Texts – The Historical Books. Leuven: Peeters, 2012, p. 33-60.

TILLY, M. *Introdução à Septuaginta*. São Paulo: Loyola, 2009.

TODOROV, T. *As estruturas narrativas*. 4. ed. São Paulo: Perspectiva, 2006.

TOV, E. *A Bíblia Grega e Hebraica*: ensaios reunidos sobre a Septuaginta. Rio de Janeiro: BvBooks, 2019.

TOV, E. *Crítica textual da Bíblia Hebraica*. Rio de Janeiro: BvBooks, 2017.

USPENSKY, B. *A Poetics of Composition*: The Structure of the Artistic Text and Typology of a Compositional Form. Berkeley: University of California Press, 1973.

VITÓRIO, J. *Análise narrativa da Bíblia*: primeiros passos de um método. São Paulo: Paulinas, 2016.

WATSON, W. G. E. *Classical Hebrew Poetry*: a Guide to its Techniques. 2nd. ed. with corr. Sheffield: Sheffield Academic Press, 1995.

WEITZMAN, S. Before and After "The Art of Biblical Narrative". *Prooftexts*, vol. 27, n. 2, p. 191-210, 2007.

WÉNIN, A. El Relato y el Lector. *Selecciones de Teologia*, vol. 53, p. 215-226, 2014.

WÉNIN, A. *O homem bíblico*: leituras do Primeiro Testamento. São Paulo: Loyola, 2006.

ZAPPELLA, L. *Manuale di analisi narrativa biblica*. Torino: Claudiana, 2014.

## Comentários ao Livro dos Reis

AULD, A. G. *I & II Kings*. Filadélfia: Westminster, 1986.

BARBER, C. J. *The Books of Kings*: The Righteousness of God Illustrated in the Lives of the People of Israel and Judah. Eugene: Wipf & Stock, 2004, vol. 2.

BARNES, W. H. *Cornerstone Biblical Commentary*: 1-2 Kings. Carol Stream: Tyndale, 2012.

BEAL, L. M. W. *1 & 2 Kings*. Nottingham: Apollos; Downers Grove: Inter Varsity, 2014.

BRUEGGEMANN, W. *1 & 2 Kings*. Macon: Smyth & Helwys, 2000.

BUIS, P. *Le livre des Rois*. Paris: Gabalda, 1997.

BURNEY, C. F. *Notes on the Hebrew Text of the Books of Kings with an Introduction and Appendix*. Oxford: Clarendon Press, 1903.

BUTLER, J. G. *Analytical Bible Expositor*: I Kings to II Chronicles. Newtown: LBC, 2012, vol. 4.

CHAMPLIN, R. N. II Reis, I Crônicas, II Crônicas, Esdras, Neemias, Ester, Jó. In: CHAMPLIN, R. N. *O Antigo Testamento interpretado versículo por versículo*. 2. ed. São Paulo: Hagnos, 2001, vol. 3. p. 1466-1573.

COGAN, M. *I Kings*: A New Translation with Introduction and Commentary. New Haven: Yale University Press, 2008.

COGAN, M.; TADMOR, H. *II Kings*: A New Translation with Introduction and Commentary. New Haven: Yale University Press, 2008.

COHN, R. L. *2 Kings*. Collegeville: The Liturgical Press, 2000.

CONTI, M. et al. *1-2 Reyes, 1-2 Crónicas, Esdras, Nehemías*: La Biblia comentada por los Padres de la Iglesia y otros autores de la época patrística. Antiguo Testamento: 5. Madrid: Ciudad Nueva, 2015.

DAVIS, D. R. *2 Kings*: The Power and the Fury. Grã-Bretanha: Christian Focus, 2005.

DE VRIES, S. J. *1 Kings*. 2. ed. Dallas: Word, 2003.

EVERETT, G. H. *The Books of 1 and 2 Kings*. [S. l.]: Gary Everett, 2011.

FRETHEIM, T. E. *First and Second Kings*. Louisville: Westminster John Knox Press, 1999.

FRITZ, V. *A Continental Commentary*: 1 & 2 Kings. Mineápolis, MN: Fortress Press, 2003.

GINGRICH, R. E. *The Book of 2nd Kings*. Memphis: Riverside Printing, 2005.

GOLDINGAY, J. *1 and 2 Kings for Everyone*. London: SPCK, 2011 (The Old Testament for Everyone).

GOTOM, M. 1 and 2 Kings. *In*: ADEYEMO, T. (org.). *Africa Bible Commentary*. Nairobi: Word Alive; Zondervan, 2006, p. 409-466.

GRABBE, L. L. *1 & 2 Kings*: An Introduction and Study Guide. History and Story in Ancient Israel. Londres: T&T Clark, 2016. *E-book*.

GRAY, J. *I & II Kings*. 3. rev. ed. Londres: SCM Press, 1977.

GRAY, J. *I & II Kings*: A Commentary. 2. ed. Filadélfia: Westminster Press, 1970.

HALE, T. 2 Kings. *In*: HALE, T. *The Applied Old Testament Commentary*. Colorado Spring: David C. Cook, 2007, p. 652-699.

HAMMOND, J.; SPENCE-JONES, H. D. M. *The Pulpit Commentary*: 2 Kings. Londres; Nova York: Funk & Wagnalls Company, 1909.

HENS-PIAZZA, G. *1-2 Kings*: Abingdon Old Testament Commentaries. Nashville: Abingdon, 2006.

HOBBS, T. R. *2 Kings*. Dallas: Word, Incorporated, 1998.

HOUSE, P. R. *1, 2 Kings*. Nashville: Broadman & Holman, 1995.

JONES, G. H. 1 and 2 Kings. Grand Rapids: William B. Eerdmans, 1984, vol. 1.

JONES, G. H. 1 and 2 Kings. Grand Rapids: William B. Eerdmans, 1984, vol. 2.

KEIL, C. F.; DELITZSCH, F. *The Books of Kings, 1 and 2 Chronicles*: Commentary on the Old Testament. Peabody: Hendrickson, 1996 [original 1861], vol. 3.

KNAUF, E. A. *1 Könige 15-22*. Friburgo: Herder, 2019.

KONKEL, A. H. *1 & 2 Kings*. Grand Rapids: Zondervan, 2006.

LAFFEY, A. L. *First and Second Kings*. Collegeville: Liturgical Press, 2011.

LANGE, J. P. et al. *A Commentary on the Holy Scriptures*: 2 Kings. Bellingham: Logos Bible Software, 2008.

LEITHART, P. J. *1 & 2 Kings*. Grand Rapids: Brazos Press, 2006.

LONG, B. O. 2 Kings. Grand Rapids: William B. Eerdmans, 1991.

LONG, J. C. *1 & 2 Kings*. Joplin: College Press Pub, 2002.

MARTIN, C. G. 1 and 2 Kings. *In*: BRUCE, F. F. (org.). *New International Bible Commentary*. Grand Rapids: Zondervan, 1979, p. 393-440.

MCGEE, J. V. *Thru the Bible Commentary*: History of Israel (1 and 2 Kings). Nashville: Thomas Nelson, 1991, vol. 2.

MCKENZIE, S. L. *1 Kings 16–2 Kings 16* (International Exegetical Commentary on the Old Testament [IECOT]). Stuttgart: Kohlhammer, 2019. *E-book*.

MONTGOMERY, J. A. *A Critical and Exegetical Commentary on the Books of Kings*: International Critical Commentary. Nova York: Scribner, 1951.

NELSON, R. D. *First and Second Kings*. Atlanta: John Knox Press, 1987.

OMANSON, R. L.; ELLINGTON, J. E. *A Handbook on 1-2 Kings*. Nova York: United Bible Societies, 2008.

PATTERSON, R. D.; AUSTEL, H. J. *1 and 2 Kings*. Grand Rapids: Zondervan, 1980.

PROVAN, I. W. *1 & 2 Kings*. Grand Rapids, MI: Baker Books, 2012.

REHM, M. *Das zweite Buch der Könige*: Ein Kommentar. Wurtzburgo: Echter, 1982.

ROBINSON, J. *The Second Book of Kings*. Nova York: Cambridge University Press, 1976.

RYKEN, P. G. *2 Kings*. Phillipsburg: P&R, 2019.

ŠANDA, A. *Die Bücher der Könige*: Das zweite Buch der Könige (EHAT 9/2). Münster: Aschendorffsche Verlagsbuchhandlung, 1912.

SAVRAN, G. 1 and 2 Kings. *In*: ALTER, R.; KERMODE, F. (orgs.). *The Literary Guide to the Bible*. Cambridge: Harvard University Press, 1987, p. 146-164.

SEOW, C. L. 1 & 2 Kings. *In*: KECK, L. E. et al. (org.). *The New Interpreter's Bible*. Nashville: Abingdon Press, 1999, vol. 3, p. 1-295.

SWEENEY, M. A. *I & II Kings*: A Commentary. Louisville: Westminster John Knox Press, 2013.

THENIUS, O. *Die Bücher der Könige*. Leipzig: Weidmann, 1849.

TOMES, R. 1 and 2 Kings. In: DUNN, J. D. G.; ROGERSON, J. W. (orgs.). Eerdmans Commentary on the Bible. Grand Rapids: William B. Eerdmans, 2003, p. 246-281.

WALSH, J. T. *1 Kings*. Collegeville: The Liturgical Press, 1996.

WERLITZ, J. *Die Bücher der Könige*. Stuttgart: Katholisches Bibelwerk, 2002.

WISEMAN, D. J. *1 e 2 Reis*. São Paulo: Vida Nova, 2006.

WOLFGRAMM, A. J. *Kings*: The People's Bible. Milwauke: Northwestern Pub. House, 1990.

WÜRTHWEIN, E. *Die Bücher der Könige*: 1 Kön. 17-2 Kön. 25. Gotinga: Vandenhoeck & Ruprecht, 1984.

WÜRTHWEIN, E. *Die Bücher der Könige*: Das Alte Testament Deutsch 11/1. Gotinga: Vandenhoeck & Ruprecht, 1984.

## Monografias, teses, artigos especializados e capítulos de livro

ABDALLA NETO, T. "Sobe, Careca!": Eliseu e os jovens de Betel. *Revista Teologia Brasileira*, vol. 55, 2016. Disponível em: https://teologiabrasileira.com.br/sobe-careca-eliseu-e-os-jovens-de-betel/. Acesso em: 13 jan. 2020.

ALBERTZ, R. Does An Exclusive Veneration of God Necessarily Have to Be Violent? Israel's Stony Way to Monotheism and Some Theological Consequences. *In*: BECKING, B. E. J. H. (org.). *Orthodoxy, Liberalism, and Adaptation*: Essays on Ways of Worldmaking in Times of Change from Biblical, Historical and Systematic Perspectives. Leiden: E. J. Brill, 2011, p. 33-52.

ALBERTZ, R. *Elia*: Ein feuriger Kämpfer für Gott. 4. ed. Leipzig: Evangelische Verlagsanstalt, 2015.

ALVAREZ BARREDO, M. Las Narraciones sobre Elias y Eliseo en los Libros de los Reyes: Formación y Teologia. *Carthagiensia*, vol. 12, p. 1-123, 1996.

ANDERSEN, K. T. Die Chronologie der Könige von Israel und Juda. *Studia Theologica*, vol. 23, p. 69-114, 1969.

AUCKER, W. B. *Putting Elisha in His Place*: Genre, Coherence, and Narrative Function in 2 Kings 2-8. 2000. Tese (Doutorado em Filosofia) – Universidade de Edimburgo, Edimburgo, 2000. Disponível em: https://era.ed.ac.uk/handle/1842/18488. Acesso em: 17 set. 2021.

AVRAHAM, N. Toward the Social Status of Elisha and the Disciples of the Prophets. *In*: HELTZER, M.; MALUL, M. (orgs.). *Tᵉshûrōt LaAvishur*: Studies in the Bible and the Ancient Near East, in Hebrew and Semitic Languages: A Festschrift Presented to Prof. Yitzhak Avishur on the Occasion of his 65th Birthday. Tel Aviv: Archaeological Centre Publications, 2004, p. 41-54.

BAILEY, R. Elijah and Elisha: The Chariots and Horses of Israel in the Context of ANE Chariot Warfare. *ΠΝΕΥΜΑΤΙΚΑ: Spiritually Appraising Matters of the Spirit*, vol. 2, n. 1, p. 18-39, 2014.

BAKON, S. Elisha the Prophet. *The Jewish Bible Quarterly*, vol. 29, n. 4, p. 242-248, 2001.

BALTZER, K. *Die Biographie der Propheten*. Neukirchen: Neukirchener, 1975.

BARTLETT, J.R. The Use of the Word ראש as a Title in the Old Testament. *Vetus Testamentum*, vol. 19, n. 1, p. 1-19, 1969.

BAUER, U. F. W. "Hau ab, Glatzkopf!": Bemerkungen zu drei literarischen Analysen von 2Könige 2,23-25. *Biblische Notizen*, vol. 192, p. 59-67, 2022.

BECK, M. *Elia und die Monolatrie*: Ein Beitrag zur religionsgeschichtlichen Riickfrage nach dem vorschriftprophetischen Jahwe-Glauben. Berlim: de Gruyter, 1999.

BEEK, M. A. The Meaning of the Expression "The Chariots and the Horsemen of Israel" (2 Kings 2:12). *Oudtestamentische Studiën*, vol. 17, p. 1-10, 1972.

BEGG, C. Ahaziah's Fall (2 Kings 1): The Version of Josephus. *Sefarad*, vol. 55, n. 1, p. 25-40, 1995.

BEGG, C. T. Unifying Factors in 2 Kings 1.2-17a. *Journal for the Study of the Old Testament*, vol. 32, p. 75-86, 1985.

BELEM, D. F. *Da Palavra sai vida e morte*: estudo exegético de 2Rs 2,19-25. Rio de Janeiro: Letra Capital, 2021.

BELEM, D. F.; SILVA NETO, L. G.; SILVEIRA, L. S. Toda sua maldade está em Guilgal: Estudo Exegético em Os 9,15-17. *Cadernos de Pesquisa e Extensão da Unigama*, vol. 2, n. 1, p. 21-37, 2022.

BELLAMY, M. L. *The Elijah-Elisha Cycle of Stories*: a Ring Composition. 2013. Dissertação (Doutorado em Filosofia) – Universidade de Boston, Boston, 2013. Disponível em: https://hdl.handle.net/2144/14089. Acesso em: 17 set. 2021.

BERGEN, W. J. *Elisha and the End of Prophetism*. Sheffield: Sheffield Academic Press, 1999.

BERGEN, W. J. The Prophetic Alternative: Elisha and the Israelite Monarchy. *In*: COOTE, R. B. (org.). *Elijah and Elisha in Socioliterary Perspective*. Atlanta: Scholars, 1992, p. 127-137.

BERLEJUNG, A. Twisting Traditions: Programmatic Absence-Theology for the Northern Kingdom in 1 Kgs 12:26-33 (The Sin of Jeroboam). *Journal of Northwest Semitic Languages*, vol. 35, p. 1-42, 2009.

BERLYN, P. Elijah's Battle for the Soul of Israel. *Jewish Bible Quarterly*, vol. 40, n. 1, p. 52-62, 2012.

BERLYN, P. The Wrath of Moab. *The Jewish Bible Quarterly*, vol. 30, n. 4, p. 216-226, 2002.

BERRIGAN, D. The Kings and Their Gods: The Pathology of Power. Grand Rapids: William B. Eerdmans, 2008.

BLAKE, I. M. Jericho (Ain es-Sultan): Joshua's Curse and Elisha's Miracle – One Possible Explanation. *Palestinian Exploration Quarterly*, vol. 99, p. 86-97, 1967.

BLOCK, D. I. Empowered by the Spirit. The Holy Spirit in the Historical Writings of the Old Testament. *The Southern Baptist Theological Journal of Theology*, vol. 1, p. 42-61, 1997.

BOCKMUEHL, M. Shall We Kneel to Pray? *Crux*, vol. 26, p. 14-17, 1990.

BODNER, K. *Elisha's Profile in the Book of Kings*: The Double Agent. Oxford: Oxford University Press, 2013.

BOHAK, G. *Ancient Jewish Magic*. Cambridge: Cambridge University Press, 2008.

BRIEND, J. Elie et Moïse. *Le monde de la Bible*, vol. 58, p. 30-31, 1989.

BRITT, B. Prophetic Concealment in a Biblical Type Scene. *The Catholic Biblical Quarterly*, vol. 64, n. 1, p. 37-58, 2002.

BRODIE, T. L. *The Crucial Bridge*: The Elijah-Elisha Narrative as an Interpretive Synthesis of Genesis-Kings and a Literary Model for the Gospels. Collegeville: Liturgical Press, 2000. E-book.

BRONNER, L. *The Stories of Elijah and Elisha as Polemics against Baal Worship*. Leiden: E. J. Brill, 1968.

BRONZNICK, N. M. The Semantics of the Biblical Stem yqr. *Hebrew Studies*, vol. 22, p. 9-12, 1981.

BRUEGGEMANN, W. *Teologia do Antigo Testamento*. Santo André, SP: Academia Cristã; São Paulo: Paulus, 2014.

BRUEGGEMANN, W. *Testimony to Otherwise*: The Witness of Elijah and Elisha. St. Louis: Chalice, 2001.

BRUEGGEMANN, W.; HANKINS, D. The Affirmation of Prophetic Power and Deconstruction of Royal Authority in the Elisha Narratives. *Catholic Biblical Quarterly*, vol. 76, n. 1, p. 58-76, 2014.

BUCHHOLZ, W. Thisbe: Ein Erklärungsvorschlag. *Zeitschrift für Religions und Geistesgeschichte*, vol. 22, p. 80-81, 1970.

BUDD, P. J. *Numbers*. Dallas: Word Incorporated, 1998.

BULLARD, R. A.; HATTON, H. A. *A Handbook on Sirach*. Nova York: United Bible Societies, 2008.

BURKI, M. L'étoffe du prophétie: nouveau regard sur la vocation prophétique d'Elisée. In: DURAND, J.-M.; RÖMER, T.; BURKI, M. (orgs.). Comment devient-on prophète? Actes du colloque organisé par le Collège du France, Paris, les 4-5 avril 2011. Friburgo: Academic Press; Gotinga: Vandenhoeck & Ruprecht, 2014, p. 139-157.

BURNETT, J. S. "Going Down" to Bethel: Elijah and Elisha in the Theological Geography of the Deuteronomistic History. *Journal of Biblical Literature*, vol. 129, n. 2, p. 281-297, 2010.

BURNETT, J. S. The Question of Divine Absence in Israelite and West Semitic Religion. *The Catholic Biblical Quarterly*, vol. 67, n. 2, p. 215-235, 2005.

BUTH, R. Word Order in the Verbless Clause: A Generative-Functional Approach. *In*: MILLER, C. L. (org.). *The Verbless Clause in Biblical Hebrew*: Linguistic Approaches. Winona Lake: Eisenbrauns, 1999, p. 79-108.

BUTLER, J. G. *Elijah*: The Prophet of Confrontation. Clinton: LBC, 1994.

BUTLER, J. G. *Elisha*: The Miracle Prophet. Clinton: LBC, 1994.

CAMPBELL, A. F. Martin Noth and the Deuteronomistic History. In: MCKENZIE, S. L.; PATRICK, G. M. (orgs.). The History of Israel's Traditions: the Heritage of Martin Noth. Sheffield: Sheffield Academic Press, 1994, p. 31-62.

CANTRELL, D. O. *The Horsemen of Israel*: Horses and Chariotry in Monarchic Israel (History, Archaeology, and Culture of the Levant). Winona Lake: Eisenbrauns, 2011.

CARLSON, R. Élisée – Le Successeur D'Élie. *Vetus Testamentum*, vol. 20, p. 385-405, 1970.

CARR, A. D. Elisha's Prophetic Authority and Initial Miracles (2 Kings 2:12-15). *Evangelical Journal*, vol. 29, n. 1, p. 33-44, 2011.

CARROLL, R. P. The Elijah-Elisha Sagas: Some Remarks on Prophetic Succession in Ancient Israel. *Vetus Testamentum*, vol. 19, p. 400-415, 1969.

CASSUTO, U. *Biblical and Oriental Studies*: Bible and Ancient Oriental Texts. Jerusalém: The Magnes Press, The Hebrew University, 1975, vol. 2.

CHANG, Y.-M. J. *A Rhetorical Analysis of the Elijah-Elisha Stories within the Deuteronomistic History*. Tese (Doutorado em Filosofia) – Dallas Theological Seminary, Dallas, 2000. Disponível em: https://boltsclassnotes.files.wordpress.com/2014/03/a-rhetorical-analysis-of-the-elijah-elisha-stories.pdf. Acesso em: 17 set. 2021.

CHAUNY, P.-S. Pourquoi nous ne devrions pas imiter Élie à l'extrême. *La revue réformée*, vol. 68, p. 85-98, 2017.

CHILDS, B. S. A Study of the Formula "Until this Day". *Journal of Biblical Literature*, vol. 82, n. 3, p. 279-292, 1963.

CHILDS, B. S. On reading the Elijah narratives. *Interpretation*, vol. 34, n. 2, p. 128-137, 1980.

CLINES, D. J. A. *Job 1-20*. Dallas: Word Incorporated, 1998.

COHN, R. L. Convention and Creativity in the Book of Kings: The Case of the Dying Monarch. *Catholic Biblical Quarterly*, vol. 47, p. 603-616, 1985.

COLLINS, T. *The Mantle of Elijah*: The Redaction Criticism of the Prophetical Books. Sheffield: JSOT Press, 1993

CONNERS, Q. R. Elijah and Elisha: A Psychologist's Perspective. In: EGAN, K. J.; MORRISON, C. E. (orgs.). Master of the Sacred Page: Essays in Honor of Roland E. Murphy, O.Carm., on the Occasion of His Eightieth Birthday. Washington: The Carmelite Institute, 1997, p. 235-242.

COOTE, R. B. Yahweh Recalls Elijah. In: HALPERN, B.; LEVENSON, J. D. (orgs.). Traditions in Transformation. Winona Lake: Eisenbrauns, 1981, p. 115-120.

COULOT, C. L'Investiture d'Elisée par Elie (1R 19,19-21). *Revue des Sciences Religieuses*, vol. 57, p. 81-92, 1983.

CRONAUER, P. T. The Many Faces of Elijah. *The Bible Today*, vol. 41, p. 340-347, 2003.

CROSS, F. M. *From Epic to Canon*: History and Literature in Ancient Israel. Baltimore: The Johns Hopkins University Press, 1998.

CRÜSEMANN, F. *Elia – die Entdeckung der Einheit Gottes*: Eine Lektüre der Erzählungen über Elia und seine Zeit (1 Kön 17-2 Kön 2). Gütersloh: Kaiser, 1997.

CRÜSEMANN, F. Gottes leise Stimme gegen Gewalt im Namen Gottes: Elija, Mose und die Anfänge des biblischen Monotheismus. *Bibel und Kirche*, vol. 66, p. 208-214, 2011.

CZACHESZ, I. Magical Minds: Why We Need to Study Magic and Why It Is Relevant to Biblical Studies. In: NIKKI, N.; VALKAMA, K. (orgs.). Magic in the Ancient Eastern Mediterranean: Cognitive, Historical, and Material Perspectives on the Bible and Its Contexts. Gotinga: Vandenhoeck & Ruprecht, 2021, p. 19-45.

DABHI, J. B. Discipleship in the Hebrew Bible. *Jeevadhara*, vol. 45, p. 49-65, 2015.

DAFNI, E. G. Zum extensionalen und intentionalen Gehalt der Aussage: חי־יהוה וחי־ נפשך אם־אעזבך (2 Könige 2.2ff.). In: HARTENSTEIN, F.; KIRSPENZ, J.; SCHART, A. (orgs.) Schriftprophetie: Festschrift für Jörg Jeremias zum 65. Geburtstag. Neukirchener--Vluyn: Neukirchener, 2004, p. 37-54.

DAOUST, F. Satan, Bélial, Azazel et les autres: brève démonologie véterotestamentaire et intertestamentaire. *Scriptura*, vol. 4, n. 2, p. 10-25, 2002.

DARSHAN, G. The Original Language of 1 Maccabees: A Reexamination. *Biblische Notizen*, vol. 182, p. 91-110, 2019.

DAVIES, E. W. The Meaning of pî šᵉnayim in Deuteronomy xxi 17. *Vetus Testamentum*, vol. 36, p. 341-347, 1986.

DAVIES, P. R. Monotheism, Empire, and the Cult(s) of Yehud in the Persian Period. In: EDELMAN, D.; FITZPATRICK-MCKINLEY, A.; GUILLAUME, P. (orgs.). Religion in the

Achaemenid Persian Empire: Emerging Judaisms and Trends. Tubinga: Mohr Siebeck, 2016, p. 24-35.

DAVIS, D. R. The Kingdom of God in Transition: Interpreting 2 Kings 2. *The Westminster Theological Journal*, vol. 46, p. 384-395, 1984.

DE GOEDT, M. Elijah in the Book of Kings. *Service International de Documentation Judéo-chrétienne*, vol. 17, n. 2, p. 13-18, 1984.

DE MENEZES, R. Religious Pluralism in the Old Testament. *Vidyajyoti*, vol. 64, p. 834-844, 2000.

DE SOUZA, E. B. Some Theological Reflections on the Elijah-Elisha Narrative. *Hermenêutica*, vol. 6, p. 65-79, 2006.

DE VRIES, S. J. Prophet Against Prophet: The Role of the Micaiah Narrative (1 Kings 22) in the Development of Early Prophetic Tradition. Grand Rapids: William B. Eerdmans, 1978.

DEL OLMO LETE, G. La vocación de Eliseo. *Estudios Bíblicos*, vol. 26, p. 287-293, 1967.

DEL OLMO LETE, G. *La Vocación del Líder en el Antiguo Israel*. Salamanca: Universidad Pontificia, 1973.

DENNISON JR., J. T. Elijah the Tishbite: a note on I Kings 17:1. *The Westminster Theological Journal*, vol. 41, n. 1, p. 124-126, 1978.

DHARAMARAJ, H. *A Prophet Like Moses? A Narrative-Theological Reading of the Elijah Stories*. Milton Keynes: Paternoster, 2011.

DHORME, E. *L'emploi métaphorique des noms de parties du corps en hébreu et en akkadien*. Paris: Librairie Orientaliste Paul Geuthner, 1923.

DILLARD, R. B. Faith in the Face of Apostasy: The Gospel according to Elijah & Elisha. In: TREMPER, L.; GROVES, J. A. (orgs.). The Gospel according to the Old Testament. Phillipsburg: P&R, 1999, p. 81-92.

DUBOVSKÝ, P. P. From Miracle-makers Elijah and Elisha to Jesus and [the] Apocrypha. *Studia Biblica Slovaca*, vol. 12, n. 1, p. 24-42, 2020.

EISSFELDT, O. *The Old Testament*: An Introduction. The History of the Formation of the Old Testament. Oxford: Basil Blackwell, 1966.

EMERTON, J. A. Lines 25-6 of the Moabite Stone and a Recently-discovered Inscription. *Vetus Testamentum*, vol. 55, n. 3, p. 293-303, 2005.

FELDMAN, L. H. Josephus, Liberties in Interpreting the Bible in the Jewish War and in the Antiquities. *Jewish Studies Quarterly*, vol. 8, n. 4, p. 309-325, 2001.

FELDT, L. *The Fantastic in Religious Narrative from Exodus to Elisha*. Londres: Routledge, 2014.

FELDT, L. Wild and Wondrous Men: Elijah and Elisha in the Hebrew Bible. In: NICKLAS, T.; SPITTLER, J. E. (orgs.). Credible – Incredible: The Miraculous in the Ancient Mediterranean. Tubinga: Mohr Siebeck Tubinga, 2013, p. 322-352.

FENÍK, J. Clothing Symbolism in the Elijah–Elisha Cycle and in the Gospel of John. *Studia Biblica Slovaca*, vol. 13, n. 1, p. 49-73, 2021.

FENSHAM, F. C. A Possible Explanation of the Name of Baal-Zebub of Ekron. *Zeitschrift für die alttestamentliche Wissenschaft*, vol. 79, p. 361-364, 1967.

FERNÁNDEZ MARCOS, N. *Scribes and Translators*: Septuagint and Old Latin in the Book of Kings. Leiden: E. J. Brill, 1994.

FERRARIS, D. Il culto del profeta Elia tra Oriente e Occidente. *Rivista di Storia e Letteratura Religiosa*, vol. 1, p. 47-64, 2016.

FETHEROLF, C. M. Elijah's Mantle: A Sign of Prophecy Gone Awry. *Journal for the Study of the Old Testament*, vol. 42, n. 2, p. 199-212, 2017.

FINKELSTEIN, I. *O reino esquecido*: Arqueologia e História de Israel Norte. São Paulo: Paulus, 2015.

FINKELSTEIN, I.; SILBERMAN, N. A. *A Bíblia desenterrada*: a nova visão arqueológica do antigo Israel e das origens dos seus textos sagrados. Petrópolis: Vozes, 2018. E-book.

FOHRER, G. *Elia*: ATANT 53. 2. ed. Zurique: Zwingli, 1968.

FORESTI, F. Il rapimento di Elia al cielo. *Rivista Biblica*, vol. 31, p. 257-272, 1983.

FORTI, T. Transposition of Motifs in the Elijah and Elisha Cycles. In: CASPI, M.; GREENE, J. T. (orgs.). And God Said: "You Are Fired": The Narrative of Elijah and Elisha. North Richland Hills: Bibal Press, 2007, p. 229-249.

FOX, E. The Translation of Elijah: Issues and Challenges. *In*: BRENNER, A.; VAN HENTEN, J. W. (orgs.). *Bible Translation on the Threshold of the Twenty-First Century*: Authority, Reception, Culture and Religion. Londres: Sheffield, 2002, p. 156-169.

FRIEDMAN, J. B. Bald Jonah and the exegesis of 2 Kings 2.23. *Traditio; Studies in Ancient and Medieval History, Thought, and Religion*, vol. 44, p. 125-144, 1988.

GALLING, K. Die Ehrenname Elisas und die Entrückung Elias. *Zeitschrift für Theologie und Kirche*, vol. 53, p. 129-148, 1956.

GARCÍA MARTÍNEZ, F. *Textos de Qumran*: edição fiel e completa dos documentos do Mar Morto. Petrópolis: Vozes, 1994.

GARCÍA MARTÍNEZ, F.; TIGCHELAAR, E. J. C. *The Dead Sea Scrolls Study Edition*. Leiden: E. J. Brill, 1997-1998, vol. 2.

GARSIEL, M. *From Earth to Heaven*: A Literary Study of the Elijah Stories in the Book of Kings. Bethesda: CDL Press, 2014.

GEOGHEGAN, J. C. X. The Redaction of Kings and Priestly Authority in Jerusalem. In: LEUCHTER, M.; ADAM, K.-P. (orgs.). Soundings in Kings: Perspectives and Methods in Contemporary Scholarship. Mineápolis: Fortress Press, 2010, p. 109-119.

GERSTENBERGER, E. S. Shamanism and Healing Experts: Notes on Healing in the Old Testament. *Religion & Theology*, vol. 26, n. 3/4, p. 216-232, 2019.

GHANTOUS, H. From Mantle to Scroll: The Wane of the Flesh and Blood Prophet in the Elisha Cycle. In: JACOBUS, H. R.; GUDME, A. K. H.; GUILLAUME, P. (orgs.). Studies on Magic and Divination in the Biblical World. Piscataway: Gorgias Press, 2013, p. 119-133.

GIBSON, J. C. L.; DRIVER, G. R. *Canaanite Myths and Legends*. 2. ed. Londres: T&T Clark International, 2004.

GILEAD, C. וידבר ויען ויענה in II Kings 1:9–13. *Beth Mikra*, vol. 52, p. 46-47, 1972.

GILMOUR, R. *Juxtaposition and the Elisha Cycle*. Nova York: Bloomsbury T&T Clark, 2014.

GINZBERG, L.; SZOLD, H.; RADIN, P. *Legends of the Jews*. 2. ed. Filadélfia: Jewish Publication Society, 2003.

GLOVER, N. Elijah Versus the Narrative of Elijah: The Context Between the Prophet and the Word. *Journal for the Study of the Old Testament*, vol. 30, n. 4, p. 449-462, 2006.

GONZAGA, W.; BELEM, D. F. O uso retórico de Elias em Lc 9,51-55. *Revista de Cultura Teológica*, vol. 27, n. 97, p. 207-231, 2020.

GOSSE, A. B. Abraham, Isaac et Jacob, Moïse et Josué, Elie et Elisée et l'unification du corpus biblique. *Estudios Bíblicos*, vol. 58, n. 4, p. 513-526, 2000.

GRAYBILL, R. Elisha's Body and the Queer Touch of Prophecy. *Biblical Theology Bulletin*, vol. 49, n. 1, p. 32-40, 2019.

GREENBERG, M. The Hebrew Oath Particle Hay/He. *Journal of Biblical Literature*, vol. 76, n. 1, p. 34-39, 1957.

GREGORY, R. Irony and the Unmasking of Elijah. *In*: HAUSER, A. J.; GREGORY, R. *From Carmel to Horeb*: Elijah in Crisis. Sheffield: Almond, 1990, p. 91-169.

GRILL, S.; HAAG, E. Die Himmelfahrt Elias nach 2 Kg. 2:1–15. *Trierer theologische Zeitschrift*, vol. 78, p. 18-32, 1968.

GUNKEL, H. *Elijah, Yahweh, and Baal*. Eugene: Cascade Books, 2014 [original alemão 1906].

GUNKEL, H. Elisha: The Successor of Elijah (2 Kings ii.1–18). *The Expository Times*, vol. 41, p. 182-186, 1929-1930.

GUNKEL, H. *The Legends of Genesis*: The Biblical Saga and History. With an introduction by W. F. Albright. Chicago: Open Court, 1901.

HARL, M. A Septuaginta entre os padres gregos e na vida dos cristãos. In: HARL, M.; DORIVAL, G.; MUNNICH, O. (orgs.). A Bíblia grega dos setenta: do judaísmo helenístico ao cristianismo antigo. São Paulo: Loyola, 2007, p. 263-292.

HARTOG, F. Prophète et historien. *Recherches de Science Religieuse*, vol. 103, n. 1, p. 55-68, 2015.

HAVRELOCK, R. *River Jordan*: The Mythology of a Dividing Line. Chicago: The University of Chicago Press, 2011.

HEDNER-ZETTERHOLM, K. Elijah and the Books of Kings in Rabbinic Literature. In: HALPERN, B.; LEMAIRE, A. (orgs.). The Books of Kings: Sources, Composition, Historiography and Reception. Leiden: E. J. Brill, 2010, p. 585-606.

HELLER, R. L. *The Characters of Elijah and Elisha and the Deuteronomic Evaluation of Prophecy*. Londres: Bloomsbury T&T Clark, 2018.

HENTSCHEL, G. Elijas Himmelfahrt und Elischas Berufung (2 Kon 2,1-15). In: WIMMER, S. J.; GAFUS, G. (orgs.). "Vom Leben umfangen": Ägypten, das Alte Testament und das Gespräch der Religionen. Gedenkschrift für Manfred Görg. Münster: Ugarit-Verlag, 2014, p. 75-82.

HILL, S. D. The Local Hero in Palestine in Comparative Perspective. *In*: COOTE, R. B. (org.). *Elijah and Elisha in Socioliterary Perspective*. Atlanta: Scholars, 1992, p. 37-73.

HOBBS, T. R. 2 Kings 1 and 2: Their Unity and Purpose. *Studies in Religion/Sciences Religieuses*, vol. 13, n. 3, p. 327-334, 1984.

HOOPEN, R. B. T. Where Are You, Enoch? Why Can't I Find You? Genesis 5:21–24 Reconsidered. *Journal of Hebrew Scriptures*, vol. 18, n. 4, p. 1-23, 2018.

HUGO, P. *Les deux visages d'Élie*: Texte massorétique et Septante dans l'histoire la plus ancienne du texte de 1 Rois 17-18. Friburgo: Academic Press; Vandenhoeck & Ruprecht, 2006.

HULST, A. R. Der Jordan in den alttestamentlichen Überlieferungen. *Oudtestamentische Studiën*, vol. 14, p. 162-188, 1965.

HUMBER, M. R. Elijah and Elisha: Prophets in Contrast. *Journal of Theta Alpha Kappa*, vol. 25, n. 1, p. 72-81, 2001.

IRWIN, B. P. The Curious Incident of the Boys and the Bears: 2 Kings 2 and the Prophetic Authority of Elisha. *Tyndale Bulletin*, vol. 67, n. 1, p. 23-35, 2016.

JEROME, O. M.; UROKO, F. C. Tearing of Clothes: A Study of an Ancient Practice in the Old Testament. *Verbum et Ecclesia*, vol. 39, n. 1, p. 1-8, 2018.

JOHNSON, B. J. M. What Type of Son is Samson? Reading Judges 13 as a Biblical Type-Scene. *Journal of the Evangelical Theological Society*, vol. 53, n. 2, p. 269-286, 2010.

JONG, M. J. Biblical Prophecy – A Scribal Enterprise: The Old Testament Prophecy of Unconditional Judgement Considered as a Literary Phenomenon. *Vetus Testamentum*, vol. 61, n. 1, p. 39-70, 2011.

JOOSTEN, J. Empirical Evidence and Its Limits: The Use of the Septuagint in Retracing the Redaction History of the Hebrew Bible. In: MÜLLER, R.; PAKKALA, J. (orgs.). Insights into Editing in the Hebrew Bible and the Ancient Near East: What Does Documented Evidence Tell Us about the Transmission of Authoritative Texts? Leuven: Peeters, 2017, p. 247-265.

JOÜON, P. Le costume d'Elie et celui de Jean Baptiste: étude lexicographique. *Biblica*, vol. 16, p. 74-81, 1935.

JOÜON, P. Respondit et dixit: ענה en hébreu et en araméen biblique, ἀποκρίνεσθαι dans les Evangiles. Biblica, vol. 13, n. 3, p 309-314, 1932.

KADARI, A. Did Elijah Show Respect to Royalty? *Journal for the Study of Judaism*, vol. 46, p. 403-429, 2015.

KALTNER, J. What did Elijah Do to His Mantle? The Hebrew Root GLM. In: KALTNER, J.; STULMAN, L. (orgs.). Inspired Speech: Prophecy in the Ancient Near East. Essays in Honour of Herbert B. Huffmon. Londres: T&T Clark, 2004, p. 225-230.

KARNER, G. *Elemente ritueller Handlungen in den Elija-Elischa-Erzählungen*. 2009. Tese (Doutorado em Teologia) – Universität Wien, Viena, 2009. Disponível em: https://core.ac.uk/download/pdf/11590364.pdf. Acesso em: 25 jan. 2022.

KISSLING, P. J. *Reliable Characters in the Primary History*: Profiles of Moses, Joshua, Elijah, and Elisha. Sheffield: Sheffield Academic Press, 1996.

KÖCKERT, M. "Gibt es keinen Gott in Israel?" Zum geschichtlichen Ort von II Reg I. In: BECK, M.; SCHORN, U. (orgs.). Auf dem Vieg Zur Endgestalt von Genesis bis II Regum: Festschrift Hans-Christoph Schmitt zum 65. Berlim: de Gruyter, 2006, p. 253-271.

KÖCKERT, M. YHWH in the Northern and Southern Kingdom. *In*: KRATZ, R. G. *et al.* (orgs.). *One God – One Cult – One Nation*: Archaeological and Biblical Perspectives. Berlim: De Gruyter, 2010, p. 357-394.

KRAUS, H.-J. Gilgal: Ein Beitrag zur Kultusgeschichte Israels. *Vetus Testamentum*, vol. 1, p. 181-191, 1951.

KREUZER, S. Zur Bedeutung und Etymologie von hištaḥawāh/yšṯḥwy. *Vetus Testamentum*, vol. 35, p. 39-60, 1985.

KRUMMACHER, F. W. *Elisha*: A Prophet for Our Times. Redding: Pleasant Places Press, 2005.

LABOUVIE, S. "Denn ich bin der HERR, dein Arzt" (Ex 15,26): Heilung als Manifestation der Rettermacht Gottes im Alten Testament. *Trierer Theologische Zeitschrift*, vol. 130, n. 1, p. 51-68, 2021.

LANG, B. *The Hebrew God*: Portrait of an Ancient Deity. New Haven: Yale University Press, 2002.

LEMAIRE, A. Chars et cavaliers dans l'ancien Israël. *Transeuphratène*, vol. 15, p. 165-182, 1998.

LEMAIRE, A. Comment devient-on prophète en Israël au IXe siècle av. n. è? In: DURAND, J.-M.; RÖMER, T.; BURKI, M. (orgs.). Comment devient-on prophète? Actes du colloque organisé par le Collège du France, Paris, les 4-5 avril 2011. Friburgo: Academic Press; Gotinga: Vandenhoeck & Ruprecht, 2014, p. 87-98.

LEVIN, C. Erkenntnis Gottes durch Elija. *Theologische Zeitschrift*, vol. 48, p. 329-342, 1992.

LEVINE, N. Twice as much of your Spirit: Pattern, Parallel and Paronomasia in the Miracles of Elijah and Elisha. *Journal for the Study of Old Testament*, vol. 85, p. 25-46, 1999.

LEVINSON, B. M. The Significance of Chiasm as a Structuring Device in the Hebrew Bible. *Word & World*, vol. 40, n. 3, p. 271-280, 2020.

LEVISON, J. *Boundless God*: The Spirit according to the Old Testament. Grand Rapids: Baker Academic, 2020.

LEWIS, J. P. "A Prophet's Son" (Amos 7:14) Reconsidered. *Restoration Quarterly*, vol. 49, n. 4, p. 229-240, 2007.

LI, T. ויהי as a Discourse Marker in Kings. *Andrews University Seminary Studies*, vol. 44, n. 2, p. 221-239, 2006.

LIMA, M. L. C. Os 9,10-17 nella dinamica del messaggio del libro di Osea. In: OBARA, M.E.; SUCCU, G.P.D. (orgs.). Uomini e profeti. Roma: G&B Press, 2013, p. 157-193.

LIMA, M. L. C.; BELEM, D. F. 1 Reis 17,7-16: a palavra de YHWH ou o poder de Baal? *ReBiblica*, vol. 2, n. 3, p. 138-166, 2021.

LINDBLOM, J. *Prophecy in Ancient Israel*. Oxford: Blackwell, 1962.

LINDENBERGER, J. M. *Ancient Aramaic and Hebrew Letters*. 2. ed. Atlanta: Society of Biblical Literature, 2003.

LIVERANI, M. *Antigo Oriente*: História, Sociedade e Economia. São Paulo: EDUSP, 2016.

LODS, A. L'Ange de Yahvé et l'"âme extérieure". *In*: MARTI, K. (org.). *Studien zur semitischen Philologie und Religionsgeschichte*. Berlim: De Gruyter, 2019 [original 1914]. p. 263-278.

LONG, B. O. 2 Kings III and Genres of Prophetic Narrative. *Vetus Testamentum*, vol. 23, p. 337-348, 1973.

LONG, B. O. The Social Setting for Prophetic Miracle Stories. *Semeia*, vol. 3, p. 46-63, 1975.

LUKE, K. Elijah's Ascension to Heaven. *Biblebhashyam*, vol. 10, p. 186-209, 1984.

LUNDBOM, J. R. Elijah's Chariot Ride. *In*: LUNDBOM, J. R. *Biblical Rhetoric and Rhetorical Criticism*. Sheffield: Sheffield Phoenix Press, 2013, p. 150-161.

LUNN, N. P. Prophetic Representations of the Divine Presence: The Theological Interpretation of the Elijah–Elisha Cycle. *Journal of Theological Interpretation*, vol. 9, n. 1, p. 49-63, 2015.

LUST, J. A Gentle Breeze or a Roaring Thunderous Sound? Elijah at Horeb: 1 Kings XIX 12. *Vetus Testamentum*, vol. 25, n. 1, p. 110-115, 1975.

MAIER III, W. A. Reflections on the Ministry of Elijah. *Concordia Theological Quarterly*, vol. 80, p. 63-80, 2016.

MARCUS, D. *From Balaam to Jonah*: Anti-Prophetic Satire in the Hebrew Bible. Atlanta: Scholars Press, 1995.

MASON, S. et al. *Flavius Josephus*: Translation and Commentary. Judean Antiquities Books 8-10. Leiden: E. J. Brill, 2005, vol. 5.

MATTHEWS, V. H. Making Your Point: The Use of Gestures in Ancient Israel. *Biblical Theology Bulletin*, vol. 42, n. 1, p. 18-29, 2012.

MCCARTER JR., P. K. *I Samuel*: New Translation with Introduction, Notes and Commentary. New Haven: Yale University Press, 2008.

MCKENZIE, S. L. "My God is YHWH": The Composition of the Elijah Stories in 1-2 Kings. *In*: MAIER, C. M. (org.). *Congress Volume Munich 2013*. Leiden: E. J. Brill, 2014, p. 97-110.

MCKENZIE, S. L. The Prophetic History and the Redaction of Kings. *Hebrew Annual Review*, vol. 9, p. 203-220, 1985.

MCKENZIE, S. L. *The Trouble with Kings*: The Composition of the Book of Kings in the Deuteronomistic History. Leiden: E. J. Brill, 1991.

MEIER, S. A. Angels, Messengers, Heavenly Beings. In: BODA, M. J.; MCCONVILLE, J. G. (orgs.). Old Testament Prophets. A Compendium of Contemporary Scholarship. Downers Grove: InterVasity Press, 2012, p. 24-29.

MEINHOLD, A. Mose und Elia am Gottesberg und am Ende des Prophetenkanons. *Leqach*, vol. 2, p. 22-38, 2002.

MERCER, M. Elisha's Unbearable Curse: a Study of 2 Kings.2:23-25. *Africa Journal of Evangelical Theology*, vol. 21, n. 2, p. 165-198, 2002.

MESSNER, R. G. Elisha and the Bears: a Critical Monograph on 2 Kings 2:23-25. *Grace Journal*, vol. 3, p. 12-24, 1962.

MILLER, J. M. The Elisha Cycle and the Accounts of the Omride Wars. *Journal of Biblical Literature*, vol. 85, p. 441-454, 1966.

MILLER, J. M. The Fall of the House of Ahab. *Vetus Testamentum*, vol. 17, p. 307-324, 1967.

MILLER, P. D. *The Divine Warrior in Early Israel*. Atlanta: Society of Biblical Literature, 1973.

MILLGRAM, H. I. *The Elijah Enigma*: The Prophet, King Ahab and the Rebirth of Monotheism in the Book of Kings. Jefferson: McFarland & Company, 2014.

MISCALL, P. D. Elijah, Ahab and Jehu: A Prophecy Fulfilled. *Prooftexts: A Journal of Jewish Literary History*, vol. 9, p. 73-83, 1989.

MOORE, R. D. Finding the Spirit of Elijah in the Story of Elisha and the Lost Axe Head: 2 Kings 6:1-7 in the Light of 2 Kings 2. *Old Testament Essays*, vol. 31, n. 3, p. 780-789, 2018.

MOORE, R. D. *God Saves*: Lessons from the Elisha Stories. Sheffield: Sheffield Academic Press, 1990.

MORRISON, C. E. Handing on the Mantle: The Transmission of the Elijah Cycle in the Biblical Versions. In: EGAN, K. J.; MORRISON, C. E. (orgs.). Master of the Sacred Page: Essays in Honor of Roland E. Murphy, O.Carm., on the Occasion of His Eightieth Birthday. Washington: The Carmelite Institute, 1997, p. 109-129.

MOTTA, F. B. The Charismatic & the Social Prophetic Ministry in the Life of the Prophet Elisha. *Revista Summae Sapientiae*, vol. 1, n. 1, p. 222-244, 2018.

MOWINCKEL, S. Drive and/or Ride in OT. *Vetus Testamentum*, vol. 12, p. 278-299, 1962.

MUÑOZ SARAOZ, J. J.; LOPEZ TOLEDO, P. En un mundo cambiante la palabra de Dios permanece firme y justa: análisis narrativo de 2 Re 1,1-18. *Qol*, vol. 74, p. 143-170, 2017.

NA'AMAN, N. Jeroboam's "Polytheism" according to 1 Kings 12:28-29. *Journal of Northwest Semitic Languages*, vol. 46, n. 2, p. 35-44, 2020.

NA'AMAN, N. Prophetic Stories as Sources for the Histories of Jehosaphat and Omrides. *Biblica*, vol. 78, p. 153-173, 1997.

NA'AMAN, N. The Contest on Mount Carmel (1 Kings 18:19-40) as a Reflection of a Religious-Cultural Threat. *Biblische Zeitschrift*, vol. 64, p. 85-100, 2020.

NAUMANN, T. Vom prophetischen Geist erfüllt. *Bibel und Kirche*, vol. 76, p. 62-70, 2021.

NELSON, R. D. God and the Heroic Prophet: Preaching the Stories of Elijah and Elisha. *Quarterly Review*, vol. 9, n. 2, p. 93-105, 1989.

NELSON, R. The Anatomy of the Book of Kings. *Journal for the Study of the Old Testament*, vol. 40, p. 39-48, 1988.

NEPI, A. *Dal fondale alla ribalta*: I personaggi secondari nella Bibbia hebraica. Bologna: EDB, 2015.

NIETRO RENTERÍA, F. N. "Según la palabra Yahvé había pronunciado por boca de Elías" (1Re 17,16): La obediencia de la viuda de Sarepta (1Re 17,8-16). *Qol*, vol. 74, p. 9-24, 2019.

NISSINEN, M. Magic in the Hebrew Bible. In: NIKKI, N.; VALKAMA, K. (orgs.). Magic in the Ancient Eastern Mediterranean: Cognitive, Historical, and Material Perspectives on the Bible and Its Contexts. Gotinga: Vandenhoeck & Ruprecht, 2021, p. 47-67.

NISSINEN, M. Why Prophets Are (Not) Shamans? *Vetus Testamentum*, vol. 70, p. 124-139, 2020.

NOBILE, M. La reductio jahwista del profetismo biblico. *Ricerche Storico Bibliche*, vol. 21, p. 85-97, 2009.

NOBLE, J. T. Cultic Prophecy and Levitical Inheritance in the Elijah-Elisha Cycle. *Journal for the Study of the Old Testament*, vol. 41, n. 1, p. 45-60, 2016.

NOCQUET, D. *Le livret noir de Baal*: La polémique contre le dieu Baal dans la Bible hébraïque et l'Ancien Israël. Genebra: Labor et Fides, 2004.

NOCQUET, D. Une manifestation "politique" ancienne de Yhwh: 1 R 18,17-46 réinterprété. *Transeuphratène*, vol. 22, p. 169-184, 2001.

NOLL, S. *The Semantics of Silence in Biblical Hebrew*. Leiden: E. J. Brill, 2020.

NOTH, M. *The Deuteronomistic History*. Sheffield: JSOT Press, 1981.

NOTH, M. *Überlieferungsgeschichtliche Studien. Teil 1*: Die sammelnden und bearbeitenden Geschichtswerke im Alten Testament. Halle: Niemeyer, 1943.

O'BRIEN, M. A. The "Deuteronomistic History" as a Story of Israel's Leaders. *Australian Biblical Review*, vol. 37, p. 14-34, 1989.

O'BRIEN, M. A. The Portrayal of Prophets in 2 Kings 2. *Australian Biblical Review*, vol. 46, p. 1-16, 1998.

OEMING, M. "And the King of Aram was at war with Israel": History and Theology in the Elisha Cycle 2 Kings 2-13. *In*: SERGI, O.; OEMING, M.; DE HÜLSTER, I. J. (orgs.). *In*

*Search for Aram and Israel*: Politics, Culture, and Identity. Tubinga: Mohr Siebeck, 2016, p. 401-412.

OLIVEIRA, D. V. S. *O hebraico israeliano e o texto de Oseias*. 2011. Dissertação (Mestrado em Língua Hebraica, Literatura e Cultura Judaicas) – Departamento de Línguas Orientais, Faculdade de Filosofia, Letras e Ciências Humanas da Universidade de São Paulo, São Paulo, 2011. Disponível em: https://teses.usp.br/teses/disponiveis/8/8152/tde-05042012-104621/publico/2011_DanielVieiraSoaresdeOliveira_VRev.pdf. Acesso em: 24 jul. 2023.

OLIVEIRA, T. C. S. A. *Os bezerros de Arão e Jeroboão*: uma verificação da relação intertextual entre Ex 32,1-6 e 1Rs 12,26-33, 2010. Tese (Doutorado em Teologia) – Pontifícia Universidade Católica do Rio de Janeiro, Rio de Janeiro, 2010. Disponível em: https://www.maxwell.vrac.puc-rio.br/colecao.php?strSecao=resultado&nrSeq=18951@1. Acesso em: 17 set. 2021.

OLLEY, J. W. YHWH and His Zealous Prophet: The Presentation of Elijah in 1 and 2 Kings. *Journal for the Study of the Old Testament*, vol. 80, p. 25-51, 1998.

OSWALT, J. N. Is There Anything Unique in the Israelite Prophets? *Bibliotheca Sacra*, vol. 172, p. 67-84, 2015.

OTERO, A. P. Flies, Idols and Oracles: On a Collection of Variants to MT in 2Kgs 1. In: NIEMANN, H. M.; AUGUSTIN, M. (orgs.). Stimulation from Leiden: Collected Communications to the XVIII Congress of the International Organization for the Study of the Old Testament Leiden 2004. Frankfurt: P. Lang, 2006, p. 81-88.

OTTERNHEIJM, E. Elijah and the Messiah (B. Sanh. 98a). In: BECKING, B. E. J. H.; BARSTAD, H. (orgs.). Prophecy and Prophets in Stories: Papers Read at the Fifth Meeting of the Edimburgo Prophecy Network, Utrecht, October 2013. Leiden: E. J. Brill, 2015, p. 195-213.

OTTO, S. *Jehu, Elia und Elisa*: Die Erzahlung von der Jehu-Revolution und die Komposition der Elia-Elisa-Erzahlungen. Stuttgart: Kohlhammer, 2001.

OTTO, S. The Composition of the Elijah-Elisha Stories and the Deuteronomistic History. *Journal for the Study of the Old Testament*, vol. 27, n. 4, p. 487-508, 2003.

OVERHOLT, T. W. Elijah and Elisha in the Context of Israelite Religion. *In*: REID, S. B. (org.). *Prophets and Paradigms*: Essays in Honor of Gene M. Tucker. Sheffield: Sheffield Academic Press, 1996, p. 94-111.

PAKKALA, J. Jeroboam without Bulls. *Zeitschrift für die alttestamentliche Wissenschaft*, vol. 120, p. 501-525, 2008.

PAKKALA, J. Water in 1-2 Kings. In: ZVI, E. B.; LEVIN, C. (orgs.). Thinking of Water in the Early Second Temple Period. Berlim: de Gruyter, 2014, p. 299-315.

PALMISANO, M. C. La testimonianza nella successione profetica in 2 Re 2,1-18. *Bogoslovni vestnik/Theological Quarterly*, vol. 79, n. 1, p. 83-92, 2019.

PARKER, J. F. *Valuable and Vulnerable*: Children in the Hebrew Bible, Especially the Elisha Cycle. Providence: Brown University, 2013.

PAT-EL, N. On Periphrasitc Genitive Constructions in Biblical Hebrew. *Hebrew Studies*, vol. 51, p. 43-48, 2010.

PAYNE, D. F. The Elijah Cycle and its Place in Kings. *Irish Biblical Studies*, vol. 8, p. 109-114, 1986.

PEREIRA, N. C. La Profecia y lo Cotidiano: La mujer y el nino en el ciclo del profeta Eliseo. *Revista de Interpretación Bíblica Latino-americana*, vol. 14, p. 7-21, 1993.

PEREIRA, N. C. *Profecia cotidiana e a religião sem nome*: religiosidade popular na Bíblia. São Paulo: Fonte, 2014.

PFEIFER, G. "Rettung" als Beweis der Vernichtung (Amos 3,12). *Zeitschrift für die alttestamentliche Wissenschaft*, vol. 100, p. 269-277, 1988.

PFEIFFER, R. H. *Introduction to the Old Testament*. Nova York: Harper & Row, 1948.

PICHON, C. La figure de l'étranger dans le cycle d'Élie. In: RIAUD, J. (org.). *L'étranger dans la Bible et ses lectures*. Paris: Cerf, 2007, p. 84-104.

PICHON, C. *Le prophète Elie dans les Evangiles*: essai de lecture dialogique de textes bibliques. Paris: Parole et Silence, 2018.

PIENAAR, D. N. The Role of Fortified Cities in the Northern Kingdom During the Reign of the Omride Dynasty. *Journal of Northwest Semitic Languages*, vol. 9, p. 151-157, 1981.

PIETSCH, M. Beelzebul oder Beelzebub? Text-, religions- und literaturgeschichtliche Überlegungen zu 2 Kön 1,2-18. *Ugarit-Forschungen*, vol. 49, p. 299-318, 2018.

PIETSCH, M. Der Prophet als Magier: Magie und Ritual in den Elischaerzâhlungen. In: KAMLAH, J.; SCHÄFER, R.; WITTE, M. (orgs.). Zauber und Magie im antiken Palästina und in seiner Umwelt: Kolloquium des Deutschen Vereins zur Erforschung Palästinas vom 14. bis 16. November 2014 in Mainz. Wiesbaden: Harrassowitz, 2017, p. 343-380.

PIROSKA, H. Remembering Joshua in the Book of Ben Sira: Man of Valour or Prophet? *Hadtudományi Szemle*, vol. 11, n. 3, p. 240-249, 2018.

POLAN, G. J. The Call of Elisha. *The Bible Today*, vol. 41, p. 359-363, 2003.

POPKO, L. פי־שנים in 2 Kgs 2:9 as a Metaphor of Double Speech. *Revue Biblique*, vol. 125, n. 3, p. 353-74, 2018.

PORTER, J. R. benê hannebî'îm. *The Journal of Theological Studies*, vol. 32, p. 423-429, 1981.

PORTER, J. R. The Succession of Joshua. In: DURHAM, J. I.; PORTER, J. R. (orgs.). Proclamation and Presence: Old Testament Essays in Honour of Gwynne Henton Davis. Londres: SCM Press, 1970, p. 102-132.

PRIOTTO, M. Il ciclo di Eliseo: Linee di teologia profética. *Parole di Vita*, vol. 46, n. 5, p. 27-32, 2001.

PROVAN, I. An Ambivalent Hero: Elijah in Narrative-Critical Perspective. In: BODNER, K.; JOHNSON, B. J. M. (orgs.). Characters and Characterization in the Book of Kings. Londres: T&T Clark, 2020, p. 135-151.

PUECH, E. L'attente du retour d'Élie dans l'Ancien Testament et les écrits péritestamentaires: 4Q558 et 4Q521. *Revue de Qumran*, vol. 30, p. 3-26, 2018.

PUECH, E. L'ivoire inscrit d'Arslan-Tash et les rois de Damas. *Revue Biblique*, vol. 88, p. 544-562, 1981.

REISER, W. Eschatologische Gottesprüche in den Elisa-legenden. *Theologische Zeitschrift*, vol. 9, p. 321-338, 1953.

REISS, M. Elijah the Zealot: A Foil to Moses. *Jewish Bible Quarterly*, vol. 32, n. 3, p. 174-180, 2004.

RENDTORFF, R. *Introduzione all'Antico Testamento*: storia, vita sociale e letteratura d'Israele in epoca biblica. 2. ed. Torino: Claudiana, 1994.

RENTERÍA, T. H. The Elijah/Elisha Stories: A Socio-cultural Analysis of Prophets and People in Ninth-Century B.C.E. Israel. *In*: COOTE, R. B. (org.). *Elijah and Elisha in Socioliterary Perspective*. Atlanta: Scholars, 1992, p. 75-126.

RICE, G. Elijah's Requirement for Prophetic Leadership (2 Kings 2:1-18). *Journal of Religious Thought*, vol. 59, n. 1, vol. 60, n. 2, p. 1-12, 2006/2007.

RICHELLE, M. Élie et Elisée, Auriges en Israel: Une métaphore militaire oubliée en 2 R 2,12 et 13,14. *Revue Biblique*, vol. 117, n. 3, p. 321-326, 2010.

RINGGREN, H. *Religions of the Ancient Near East*. Filadélfia: Westminster, 1973.

RICOEUR, P. *The Rule of Metaphor*: The Creation of Meaning in the Language. Londres: Routledge, 2004.

ROBINSON, B. P. Elijah at Horeb, 1 Kings 19.1-18: A Coherent Narrative? *Revue Biblique*, vol. 98, n. 4, p. 513-536, 1991.

ROBINSON, B. P. II Kings 2:23-25 Elisha and the She-Bears. *Scripture Bulletin*, vol. 14, p. 2-3, 1983.

ROBINSON, S. *Face2Face with Elijah*: Encountering Elijah the Fiery Prophet. Leominster: Day One, 2006.

ROFÉ, A. Baal, the Prophet and the Angel (II Kings 1): A Study in the History of Literature and Religion. *Beer Sheba*, vol. 1, p. 222-232, 1973.

ROFÉ, A. Properties of Biblical Historiography and Historical Thought. *Vetus Testamentum*, vol. 66, n. 3, p. 433-455, 2016.

ROFÉ, A. *Storie di profeti*: La narrativa sui profeti nella Bibbia ebraica: generi letterari e storia. Brescia: Paideia Editrice, 1991.

ROFÉ, A. The Classification of the Prophetical Stories. *Journal of Biblical Literature*, vol. 89, n. 4, p. 427-440, 1970.

RÖMER, T. *A chamada história deuteronomista*: introdução sociológica, histórica e literária. Petrópolis: Vozes, 2008.

RÖMER, T.; NIHAN, C. O debate atual sobre a formação do Pentateuco. In: RÖMER, T.; MACCHI, J.-D.; NIHAN, C. (orgs.). Antigo Testamento: história, escritura e teologia. São Paulo: Loyola, 2010, p. 85-143.

ROOKER, M. F. *Leviticus*. Nashville: Broadman & Holman, 2000.

RÖSEL, H. N. 2 Kon 2,1-18 als Elija – Oder Elischa-Geschichte? *Biblische Notizen*, vol. 59, p. 33-36, 1991.

ROUTLEDGE, B. The politics of Mesha: segmented identities and state formation in Iron Age Moab. *Journal of the Economic and Social History of the Orient*, vol. 43, n. 3, p. 221-256, 2000.

RUBIN, N. The Social Significance of the Firstborn in Israel. *Beth Mikra*, vol. 33, p. 155-170, 1987/1988.

RUDOLPH, W. Zum Text der Königsbücher. *Zeitschrift für die alttestamentliche Wissenschaft*, vol. 63, p. 201-215, 1951.

RUSHDOONY, R. J. *Chariots of Prophetic Fire*: Studies in Elijah & Elisha. Vallecito: Ross House Books, 2003.

SARACINO, F. Ras Ibn Hani 78/20 and Some Old Testament Connections. *Vetus Testamentum*, vol. 32, n. 3, p. 338-343, 1982.

SATTERTHWAITE, P. E. The Elisha Narratives and the Coherence of 2 Kings 2-8. *Tyndale Bulletin*, vol. 49, n. 1, p. 1-28, 1998.

SAVRAN, G. W. *Encountering the Divine*: Theophany in Biblical Narrative. Londres; Nova York: T&T Clark International, 2005.

SCHEFFLER, E. Royal Care for the Poor in Israel's First History: The Royal Law (Deuteronomy 17:14-20), Hannah's Song (1 Samuel 2:1-10), Samuel's Warning (1 Samuel 8:10-18), David's Attitude (2 Samuel 24:10-24), and Ahab and Naboth (1 Kings 21) in Intertext. *Scriptura: International Journal of Bible, Religion and Theology in Southern Africa*, vol. 116 (Special Edition), p. 160-174, 2017.

SCHENKER, A. Archetype and Late Literary Developments in 2 Kings 1:17-18 and 8:16: Recensions in the Masoretic Text and in the Old Greek. In: KREUZER, S.; MEISER, M.; SIGISMUND, M. (orgs.). Die Septuaginta – Orte und Intentionen: 5. Internationale Fachtagung veranstaltet von Septuaginta Deutsch (LXX.D), Wuppertal 24.-27. Juli 2014. Tubinga: Mohr Siebeck, 2016, p. 326-336.

SCHENKER, A. Le monde a venir dans l'Ancien Testament. *Lumière et Vie*, vol. 239, p. 25-31, 1998.

SCHENKER, A. What Do Scribes, and What Do Editors Do? The Hebrew Text of the Massoretes, the Old Greek Bible and the Alexandrian Philological Ekdoseis of the 4th and 3rd Centuries B.C., Illustrated by the Example of 2 Kings 1. In: AUSLOOS, H.; LEMMELIJN, B.; BARRERA, J. T. (orgs.). After Qumran: Old and Modern Editions of the Biblical Texts—The Historical Books. Leuven: Peeters, 2012, p. 275-293.

SCHMITT, A. "Elija stieg zum Himmel hinauf": Der verklärte Tod des Elija nach 2 Kön 2.1-18. *Bibel und Kirche*, vol. 61, p. 27-33, 2006.

SCHMITT, R. *Magie im Alten Testament*. Münster: Ugarit-Verlag, 2004.

SCHNIEDWIND, W.; SIVAN, D. The Elijah-Elisha Narratives: A Test Case for the Northern Dialect of Hebrew. *The Jewish Quarterly Review*, vol. 87, n. 3/4, p. 303-337, 1997.

SCHOTT, M. Elijah's Hairy Robe and the Clothes of the Prophets. *In*: BERNER, C. et al. (orgs.). *Clothing and Nudity in the Hebrew Bible*. Londres: Bloomsbury T&T Clark, 2019, p. 477-489.

SEEVERS, B. *Warfare in the Old Testament*: The Organization, Weapons, and Tactics of Ancient Near Eastern Armies. Grand Rapids: Kregel Academic, 2013.

SHEMESH, Y. The Elisha Stories as Saint's Legends. *Journal of Hebrew Scriptures*, vol. 8, p. 1-41, 2008.

SHULMAN, A. The Particle נא in Biblical Hebrew Prose. *Hebrew Studies*, vol. 40, p. 57-82, 1999.

SICRE DIAZ, J. L. *Introdução ao profetismo bíblico*. 2. ed. Petrópolis: Vozes, 2016.

SILVA, C. M. D. A careca de Eliseu, os moleques e as ursas. *Revista Perspectiva Teológica*, vol. 39, p. 379-386, 2007.

SILVA, C. M. D. Quando o mensageiro divino é vingativo. *Estudos Bíblicos*, vol. 100, n. 4, p. 93-111, 2008.

SIMONE, M. R. (S.J.). Yhwh's Fiery Chariots: Biblical Accounts of the Distributed Divine Body. In: CARVALHO, C.; MCLAUGHLIN, J. L. (orgs.). God and Gods in the Deuteronomistic History. Washington: The Catholic Biblical Association of America, 2021, p. 199-217.

SKA, J.-L. Morrire e risorgere: il carro di fuoco (2Re 2,11). *In*: SKA, J.-L. *Una goccia d'inchiostro*: Finestre sul panorama bíblico. Bologna: EDB, 2008, p. 211-225.

SKA, J.-L. *O canteiro do Pentateuco*: problemas de composição e de interpretação/aspectos literários e teológicos. São Paulo: Paulinas, 2016.

SKEHAN, P. W.; DI LELLA, A. A. *The Wisdom of Ben Sira*: A New Translation with Notes, Introduction and Commentary. New Haven: Yale University Press, 2008.

SMEND, D. R. The Deuteronomistic Elijah: A Contribution to the Old Testament Portrayal of the Prophets. *A Knight Old Testament Essays*, vol. 4, n. 1, p. 28-45, 1986.

SMICK, E. *Archaeology of the Jordan Valley*. Grand Rapids: Baker Book House, 1973.

SMITH, M. *Palestinian Parties and Politics that Shaped the Old Testament*. Nova York: Columbia University Press, 1971.

SMITH, M. S. *God in Translation*: Deities in Cross-Cultural Discourse in the Biblical World. Tubingen: Mohr Siebeck, 2008.

SONNET, J.-P. "Today" in Deuteronomy: A Narrative Metalepsis. *Biblica*, vol. 101, n. 4, p. 498-518, 2020.

SOSKICE, J. M. *Metaphor and Religious Language*. Londres: Oxford University Press; Clarendon Press, 1985.

SPERBER, D. Weak Waters. *Zeitschrift für die alttestamentliche Wissenschaft*, vol. 82, p. 114-116, 1970.

SPOELSTRA, J. J. Queens, Widows, and Mesdames: The Role of Women in the Elijah-Elisha Narrative. *Journal for the Evangelical Study of the Old Testament*, vol. 3, n. 2, p. 171-184, 2014.

SPRONK, K. *Beatific Afterlife in Ancient Israel and in the Ancient Near East*. Neukirchen-Vluyn: Neukirchener; Kevelaer: Butzon & Bercker, 1986.

STECK, O. H. Die Erzählung von Jahwes Einschreiten gegen die Orakelbefragung Ahasjas. *Evangelische Theologie*, vol. 27, p. 546-556, 1967.

STEENKAMP, Y. *A Comparative Reading of the Elijah Cycle and its Implications for Deuteronomistic Ideology*. 2015. Dissertação (Mestrado em Idiomas e Culturas Antigas) – Faculty of Humanities, University of Pretoria, Pretoria.

STEENKAMP, Y. King Ahaziah, the widow's son and the theology of the Elijah Cycle: a comparative study. *Old Testament Essays*, vol. 17, n. 4, p. 646-658, 2004.

STEIN, B. L. Who the Devil Is Beelzebul? *Bible Review*, vol. 13, n. 1, p. 42-45, 1997.

STIPP, H.-J. *Elischa-Profeten-Gottesmanner* (Munchener Universitatsschriften: Arbeiten zu Text und Sprache im AT 24). St. Ottilien: EOS, 1987.

TÅNGBERG, A. A Note on Ba'al Zĕbūb in 2 Kgs 1,2.3.6.16. *Scandinavian Journal of the Old Testament*, vol. 6, n. 2, p. 293-296, 1992.

TARLIN, J. Toward a "Female" Reading of the Elijah Cycle: Ideology and Gender in the Interpretation of 1 Kings 17-19, 21 and 2 Kings 1-2.18. *In*: BRENNER, A. (org.). *A Feminist Companion to Samuel and Kings*. Sheffield: Sheffield Academic Press, 1994, p. 208-217.

TEBES, J. M. The Mesha inscription and relations with Moab and Edom [en línea]. *In*: GREER, J. S.; HILBER, J. W.; WALTON, J. H. (eds.). *Behind the Scenes of the Old Testament*. Grand Rapids: Baker Academics, 2018, p. 286-292.

TEKONIEMI, T. Enhancing the Depiction of a Prophet: The Repercussions of Textual Criticism for the Study of the Elisha Cycle. *Biblische Notizen*, vol. 186, p. 75-105, 2020.

THIEL, W. Deuteronomistische Redaktionsarbeit in den Elia-Erzählungen. *In*: EMERTON, J. A. (org.). *Congress Volume*: Leuven, 1989. Leiden: E. J. Brill, 1991, p. 148-171.

THIEL, W. Jahwe und Prophet in der Elisha Tradition. In: HAUSMANN, J.; ZOBEL, H.-J. (orgs.). Alttestamentliche Glaube und Biblische Theologie: Festschrift für Horst Dietrich Preuß zum 65. Geburtstag. Stuttgart: Kohlhammer, 1992, p. 93-103.

THOMAS, S. I. Eternal Writing and Immortal Writers: On the Non-Death of the Scribe in Early Judaism. *In*: MASON, E. F. et al. (orgs.). *A Teacher for All Generations*: Essays in Honor of James C. Vanderkam. Leiden: Brill, 2012, p. 573-588.

THOMPSON, T. L. Mesha and Questions of Historicity. *Scandinavian Journal of the Old Testament*, vol. 21, n. 2, p. 241-260, 2007.

TIGAY, J. H. The Evolution of the Pentateuchal Narratives in the Light of the Evolution of the Gilgamesh Epic. *In*: TIGAY, J. H. (org.). *Empirical Models for Biblical Criticism*. Eugene: Wipf & Stock, 2005, p. 21-52.

TODD, J. A. The Pre-Deuteronomistic Elijah Cycle. *In*: COOTE, R. B. (org.). *Elijah and Elisha in Socioliterary Perspective*. Atlanta: Scholars, 1992, p. 1-35.

TREBOLLE BARRERA, J. C. *Centena in libros Samuelis et Regum*: Variantes textuales y composición literaria en los libros de Samuel y Reyes. Madrid: Consejo Superior de Investigaciones Científicas, Instituto de Filología, Departamento de Filología Bíblica y de Oriente Antiguo, 1989.

TREBOLLE BARRERA, J. C. The Text-Critical Use of the Septuagint in the Books of Kings. In: TREBOLLE BARRERA, J. C.; TORIJANO, P.; PIQUER, A. (orgs.). Textual and Literary Criticism of the Books of Kings: Collected Essays. Leiden: E. J. Brill, 2020, p. 221-232.

TREBOLLE BARRERA, J. C.; TORIJANO, P.; PIQUER, A. Algunas características distintivas del texto masorético del libro de Reyes: desmitologización, polémica y substitución de términos mánticos. *Cadmo*, vol. 15, p. 9-21, 2005.

TSUKIMOTO, A. Emar and the Old Testament: Preliminary Remarks. *Annual of the Japanese Biblical Institute*, vol. 15, p. 3-24, 1989.

UEHLINGER, C. L'ascension d'Élie: à propos de 2 Rois 2,11-12. *Transeuphratène*, vol. 46, p. 79-97, 2014.

UUSIMÄKI, E. Blessings and Curses in the Biblical World. In: NIKKI, N.; VALKAMA, K. (orgs.). Magic in the Ancient Eastern Mediterranean: Cognitive, Historical, and Material Perspectives on the Bible and Its Contexts. Gotinga: Vandenhoeck & Ruprecht, 2021, p. 159-174.

VALLANÇON, H. *Le développement des traditions sur Élie et l'histoire de la formation de la Bible*. Leuven: Peeters, 2019.

VANDAGRIFF, M. A Modern Rendering of Naboth's Vineyard. *Review and Expositor*, vol. 116, n. 1, p. 38-41, 2019.

VAN SETERS, J. *Em busca da História*: Historiografia no mundo antigo e as origens da história bíblica. São Paulo: EDUSP, 2008.

VERHEIJ, A. J. C. "The Translation of Elijah": A Response to Everett Fox. *In*: BRENNER A.; VAN HENTEN, J. W. (orgs.). *Bible Translation on the Threshold of the Twenty-First Century*: Authority, Reception, Culture and Religion. Londres: Sheffield, 2002, p. 170-174.

VOGELS, W. *Elie et se fioretti*: 1 Rois 16,29-2 Rois 2,18. Paris: Cerf, 2013.

VON RAD, G. *Holy War in Ancient Israel*. Grand Rapids : Wm. B. Eerdmans-Lightning Source, 1991.

VON RAD, G. *Teologia do Antigo Testamento*. 2. ed. São Paulo: ASTE/Targumim, 2006.

WAGSTAFF, B. J. *Redressing Clothing in the Hebrew Bible*: Material-Cultural Approaches, 2017. Tese (Doutorado em Teologia e Religião) – University of Exeter, Exeter, 2017. Disponível em: http://hdl.handle.net/10871/27594. Acesso em: 17 set. 2021.

WALFISH, R. Ruth and Elisha: A Comparative Study. *The Jewish Bible Quarterly*, vol. 41, n. 4, p. 236-242, 2013.

WEINFELD, M. *Deuteronomy and the Deuteronomic School*. Oxford: Clarendon Press, 1972.

WEINGART, K. My Father, My Father! Chariot of Israel and Its Horses! (2 Kings 2:12 // 13:14): Elisha's or Elijah's Title? *Journal of Biblical Literature*, vol. 137, n. 2, p. 257-270, 2018.

WEIPPERT, H. Geschichten und Geschichte: Verheissung und Erfüllung im deuteronomistischen Geschichtswerk. *In*: EMERTON, J. A. (org.). *Congress Volume*: Leuven, 1989. Leiden: E. J. Brill, 1991, p. 116-131.

WEISMAN, S. Elijah's Mantle and the Consecration of Elisha. *Shnaton*, vol. 2, p. 93-99, 1977.

WEISMAN, Z. The Personal Spirit as Imparting Authority. *Zeitschrift für die alttestamentliche Wissenschaft*, vol. 93, p. 225-234, 1981.

WENDLAND, E. R. Elijah and Elisha: Sorcerers or Witch Doctors? *The Bible Translator*, vol. 43, n. 2, p. 213-223, 1992.

WERLITZ, J. Vom feuerigen Propheten zum Versöhner: Ein Überblick über die biblischen Elijatexte mit Schwerpunkt auf dem Alten Testament. *Bibel und Kirche*, vol. 66, p. 192-200, 2011.

WEST, J. Beware the Angry Prophet: 2 Kings 2:23-25. *Journal of Biblical Studies*, vol. 1, n. 1, p. 1-11, 2001.

WESTERMANN, C. *Basic Forms of Prophetic Speech*. Londres: Lutterworth Press, 1967.

WHITE, M. C. *The Elijah Legends and Jehu's Coup*. Atlanta: Scholars, 1997.

WIFALL, W. *The Court History of Israel*. St. Louis: Clayton, 1975.

WILLIAMS, J. G. The Prophetic "Father". *Journal of Biblical Literature*, vol. 85, p. 344-349, 1966.

WILSON, R. R. *Profecia e sociedade no Antigo Israel*. 2. ed. rev. São Paulo: Targumim; Paulus, 2006 [original inglês 1980].

WINTER, J. *Face2Face with Elisha*: Encountering the Messenger of Salvation. Leominster: Day One, 2008.

WOODS, F. E. Elisha and the Children: The Question of Accepting Prophetic Succession. *Brigham Young University Studies Quarterly*, vol. 32, n. 3, p. 47-58, 1992.

WRIGHT, J. E. Whither Elijah? The Ascension of Elijah in Biblical and Extrabiblical Traditions. In: CHAZON, E. G.; SATRAN, D.; CLEMENS, R. A. (orgs.). Things Revealed: Studies in Early Jewish and Christian Literature in Honor of Michael E. Stone. Leiden: E. J. Brill, 2004, p. 123-138.

WYATT, N. Arms and the King: The Earliest Allusions to the Chaoskampf Motif and Their Implications for the Interpretation of Ugaritic and Biblical Traditions. *In*: WYATT, N. *There's Such Divinity Doth Hedge a King: Selected Essays*. Hants: Ashgate, 2005, p. 151-189.

WYATT, N. *Religious Texts from Ugarit*. 2. ed. Londres: Sheffield Academic Press, 2002.

WYATT, S. Jezebel, Elijah, and the Widow of Zarephath: A *Ménage à Trois* that Estranges the Holy and Makes the Holy the Strange. *Journal for the Study of the Old Testament*, vol. 36, n. 4, p. 435-458, 2012.

XERAVITS, G. G. Remark on the Miracles of Elisha in the Lives of the Prophets 22.5-20. In: DOBOS, K. D.; KÖSZEGHY, M. (orgs.). With Wisdom as a Robe: Qumran and Other Jewish Studies in Honour of Ida Fröhlich. Sheffield: Sheffield Phoenix, 2009, p. 360-364.

YADIN, Y. *The Art of Warfare in Biblical Lands*: In the Light of archaeological Study. Nova York: McGraw-Hill, 1963.

YATES, G. E. The Motif of Life and Death in the Elijah-Elisha Narratives and its Theological Significance in 1 Kings 17 – 2 Kings 13. *Faculty Publications and Presentations*, vol. 12, p. 1-34, 2008.

ZALCMAN, L. Ambiguity and Assonance at Zephaniah II 4. *Vetus Testamentum*, vol. 36, p. 365-371, 1986.

ZEVIT, Z. Deuteronomic Historiography in 1 Kings 12-2 Kings 17 and the Reinvestiture of the Israelian Cult. *Journal for the Study of the Old Testament*, vol. 32, p. 57-73, 1985.

ZEWI, T. The Particles הִנֵּה and וְהִנֵּה in Biblical Hebrew. *Hebrew Studies*, vol. 37, p. 21-37, 1996.

ZIOLKOWSKI, E. J. The Bad Boys of Bethel: Origin and Development of a Sacrilegious Type. *History of Religions*, vol. 30, n. 4, p. 331-358, 1991.

ZUCKER, D. Elijah and Elisha: Part I, Moses and Joshua. *The Jewish Bible Quarterly*, vol. 40, n. 4, p. 225-231, 2012.

ZUCKER, D. Elijah and Elisha: Part II, Similarities and Differences. *The Jewish Bible Quarterly*, vol. 41, n. 1, p. 19-23, 2013.

ZVI, E. B. "The Prophets": References to Generic Prophets and Their Role in the Construction of the Image of the "Prophets of Old" within the Postmonarchic Readership's of the Book of Kings. *Zeitschrift für die alttestamentliche Wissenschaft*, vol. 116, p. 555-567, 2004.

## Verbetes de dicionário

AHLSTRÖM, G. W. אַדִּיר. In: BOTTERWECK, G. J.; RIGGREN, H.; FABRY, H.-J. (orgs.). Theological Dictionary of the Old Testament. ed. rev. Grand Rapids: William B. Eerdmans, 1977, vol. 1, p. 73-74.

ALBERTZ, R. צעק. In: JENNI, E.; WESTERMANN, C. (orgs.). Theological Lexicon of the Old Testament. Peabody: Hendrickson, 1997, p. 1088-1093.

ALBERTZ, R.; WESTERMANN, C. רוּחַ. In: JENNI, E.; WESTERMANN, C. (orgs.). Theological Lexicon of the Old Testament. Peabody: Hendrickson, 1997, p. 1202-1220.

ALDEN, R. L. אָדוֹן. In: HARRIS, R. L.; GLEASON JR., L. A.; WALTKE, B. K. (orgs.). Dicionário Internacional de Teologia do Antigo Testamento. São Paulo: Vida Nova, 1998, p. 17-18.

ALDEN, R. L. בֶּגֶד. In: VAN GEMEREN, W. (org.). *Novo Dicionário Internacional de Teologia e Exegese do Antigo Testamento*. São Paulo: Cultura Cristã, 2011, vol. 1, p. 578-580.

ALDEN, R. L. עזב. In: VAN GEMEREN, W. (org.). *Novo Dicionário Internacional de Teologia e Exegese do Antigo Testamento*. São Paulo: Cultura Cristã, 2011, vol. 3, p. 365-366.

ALDEN, R. L. קרח. In: VAN GEMEREN, W. (org.). *Novo Dicionário Internacional de Teologia e Exegese do Antigo Testamento*. São Paulo: Cultura Cristã, 2011, vol. 3, p. 984.

ALDEN, R. L. שֵׂעָר (1). In: VAN GEMEREN, W. (org.). *Novo Dicionário Internacional de Teologia e Exegese do Antigo Testamento*. São Paulo: Cultura Cristã, 2011, vol. 3, p. 1254-1256.

ALLEN, R. B. עָמַד. In: HARRIS, R. L.; GLEASON JR., L. A.; WALTKE, B. K. (orgs.). Dicionário Internacional de Teologia do Antigo Testamento. São Paulo: Vida Nova, 1998, p. 1128-1130.

ALLEN, R. B. ענה I. *In*: HARRIS, R. L.; GLEASON JR., L. A.; WALTKE, B. K. (orgs.). Dicionário Internacional de Teologia do Antigo Testamento. São Paulo: Vida Nova, 1998, p. 1139-1141.

AMES, F. R. דָּבַר. *In*: VAN GEMEREN, W. (org.). *Novo Dicionário Internacional de Teologia e Exegese do Antigo Testamento*. São Paulo: Cultura Cristã, 2011, vol. 1, p. 887-889.

AMSLER, S. היה. *In*: JENNI, E.; WESTERMANN, C. (orgs.). Theological Lexicon of the Old Testament. Peabody: Hendrickson, 1997, p. 359-365.

AMSLER, S. עמד. *In*: JENNI, E.; WESTERMANN, C. (orgs.). Theological Lexicon of the Old Testament. Peabody: Hendrickson, 1997, p. 921-924.

AMSLER, S. קום. *In*: JENNI, E.; WESTERMANN, C. (orgs.). Theological Lexicon of the Old Testament. Peabody: Hendrickson, 1997, p. 1136-1141.

AMSLER, S. קרה. *In*: JENNI, E.; WESTERMANN, C. (orgs.). Theological Lexicon of the Old Testament. Peabody: Hendrickson, 1997, p. 1169-1171.

ANGERSTORFER, A. עֶרֶשׂ; מִטָּה; יָצוּעַ. *In*: BOTTERWECK, G. J.; RIGGREN, H.; FABRY, H.-J. (orgs.). Theological Dictionary of the Old Testament. ed. rev. Grand Rapids: William B. Eerdmans, 2001, vol. 11, p. 379-383.

ARNOLD, B. T. נגש (2). *In*: VAN GEMEREN, W. (org.). *Novo Dicionário Internacional de Teologia e Exegese do Antigo Testamento*. São Paulo: Cultura Cristã, 2011, vol. 3, p. 31-32.

AUSTEL, H. J. שָׁלַח I. *In*: HARRIS, R. L.; GLEASON JR., L. A.; WALTKE, B. K. (orgs.). Dicionário Internacional de Teologia do Antigo Testamento. São Paulo: Vida Nova, 1998, p. 1566-1568.

AUSTEL, H. J. שָׁלַךְ. *In*: HARRIS, R. L.; GLEASON JR., L. A.; WALTKE, B. K. (orgs.). Dicionário Internacional de Teologia do Antigo Testamento. São Paulo: Vida Nova, 1998, p. 1570-1571.

AUSTEL, H. J. שָׁמַיִם. *In*: HARRIS, R. L.; GLEASON JR., L. A.; WALTKE, B. K. (orgs.). Dicionário Internacional de Teologia do Antigo Testamento. São Paulo: Vida Nova, 1998, p. 1580-1581.

BAKER, D. W. רעע. *In*: VAN GEMEREN, W. (org.). *Novo Dicionário Internacional de Teologia e Exegese do Antigo Testamento*. São Paulo: Cultura Cristã, 2011, vol. 3, p. 1147-1151.

BAKER, D. W.; NEL, P. J. שָׂרַר. *In*: VAN GEMEREN, W. (org.). *Novo Dicionário Internacional de Teologia e Exegese do Antigo Testamento*. São Paulo: Cultura Cristã, 2011, vol. 3, p. 1287-1288.

BARRICK, W. B.; RINGGREN, H. רָכַב. *In*: BOTTERWECK, G. J.; RIGGREN, H.; FABRY, H.-J. (orgs.). Theological Dictionary of the Old Testament. ed. rev. Grand Rapids: William B. Eerdmans, 2004, vol. 13, p. 485-491.

BARTELMUS, G. שָׁמַיִם. *In*: BOTTERWECK, G. J.; RIGGREN, H.; FABRY, H.-J. (orgs.). Theological Dictionary of the Old Testament. ed. rev. Grand Rapids: William B. Eerdmans, 2006, vol. 15, p. 204-236.

BAUMANN, A. דָּמָה. *In*: BOTTERWECK, G. J.; RIGGREN, H.; FABRY, H.-J. (orgs.). Theological Dictionary of the Old Testament. ed. rev. Grand Rapids: William B. Eerdmans, 1978, vol. 3, p. 260-265.

BECK, J. A. ענה (1). *In*: VAN GEMEREN, W. (org.). *Novo Dicionário Internacional de Teologia e Exegese do Antigo Testamento*. São Paulo: Cultura Cristã, 2011, vol. 3, p. 446-449.

BECK, J. A. שׁאל. *In*: VAN GEMEREN, W. (org.). *Novo Dicionário Internacional de Teologia e Exegese do Antigo Testamento*. São Paulo: Cultura Cristã, 2011, vol. 4, p. 8-10.

BECKING, B. Jordan. *In*: VAN DER TOORN, K.; VAN DER HORST, P. W. (orgs.). Dictionary of Deities and Demons in the Bible. 2. ed. extens. rev. Leiden: E. J. Brill; William B. Eerdmans, 1999, p. 474-476.

BERGMAN, J.; KRECHER, J.; HAMP, V. אָשׁ. *In*: BOTTERWECK, G. J.; RIGGREN, H.; FABRY, H.-J. (orgs.). Theological Dictionary of the Old Testament. ed. rev. Grand Rapids: William B. Eerdmans, 1977, vol. 1, p. 418-428.

BERNHARDT, K. H.; BERGMAN, G. J.; RINGGREN, H. הָיָה. *In*: BOTTERWECK, G. J.; RIGGREN, H.; FABRY, H.-J. (orgs.). Theological Dictionary of the Old Testament. ed. rev. Grand Rapids: William B. Eerdmans, 1978, vol. 3, p. 369-381.

BEUKEN, W. A. M.; DAHMEN, U. ראשׁ I. *In*: BOTTERWECK, G. J.; RIGGREN, H.; FABRY, H.-J. (orgs.). Theological Dictionary of the Old Testament. ed. rev. Grand Rapids: William B. Eerdmans, 2004, vol. 13, p. 248-261.

BOTTERWECK, G. J. גָּלַח. *In*: BOTTERWECK, G. J.; RIGGREN, H.; FABRY, H.-J. (orgs.). Theological Dictionary of the Old Testament. ed. rev. Grand Rapids: William B. Eerdmans, 1978, vol. 3, p. 5-19.

BOWLING, A. טוֹב. *In*: HARRIS, R. L.; GLEASON JR., L. A.; WALTKE, B. K. (orgs.). Dicionário Internacional de Teologia do Antigo Testamento. São Paulo: Vida Nova, 1998, p. 564-566.

BOWLING, A. יָרֵא I. *In*: HARRIS, R. L.; GLEASON JR., L. A.; WALTKE, B. K. (orgs.). Dicionário Internacional de Teologia do Antigo Testamento. São Paulo: Vida Nova, 1998, p. 654-657.

BOWLING, A. לאך. *In*: HARRIS, R. L.; GLEASON JR., L. A.; WALTKE, B. K. (orgs.). Dicionário Internacional de Teologia do Antigo Testamento. São Paulo: Vida Nova, 1998, p. 762-764.

BRATSIOTIS, N. P. אִישׁ. *In*: BOTTERWECK, G. J.; RIGGREN, H.; FABRY, H.-J. (orgs.). Theological Dictionary of the Old Testament. ed. rev. Grand Rapids: William B. Eerdmans, 1977, vol. 1, p. 222-235.

BRENSINGER, T. L. חיה. *In*: VAN GEMEREN, W. (org.). *Novo Dicionário Internacional de Teologia e Exegese do Antigo Testamento*. São Paulo: Cultura Cristã, 2011, vol. 2, p. 106-110.

BRODSKY, H. Bethel (Place). *In*: FREEDMAN, D. N. (org.). *The Anchor Yale Bible Dictionary*. Nova York: Doubleday, 1992, vol. 1, p. 710-712.

BROWN, M. L. רָפָא. In: BOTTERWECK, G. J.; RIGGREN, H.; FABRY, H.-J. (orgs.). Theological Dictionary of the Old Testament. ed. rev. Grand Rapids: William B. Eerdmans, 2004, vol. 13, p. 593-602.

CAQUOT, A. דֹּב. In: BOTTERWECK, G. J.; RIGGREN, H.; FABRY, H.-J. (orgs.). Theological Dictionary of the Old Testament. ed. rev. Grand Rapids: William B. Eerdmans, 1978, vol. 3, p. 70-71.

CARPENTER, E. עבד. In: VAN GEMEREN, W. (org.). *Novo Dicionário Internacional de Teologia e Exegese do Antigo Testamento*. São Paulo: Cultura Cristã, 2011, vol. 3, p. 306-311.

CARPENTER, E.; GRISANTI, M. A. עָרַב. In: VAN GEMEREN, W. (org.). *Novo Dicionário Internacional de Teologia e Exegese do Antigo Testamento*. São Paulo: Cultura Cristã, 2011, vol. 3, p. 522-523.

CARPENTER, E.; GRISANTI, M. A. פֶּשַׁע. In: VAN GEMEREN, W. (org.). *Novo Dicionário Internacional de Teologia e Exegese do Antigo Testamento*. São Paulo: Cultura Cristã, 2011, vol. 3, p. 704-708.

CARR, G. L. עָלָה. In: HARRIS, R. L.; GLEASON JR., L. A.; WALTKE, B. K. (orgs.). Dicionário Internacional de Teologia do Antigo Testamento. São Paulo: Vida Nova, 1998, p. 1115-1122.

CARROLL, M. D. קטן. In: VAN GEMEREN, W. (org.). *Novo Dicionário Internacional de Teologia e Exegese do Antigo Testamento*. São Paulo: Cultura Cristã, 2011, vol. 3, p. 907-909.

CHAN, A. K.; SONG, T. B.; BROWN, M. L. רפא. In: VAN GEMEREN, W. (org.). *Novo Dicionário Internacional de Teologia e Exegese do Antigo Testamento*. São Paulo: Cultura Cristã, 2011, vol. 3, p. 1155-1166.

CHHETRI, C. בקש. In: VAN GEMEREN, W. (org.). *Novo Dicionário Internacional de Teologia e Exegese do Antigo Testamento*. São Paulo: Cultura Cristã, 2011, vol. 1, p. 697-703.

CHISHOLM, R. B. סוּס. In: VAN GEMEREN, W. (org.). *Novo Dicionário Internacional de Teologia e Exegese do Antigo Testamento*. São Paulo: Cultura Cristã, 2011, vol. 3, p. 237-238.

CHISHOLM, R. B. פָּרָשׁ. In: VAN GEMEREN, W. (org.). *Novo Dicionário Internacional de Teologia e Exegese do Antigo Testamento*. São Paulo: Cultura Cristã, 2011, vol. 3, p. 699.

CHISHOLM, R. B. שׁלך. In: VAN GEMEREN, W. (org.). *Novo Dicionário Internacional de Teologia e Exegese do Antigo Testamento*. São Paulo: Cultura Cristã, 2011, vol. 4, p. 127-129.

CLEMENTS, R. E.; FABRY, H.-J. מַיִם. In: BOTTERWECK, G. J.; RIGGREN, H.; FABRY, H.-J. (orgs.). Theological Dictionary of the Old Testament. ed. rev. Grand Rapids: William B. Eerdmans, 1997, vol. 8, p. 265-288.

CLINES, D. J. A. אֶדֶרֶת. In: CLINES, D. J. A. *The Dictionary of Classical Hebrew*. Sheffield: Sheffield Academic Press; Sheffield Phoenix Press, 1993, vol. 1, p. 137.

CLINES, D. J. A. אֵת I. In: CLINES, D. J. A. *The Dictionary of Classical Hebrew*. Sheffield: Sheffield Academic Press; Sheffield Phoenix Press, 1993, vol. 1, p. 439-448.

CLINES, D. J. A. אַף I. In: CLINES, D. J. A. *The Dictionary of Classical Hebrew*. Sheffield: Sheffield Academic Press; Sheffield Phoenix Press, 1993, vol. 1, p. 352-353.

CLINES, D. J. A. בוש I. *In*: CLINES, D. J. A. *The Dictionary of Classical Hebrew*. Sheffield: Sheffield Academic Press; Sheffield Phoenix Press, 1995, vol. 2, p. 130-132.

CLINES, D. J. A. בַּעַל I. *In*: CLINES, D. J. A. *The Dictionary of Classical Hebrew*. Sheffield: Sheffield Academic Press; Sheffield Phoenix Press, 1995, vol. 2, p. 237-239.

CLINES, D. J. A. בַּעַל זְבוּב. *In*: CLINES, D. J. A. *The Dictionary of Classical Hebrew*. Sheffield: Sheffield Academic Press; Sheffield Phoenix Press, 1995, vol. 2, p. 240.

CLINES, D. J. A. דֹּב. *In*: CLINES, D. J. A. *The Dictionary of Classical Hebrew*. Sheffield: Sheffield Academic Press; Sheffield Phoenix Press, 1995, vol. 2, p. 383.

CLINES, D. J. A. גִּלְגָּל I. *In*: CLINES, D. J. A. *The Dictionary of Classical Hebrew*. Sheffield: Sheffield Academic Press; Sheffield Phoenix Press, 1995, vol. 2, p. 348.

CLINES, D. J. A. גלם. *In*: CLINES, D. J. A. *The Dictionary of Classical Hebrew*. Sheffield: Sheffield Academic Press; Sheffield Phoenix Press, 1995, vol. 2, p. 356.

CLINES, D. J. A. דָּבָר. *In*: CLINES, D. J. A. *The Dictionary of Classical Hebrew*. Sheffield: Sheffield Academic Press; Sheffield Phoenix Press, 1995, vol. 2, p. 397-411.

CLINES, D. J. A. דרש. *In*: CLINES, D. J. A. *The Dictionary of Classical Hebrew*. Sheffield: Sheffield Academic Press; Sheffield Phoenix Press, 1995, vol. 2, p. 473-476.

CLINES, D. J. A. הוֹד I. *In*: CLINES, D. J. A. *The Dictionary of Classical Hebrew*. Sheffield: Sheffield Academic Press; Sheffield Phoenix Press, 1995, vol. 2, p. 500-501.

CLINES, D. J. A. זְבוּב. *In*: CLINES, D. J. A. *The Dictionary of Classical Hebrew*. Sheffield: Sheffield Academic Press; Sheffield Phoenix Press, 1996, vol. 3, p. 75.

CLINES, D. J. A. הֶבֶל I. *In*: CLINES, D. J. A. *The Dictionary of Classical Hebrew*. Sheffield: Sheffield Academic Press; Sheffield Phoenix Press, 1996, vol. 3, p. 151-152.

CLINES, D. J. A. חַי I. *In*: CLINES, D. J. A. *The Dictionary of Classical Hebrew*. Sheffield: Sheffield Academic Press; Sheffield Phoenix Press, 1996, vol. 3, p. 202-204.

CLINES, D. J. A. חצה I/II. *In*: CLINES, D. J. A. *The Dictionary of Classical Hebrew*. Sheffield: Sheffield Academic Press; Sheffield Phoenix Press, 1996, vol. 3, p. 292-293.

CLINES, D. J. A. חָרְבָה. *In*: CLINES, D. J. A. *The Dictionary of Classical Hebrew*. Sheffield: Sheffield Academic Press; Sheffield Phoenix Press, 1996, vol. 3, p. 311.

CLINES, D. J. A. יַרְדֵּן I/II. *In*: CLINES, D. J. A. *The Dictionary of Classical Hebrew*. Sheffield: Sheffield Academic Press; Sheffield Phoenix Press, 1998, vol. 4, p. 289-290.

CLINES, D. J. A. כַּרְמֶל I/II/III. *In*: CLINES, D. J. A. *The Dictionary of Classical Hebrew*. Sheffield: Sheffield Academic Press; Sheffield Phoenix Press, 1998, vol. 4, p. 462.

CLINES, D. J. A. מוֹצָא. *In*: CLINES, D. J. A. *The Dictionary of Classical Hebrew*. Sheffield: Sheffield Academic Press; Sheffield Phoenix Press, 2001, vol. 5, p. 183-185.

CLINES, D. J. A. מוֹשָׁב. *In*: CLINES, D. J. A. *The Dictionary of Classical Hebrew*. Sheffield: Sheffield Academic Press; Sheffield Phoenix Press, 2001, vol. 5, p. 190-192.

CLINES, D. J. A. מַלְאָךְ. *In*: CLINES, D. J. A. *The Dictionary of Classical Hebrew*. Sheffield: Sheffield Academic Press; Sheffield Phoenix Press, 2001, vol. 5, p. 284-288.

CLINES, D. J. A. מִשְׁפָּט. *In*: CLINES, D. J. A. *The Dictionary of Classical Hebrew*. Sheffield: Sheffield Academic Press; Sheffield Phoenix Press, 2001, vol. 5, p. 556-564.

CLINES, D. J. A. נֶגֶד I. *In*: CLINES, D. J. A. *The Dictionary of Classical Hebrew*. Sheffield: Sheffield Academic Press; Sheffield Phoenix Press, 2001, vol. 5, p. 603-604.

CLINES, D. J. A. נֶפֶשׁ I. *In*: CLINES, D. J. A. *The Dictionary of Classical Hebrew*. Sheffield: Sheffield Academic Press; Sheffield Phoenix Press, 2001, vol. 5, p. 724-734.

CLINES, D. J. A. סְעָרָה. *In*: CLINES, D. J. A. *The Dictionary of Classical Hebrew*. Sheffield: Sheffield Academic Press; Sheffield Phoenix Press, 2007, vol. 6, p. 176.

CLINES, D. J. A. עִיר. *In*: CLINES, D. J. A. *The Dictionary of Classical Hebrew*. Sheffield: Sheffield Academic Press; Sheffield Phoenix Press, 2007, vol. 6, p. 368.

CLINES, D. J. A. עֲלִיָּה. *In*: CLINES, D. J. A. *The Dictionary of Classical Hebrew*. Sheffield: Sheffield Academic Press; Sheffield Phoenix Press, 2007, vol. 6, p. 421-422.

CLINES, D. J. A. פֶּה. *In*: CLINES, D. J. A. *The Dictionary of Classical Hebrew*. Sheffield: Sheffield Academic Press; Sheffield Phoenix Press, 2007, vol. 6, p. 655-663.

CLINES, D. J. A. פצר. *In*: CLINES, D. J. A. *The Dictionary of Classical Hebrew*. Sheffield: Sheffield Academic Press; Sheffield Phoenix Press, 2007, vol. 6, p. 736.

CLINES, D. J. A. פָּרָשׁ. *In*: CLINES, D. J. A. *The Dictionary of Classical Hebrew*. Sheffield: Sheffield Academic Press; Sheffield Phoenix Press, 2007, vol. 6, p. 787-788.

CLINES, D. J. A. צִלְחָה. *In*: CLINES, D. J. A. *The Dictionary of Classical Hebrew*. Sheffield: Sheffield Academic Press; Sheffield Phoenix Press, 2010, vol. 7, p. 123.

CLINES, D. J. A. צְלֹחִית. *In*: CLINES, D. J. A. *The Dictionary of Classical Hebrew*. Sheffield: Sheffield Academic Press; Sheffield Phoenix Press, 2010, vol. 7, p. 123.

CLINES, D. J. A. קָטָן I. *In*: CLINES, D. J. A. *The Dictionary of Classical Hebrew*. Sheffield: Sheffield Academic Press; Sheffield Phoenix Press, 2010, vol. 7, p. 240-241.

CLINES, D. J. A. קלס I. *In*: CLINES, D. J. A. *The Dictionary of Classical Hebrew*. Sheffield: Sheffield Academic Press; Sheffield Phoenix Press, 2010, vol. 7, p. 259.

CLINES, D. J. A. קֶרַע. *In*: CLINES, D. J. A. *The Dictionary of Classical Hebrew*. Sheffield: Sheffield Academic Press; Sheffield Phoenix Press, 2010, vol. 7, p. 329.

CLINES, D. J. A. רֹאָה I. *In*: CLINES, D. J. A. *The Dictionary of Classical Hebrew*. Sheffield: Sheffield Academic Press; Sheffield Phoenix Press, 2010, vol. 7, p. 362.

CLINES, D. J. A. רֹאשׁ I. *In*: CLINES, D. J. A. *The Dictionary of Classical Hebrew*. Sheffield: Sheffield Academic Press; Sheffield Phoenix Press, 2010, vol. 7, p. 367-376.

CLINES, D. J. A. רוּחַ. *In*: CLINES, D. J. A. *The Dictionary of Classical Hebrew*. Sheffield: Sheffield Academic Press; Sheffield Phoenix Press, 2010, vol. 7, p. 427-440.

CLINES, D. J. A. רום I. *In*: CLINES, D. J. A. *The Dictionary of Classical Hebrew*. Sheffield: Sheffield Academic Press; Sheffield Phoenix Press, 2010, vol. 7, p. 441-449.

CLINES, D. J. A. רֶכֶב I. *In*: CLINES, D. J. A. *The Dictionary of Classical Hebrew*. Sheffield: Sheffield Academic Press; Sheffield Phoenix Press, 2010, vol. 7, p. 489-491.

CLINES, D. J. A. רעה II/III. *In*: CLINES, D. J. A. *The Dictionary of Classical Hebrew*. Sheffield: Sheffield Academic Press; Sheffield Phoenix Press, 2010, vol. 7, p. 520-521.

CLINES, D. J. A. רפא I. *In*: CLINES, D. J. A. *The Dictionary of Classical Hebrew*. Sheffield: Sheffield Academic Press; Sheffield Phoenix Press, 2010, vol. 7, p. 533-535.

CLINES, D. J. A. רפה. *In*: CLINES, D. J. A. *The Dictionary of Classical Hebrew*. Sheffield: Sheffield Academic Press; Sheffield Phoenix Press, 2010, vol. 7, p. 537-538.

CLINES, D. J. A. שְׁבָכָה. *In*: CLINES, D. J. A. *The Dictionary of Classical Hebrew*. Sheffield: Sheffield Academic Press; Sheffield Phoenix Press, 2011, vol. 8, p. 105-106.

CLINES, D. J. A. שחה I. *In*: CLINES, D. J. A. *The Dictionary of Classical Hebrew*. Sheffield: Sheffield Academic Press; Sheffield Phoenix Press, 2011, vol. 8, p. 316-319.

CLINES, D. J. A. שַׁעַר. *In*: CLINES, D. J. A. *The Dictionary of Classical Hebrew*. Sheffield: Sheffield Academic Press; Sheffield Phoenix Press, 2011, vol. 8, p. 175-176.

CLINES, D. J. A. שׁר I. *In*: CLINES, D. J. A. *The Dictionary of Classical Hebrew*. Sheffield: Sheffield Academic Press; Sheffield Phoenix Press, 2011, vol. 8, p. 182-190.

CLINES, D. J. A. שוב I. *In*: CLINES, D. J. A. *The Dictionary of Classical Hebrew*. Sheffield: Sheffield Academic Press; Sheffield Phoenix Press, 2011, vol. 8, p. 273-298.

CLINES, D. J. A. שחת I. *In*: CLINES, D. J. A. *The Dictionary of Classical Hebrew*. Sheffield: Sheffield Academic Press; Sheffield Phoenix Press, 2011, vol. 8, p. 331-332.

CLINES, D. J. A. שכל. *In*: CLINES, D. J. A. *The Dictionary of Classical Hebrew*. Sheffield: Sheffield Academic Press; Sheffield Phoenix Press, 2011, vol. 8, p. 353.

CLINES, D. J. A. שְׁלִישִׁי. *In*: CLINES, D. J. A. *The Dictionary of Classical Hebrew*. Sheffield: Sheffield Academic Press; Sheffield Phoenix Press, 2011, vol. 8, p. 393-395.

CLINES, D. J. A. [תְּשׁוּבָה] I. *In*: CLINES, D. J. A. *The Dictionary of Classical Hebrew*. Sheffield: Sheffield Academic Press; Sheffield Phoenix Press, 2011, vol. 8, p. 682-683.

CLINES, D. J. A. תִּשְׁבִּי. *In*: CLINES, D. J. A. *The Dictionary of Classical Hebrew*. Sheffield: Sheffield Academic Press; Sheffield Phoenix Press, 2011, vol. 8, p. 681-682.

COHEN, G. G. שׁוּם. *In*: HARRIS, R. L.; GLEASON JR., L. A.; WALTKE, B. K. (orgs.). Dicionário Internacional de Teologia do Antigo Testamento. São Paulo: Vida Nova, 1998, p. 1469-1471.

COHEN, G. G. שָׂדַר. *In*: HARRIS, R. L.; GLEASON JR., L. A.; WALTKE, B. K. (orgs.). Dicionário Internacional de Teologia do Antigo Testamento. São Paulo: Vida Nova, 1998, p. 1493-1494.

COHEN, S. Jordan. *In*: BUTTRICK, G. A. (org.). *The Interpreter's Dictionary of the Bible*. Nova York: Abingdon Press, 1962, vol. 2, p. 973-978.

COLLINS, C. J. אדר. *In*: VAN GEMEREN, W. (org.). *Novo Dicionário Internacional de Teologia e Exegese do Antigo Testamento*. São Paulo: Cultura Cristã, 2011, vol. 1, p. 268-270.

COLLINS, C. J. שׁלח. *In*: VAN GEMEREN, W. (org.). *Novo Dicionário Internacional de Teologia e Exegese do Antigo Testamento*. São Paulo: Cultura Cristã, 2011, vol. 4, p. 119-124.

CONRAD, J. נכה. *In*: BOTTERWECK, G. J.; RIGGREN, H.; FABRY, H.-J. (orgs.). Theological Dictionary of the Old Testament. ed. rev. Grand Rapids: William B. Eerdmans, 1998, vol. 9, p. 415-423.

CONRAD, J. פָּרַץ. *In*: BOTTERWECK, G. J.; RIGGREN, H.; FABRY, H.-J. (orgs.). Theological Dictionary of the Old Testament. ed. rev. Grand Rapids: William B. Eerdmans, 2003, vol. 12, p. 104-110.

CONRAD, J. קָטֹן. *In*: BOTTERWECK, G. J.; RIGGREN, H.; FABRY, H.-J. (orgs.). Theological Dictionary of the Old Testament. Ed. rev. Grand Rapids: William B. Eerdmans, 2004, vol. 13, p. 3-9.

COPPES, L. J. אָדַר. *In*: HARRIS, R. L.; GLEASON JR., L. A.; WALTKE, B. K. (orgs.). Dicionário Internacional de Teologia do Antigo Testamento. São Paulo: Vida Nova, 1998, p. 18-19.

COPPES, L. J. דָּרַשׁ. *In*: HARRIS, R. L.; GLEASON JR., L. A.; WALTKE, B. K. (orgs.). Dicionário Internacional de Teologia do Antigo Testamento. São Paulo: Vida Nova, 1998, p. 327-329.

COPPES, L. J. הָלַךְ. *In*: HARRIS, R. L.; GLEASON JR., L. A.; WALTKE, B. K. (orgs.). Dicionário Internacional de Teologia do Antigo Testamento. São Paulo: Vida Nova, 1998, p. 355-356.

COPPES, L. J. חָשָׁה. *In*: HARRIS, R. L.; GLEASON JR., L. A.; WALTKE, B. K. (orgs.). Dicionário Internacional de Teologia do Antigo Testamento. São Paulo: Vida Nova, 1998, p. 545.

COPPES, L. J. יוֹם. *In*: HARRIS, R. L.; GLEASON JR., L. A.; WALTKE, B. K. (orgs.). Dicionário Internacional de Teologia do Antigo Testamento. São Paulo: Vida Nova, 1998, p. 604-606.

COPPES, L. J. נָגַשׁ. *In*: HARRIS, R. L.; GLEASON JR., L. A.; WALTKE, B. K. (orgs.). Dicionário Internacional de Teologia do Antigo Testamento. São Paulo: Vida Nova, 1998, p. 920-921.

COPPES, L. J. נוּחַ. *In*: HARRIS, R. L.; GLEASON JR., L. A.; WALTKE, B. K. (orgs.). Dicionário Internacional de Teologia do Antigo Testamento. São Paulo: Vida Nova, 1998, p. 936-938.

COPPES, L. J. קוּם. *In*: HARRIS, R. L.; GLEASON JR., L. A.; WALTKE, B. K. (orgs.). Dicionário Internacional de Teologia do Antigo Testamento. São Paulo: Vida Nova, 1998, p. 1331-1333.

COPPES, L. J. קָטֹן. *In*: HARRIS, R. L.; GLEASON JR., L. A.; WALTKE, B. K. (orgs.). Dicionário Internacional de Teologia do Antigo Testamento. São Paulo: Vida Nova, 1998, p. 1335-1336.

COPPES, L. J. קָלַל. *In*: HARRIS, R. L.; GLEASON JR., L. A.; WALTKE, B. K. (orgs.). Dicionário Internacional de Teologia do Antigo Testamento. São Paulo: Vida Nova, 1998, p. 1345-1347.

COPPES, L. J. קלס. *In*: HARRIS, R. L.; GLEASON JR., L. A.; WALTKE, B. K. (orgs.). Dicionário Internacional de Teologia do Antigo Testamento. São Paulo: Vida Nova, 1998, p. 1347.

COPPES, L. J. קרא II. *In*: HARRIS, R. L.; GLEASON JR., L. A.; WALTKE, B. K. (orgs.). Dicionário Internacional de Teologia do Antigo Testamento. São Paulo: Vida Nova, 1998, p. 1366.

COPPES, L. J. קרח. *In*: HARRIS, R. L.; GLEASON JR., L. A.; WALTKE, B. K. (orgs.). Dicionário Internacional de Teologia do Antigo Testamento. São Paulo: Vida Nova, 1998, p. 1373-1374.

COPPES, L. J. קרע. *In*: HARRIS, R. L.; GLEASON JR., L. A.; WALTKE, B. K. (orgs.). Dicionário Internacional de Teologia do Antigo Testamento. São Paulo: Vida Nova, 1998, p. 1375-1376.

CORNELIUS, I. יַעַר. *In*: VAN GEMEREN, W. (org.). *Novo Dicionário Internacional de Teologia e Exegese do Antigo Testamento*. São Paulo: Cultura Cristã, 2011, vol. 2, p. 491-492.

CORNELIUS, I. כַּרְמֶל. *In*: VAN GEMEREN, W. (org.). *Novo Dicionário Internacional de Teologia e Exegese do Antigo Testamento*. São Paulo: Cultura Cristã, 2011, vol. 2, p. 723.

CULVER, R. D. מָלַךְ I. *In*: HARRIS, R. L.; GLEASON JR., L. A.; WALTKE, B. K. (orgs.). Dicionário Internacional de Teologia do Antigo Testamento. São Paulo: Vida Nova, 1998, p. 840-846.

CULVER, R. D. נָבָא. *In*: HARRIS, R. L.; GLEASON JR., L. A.; WALTKE, B. K. (orgs.). Dicionário Internacional de Teologia do Antigo Testamento. São Paulo: Vida Nova, 1998, p. 904-906.

CULVER, R. D. רָאָה. *In*: HARRIS, R. L.; GLEASON JR., L. A.; WALTKE, B. K. (orgs.). Dicionário Internacional de Teologia do Antigo Testamento. São Paulo: Vida Nova, 1998, p. 1383-1387.

CULVER, R. D. שָׁפַט. *In*: HARRIS, R. L.; GLEASON JR., L. A.; WALTKE, B. K. (orgs.). Dicionário Internacional de Teologia do Antigo Testamento. São Paulo: Vida Nova, 1998, p. 1602-1606.

DAHMEN, U.; VAN DER VELDEN, H. שָׁלַח. *In*: BOTTERWECK, G. J.; RIGGREN, H.; FABRY, H.-J. (orgs.). Theological Dictionary of the Old Testament. Ed. rev. Grand Rapids: William B. Eerdmans, 2006, vol. 15, p. 49-73.

DE MOOR, J. C.; MULDER, M. J. בַּעַל. *In*: BOTTERWECK, G. J.; RIGGREN, H.; FABRY, H.-J. (orgs.). Theological Dictionary of the Old Testament. Ed. rev. Grand Rapids: William B. Eerdmans, 1977, vol. 2, p. 181-200.

DEARMAN, J. A.; MATTINGLY, G. L. Mesha Stele. *In*: FREEDMAN, D. N. (org.). *The Anchor Yale Bible Dictionary*. Nova York: Doubleday, 1992, vol. 4, p. 708-709.

DELCOR, M.; JENNI, E. שלח. *In*: JENNI, E.; WESTERMANN, C. (orgs.). Theological Lexicon of the Old Testament. Peabody: Hendrickson, 1997, p. 1330-1334.

DENNINGER, D. דָּרַשׁ. *In*: VAN GEMEREN, W. (org.). *Novo Dicionário Internacional de Teologia e Exegese do Antigo Testamento*. São Paulo: Cultura Cristã, 2011, vol. 1, p. 967-973.

DOHMEN, R. רעע. *In*: BOTTERWECK, G. J.; RIGGREN, H.; FABRY, H.-J. (orgs.). Theological Dictionary of the Old Testament. Ed. rev. Grand Rapids: William B. Eerdmans, 2004, vol. 13, p. 560-589.

DOTHAN, T.; GITIN, S. Ekron (Place). *In*: FREEDMAN, D. N. (org.). *The Anchor Yale Bible Dictionary*. Nova York: Doubleday, 1992, vol. 2, p. 415-422.

DREYTZA, M. שָׁעַר II. *In*: VAN GEMEREN, W. (org.). *Novo Dicionário Internacional de Teologia e Exegese do Antigo Testamento*. São Paulo: Cultura Cristã, 2011, vol. 3, p. 1256-1257.

EISING, H. מֶלַח. *In*: BOTTERWECK, G. J.; RIGGREN, H.; FABRY, H.-J. (orgs.). Theological Dictionary of the Old Testament. Ed. rev. Grand Rapids: William B. Eerdmans, 1997, vol. 8, p. 331-333.

EISING, H. חַיִל. *In*: BOTTERWECK, G. J.; RIGGREN, H.; FABRY, H.-J. (orgs.). Theological Dictionary of the Old Testament. Ed. rev. Grand Rapids: William B. Eerdmans, 1980, vol. 4, p. 348-355.

EISING, H.; FABRY, H.-J. כָּרַע. *In*: BOTTERWECK, G. J.; RIGGREN, H.; FABRY, H.-J. (orgs.). Theological Dictionary of the Old Testament. Ed. rev. Grand Rapids: William B. Eerdmans, 1995, vol. 7, p. 336-339.

EISSFELDT, O. אָדוֹן. *In*: BOTTERWECK, G. J.; RIGGREN, H.; FABRY, H.-J. (orgs.). Theological Dictionary of the Old Testament. Ed. rev. Grand Rapids: William B. Eerdmans, 1977, vol. 1, p. 59-72.

ELS, P. J. J. S. לקח. *In*: VAN GEMEREN, W. (org.). *Novo Dicionário Internacional de Teologia e Exegese do Antigo Testamento*. São Paulo: Cultura Cristã, 2011, vol. 2, p. 812-816.

ENNS, P. מִשְׁפָּט. *In*: VAN GEMEREN, W. (org.). *Novo Dicionário Internacional de Teologia e Exegese do Antigo Testamento*. São Paulo: Cultura Cristã, 2011, vol. 2, p. 1140-1142.

FABRY, H.-J. זְבוּב; דְּבָה. *In*: BOTTERWECK, G. J.; RIGGREN, H.; FABRY, H.-J. (orgs.). Theological Dictionary of the Old Testament. Ed. rev. Grand Rapids: William B. Eerdmans, 1978, vol. 3, p. 72-79.

FABRY, H.-J. חבל. *In*: BOTTERWECK, G. J.; RIGGREN, H.; FABRY, H.-J. (orgs.). Theological Dictionary of the Old Testament. Ed. rev. Grand Rapids: William B. Eerdmans, 1980, vol. 4, p. 172-179.

FABRY, H.-J. סַעַר. *In*: BOTTERWECK, G. J.; RIGGREN, H.; FABRY, H.-J. (orgs.). Theological Dictionary of the Old Testament. Ed. rev. Grand Rapids: William B. Eerdmans, 1999, vol. 10, p. 291-296.

FABRY, H.-J. שֵׁם. *In*: BOTTERWECK, G. J.; RIGGREN, H.; FABRY, H.-J. (orgs.). Theological Dictionary of the Old Testament. Ed. rev. Grand Rapids: William B. Eerdmans, 2006, vol. 15, p. 128-176.

FEINBERG, C. L. אָמַר. *In*: HARRIS, R. L.; GLEASON JR., L. A.; WALTKE, B. K. (orgs.). Dicionário Internacional de Teologia do Antigo Testamento. São Paulo: Vida Nova, 1998, p. 89-92.

FICKER, R. מַלְאָךְ. *In*: JENNI, E.; WESTERMANN, C. (orgs.). Theological Lexicon of the Old Testament. Peabody: Hendrickson, 1997, p. 666-672.

FICKER, R. רכב. *In*: JENNI, E.; WESTERMANN, C. (orgs.). Theological Lexicon of the Old Testament. Peabody: Hendrickson, 1997, p. 1237-1239.

FIRMAGE JR., E.; MILGROM, J.; DAHMEN, U. רוּם. *In*: BOTTERWECK, G. J.; RIGGREN, H.; FABRY, H.-J. (orgs.). Theological Dictionary of the Old Testament. Ed. rev. Grand Rapids: William B. Eerdmans, 2004, vol. 13, p. 402-412.

FISHER, M. C. נַעַר. *In*: HARRIS, R. L.; GLEASON JR., L. A.; WALTKE, B. K. (orgs.). Dicionário Internacional de Teologia do Antigo Testamento. São Paulo: Vida Nova, 1998, p. 977-978.

FISHER, M. C. נפל I. *In*: HARRIS, R. L.; GLEASON JR., L. A.; WALTKE, B. K. (orgs.). Dicionário Internacional de Teologia do Antigo Testamento. São Paulo: Vida Nova, 1998, p. 979-980.

FOULKES, F. שׁוּבְךָ. *In*: VAN GEMEREN, W. (org.). *Novo Dicionário Internacional de Teologia e Exegese do Antigo Testamento*. São Paulo: Cultura Cristã, 2011, vol. 3, p. 1214.

FOULKES, F.; SOUTHWELL, P. J. M. פָּצַר. *In*: VAN GEMEREN, W. (org.). *Novo Dicionário Internacional de Teologia e Exegese do Antigo Testamento*. São Paulo: Cultura Cristã, 2011, vol. 3, p. 654-655.

FREDERICKS, D. C. נֶפֶשׁ. *In*: VAN GEMEREN, W. (org.). *Novo Dicionário Internacional de Teologia e Exegese do Antigo Testamento*. São Paulo: Cultura Cristã, 2011, vol. 3, p. 136-137.

FREEDMAN, D. N.; LUNDBOM, J. R.; FABRY, H.-J. חָנַן. *In*: BOTTERWECK, G. J.; RIGGREN, H.; FABRY, H.-J. (orgs.). Theological Dictionary of the Old Testament. Ed. rev. Grand Rapids: William B. Eerdmans, 1986, vol. 5, p. 22-36.

FREEDMAN, D. N. et al. נָשָׂא. *In*: BOTTERWECK, G. J.; RIGGREN, H.; FABRY, H.-J. (orgs.). Theological Dictionary of the Old Testament. Ed. rev. Grand Rapids: William B. Eerdmans, 1999, vol. 10, p. 24-39.

FREEDMAN, D. N. et al. מַלְאָךְ. *In*: BOTTERWECK, G. J.; RIGGREN, H.; FABRY, H.-J. (orgs.). Theological Dictionary of the Old Testament. Ed. rev. Grand Rapids: William B. Eerdmans, 1997, vol. 8, p. 308-324.

FRETHEIM, T. E. חוה (2). *In*: VAN GEMEREN, W. (org.). *Novo Dicionário Internacional de Teologia e Exegese do Antigo Testamento*. São Paulo: Cultura Cristã, 2011, vol. 2, p. 42-43.

FRETHEIM, T. E. חנן (1). *In*: VAN GEMEREN, W. (org.). *Novo Dicionário Internacional de Teologia e Exegese do Antigo Testamento*. São Paulo: Cultura Cristã, 2011, vol. 2, p. 201-204.

FUHS, H. F. יָרֵא. *In*: BOTTERWECK, G. J.; RIGGREN, H.; FABRY, H.-J. (orgs.). Theological Dictionary of the Old Testament. Ed. rev. Grand Rapids: William B. Eerdmans, 1990, vol. 6, p. 290-315.

FUHS, H. F. נַעַר. In: BOTTERWECK, G. J.; RIGGREN, H.; FABRY, H.-J. (orgs.). Theological Dictionary of the Old Testament. Ed. rev. Grand Rapids: William B. Eerdmans, 1998, vol. 9, p. 474-485.

FUHS, H. F. עָבַר. In: BOTTERWECK, G. J.; RIGGREN, H.; FABRY, H.-J. (orgs.). Theological Dictionary of the Old Testament. Ed. rev. Grand Rapids: William B. Eerdmans, 1999, vol. 10, p. 408-425.

FUHS, H. F. עָלָה. In: BOTTERWECK, G. J.; RIGGREN, H.; FABRY, H.-J. (orgs.). Theological Dictionary of the Old Testament. Ed. rev. Grand Rapids: William B. Eerdmans, 2001, vol. 11, p. 76-95.

FUHS, H. F. רָאָה. In: BOTTERWECK, G. J.; RIGGREN, H.; FABRY, H.-J. (orgs.). Theological Dictionary of the Old Testament. Ed. rev. Grand Rapids: William B. Eerdmans, 2004, vol. 13, p. 208-242.

FUHS, H. F. שָׁאַל. In: BOTTERWECK, G. J.; RIGGREN, H.; FABRY, H.-J. (orgs.). Theological Dictionary of the Old Testament. Ed. rev. Grand Rapids: William B. Eerdmans, 2004, vol. 14, p. 249-264.

GAMBERONI, J. קוּם. In: BOTTERWECK, G. J.; RIGGREN, H.; FABRY, H.-J. (orgs.). Theological Dictionary of the Old Testament. Ed. rev. Grand Rapids: William B. Eerdmans, 2003, vol. 12, p. 589-612.

GERLEMAN, G. אכל. In: JENNI, E.; WESTERMANN, C. (orgs.). Theological Lexicon of the Old Testament. Peabody: Hendrickson, 1997, p. 104-107.

GERLEMAN, G. בקשׁ. In: JENNI, E.; WESTERMANN, C. (orgs.). Theological Lexicon of the Old Testament. Peabody: Hendrickson, 1997, p. 251-253.

GERLEMAN, G. דָּבָר. In: JENNI, E.; WESTERMANN, C. (orgs.). Theological Lexicon of the Old Testament. Peabody: Hendrickson, 1997, p. 325-332.

GERLEMAN, G. חיה. In: JENNI, E.; WESTERMANN, C. (orgs.). Theological Lexicon of the Old Testament. Peabody: Hendrickson, 1997, p. 411-417.

GERLEMAN, G. מות. In: JENNI, E.; WESTERMANN, C. (orgs.). Theological Lexicon of the Old Testament. Peabody: Hendrickson, 1997, p. 660-664.

GERLEMAN, G. מצא. In: JENNI, E.; WESTERMANN, C. (orgs.). Theological Lexicon of the Old Testament. Peabody: Hendrickson, 1997, p. 682-684.

GERLEMAN, G. שׁאל. In: JENNI, E.; WESTERMANN, C. (orgs.). Theological Lexicon of the Old Testament. Peabody: Hendrickson, 1997, p. 660-664, p. 1282-1284.

GERLEMAN, G.; RUPRECHT, E. דרשׁ. In: JENNI, E.; WESTERMANN, C. (orgs.). Theological Lexicon of the Old Testament. Peabody: Hendrickson, 1997, p. 346-351.

GERSTENBERGER, E. עָזַב. In: BOTTERWECK, G. J.; RIGGREN, H.; FABRY, H.-J. (orgs.). Theological Dictionary of the Old Testament. Ed. rev. Grand Rapids: William B. Eerdmans, 1999, vol. 10, p. 584-592.

GILCHRIST, P. R. יָלַד. In: HARRIS, R. L.; GLEASON JR., L. A.; WALTKE, B. K. (orgs.). Dicionário Internacional de Teologia do Antigo Testamento. São Paulo: Vida Nova, 1998, p. 618-621.

GILCHRIST, P. R. יַעַר. In: HARRIS, R. L.; GLEASON JR., L. A.; WALTKE, B. K. (orgs.). Dicionário Internacional de Teologia do Antigo Testamento. São Paulo: Vida Nova, 1998, p. 639-640.

GILCHRIST, P. R. יָצָא. In: HARRIS, R. L.; GLEASON JR., L. A.; WALTKE, B. K. (orgs.). Dicionário Internacional de Teologia do Antigo Testamento. São Paulo: Vida Nova, 1998, p. 643-645.

GOLDBERG, L. בָּגַד. In: HARRIS, R. L.; GLEASON JR., L. A.; WALTKE, B. K. (orgs.). Dicionário Internacional de Teologia do Antigo Testamento. São Paulo: Vida Nova, 1998, p. 148-149.

GORDON, R. P. קלל. In: VAN GEMEREN, W. (org.). *Novo Dicionário Internacional de Teologia e Exegese do Antigo Testamento.* São Paulo: Cultura Cristã, 2011, vol. 3, p. 924-925.

GÖRG, M. יַרְדֵּן. In: BOTTERWECK, G. J.; RIGGREN, H.; FABRY, H.-J. (orgs.). Theological Dictionary of the Old Testament. Ed. rev. Grand Rapids: William B. Eerdmans, 1990, vol. 6, p. 322-330.

GÖRG, M. מֹשֶׁב. In: BOTTERWECK, G. J.; RIGGREN, H.; FABRY, H.-J. (orgs.). Theological Dictionary of the Old Testament. Ed. rev. Grand Rapids: William B. Eerdmans, 1990, vol. 6, p. 420-438.

GRAF, F. Heros. In: VAN DER TOORN, K.; VAN DER HORST, P. W. (org.). Dictionary of Deities and Demons in the Bible. 2nd extensively revised edition. Leiden: E. J. Brill; William B. Eerdmans, 1999, p. 412-415.

GRAUPNER, M.; FABRY, H.-J. שׁוּב. In: BOTTERWECK, G. J.; RIGGREN, H.; FABRY, H.-J. (orgs.). Theological Dictionary of the Old Testament. Ed. rev. Grand Rapids: William B. Eerdmans, 2004, vol. 14, p. 461-522.

GREEVEN, H.; HERRMANN, J. εὔχομαι, εὐχή, προσεύχομαι, προσευχή. In: KITTEL, G.; BROMILEY, G. W.; FRIEDRICH, G. (orgs.). Theological Dictionary of the New Testament. Grand Rapids: William B. Eerdmans, 1964-. vol. 2, p. 775-808.

GRISANTI, M. A. הָיָה. In: VAN GEMEREN, W. (org.). *Novo Dicionário Internacional de Teologia e Exegese do Antigo Testamento.* São Paulo: Cultura Cristã, 2011, vol. 1, p. 996-1001.

GRISANTI, M. A. מַיִם. In: VAN GEMEREN, W. (org.). *Novo Dicionário Internacional de Teologia e Exegese do Antigo Testamento.* São Paulo: Cultura Cristã, 2011, vol. 2, p. 928-932.

GRISANTI, M. A. מצא. In: VAN GEMEREN, W. (org.). *Novo Dicionário Internacional de Teologia e Exegese do Antigo Testamento.* São Paulo: Cultura Cristã, 2011, vol. 2, p. 1058-1061.

GRISANTI, M. A. קרה. In: VAN GEMEREN, W. (org.). *Novo Dicionário Internacional de Teologia e Exegese do Antigo Testamento.* São Paulo: Cultura Cristã, 2011, vol. 3, p. 981-983.

HADLEY, J. M. Baal. In: VAN GEMEREN, W. (org.). *Novo Dicionário Internacional de Teologia e Exegese do Antigo Testamento.* São Paulo: Cultura Cristã, 2011, vol. 4, p. 418-424.

HADLEY, J. M. Carmelo (כַּרְמֶל). *In*: VAN GEMEREN, W. (org.). *Novo Dicionário Internacional de Teologia e Exegese do Antigo Testamento*. São Paulo: Cultura Cristã, 2011, vol. 4, p. 455-456.

HADLEY, J. M. Elias e Eliseu. *In*: VAN GEMEREN, W. (org.). *Novo Dicionário Internacional de Teologia e Exegese do Antigo Testamento*. São Paulo: Cultura Cristã, 2011, vol. 4, p. 562-568.

HAMILTON, V. P. אִישׁ. *In*: VAN GEMEREN, W. (org.). *Novo Dicionário Internacional de Teologia e Exegese do Antigo Testamento*. São Paulo: Cultura Cristã, 2011, vol. 1, p. 379-381.

HAMILTON, V. P. אֶרֶץ. *In*: HARRIS, R. L.; GLEASON JR., L. A.; WALTKE, B. K. (orgs.). Dicionário Internacional de Teologia do Antigo Testamento. São Paulo: Vida Nova, 1998, p. 124-126.

HAMILTON, V. P. ארר. *In*: HARRIS, R. L.; GLEASON JR., L. A.; WALTKE, B. K. (orgs.). Dicionário Internacional de Teologia do Antigo Testamento. São Paulo: Vida Nova, 1998, p. 126-127.

HAMILTON, V. P. אֵשׁ. *In*: HARRIS, R. L.; GLEASON JR., L. A.; WALTKE, B. K. (orgs.). Dicionário Internacional de Teologia do Antigo Testamento. São Paulo: Vida Nova, 1998, p. 128-129.

HAMILTON, V. P. בקע. *In*: VAN GEMEREN, W. (org.). *Novo Dicionário Internacional de Teologia e Exegese do Antigo Testamento*. São Paulo: Cultura Cristã, 2011, vol. 1, p. 679-681.

HAMILTON, V. P. ילד. *In*: VAN GEMEREN, W. (org.). *Novo Dicionário Internacional de Teologia e Exegese do Antigo Testamento*. São Paulo: Cultura Cristã, 2011, vol. 2, p. 454-459.

HAMILTON, V. P. הָיָה. *In*: HARRIS, R. L.; GLEASON JR., L. A.; WALTKE, B. K. (orgs.). Dicionário Internacional de Teologia do Antigo Testamento. São Paulo: Vida Nova, 1998, p. 351-352.

HAMILTON, V. P. מלח. *In*: VAN GEMEREN, W. (org.). *Novo Dicionário Internacional de Teologia e Exegese do Antigo Testamento*. São Paulo: Cultura Cristã, 2011, vol. 2, p. 946-948.

HAMILTON, V. P. מִשְׁכֶּלֶת. *In*: HARRIS, R. L.; GLEASON JR., L. A.; WALTKE, B. K. (orgs.). Dicionário Internacional de Teologia do Antigo Testamento. São Paulo: Vida Nova, 1998, p. 1559.

HAMILTON, V. P. מָתְנַיִם. *In*: VAN GEMEREN, W. (org.). *Novo Dicionário Internacional de Teologia e Exegese do Antigo Testamento*. São Paulo: Cultura Cristã, 2011, vol. 2, p. 1147-1148.

HAMILTON, V. P. מָתְנַיִם. *In*: HARRIS, R. L.; GLEASON JR., L. A.; WALTKE, B. K. (orgs.). Dicionário Internacional de Teologia do Antigo Testamento. São Paulo: Vida Nova, 1998, p. 895-897.

HAMILTON, V. P. נַעַר. *In*: VAN GEMEREN, W. (org.). *Novo Dicionário Internacional de Teologia e Exegese do Antigo Testamento*. São Paulo: Cultura Cristã, 2011, vol. 3, p. 127-130.

HAMILTON, V. P. נשׂא. *In*: VAN GEMEREN, W. (org.). *Novo Dicionário Internacional de Teologia e Exegese do Antigo Testamento*. São Paulo: Cultura Cristã, 2011, vol. 3, p. 163-167.

HAMILTON, V. P. פֶּה. *In*: HARRIS, R. L.; GLEASON JR., L. A.; WALTKE, B. K. (orgs.). Dicionário Internacional de Teologia do Antigo Testamento. São Paulo: Vida Nova, 1998, p. 1204.

HAMILTON, V. P. פָּנָה. *In*: HARRIS, R. L.; GLEASON JR., L. A.; WALTKE, B. K. (orgs.). Dicionário Internacional de Teologia do Antigo Testamento. São Paulo: Vida Nova, 1998, p. 1220-1222.

HAMILTON, V. P. שׁוּב. *In*: HARRIS, R. L.; GLEASON JR., L. A.; WALTKE, B. K. (orgs.). Dicionário Internacional de Teologia do Antigo Testamento. São Paulo: Vida Nova, 1998, p. 1532-1534.

HAMILTON, V. P. שׂכל. *In*: VAN GEMEREN, W. (org.). *Novo Dicionário Internacional de Teologia e Exegese do Antigo Testamento*. São Paulo: Cultura Cristã, 2011, vol. 4, p. 106-107.

HAMP, V. חֲלָצִים. *In*: BOTTERWECK, G. J.; RIGGREN, H.; FABRY, H.-J. (orgs.). Theological Dictionary of the Old Testament. Ed. rev. Grand Rapids: William B. Eerdmans, 1980, vol. 4, p. 441-444.

HARMAN, A. M. Partículas. *In*: VAN GEMEREN, W. (org.). *Novo Dicionário Internacional de Teologia e Exegese do Antigo Testamento*. São Paulo: Cultura Cristã, 2011, vol. 4, p. 1024-1038.

HARMAN, A. M. נפל. *In*: VAN GEMEREN, W. (org.). *Novo Dicionário Internacional de Teologia e Exegese do Antigo Testamento*. São Paulo: Cultura Cristã, 2011, vol. 3, p. 132-134.

HARMAN, A. M. עבר (1). *In*: VAN GEMEREN, W. (org.). *Novo Dicionário Internacional de Teologia e Exegese do Antigo Testamento*. São Paulo: Cultura Cristã, 2011, vol. 3, p. 315-318.

HARRIS, R. L. כַּרְמֶל. *In*: HARRIS, R. L.; GLEASON JR., L. A.; WALTKE, B. K. (orgs.). Dicionário Internacional de Teologia do Antigo Testamento. São Paulo: Vida Nova, 1998, p. 749.

HARRIS, R. L. כָּרַע. *In*: HARRIS, R. L.; GLEASON JR., L. A.; WALTKE, B. K. (orgs.). Dicionário Internacional de Teologia do Antigo Testamento. São Paulo: Vida Nova, 1998, p. 748.

HARRISON, R. K. חלה. *In*: VAN GEMEREN, W. (org.). *Novo Dicionário Internacional de Teologia e Exegese do Antigo Testamento*. São Paulo: Cultura Cristã, 2011, vol. 2, p. 137-140.

HARTLEY, J. E. יָקַר. *In*: HARRIS, R. L.; GLEASON JR., L. A.; WALTKE, B. K. (orgs.). Dicionário Internacional de Teologia do Antigo Testamento. São Paulo: Vida Nova, 1998, p. 652-653.

HARTLEY, J. E. יְרִיחוֹ. *In*: HARRIS, R. L.; GLEASON JR., L. A.; WALTKE, B. K. (orgs.). Dicionário Internacional de Teologia do Antigo Testamento. São Paulo: Vida Nova, 1998, p. 667-669.

HARTLEY, J. E. שִׁמְרוֹן. *In*: HARRIS, R. L.; GLEASON JR., L. A.; WALTKE, B. K. (orgs.). Dicionário Internacional de Teologia do Antigo Testamento. São Paulo: Vida Nova, 1998, p. 1588-1589.

HASEL, G. זָעַק. *In*: BOTTERWECK, G. J.; RIGGREN, H.; FABRY, H.-J. (orgs.). Theological Dictionary of the Old Testament. Ed. rev. Grand Rapids: William B. Eerdmans, 1980, vol. 4, p. 112-121.

HAUSMANN, J. פָּרַד. *In*: BOTTERWECK, G. J.; RIGGREN, H.; FABRY, H.-J. (orgs.). Theological Dictionary of the Old Testament. Ed. rev. Grand Rapids: William B. Eerdmans (orgs.), 2003, vol. 12, p. 76-79.

HAYDEN, R. E. חרב. *In*: VAN GEMEREN, W. (org.). *Novo Dicionário Internacional de Teologia e Exegese do Antigo Testamento*. São Paulo: Cultura Cristã, 2011, vol. 2, p. 256-257.

HELFMEYER, F. J. הָלַךְ. *In*: BOTTERWECK, G. J.; RIGGREN, H.; FABRY, H.-J. (orgs.). Theological Dictionary of the Old Testament. Ed. rev. Grand Rapids: William B. Eerdmans (orgs.), 1978, vol. 3, p. 388-403.

HESS, R. חצה. *In*: VAN GEMEREN, W. (org.). *Novo Dicionário Internacional de Teologia e Exegese do Antigo Testamento*. São Paulo: Cultura Cristã, 2011, vol. 2, p. 243-244.

HESS, R. פָּרַד. *In*: VAN GEMEREN, W. (org.). *Novo Dicionário Internacional de Teologia e Exegese do Antigo Testamento*. São Paulo: Cultura Cristã, 2011, vol. 3, p. 671-672.

HESSE, F. חָזַק. *In*: BOTTERWECK, G. J.; RIGGREN, H.; FABRY, H.-J. (orgs.). Theological Dictionary of the Old Testament. Ed. rev. Grand Rapids: William B. Eerdmans (orgs.), 1980, vol. 4, p. 301-308.

HOLLAND, T. A. Jericho (Place). *In*: FREEDMAN, D. N. (org.). *The Anchor Yale Bible Dictionary*. Nova York: Doubleday, 1992, vol. 3, p. 723-740.

HOSTETTER, E. C. צְלֹחִית. *In*: VAN GEMEREN, W. (org.). *Novo Dicionário Internacional de Teologia e Exegese do Antigo Testamento*. São Paulo: Cultura Cristã, 2011, vol. 2, p. 654.

HÖVER-JOHAG, I. טוֹב. *In*: BOTTERWECK, G. J.; RIGGREN, H.; FABRY, H.-J. (orgs.). Theological Dictionary of the Old Testament. Ed. rev. Grand Rapids: William B. Eerdmans (orgs.), 1986, vol. 5, p. 296-317.

HULST, A. R. עִיר. *In*: JENNI, E.; WESTERMANN, C. (orgs.). Theological Lexicon of the Old Testament. Peabody: Hendrickson, 1997, p. 880-883.

ILLMAN, K.-J.; RINGGREN, H.; FABRY, H.-J. מוּת. *In*: BOTTERWECK, G. J.; RIGGREN, H.; FABRY, H.-J. (orgs.). Theological Dictionary of the Old Testament. Ed. rev. Grand Rapids: William B. Eerdmans (orgs.), 1997, vol. 8, p. 185-209.

JENNI, E. אָב. *In*: JENNI, E.; WESTERMANN, C. (orgs.). Theological Lexicon of the Old Testament. Peabody: Hendrickson, 1997, p. 1-13.

JENNI, E. אָדוֹן. *In*: JENNI, E.; WESTERMANN, C. (orgs.). Theological Lexicon of the Old Testament. Peabody: Hendrickson, 1997, p. 23-29.

JENNI, E. אַדִּיר. *In*: JENNI, E.; WESTERMANN, C. (orgs.). Theological Lexicon of the Old Testament. Peabody: Hendrickson, 1997, p. 29-31.

JENNI, E. יוֹם. *In*: JENNI, E.; WESTERMANN, C. (orgs.). Theological Lexicon of the Old Testament. Peabody: Hendrickson, 1997, p. 526-539.

JENNI, E. יצא. *In*: JENNI, E.; WESTERMANN, C. (orgs.). Theological Lexicon of the Old Testament. Peabody: Hendrickson, 1997, p. 561-566.

JENSON, P. P. שָׁנִים. *In*: VAN GEMEREN, W. (org.). *Novo Dicionário Internacional de Teologia e Exegese do Antigo Testamento*. São Paulo: Cultura Cristã, 2011, vol. 4, p. 193-194.

JEREMIAS, J. נָבִיא. *In*: JENNI, E.; WESTERMANN, C. (orgs.). Theological Lexicon of the Old Testament. Peabody: Hendrickson, 1997, p. 697-710.

JEREMIAS, J. ἄνθρωπος, ἀνθρώπινος. *In*: KITTEL, G.; BROMILEY, G. W.; FRIEDRICH, G. (orgs.). Theological Dictionary of the New Testament. Grand Rapids: William B. Eerdmans (orgs.), 1964-. vol. 1, p. 364-366.

JOHNSON, B. חָגַר. *In*: BOTTERWECK, G. J.; RIGGREN, H.; FABRY, H.-J. (orgs.). Theological Dictionary of the Old Testament. Ed. rev. Grand Rapids: William B. Eerdmans (orgs.), 1980, vol. 4, p. 213-216.

JOHNSON, B. מִשְׁפָּט. *In*: BOTTERWECK, G. J.; RIGGREN, H.; FABRY, H.-J. (orgs.). Theological Dictionary of the Old Testament. Ed. rev. Grand Rapids: William B. Eerdmans (orgs.), 1998, vol. 9, p. 86-98.

JONKER, L. עֲלִיָּה. *In*: VAN GEMEREN, W. (org.). *Novo Dicionário Internacional de Teologia e Exegese do Antigo Testamento*. São Paulo: Cultura Cristã, 2011, vol. 3, p. 421.

JONKER, L. רכב. *In*: VAN GEMEREN, W. (org.). *Novo Dicionário Internacional de Teologia e Exegese do Antigo Testamento*. São Paulo: Cultura Cristã, 2011, vol. 3, p. 1104-1108.

KAISER, O. חָרַב. *In*: BOTTERWECK, G. J.; RIGGREN, H.; FABRY, H.-J. (orgs.). Theological Dictionary of the Old Testament. Ed. rev. Grand Rapids: William B. Eerdmans, 1986, vol. 5, p. 150-154.

KAISER, W. C. לקח. *In*: HARRIS, R. L.; GLEASON JR., L. A.; WALTKE, B. K. (orgs.). Dicionário Internacional de Teologia do Antigo Testamento. São Paulo: Vida Nova, 1998, p. 793-795.

KAISER, W. C. מָהַר I. *In*: HARRIS, R. L.; GLEASON JR., L. A.; WALTKE, B. K. (orgs.). Dicionário Internacional de Teologia do Antigo Testamento. São Paulo: Vida Nova, 1998, p. 810-811.

KAISER, W. C. מוֹאָב. *In*: HARRIS, R. L.; GLEASON JR., L. A.; WALTKE, B. K. (orgs.). Dicionário Internacional de Teologia do Antigo Testamento. São Paulo: Vida Nova, 1998, p. 812-813.

KAISER, W. C. מַיִם. *In*: HARRIS, R. L.; GLEASON JR., L. A.; WALTKE, B. K. (orgs.). Dicionário Internacional de Teologia do Antigo Testamento. São Paulo: Vida Nova, 1998, p. 829-833.

KAISER, W. C. מָלַח. *In*: HARRIS, R. L.; GLEASON JR., L. A.; WALTKE, B. K. (orgs.). Dicionário Internacional de Teologia do Antigo Testamento. São Paulo: Vida Nova, 1998, p. 838-839.

KAISER, W. C. מֹשֶׁב. *In*: HARRIS, R. L.; GLEASON JR., L. A.; WALTKE, B. K. (orgs.). Dicionário Internacional de Teologia do Antigo Testamento. São Paulo: Vida Nova, 1998, p. 676-677.

KAISER, W. עָבַד. *In*: HARRIS, R. L.; GLEASON JR., L. A.; WALTKE, B. K. (orgs.). Dicionário Internacional de Teologia do Antigo Testamento. São Paulo: Vida Nova, 1998, p. 1065-1068.

KAISER, W. C. שֵׁם. *In*: HARRIS, R. L.; GLEASON JR., L. A.; WALTKE, B. K. (orgs.). Dicionário Internacional de Teologia do Antigo Testamento. São Paulo: Vida Nova, 1998, p. 1578-1579.

KALLAND, E. S. דָּבָר. *In*: HARRIS, R. L.; GLEASON JR., L. A.; WALTKE, B. K. (orgs.). Dicionário Internacional de Teologia do Antigo Testamento. São Paulo: Vida Nova, 1998, p. 292-297.

KELLER, C. A. קלל. *In*: JENNI, E.; WESTERMANN, C. (orgs.). Theological Lexicon of the Old Testament. Peabody: Hendrickson, 1997, p. 1141-1145.

KNIERIM, R. פֶּשַׁע. *In*: JENNI, E.; WESTERMANN, C. (orgs.). Theological Lexicon of the Old Testament. Peabody: Hendrickson, 1997, p. 1033-1037.

KONKEL, A. H. אחז. *In*: VAN GEMEREN, W. (org.). *Novo Dicionário Internacional de Teologia e Exegese do Antigo Testamento*. São Paulo: Cultura Cristã, 2011, vol. 1, p. 344-348.

KONKEL, A. H. גלם. *In*: VAN GEMEREN, W. (org.). *Novo Dicionário Internacional de Teologia e Exegese do Antigo Testamento*. São Paulo: Cultura Cristã, 2011, vol. 1, p. 843-844.

KONKEL, A. H. צָעַק. *In*: VAN GEMEREN, W. (org.). *Novo Dicionário Internacional de Teologia e Exegese do Antigo Testamento*. São Paulo: Cultura Cristã, 2011, vol. 3, p. 824-827.

KOOPMANS, W. T. בעל. *In*: VAN GEMEREN, W. (org.). *Novo Dicionário Internacional de Teologia e Exegese do Antigo Testamento*. São Paulo: Cultura Cristã, 2011, vol. 1, p. 659-661.

KOTTER, W. R. Gilgal (place). *In*: FREEDMAN, D. N. (org.). *The Anchor Yale Bible Dictionary*. Nova York: Doubleday, 1992, vol. 2, p. 1022-1024.

KRONHOLM, T. יָתַר. *In*: BOTTERWECK, G. J.; RIGGREN, H.; FABRY, H.-J. (orgs.). Theological Dictionary of the Old Testament. Ed. rev. Grand Rapids: William B. Eerdmans, 1990, vol. 6, p. 482-491.

KÜHLEWEIN, J. אִישׁ. *In*: JENNI, E.; WESTERMANN, C. (orgs.). Theological Lexicon of the Old Testament. Peabody: Hendrickson, 1997, p. 98-104.

KÜHLEWEIN, J. בַּעַל. *In*: JENNI, E.; WESTERMANN, C. (orgs.). Theological Lexicon of the Old Testament. Peabody: Hendrickson, 1997, p. 247-251.

KÜHLEWEIN, J. יָלַד. *In*: JENNI, E.; WESTERMANN, C. (orgs.). Theological Lexicon of the Old Testament. Peabody: Hendrickson, 1997, p. 544-546.

KÜHLEWEIN, J. רָחַק. *In*: JENNI, E.; WESTERMANN, C. (orgs.). Theological Lexicon of the Old Testament. Peabody: Hendrickson, 1997, p. 1230-1232.

LABUSCHAGNE, C. J. עָנָה. *In*: JENNI, E.; WESTERMANN, C. (orgs.). Theological Lexicon of the Old Testament. Peabody: Hendrickson, 1997, p. 926-930.

LABUSCHAGNE, C. J. פֶּה. *In*: JENNI, E.; WESTERMANN, C. (orgs.). Theological Lexicon of the Old Testament. Peabody: Hendrickson, 1997, p. 976-979.

LIEDKE, G. שָׁפַט. *In*: JENNI, E.; WESTERMANN, C. (orgs.). Theological Lexicon of the Old Testament. Peabody: Hendrickson, 1997, p. 1392-1399.

LITTAUER, M. A.; CROUWEL, J. H. Chariots. *In*: FREEDMAN, D. N. (org.). *The Anchor Yale Bible Dictionary*. Nova York: Doubleday, 1992, vol. 1, p. 888-892.

LIVINGSTON, G. H. פָּשַׁע. *In*: HARRIS, R. L.; GLEASON JR., L. A.; WALTKE, B. K. (orgs.). Dicionário Internacional de Teologia do Antigo Testamento. São Paulo: Vida Nova, 1998, p. 1246-1248.

LIVINGSTON, G. H. רָעַע. *In*: HARRIS, R. L.; GLEASON JR., L. A.; WALTKE, B. K. (orgs.). Dicionário Internacional de Teologia do Antigo Testamento. São Paulo: Vida Nova, 1998, p. 1441-1445.

LONG, G. A. עוּר. *In*: VAN GEMEREN, W. (org.). *Novo Dicionário Internacional de Teologia e Exegese do Antigo Testamento*. São Paulo: Cultura Cristã, 2011, vol. 3, p. 361-362.

LUND, J. A. Moabe. *In*: VAN GEMEREN, W. (org.). *Novo Dicionário Internacional de Teologia e Exegese do Antigo Testamento*. São Paulo: Cultura Cristã, 2011, vol. 4, p. 929-932.

LUND, J. A. אָמַר. *In*: VAN GEMEREN, W. (org.). *Novo Dicionário Internacional de Teologia e Exegese do Antigo Testamento*. São Paulo: Cultura Cristã, 2011, vol. 1, p. 432-437.

MAIER, W. A. I. Baal-Zebub (Deity). *In*: FREEDMAN, D. N. (org.). *The Anchor Yale Bible Dictionary*. Nova York: Doubleday, 1992, vol. 1, p. 554.

MARTENS, E. A. בַּעַל. *In*: HARRIS, R. L.; GLEASON JR., L. A.; WALTKE, B. K. (orgs.). Dicionário Internacional de Teologia do Antigo Testamento. São Paulo: Vida Nova, 1998, p. 198-201.

MARTENS, E. A. עמד. *In*: VAN GEMEREN, W. (org.). *Novo Dicionário Internacional de Teologia e Exegese do Antigo Testamento*. São Paulo: Cultura Cristã, 2011, vol. 3, p. 431-433.

MARTENS, E. A. קוּם. *In*: VAN GEMEREN, W. (org.). *Novo Dicionário Internacional de Teologia e Exegese do Antigo Testamento*. São Paulo: Cultura Cristã, 2011, vol. 3, p. 899-901.

MARTIN-ACHARD, R. Resurrection: Old Testament. *In*: FREEDMAN, D. N. (org.). *The Anchor Yale Bible Dictionary*. Nova York: Doubleday, 1992, vol. 5, p. 680-684.

MAYER, G. יָרַד. *In*: BOTTERWECK, G. J.; RIGGREN, H.; FABRY, H.-J. (orgs.). Theological Dictionary of the Old Testament. Ed. rev. Grand Rapids: William B. Eerdmans, 1990, vol. 6, p. 315-322.

MCCOMISKEY, T. E. אִישׁ. *In*: HARRIS, R. L.; GLEASON JR., L. A.; WALTKE, B. K. (orgs.). Dicionário Internacional de Teologia do Antigo Testamento. São Paulo: Vida Nova, 1998, p. 62-63.

MEAD, J. K. Eliseo. *In*: ARNOLD, B. T.; WILLIAMSON, H. G. M. *Diccionario del antiguo testamento*: Históricos. Barcelona: Clie, 2014, p. 295-299.

MEIER, S. שִׂים. *In*: VAN GEMEREN, W. (org.). *Novo Dicionário Internacional de Teologia e Exegese do Antigo Testamento*. São Paulo: Cultura Cristã, 2011, vol. 3, p. 1230-1233.

MERRILL, E. H. הלך. *In*: VAN GEMEREN, W. (org.). *Novo Dicionário Internacional de Teologia e Exegese do Antigo Testamento*. São Paulo: Cultura Cristã, 2011, vol. 1, p. 1006-1009.

MERRILL, E. H. יצא. *In*: VAN GEMEREN, W. (org.). *Novo Dicionário Internacional de Teologia e Exegese do Antigo Testamento*. São Paulo: Cultura Cristã, 2011, vol. 2, p. 497-498.

MERRILL, E. H. יָרַד. *In*: VAN GEMEREN, W. (org.). *Novo Dicionário Internacional de Teologia e Exegese do Antigo Testamento*. São Paulo: Cultura Cristã, 2011, vol. 2, p. 532-533.

MERRILL, E. H. מות. *In*: VAN GEMEREN, W. (org.). *Novo Dicionário Internacional de Teologia e Exegese do Antigo Testamento*. São Paulo: Cultura Cristã, 2011, vol. 2, p. 885-888.

MERRILL, E. H. עלה. *In*: VAN GEMEREN, W. (org.). *Novo Dicionário Internacional de Teologia e Exegese do Antigo Testamento*. São Paulo: Cultura Cristã, 2011, vol. 3, p. 402-404.

MILLER, J. M. Moab (Place). *In*: FREEDMAN, D. N. (org.). *The Anchor Yale Bible Dictionary*. Nova York: Doubleday, 1992, vol. 4, p. 882-893.

MULDER, M. J. יַעַר. *In*: BOTTERWECK, G. J.; RIGGREN, H.; FABRY, H.-J. (orgs.). Theological Dictionary of the Old Testament. Ed. rev. Grand Rapids: William B. Eerdmans, 1990, vol. 6, p. 208-217.

MÜLLER, H.-P. נָבִיא. *In*: BOTTERWECK, G. J.; RIGGREN, H.; FABRY, H.-J. (orgs.). Theological Dictionary of the Old Testament. Ed. rev. Grand Rapids: William B. Eerdmans, 1998, vol. 9, p. 129-150.

MÜNDERLEIN, G. גלל. *In*: BOTTERWECK, G. J.; RIGGREN, H.; FABRY, H.-J. (orgs.). Theological Dictionary of the Old Testament. Ed. rev. Grand Rapids: William B. Eerdmans, 1978, vol. 3, p. 20-23.

NAUDÉ, J. A. אָשׁ. *In*: VAN GEMEREN, W. (org.). *Novo Dicionário Internacional de Teologia e Exegese do Antigo Testamento*. São Paulo: Cultura Cristã, 2011, vol. 1, p. 518.523.

NAUDÉ, J. A. ראה. *In*: VAN GEMEREN, W. (org.). *Novo Dicionário Internacional de Teologia e Exegese do Antigo Testamento*. São Paulo: Cultura Cristã, 2011, vol. 3, p. 1004-1012.

NEL, P. J. בוש I. *In*: VAN GEMEREN, W. (org.). *Novo Dicionário Internacional de Teologia e Exegese do Antigo Testamento*. São Paulo: Cultura Cristã, 2011, vol. 1, p. 603-609.

NEL, P. J. מלך. In: VAN GEMEREN, W. (org.). *Novo Dicionário Internacional de Teologia e Exegese do Antigo Testamento*. São Paulo: Cultura Cristã, 2011, vol. 2, p. 955-963.

NIEHR, H. פָּרָשׁ. In: BOTTERWECK, G. J.; RIGGREN, H.; FABRY, H.-J. (orgs.). Theological Dictionary of the Old Testament. Ed. rev. Grand Rapids: William B. Eerdmans, 2003, vol. 12, p. 124-128.

NIEHR, H. שַׂר. In: BOTTERWECK, G. J.; RIGGREN, H.; FABRY, H.-J. (orgs.). Theological Dictionary of the Old Testament. Ed. rev. Grand Rapids: William B. Eerdmans, 2004, vol. 14, p. 190-215.

NOLL, S. F. מַלְאָךְ. In: VAN GEMEREN, W. (org.). *Novo Dicionário Internacional de Teologia e Exegese do Antigo Testamento*. São Paulo: Cultura Cristã, 2011, vol. 2, p. 940-942.

NORTH, R. חָדָשׁ. In: BOTTERWECK, G. J.; RIGGREN, H.; FABRY, H.-J. (orgs.). Theological Dictionary of the Old Testament. Ed. rev. Grand Rapids: William B. Eerdmans, 1980, vol. 4, p. 225-244.

O'CONNELL, R. H. אכל. In: VAN GEMEREN, W. (org.). *Novo Dicionário Internacional de Teologia e Exegese do Antigo Testamento*. São Paulo: Cultura Cristã, 2011, vol. 1, p. 384-387.

O'CONNELL, R. H. רחק. In: VAN GEMEREN, W. (org.). *Novo Dicionário Internacional de Teologia e Exegese do Antigo Testamento*. São Paulo: Cultura Cristã, 2011, vol. 3, p. 1094-1097.

OLIVIER, J. P. J. Ecrom (עֶקְרוֹן). In: VAN GEMEREN, W. (org.). *Novo Dicionário Internacional de Teologia e Exegese do Antigo Testamento*. São Paulo: Cultura Cristã, 2011, vol. 4, p. 545-547.

OSWALT, J. N. בָּקַע. In: HARRIS, R. L.; GLEASON JR., L. A.; WALTKE, B. K. (orgs.). Dicionário Internacional de Teologia do Antigo Testamento. São Paulo: Vida Nova, 1998, p. 206-207.

OSWALT, J. N. חשה. In: VAN GEMEREN, W. (org.). *Novo Dicionário Internacional de Teologia e Exegese do Antigo Testamento*. São Paulo: Cultura Cristã, 2011, vol. 2, p. 310-311.

OSWALT, J. N. נוח (1). In: VAN GEMEREN, W. (org.). *Novo Dicionário Internacional de Teologia e Exegese do Antigo Testamento*. São Paulo: Cultura Cristã, 2011, vol. 3, p. 59-61.

OTTO, E. עִיר. In: BOTTERWECK, G. J.; RIGGREN, H.; FABRY, H.-J. (orgs.). Theological Dictionary of the Old Testament. Ed. rev. Grand Rapids: William B. Eerdmans, 2001, vol. 11, p. 51-67.

OTTOSSON, M. אָכַל. In: BOTTERWECK, G. J.; RIGGREN, H.; FABRY, H.-J. (orgs.). Theological Dictionary of the Old Testament. Ed. rev. Grand Rapids: William B. Eerdmans, 1977, vol. 1, p. 236-241.

OTTOSSON, M.; BERGMAN, G. J. אֶרֶץ. In: BOTTERWECK, G. J.; RIGGREN, H.; FABRY, H.-J. (orgs.). Theological Dictionary of the Old Testament. Ed. rev. Grand Rapids: William B. Eerdmans, 1977, vol. 1, p. 388-405.

OTZEN, A. B. בְּלִיַּעַל. *In*: BOTTERWECK, G. J.; RIGGREN, H.; FABRY, H.-J. (orgs.). Theological Dictionary of the Old Testament. Ed. rev. Grand Rapids: William B. Eerdmans, 1977, vol. 2, p. 131-136.

PATTERSON, R. D. סוּס II. *In*: HARRIS, R. L.; GLEASON JR., L. A.; WALTKE, B. K. (orgs.). Dicionário Internacional de Teologia do Antigo Testamento. São Paulo: Vida Nova, 1998, p. 1033.

PATTERSON, R. D. סָעַר. *In*: HARRIS, R. L.; GLEASON JR., L. A.; WALTKE, B. K. (orgs.). Dicionário Internacional de Teologia do Antigo Testamento. São Paulo: Vida Nova, 1998, p. 1051-1052.

PIENAAR, D. N. Acabe. *In*: VAN GEMEREN, W. (org.). *Novo Dicionário Internacional de Teologia e Exegese do Antigo Testamento*. São Paulo: Cultura Cristã, 2011, vol. 4, p. 355-357.

PIENAAR, D. N. Samaria (שֹׁמְרוֹן). *In*: VAN GEMEREN, W. (org.). *Novo Dicionário Internacional de Teologia e Exegese do Antigo Testamento*. São Paulo: Cultura Cristã, 2011, vol. 4, p. 1181-1183.

POWELL, T. Jordão. *In*: VAN GEMEREN, W. (org.). *Novo Dicionário Internacional de Teologia e Exegese do Antigo Testamento*. São Paulo: Cultura Cristã, 2011, vol. 4, p. 794-797.

POWELL, T. קלס. *In*: VAN GEMEREN, W. (org.). *Novo Dicionário Internacional de Teologia e Exegese do Antigo Testamento*. São Paulo: Cultura Cristã, 2011, vol. 3, p. 925-927.

PREUSS, H. D. חוה. *In*: BOTTERWECK, G. J.; RIGGREN, H.; FABRY, H.-J. (orgs.). Theological Dictionary of the Old Testament. Ed. rev. Grand Rapids: William B. Eerdmans, 1980, vol. 4, p. 248-256.

PREUSS, H. D. יָצָא. *In*: BOTTERWECK, G. J.; RIGGREN, H.; FABRY, H.-J. (orgs.). Theological Dictionary of the Old Testament. Ed. rev. Grand Rapids: William B. Eerdmans, 1990, vol. 6, p. 225-250.

PREUSS, H. D. נוּחַ. *In*: BOTTERWECK, G. J.; RIGGREN, H.; FABRY, H.-J. (orgs.). Theological Dictionary of the Old Testament. Ed. rev. Grand Rapids: William B. Eerdmans, 1998, vol. 9, p. 277-286.

PURVIS, J. D. Samaria (Place): Samaria the City. *In*: FREEDMAN, D. N. (org.). *The Anchor Yale Bible Dictionary*. Nova York: Doubleday, 1992, vol. 5, p. 914-921.

RASMUSSEN, C. גַּיְא. *In*: VAN GEMEREN, W. (org.). *Novo Dicionário Internacional de Teologia e Exegese do Antigo Testamento*. São Paulo: Cultura Cristã, 2011, vol. 1, p. 826-827.

RINGGREN, H. אָב. *In*: BOTTERWECK, G. J.; RIGGREN, H.; FABRY, H.-J. (orgs.). Theological Dictionary of the Old Testament. Ed. rev. Grand Rapids: William B. Eerdmans, 1977, vol. 1, p. 1-19.

RINGGREN, H. חָיָה. *In*: BOTTERWECK, G. J.; RIGGREN, H.; FABRY, H.-J. (orgs.). Theological Dictionary of the Old Testament. Ed. rev. Grand Rapids: William B. Eerdmans, 1980, vol. 4, p. 324-344.

RINGGREN, H. מהר. In: BOTTERWECK, G. J.; RIGGREN, H.; FABRY, H.-J. (orgs.). Theological Dictionary of the Old Testament. Ed. rev. Grand Rapids: William B. Eerdmans, 1997, vol. 8, p. 138-142.

RINGGREN, H. נָגַשׁ. In: BOTTERWECK, G. J.; RIGGREN, H.; FABRY, H.-J. (orgs.). Theological Dictionary of the Old Testament. Ed. rev. Grand Rapids: William B. Eerdmans, 1998, vol. 9, p. 215-219.

RINGGREN, H. עָמַד. In: BOTTERWECK, G. J.; RIGGREN, H.; FABRY, H.-J. (orgs.). Theological Dictionary of the Old Testament. Ed. rev. Grand Rapids: William B. Eerdmans, 2001, vol. 11, p. 178-187.

RINGGREN, H. קָרָה; קָרָא II. In: BOTTERWECK, G. J.; RIGGREN, H.; FABRY, H.-J. (orgs.). Theological Dictionary of the Old Testament. Ed. rev. Grand Rapids: William B. Eerdmans, 2004, vol. 13, p. 159-162.

RINGGREN, H.; RÜTERSWÖRDEN, U.; SIMIAN-YOFRE, H. עָבַד. In: BOTTERWECK, G. J.; RIGGREN, H.; FABRY, H.-J. (orgs.). Theological Dictionary of the Old Testament. Ed. rev. Grand Rapids: William B. Eerdmans, 1999, vol. 10, p. 376-405.

RINGGREN, H.; SEEBASS, H. פֶּשַׁע. In: BOTTERWECK, G. J.; RIGGREN, H.; FABRY, H.-J. (orgs.). Theological Dictionary of the Old Testament. Ed. rev. Grand Rapids: William B. Eerdmans, 2003, vol. 12, p. 133-151.

ROOKER, M. F. אזר. In: VAN GEMEREN, W. (org.). *Novo Dicionário Internacional de Teologia e Exegese do Antigo Testamento*. São Paulo: Cultura Cristã, 2011, vol. 1, p. 334-335.

ROOKER, M. F. Gilgal. In: VAN GEMEREN, W. (org.). *Novo Dicionário Internacional de Teologia e Exegese do Antigo Testamento*. São Paulo: Cultura Cristã, 2011, vol. 4, p. 686-688.

ROSS, A. P. שֵׁם. In: VAN GEMEREN, W. (org.). *Novo Dicionário Internacional de Teologia e Exegese do Antigo Testamento*. São Paulo: Cultura Cristã, 2011, vol. 4, p. 147-151.

ROVIRA, C. Y. Eliseo. In: BARRIOCANAL GÓMEZ, J. L. *Diccionario del profetismo bíblico*. Burgos: Monte Carmelo, 2007, p. 248-255.

SAEBØ, M.; VON SODEN, W.; BERGMAN, G. J. יוֹם. In: BOTTERWECK, G. J.; RIGGREN, H.; FABRY, H.-J. (orgs.). Theological Dictionary of the Old Testament. Ed. rev. Grand Rapids: William B. Eerdmans, 1990, vol. 6, p. 7-32.

SAUER, G. הלך. In: JENNI, E.; WESTERMANN, C. (orgs.). Theological Lexicon of the Old Testament. Peabody: Hendrickson, 1997, p. 365-370.

SCHARBERT, J. קלל. In: BOTTERWECK, G. J.; RIGGREN, H.; FABRY, H.-J. (orgs.). Theological Dictionary of the Old Testament. Ed. rev. Grand Rapids: William B. Eerdmans, 2004, vol. 13, p. 37-44.

SCHMID, H. H. אחז. In: JENNI, E.; WESTERMANN, C. (orgs.). Theological Lexicon of the Old Testament. Peabody: Hendrickson, 1997, p. 81-83.

SCHMID, H. H. אמר. *In*: JENNI, E.; WESTERMANN, C. (orgs.). Theological Lexicon of the Old Testament. Peabody: Hendrickson, 1997, p. 159-162.

SCHMID, H. H. אֶרֶץ. *In*: JENNI, E.; WESTERMANN, C. (orgs.). Theological Lexicon of the Old Testament. Peabody: Hendrickson, 1997, p. 172-179.

SCHMID, H. H. לקח. *In*: JENNI, E.; WESTERMANN, C. (orgs.). Theological Lexicon of the Old Testament. Peabody: Hendrickson, 1997, p. 648-651.

SCHMIDT, W. H. אֱלֹהִים. *In*: JENNI, E.; WESTERMANN, C. (orgs.). Theological Lexicon of the Old Testament. Peabody: Hendrickson, 1997, p. 115-126.

SCHMIDT, W. H.; BERGMAN, G. J.; LUTZMANN, H. דָּבָר. *In*: BOTTERWECK, G. J.; RIGGREN, H.; FABRY, H.-J. (orgs.). Theological Dictionary of the Old Testament. Ed. rev. Grand Rapids: William B. Eerdmans, 1978, vol. 3, p. 84-125.

SCHMOLDT, H. שׂכל. *In*: BOTTERWECK, G. J.; RIGGREN, H.; FABRY, H.-J. (orgs.). Theological Dictionary of the Old Testament. Ed. rev. Grand Rapids: William B. Eerdmans, 2004, vol. 14, p. 677-681.

SCHREINER, J. עור. *In*: BOTTERWECK, G. J.; RIGGREN, H.; FABRY, H.-J. (orgs.). Theological Dictionary of the Old Testament. Ed. rev. Grand Rapids: William B. Eerdmans, 1999, vol. 10, p. 568-574.

SCHREINER, J.; BOTTERWECK, G. J. פָּנָה. *In*: BOTTERWECK, G. J.; RIGGREN, H.; FABRY, H.-J. (orgs.). Theological Dictionary of the Old Testament. Ed. rev. Grand Rapids: William B. Eerdmans, 2001, vol. 11, p. 578-585.

SCHULTZ, C. עור I/II/III. *In*: HARRIS, R. L.; GLEASON JR., L. A.; WALTKE, B. K. (orgs.). Dicionário Internacional de Teologia do Antigo Testamento. São Paulo: Vida Nova, 1998, p. 1095-1098.

SCHWIENHORST, L. מָרַד. *In*: BOTTERWECK, G. J.; RIGGREN, H.; FABRY, H.-J. (orgs.). Theological Dictionary of the Old Testament. Ed. rev. Grand Rapids: William B. Eerdmans, 1998, vol. 9, p. 1-5.

SCOTT, J. B. אָכַל. *In*: HARRIS, R. L.; GLEASON JR., L. A.; WALTKE, B. K. (orgs.). Dicionário Internacional de Teologia do Antigo Testamento. São Paulo: Vida Nova, 1998, p. 64-66.

SEEBASS, H. בּוֹשׁ. *In*: BOTTERWECK, G. J.; RIGGREN, H.; FABRY, H.-J. (orgs.). Theological Dictionary of the Old Testament. Ed. rev. Grand Rapids: William B. Eerdmans, 1977, vol. 2, p. 50-60.

SEEBASS, H. לקח. *In*: BOTTERWECK, G. J.; RIGGREN, H.; FABRY, H.-J. (orgs.). Theological Dictionary of the Old Testament. Ed. rev. Grand Rapids: William B. Eerdmans, 1997, vol. 8, p. 16-21.

SEEBASS, H. נָפַל. *In*: BOTTERWECK, G. J.; RIGGREN, H.; FABRY, H.-J. (orgs.). Theological Dictionary of the Old Testament. Ed. rev. Grand Rapids: William B. Eerdmans, 1998, vol. 9, p. 489-497.

SEEBASS, H. נֶפֶשׁ. In: BOTTERWECK, G. J.; RIGGREN, H.; FABRY, H.-J. (orgs.). Theological Dictionary of the Old Testament. Ed. rev. Grand Rapids: William B. Eerdmans, 1998, vol. 9, p. 497-519.

SELMAN, M. הָר. In: VAN GEMEREN, W. (org.). *Novo Dicionário Internacional de Teologia e Exegese do Antigo Testamento*. São Paulo: Cultura Cristã, 2011, vol. 1, p. 1025-1028.

SEYBOLD, K. חָלָה. In: BOTTERWECK, G. J.; RIGGREN, H.; FABRY, H.-J. (orgs.). Theological Dictionary of the Old Testament. Ed. rev. Grand Rapids: William B. Eerdmans, 1980, vol. 4, p. 399-409.

SEYBOLD, K.; RINGGREN, H.; FABRY, H.-J. מֶלֶךְ. In: BOTTERWECK, G. J.; RIGGREN, H.; FABRY, H.-J. (orgs.). Theological Dictionary of the Old Testament. Ed. rev. Grand Rapids: William B. Eerdmans, 1997, vol. 8, p. 346-375.

SMICK, E. B. חָיָה. In: HARRIS, R. L.; GLEASON JR., L. A.; WALTKE, B. K. (orgs.). Dicionário Internacional de Teologia do Antigo Testamento. São Paulo: Vida Nova, 1998, p. 454-458.

SMICK, E. B. מוּת. In: HARRIS, R. L.; GLEASON JR., L. A.; WALTKE, B. K. (orgs.). Dicionário Internacional de Teologia do Antigo Testamento. São Paulo: Vida Nova, 1998, p. 820-822.

SMITH, G. V.; HAMILTON, V. רום. In: VAN GEMEREN, W. (org.). *Novo Dicionário Internacional de Teologia e Exegese do Antigo Testamento*. São Paulo: Cultura Cristã, 2011, vol. 3, p. 1074-1076.

SMITH, J. E. גִּיא. In: HARRIS, R. L.; GLEASON JR., L. A.; WALTKE, B. K. (orgs.). Dicionário Internacional de Teologia do Antigo Testamento. São Paulo: Vida Nova, 1998, p. 261.

SOGGIN, J. A. מֶלֶךְ. In: JENNI, E.; WESTERMANN, C. (orgs.). Theological Lexicon of the Old Testament. Peabody: Hendrickson, 1997, p. 672-680.

SOGGIN, J. A. שׁוב. In: JENNI, E.; WESTERMANN, C. (orgs.). Theological Lexicon of the Old Testament. Peabody: Hendrickson, 1997, p. 1312-1317.

SOGGIN, J. A. שָׁמַיִם. In: JENNI, E.; WESTERMANN, C. (orgs.). Theological Lexicon of the Old Testament. Peabody: Hendrickson, 1997, p. 1369-1371.

STÄHLI, H.-P. חוה. In: JENNI, E.; WESTERMANN, C. (orgs.). Theological Lexicon of the Old Testament. Peabody: Hendrickson, 1997, p. 398-400.

STÄHLI, H.-P. ירא. In: JENNI, E.; WESTERMANN, C. (orgs.). Theological Lexicon of the Old Testament. Peabody: Hendrickson, 1997, p. 568-578.

STÄHLI, H.-P. עזב. In: JENNI, E.; WESTERMANN, C. (orgs.). Theological Lexicon of the Old Testament. Peabody: Hendrickson, 1997, p. 866-868.

STÄHLI, H.-P. רום. In: JENNI, E.; WESTERMANN, C. (orgs.). Theological Lexicon of the Old Testament. Peabody: Hendrickson, 1997, p. 1220-1225.

STENDEBACH, F. J. סוּס. *In*: BOTTERWECK, G. J.; RIGGREN, H.; FABRY, H.-J. (orgs.). Theological Dictionary of the Old Testament. Ed. rev. Grand Rapids: William B. Eerdmans, 1999, vol. 10, p. 178-187.

STENDEBACH, F. J. עָנָה. *In*: BOTTERWECK, G. J.; RIGGREN, H.; FABRY, H.-J. (orgs.). Theological Dictionary of the Old Testament. Ed. rev. Grand Rapids: William B. Eerdmans, 2001, vol. 11, p. 215-230.

STIGERS, H. G. לֵב. *In*: HARRIS, R. L.; GLEASON JR., L. A.; WALTKE, B. K. (orgs.). Dicionário Internacional de Teologia do Antigo Testamento. São Paulo: Vida Nova, 1998, p. 290.

STOEBE, H. J. חָנַן. *In*: JENNI, E.; WESTERMANN, C. (orgs.). Theological Lexicon of the Old Testament. Peabody: Hendrickson, 1997, p. 439-447.

STOEBE, H. J. טוֹב. *In*: JENNI, E.; WESTERMANN, C. (orgs.). Theological Lexicon of the Old Testament. Peabody: Hendrickson, 1997, p. 486-495.

STOEBE, H. J. רפא. *In*: JENNI, E.; WESTERMANN, C. (orgs.). Theological Lexicon of the Old Testament. Peabody: Hendrickson, 1997, p. 1254-1259.

STOLZ, F. אָשׁ. *In*: JENNI, E.; WESTERMANN, C. (orgs.). Theological Lexicon of the Old Testament. Peabody: Hendrickson, 1997, p. 183-186.

STOLZ, F. בּוֹשׁ. *In*: JENNI, E.; WESTERMANN, C. (orgs.). Theological Lexicon of the Old Testament. Peabody: Hendrickson, 1997, p. 204-207.

STOLZ, F. הַר. *In*: JENNI, E.; WESTERMANN, C. (orgs.). Theological Lexicon of the Old Testament. Peabody: Hendrickson, 1997, p. 1071-1076.

STOLZ, F. חלה. *In*: JENNI, E.; WESTERMANN, C. (orgs.). Theological Lexicon of the Old Testament. Peabody: Hendrickson, 1997, p. 425-427.

STOLZ, F. נוח. *In*: JENNI, E.; WESTERMANN, C. (orgs.). Theological Lexicon of the Old Testament. Peabody: Hendrickson, 1997, p. 722-724.

STOLZ, F. נשׂא. *In*: JENNI, E.; WESTERMANN, C. (orgs.). Theological Lexicon of the Old Testament. Peabody: Hendrickson, 1997, p. 769-774.

STOLZ, F. שׁלך. *In*: JENNI, E.; WESTERMANN, C. (orgs.). Theological Lexicon of the Old Testament. Peabody: Hendrickson, 1997, p. 1335-1337.

SUSSMAN, M. Sickness and Disease. *In*: FREEDMAN, D. N. (org.). *The Anchor Yale Bible Dictionary*. Nova York: Doubleday, 1992, vol. 6, p. 6-15.

TALMON, S. הַר. *In*: BOTTERWECK, G. J.; RIGGREN, H.; FABRY, H.-J. (orgs.). Theological Dictionary of the Old Testament. Ed. rev. Grand Rapids: William B. Eerdmans, 1978, vol. 3, p. 427-447.

TENGSTRÖM, S.; FABRY, H.-J. רוּחַ. *In*: BOTTERWECK, G. J.; RIGGREN, H.; FABRY, H.-J. (orgs.). Theological Dictionary of the Old Testament. Ed. rev. Grand Rapids: William B. Eerdmans, 2004, vol. 13, p. 365-402.

THIEL, W. Ahab (Person). *In*: FREEDMAN, D. N. (org.). *The Anchor Yale Bible Dictionary*. Nova York: Doubleday, 1992, vol. 1, p. 100-104.

THIEL, W. Ahaziah (Person). *In*: FREEDMAN, D. N. (org.). *The Anchor Yale Bible Dictionary*. Nova York: Doubleday, 1992, vol. 1, p. 107-109.

THIEL, W. קָרַע. *In*: BOTTERWECK, G. J.; RIGGREN, H.; FABRY, H.-J. (orgs.). Theological Dictionary of the Old Testament. Ed. rev. Grand Rapids: William B. Eerdmans, 2004, vol. 13, p. 175-180.

THIEL, W. שָׁלַךְ. *In*: BOTTERWECK, G. J.; RIGGREN, H.; FABRY, H.-J. (orgs.). Theological Dictionary of the Old Testament. Ed. rev. Grand Rapids: William B. Eerdmans, 2006, vol. 15, p. 88-96.

THOMPSON, H. O. Carmel, Mount (Place). *In*: FREEDMAN, D. N. (org.). *The Anchor Yale Bible Dictionary*. Nova York: Doubleday, 1992, vol. 1, p. 874-875.

THOMPSON, H. O. Jordan River. *In*: FREEDMAN, D. N. (org.). *The Anchor Yale Bible Dictionary*. Nova York: Doubleday, 1992, vol. 3, p. 953-958.

THOMPSON, J. A.; MARTENS, E. A. פנה. *In*: VAN GEMEREN, W. (org.). *Novo Dicionário Internacional de Teologia e Exegese do Antigo Testamento*. São Paulo: Cultura Cristã, 2011, vol. 3, p. 634-635.

THOMPSON, J. A.; MARTENS, E. A. שוב. *In*: VAN GEMEREN, W. (org.). *Novo Dicionário Internacional de Teologia e Exegese do Antigo Testamento*. São Paulo: Cultura Cristã, 2011, vol. 4, p. 56-59.

TOMASINO, A. מהר. *In*: VAN GEMEREN, W. (org.). *Novo Dicionário Internacional de Teologia e Exegese do Antigo Testamento*. São Paulo: Cultura Cristã, 2011, vol. 2, p. 857-859.

TSUMURA, D. T. שָׁמַיִם. *In*: VAN GEMEREN, W. (org.). *Novo Dicionário Internacional de Teologia e Exegese do Antigo Testamento*. São Paulo: Cultura Cristã, 2011, vol. 4, p. 160-165.

VAN DAM, C. נכה. *In*: VAN GEMEREN, W. (org.). *Novo Dicionário Internacional de Teologia e Exegese do Antigo Testamento*. São Paulo: Cultura Cristã, 2011, vol. 3, p. 105-107.

VAN DAM, C. קרע. *In*: VAN GEMEREN, W. (org.). *Novo Dicionário Internacional de Teologia e Exegese do Antigo Testamento*. São Paulo: Cultura Cristã, 2011, vol. 3, p. 990-991.

VAN DER WOUDE, A. S. חזק. *In*: JENNI, E.; WESTERMANN, C. (orgs.). Theological Lexicon of the Old Testament. Peabody: Hendrickson, 1997, p. 403-406.

VAN DER WOUDE, A. S. פֹּח. *In*: JENNI, E.; WESTERMANN, C. (orgs.). Theological Lexicon of the Old Testament. Peabody: Hendrickson, 1997, p. 610-611.

VAN DER WOUDE, A. S. פָּנִים. *In*: JENNI, E.; WESTERMANN, C. (orgs.). Theological Lexicon of the Old Testament. Peabody: Hendrickson, 1997, p. 995-1014.

VAN DER WOUDE, A. S. קשה. *In*: JENNI, E.; WESTERMANN, C. (orgs.). Theological Lexicon of the Old Testament. Peabody: Hendrickson, 1997, p. 1175-1176.

VAN DER WOUDE, A. S. שֵׁם. *In*: JENNI, E.; WESTERMANN, C. (orgs.). Theological Lexicon of the Old Testament. Peabody: Hendrickson, 1997, p. 1348-1367.

VAN GRONINGEN, G. עָבַר. *In*: HARRIS, R. L.; GLEASON JR., L. A.; WALTKE, B. K. (orgs.). Dicionário Internacional de Teologia do Antigo Testamento. São Paulo: Vida Nova, 1998, p. 1069-1074.

VAN PELT, M. V.; KAISER JR., W. C. ירא. *In*: VAN GEMEREN, W. (org.). *Novo Dicionário Internacional de Teologia e Exegese do Antigo Testamento*. São Paulo: Cultura Cristã, 2011, vol. 2, p. 526-532.

VAN PELT, M. V.; KAISER, W. C.; BLOCK, D. I. רוּחַ. *In*: VAN GEMEREN, W. (org.). *Novo Dicionário Internacional de Teologia e Exegese do Antigo Testamento*. São Paulo: Cultura Cristã, 2011, vol. 3, p. 1069-1074.

VANONI, G. שִׂים. *In*: BOTTERWECK, G. J.; RIGGREN, H.; FABRY, H.-J. (orgs.). Theological Dictionary of the Old Testament. Ed. rev. Grand Rapids: William B. Eerdmans, 2004, vol. 14, p. 89-112.

VERHOEF, P. A. Profecia. *In*: VAN GEMEREN, W. (org.). *Novo Dicionário Internacional de Teologia e Exegese do Antigo Testamento*. São Paulo: Cultura Cristã, 2011, vol. 4, p. 1068-1078.

VERHOEF, P. A. חדשׁ. *In*: VAN GEMEREN, W. (org.). *Novo Dicionário Internacional de Teologia e Exegese do Antigo Testamento*. São Paulo: Cultura Cristã, 2011, vol. 2, p. 30-37.

VERHOEF, P. A. יוֹם. *In*: VAN GEMEREN, W. (org.). *Novo Dicionário Internacional de Teologia e Exegese do Antigo Testamento*. São Paulo: Cultura Cristã, 2011, vol. 2, p. 419-423.

VETTER, D. ראה. *In*: JENNI, E.; WESTERMANN, C. (orgs.). Theological Lexicon of the Old Testament. Peabody: Hendrickson, 1997, p. 1176-1183.

VOGEL, E. K. Jordan. *In*: BROMILEY, G. W. (org.). The International Standard Bible Encyclopedia. Ed. rev. Michigan: William B. Eerdmans, 1979-1988, vol. 2, p. 1119-1125.

WÄCHTER, L. רָחַק. *In*: BOTTERWECK, G. J.; RIGGREN, H.; FABRY, H.-J. (orgs.). Theological Dictionary of the Old Testament. Ed. rev. Grand Rapids: William B. Eerdmans, 2004, vol. 13, p. 468-473.

WÄCHTER, L. שָׁחַת. *In*: BOTTERWECK, G. J.; RIGGREN, H.; FABRY, H.-J. (orgs.). Theological Dictionary of the Old Testament. Ed. rev. Grand Rapids: William B. Eerdmans, 2004, vol. 14, p. 595-599.

WAGNER, S. אָמַר. *In*: BOTTERWECK, G. J.; RIGGREN, H.; FABRY, H.-J. (orgs.). Theological Dictionary of the Old Testament. Ed. rev. Grand Rapids: William B. Eerdmans, 1977, vol. 1, p. 328-345.

WAGNER, S. בָּקַשׁ. *In*: BOTTERWECK, G. J.; RIGGREN, H.; FABRY, H.-J. (orgs.). Theological Dictionary of the Old Testament. Ed. rev. Grand Rapids: William B. Eerdmans, 1977, vol. 2, p. 229-241.

WAGNER, S. דָּרַשׁ. *In*: BOTTERWECK, G. J.; RIGGREN, H.; FABRY, H.-J. (orgs.). Theological Dictionary of the Old Testament. Ed. rev. Grand Rapids: William B. Eerdmans, 1978, vol. 3, p. 293-307.

WAGNER, S. יָקַר. *In*: BOTTERWECK, G. J.; RIGGREN, H.; FABRY, H.-J. (orgs.). Theological Dictionary of the Old Testament. Ed. rev. Grand Rapids: William B. Eerdmans, 1990, vol. 6, p. 279-287.

WAGNER, S.; FABRY, H.-J. מָצָא. *In*: BOTTERWECK, G. J.; RIGGREN, H.; FABRY, H.-J. (orgs.). Theological Dictionary of the Old Testament. Ed. rev. Grand Rapids: William B. Eerdmans, 1997, vol. 8, p. 465-483.

WAKELY, R. חזק. *In*: VAN GEMEREN, W. (org.). *Novo Dicionário Internacional de Teologia e Exegese do Antigo Testamento*. São Paulo: Cultura Cristã, 2011, vol. 2, p. 63-85.

WAKELY, R. חַיִל. *In*: VAN GEMEREN, W. (org.). *Novo Dicionário Internacional de Teologia e Exegese do Antigo Testamento*. São Paulo: Cultura Cristã, 2011, vol. 2, p. 113-122.

WALSH, J. T. Tishbe (Place)/Tishbite. *In*: FREEDMAN, D. N. (org.). *The Anchor Yale Bible Dictionary*. Nova York: Doubleday, 1992, vol. 6, p. 577-578.

WALTKE, B. K. הַר. *In*: HARRIS, R. L.; GLEASON JR., L. A.; WALTKE, B. K. (orgs.). Dicionário Internacional de Teologia do Antigo Testamento. São Paulo: Vida Nova, 1998, p. 369-370.

WALTKE, B. K. נֶפֶשׁ. *In*: HARRIS, R. L.; GLEASON JR., L. A.; WALTKE, B. K. (orgs.). Dicionário Internacional de Teologia do Antigo Testamento. São Paulo: Vida Nova, 1998, p. 981-986.

WALTKE, B. K. שַׁעַר. *In*: HARRIS, R. L.; GLEASON JR., L. A.; WALTKE, B. K. (orgs.). Dicionário Internacional de Teologia do Antigo Testamento. São Paulo: Vida Nova, 1998, p. 1485-1487.

WEBER, C. P. חָבַל I. *In*: HARRIS, R. L.; GLEASON JR., L. A.; WALTKE, B. K. (orgs.). Dicionário Internacional de Teologia do Antigo Testamento. São Paulo: Vida Nova, 1998, p. 416-417.

WEBER, C. P. חָזַק. *In*: HARRIS, R. L.; GLEASON JR., L. A.; WALTKE, B. K. (orgs.). Dicionário Internacional de Teologia do Antigo Testamento. São Paulo: Vida Nova, 1998, p. 448-450.

WEBER, C. P. חָלָה I. *In*: HARRIS, R. L.; GLEASON JR., L. A.; WALTKE, B. K. (orgs.). Dicionário Internacional de Teologia do Antigo Testamento. São Paulo: Vida Nova, 1998, p. 466-467.

WEHMEIER, G. עלה. *In*: JENNI, E.; WESTERMANN, C. (orgs.). Theological Lexicon of the Old Testament. Peabody: Hendrickson, 1997, p. 883-896.

WESTERMANN, C. חָדָשׁ. *In*: JENNI, E.; WESTERMANN, C. (orgs.). Theological Lexicon of the Old Testament. Peabody: Hendrickson, 1997, p. 394-397.

WESTERMANN, C. כבד; יקר. *In*: JENNI, E.; WESTERMANN, C. (orgs.). Theological Lexicon of the Old Testament. Peabody: Hendrickson, 1997, p. 590-602.

WESTERMANN, C. מַיִם. *In*: JENNI, E.; WESTERMANN, C. (orgs.). Theological Lexicon of the Old Testament. Peabody: Hendrickson, 1997, p. 1410-1414.

WESTERMANN, C. נֶפֶשׁ. In: JENNI, E.; WESTERMANN, C. (orgs.). Theological Lexicon of the Old Testament. Peabody: Hendrickson, 1997, p. 743-759.

WESTERMANN, C. עֶבֶד. In: JENNI, E.; WESTERMANN, C. (orgs.). Theological Lexicon of the Old Testament. Peabody: Hendrickson, 1997, p. 819-832.

WHITE, W. רָכַב. In: HARRIS, R. L.; GLEASON JR., L. A.; WALTKE, B. K. (orgs.). Dicionário Internacional de Teologia do Antigo Testamento. São Paulo: Vida Nova, 1998, p. 1427-1428.

WHITE, W. רָפָא. In: HARRIS, R. L.; GLEASON JR., L. A.; WALTKE, B. K. (orgs.). Dicionário Internacional de Teologia do Antigo Testamento. São Paulo: Vida Nova, 1998, p. 1446-1447.

WILLIAMS, W. C. ברך. In: VAN GEMEREN, W. (org.). *Novo Dicionário Internacional de Teologia e Exegese do Antigo Testamento*. São Paulo: Cultura Cristã, 2011, vol. 1, p. 731-733.

WILLIAMS, W. C. כרע. In: VAN GEMEREN, W. (org.). *Novo Dicionário Internacional de Teologia e Exegese do Antigo Testamento*. São Paulo: Cultura Cristã, 2011, vol. 2, p. 725-726.

WILLIAMS, W. C. מטָה. In: VAN GEMEREN, W. (org.). *Novo Dicionário Internacional de Teologia e Exegese do Antigo Testamento*. São Paulo: Cultura Cristã, 2011, vol. 2, p. 924-925.

WILSON, G. H. יָשׁב. In: VAN GEMEREN, W. (org.). *Novo Dicionário Internacional de Teologia e Exegese do Antigo Testamento*. São Paulo: Cultura Cristã, 2011, vol. 2, p. 549-550.

WILSON, M. R. נָכָה. In: HARRIS, R. L.; GLEASON JR., L. A.; WALTKE, B. K. (orgs.). Dicionário Internacional de Teologia do Antigo Testamento. São Paulo: Vida Nova, 1998, p. 963-965.

WINSON, M. R. נָטָה. In: HARRIS, R. L.; GLEASON JR., L. A.; WALTKE, B. K. (orgs.). Dicionário Internacional de Teologia do Antigo Testamento. São Paulo: Vida Nova, 1998, p. 956-958.

WOLF, H. אָזַר. In: HARRIS, R. L.; GLEASON JR., L. A.; WALTKE, B. K. (orgs.). Dicionário Internacional de Teologia do Antigo Testamento. São Paulo: Vida Nova, 1998, p. 46-47.

WOLF, H. חָצָה. In: HARRIS, R. L.; GLEASON JR., L. A.; WALTKE, B. K. (orgs.). Dicionário Internacional de Teologia do Antigo Testamento. São Paulo: Vida Nova, 1998, p. 514-515.

WRIGHT, C. J. H. אָב. In: VAN GEMEREN, W. (org.). *Novo Dicionário Internacional de Teologia e Exegese do Antigo Testamento*. São Paulo: Cultura Cristã, 2011, vol. 1, p. 213-217.

WRIGHT, C. J. H. אֶרֶץ. In: VAN GEMEREN, W. (org.). *Novo Dicionário Internacional de Teologia e Exegese do Antigo Testamento*. São Paulo: Cultura Cristã, 2011, vol. 1, p. 505-511.

YAMAUCHI, E. חָדָשׁ. In: HARRIS, R. L.; GLEASON JR., L. A.; WALTKE, B. K. (orgs.). Dicionário Internacional de Teologia do Antigo Testamento. São Paulo: Vida Nova, 1998, p. 430-432.

YAMAUCHI, E. חָוָה III. *In*: HARRIS, R. L.; GLEASON JR., L. A.; WALTKE, B. K. (orgs.). Dicionário Internacional de Teologia do Antigo Testamento. São Paulo: Vida Nova, 1998, p. 434-436.

YAMAUCHI, E. חָנַן I. *In*: HARRIS, R. L.; GLEASON JR., L. A.; WALTKE, B. K. (orgs.). Dicionário Internacional de Teologia do Antigo Testamento. São Paulo: Vida Nova, 1998, p. 494-498.

YAMAUCHI, E. חָרַב I. *In*: HARRIS, R. L.; GLEASON JR., L. A.; WALTKE, B. K. (orgs.). Dicionário Internacional de Teologia do Antigo Testamento. São Paulo: Vida Nova, 1998, p. 523-526.

YAMAUCHI, E. יָרַד. *In*: HARRIS, R. L.; GLEASON JR., L. A.; WALTKE, B. K. (orgs.). Dicionário Internacional de Teologia do Antigo Testamento. São Paulo: Vida Nova, 1998, p. 657-660.

YARCHIN, W. יקר. *In*: VAN GEMEREN, W. (org.). *Novo Dicionário Internacional de Teologia e Exegese do Antigo Testamento*. São Paulo: Cultura Cristã, 2011, vol. 2, p. 521-524.

ZIPOR, M. קָשָׁה. *In*: BOTTERWECK, G. J.; RIGGREN, H.; FABRY, H.-J. (orgs.). Theological Dictionary of the Old Testament. Ed. rev. Grand Rapids: William B. Eerdmans, 2004, vol. 13, p. 189-195.

# Série Teologia PUC-Rio

- *Rute: uma heroína e mulher forte*
Alessandra Serra Viegas
- *Por uma teologia ficcional: a reescritura bíblica de José Saramago*
Marcio Cappelli Aló Lopes
- *O Novo Êxodo de Isaías em Romanos – Estudo exegético e teológico*
Samuel Brandão de Oliveira
- *A escatologia do amor – A esperança na compreensão trinitária de Deus em Jürgen Moltmann*
Rogério Guimarães de A. Cunha
- *O valor antropológico da Direção Espiritual*
Cristiano Holtz Peixoto
- *Mística Cristã e literatura fantástica em C. S. Lewis*
Marcio Simão de Vasconcellos
- *A cristologia existencial de Karl Rahner e de Teresa de Calcutá – Dois místicos do século sem Deus*
Douglas Alves Fontes
- *O sacramento-assembleia – Teologia mistagógica da comunidade celebrante*
Gustavo Correa Cola
- *Crise do sacerdócio e escatologia no séc. V a.C. – A partir da leitura de Ml 2,1-9 e 17–3,5*
Fabio da Silveira Siqueira
- *A formação de discípulos missionários – O kerigma à luz da cruz de Antonio Pagani*
Sueli da Cruz Pereira
- *O uso paulino da expressão μὴ γένοιτο em Gálatas – Estudo comparativo, retórico e intertextual*
Marcelo Ferreira Miguel
- *A mistagogia cristã à luz da Constituição Sacrosanctum Concilium*
Vitor Gino Finelon
- *O diálogo inter-religioso para uma ecologia integral à luz da Laudato Si'*
Chrystiano Gomes Ferraz
- *A glória de Jesus e sua contribuição para a formação da cristologia lucana*
Leonardo dos Santos Silveira
- *A ecoteologia do Santuário Cristo Redentor à luz da encíclica Laudato Si'*
Alexandre Carvalho Lima Pinheiro
- *Ser presbítero católico – Estudo sobre a identidade*
Eanes Roberto de Lima
- *A pedagogia de YHWH e o seu povo diante da Lei – Uma análise de Dt 31,9-13*
Daise Gomes da Costa
- *Por uma Teologia fundamental latino-americana – Desafios para compreensão da revelação a partir dos pobres*
Flavio José de Paula
- *A Via da beleza na formação humano-cristã com catequista*
Jordélio Siles Ledo
- *A sucessão profética entre Elias e Eliseu e sua relação com os limites de seus respectivos ciclos narrativos – Estudos Exegéticos de 2Rs 1-2*
Doaldo Ferreira Belem

Conecte-se conosco:

facebook.com/editoravozes

@editoravozes

@editora_vozes

youtube.com/editoravozes

+55 24 2233-9033

www.vozes.com.br

Conheça nossas lojas:
www.livrariavozes.com.br

Belo Horizonte – Brasília – Campinas – Cuiabá – Curitiba
Fortaleza – Juiz de Fora – Petrópolis – Recife – São Paulo

EDITORA VOZES

VOZES NOBILIS

Vozes de Bolso

Vozes Acadêmica

EDITORA VOZES LTDA.
Rua Frei Luís, 100 – Centro – Cep 25689-900 – Petrópolis, RJ
Tel.: (24) 2233-9000 – E-mail: vendas@vozes.com.br